Die Kooperation von Aufmerksamkeit, Interesse, Intentionalität und kurzzeitigem Arbeitsgedächtnis

Psychologie und Neurologie des Prozessors der menschlichen Informationsverarbeitung und seiner Funktionen für Lernen, Behalten und deren Beeinflussung

von

Prof. emer. Dr. Jürgen Grzesik
Universität Köln

Weitere Bücher von Prof. emer. Dr. Jürgen Grzesik

Effektiv lernen durch guten Unterricht - Optimierung des Lernens im Unterricht durch systemgerechte Formen der Zusammenarbeit zwischen Lehrern und Schülern, ISBN 978-3-7815-1231-3

Operative Lerntheorie - Neurobiologie und Psychologie der Entwicklung des Menschen durch Selbstveränderung, ISBN 978-3-7815-1197-2

Texte verstehen lernen - Neurobiologie und Psychologie der Entwicklung von Lesekompetenzen durch den Erwerb von textverstehenden Operationen, ISBN 978-3-8309-1513-3

© 1. Auflage, Copyright 2009 by Bohmeier Verlag, D-04315 Leipzig, Konstantinstr. 6, Germany, Tel.: +49 (0) 341-6812811 - Fax: +49 (0) 341-6811837.
Immer erreichbar über unsere Internet-Homepage: www.bohmeier-verlag.de

© **Coverbild und Covergesamtkonzeption von JAD.** Gestaltung & Idee nach: Anatomische Zeichnung eines Kopfes (18. Jahrh.), Waxfiguren Sammlung aus ‚La Specola', Florence).

Gesamtherstellung: Bohmeier Verlag, Printed in Germany

Alle Rechte für die deutsche Sprache vorbehalten. Kein Teil des Buches darf ohne schriftliche Genehmigung des Verlages fotokopiert oder in irgendeiner anderen Form reproduziert oder in eine von Maschinen verwendbare Sprache übertragen oder übersetzt werden. Ausgenommen sind die in §§ 53, 54 UrhG ausdrücklich genannten Sonderfälle, wenn sie mit dem Verlag vorher vereinbart wurden. Im Einzelfall bleibt für die Nutzung fremden geistigen Eigentums die Forderung einer Gebühr vorbehalten. Das gilt für die Fotokopie ebenso wie für die Vervielfältigung durch alle anderen Verfahren einschließlich Speicherung und jede Übertragung auf Papier, Transparente, Matrizen, Filme, Bänder, Platten, Festplatten, CDs und sonstige Medien, sowohl in analoger wie digitaler Form (z.B. E-Books).

ISBN 978-3-89094-623-8

Inhaltsverzeichnis

Einleitung 9

I. Ein Zusammenhang von Hypothesen über den Prozessor der Informationsverarbeitung und dessen Funktionen für Lernen und Erziehen 14
   1. Die Hypothesen 14
        Generalhypothese 14
        Aufmerksamkeit 15
        Interesse 16
        Intentionalität 17
        Kurzzeitiges Arbeitsgedächtnis 17
        Simultanität und Kooperation der Komponenten des Prozessors 18
        Der Prozessor produziert nicht nur die einzelnen spezifischen Aktivitäten, sondern auch die Einheit der Handlung 18
        Die epigenetische Entwicklung des Prozessors 19
        Die Erhöhung der Leistungsfähigkeit des Prozessors durch Lernen und Behalten 20
        Die Beeinflussung der Veränderung der Leistungsfähigkeit des Prozessors von außen und von innen 20
   2. Möglichkeiten und Grenzen der Prüfung dieser Hypothesen 21

II. Aufmerksamkeit 27
   1. Husserls introspektive Theorie der Aufmerksamkeit 28
        Sie ist eine elementare Einheit des Bewusstseins 29
        Sie ist unspezifische Aktivierung von spezifischen Gegenständen des Bewusstseins 29
        Sie ist ein komplexes Phänomen 32
        Sie ist abhängig vom Interesse 33
        Die Beziehungen zwischen Aufmerksamkeit, spezifischen Intentionen und Interesse 36
        Das Gesamtphänomen der Aufmerksamkeit nach Husserl 38
        Grenzen des Erklärungswertes der Husserlschen Beschreibung der Aufmerksamkeit 39
   2. Experimentelle Psychologie und Neuropsychologie der Aufmerksamkeit 42
   3. Die anatomische Architektur und das physiologische Prozessieren des neuronalen attentionalen Systems 45
        Die Anatomie des attentionalen Systems 45
        Die neuronalen Prozesse im attentionalen System 48
        Das neuronale anatomische und physiologische Korrelat für die Wachheit 49
        Das neuronale anatomische und physiologische Korrelat für die Aufmerksamkeit 54
   4. Psychologie und Neurologie der Aufmerksamkeit 64
        Experimentelle psychologische Untersuchungsmethoden der Aufmerksamkeit 65
        Automatische Aktivität ohne Aufmerksamkeit 69
        Die Auslösung der Aufmerksamkeit 75

Effekte der Aufmerksamkeit ... 76
Grade der Aufmerksamkeit oder ihre energetische Natur ... 77
Die Kapazität der Aufmerksamkeit ... 80
Die Ausrichtung der Aufmerksamkeit auf den Gegenstand der spezifischen Aktivität ... 82
Die Änderung der Richtung der Aufmerksamkeit als Wechsel von einem Gegenstand zu einem anderen ... 87
Die Veränderung der Grenze der Aufmerksamkeit (Fokussieren) durch Weiten oder Verengen (Zoomen) ... 88
Konzentrieren auf eine Aufgabe oder verteilen auf mehrere ... 91
Verstärken oder Abschwächen der Aufmerksamkeit durch Grade der Anstrengung ... 92
Aufrechterhalten der Aufmerksamkeit ... 92
Regelung der simultanen und sequentiellen Ordnung der einzelnen Aktivitäten in der Handlung ... 93
Unwillkürliche und willkürliche Aufmerksamkeit ... 95
Was von der Aufmerksamkeit abhängig ist und wovon sie ihrerseits abhängig ist ... 97
Die Abhängigkeit der Aufmerksamkeit vom Interesse ... 101
Die Abhängigkeit der Aufmerksamkeit von den spezifischen intentionalen Aktivitäten und dieser Aktivitäten von ihr ... 101
Die Notwendigkeit der Aufmerksamkeit für die Verbindung von Einheiten ... 102
Die Abhängigkeit der Aufmerksamkeit von der Kapazität des kurzzeitigen Arbeitsgedächtnisses ... 103
Die Abhängigkeit des bewussten Gewahrseins von der Aufmerksamkeit ... 104
Die Beziehung der Aufmerksamkeit zu Lernen und Behalten ... 104
Die Beziehung der Aufmerksamkeit zur erzieherischen Beeinflussung ... 105
5. **Struktur und Funktion des ganzen Systems der Aufmerksamkeit ... 106**
6. **Formale Merkmale der Aufmerksamkeit ... 116**
Die Aufmerksamkeit besitzt eine Struktur, einen Prozessmodus und eine Funktion ... 116
Die Aufmerksamkeit ist ein universales System für das gesamte ZNS ... 116
Die Aufmerksamkeit besitzt gleichzeitig eine hochgradige Zentralität und eine außerordentliche Diversifikation im gesamten ZNS für die Erfüllung ihrer Funktion ... 116
Die Aufmerksamkeit passt sich sehr flexibel an den jeweiligen Bedarf der spezifischen Aktivitäten an Potentialen für ihre Aktivierung an ... 117
Die Aufmerksamkeit ist ein Modulator zwischen anderen Funktionen ... 118
Die Aufmerksamkeit ist eine Ursache in mehreren kreiskausalen Zusammenhängen ... 118

III. Interesse ... 120
Ein Phasenmodell des Handlungsablaufs ... 122
Interesse und Aufmerksamkeit im Handlungsvollzug ... 124
Annahmen über die Position von Interesse und Aufmerksamkeit im Prozess der Handlung ... 131

IV. Intentionalität ... 135
Der introspektive psychologische Befund der Intentionalität ... 135

Das Problem des neuronalen Korrelats für die Intentionalität 148
Die Intentionalität der unspezifischen Aktivitäten „Aufmerksamkeit" und
   „Interesse" richtet sich auf die Gegenstände der spezifischen Aktivitäten 149
Das Verhältnis zwischen der Intentionalität der spezifischen Aktivitäten
   und der Intentionalität der unspezifischen Aktivitäten 150
Intentionale Gegenstände sind das Resultat von Unterscheidungen 156
Der Vorgang des Unterscheidens 162
Formen, der Form entnommen 162
Konstruktion 162
Inhalt 162
Zweck 162
Erster Kanon. Vereinbarung über die Absicht 162
Kenntnis 162
Form 163
Das neuronale Korrelat zum introspektiv beschriebenen Prozess der
   Unterscheidung bei einer Gruppe von Neuronen 166
Die Unterscheidung und Verbindung in der Struktur und in der
   physiologischen Funktion von neuronalen Netzwerken 174
1. Divergenz-Schaltung 174
2. Konvergenz-Schaltung 175
3. Konvergenz-Divergenz-Schaltung 176
4. Divergenz-Konvergenz-Schaltung 176
Die Korrelation zwischen dem psychischen Phänomen der Intentionalität
   und dem neuronalen Prozessieren 180
Die Produktion der intentionalen Information durch die Kooperation von
   Interesse und Aufmerksamkeit mit der spezifischen Intentionalität 193

V. Kurzzeitiges Arbeitsgedächtnis (KAG) 198
1. Psychologische Befunde und Annahmen über das kurzzeitige Behalten bei einer Sequenz von Einheiten 199
Die Form der experimentellen Erforschung des kurzzeitigen Behaltens 199
Die Kapazität des KAG 203
Es gibt innerhalb der Kapazität des KAG Formen der Organisation der
   aktivierten Informationen 208
Die Theorie der multiplen kurzzeitigen Arbeitsgedächtnisse 213
2. Neurologische Befunde und Annahmen zum KAG 218
Das KAG ist ein eigenständiges System, in dem alle bewussten
   spezifischen Aktivitäten auftreten und das mit neuronalen Aktivitäten im
   präfrontalen Kortex korreliert 219
Phonological loop 220
Visiospatial stetchpad 220
Central executive 221
Der frontale Kortex steuert die Verbindung zwischen sukzessiv
   wahrgenommenen Items 221
Der Mechanismus des verdeckten Rehearsals kommt durch die Aktivierung
   von Arealen des frontalen Kortex, der spezifischen Funktionen und der
   Aufmerksamkeit zustande 223
3. Die Funktion des KAG im Prozess der Handlung 225

4. **Die Kooperation des KAG mit Aufmerksamkeit, Interesse und Intentionalität** **229**
   Die selektive Funktion des KAG ist abhängig vom Handlungsplan und damit vom Interesse an etwas 229
   Die Gedächtnisfunktion des KAG ist abhängig von der Aufmerksamkeit und vom Interesse 230
   Die Aktivierung von spezifischen Intentionen ist abhängig vom KAG, von der Aufmerksamkeit und vom Interesse 233
   Die Bewusstheit ist beschränkt auf die Kapazität des KAG 234
   Das Handeln ist abhängig vom KAG 234
   Die Gedächtnisfunktion des KAG ist abhängig von einem allgemeinen Mechanismus des Behaltens 235

VI. **Die Kooperation zwischen Aufmerksamkeit, Interesse, Intentionalität und KAG ergibt die Funktion des Prozessors der menschlichen Informationsverarbeitung** **236**
   1. **Die Existenz eines zentralen Prozessors für die Verarbeitung von automatisch generierter Information** **236**
      Der Prozessor der Informationsverarbeitung operiert auf automatisch generierter spezifischer Information 236
      Der Prozessor der Informationsverarbeitung hat seinen neuronalen Ort im Corpus cingulum des limbischen Systems, im Thalamus, im präfrontalen Kortex, in den Scheitellappen und in den Schläfenlappen des Kortex 241
   2. **Ein Komponentenmodell des Prozessors für die Generierung von Information** **244**
      Ein Modell der Kooperation des Interesses, der Aufmerksamkeit und des KAG mit der spezifischen Intentionalität für die Generierung von Informationen 245
      Das Interesse resultiert aus der Gewichtung der jeweils verfügbaren Informationen 247
      Die Aufmerksamkeit aktiviert spezifische Operationen für die genauere Analyse der jeweils interessierenden Information 249
      Die spezifischen Intentionen generieren sämtliche Informationen für die Orientierung und für die Reaktion auf deren Resultate 252
      Das KAG ermöglicht durch anhaltende Aktivierung von Informationen deren Verarbeitung durch spezifische Intentionen 254
      Der Prozessor erfüllt als Ganzer eine Reihe von Funktionen 255
   3. **Die operative Natur des Prozessors** **257**
   4. **Die Dynamik des Prozessors** **259**
      Variable spezifische Funktionen 259
      Variable Zahl und Größe der voneinander unterschiedenen und miteinander verbundenen Einheiten 260
      Variable Grade von Interesse und Aufmerksamkeit 260
      Variable Dauer der Aktivität der einzelnen Komponenten des Prozessors 260
      Variable Gesamtenergie 261
      Variable Auslöser für den Prozessor 261
      Drei Beispiele für die variable Abfolge der Aktivierung der Komponenten des Prozessors 262

5. Der Prozessor generiert den Prozess des Handelns aus Orientierung und Reaktion 263
6. Allgemeine Eigenschaften des gesamten Prozessors der Informationsverarbeitung 265

VII. Lernen und Behalten sind einerseits Bedingungen für das Prozessieren des Prozessors und andererseits Resultate seines Prozessierens 272
1. Neuropsychologische Annahmen über Lernen 273
2. Neuropsychologische Annahmen über das Gedächtnis 277
   Kurzzeitiges Gedächtnis... 277
   Langfristiges Gedächtnis.. 279
   Reaktivieren des Gelernten in anderen Handlungen......................... 283
3. Lernen und Gedächtnis sind Voraussetzungen für den Prozessor der Informationsverarbeitung...284
4. Das Prozessieren des Prozessors ist Voraussetzung für Lernen und Behalten...286
   Indem die Aufmerksamkeit zur Aktivierung von spezifischen Funktionen beiträgt, beeinflusst sie auch das Behalten der von ihnen generierten Information.. 286
   Die Möglichkeit einer direkten Einflussnahme der Aufmerksamkeit auf das Gedächtnis... 287
   Die unwillkürliche Aufmerksamkeit beeinflusst das implizite Gedächtnis in automatischen Prozessen und die willkürliche Aufmerksamkeit das explizite Gedächtnis in bewussten Prozessen 288
   Auch das Maß der Aufmerksamkeit beeinflusst Lernen und Behalten 289
   Selbst das Prozessieren des Prozessors ist durch Lernen und Behalten veränderbar 290
5. Das Verhältnis zwischen der Aufmerksamkeit und dem KAG 292

VIII. Die Beeinflussung von Lernen und Behalten auf dem Wege über den Prozessor der Informationsverarbeitung.................................296
1. Die Beeinflussbarkeit von Interesse, Aufmerksamkeit, KAG und Intentionalität 298
   Möglichkeiten, das Interesse zu beeinflussen 299
   Möglichkeiten, die Aufmerksamkeit zu beeinflussen........................ 302
   Möglichkeiten, das KAG zu beeinflussen 305
   Möglichkeiten, die spezifischen Intentionen zu beeinflussen 307
   Möglichkeiten, den ganzen Prozessor zu beeinflussen..................... 308
2. Die Beeinflussbarkeit des Lernens und Behaltens durch Informationen für die Handlungsplanung des Lernenden 310
   Die Bildung von Kompetenzen durch Lernen und Behalten............. 312
   Die Beeinflussung der Bildung von Kompetenzen............................ 315
   Kurzfristige und langfristige Beeinflussung von Lernen und Behalten 320
3. Die Konstruktion von Methoden der Beeinflussung von Lernen und Behalten durch die Kombination von einzelnen Möglichkeiten der Beeinflussung 321
4. Allgemeine Kompetenzen des Erziehers 323

Schlussbemerkung 326
Literaturverzeichnis 327
Bildverzeichnis..333

Einleitung

Die Kooperation zwischen Aufmerksamkeit, Interesse, Intentionalität und kurzzeitigem Arbeitsgedächtnis tritt in jeder bewussten Aktivität des Menschen in jeder Situation auf. Ich wähle für die Vermittlung einer ersten Vorstellung vom gemeinsamen Auftreten dieser vier Phänomene die allmorgendlichen Routinehandlungen als ein beliebiges Beispiel.

Dieser Handlungszusammenhang hat als ganzer das Ziel, mit der alltäglichen Arbeit beginnen zu können, oder ganz allgemein: für den Tag bereit zu sein. Alle einzelnen Handlungen in ihm bleiben diesem Ziel untergeordnet, obwohl jede von ihnen ihr eigenes Ziel hat. Auch diese einzelnen Ziele werden keineswegs jeden Tag neu gesetzt, sondern gehören schon bis auf die eine oder andere Ausnahme zur täglichen Routine.

Jede einzelne Handlung kann ganz automatisch ablaufen, weil wir sie schon außerordentlich oft vollzogen haben, z. B. das Brotmesser aus der Schublade zu holen und auf den Tisch zu legen. Das gilt aber nicht für ihren Anfang. Selbst dann nicht, wenn es auch für die Abfolge der einzelnen Handlungen eine streng geregelte Routine gibt. Ehe das Messer gegriffen werden kann, muss nämlich wahrgenommen werden, wo es liegt, und es muss auch für die Erreichung des Ziels, die Ablage auf dem Tisch, der Tisch wahrgenommen werden. Wenn wir noch nicht ganz wach sind oder wenn wir noch an unseren letzten Traum denken oder wenn das Telefon klingelt, dann greifen wir leicht ein anderes Messer, oder das Brotmesser landet vielleicht auf der Spüle, weil wir dort noch häufiger Messer ablegen als auf dem Tisch.

Wo steckt aber in diesem Beispiel der fragliche Zusammenhang? Durch die Ziele wird entschieden, dass uns in diesem Augenblick etwas ganz Bestimmtes *interessiert* und alles andere nicht. – Durch die Ziele wird aber auch die *Aufmerksamkeit* zuerst auf den Ausgangspunkt der jeweiligen automatischen Aktivität gelenkt, die für die Erreichung ihres Ziels vollzogen werden muss. – Dort geschieht z. B. das Ergreifen des Messers an seinem Platz. Das ist die Verbindung zwischen einer Wahrnehmung und einer Reaktion auf das Wahrgenommene, d. h. die Verbindung einer ganz bestimmten sensorischen Aktivität mit einer ganz bestimmten motorischen. Das Ergreifen des Messers und auch die Verbindung zwischen dem wahrgenommenen Messer und dem Zugriff auf das Messer ist uns bewusst (*Intentionalität*). – Wenn wir die ganze Handlung automatisch und unbewusst vollziehen, dann müssen wir trotzdem das Ziel im *Gedächtnis* behalten, anderenfalls kann das Ziel die sensomotorische Aktivität nicht zum Tisch lenken, auf dem das Messer abgelegt werden muss.

Offensichtlich treten alle vier Phänomene schon in der kleinsten sensomotorischen Handlung auf. Sie scheinen ihre Funktion sogar gleichzeitig auszuüben, wenn wir z. B. aufmerksam und interessiert nur beobachten, dass ein Kranichschwarm an einer Stelle kreist, d. h. seine Position wiederholt in einer bestimmten Weise verändert.

Das ist der Hauptgrund dafür, dass sie sich so schwer klar voneinander unterscheiden lassen, weshalb oft nicht sicher zu sagen ist, was dem einen Phänomen oder dem anderen zuzurechnen ist.

Wenn wir uns aber etwas gründlicher mit diesen Phänomenen befassen, dann kann schon vorwissenschaftlich jeder bei sich selbst und auch bei anderen Folgendes unterscheiden:
- dass wir uns *auf etwas* in der Welt oder bei uns selbst *richten*, mit dem ganzen Körper, mit dem Kopf, mit den Augen, mit den Händen oder Füßen, oder nur innerlich, indem wir uns an etwas erinnern, an etwas denken, etwas fühlen, etwas hoffen, etwas wünschen, etwas erwarten oder etwas phantasieren, wir also in irgendeiner Form etwas gewahren (Intentionalität),
- dass wir in dem, worauf wir uns richten, *etwas von allem anderen unterscheiden, mit anderem verbinden, beides als etwas kategorisieren und sprachlich benennen* können, indem wir z. B. ein weit entferntes Flugzeug am Himmel suchen und finden, in einem Bach eine Forelle entdecken, auf dem Gesicht eines Gesprächspartners ein freundliches Lächeln sehen, das Verfallsdatum auf einer Packung lesen, einen Schmerz an einer Körperstelle lokalisieren, ein bestimmtes Gefühl haben, den passenden Handgriff auswählen, überlegen, was wir als nächstes tun wollen, uns ein Ziel setzen, und all das in endlos vielen Fällen, solange wir bei Bewusstsein sind (Intentionalität),
- dass unsere Aufmerksamkeit auf etwas *gezogen* wird, z. B. auf eine auffällige Reklame, einen bellenden Hund, ein quietschendes Auto oder den schrillen Ton eines Weckers (unwillkürliche Aufmerksamkeit),
- dass wir aber unsere Aufmerksamkeit auch *von uns aus auf etwas richten* können, wenn wir z. B. etwas erwarten oder nach etwas Ausschau halten, das wir für die Erreichung eines Zieles gebrauchen können (willkürliche Aufmerksamkeit),
- dass wir diese Ausrichtung *wechseln* können und sie in den allermeisten Fällen sehr schnell wechseln, wenn wir z. B. auf eine Autobahn auffahren, in einem Geschäft etwas suchen oder einem Videoclip zusehen (Aufmerksamkeit),
- dass wir uns auf etwas *konzentrieren*, wenn wir z. B. unter den Passanten einen Bekannten entdecken oder etwas genauer betrachten wollen, oder aber die Konzentration auf etwas lockern oder ganz aufgeben (Aufmerksamkeit),
- dass wir die *Intensität* der Zuwendung zu etwas erhöhen oder verringern, d. h. ihren Grad verändern können (Aufmerksamkeit),
- dass wir die Aufmerksamkeit auch über mehrere Wechsel in gleicher Intensität *aufrechterhalten* oder ihre Intensität auch *willkürlich verändern* können,
- dass die Konzentration, die Intensität und die Dauer eines bestimmten Grades der Konzentration und der Intensität einen entsprechenden Grad der *Anstrengung* erfordert (Aufmerksamkeit),
- dass wir dasjenige, von dem wir etwas unterscheiden, und dasjenige, das wir unterscheiden, oder diejenigen Gegebenheiten, die wir unterscheiden und verbinden, *gleichzeitig präsent* haben, auch wenn sie ihren Ort in der Vergangenheit oder Zukunft haben (Gedächtnis),
- dass alles, was uns auf diese Weise bewusst ist, auch etwas anderes sein könnte, weshalb das, was uns meist in sehr schnellem Wechsel bewusst ist, eine *Selektion* ist, was voraussetzt, dass uns das jeweils Bewusste im Moment gegenüber allem

anderen am wichtigsten ist, z. B. ein imperatives Bedürfnis unseres Körpers zu befriedigen (Interesse),
- dass all dies noch nicht gut geht, wenn wir nach dem Aufwachen noch schläfrig sind oder wenn wir erschöpft sind, und dass es im traumlosen Schlaf überhaupt nicht stattfindet, aber beim Träumen fast so wie beim Wachen.

Das ist eine zweite Beschreibung unserer Selbst- und Fremderfahrungen, die mit der ersten darin übereinstimmt, dass das beschrieben wird, was wir ohne besondere Anstrengung und methodische Voraussetzungen beobachten können, wenn wir uns ein wenig darum bemühen, an unserer bewussten Aktivität einiges zu unterscheiden und zueinander in Beziehung zu setzen. – In beiden Beschreibungen werden aber nur Funktionen beschrieben. Es wird nämlich das beschrieben, das bewirkt wird, nicht aber die Prozesse, durch die dies zustande kommt. – Die zweite Beschreibung unterscheidet sich von der ersten nur darin, dass von ihr mehr unterschieden und miteinander in Beziehung gesetzt wird.

In beiden Beschreibungen aber bleibt in manchen Fällen unklar, ob die jeweilige Funktion nur einem der vier Phänomene zugeschrieben werden muss, und mehr noch, wie diese Phänomene zusammenhängen.

Dieser Situation in der vorwissenschaftlichen Erfahrung entspricht bis heute immer noch auch die Situation in der wissenschaftlichen Erfahrung, die sich wie jene nur auf Selbstbeobachtung stützt (Introspektion), und es entspricht ihr sogar auch noch weitgehend die Situation in der experimentellen Psychologie, die aus beobachtetem äußeren Verhalten auf diesen Zusammenhang von psychischen Phänomenen zu schließen sucht.[1] – Obwohl beide, insbesondere aber die experimentelle Psychologie, eine so große Zahl von Befunden erzielt haben, dass sie noch nirgends vollständig gesammelt und ausgewertet worden sind, ist bis heute noch nicht ganz klar, worin sich diese Phänomene genau voneinander unterscheiden und in welchem Zusammenhang sie stehen, obwohl es deutliche Unterschiede und Zusammenhänge gibt.

Da sie gleichzeitig in jeder menschlichen Aktivität auftreten, ist auch durch analytische Versuchsanordnungen schwer zu erkennen, was den einzelnen Phänomenen zugeschrieben werden kann und was erst ihrem Zusammenspiel. – Es gibt aber schon eine sehr große Zahl von neuropsychologischen Untersuchungen, durch die diese Zuschreibungen dadurch erleichtert werden, dass in ihnen vorwissenschaftliche und wissenschaftliche psychologische Befunde mit räumlich verteilten *neurologischen* Befunden verbunden werden. Auch diese Untersuchungen können wegen ihrer Vielzahl

---

[1] S. z. B. Bäumler 1991, 18: „Gegenstand der vorliegenden Erörterung ist der Begriff der Aufmerksamkeit in der Psychologie. Es wird gezeigt, daß zu diesem Begriff extrem gegensätzliche Positionen eingenommen wurden und selbst in den neueren Wörterbüchern bei seiner Definition erhebliche terminologische Differenzen bestehen."
Styles 2006[2], xii: „With respect to the topic of attention, no one yet knows exactly what the picture that we are building looks like; this makes work on attention particularly exciting and challenging. We may have some of the pieces in the wrong place or be thinking of the wrong overall picture. In this book, I hope you will find some pieces that fit together and see how some of the pieces have had to be moved as futher evidence is brought to light."

und ihrer Voraussetzungshaftigkeit von niemandem mehr vollständig überblickt werden. Sie stammen erst aus der zweiten Hälfte des 20. Jahrhunderts, insbesondere aber aus seinem letzten Jahrzehnt und aus dem ersten Jahrzehnt des 21. Jahrhunderts.

Diese Resultate der Forschung tendieren zunehmend dazu, in der Kooperation zwischen Aufmerksamkeit, Interesse, Intentionalität und Kurzzeitigem Arbeitsgedächtnis den *universalen Prozessor der menschlichen Informationsverarbeitung* zu vermuten.

Auch wissenschaftlich ist bis jetzt und möglicherweise auch in der Zukunft keine direkte und vollständige Analyse und Erklärung dieses Zusammenhanges möglich. Es kann deshalb noch nicht mit unverbrüchlicher Sicherheit nachgewiesen werden, auf welche wissenschaftlich beobachtbaren Phänomene die vorwissenschaftlich beobachteten Phänomene zurückgeführt werden können.

Stattdessen ist nur das beschreibbar, was durch die jeweilige Erkenntnismethode zugänglich ist. Durch jede dieser Methoden können im positiven Falle in ihrem Beobachtungsfeld bestimmte Befunde zuverlässig gewonnen werden. Sie sind aber zugleich begrenzt durch die Grenzen ihres Beobachtungsfeldes und durch die Möglichkeiten, ihm Befunde abzugewinnen.

Was in unterschiedlichen Beobachtungsfeldern durch unterschiedliche Messmethoden unterschieden und verbunden wird, kann miteinander wiederum auf Unterschiede und Gemeinsamkeiten hin verglichen werden. Daraus resultieren dann unterschiedliche Modelle über raum-zeitliche Zusammenhänge in bestimmten Bereichen. Auch solche Modelle vom selben oder auch von verschiedenen Bereichen können wieder miteinander auf Unterschiede und Gemeinsamkeiten hin verglichen werden. Sie können sich dann im Ganzen oder teilweise gegenseitig bestätigen oder ergänzen. Sie können aber auch unvereinbar sein, weil sie über ein und dasselbe etwas Widersprüchliches behaupten.

In dieser Untersuchung geht es daher nur darum, die gegenwärtig erkennbare Struktur dieses Prozessors so genau wie möglich zu beschreiben.

Der Zusammenhang zwischen diesen vier Phänomenen kann nur auf der Basis der heute verfügbaren Befunde und Annahmen über jedes einzelne von ihnen und über Zusammenhänge zwischen ihnen beschrieben werden. Aber dieses Wissen kann hier nicht in Gänze und schon gar nicht in der erforderlichen Ausführlichkeit dargeboten werden.

Jeder solche Versuch ist auf die *schriftliche Dokumentation* der Untersuchungen angewiesen. Deshalb ist er schon von vornherein begrenzt durch die Dokumente, die ihm zur Verfügung stehen. Mir stehen zahlreiche Dokumente über einzelne Untersuchungen bzw. Untersuchungsreihen zur Verfügung. Ich verfüge aber auch über eine größere Zahl von Dokumenten, in denen schon über die originären Untersuchungen berichtet wird (reviews). Diese beiden Textsorten lassen sich nicht streng voneinander unterscheiden, denn die Dokumente der ersten Art enthalten immer auch Beschreibungen der zweiten Art, weil sie sich an andere Untersuchungen anschließen oder sich von ihnen abgrenzen. Andererseits enthalten die Dokumente der zweiten Art in den meisten Fällen auch Berichte über eigene Untersuchungen.

Da der von mir zum Gegenstand der Untersuchung gemachte Zusammenhang außerordentlich komplex ist und es dementsprechend eine sehr große Zahl von originären Einzeluntersuchungen sehr verschiedener Art gibt, sind für mich Berichte über eine große Zahl von Einzeluntersuchungen in der Form von Monographien und umfangreichen Beiträgen die Hauptquelle. Durch diese Arbeiten wird die Masse des Materials beträchtlich reduziert, wird der Zugang zu ihm erheblich erleichtert, wird bereits eine kompetente Auswertung der originären Untersuchungen geboten und werden insbesondere schon Annahmen über den von mir zum Gegenstand gemachten Zusammenhang formuliert.

Das sind natürlich schon beträchtliche Voraussetzungen für meine Arbeit, aber jede Darstellung der Befunde und Annahmen in diesem Gebiet steht in derselben Situation, weil kein Autor nur von seinen eigenen Einzeluntersuchungen berichten kann.

Zum Glück gibt es inzwischen schon zahlreiche Sammelberichte in Zeitschriften und auch eine ganze Reihe von umfangreichen Monographien, insbesondere aus den letzten Jahren. Sie enthalten nicht nur Modelle für die jeweils untersuchten Teilzusammenhänge, sondern in ihnen ist zunehmend auch die Frage nach dem Zusammenhang zwischen diesen vier Phänomenen selbst zum Gegenstand von Hypothesen gemacht worden.

Ich werde versuchen, diejenigen Befunde und Annahmen über den Zusammenhang zwischen Aufmerksamkeit, Interesse, Intentionalität und dem Kurzzeitigen Arbeitsgedächtnis aufzugreifen, über die es schon einen großen Konsens zwischen den Forschern im jeweiligen Bereich gibt.

Diese Befunde und Annahmen werde ich einerseits so genau wie möglich dokumentieren und andererseits Schlussfolgerungen für Hypothesen über den von mir postulierten Zusammenhang aus ihnen ziehen. Zu der horizontalen Aufarbeitung der Komplexität des Untersuchungsgegenstandes kommt so eine hierarchisch gestufte Aufarbeitung hinzu.

Je besser mir dies gelingt, umso genauer wird sich auch zeigen, wo Defizite der bisherigen Forschung in diesem Gebiet liegen. Das aber wäre die notwendige Bedingung für einen produktiven Fortgang der Erforschung des Zusammenhanges zwischen diesen Phänomenen.

Es muss jedoch von vornherein klar sein, dass es bis jetzt keiner einzelnen Theorie gelungen ist, den universalen Prozessor der menschlichen Informationsverarbeitung so genau und zuverlässig zu beschreiben, dass man von einer hinreichend genauen Beschreibung, d.h. einer Theorie, sprechen könnte, über die es bereits einen stabilen Konsens gibt. Dies kann auch nicht von der Synopse der vorliegenden Befunde und Annahmen erwartet werden, die ich in diesem Buch versuche. – Nur genau in dem Maße, in dem mir diese Synopse gelingt, ist sie ein Schritt auf einem noch sehr weiten Weg.

I. Ein Zusammenhang von Hypothesen über den Prozessor der Informationsverarbeitung und dessen Funktionen für Lernen und Erziehen

Ich stelle die mir verfügbaren Befunde und Annahmen aus verschiedenen wissenschaftlichen Disziplinen und aus zahlreichen Untersuchungsrichtungen in ihnen unter einen Zusammenhang von Hypothesen über die Kooperation zwischen Aufmerksamkeit, Interesse, Intentionalität und Kurzzeitigem Arbeitsgedächtnis. Diese Hypothesen fungieren als Kriterien für die Auswahl von Befunden und Annahmen aus den mir verfügbaren Dokumenten.

Diese Hypothesen sind bereits das Resultat meiner Analysen des Forschungsstandes. Die von mir in den folgenden Kapiteln angeführten Befunde und Annahmen haben deshalb die Funktion, diese Hypothesen zu belegen, aber auch die Frage zu stellen, wie weit meine Hypothesen durch sie gestützt werden können. So ist das Verhältnis zwischen den von mir formulierten Hypothesen und den vorliegenden Forschungsergebnissen für jeden Leser überprüfbar.

Der Ausgang von Hypothesen hat daher nicht nur die Funktion, aus einer Vielzahl von Befunden und Annahmen auszuwählen, sondern auch die Funktion, zwischen diesen durch Vergleich Äquivalenzen, Differenzen und Relationen herzustellen. Nur durch diese Arbeit ist eine Sichtung des Forschungsstandes unter meinem Gesichtspunkt möglich.

1. Die Hypothesen

Ich formuliere nun eine Reihe von Hypothesen über die Kooperation zwischen Aufmerksamkeit, Interesse, Intentionalität und Kurzzeitigem Arbeitsgedächtnis.

Generalhypothese

Aufmerksamkeit, Interesse, Intentionalität und Kurzzeitiges Arbeitsgedächtnis (KAG) sind vier neuronale und psychische Prozesseinheiten, die relativ unabhängig voneinander sind, aber nur zusammen durch die Koordination ihrer Funktionen Information generieren, durch die eine Orientierung in der jeweiligen Situation und eine Regulierung von Reaktionen auf die beobachtete Situation möglich sind.

Eine zunehmend genauere Unterscheidung und Zuordnung der vier Phänomene ist erst durch den neuropsychologischen Nachweis verschiedener neuropsychischer Einheiten möglich geworden.

Vorher konnte man nur durch Selbst- und Fremdbeobachtung an der jeweiligen kompletten menschlichen Aktivität Merkmale unterscheiden. Zeitliche Bestimmungen waren nur soweit möglich, wie die jeweilige Aktivität introspektiv beobachtet oder aus dem äußeren Verhalten geschlossen werden konnte. Die Unterscheidung dieser vier Phänomene und die Bestimmung des Zusammenspiels zwischen ihnen waren daher nur möglich durch den Vergleich der funktionalen Qualität dieser Phänomene und ihres Auftretens in der Zeit.

Erst durch die Beobachtung der Aktivität von unterschiedlichen neuronalen Netzwerken an unterschiedlichen Orten des Zentralen Nervensystems (ZNS) und durch die Messung der Dauer von Aktivitäten im zwei- bis dreistelligen Bereich von Millisekunden konnten die vier Phänomene als *Funktionen von unterschiedlichen neuropsychischen Prozesseinheiten* identifiziert werden und konnte ihr zeitliches und funktionales Zusammenwirken mit einem sehr hohen Grad der Auflösung beobachtet werden.

Die Generalhypothese impliziert daher schon die allgemeine Hypothese, dass es sich bei allen vier Phänomenen um *Prozesseinheiten in neuronalen Netzwerken* handelt.

Dann aber sind alle vier Phänomene *Prozesse*, und zwar neuronal in der Form von *elektrischen Potentialen* und psychisch in der Form des *Vollzugs von Aktivitäten*. Sie sind *keine festen Entitäten*, weder neuronale anatomische Einheiten noch psychologisch „schon bei der Geburt vorhandene Kräfte", „erworbene Dispositionen", „Spuren" oder dergleichen. Ihre unterscheidbaren Funktionen entstehen nur durch die Hinzufügung oder die Verringerung von Aktivität, d. h. neuronal durch *erregende oder hemmende Potentiale für Neuronen*. Jede Beschreibung dieser Aktivierung oder Unterdrückung von Aktivitäten durch positive bzw. negative neuronale Potentiale bzw. psychische Aktivitäten ist deshalb eine *Prozesstheorie*.

Es kommt daher im Folgenden immer darauf an, welche Aktivitäten auftreten, wo sie auftreten, aus welchen Aktivitäten sie sich zusammensetzen und unter welchen Bedingungen dies geschieht.

Diese Gegebenheiten sind sämtlich nicht von statischer Natur, sondern von *dynamischer*. Die Auslösung der einzelnen Aktivitäten und damit auch ihre Wirkung aufeinander geschehen immer erst, wenn eine *Schwelle* bei der Erhöhung von elektrischen Potentialen bzw. für die Aktivierung einer psychischen Aktivität überschritten wird. Das bedeutet für die Entstehung der Phänomene ein Kontinuum des Anwachsens und für die Auslösung ihrer Funktion eine Entscheidung zwischen „alles oder nichts" (ein Netzwerk feuert, oder es feuert nicht).

Aufmerksamkeit

Das attentionale neuropsychische System erzeugt den allgemeinen unspezifischen Wachzustand sowie die unwillkürliche Aufmerksamkeit und die willkürliche Aufmerksamkeit auf etwas Bestimmtes. Das sind drei Modi und zunehmende Grade ein und desselben erregenden Potentials.

Diese drei Modi der Aufmerksamkeit haben die beiden Funktionen, zur *Erregung* wahrscheinlich aller Netzwerke des ZNS, insbesondere aber der neuronalen Netzwerke mit spezifischen psychischen Funktionen beizutragen, und gleichzeitig die Aktivierung aller nicht an der jeweiligen spezifischen Aktivität beteiligten neuronalen Netzwerke zu *unterdrücken*. Sie tragen damit zu einer *Voraktivierung* des *gesamten* ZNS und zur *selektiven* Aktivierung *bestimmter Aktivitäten* aus dem voraktivierten ZNS bei.

Das attentionale neuropsychische System hat seinen neuronalen Ort im retikularen System, das sich von einem sehr zentral im Gehirn positionierten Kern aus in das gesamte Gehirn verzweigt. – Die Potentiale des attentionalen Systems treten zu den Potentialen hinzu, die von anderen neuronalen Netzwerken in den Netzwerken für die jeweiligen spezifischen Aktivitäten eintreffen, und garantieren so, dass diese den Schwellenwert für die Produktion ihres Aktionspotentials, ihr „Feuern", erreichen.

Durch die Erzeugung des Wachzustandes wird die ständige Oszillation von neuronalen Aktivitäten, die aus einer Erregung aller Netzwerke für eine Dauer von etwa 15 ms in bestimmten Abständen besteht, auf ein Niveau angehoben, auf dem reflektorische Reiz-Reaktionsverbindungen vollzogen werden können, z. B. die Bewegung eines Beines, die Öffnung der Augenlider, ein Kratzen, ein Hinhören auf ein Geräusch oder die Empfindung eines Schmerzes. Dies beginnt schon im Traumzustand, d. h. dem sogenannten Rem-Schlaf vor dem Wachzustand.

Sofern es sich bei diesen Reaktionen nicht im strengen Sinne um spinale Reflexe handelt, sondern schon Interneuronen (zwischen sensorischem Input und motorischem Output vermittelnde Neuronen) mit im Spiel sind, können die sensomotorischen Einheiten mit dem Interesse und der Aufmerksamkeit verbunden werden.

Die Erzeugung des Wachzustandes durch das attentionale System wird seinerseits durch Signale aus dem vegetativen Nervensystem über den Körperzustand und durch Signale aus anderen Teilsystemen des ZNS ausgelöst, z. B. auch durch Signale aus dem kognitiven System.

Die unwillkürliche und die willkürliche Aufmerksamkeit werden durch das System des Interesses an einer Zuwendung ausgelöst.

Interesse

Das motivationale und das volitionale neuropsychische System haben die Funktionen der Auswahl der jeweiligen Aktivität, der Entscheidung für ihren Vollzug, der Aufrechterhaltung dieser Entscheidung für die Ausführung des Vollzugs sowie für die Funktion der Kontrolle ihres Vollzugs und ihrer Resultate. Das durch den gesamten Prozess durchgehend aufrechterhaltene Interesse an einer bestimmten Aktivität trägt direkt oder aber indirekt über die Aufmerksamkeit zur Selektion und zur Auslösung der jeweiligen spezifischen Aktivität bei.

Das motivationale und volitionale System hat seinen neuronalen Ort im ebenfalls zentral positionierten limbischen System, das mit allen anderen Systemen des ZNS vernetzt ist, insbesondere aber mit allen Systemen in der Großhirnrinde (Neocortex).

Aus der Vielzahl der spezifischen Funktionen des ZNS kann immer nur eine wohlorganisierte Zahl *gleichzeitig und sukzessiv* aktiv sein. Anderenfalls kommt es zu pathologischen Störungen bis hin zur Bewusstlosigkeit, d. h. zum Ausfall des gesamten Prozessors. Dafür muss entschieden werden, *was jeweils aktiv sein soll und was nicht*. Das ist die Entscheidung für die *jeweilige Präferenz* einer Aktivität vor allen anderen Aktivitäten.

Diese Entscheidung muss vor jedem Wechsel der aktuellen Aktivität gefällt werden. Sie besteht zum einen aus einer *Wertentscheidung* auf der Basis des jeweiligen Zustandes des gesamten Organismus mit dem Effekt der Bevorzugung der Aktivierung einer bestimmten Aktivität und zum anderen aus der *Willensentscheidung* über die Aufrechterhaltung dieser Wertentscheidung im Vollzug und bei der Kontrolle des Vollzugs sowie seines Ergebnisses.

Die motivationale und die volitionale Funktion des zentral positionierten limbischen Systems sind ihrerseits von Rückmeldungen aus dem gesamten Organismus über seinen Zustand abhängig.

Intentionalität

Jedes Bewusstsein von etwas hat die Struktur der Intentionalität. – Mit dem psychischen Phänomen der Intentionalität könnte neuronal die *Aktivierung eines Netzwerkes durch andere Netzwerke* korrelieren.

Das Aufmerken auf etwas und das Interesse an etwas sind Intentionen, die auf alles gerichtet werden können, weshalb sie als *unspezifische Intentionen* bezeichnet werden können. – Davon unterscheiden sich diejenigen Intentionen, die nur auf etwas Bestimmtes gerichtet sind, eine bestimmte Wahrnehmung, eine bestimmte Vorstellung, einen bestimmten Begriff, einen bestimmten Gedanken etc. In ihnen geht es immer um eine bestimmte Unterscheidung oder Verbindung von etwas, weshalb sie als *spezifische*, d. h. besonders geartete, *Intentionen* bezeichnet werden können.

Da unser Bewusstsein immer die Ausrichtung auf etwas *Gegebenes* ist, ist es immer auf etwas *Präsentes* gerichtet. Wenn es auf etwas Gewesenes gerichtet ist, kann man es mit Husserl als Retention bezeichnen, und wenn es auf etwas Zukünftiges gerichtet ist, als Protention. Das Gewesene oder das Zukünftige sind dann aber auch präsent. Deshalb ist das zeitlich Gegenwärtige im doppelten Sinne gegenwärtig, zum einen als *Gegenwärtiges* im Unterschied zum Zukünftigen und Gewesenen (Zeitmodus) und zum anderen als das dem intentionalen Subjekt *Präsente* (Repräsentationsmodus).

Der Terminus „Intentionalität" ist deshalb nicht beschränkt auf „Absicht", „Erwartung" oder „Ziel", weil die Antizipation von künftigen Gegebenheiten nur eine der drei möglichen Zeitmodi der Intentionalität ist.

Wenn im Bewusstsein etwas unterschieden und mit anderem in Beziehung gesetzt wird, findet die *Generierung von Information* statt. – Das aber ist uns im Bewusstsein von etwas nicht gesondert bewusst, sondern kann nur in der *Reflexion* auf jedes Bewusstsein von etwas von diesem abstrahiert werden.

Kurzzeitiges Arbeitsgedächtnis

Das KAG ist diejenige neuropsychische Einheit, die die Funktion erfüllt, die *Gedächtniskapazität für die simultane Aktivierung* zu erzeugen, die für die Unterscheidung und Verbindung der jeweils sukzessiv aktivierten Einheiten erforderlich ist.

Das KAG scheint am Ort jeder Unterscheidung und Verbindung von spezifischen Einheiten aufzutreten. – Es könnte deshalb auch eine Funktion der *Koaktivität* zwischen einzelnen Neuronen und neuronalen Netzwerken sein, durch die neue Information zustande kommt und durch die dann auch der Prozess ausgelöst wird, der zum Behalten der neuen Information führt.

Sowohl für das Kurzzeitgedächtnis (KZG) als auch für das Arbeitsgedächtnis (AG) gibt es zahlreiche psychologische Befunde. Dass das Kurzzeitgedächtnis zugleich auch das Arbeitsgedächtnis ist (KAG), ist die vorherrschende Meinung. Es gibt aber erst wenige neurologische Befunde für die Verteilung des KAG auf die Orte der jeweiligen Gegenstände des Bewusstseins.

Simultanität und Kooperation der Komponenten des Prozessors

Im bewussten Vollzug der jeweiligen gesamten Aktivität sind *alle vier Aktivitäten gleichzeitig aktiv*: Es wird nämlich eine spezifische Aktivität vollzogen, in der etwas *intendiert* wird, das im *KAG* präsent ist, weil es für den jeweiligen Menschen im Zeitmoment von *vorrangiger Wichtigkeit* vor allem anderen ist und weil ihm deshalb ein hoher Grad der *Aufmerksamkeit* gewidmet wird. Das ist eine Kooperation zwischen einem Interesse an etwas, einer Aufmerksamkeit auf etwas und einem kurzzeitigen Behalten mit einer bestimmten Intention auf etwas.

Diese Kooperation hat anscheinend die Form von wechselseitigen und regelkreisförmigen Regulierungen. Erst wenn diese Zirkularität zustandegekommen ist, gibt es die Einheit des Prozessierens des Prozessors der Informationsverarbeitung durch die simultane Aktivität seiner vier Komponenten.

Dieses Zusammenwirken könnte mit der Addition der jeweiligen elektrischen Potentiale der vier Prozesseinheiten zum Aktionspotential der jeweils aktivierten neuronalen Netzwerke mit spezifischen Funktionen korrelieren.

Wenn hier von der gesamten jeweiligen Aktivität gesprochen wird, dann sind alle neuropsychischen Teilaktivitäten gemeint, die in die Aktivität eines menschlichen Individuums in einer Zeiteinheit involviert sind. – Diese komplette Aktivität des Menschen in einer Zeiteinheit ist ein Produkt des gesamten menschlichen Organismus.

Wenn der Prozessor der Informationsverarbeitung selbstreguliert ist, dann entfällt die Suche nach einem letzten Agenten für die jeweilige gesamte Aktivität, den man *Subjekt* oder *Person* nennen könnte. Es entsteht dann auch nicht das Homunkulusproblem, das daraus resultiert, dass jeder hierarchisch höchste Agent wieder die Frage nach dem Agenten aufwirft, der ihm übergeordnet ist.

Diese Annahme eines Menschen im Menschen oder einer Person im Menschen oder wie auch immer man eine solche letzte Instanz beschrieben hat, z. B. als Seele oder Geist, hat sich bis jetzt jeder wissenschaftlichen Beschreibung entzogen und ist ihrer logischen Struktur nach tautologisch.

Der Prozessor produziert nicht nur die einzelnen spezifischen Aktivitäten, sondern auch die Einheit der Handlung

Jede einzelne komplette Aktivität ist Teil einer *Handlung*, die eine Abfolge solcher Einheiten ist, die durch ein Ziel geordnet wird. Die Einheit der Handlung besteht nicht nur aus mehreren unterscheidbaren kompletten Aktivitäten, die ein Zeitkontinuum ausfüllen, sondern sie ist wegen der zeitlichen Erstreckung der einzelnen Einheiten in der Regel auch im Zeitumfang größer als eine einzelne Einheit, weil ihr Zeitumfang die Summe aus der zeitlichen Erstreckung der jeweiligen Einheiten ist. Jedenfalls sind die einzelnen Aktivitäten in einer Handlung im Zeitumfang immer *relativ* kleiner als diese.

Sowohl die Koordination der vier Teilprozesse zum Prozessor der Informationsverarbeitung als auch die Organisation simultan aktivierbarer räumlich verteilter Einheiten zum sequentiellen Vollzug einer Handlung haben ihren Ort im präfrontalen Kortex, im temporalen Kortex und im lateralen Kortex (Stirn- Schläfen- Scheitelbereich).

Die Differenz zwischen der Einheit der Handlung und den einzelnen Aktivitäten in ihr ist irrelevant für das Problem des allgemeinen Prozessors, weil er nicht nur die einzelnen Aktivitäten, sondern auch die größere Einheit der Handlung generiert. Die spezifischen Probleme der Handlung ergeben sich aus der Notwendigkeit, topologisch verteilte neuropsychische Aktivitäten sequentiell zu ordnen. Das kann nur der Prozessor leisten.

Sofern der Prozessor der Informationsverarbeitung und die Organisation der Handlung strukturgleich sind, könnte es sich bei ihnen nur um zwei Modi ein und derselben Prozessstruktur handeln.

Die epigenetische Entwicklung des Prozessors

Es gibt eine Genese der vier Prozesseinheiten und ihres Zusammenspiels in der Entwicklung jedes Menschen, die aus genetisch determinierten Wachstumsprozessen und aus Lernprozessen besteht, die durch den Vollzug von Aktivitäten in bestimmten Umwelten (Milieubedingtheit) zustande kommen. Daraus resultieren Entwicklungsstufen mit unterschiedlichem Leistungsprofil, die aber auch auf Dauer unterschiedliche Formen sind, in denen der Prozessor prozessiert. Es scheint mindestens die folgenden drei Stufen zu geben:

Erste Stufe: Es gibt von Geburt an ein genetisch determiniertes reflektorisches Funktionieren der vier Einheiten und ihres Zusammenspiels, das als angeborener Automatismus fungiert.

Zweite Stufe: Aus dem genetisch determinierten reflektorischen Zusammenspiel entwickeln sich im Umgang mit der Welt und mit sich selbst unwillkürlich (autoregulativ) erworbene Automatismen des Zusammenspiels der vier Einheiten.

Dritte Stufe: Auf die Resultate, die durch unwillkürliches Zusammenspiel jeweils bereits erworben worden sind, kann etwa vom zweiten Lebensjahr an der Pozessor willkürlich eingesetzt werden, was die Form einer absichtlichen Verarbeitung dieser Resultate und zunehmend auch einer reflexiven Steuerung dieser Verarbeitung hat.

Erst dann kann auch der jeweilige Beginn und die jeweilige Beendigung der Kooperation zwischen den vier Einheiten willkürlich gesteuert werden. Die Aktivierung des ganzen Prozessors kann von jeder der vier Einheiten ausgehen, weil jede von ihnen jede andere anregen und von jeder anderen angeregt werden kann. Das ist neuroanatomisch die Form einer *vollständigen Vernetzung* und prozessual die Form einer *vollständigen wechselseitigen Regelung*.

Wenn im Wachzustand komplette Tätigkeiten vollzogen werden und nicht nur einzelne reflektorische Aktivitäten, dann lösen willkürliche Regelungen automatische

Regelungen von unterschiedlichem Umfang aus. – Dies geschieht dann, wenn eine Situation nicht mehr nur durch reflektorische oder automatisierte Aktivitäten gemeistert werden kann, weil bei einer Zielerreichung unerwartete oder ganz neue Gegebenheiten auftreten. – Das impliziert, dass willkürliche Regelungen immer auf der Basis von unwillkürlichen automatisierten Aktivitäten auftreten, dass sie aber auch ihrerseits solche Aktivitäten auslösen.

Durch die willkürliche Regelung des Prozessors kann seine Leistung dynamisch bis zur Grenze des jeweils Möglichen gesteigert werden, indem die einzelnen Prozesseinheiten den Grad ihrer Aktivität wechselseitig erhöhen, so dass z. B. ein extrem hohes Interesse an einem bestimmten Bereich der Welt oder des Selbst einen extrem hohen Grad der selektiven Aufmerksamkeit auslöst und im ausgewählten Bereich durch spezifische Operationen Einheiten extrem genau unterschieden und verbunden werden, soweit dies aufgrund der Ökonomie des Arbeitsgedächtnisses durch die Bildung von Chunks und durch die Abfolge der Füllungen seiner Kapazität möglich ist.

Die Erhöhung der Leistungsfähigkeit des Prozessors durch Lernen und Behalten

Die Funktionstüchtigkeit des universalen Prozessors wird durch Lernen verändert, zum einen durch die Veränderung der durch das Prozessieren bereits erworbenen und im erneuten Prozessieren verwendeten Informationen und zum anderen durch die Veränderung der Strategie des Prozessierens selbst.

Gelernt wird schon in unwillkürlichen automatischen Vollzügen, soweit sie sich automatisch an neue Gegebenheiten anpassen. Wenn eine solche Anpassung wiederholt geschieht, wird die Veränderung auch in dem Sinne behalten, dass sie ebenso leicht und schnell vollzogen werden kann wie die schon vorhandenen Automatismen.

Gelernt wird das, was in unwillkürlichen und insbesondere in willkürlichen Aktivitäten *erstmalig* getan werden muss. In diesem Fall müssen neue Unterscheidungen getroffen und diese mit anderen Unterscheidungen verbunden werden. Dafür muss erstmalig eine neue Kombination von Aktivitäten hergestellt werden. Um deren Aktivierung zu erreichen, müssen die elektrischen Potentiale des universalen Prozessors hinreichend sein. Diese Bereitstellung von Ressourcen wird als Anstrengung erfahren.

Lernen ist deshalb die Leistung einer Selbstveränderung, die nur von dem betreffenden menschlichen Individuum selbst erbracht werden kann.

Die Beeinflussung der Veränderung der Leistungsfähigkeit des Prozessors von außen und von innen

Das Zustandekommen einer Lern- und Behaltensleistung kann von außen, d. h. durch den *Umgang* des Lernenden mit der Welt und mit sich selbst und *auch absichtlich durch einen anderen Menschen* angeregt und unterstützt werden.

Sie wird dann angeregt durch die Gegebenheiten der *materiellen* und *belebten Natur*, durch den *Umgang mit anderen Menschen* sowie durch *Kulturgegenstände*, und sie kann erleichtert werden durch deren *Arrangement* und *mediale Repräsentation*. Dafür gibt es verschiedene Bezeichnungen, z. B. „natürliche Erziehung", „Sozialisation" und „Enkulturation".

Die vom Lernenden zu vollziehenden Aktivitäten können auch durch *Informationen für ihre willkürliche Steuerung* unterstützt werden. Dies kann man als Instruktion, erzieherische Kommunikation oder intentionale (absichtliche) Erziehung beschreiben. Sobald es sich um ausgewählte schwierige Aktivitäten, insbesondere kognitiver Art, handelt, spricht man von Unterricht. Der Lernende muss dann die ihm mitgeteilte Information für die Steuerung des Prozessors benutzen.

In all diesen Fällen erhält das Individuum von außen *Informationen*, durch die es im positiven Fall in die Lage versetzt wird, eine bestimmte neue Aktivität zu vollziehen.

All dies kann aber auch durch das Individuum selbst geschehen. Dann geht die Beeinflussung vom Individuum selbst aus, d. h. von innen, dem der Ausdruck „Selbsterziehung" entspricht.

2. Möglichkeiten und Grenzen der Prüfung dieser Hypothesen

Für die Geltung dieser Hypothesen gibt es außer den allgemeinen wissenschaftstheoretischen Bedingungen einige *Bedingungen, die für diesen Erkenntnisbereich spezifisch sind.* Dies betrifft sowohl die Möglichkeiten der introspektiven und der experimentellen Gewinnung von *Befunden* als auch die theoretischen *Annahmen*, die bereits eine Interpretation der Befunde sind, und zwar den Begriffsgehalt ihrer Termini ebenso wie den Geltungsumfang ihrer Aussagen.

Die grundlegende Schwierigkeit für die Prüfung der Hypothesen liegt im Untersuchungsgegenstand, um den es hier geht, d. h. in der geistigen Aktivität des Menschen, weil die vier Phänomene in der Regel gleichzeitig in ihr auftreten, vielleicht auch nur sehr schnell aufeinander folgen und wahrscheinlich wechselseitig aufeinander einwirken. Deshalb lassen sich die einzelnen Phänomene nur sehr schwer voneinander unterscheiden und können noch schwerer die Beziehungen zwischen ihnen unterschieden werden.[2]

Dies erschwert besonders die vorwissenschaftliche Selbst- und Fremdbeobachtung, aber wie das Beispiel von Mach zeigt, auch die philosophische. – Deshalb versuchen alle experimentellen Methoden auf unterschiedliche Weise, diese Schwierigkeiten der Unterscheidung und Verbindung zu verringern, indem sie Variablen zu isolieren suchen, um sie kontrollieren und miteinander korrelieren zu können.

Welche Variablen voneinander unterschieden werden und welche Beziehungen zwischen ihnen untersucht werden, hängt aber nicht nur von der vorwissenschaftli-

---

[2] Für eine Demonstration dieser Schwierigkeiten können die folgenden Aussagen von Mach 1926, 64 dienen: „Es gibt *keinen Willen* und *keine Aufmerksamkeit* als besondere psychische Mächte. *Dieselbe* Macht, die den Leib bildet, führt auch die besonderen Formen der Zusammenwirkung der Teile des Leibes herbei, für welche wir die Kollektivnamen „Wille" und „Aufmerksamkeit" angenommen haben. Wille und Aufmerksamkeit sind so nahe verwandt, dass es schwer ist, dieselben gegeneinander abzugrenzen. Im Willen und in der Aufmerksamkeit liegt eine „*Wahl*", ebenso wie im Geotropismus und Heliotropismus der Pflanzen und in dem Fall des Steines zur Erde. Alle sind in gleicher Weise rätselhaft oder in gleicher Weise verständlich. Der Wille besteht in der Unterordnung der weniger wichtigen oder nur zeitweilig wichtigen Reflexakte unter die die Lebensfunktion leitenden Vorgänge. Diese leitenden Vorgänge sind aber die Empfindungen und Vorstellungen, welche die Lebensbedingungen *registrieren*."

chen Erfahrung mit diesen vier Phänomenen und ihrem Zusammenspiel in der geistigen Aktivität ab, sondern auch von den jeweils aufgestellten Hypothesen über diese Sachverhalte und von den verfügbaren und gewählten Beobachtungsmethoden für die Gewinnung von Befunden, d. h. von den jeweiligen Versuchsanordnungen.

Die *experimentelle Psychologie* kann direkt nur Variablen in der *Umgebung* der Versuchspersonen und in deren *äußerem Verhalten* sowie Beziehungen zwischen diesen Variablen beobachten, d. h. Reize und die Reaktionen auf sie. Nur sie sind von beliebigen Subjekten, die die entsprechenden Beobachtungsmöglichkeiten beherrschen, beobachtbar. Das Maß der Übereinstimmung zwischen solchen Beobachtungen gilt als Maß für die Objektivität des Beobachteten, d. h. für seine Unabhängigkeit vom einzelnen Beobachter.

In unserem Fall sind dies primär die sichtbaren und hörbaren Variablen in der Umgebung des Probanden sowie körperliche Reaktionen des Probanden auf die Aufnahme der Photonen und Schallwellen. In den Experimentalanordnungen wird deshalb mit graphischen Gegebenheiten (Punkten, Dreiecken etc.), mit akustischen Gegebenheiten, mit Zeichen (Buchstaben, Zahlen, Symbolen), mit Bewegungen des Körpers, insbesondere der Augen und Hände, mit Reaktionen der Haut, des Herzens, des Stoffwechsels etc. gearbeitet.

> Unlike auditory information, which is a pattern of frequencies distributed in time, visual information is distributed in space and usually endures over time. In visual experiments, the whole display can be presented simultaneously in parallel, which allows different kinds of experiment. Not only can we measure the accuracy of selective visual attention, but we can control the time for which the stimulus is available and manipulate the physical and/or the semantic relationship between targets and distractors. (Styles 20062, 27)

Diese physischen Variablen erlauben unterschiedliche Messungen mit einem hohen Grad an Genauigkeit. Mit der zunehmenden Verbesserung dieser Messmöglichkeiten, z. B. im akustischen Bereich, aber auch bei Zeitmessungen bis in den Bereich von einzelnen Millisekunden, haben sich auch die Beobachtungsmöglichkeiten verbessert.

Das sind aber keine Variablen in den psychischen Phänomenen, die untersucht werden sollen, sondern auf solche Variablen kann aus den physischen nur geschlossen werden. Das geht aber nur unter der Voraussetzung, dass es eine Vorstellung von einer psychischen Variablen gibt und dass eine stabile Beziehung zwischen der Physischen und ihr angenommen wird. Insofern sind die messbaren Variablen immer nur Indikatoren für die gesuchten Variablen.

Die *Neurologie* kann immer nur physische Einheiten und Prozesse im Gehirn beobachten. Das Gehirn unterscheidet sich aber in Vielem von der Körperoberfläche und damit vom äußeren Verhalten, das die experimentelle Psychologie beobachtet. Es ist kein peripheres exekutives Organ unseres Körpers, sondern ein zentrales, und es spielt sich nichts auf seiner Oberfläche ab, sondern nur in seinem Inneren. Deshalb hat auch die Betrachtung des aus der Schädelkalotte herausgenommenen Gehirns mit dem bloßen Auge nur wenige sichere Erkenntnisse hervorgebracht, z. B. über Größe, Gewicht, Form und unterscheidbare Teile. Das gilt selbst für diejenige Phase in der Wissenschaft des Gehirns, in der man möglichst dünne Schnitte angelegt und unter dem Mikroskop untersucht hat. Durch die von Golgi entwickelte Methode der Einfärbung dieser Schnitte konnten mit dieser Methode erstmals Nervenzellen im Hirngewebe unterschieden werden.

Erst durch eine zunehmende Zahl von physikalischen Messmöglichkeiten für elektrische Wellen, Röntgenwellen, atomare Magnetfelder, radioaktive Strahlung und chemische Stoffe konnten Strukturen und auch Prozesse im Gehirn direkt oder indirekt gemessen werden.

Auch diese Variablen sind aber keine Variablen des mentalen Untersuchungsgegenstandes, sondern auch sie sind nur Indikatoren für ihn. Die Relation zwischen den Indikatoren und den psychischen Phänomenen ist aber eine andere als für die experimentelle Psychologie.

Die Psychologie kann den beobachteten Umweltereignissen sowie den Aktivitäten der Sinnesorgane und der Muskeln die psychischen Prozesse der Wahrnehmung (Sensorik) und der Bewegung (Motorik) direkt zuordnen, weil uns diese direkte Zuordnung aus der vorwissenschaftlichen Selbst- und Fremderfahrung bekannt ist. – Für alles aber, was sich zwischen den Wahrnehmungen und den reaktiven Bewegungen abspielt, gibt es keine direkte Zuordnung zwischen äußeren und inneren Phänomenen, z. B. zwischen einem Wortlaut und seiner Bedeutung. – Strenggenommen sind aber sämtliche psychischen Phänomene, auch die der Sensorik und Motorik, die black box der Behavioristen.

Der Neurologie aber sind Indikatoren für sämtliche psychischen Prozesse zugänglich und nicht nur Indikatoren im äußeren Verhalten für die Sensorik und die Motorik, sondern auch Indikatoren für Denken, Fühlen, Werten, Planen etc. Ihre Messungen sind deshalb nicht auf den sensorischen Input und den motorischen Output der Informationsverarbeitung beschränkt, sondern sie können physische Einheiten an jeder Stelle des Gehirns untersuchen und haben deshalb Zugang zu allen psychischen Prozessen, auch denjenigen, die sich zwischen Input und Output abspielen. Durch die von der Neurologie beobachtbaren physischen Phänomene wird deshalb auch die black box unter den Bedingungen der experimentellen wissenschaftlichen Erkenntnis zugänglich.

Weil die experimentelle Psychologie ihre methodischen Standards den Naturwissenschaften abgewonnen hat, gibt es in dieser Hinsicht eine Entsprechung zwischen der Psychologie und der Neurologie.

Die Neurologie hat aber durch diese Sachlage gegenüber der Psychologie noch zwei weitere Vorteile. – Die psychischen Phänomene treten aufgrund ihrer strengen Korrelation mit neuronalen Phänomenen nicht nur zur selben Zeit, sondern auch am selben Ort mit physischen Phänomenen im Gehirn auf.

Orts- und Zeitgleichheit besagt nämlich: Immer, wenn an einer bestimmten Stelle des Gehirns in einer bestimmten Zeit ein bestimmtes Messergebnis von bestimmten physischen Prozessen erzielt wird, tritt auch ein bestimmtes psychisches Phänomen auf, das durch Selbst- oder Fremdbeobachtung beschrieben werden kann oder aber sich mit der Hilfe eines psychologischen Experiments erschließen lässt. Auf Grund dieser Sachlage erhält das *nur zeitlich* bestimmbare psychische Phänomen durch die mit ihm verbundenen physischen Phänomene *auch eine räumliche* Bestimmbarkeit.

Nur auf Grund dieser Verbindung gibt es jetzt für uns nicht nur eine zeitliche, sondern auch eine räumliche Verteilung der psychischen Phänomene.

Die Orts- und Zeitgleichheit ist zuerst erkannt worden, als bei bestimmten Verletzungen des Gehirns (Läsionen) immer dieselben psychischen Ausfälle beobachtet worden sind. – Dann ist man dem durch absichtliche Eingriffe ins Gehirn von Tieren (Resektionen) nachgegangen. – Erst danach sind die nicht-invasiven Verfahren entwickelt worden, deren Resultate sich auf dem Computerdisplay bildhaft darstellen lassen (bildgebende Verfahren). – Heute kann man auch schon an einzelnen oder mehreren lebenden Nervenzellen sowohl im lebenden Gehirn (in vivo) als auch außerhalb des Gehirns (in vitro) Messungen vornehmen. Im lebenden Gehirn des Menschen exakte Messungen an einzelnen Synapsen oder an einzelnen Netzwerken vorzunehmen, steht jedoch immer noch vor großen Schwierigkeiten. Wir sind noch weit davon entfernt, die einzelnen elektrischen Impulse in Netzwerken und zwischen ihnen genau messen zu können.

Zu diesen spezifischen Schwierigkeiten der Gewinnung von Befunden für die Verschiedenheit von Aufmerksamkeit, Interesse, Interaktion und Kurzzeitigem Arbeitsgedächtnis sowie für deren Beziehungen zueinander kommen spezifische Schwierigkeiten hinzu, die auftreten, wenn man die Befunde zu *generalisieren* sucht.

Jeder einzelne Befund besteht daraus, dass eine Einheit oder ein Merkmal einer Einheit unterschieden werden können. Er ist deshalb eine Abstraktion vom jeweils Gegebenen. – Mit einem einmaligen Befund ist aber noch nicht gewiss, wie allgemein er ist, d.h. unter welchen Bedingungen das abstrakte Phänomen wieder auftritt.

So ist es eine Frage, ob der erzielte Befund auch bei anderen menschlichen Individuen auftritt oder ob sogar die Hypothese aufgestellt werden kann, dass dies bei allen menschlichen Individuen der Fall ist. – Das ist die Frage nach der Gattungsallgemeinheit des Befundes.

Eine andere Frage ist, an wie vielen Orten im neuro-psychischen System, in welchen Zeiten und unter welchen Bedingungen der Befund auftritt.

Tritt ein Befund z.B. bei allen Neuronen auf, bei allen neuronalen Netzwerken, bei einer einzelnen funktionsspezifischen Einheit oder bei einer bestimmten Klasse von funktionsspezifischen Einheiten? – Wann tritt ein Befund auf, wann nicht? (Terminierung) – Wie lange dauert der Befund an? (von Millisekunden bis zur Dauer des Lebens). – Wie häufig wiederholt er sich? – Unter welchen Bedingungen tritt der Befund an einem bestimmten Ort und mit einer bestimmten Zeitcharakteristik auf?

Das ist die *raum-zeitliche Extensionalität des Geltungsanspruchs der Hypothesen*. Er ist für das neuropsychische System vor allem deshalb so problematisch, weil die Differenz zwischen lokalen Befunden und der gesamten raum-zeitlichen Ausdehnung dieses Systems so extrem groß ist, weil seine spezifischen Zusammenhänge nur in sehr engen Grenzen durch physikalische und chemische universale Naturgesetze erfasst werden können, weil es sich um Gesetzmäßigkeiten des lebendigen Organismus handelt, weil wir es mit einer unabsehbaren Vielzahl von miteinander interagierenden Prozessen zu tun haben.

Daher ist der neuropsychische Mikrokosmos des Gehirns ein Forschungsgegenstand, der im Verhältnis zum materiellen Makrokosmos wahrscheinlich viel mehr auf die sorgfältige empirische Prüfung des Geltungsumfangs jeder Hypothese angewiesen ist.

Man muss aber auch immer damit rechnen, dass ein und dasselbe Problem an anderer Stelle des Gehirns oder in einer anderen Aktivität anders gelöst worden ist, weil die Kombinationsmöglichkeiten für die zur Verfügung stehenden elementaren Strukturen, Prozesse und Funktionen unabsehbar groß sind.

Bei jedem neuen Befund besteht deshalb die Gefahr, dass er in mehreren Hinsichten *übergeneralisiert* wird. Erst Replikationen unter unterschiedlichen Bedingungen und vielfältige Prüfungen der Vereinbarkeit mit anderen Hypothesen können die Wahrscheinlichkeit der Zuverlässigkeit des angenommenen Geltungsumfangs erhöhen. Nur in dem Maße, in dem dies geschieht, gibt es einen zuverlässigen Erkenntnisfortschritt.

Andererseits kommt es auch zu *Unterschätzungen* des Geltungsbereichs einer Annahme, wenn man eine Annahme nur den Befunden im untersuchten Bereich zuschreibt, sie aber tatsächlich in einer umfangreichen Klasse von Bereichen auftritt, wie sich nach und nach herausstellt. Das gilt für die vier Komponenten des Prozessors der Informationsverarbeitung in einem hohen Maße, weil es experimentelle Untersuchungen zu ihnen bis jetzt fast nur im sensomotorischen Bereich gibt, da dieser Bereich am besten intersubjektiv beobachtet werden kann, aber noch kaum im kognitiven und erst recht nicht im evaluativen und emotionalen Bereich.

Für die Prüfung des Geltungsumfangs dieser Hypothesen gibt es aber auch Erleichterungen, weil es bei allen um den *universalen* Prozessor der menschlichen Informationsverarbeitung geht, der *in jeder kompletten menschlichen Aktivität derselbe* sein muss. Er muss deshalb in jeder kompletten menschlichen Aktivität nachweisbar sein, und alle Unterschiede müssen entweder im Bereich seiner Variablen liegen oder aber als pathologische Anomalien angesehen werden. Deshalb sind neuronale Läsionen und psychische Pathologien wichtige Indikatoren für den Nachweis von Komponenten dieses Prozessors.

Aus dieser Singularität des universalen Prozessors der menschlichen Informationsverarbeitung resultiert das grundlegende Sachproblem, *wie er als ein einziger in jedem Moment mit allen von ihm geregelten Einheiten verbunden sein kann*, da diese Einheiten doch im gesamten Zentralen Nervensystem verteilt sind.

Es ist deshalb eine sehr spannende Frage, welche Annahmen über diesen Prozessor sich bis jetzt als stabil erwiesen haben und welche sich in Zukunft als stabil erweisen werden, so dass sie zu unserem sicheren Wissensbestand gerechnet werden können.

Ich beschreibe nun zuerst nacheinander die *vier Komponenten mit ihren Funktionen*, aus denen der Prozessor der Informationsverarbeitung besteht. Diese Beschreibung beruht auf allen diesbezüglichen Befunden und Annahmen, die mir zu Gebote stehen.

Die Reihenfolge ihrer Darstellung ist beliebig, da man von jeder Komponente zwangsläufig zu jeder anderen kommt. Ich wähle die Aufmerksamkeit zum Ausgangspunkt, weil sie sowohl in der Selbstbeobachtung als auch in der Fremdbeobachtung am besten zugänglich ist. Dementsprechend wird vorwissenschaftlich am meisten von ihr gesprochen. Es gibt über sie aber auch die meisten wissenschaftlichen Befunde und Annahmen.

Sowohl bei der vorwissenschaftlichen als auch bei der wissenschaftlichen Beobachtung werden ihr aber oft auch Funktionen der anderen drei Komponenten zugesprochen, weil diese nur schwer getrennt von ihr beobachtet werden können. So wird die Frage der Zuordnung dieser Funktionen, wie z. B. der Selektivität und des kurzzeitigen Gedächtnisses, erst im Laufe der Untersuchung zunehmend aufgeklärt werden können. Es wird uns deshalb zu schaffen machen, dass es bis auf den heutigen Tag nicht nur vorwissenschaftlich, sondern auch wissenschaftlich keinen einheitlichen Gebrauch der Ausdrücke Aufmerksamkeit, Interesse, Intentionalität und KAG gibt, weil es noch keinen fraglosen Konsens über den Zuschnitt ihres Begriffsinhaltes gibt.

Mein Untersuchungsziel ist eine durch Hypothesen geleitete spezifische Auswertung der vorliegenden Befunde und Annahmen. Diese Auswertung besteht aus der Synthese der mir bekannten Aussagen über Einheiten, über ihre Funktionen und über Relationen zwischen ihnen, über die es bereits einen hohen Konsens (Äquivalenz der Aussagen) gibt (Replikationen, Reviews), und auch aus Schlussfolgerungen aus diesen Aussagen, die bisher noch nicht gezogen worden sind.

Ich versuche, die für den dargestellten Zusammenhang in Anspruch genommenen Referenzen so genau wie möglich anzugeben. Dasselbe gilt für die Untersuchungsmethoden. Es ist aber unmöglich, die originären Untersuchungen in größtmöglicher Genauigkeit darzustellen und zu interpretieren. Das ist der Sache nach wegen des außerordentlichen Volumens dieser Untersuchungen unmöglich, aber es würde auch die Darstellung des Zusammenhanges, um den es hier geht, sehr stark beeinträchtigen. Ich verweise aber auf Darstellungen, in denen dies für bestimmte Gruppen von Untersuchungen bis zu einem gewissen Grade geleistet worden ist.

II. Aufmerksamkeit

Einige Aussagen von Mach über die Aufmerksamkeit können, so hoffe ich, einen ersten Eindruck davon vermitteln, dass es einen Zusammenhang zwischen den Phänomenen der Aufmerksamkeit, des Interesses, der Intentionalität und des Kurzzeitigen Arbeitsgedächtnisses gibt, wie schwer es aber auch ist, ihn introspektiv zu beschreiben.

Mach hat durch Selbstreflexion beobachtet, dass die Aufmerksamkeit *sowohl bei der sinnlichen Wahrnehmung als auch beim Nachdenken* auftritt, und er hat vermutet, dass sie beim Nachdenken durch das Zusammenwirken von Motorik, Sensorik und Kognition zustande komme, weil diese spezifischen psychischen Funktionen gleichzeitig mit ihr auftreten. – Über die Art dieses Zusammenwirkens aber sagt er nichts.

> Bewegungen, Empfindungen und Associationen wirken im Falle des Nachdenkens gerade so zusammen, den Zustand der intellektuellen Aufmerksamkeit zu schaffen, wie sie in dem Fall der Katze die sinnliche Aufmerksamkeit hergestellt haben. (Mach 1926, 63)

Mach hat außerdem die Abhängigkeit der *selektiven Abstraktion von Merkmalen, wie z. B.* von *„süß"* von *angeborenen Empfindungen* und *„rot"* von einem Erwerb, der von der Empfindung für *„süß"* abhängig ist, *angenommen* (bedingter Reflex). Durch diese Empfindungen werde die Reaktion auf diese Merkmale *empfindlicher,* und es werde ihnen „vorzugsweise die *Aufmerksamkeit* zugewendet". – Damit nimmt er sowohl eine direkte Beziehung der Aufmerksamkeit zu einer *spezifischen Reaktion auf Gegebenheiten der Welt* als auch eine indirekte Beziehung der Aufmerksamkeit über die spezifische Reaktion zu einem *angeborenen Bedürfnis* an.

Der Abstraktionsprozess als *Ganzer* besteht nach ihm aus den drei *Teilen* einer *Einstellung* auf eine biologisch wichtige Empfindung (süß), einem *Interesse* an Merkmalen, die mit der Qualität dieser Empfindung assoziativ verbunden sind (rot), und der Ausrichtung der *Aufmerksamkeit* auf diese Merkmale. – Das Ergebnis dieses ganzen Prozesses, die abstrahierten relevanten Merkmale, werden nach ihm in begrifflicher Form behalten, weshalb sie erinnert werden können, womit Mach eine Beziehung zwischen der *spezifischen Funktion der Abstraktion* und dem *Langzeitgedächtnis* herstellt.

> Ein Vogel nährt sich z. B. von roten, süßen Beeren. Die für ihn biologisch wichtige Empfindung „süß", für welche sein Organismus in angeborener Weise eingestellt ist, hat zur Folge, daß derselbe Organismus das auffallende und fernwirkende Merkmal „rot" erwirbt. Mit anderen Worten: Der Organismus wird für die beiden Elemente süß und rot mit einer viel empfindlicheren Reaktion ausgestattet, es wird denselben vorzugsweise die Aufmerksamkeit zugewendet, dagegen von anderen Elementen des Komplexes Beere abgewendet. In dieser Teilung der Einstellung, des Interesses, der Aufmerksamkeit besteht nun wesentlich der Prozeß der Abstraktion. Dieser Prozeß bedingt es, daß in dem Erinnerungsbild Beere nicht alle Empfindungsmerkmale des sinnlich physischen Komplexes Beere in gleicher Stärke ausgeprägt sind, wodurch sich das erstere schon der Eigentümlichkeit des Begriffes nähert. (Mach 1926, 132f.)

An der Aufmerksamkeit selbst hat Mach die Möglichkeit einer *länger anhaltenden Dauer,* den *Wechsel zwischen angespannter Aufmerksamkeit und entspannter*

Aufmerksamkeit sowie die Verbindung dieses Wechsels mit dem Phänomen der *Gegenwart* beobachtet und die *Dauer* solcher Phasen auf „mehrere Sekunden" geschätzt. – Diese Beobachtungen hat er „jedem Lernenden und Lehrenden" zugeschrieben.
Damit hat er die Aufmerksamkeit als eine Funktion beschrieben, die den Wechsel der spezifischen Funktionen übergreifen kann. Sie besitzt deshalb gegenüber den einzelnen Intentionen eine gewisse Unabhängigkeit. Es können sich daher auch unterschiedliche Grade ihrer Ausprägung abwechseln, deren Rhythmus an die Kapazität eines Kurzzeitigen Gedächtnisses gebunden ist.

> Bei kräftiger entwickeltem psychischem Leben ist auch eine länger dauernde Aufmerksamkeit möglich, allein dieselbe ist auch da nicht konstant, sondern jeder Lernende und Lehrende kann sozusagen ein stoßweises periodisches Anspannen und Nachlassen derselben beobachten. Das Nachdenken über die Lösung eines Problems erfolgt in Anläufen gegen dasselbe Ziel (...) Die Aufmerksamkeit unterliegt also auch Schwankungen. Die Dauer einer solchen Schwankung möchte mehrere Sekunden betragen, und dürfte sich ungefähr über die physikalische Zeit erstrecken, die wir physiologisch als Gegenwart auffassen und bezeichnen. (Mach 1926, 431)

In diesen Aussagen von Mach von 1926 über die Aufmerksamkeit fällt auf, dass er *nicht nur über die Aufmerksamkeit* spricht, sondern auch darüber, dass sie sich den spezifischen Funktionen der Wahrnehmung und der Abstraktion von Merkmalen vom Wahrgenommenen zuwendet (*Intentionalität*), auf die sich wegen einer angeborenen „Einstellung" des Organismus, d. h. eines Bedürfnisses, das *Interesse* richtet, und dass sie in Phasen von „mehreren Sekunden" eingeteilt ist (*Kurzzeitgedächtnis*). Dies alles beschreibt er im Kontext von lernen und lehren.

Dies ist ein Beleg dafür, dass man durch Selbstbeobachtung (Introspektion) Aufmerksamkeit, Interesse, Intentionalität und Kurzzeitiges Arbeitsgedächtnis als Komponenten einer Einheit erfassen kann. Mach wird nämlich bei seiner Beobachtung der Aufmerksamkeit nicht nur auf die drei anderen Komponenten geführt, sondern die vier Komponenten scheinen als „Teile" auch ein komplettes Ganzes zu bilden, womöglich ein System mit eben diesen vier Inputs und dem Output der Gewinnung von Information: z. B.: „Rote Beeren sind süß." – Damit ist der Weg markiert, den auch Husserl beschreitet.

1. Husserls introspektive Theorie der Aufmerksamkeit

Husserls Aussagen über die Aufmerksamkeit sind wahrscheinlich die ausführlichste Beschreibung dieses Phänomens aus dem Bereich der philosophischen Reflexion auf Selbst- und Fremdbeobachtungen und haben wahrscheinlich einen höheren Erklärungswert als die Aussagen von Mach.[3]

---

[3] Vgl. Waldenfels 2005, 310: „Husserl gehört zusammen mit William James, Henri Bergson oder Walter Benjamin zu den wenigen Philosophen des 19. und 20. Jahrhunderts, die der Aufmerksamkeit nicht bloß einen gelegentlichen Seitenblick gönnen, der rasch im Psychologischen oder Soziologischen oder neuerdings auch in der Neurologie endet, sondern ihr einen zentralen Platz in der Welterfahrung, in der Selbsterfahrung und in der Fremderfahrung einräumen."

Die folgende systematische Darstellung seiner Theorie der Aufmerksamkeit ist das Resultat einer Synopse seiner Annahmen, die in der Hauptsache aus der erst 2004 zugänglich gewordenen Vorlesung aus dem Wintersemester 1904/05 stammen.

Sie ist eine elementare Einheit des Bewusstseins

Nach Husserl ist „Aufmerksamkeit" die Bezeichnung für ein bestimmtes „psychisches Erlebnis". Damit ist sie nach seinem Verständnis eine Art der *elementaren psychischen Einheiten*, aus denen das gesamte Seelenleben besteht und die die Struktur des *Bewusstseinsaktes* besitzen. Als Bewusstseinsakt ist sie nach Husserl durch die *innere Wahrnehmung* zugänglich.

> Die Rede von der Aufmerksamkeit kann ein psychisches Erlebnis von bestimmtem Charakter meinen: Ich bin aufmerksam, wenn ich mich in einem so und so charakterisierten Bewusstseinszustand befinde, von dessen erlebter Eigenart ich mich durch schlichte ‚innere Wahrnehmung' überzeugen kann. (Husserl 2004, 101f.)
>
> Die Richtung des sich-richtenden, sich-zuwendenden Aktes geht auf den erscheinenden und überhaupt den „intentionalen Gegenstand". Dieses Intentionale ist durch einen eigenen Akt der Reflexion zu entnehmen, zu erfassen. Im ursprünglichen Akt ist er Zielpunkt, aber nicht entnommen, nicht erfasst, nicht „als seiend gesetzt". (Das Haus, das intentionale, ist Gegenstand einer Ideation). (Husserl 2004, 400)

Da nach Husserl alle Bewusstseinsakte die intentionale Struktur besitzen, *Bewusstsein von etwas* zu sein, muss auch die Aufmerksamkeit intentional und ein Bewusstsein von etwas sein. Sie richtet sich „überhaupt", d. h. generell, auf den jeweils „erscheinenden" „intentionalen Gegenstand", d. h. auf den *jeweiligen spezifischen Gegenstand*, z. B. einen gesehenen, einen gedachten oder einen geglaubten.

Das lässt sich in der Reflexion beobachten. Erst in der Reflexion kann nämlich dieser intentionale Gegenstand der Aufmerksamkeit „entnommen", „erfasst", „als seiend gesetzt" werden. Nicht im Vollzug der Aufmerksamkeit, sondern erst in der Reflexion auf sie kann erkannt werden, dass *ihr intentionaler Gegenstand der intentionale Gegenstand überhaupt* ist. Das ist eine sehr starke Annahme, die der Erklärung bedarf.

Damit ist die Beschreibung der Aufmerksamkeit ein integraler Bestandteil der Husserlschen Bewusstseinsphänomenologie und speziell auch seiner Theorie der Intentionalität des Bewusstseins. – Seine zentrale Fragestellung bei der Analyse der Aufmerksamkeit ist daher: Von welcher Art ist der intentionale Gegenstand der Aufmerksamkeit, und von welcher Art ist ihre Intention auf ihn?

Sie ist unspezifische Aktivierung von spezifischen Gegenständen des Bewusstseins

Nach Husserl ist die Aufmerksamkeit die „*merklich* machende Kraft" (Husserl 2004, 101, von mir kursiv – J.G.) eines jeweils gegebenen spezifischen intentionalen Gegenstandes (Husserl 2004, 101), ein „Aufmerken" auf ein bestimmtes Was, z. B. auf ein Wahrgenommenes, Gedachtes oder Gewünschtes.

Damit setzt aber die Aufmerksamkeit, allgemein gesprochen, eine Vorstellung, d. h. den jeweiligen intentionalen Gegenstand eines spezifischen Bewusstseinsaktes, schon voraus. Es muss nämlich schon einen spezifischen intentionalen Gegenstand geben, damit sich der „Blick der Aufmerksamkeit", ihr „Aufmerken" in „wechselnder ‚Betrachtung'" ihm zuwenden kann.

Die Aufmerksamkeit hat damit eine doppelte Intention, nämlich die Intention auf einen vorgegebenen spezifischen intentionalen Gegenstand und ihre eigene Intention, diesen spezifischen Gegenstand „merklich" zu machen.

Die Intention auf einen spezifischen intentionalen Gegenstand ist leicht zu beschreiben, weil sie auch vorwissenschaftlich so beobachtet und beschrieben wird. Diese Beobachtung wird von Husserl generalisiert.

> Man wird sagen müssen: Aufmerksamkeit ist Richtung auf Vorgestelltes. (Husserl 2004, 386)
> Sie (die aufmerkende Richtung – J.G.) geht auf das Intentionale, auf den „Gegenstand", auf den „Sachverhalt" (das ‚Vorgestellte' jedes Aktes). (Husserl 2004, 377)
> Gegenwärtigend oder vergegenwärtigend, wahrnehmend und erinnernd oder fingierend (im Vollzug eines Nichtigkeitsbewußtseins) oder auch unentschieden zweifelnd, vermutend usw. „erscheint ein Gegenständliches", es „erscheint etwas". Und in dem Vollzug dieser Akte als Zuwendungen, Richtungen – auf (Wahrnehmung-Wahrgenommenes, Erinnerung-Erinnertes etc.) geht die Richtung, der „Blick der Aufmerksamkeit" und der wechselnden „Betrachtung" des Aufmerkens eben auf dieses Was; das Erscheinende wird betrachtet. (Husserl 2004, 395)[4]

Viel schwerer aber ist es, den *eigenen intentionalen Gegenstand der Aufmerksamkeit* zu beschreiben, weil er von dem spezifischen intentionalen Gegenstand unterschieden werden muss, mit dem er gleichzeitig auftritt.

> Freilich bleibt dann noch die Differenz übrig, dass ich als Gegenstand der Aufmerksamkeit nicht das Bemerken im Sinn von Wahrnehmen, Vergleichen, Unterscheiden etc. fasse, sondern den Inhalt selbst. (Husserl 2004, 171)
> Bemerktsein ist Inhaltsein eines beliebigen psychischen Aktes; ob ihm eine besondere Spezies bemerkender Akte zugeordnet ist, lasse ich dahingestellt. (Husserl 2004, 169)

Damit ist klar, dass der eigene intentionale Gegenstand der Aufmerksamkeit der „Inhalt selbst" ist und nicht das jeweils Wahrgenommene, Verglichene und Unterschiedene. Das ist die Differenz zwischen „Gegenstand überhaupt" und spezifischen Gegenständen. – Husserl lässt aber offen, ob wir es mit zwei unterschiedlichen Klassen von Bewusstseinsakten zu tun haben. In den folgenden Sätzen in einer Beilage zur Vorlesung bemüht sich Husserl um eine genauere Beschreibung.

> Nehmen wir an, wir seien „aufmerksam" im Wahrnehmen usw., wir seien dem erscheinenden Gegenstand wahrnehmend, uns erinnernd usw. „zugewendet". Der Blick der „Zuwendung" läuft dabei über den Gegenstand hin, „betrachtet" ihn nach den erscheinenden Bestimmtheiten. (Husserl 2004, 403)
> In jedem solchen Sich-Zuwenden, in jedem in der Weise der Zuwendung statthabenden Bewusstsein eines Erscheinenden liegt ein „Blick", der im Fortgang dieses Bewusstseins nicht nur fortdauernd da ist, sondern im Allgemeinen „betrachtend" wandert über das

---

[4] Husserl 2004, 389: „So führt sich die Ansicht wirklich durch, dass Aufmerksamkeit immer Vorstellung voraussetzt. Schlichte Aufmerksamkeit ist schlichte Richtung auf Vorgestelltes. Und auf einen Charakter kann ich nur aufmerken, indem ich ihn vorstelle und erfassend und beurteilend setze".

„Erscheinende" hin (in dieses Erscheinende gehört aber nichts vom Vergegenwärtigungsmodus etc., es kann sogar ganz leer sein).
Dieses Blicken, Betrachten gehört als das Gemeinsame zu allen Akten in einem prägnanten Sinn allen „Bewusstseins", eben als wirklich und eigentlich Bewusst-haben im prägnanten Sinne. Diesem Bewusst-Haben ist es eben wesentlich, zugewendet zu sein zu dem, worauf das Bewusstsein, wie wir sagen, bewusstseinsmäßige Richtung hat, und das von Fall zu Fall je nach der „Bewusstseinsweise" verschieden „bewertet" ist. (Husserl 2004, 404)
Die genauere Analyse zeigt, dass in jedem „Akt", der in der Weise dieser Zuwendungen vollzogen ist, die Zuwendung, der Blick der „Betrachtung" etwas ist, das reine Beziehung hat auf den „Inhalt" (....) und Inhalt ist hier in unseren Beispielen das Erscheinende mit dem Bestimmungsgehalt, in dem es „erscheint".
(...) dieses Zugewendetsein, Im-Blick-Haben, Betrachten (wie wir es nur vorläufig nannten), Sehen, zu unterscheiden von jederlei wirklichem Sehen, von jederlei Wahrnehmen und mit dem Wahrnehmen gleichstehenden seinsetzenden Bewusstsein. Jedes dieses Im-Blick-Haben ist eine „Komponente" jedes Wahrnehmens und sonstigen Zuwendungsaktes (zu beachten, dass auch ein Bewusstsein der Unwirklichkeit, der Fiktion ein Zuwendungsakt sein kann) und nie und nimmer ein voller Akt. Nennen wir das Wahrnehmen, sofern es das Wahrgenommene in beobachtender, theoretischer Weise als seiend erfasst, eben ein „Erfassen", so ist das Moment der Zuwendung kein Erfassen. (...) Bloßes Zuwenden als jener Strahl der bloßen „Betrachtung" ist aber nur der abstrakte Charakter der „Intentionalität". (Husserl 2004, 405)

Hiernach unterscheidet sich die Aufmerksamkeit von allen spezifischen Bewusstseinsakten dadurch, dass sie die „reine Beziehung" der „Zuwendung" zu dem „Inhalt", d. h. zu „dem Erscheinenden mit dem Bestimmungsgehalt, in dem es ‚erscheint'", ist. Als bloße Zuwendung ist nach Husserl die Aufmerksamkeit die *universale Intentionalität auf alle Gegenstände des Bewusstseins.*

Dafür spricht auch, dass sie „im Allgemeinen ‚betrachtend' wandert über das ‚Erscheinende' hin", denn dafür muss sie notwendig unabhängig von dem jeweils Erscheinenden sein.

Diese Unabhängigkeit hat aber einen eigenen Status, denn sie ist „nie und nimmer ein voller Akt". Aber „Jedes dieses Im-Blick-Haben ist eine ‚Komponente' jedes Wahrnehmens und sonstigen Zuwendungsaktes".

Damit ist die Frage nach dem Status ihrer Unabhängigkeit von dem jeweiligen spezifischen intentionalen Gegenstand, auf den sie sich doch richtet, beantwortet: Sie kann als Komponente zu diesem Gegenstand hinzukommen. Dann braucht sie einerseits nicht fest an ihn gebunden zu sein, kann sie aber andererseits auch nicht für sich bestehen, sondern kann sie nur als Teil des ganzen Aktes von seinen anderen Teilen unterschieden werden.

Dass diese Beschreibung einen Abstraktionsprozess voraussetzt, bestätigt Husserl mit dem folgenden Satz: „Bloßes Zuwenden als jener Strahl der bloßen ‚Betrachtung' ist aber nur der abstrakte Charakter der ‚Intentionalität'".

Damit ist die Aufmerksamkeit nach Husserl im vielfach intentionalen (polythetischen) vollen Bewusstseinsakt *eine intentionale Einheit,* d. h. ein Teilakt im gesamten Akt, der aus einem Bündel von Teilakten besteht. Sie lässt sich als Teilakt abstrahieren, nicht aber als „Charakter", ein Terminus, den Husserl für „Merkmal" verwendet.

So weit so gut. Worin besteht aber die Zutat, die die Aufmerksamkeit als Komponente zum vollen Bewusstseinsakt beiträgt?
Im Unterschied zum Wahrnehmen ist sie nach Husserl kein Erfassen, sondern „das Moment der Zuwendung" (Husserl 2004, 405). Diese Art der Zuwendung, „der Strahl der ‚aufmerkenden Intention' auf den ‚Gegenstand' " (Husserl 2004, 406), führt zum „wirklich und eigentlich Bewussthaben im prägnanten Sinne" (Husserl 2004, 404), zum „Bemerktsein" (…), ist „Vorstellen des Vorgestellten" (Husserl 2004, 384), ist „Betrachten" (Husserl 2004, 404). – Dann aber wäre die Aufmerksamkeit nicht nur eine unspezifische, sondern auch eine *reflexive Intentionalität*.

Diese Beschreibungen des intentionalen Gegenstandes der Aufmerksamkeit, d. h. ihres Beitrags zum intentionalen Gegenstand des vollständigen Bewusstseinsaktes, führen zu keinem klaren Ergebnis. – Wenn nämlich der intentionale Gegenstand als Korrelat der Intention beschrieben wird, z. B. als „Betrachtetes", ist kein Unterschied zwischen dem spezifischen Inhalt des Betrachteten und dem Betrachteten an sich erkennbar. – Wenn er als das „wirklich und eigentlich Bewusst-haben im prägnanten Sinne" (Husserl 2004, 404) beschrieben wird, dann scheint der intentionale Gegenstand der Aufmerksamkeit *das generelle Phänomen* zu sein, dass uns *etwas bewusst* ist. – Dann aber gäbe es kein Bewusstsein von etwas ohne Aufmerksamkeit, mehr noch, die Bewusstheit wäre eine spezielle Leistung der Aufmerksamkeit.

In Husserls Beschreibung der Aufmerksamkeit als „merklich machende Kraft" (Husserl 2004, 101) kann man aber das Moment sehen, dass der intentionale Gegenstand der Aufmerksamkeit einen *Beitrag zum Erkennen* leistet, weil sich das Wissen vom jeweiligen spezifischen Gegenstand

> erst mit der Zuwendung der Aufmerksamkeit und auch da nur partiell und meist sehr unvollkommen in ein klares Anschauen, in ein Wahrnehmen im erfassenden Sinn, ebenso bestätigendes Erfahren verwandelt. (Husserl 1950, Ideen I, 58)

Dann aber wäre die Aufmerksamkeit zwar eine *notwendige Bedingung für zuverlässige Erkenntnis*, wären aber noch weitere Prozesse für die Erzielung von *genauem und sicherem Wissen* erforderlich. Worin aber die „begünstigenden Bedingungen" durch die Aufmerksamkeit bestehen, bleibt bei Husserl unbestimmt.

> Die Aufmerksamkeit geht auf das Bemerken. Sie liebt gleichsam die „klaren und deutlichen", nämlich die leicht merklichen Objekte, aber sie macht, was sie als bevorzugend heraushebt, nicht eben dadurch zum Leichtmerklichen. Das Dunkle, Undeutliche, Schwermerkliche wird durch Aufmerken eventuell bemerkt, aber wird nicht zum Klaren. Nun mag zwar eine nähere Analyse zeigen, dass die Aufmerksamkeit zu einer weiter fortschreitenden Realisierung solcher begünstigenden Bedingungen mit beiträgt, die sie bis zu einem gewissen Grad bereits voraussetzt. (Husserl 2004, 97)

Sie ist ein komplexes Phänomen

Außer der Intentionalität schreibt Husserl der Aufmerksamkeit noch weitere Eigenschaften zu, denn sie ist nach ihm „ein komplexes Phänomen", wofür er „einen Rhythmus von Spannung und Lösungen" anführt.

> Im Gewöhnlichen liegt, wo wir von einer aufmerksamen Betrachtung oder Hinwendung sprechen, ein komplexes Phänomen vor: ein Rhythmus von Spannung und Lösungen. (Husserl 2004, 160)

Die Aufmerksamkeit ist so lang gespannt, als der von ihr intendierte spezifische Gegenstand noch nicht gemerkt, bewusst und betrachtet ist. Sie entspannt sich, sobald diese Intention erfüllt ist.

> Und dieser Rhythmus (von Spannungen und Lösungen – J.G.) selbst begründet Lust. Das ist die Lust der Aufmerksamkeit, aber nicht Aufmerksamkeit. Oder vielmehr Lust an der Spannung und Befreiung der Aufmerksamkeit. (…) Jede gespannte Erwartung impliziert einen Zustand gespannter Aufmerksamkeit. (Husserl 2004, 160)

Mit dieser Spannung und Lösung der Aufmerksamkeit ist also nach Husserl Lust verbunden, die aus der Erwartung und der Erreichung von Erkenntnis resultieren.

Die Aufmerksamkeit erlaubt es auch, dass man sie willentlich (willkürlich) von einem spezifischen intentionalen Gegenstand zum anderen wandern lassen kann, und zwar ohne jedes Ansehen der Art des jeweiligen Bewusstseinsgegenstandes.

> Ich kann meine Aufmerksamkeit wandern lassen von dem eben gesehenen und betrachteten Schreibtisch aus durch die ungesehenen Teile des Zimmers hinter meinem Rücken zur Veranda, in den Garten, zu den Kindern in der Laube usw., zu all den Objekten, von denen ich gerade „weiß", als da und dort in meiner unmittelbar mitbewußten Umgebung seiend. (Husserl, Ideen I 1950, 58)

Sie ist abhängig vom Interesse

Die Aufmerksamkeit ist *abhängig vom Interesse*, das seinerseits *abhängig* ist *vom Willen*.

Nach Husserl ist das Interesse, ebenso wie die Aufmerksamkeit, ein „zeitlich kontinuierlicher, bei allem inneren Wechsel streng einheitlicher Akt" (Husserl, 2004, 107).

Die Zuwendung des Interesses zu einem Gegenstand hat die Funktion „einer Bevorzugung, einer Auszeichnung", während die Abwendung die Funktion hat, dass etwas „abgewiesen, hintangesetzt" wird.

Damit unterscheidet das Interesse strikt zwischen „positiv" und „negativ". Das ist eine absolute Unterscheidung zwischen „alles oder nichts". Es gibt keine Graddifferenz zwischen der positiven und der negativen Ausrichtung der Bewertung durch das Interesse im Sinne Husserls und deshalb auch keine Alternative zu Zuwendung oder Abwendung. So entscheidet das Interesse darüber, was jeweils zum Gegenstand des Bewusstseins wird. – Das ist die *Selektionsfunktion* des Interesses.

Diese Selektion findet in einem „Untergrund von Wahrnehmungen und sonstigen objektivierenden Akten" statt. Sie setzt deshalb schon intentional Gegebenes voraus.

Als Zuwendung zum „erkenntnismäßigen Besitz oder Erschauen des Gegenstandes" ist dieses Interesse ein „theoretisches Interesse" und deshalb nicht gleichzusetzen mit Bedürfnis oder mit Begehren.

Die Aufmerksamkeit richtet sich auf den durch das Interesse ausgewählten Gegenstand und nicht auf das, was das Interesse „abgewiesen", „hintangesetzt" hat. Die Zuwendung der Aufmerksamkeit setzt deshalb die Selektion dieses Gegenstandes durch das Interesse voraus.

> Die Hinwendung eines Interesses auf einen Gegenstand hat den Charakter einer Bevorzugung, einer Auszeichnung. Die Abwendung des Interesses ist das entsprechende Negativum, es wird etwas abgewiesen, hintangesetzt. Das sind auszeichnende Aktcharaktere, weil sie eben in phänomenologisch eigentümlicher Weise sich auf einen Untergrund von Wahrnehmungen und sonstigen objektivierenden Akten aufbauen und sich nicht auf den ganzen Untergrund in gleicher Weise aufbauen, sondern in ihm Glieder eben auszeichnen (…)
> Aufmerksam im prägnantesten Sinn sind wir auf dasjenige, womit wir speziell, in positiv auszeichnender Weise beschäftigt sind, auf das übrige sind wir u n a u f m e r k s a m.
> (Husserl 2004, 116)

Diese Art der Gewichtung wird man genauer als *das jeweils dominante Interesse* bezeichnen müssen. Sie leistet nämlich die *Selektion der jeweiligen Ausrichtung des Bewusstseins auf etwas in etwas*, z. B. auf die Grenzen zwischen Farbflächen in einem Gemälde. – Im Bereich des jeweils dominanten Interesses kann dann aber die Aufmerksamkeit eine *Suchfunktion* erfüllen, indem sie das im Fokus des Interesses Stehende selbst oder seinen Kontext abtastet und dadurch Differenzierung und Relationierung ermöglicht. Mit diesem Geschehen ist meist eine unwillkürliche, d. h. nicht bewusst gelenkte, Ausrichtung der Aufmerksamkeit verbunden, die man allerdings auch bewusst gewähren lassen kann.

Husserl schreibt diesem Interesse Spannung und Lösung sowie eine mit der Lösung verbundene Lust zu. Spannung und Lösung sowie Lust an beidem aber hat Husserl auch der Aufmerksamkeit zugeschrieben.

> Ich unterscheide erregtes (gespanntes) und beruhigtes (gelöstes, entspanntes) Interesse oder besser: gespanntes, gefesseltes, entspanntes, befreites und freies, ruhiges Interesse. Der einfache Akt des gespannten Interesses ist ein Beziehungsgefühl, es hat Beziehung zum künftigen Eintritt einer gewissen, durch ein A bedingten, zugehörigen Entspannung und Erreichung des Zustandes freien Interesses. Entspannung, Befreiung haben einen entschiedenen Lustcharakter, Spannung (hat) einen Unlustcharakter (…)
> Im Übergang von Spannung zu Lösung tritt Erkenntnis ein. Das der Lösung zugrunde Liegende ist erkannt. Insofern hat die Spannung Beziehung zu Erkenntnis. Sie ist auch die Ursache der Erkenntnis. Erkenntnis (ist) also primäre Wirkung des gespannten Interesses. Das gelöste Interesse ist Erkenntnis selbst. (Husserl 2004, 159)
> Es gibt also gespanntes Interesse am Gegenwärtigen, aber auch gespanntes Interesse am Künftigen, eine auf das G e g e b e n e gerichtete und eine vorgerichtete, dem Künftigen entgegenstrebende Spannung. (Husserl 2004, 183)

Von besonderer Bedeutung in unserem Zusammenhang ist die Beziehung, die Husserl zwischen *Erkenntnis und Interesse* postuliert: Die Spannung des Interesses ist nach ihm sogar „die Ursache der Erkenntnis", weshalb die Erkenntnis „primäre Wirkung des gespannten Interesses", ja, sogar das „gelöste Interesse" „Erkenntnis selbst" ist. Das ist als *Identität zwischen Interesse und erzielter Erkenntnis* befremdlich, zumal Husserl manchmal auch die *Aufmerksamkeit mit dem Interesse* identifiziert. Das stellt alle Bemühungen Husserls um die Unterscheidung zwischen Aufmerksamkeit, Interesse und spezifischer Intentionalität und um den Aufweis von Beziehungen zwischen ihnen in Frage.

Husserl unterscheidet die *Lust an der Erkenntnis* vom Interesse und macht sie vom Interesse abhängig. Auch dies entspricht der Sachlage bei der Aufmerksamkeit und dann auch noch beim Willen.

> Mir erscheint also das Interesse als ein eigenartiger Bewusstseinszustand; es ist eine eigentümliche Teilnahme an einem Inhalt, die eine gewisse Verwandtschaft mit der Lust besitzt, aber doch nicht mit Lust zu identifizieren ist (...) Interesse begründet nun aber oft Lust, und ein theoretisches Interesse begründet theoretische Lust, die Lust an der Forschung. (Husserl 2004, 167)
>
> Der Rhythmus von Spannung und Lösung in dem zeitlich kontinuierlichen, bei allem inneren Wechsel streng einheitlichen Akt des Interesses erregt Lust, die mit diesem ganzen Verlauf innig verschmolzen ist (...) Doch ist das Interesse nicht selbst die Lust, sondern diese ein sekundär an das Interesse in seinem rhythmischen Verlauf sich Anknüpfendes. (Husserl 2004, 107)[5]
>
> Die Lust, die er (C. Stumpf – J.G.) allein im Auge haben kann, ist nicht die Lust am Bemerken, sondern Lust an den Betätigungen des Interesses, die unseren Sinn von „Aufmerksamkeit" bestimmen, näher die Lust am Rhythmus der auf die betreffende Gegenständlichkeit gerichteten, sich bald spannenden, bald lösenden Erkenntnisinteressen. Auch wir definieren also Aufmerksamkeit als Interesse. (Husserl 2004, 114)
>
> Und so ist es mit dem Interesse der Aufmerksamkeit, die von uns gedacht ist als theoretisches Interesse, als Interesse an dem erkenntnismäßigen Besitz oder Erschauen des Gegenstandes selbst. (Husserl, 2004, 115)
>
> Aber da müssen wir offenbar unterscheiden zwischen dem Interesse, das Aufmerksamkeit ist, und dem Interesse, das aufmerksam macht. (...) Wirklich aufmerksam sind wir aber (...) erst, wenn wir in besonderer Wahrnehmung das gegenständliche Moment für sich haben und nun damit ‚beschäftigt' sind. (Husserl 2004, 118)

Husserl schreibt dem Interesse auch noch weitere Eigenschaften zu, die häufig der Aufmerksamkeit zugeschrieben werden: die *Konzentration* auf ein einzelnes Objekt, die *Verteilung* auf mehrere Objekte, den davon abhängigen unterschiedlichen Grad der *Intensität*, der von der Begrenzung der *Kapazität* für Bewusstes („Enge des Bewusstseins") abhängig gemacht wird.

> Die „Enge des Bewusstseins" bedeutet in diesen Beziehungen die Minderung der Intensität, welche das Interesse mit der Zersplitterung auf mehrere Einzelobjekte (und zwar ceteris paribus proportional zu ihrer Anzahl) erfährt. Aber auch in der Beschränkung auf ein einzelnes Objekt gilt, dass sich das Interesse bald auf ein einzelnes seiner Momente, auf irgendeinen Teil oder eine Bestimmtheit „konzentrieren", bald auf eine Mannigfaltigkeit solcher „verteilen" kann, und im letzteren Fall schwächt sich die Intensität der auf die Einzelheiten des Objekts entfallenden Teilinteressen. Hier wie dort hängt aber von der Intensität des Interesses die Fülle der Auffassungen ab, die sich an das zunächst aufgefasste Einzelne knüpfen. (Husserl 2004, 99)

---

[5] S.a. Husserl 2004, 108: „Sehen wir von den durch die Sachen erregten Gefühlen ab, und halten wir uns an die „Lust des Bemerkens", die uns hier aber vielmehr als Lust an dem Rhythmus des sich spannenden und zugleich lösenden Interesses erscheint, also wenn man will eine Lust (an dem Fortgang) des Aufmerkens, so ist sie nach innerer Bestimmtheit und nach Intensität eine Funktion des zugrunde liegenden Interesses."

Vom Interesse unterscheidet Husserl den *Willen*. Vom Willen ist die *willkürliche Aufmerksamkeit* ebenso abhängig wie vom Interesse. Auch der Wille ist eine *intentionale Aktivität*, die unerfüllt und erfüllt sein kann, weil sie auf etwas gerichtet ist, das sie erreichen oder nicht erreichen kann.

Ich aber möchte die zweite Möglichkeit festhalten und Interesse als eine besondere Weise der Hinwendung ansehen, so verschieden von Lust wie es der Wille ist. (...) (Husserl 2004, 171)

Im Fall der Aufmerksamkeit gibt der Wille den Anstoß; als Erfolg tritt Aufmerksamkeit eben ein, die sich von der unwillkürlichen durch nichts unterscheidet als durch die Vorbereitung durch den Willen und durch die Befriedigung, die im Eintritt des Gewollten liegt. (Husserl 2004, 171)

Die Beziehungen zwischen Aufmerksamkeit, spezifischen Intentionen und Interesse

Husserls Aussagen über das Verhältnis zwischen Erkennen, Aufmerksamkeit und Interesse widersprechen sich.

Auf der einen Seite stehen Aussagen, die besagen, dass wir es mit drei Bewusstseinsakten zu tun haben, die als „Komponenten" (Husserl 2004, 384) des gesamten Bewusstseinsaktes anzusehen sind und deren Intentionalität komplementär zueinander ist.

Auf der anderen Seite stehen Aussagen, nach denen Erkennen, Aufmerksamkeit und Interesse ein und dasselbe sind („Auch wir definieren also Aufmerksamkeit als Interesse", Husserl 2004, 114; „Interesse, das Aufmerksamkeit ist", Husserl 2004, 118) oder das eine ein Attribut des anderen ist („Interesse der Aufmerksamkeit", Husserl 2004, 115).

Für uns ist nur die Komponenten-Version von Interesse, weil es keinen Erkenntnisgewinn bringt, wenn Unterscheidbares identisch gesetzt wird und weil uns der Beziehungszusammenhang zwischen den vier Komponenten interessiert. Husserl unterscheidet die folgenden Beziehungen:

- *Die spezifischen Intentionen des Erkennens (Wahrnehmen und Denken, d. h. Abstrahieren, Generalisieren des Abstrahierten und Verknüpfen des Abstrahierten zu Urteilen und Schlüssen) liegen einerseits schon der Aufmerksamkeit zugrunde, werden aber andererseits auch durch die Aufmerksamkeit „gefördert".*

Die Aufmerksamkeit richtet sich auf die intentionalen Gegenstände der Erkenntnisakte. Dafür müssen sie ihr vorgegeben sein. – Es bleibt aber unklar, was genau vorgegeben ist, und es bleibt auch unklar, ob diese Vorgegebenheit die Form der zeitlichen Relation der *Vorgängigkeit*, die logische Relation der *notwendigen Bedingung* oder die Form einer *simultanen kombinatorischen Relation* besitzt.

Sobald sich die Aufmerksamkeit auf die intentionalen Gegenstände des Erkennens richtet, *erleichtert* dies die Erhöhung der Genauigkeit und Kontrolle der erkennenden Akte. – Die Aufmerksamkeit führt nicht selbst solche zusätzlichen Erkenntnisakte aus, sondern „fördert" nur ihren Vollzug. Auf welche Weise dies geschieht, bleibt offen.

- *Das Interesse verursacht das Erkennen. Das Interesse lenkt aber auch die Aufmerksamkeit auf den intentionalen Gegenstand des Erkennens, so dass diese als die „merklich machende Kraft" (Husserl 2004, 101) ihre Funktion ausüben kann.*
  Das Interesse erscheint uns nach dem Erörterten mit Recht als eine das Bemerken fördernde Kraft. Schon bei der geringsten Artikulation, die es als neu erregtes zeigt, bedingt es Wahrnehmen. (Husserl 2004, 108)
  Alle Erkenntnistätigkeiten sind entweder Betätigungen des Interesses oder beruhen darauf. (Husserl 2004, 163)
- *Das Erkennen ist damit sowohl vom Interesse und dem Willen als auch von der Aufmerksamkeit abhängig. – Das Interesse leistet seine Selektion, es bewirkt als Wille die Durchführung des Erkenntnisaktes, es konzentriert sich auf einen einzelnen Gegenstand, verteilt sich auf mehrere und regelt die Kapazität des Bewusstseins. – Die Aufmerksamkeit fördert in Abhängigkeit vom Interesse die Verarbeitung eines spezifischen Gegenstandes des Bewusstseins.*
- *Zwischen den drei Komponenten gibt es einen kreisförmigen Zusammenhang der Aktivierung bzw. der Abschwächung: Das Erkennen von Unvertrautem/Neuartigem löst Interesse aus, das die Aufmerksamkeit aktiviert, die das Erkennen unterstützt. – Beim Erreichen des Erkenntniszieles erlischt das Interesse an diesem Erkennen, was die Aufmerksamkeit deaktiviert. – Das Interesse wendet sich dann einem anderen Gegenstand zu.*

Im Wechsel der kreisförmig ineinander zurückführenden Intentionen, bei einer allseitigen und erschöpfenden Betrachtung schwächt sich das Interesse bezüglich seiner Intensität, weil alle einzelnen Intensitätselemente an Stärke verlieren. Sind die Wahrnehmungszusammenhänge öfters durchlaufen und uns jede Einzelheit vertraut geworden, so „verliert die Sache das Interesse", sie wird langweilig. In Wahrheit mag das Interesse nicht verloren, aber so schwach sein, dass andere Gegenstände bzw. die durch sie erregten Interessen im Wettstreit um das Bemerken siegen können. Diese neuen Interessen bedingen die wahrnehmende Heraushebung ihrer Gegenstände und die Inszenierung neuer Wahrnehmungs- und Interessenverläufe. Verläuft der Wechsel des Interesses gezwungenermaßen in einem beschränkten Kreis längst vertrauter Gegenstände, wollen sich keine neuartigen Gegenstände und Interessen darbieten, so vollzieht (sich) die „Zu- und Abwendung des Interesses" mit steigender Unlust – mit Langeweile. (Husserl 2004, 108)

Diese Kreisform ist das stärkste Argument für die relative Selbständigkeit der drei von Husserl unterschiedenen Einheiten (Es fehlt das kurzzeitige Arbeitsgedächtnis) und für ihre wechselseitige Einflussnahme aufeinander. Mit dieser Struktur beschreibt Husserl das, was man heute als „Kreiskausalität" und „operativ geschlossenes System" beschreibt.

Die von Husserl gemachten Unterscheidungen zwischen spezifischen Intentionen und den universalen Intentionen des Interesses und der Aufmerksamkeit sowie seine Annahmen über einen Selbstregelungskreis zwischen ihnen unterstützen die anfangs formulierten Annahmen über die Einheit eines allgemeinen Prozessors der menschlichen Informationsverarbeitung, obwohl bei Husserl noch keine Rede von einer elaborierten Theorie dieses Zusammenhanges sein kann, wofür eklatante Widersprüche ein Indiz sind.

Das Gesamtphänomen der Aufmerksamkeit nach Husserl

Nach Husserl ist damit für die Aufmerksamkeit insgesamt kennzeichnend:

- *Sie ist ein Bewusstseinszustand, ein Erlebnis oder ein Bewusstseinsakt und hat als solche eine bestimmte Art der Intentionalitat, nämlich das „Aufmerken" auf einen spezifischen Gegenstand des Bewusstseins, z. B. auf einen visuellen, einen begrifflichen, einen zukünftigen, einen potentiellen, einen wertvollen oder einen wertlosen etc. Diese Intentionalität beschreibt Husserl auch als „‚Vorstellen' eines ‚Vorgestellten'".*

Wenn Husserl die Intentionalität der Aufmerksamkeit kennzeichnet als „Richtung-auf", „aufmerken" und „betrachten", dann beschreibt er die Art ihres Vollzugs (Beschreibung der Noesis). – Wenn er sagt, es gehe dabei um einen spezifischen Beitrag der Aufmerksamkeit zu „dem Inhalt selbst" von „Wahrnehmen, Vergleichen, Unterscheiden etc.", nämlich um „das Vorstellige des Vorgestellten jedweden Gegenstandes des Bewusstseins", dann beschreibt er den intentionalen Gegenstand der Aufmerksamkeit (Beschreibung ihres Noema).

Danach ist es die Leistung der Aufmerksamkeit, dass das jeweils Wahrgenommene und Gedachte uns erscheinen, vorgestellt, d. h. uns bewusst werden kann. Sie ist der „Blick" auf den jeweiligen spezifischen Gegenstand des Bewusstseins, wie Husserl auch sagt.

> Wir müssen wohl sagen: Der Akt richtet sich auf einen Gegenstand, das sagt, ein Gegenständliches „erscheint" (und im vollzogenen Akt geht der Strahl der Aufmerksamkeit darauf), ist überhaupt „vorstellig", und dieses „Vorstellige" ist nur ideales Aktkorrelat. Und zwar in allen Akten dieselbe Komponente kommt hierbei in Frage, die Komponente „Vorstellen" eines „Vorgestellten". (Husserl 2004, 384)

Damit ist der Gegenstand der Aufmerksamkeit etwas anderes als die jeweiligen spezifischen Gegenstände des Bewusstseins, nämlich etwas, *was an ihnen allen auftritt und was sie uns überhaupt erst zugänglich macht.*

- *Das impliziert, dass der Akt der Aufmerksamkeit eine Komponente derjenigen vollständigen Bewusstseinsakte ist, durch die wir etwas Bestimmtes erkennen.*
- *Er ist eine Teilintention des polythetischen (polyintentionalen) Ganzen dieser Akte, und damit ein Teil seiner synthetischen Einheit.*
- *Da die Bewusstseinsakte nach Husserl reale psychische Einheiten sind, ist auch die Aufmerksamkeit eine reale psychische Einheit, weil sie eine Komponente von ihnen ist. Als „merklich machende Kraft" ist sie eine Aktivität.*
- *Die Aufmerksamkeit setzt nach Husserl eine spezifische Intention voraus, auf deren Gegenstand sie sich richten kann. Das besagt, dass es bereits etwas Vorstellbares geben muss, also eine spezifische Intention schon vorliegen muss.*

Somit steht die Aufmerksamkeit zu einer bestimmten spezifischen Intention in der Beziehung, dass diese eine *notwendige Bedingung* für sie ist, denn ohne eine solche Intention hat der intentionale Gegenstand der Aufmerksamkeit keinen Gegenstand, den sie betrachten kann.

- *Die Aufmerksamkeit ist aber nach Husserl auch selbst die Voraussetzung für spezifische Intentionen, nämlich für klares und deutliches Erkennen.*
Ohne eine Konzentration der Aufmerksamkeit kommt danach das „explizite Vorstellen" (Husserl 2004, 119) d.h. die Höchstform des Unterscheidens und Relationierens, nicht zustande.
- *Die Aufmerksamkeit ist außerdem vom Interesse abhängig. Es ist schon das Resultat einer Selektion, dass der Aufmerksamkeit dieser Gegenstand vorliegt und kein anderer. Der jeweilige Gegenstand muss für den jeweiligen Augenblick allen anderen Gegenständen vorgezogen worden sein, damit er vorzugsweise zum Gegenstand der Aufmerksamkeit gemacht werden kann.*

Bei diesem Vorziehen geht es nur um die Entscheidung, was *als Nächstes* zum Gegenstand des Bewusstseins wird, weil es für den Organismus *wichtig* ist, und nicht um den positiven oder negativen *Wertgrad* des so bevorzugten, den er unter anderen Gesichtspunkten haben mag. Die Aufmerksamkeit richtet sich sogar immer dann auf Negatives, wenn es für den Organismus, und insbesondere für sein Überleben, *wichtig* ist, sich mit ihm zu beschäftigen.

Dieses Verhältnis der Aufmerksamkeit zur Wertentscheidung („Stellungnehmen") die mit dem Interesse gegeben ist, bezeichnet Husserl an einer Stelle als „verwoben"– sein. Damit bleibt *unbestimmt, was von wem abhängig ist*, und es bleibt auch unbestimmt, ob sowohl die spezifische Intention als auch die Aufmerksamkeit von der Wertentscheidung abhängig sind oder nur die Aufmerksamkeit und erst von ihr die Selektion des spezifischen Gegenstandes.

> Aber nicht nur das: Verwoben mit dem Sich-Richten der Aufmerksamkeit ist ein Stellungnehmen. (Husserl 2004, 377)
> Aufmerksam im prägnantesten Sinn sind wir auf dasjenige, womit wir speziell, in positiv auszeichnender Weise beschäftigt sind, auf das übrige sind wir u n a u f m e r k s a m. (Husserl 2004, 116)

- *Die Aufmerksamkeit ist Teil eines Regelkreises, weil ihre Aktivierung von der spezifischen Intention und dem Interesse abhängig ist, aber andererseits deren Vollzug auch von ihr abhängig ist. Durch diese Wechselseitigkeit ist sie Teil einer operativ geschlossenen Einheit.*

Diese Beschreibung der Aufmerksamkeit durch Husserl ist viel *differenzierter als die von Mach*, der die Aufmerksamkeit nur ganz allgemein als „Teil" jedweden Abstraktionsprozesses beschrieben hat: Husserl beschreibt sie stattdessen als *Komponente jedes Bewusstseinsaktes*; d.h. als *Teil der Ganzheit eines polythetischen Bewusstseinsaktes,* die selbst ein *Bewusstseinsakt mit einer universalen Intentionalität* ist.

Grenzen des Erklärungswertes der Husserlschen Beschreibung der Aufmerksamkeit

Der Erklärungswert der von Husserl gelieferten Beschreibung der Aufmerksamkeit hat die folgenden Grenzen:

- *Husserl beschreibt ausschließlich, was sich aus der Perspektive der Introspektion, d. h. der inneren Wahrnehmung und der reflektierenden Abstraktion von ihr zeigt. Da das, was aus dieser Perspektive zugänglich wird, erinnert sein muss, und weil nur das erinnert werden kann, was einmal bewusst gewesen ist, sind seine Beschreibungen sämtlich auf unser bewusstes Erleben und auf das, was aus ihm geschlossen werden kann, beschränkt.*
- *Husserl bietet nur eine Beschreibung der intentionalen Struktur der Aufmerksamkeit und ihrer Funktion, das Erkennen zu fördern. Er sagt aber kein Wort darüber, woraus der Effekt des Aufmerkens auf einen spezifischen Gegenstand besteht, welche Funktionen er für das Erkennen hat und wie er zustande kommt.*
- *Das hat seinen Grund darin, dass er eine Strukturbeschreibung liefert, aber keine Prozessbeschreibung. – Der Bewusstseinsakt ist zwar nach ihm ein Vollzug und damit auch eine Aktivität mit einem zeitlichen Anfang und Ende, weil ein Bewusstseinsakt auf den anderen folgt. Aber er beschreibt keine raumzeitlichen Prozesse in dieser Einheit von bestimmter Art und mit bestimmten Gesetzmäßigkeiten. – Damit steht im Kontrast, dass er die Aufmerksamkeit als eine intensive Größe beschreibt mit einer spezifischen Dynamik ihrer Veränderung.*
- *Husserl bietet zwar eine Beschreibung der Beziehung der Intentionalität der Aufmerksamkeit zur spezifischen Intentionalität sowie der „Verwobenheit" der Aufmerksamkeit mit dem wertenden Interesse, er gibt aber nur eine widersprüchliche Beschreibung der Beziehungen zwischen diesen drei Komponenten, und er gibt keine Erklärung für ihre Beziehungen zueinander.*
- *Husserl stellt zwar fest, dass die Aufmerksamkeit ein sehr komplexes Phänomen sei, er leistet aber nur einen deutlich begrenzten Beitrag zur Aufklärung dieser Komplexität.*
- *Husserl schreibt dem Interesse eine Dynamik der Konzentration oder Verteilung, der Veränderung des Intensitätsgrades und der Beschränkung der Kapazität zu. Es ist aber fraglich, ob diese Dynamik nicht ganz oder zum Teil der Aufmerksamkeit oder einem kurzzeitigen Arbeitsgedächtnis zukommt.[6]*
- *Husserl liefert überhaupt keine Beschreibung des kurzzeitigen Arbeitsgedächtnisses, obwohl er den wahrscheinlich erstmalig von Herbart verwendeten Topos von*

---

[6] Vgl. hierzu z. B. Waldenfels 2005, 306, der Husserls Philosophie im Ausgang von den „Logischen Untersuchungen" nicht als Phänomenologie von Bewusstseinsakten, sondern als Merkmalstheorie von Sinn behandelt, was zum Teil zu einer unangemessenen Darstellung führt:
„Husserl selbst nähert sich der Aufmerksamkeit z. B. auf indirekte Weise, auf dem doppelten Weg des Meinens und des Interesses. Aufmerken auf das Bemerkte bedeutet einerseits ein explizites Meinen, das die kognitive Seite der Aufmerksamkeit darstellt, es bedeutet andererseits ein *bevorzugtes* Interesse, das die affektive und praktische Seite verkörpert. Von der Aufmerksamkeit her betrachtet gibt es kein Erkennen, das nicht auch ein Erkenntnisinteresse einschließt. Wie schon bei Aristoteles unterliegt selbst das Erkennen um des Erkennens willen einem Streben. Die beiden Komponenten werden aber deutlich unterschieden. Nur im Fall des Interesses, nicht im Falle des Meinens gibt es ein Mehr oder Weniger an Intensität. Schlagend formuliert Husserl: »Von einem brennenden Interesse sprechen wir oft genug, von einer brennenden Meinung zu reden, gibt keinen Sinn.«" (118)

der „Enge des Bewusstseins" im Zusammenhang damit verwendet, dass der Grad der Intensität des Interesses, nicht der Aufmerksamkeit, von seiner Konzentration auf einen Gegenstand oder seiner Verteilung auf mehrere abhängig sei.
- *Husserl schreibt die Selektivität der Aufmerksamkeit oder dem Interesse zu, d. h. es bleibt unentschieden, welche Einheit diese Funktion ausübt oder ob sie von beiden ausgeübt wird.*[7]

(...) während wir individuelle Konkreta anschaulich vorstellen, können wir eine ausschließliche Aufmerksamkeit oder ein ausschließliches Interesse den verschiedenen Teilen und Seiten des Gegenstandes zuwenden. Das Merkmal, das an und für sich, nämlich losgetrennt, weder wirklich sein, noch vorgestellt werden kann, wird für sich beachtet, es wird zum Objekt eines ausschließlichen und somit von allen mitverbundenen Merkmalen absehenden Interesses. So versteht sich der doppelte, bald positive, bald negative Gebrauch des Wortes Abstrahieren. (Husserl, LogUn II, 137) Halten wir uns an das Aktuelle, dann gehört also zum Aufmerksamsein beides, das Interesse und das Bemerken, d. h. das explizite Vorstellen. (Husserl 2004, 118f.)

Der Erklärungswert der Aussagen Husserls steht natürlich insgesamt unter dem Vorbehalt der Zuverlässigkeit introspektiver Aussagen. Da Husserl für sie die Absolutheit von Ergebnissen der Wesensschau in Anspruch nimmt, obwohl er auch um die empirischen Schwierigkeiten dieser Intuition weiß, macht er keine Anstrengungen zum Nachweis ihrer Objektivität, Reliabilität und Validität. Aus der Perspektive einer von diesen Gütekriterien geleiteten empirischen Forschung haben sie deshalb den Status von vorwissenschaftlichen Annahmen.

Trotzdem stehen die wissenschaftlichen Annahmen der empirischen Forschung ihrerseits in der Pflicht, ihre Vereinbarkeit mit vorwissenschaftlichen Annahmen zu prüfen. So haben die Aussagen Husserls zum einen einen heuristischen Erklärungswert und zum anderen Kontrollfunktion für die folgenden Annahmen der empirischen Forschung.

---

[7] Vgl. dazu z. B. Waldenfels 2005, 306: „In diese und ähnliche Gedankengänge finden Motive Einlaß, die über eine platonische Bedeutungslehre im Stile von Bolzano, Lotze und Frege weit hinausführen. Doch jene Motive, in denen namentlich die energetische Bewußtseinslehre Herbarts fortwirkt, haben von Anfang an und auch später noch etwas Fremdkörperartiges, die in einer Philosophie des Sinnes, also auch in einer hermeneutischen und der sprachanalytischen Philosophie«, nicht recht am Platze sind. Das betrifft Gradunterschiede der »Intensität«, der »Energie«, den Wettstreit widerstreitender »Kräfte«, all das, was in den *Analysen zur passiven Synthesis* unentwegt auftaucht, ohne daß der Zusammenhang von Sinn und Kraftwirkung, von Intention und Affektion je wirklich geklärt wird. Dazu gehören Diskontinuitäten wie der »Bruch des Interesses« (99), der sich keiner eingleisigen Erkenntnisteleologie fügt. Dazu gehört eine »attentionale Rhythmik« (283), »ein Rhythmus von Spannung und Lösung« (107), der lustartig wirkt, allerdings anders als Stumpf meint, nicht in der » Lust am Bemerken« aufgeht, oder ein »Springen der Aufmerksamkeit«, das abrupt erfolgt (314). Damit ist Husserl auf der Spur einer genuinen Kinetik des Erlebens und Verhaltens, die sich nicht in strukturellen Differenzen, in Sinngebilden und Regelungen erschöpft. Das Kommen und Gehen von Eindrücken läßt sich nicht als bloße Metaphorik abtun, ohne die Aufmerksamkeit ihrer leibhaftigen Dynamik zu berauben. Hier zeigt sich eine Nähe zu Bergson und zu Deleuze, die sich mit gutem Grund eines neuerlichen Interesses erfreut."

2. Experimentelle Psychologie und Neuropsychologie der Aufmerksamkeit

In den Aussagen der experimentellen Psychologie fällt auf, dass die *Aufmerksamkeit immer zusammen mit einer spezifischen Aktivität* auftritt, insbesondere mit Sehen und Hören. – Wenn ihr die Funktion der *Selektivität* zugeschrieben wird, dann wird die Aufmerksamkeit meist von *Motivation, Wille oder Interesse* abhängig gemacht. – Geht es um die Kapazität der Aufmerksamkeit, dann kommt die Sprache auf ein *kurzzeitiges Gedächtnis*. – Damit wiederholt sich in der experimentellen Psychologie, was auch schon in den Aussagen der introspektiven Psychologie beobachtet werden konnte: Es werden die vier Phänomene unterschieden, und es werden zwischen ihnen Abhängigkeiten angenommen. Welche Funktionen den einzelnen Phänomenen zugeordnet werden, und welche Beziehungen zwischen ihnen angenommen werden, ist aber auch in der experimentellen Psychologie bis heute noch nicht hinreichend geklärt.

> Bei der Diskussion von Aufmerksamkeitsvorgängen dürfen wir nicht vergessen, dass die Selektion und die Speicherung eines Inhalts von der motivationalen „Kraft" der Inhalte abhängen. Reize mit hohem Anreiz- (Incentive) Wert und Reaktionen, die primäre Triebe befriedigen, werden eher Aufmerksamkeit steuern als neutrale Reize. Jeder Gedächtnisinhalt im KZG erhält eine damit assoziierte Antriebs- oder eine Anreiz-Komponente. (Birbaumer/Schmidt 1996[3], 514)

Damit hat auch die empirische Forschung das Problem, dass die Aufmerksamkeit nur sehr schwer von den drei anderen Phänomenen unterschieden werden kann und dass die Beziehungen zwischen diesen vier Größen problematisch sind. Für dieses Problem gibt es zwei entgegengesetzte Lösungen.

Die eine lautet: Es gibt nur *eine einzige Aktivität*, und die Beschreibung der vier Phänomene bezieht sich nur auf verschiedene Funktionen dieser Aktivität, die sich als *Aspekte* dieser Aktivität unterscheiden lassen.

Die andere lautet: Es gibt *vier psychische Einheiten*, die in unterschiedlicher Weise am Zustandekommen der kompletten Aktivität beteiligt sind, indem sie unterschiedliche Funktionen für sie erfüllen.

Galperin, ein sowjetrussischer Psychologe, vertritt die erste Option in einem Beitrag von 1973. Er verneint, dass die Aufmerksamkeit die „Selbständige Form der psychischen Tätigkeit" besitzt.

> Seit die Psychologie zu einem unabhängigen Wissenszweig geworden ist, gilt die Aufmerksamkeit allgemein nicht als selbständige Form der psychischen Tätigkeit. (Galperin 1973, 15)

Er begründet dies zum einen damit, dass die ihm bekannten psychologischen Beschreibungen aus der Selbst- und der Fremdbeobachtung so stark divergierten, dass sie nur als *unterschiedliche Abstraktionsresultate von ein und derselben Einheit* verstanden werden könnten. Er begründet es zum anderen damit, dass die Aufmerksamkeit *kein eigenes Produkt hervorbringe*, sondern nur zur Verbesserung des Produktes derjenigen Tätigkeit beitrage, „mit der sie verknüpft ist".

Es hat keine Funktion, keine Verknüpfung von Funktionen und keine psychische Erscheinung – angefangen von der „Gerichtetheit" zur „Veränderung der Organisation" der psychischen Tätigkeit, vom „dunklen" kinästetischen Empfinden und motorischen Einstellungen bis zum Bewusstsein insgesamt – gegeben, mit der man die Aufmerksamkeit nicht identifiziert hätte (…) Sowohl in der Selbstbeobachtung als auch in der Fremdbeobachtung wird sie als Gerichtetheit, Einstimmung und Konzentration jeder beliebigen psychischen Tätigkeit erschlossen, also nur als eine Seite oder Eigenschaft dieser Tätigkeit. (Galperin 1973, 15)
Sie führt zur Verbesserung der Tätigkeit, mit der sie verknüpft ist. Das Vorhandensein eines charakteristischen Produkts ist indessen das Hauptkriterium für das Vorhandensein einer entsprechenden Funktion (selbst wenn der Prozeß dieser Funktion entweder völlig oder fast unbekannt ist). Das Fehlen eines solchen Produkts spricht also dagegen, daß die Aufmerksamkeit als gesonderte Form der psychischen Tätigkeit betrachtet wird. (Galperin 1973, 16)[8]

Posner, ein Psychologe aus den USA, vertritt die zweite Option in einem Beitrag von 1990. Er gründet seine Annahme nicht auf Befunde der Selbst- und Fremdbeobach-

---

[8] Im Kontext der marxistischen Theorie der materiellen und der geistigen Handlung vertritt Galperin allerdings die Annahme, dass die Aufmerksamkeit erst als verkürzte Kontrollhandlung für die Kontrolle des gegenständlichen Inhalts der Handlung auftrete. Damit erkennt er ihr den Status einer „psychischen Handlung" zu, womit er ihr einerseits Selbständigkeit als Handlung, andererseits aber Abhängigkeit als psychischer Handlung von materieller Handlung zuschreibt. Diese marxistische Annahme kann mit den gegenläufigen Annahmen Posners, die in den folgenden Abschnitten vorgetragen werden, verglichen werden. Einerseits schreibt auch er ihr als ganzer die Funktion der Kontrolle des mentalen Prozessierens zu, andererseits aber nimmt er eindeutig an, dass sie ein eigenständiges neuropsychisches System in der jeweiligen gesamten Aktivität ist.
Galperin 1973, 16: „Die Untersuchungen der geistigen Tätigkeit erlauben es, an dieses Problem von einer etwas anderen Seite her heranzugehen. Wie wir in diesen Untersuchungen feststellen, führt die Formung der geistigen Handlungen letztlich zum Entstehen von Gedanken. Der Gedanke selbst hat wiederum eine doppelte Bedeutung: Man versteht darunter den gedachten gegenständlichen Inhalt und das eigentliche Denken über diesen Inhalt als eine psychische Handlung, die sich auf ihn bezieht. Wie die Analyse weiter zeigte, ist das letztere nichts anderes als die Aufmerksamkeit, und diese innere Aufmerksamkeit entsteht aus der Kontrolle des gegenständlichen Inhalts der Handlung."
Galperin 1973, 18: „Sobald aber eine neue Kontrollhandlung zu einer geistigen und verkürzten Handlung umgewandelt wird, dann (und nur dann!) wird sie zur Aufmerksamkeit, zu einem konkreten Akt der *Aufmerksamkeit*."
Galperin 1973, 19: „Die Aufmerksamkeit dagegen verbessert die Tätigkeit und damit auch die Ergebnisse (…) Das geschieht deshalb, weil die Kontrolle mit Hilfe eines Maßstabes, eines Kriteriums, eines Modells, also von etwas „Vorgegebenem" vollzogen wird (…) Die Anwendung eines Modells erkärt demnach zwei Grundeigenschaften der Aufmerksamkeit: ihre selektive Funktion (die folglich nicht immer ein Interesse zum Ausdruck bringt) und ihren positiven Einfluß auf die Tätigkeit, die sie begleitet."
Galperin 1973, 22: „Betrachten wir die Aufmerksamkeit als psychische Kontrolltätigkeit, sind alle Akte der willkürlichen und unwillkürlichen Aufmerksamkeit das Ergebnis der Formung geistiger Handlungen. Sowohl die unwillkürliche als auch die willkürliche Aufmerksamkeit müssen geschaffen und neu ausgebildet werden, und zwar stets nach gesellschaftlich gegebenen Modellen. Bei einer planmäßigen Erziehung der Aufmerksamkeit müssen vorher solche Modelle ausgewählt werden, die bedeutsam und wesentlich sind."

tung, sondern auf experimentelle psychologische und insbesondere auch auf *neurologische Beobachtungsmethoden*, die Galperin entweder 1973 noch nicht zur Verfügung gestanden haben oder aber ihm nicht bekannt waren bzw. von ihm nicht berücksichtigt worden sind, nämlich die Beobachtungsmöglichen der "mental chronometry, brain lesions, electrophysiology and several types of neuroimaging " (Posner 1990, 26).

> (…) we can now begin to identify principles of organization that allow attention to function as a unified system for the control of mental processing (…)
> Three fundamental findings are basic to this chapter. First, the attention system of the brain is anatomically separate from the data processing systems that perform operations on specific inputs even when attention is oriented elsewhere. In this sense, the attention system is like other sensory and motor systems. It interacts with other parts of the brain, but maintains its own identity. Second, attention is carried out by a network of anatomical areas. It is neither the property of a single center, nor a general function of the brain operation as a whole (Mesulam 1981, Rizzolatti et al. 1985). Third, the areas involved in attention carry out different functions, and these specific computations can be specified in cognitive terms (Posner et al 1988). (Posner 1990, 26)

Der Vergleich dieser beiden Aussagen erlaubt den Schluss, dass die Annahme, die Aufmerksamkeit sei eine eigenständige Einheit mit eigener Funktion, von den *Beobachtungsmethoden* abhängig ist, die eingesetzt worden sind, insbesondere aber vom Einsatz *neurologischer* Methoden. Dies nimmt auch Posner an.

> The concept of attention as central to human performance extends back to the start of experimental psychology (James 1890), yet even a few years ago, it would not have been possible to outline in even a preliminary form a functional anatomy of the human attentional system. New developments in neuroscience (Hillyard & Picton 1987, Raichle 1983, Wurtz et al. 1980) have opened the study of higher cognition to physiological analysis, and have revealed a system of anatomical areas that appear to be basic to the selection of information for focal (conscious) processing. (Posner 1990, 25)
> Study of attention from a neuroscience viewpoint has been impeded because attention has been thought of as a vague, almost vitalistic capacity, rather than as the operation of a separate set of neural areas whose interaction with domain-specific systems (e.g. visual word form, or semantic association) is the proper subject for empirical investigation. (Posner 1990, 38)

Wenn man die zweite Option wählt, dann muss man sich darauf konzentrieren, Annahmen über die *Unterschiedenheit der vier Einheiten*, über die *Verschiedenheit der ihnen zugeschriebenen Funktionen* und über das *Zusammenspiel* zwischen ihnen, durch das die komplette Aktivität zustande kommt, zu finden. Das soll im Folgenden geschehen.

Es ist aber eine große Herausforderung, und es wird einen beträchtlichen Aufwand erfordern, ihr gerecht zu werden. Dies gilt in diesem Kapitel allerdings zunächst nur für die Aufmerksamkeit.

Ich beginne mit der Darstellung von neurologischen Befunden und Annahmen.

3. Die anatomische Architektur und das physiologische Prozessieren des neuronalen attentionalen Systems

Neurologisch ist der *Aufbau* des Gehirns von den einzelnen Nervenzellen bis zu den größten unterscheidbaren Einheiten Gegenstand der *Neuroanatomie*, und die *Prozesse* in diesen Einheiten mit ihren neuronalen Funktionen für andere Einheiten sind Gegenstand der *Neurophysiologie*.

Die psychischen Prozesse und Funktionen korrelieren direkt nur mit den Prozessen in den jeweiligen Einheiten und nur deshalb auch indirekt mit der Anatomie dieser Einheiten, d.h. mit ihrer Struktur oder ihrem Bau.

Lurija beschreibt in seiner gegen Ende seines Lebens verfassten Autobiographie in einem forschungsgeschichtlichen Rückblick die Anatomie und die Physiologie des attentionalen Systems so:

> Wie Horace Winchell Magoun (1958) und Giuseppe Moruzzi (1962) zeigen konnten, weist die Formatio reticularis als wichtigster Teil des Stammhirns besondere strukturelle Merkmale auf, die auch bei der Steuerung des funktionalen Gesamtzustands des Gehirns eine wichtige Rolle spielen. Im Gegensatz zur Hirnrinde besteht die Formatio reticularis nicht aus isolierten Neuronen, die durch ihre Axone einzelne Impulse weiterleiten, sondern aus Nervenzellen, die wie ein Netzwerk durch Fortsätze miteinander verbunden sind. Aufgrund dieses Aufbaus breitet sich die Erregung graduell und nicht nach dem Alles-oder-nichts-Prinzip aus. So kann sich das Erregungsniveau des retikulären Systems schrittweise verändern und das gesamte Nervensystem modulieren. (Lurija 1993, 161)
>
> Wie erwartet entdeckten die Neuroanatomen, daß die Struktur der Formatio reticularis sowohl auf- als auch absteigende Fasern enthält, von denen einige nur bestimmte Formen der Erregung weiterleiten, andere hingegen unspezifisch aktiviert werden und auf das gesamte Gehirn Einfluß zu nehmen scheinen. (Lurija 1993, 163)

Die Anatomie des attentionalen Systems

Die psychische Funktion der *Aufmerksamkeit* korreliert mit der *Aktivität eines eigenen neuronalen Netzwerkes*. Dieses Netzwerk mit der Bezeichnung „Formatio reticularis" hat eine *besondere anatomische Struktur*.

**Pons
Medulla
oblongata**

Cerebellum

motorische Bahnen   **sensible Bahnen**

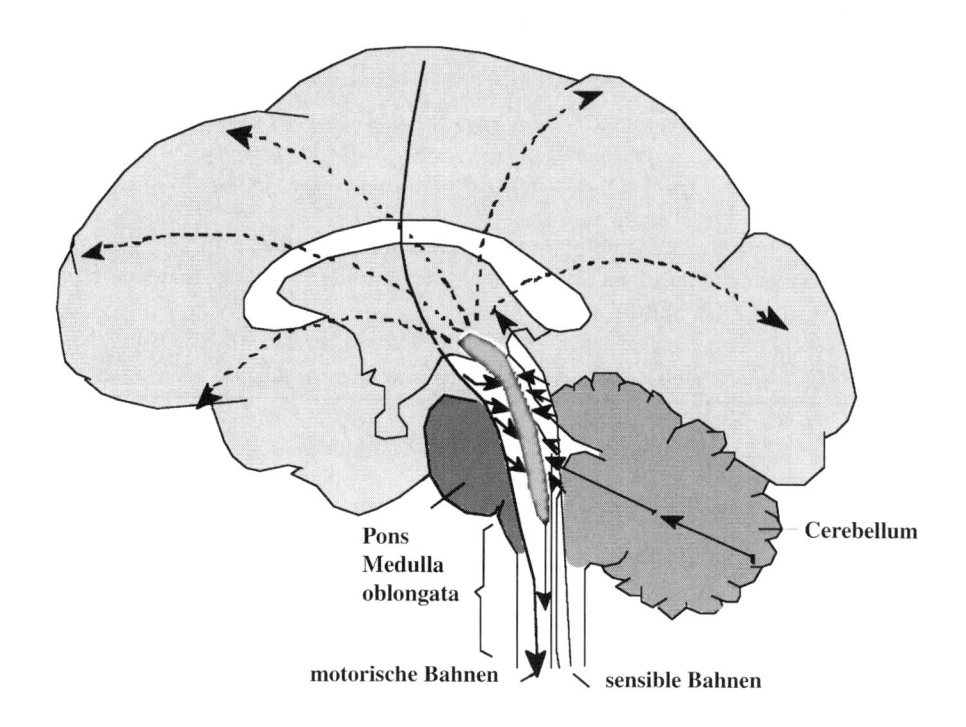

Abb. 1 – Beziehungen der Formatio reticularis (schraffiert) zu auf- und absteigenden Bahnen.
Gestrichelte Pfeile: unspezifische Projektion von Sinneseindrücken auf den Cortex (z. B. Weckwirkung). (aus: Remane/Storch/Welsch 1974 [2], 112) –Abbildung: Bohmeier Verlag (Gestaltung nach einer Vorlage des Gustav Fischer Verlages, Stuttgart).

Das *Zentrum* des retikularen Systems liegt *im Mittelhirn* (Mesencephalon), einem Teil des Hirnstamms. Für die *Architektur* des attentionalen Systems (s. z. B. Fuster 1997[3], 217) sind seine Lage am Übergang zwischen Rückenmark und Gehirn sowie seine afferenten und efferenten Verbindungen (Ein- und Ausgänge) mit allen anderen Funktionskreisen des ZNS und auch mit dem vegetativen Nervensystem (Verdauung, Blutkreislauf), kennzeichnend. Changeux vergleicht die Form dieses Systems einmal mit einer Spinne, deren Beine sich in das ganze ZNS erstrecken. Die Struktur dieses Systems zeigt sich besonderes deutlich an seiner engen Verbindung mit dem *Thalamus*, der Schaltzentrale des ZNS.

> Der retikuläre Kern umgibt den Thalamus wie ein Schild und erhält rückläufige Fasern aus allen übrigen Kernen des Thalamus und der Formatio reticularis des Mittelhirns (...). Damit ist der retikuläre Thalamus zu einer Integrationsstation kortiko-thalamaischer und thalamo-kortikaler Aktivität mit dem Aktivierungssystem des Mittelhirns geworden. (Birbaumer/Schmidt 1996[3], 462).

Eine genauere Analyse der Architektur dieses Systems ist für unsere Zwecke nicht erforderlich und wäre auch wegen der Vielfalt der Verbindungen nicht nur außerordentlich aufwendig, sondern zu einem beträchtlichen Teil heute auch noch nicht möglich.

Dieses System ist sehr eigentümlich, sowohl in seiner räumlichen Struktur als auch in seinem Prozessieren und in seinen physiologischen Funktionen. Seine tiefliegende (caudale) Lage in den evolutionär ältesten Teilen des Gehirns und seine Verknüpfung mit dem gesamten übrigen Gehirn, sowohl mit den noch tiefer liegenden sensomotorischen Einheiten im Rückenmark als auch mit allen höher gelegenen Einheiten, verweisen schon darauf, dass es für das gesamte neuropsychische System eine zentrale Funktion erfüllen muss.

Im Einklang mit den von Lurija angeführten frühen Resultaten erhält das retikulare System nach Birbaumer/Schmidt „afferente Zuströme", d. h. Inputs, aus der sensorischen und der motorischen Großhirnrinde sowie aus dem Thalamus und dem Hypothalamus, den Verbindungsorganen zum präfrontalen Kortex. – Seinerseits schickt es seinen Output über „efferente Verbindungen" absteigend zum Rückenmark und aufsteigend über den Thalamus und den Hypothalamus zum Kortex, aber auch zu Einheiten des limbischen Systems, die für die Wertung zuständig sind (Hypocampus) oder für Emotionen (Amygdala).

> Die den Hirnstamm durchziehende Formatio reticularis ist eine wichtige Station des aufsteigenden unspezifischen (extralemniskalen) Systems. Sie verfügt über eine Vielfalt von afferenten Verbindungen aus praktisch allen Sinnesorganen. Afferente Zuströme kommen auch aus zahlreichen anderen Gehirngebieten, z. B. aus der motorischen und sensorischen Großhirnrinde, dem Thalamus und dem Hypothalamus. Auch die efferenten Verbindungen sind vielfältig: absteigend zum Rückenmark, aufsteigend über die unspezifischen Thalamuskerne zum Kortex, zum Hypothalamus, sowie zu den Kernen des limbischen Systems. (Birbaumer/Schmidt 1996[3], 312f.)

Changeux beschreibt darüber hinaus die integrative Funktion der Formatio reticularis, *zwischen Außenwelt und Innenwelt zu vermitteln* und die Zentren des gesamten neuronalen Systems zu integrieren, woraus „das Bewusstsein erwächst". Dies leistet sie nach Changeux dadurch, dass sie selektiv diejenigen Netzwerke aktiviert, die die „Produktion und Verknüpfung der im Augenblick adäquaten geistigen Objekte" leistet. Damit wird sie als *selektive, aber selbst noch unspezifische Aktivierung der spezifischen Aktivitäten* beschrieben.

> Die verschiedenen Neuronengruppen der Formatio reticularis empfangen Signale von den Sinnesorganen. Sie stehen in Verbindung mit den Gehirnnerven und haben direkten Kontakt zur Außenwelt. In Einschätzung dessen, was ‚draußen' geschieht, schalten sie einmal ganze Gehirnregionen ein oder aus, dann wieder genau lokalisierte Rindenfelder oder auch bestimmte Punkte auf ihnen. Diese Hirnstammkerne analysieren keine Einzelheiten – das besorgt die Großhirnrinde –, aber sie regulieren die Kanäle, die die Analyse ermöglichen. Sie sind gewissermaßen die ‚Lotsen' oder – wem das Bild lieber ist – die Klaviaturen und Register der ‚großen Kortexorgel', die für die Produktion und Verknüpfung der im Augenblick adäquaten geistigen Objekte sorgen. Diese Lotsen (die von den Hirnstammkernen durch graduell unterschiedliche elektrische Potentiale geleistete Bahnung für Verknüpfungen – J.G.) können dem Organismus die ihm eigene Selbständigkeit nur dann verschaffen, wenn die Hirnstammneuronen auch erfahren, welche Operationen die Großhirnrinde mit den geistigen Objekten ausführt, genauer: wenn es

Bahnen gibt, die vom Kortex zum Hirnstamm zurückkehren. Diese Rückmeldungen schließen die Schleife. Damit wird die Gegenüberstellung von Außenwelt und Innenwelt möglich. Das fertige Regulationssystem misst und bewertet Resonanzen und Dissonanzen zwischen Konzepten und Perzepten. Es wird zum Wahrnehmungsmechanismus der geistigen Objekte, zur ‚Überwachungsinstanz' ihrer Verbindungen. Die verschiedenen Neuronengruppen der Formatio reticularis informieren sich gegenseitig über ihr Vorgehen. Sie bilden ein ‚System' hierarchisch und parallel geordneter Bahnen, die in ständiger und wechselseitiger Verbindung mit den anderen Gehirnstrukturen stehen. Dadurch kommt es zur Integration der Zentren. Aus dem Zusammenspiel dieser verzahnten Regulationsprozesse erwächst das Bewußtsein. (Changeux 1984, 201f.)

Diese Beschreibung der Struktur und Funktion des gesamten retikularen Systems reicht aber offenkundig noch nicht aus für eine *genaue Lokalisierung* des uns interessierenden Zusammenhangs. Erst die im weiteren Verlauf meiner Untersuchung ins Spiel gebrachten neurologischen Befunde werden diese Funktion wesentlich differenzierter erfüllen.

Die neuronalen Prozesse im attentionalen System

Für das *Prozessieren* des attentionalen Systems ist kennzeichnend, dass es im Unterschied zum „Feuern" oder „nicht feuern" (alles oder nichts), z. B. im sensomotorischen und im kortikalen System, *graduell erregen* kann (Damasio 1994, 271; s.a. o. Lurija 1993, 163). Bei den Zielzellen kommt das vom retikularen System eintreffende elektrische Potential *zu dem elektrischen Potential, das von anderen Neuronen eintrifft, hinzu und trägt, genau in Entsprechung zu seiner Größe, zur Erreichung des Schwellenwertes der Zielzellen bei.*

Aufgrund dieses Mechanismus kann es seine erregende Funktion in unterschiedlichen Formen ausüben:

- *Ein geringer Grad der Erregung kann schon reichen, um eine bereits in hohem Maße erregte Zelle zu aktivieren. Das ist der Fall, wenn schon Signale von vielen anderen Zellen eintreffen und die Zelle, auch aufgrund von früheren Lern- und Behaltensprozessen, den Schwellenwert schon fast erreicht. Dann ist nur noch ein geringes Maß an elektrischen Potentialen vom retikularen System erforderlich, bis die Zelle die Schwelle für ihr Aktionspotential erreicht.*
- *Der Grad der Erregung durch das retikulare System kann aber auch für die Aktivierung zu gering sein. Dann kommt es aber trotzdem zu einer Erhöhung des elektrischen Potentials in der Zielzelle. Diese sogenannten langsamen Prozesse in der Nervenzelle (niedrige Amplitude, gemessen in Hz) haben möglicherweise den Signalwert der simultanen Aktivierung von vorstellbaren zuständlichen Informationen (s. z. B. Rockstroh/Elbert 1990, 330).*
- *Der höchste Grad der Erregung durch das retikulare System kann dazu ausreichen, auch noch schwach erregte Zellen zur Aktivität zu bringen. Dies geschieht bei äußerster Anstrengung der Konzentration, z. B. in Gefahrensituationen. – Es kann aber auch sein, dass das retikulare System diesen Effekt nicht erzielt, weil die Zellen doch zu wenig von anderen erregt werden. Dann reicht auch die größte Anstrengung der Konzentration nicht aus. – Sobald neue Information gewonnen wer-*

den muss oder schwierige Probleme zu lösen sind, ist für die volle Funktionsfähigkeit der erforderlichen spezifischen Netzwerke der höchstmögliche Beitrag des retikularen Systems erforderlich.

Aus diesen Möglichkeiten der Ausübung der erregenden Funktion geht schon hervor, dass keineswegs das gesamte für die Aktivität von Nervenzellen erforderliche elektrische Potential vom retikularen System herkommt, sondern nur ein Potential, das das jeweils schon vorhandene Potential der neuronalen Netzwerke für spezifische Funktionen erhöht. Es *erhöht nur das schon vorhandene Potential zu einem Gesamtpotential, das die Schwelle für die Auslösung eines Aktionspotentials* (für das „Feuern" notwendiges Potential) *erreichen kann* oder auch nicht. Diese Regulierung der Erregbarkeit ist u.a. als längere Depolarisation von dendritischen Bäumen im Kortex, die die Potentiale des retikularen Systems aufnehmen, gemessen worden (Rockstroh/Elbert 1990, 330).

Daraus resultiert auf der einen Seite die *begrenzte Leistungsfähigkeit* dieses Systems für das gesamte jeweils erforderliche Aktionspotential. Auf der anderen Seite aber macht diese Beschreibung der Aufmerksamkeit auch die *Leichtigkeit des Wechsels* verständlich: von einem Areal zum anderen im gesamten ZNS (vom Sehen, zum Hören, zu einer Reflexion, zu einem intensiven Gefühl etc.) und von einem Grad der Intensität der Aufmerksamkeit zu einem anderen (Horgau 1994, 77).

Eng begrenzte oder *großflächige* Beeinflussung der Erregungsschwellen im Kortex im Wach- und auch im Schlafzustand (Birbaumer/Schmidt 1996^3, 591) sind ebenso möglich wie *simultane* und *sequentielle*. Immer aber werden spezifische Aktivitäten nur *selektiv aktiviert*, sowohl *aus Gründen des Energieverbrauchs* im Gehirn als auch *aus Gründen eines geordneten Informationsflusses*.

Das neuronale anatomische und physiologische Korrelat für die Wachheit

Die Formatio reticularis ist das neuronale anatomische System, das den *Übergang vom Schlaf zur Wachheit* leistet. Diese Leistung bezeichnet Lurija als die „*elementarste Form der Aufmerksamkeit*".

Es wird damit aus gutem Grund angenommen, daß die Entdeckungen von Moruzzi und Magoun (1949), Lindsley und Mitarbeitern (1949) sowie Jasper (1957) die wichtigsten Mechanismen betreffen, die den Übergang vom Schlaf zur Wachheit bedingen, und daß die aufsteigende, aktivierende Formatio reticularis als eins der bedeutsamsten Systeme angesehen werden muß, das die allgemeinste und elementarste Form der Aufmerksamkeit hervorbringt.[9]

---

[9] S.a. Birbaumer/Schmidt 1996^3, 528f.: „Magoun, Moruzzi und Lindsley waren die ersten, die das Phänomen „*unspezifischer Weckeffekt*" beschrieben.
Läsionen im medialen Mittelhirn und/oder Zwischenhirn (*cerveau isolé*) hatten Synchronisation des EEG und Schlaf zur Folge (...) Sie zeigten ferner, dass der Aktivierungseffekt von peripheren Reizen im intakten Gehirn durch Kollaterale der spezifischen Bahnen zur Formatio vermittelt wird.
Die retikuläre Formation des Hirnstamms hat vor allem drei Funktionen:
Generierung der tonischen (lang anhaltenden) Wachheit,

Diese Hypothesen sind nicht nur durch zahlreiche, allgemein bekannte Tierexperimente bestätigt worden, bei denen durch die Trennung der Formatio reticularis vom Hirnstamm Schlaf induziert wurde, während die Stimulation der Formatio reticularis die Wachheit steigerte und eine Verstärkung der Empfindung hervorrief (vgl. die Zusammenfassung des Forschungsstandes bei Lindsley 1960), sondern sie werden auch durch klinische Beobachtungen untermauert, bei denen Schädigungen des oberen Teils des Hirnstammes und der Wände des dritten Ventrikels zu Schlaf oder zu traumähnlichen Dämmerzuständen führen, wobei dann auch der kortikale Tonus drastisch reduziert und das wache, selektiv arbeitende Bewusstsein tiefgreifend beeinträchtigt wird. (Lurija 1992, 275)

Damit erhebt sich die Frage nach dem *Verhältnis zwischen Wachheit und Aufmerksamkeit*. Ist die Wachheit eine Form der Aufmerksamkeit, oder ist die Aufmerksamkeit eine Form der Wachheit, oder gibt es Gemeinsamkeiten und Unterschiede zwischen ihnen?

Die Befunde sprechen dafür, dass Wachheit und Aufmerksamkeit zwar beide Funktionen des retikularen Systems sind, dass sie aber von *unterschiedlichen Teilen* dieses Systems geleistet werden und dass sie auch *unterschiedliche Funktionen* erfüllen. Beide haben die Funktion zu erregen, aber der Bereich und der Grad, in denen sie erregen, sind unterschiedlich. Wachheit wird als *unspezifische Erregung* bezeichnet und Aufmerksamkeit als *spezifische*, weil sie sich im Verhältnis zur Wachheit nur auf die jeweils ausgewählten Bereiche des ZNS erstreckt.

Während die Wachheit vom *Kern des retikularen Systems im oberen Hirnstamm* geregelt wird, nimmt Lurija an, dass die Aufmerksamkeit vom *limbischen Kortex und der Stirnregion* ausgeht, von denen ihre selektive Funktion stamme. Der Zusammenhang zwischen dem retikularen System und diesen beiden anderen Teilen des Gehirns bleibt bei ihm aber noch unbestimmt.

Die Mechanismen des oberen Hirnstammes und der aufsteigenden Formatio reticularis sind jedoch nur für eine, und zwar die elementarste Form der Aufmerksamkeit zuständig – nämlich für das allgemeine Wachsein.
Jede komplexe Form der Aufmerksamkeit, sei sie unwillkürlich oder willkürlich, setzt die Erfüllung anderer Bedingungen voraus. Vor allem setzt sie die Möglichkeit des selektiven Erkennens eines bestimmten Reizes und die Hemmung von Reaktionen auf irrelevante Reize voraus. Dieser Beitrag stammt von anderen, auf einem höheren Niveau angesiedelten Hirnstrukturen, nämlich vom limbischen Kortex und in der Stirnregion. (Lurija 1992, 275f.)

Die erste Annahme gilt auch heute noch, und auch die zweite Annahme, dass die Aufmerksamkeit „von anderen, auf einem höheren Niveau angesiedelten Hirnstrukturen" ausgeht, ist bestätigt worden, kann aber heute wesentlich differenzierter dargestellt werden.

Tonische Aktivierung ist primär eine Funktion des mesenzephalen Retikulärsystem (MRF) (mesenzephale retikulare Formation – J.G.), während phasische Aktivierung im Rahmen selektiver Aufmerksamkeitsprozesse primär eine Funktion des retikulären Kerns des

---

Einfluß auf die Muskulatur, vor allem die tonische (lang anhaltende) Anspannung, Verstärkung oder Abschwächung der Aufnahme und Weiterleitung sensorischer und motorischer Impulse."

Thalamus in „Zusammenarbeit" mit MRF, Frontalkortex (FC) und Parietalkortex ist. Die intralaminären Kerne des Thalamus können auch ohne MRF den Kortex aktivieren, diese Aktivierung ist aber nur kurzzeitig, phasisch, ohne MRF kommt es immer zu Störungen des Wachheitsniveaus. Das ursprüngliche Konzept wurde daher vor allem in Bezug auf die „Unspezifität" erheblich eingeschränkt: nur ein kleiner Teil der Retikulärformation hat tonische Aktivierungsfunktionen, besonders die MRF, die Axone der MRF projizieren alle in die intralaminären Kerne des Thalamus, extrathalamische Verbindungen zum Neokortex existieren vermutlich nicht, sowohl die Verbindungen von der MRF zum Thalamus als auch vom Thalamus zum Kortex sind insofern spezifisch, als eine bestimmte Zelle oder Region nicht eine Vielzahl von anderen Zellen oder Regionen versorgt, sondern spezifische Punkt-zu-Punkt-Projektionen vorliegen. Die einzelnen Substrukturen dieser Projektionssysteme sind auch funktionell unterscheidbar. (Birbaumer/Schmidt 1996[3], 529f.)

Jetzt geht es aber erst einmal um die Frage, *wie die Wachheit geregelt wird*. Die Antwort lautet: Sie entsteht durch eine *unspezifische Erregung des Kortex*. Unspezifisch ist diese Erregung insofern, als *„keine Reiz- oder Reaktionsspezifik"* der Aktivität der Zellen des retikularen Systems erkennbar ist.

Die Zellen innerhalb der Formatio zeichnen sich durch eine im übrigen Gehirn nicht wieder auffindbare *Variabilität* aus. Die meisten sind *unspezifisch*, d. h. es konvergieren Fasern aus allen Sinnessystemen, motorische und vegetative Fasern auf diese Zellen. Aus der Antwort der Zelle ist keine Reiz- oder Reaktionsspezifizität erkennbar. (Bierbaumer/Schmidt 1996[3], 529)

Stattdessen resultiert die Aufrechterhaltung „des tonisch anhaltenden Wachheitsniveaus" aus einem „ständigen erregenden Zufluß aus der Formatio reticularis des Hirnstammes über den Thalamus in die Hirnrinde". Er erzeugt dort „durch ständige Aufrechterhaltung einer diffusen Erregung (...) über einem bestimmten kritischen Niveau" eine „generelle Aktivierung (arousal im englischen Sprachgebrauch)", die die Funktion der *Bereitschaft* für spezifische Erregung erfüllt (Birbaumer/Schmidt 1996[3], 315 u. 529).[10]

---

[10] Sowohl Pribram/MCGuiness als auch Rockstroh/Elbert geben einen Überblick über Befunde für die Prozesse, durch die die unspezifische Erregung zustandekommt.
Pribram/MCGuiness 1975, 16 f.: "Arousal is said to occur when an input change produces a measurable incrementing of a physiological (e.g. single unit recording of neural potentials; galvanic skin response) or behavioural (e.g. response amplitude of a spinal reflex-frequency of a locomotor response) indicator over the baseline."
Pribram/MCGuiness 1975, 118: "The rostral extension into the mesencephalic brain stem of a column of medially placed cells accounts for the well documented arousal effects of stimulations of the reticula formation (see Lindsley, 1961, and Magoun, 1958 for review). Less well known is the fact that such effects are obtained even more rostrally in the diencephalons in a continuation of this neuron system into the hypothalamus."
Pribram/MCGuiness 1975, 119: "There is evidence for the involvement of the amygdala and related frontal cortical structures in the attentional control of the core brain arousal systems."
Pribram/MCGuiness 1975, 125f.: "Thus at both the cortical and the brainstem levels arousal and activation can be distinguished; arousal as a phasic reaction to input and activation as a tonic readiness to respond."

Umgekehrt wird „Schlaf (...) durch die aktive Hemmung der Formatio und Einschränkung der afferenten Impulszufuhr erreicht" (Birbaumer/Schmidt 1996[3], 529).

Das Hochfahren der Gehirnaktivität von ihrer ständigen Oszillation (Impulse im Rhythmus von etwa 15 ms) zur Aufrechterhaltung der Funktionstüchtigkeit des ZNS während des Schlafes bis zu einem Wachheitsgrad, der für die Ausübung aller zur Verfügung stehenden Funktionen notwendig ist, kann besonders gut beim Wachwerden beobachtet werden.

Das *Wachwerden* wird ausgelöst, sobald die durch den Schlaf auszuübenden Funktionen der Rekreierung der Funktionsfähigkeit des gesamten Organismus erfüllt

---

Pribram/MCGuiness 1975, 131 f.: "(...) we have delineated three brain mechanisms in the rostal portions of these control systems: (a) The first centers on the amygdala, which regulates the monitoring or "arousal" neurons and becomes organized into a "stop" or reequilibrating mechanism. (b) A second is centered on the basal ganglia and involves the *activation* of "go" mechanisms-exspec-tancies (perceptual) and readiness (motor). Finally, an third mechanism comprising the hippocampal circuit has been indentified, which uncouples the stimulus from the response by coordination the amygdale and basal ganglia mechanisms so that appropriate chances in the central representation can occur, a process that entails *effort*."

Rockstroh/Elbert 1990, 325f.: "According to the model of Skinner and Yingling (1977) the interplay of both the mediothalamic-frontocortical systems (MTFCS) and the mesencephalic reticular formation (MRF) regulate bioelectric activity related to attentive behavior, EEG, and ERP-components. Both systems converge upon the Nucleus Reticularis Thalami (R) which „gates" thalamocortical activity. The regulation is realized from excitation by the MTFCS and inhibition by the MRF on R-cells, which has inhibitory control over the transmission through sensory relay nuclei. Inhibition of R opens the thalamic „gates" so that excitation is transferred to the frontal cortex (FC) via the medial thalamus (MT). This leads to a general readiness for information intake and is reflected by a slow negative wave such as the initial CNV (Rockstroh, Elbert, Birbaumer & Lutzenberger, 1982). If the event that inhibited R is irrelevant, the FC will activate R in turn thereby interrupting its own excitation - closing the „gate". Thus, the ability to focus attention occurs by way of inhibition in the thalamocortical circuits carrying irrelevant information. Otherwise a distinct pattern of R activation throughout the FC will release thalamic activation to specific cortical regions. Skinner and Yingling conclude that the MTFCS regulates bioelectric activity selectively because „it operates as a specifically organized system with phasic control" (p. 53).

Excitability of cortical regions can be tuned by nonspecific thalamocortical fibers which synapse with the apical dendrites. This process might be considered a candidate for the regulation of thresholds of neuronal excitability. However, such a tuning of nonspecific thalamocortical afferents can only be effective if information about ongoing activity in the networks to be regulated is taken into account. A „measurement device" must be assumed that receives information about ongoing activity of cortical neuronal networks and which transmits this information to the thalamus. Neuroanatomical structures that fulfill these requirements are the basal ganglia (Braitenberg, 1984; Scheibel & Scheibel, 1966; Marsden, 1982; Brooks, 1986; Schneider & Lidsky, 1987). The ventral system of the basal ganglia contains the limbically innervated Nucleus accumbens, while the dorsal system receives input from major areas of the cerebral neocortex, the thalamus, and the Raphe nuclei in the reticular formation (Marden, 1982; Brooks, 1986). We can assume a regulatory loop (...) comprising cortex – striatum - pallidum - thalamus - cortex. This assumption is in line with the conclusion drawn by Brooks (1986) that „the basal ganglia are parts of a control circuit that may operate somewhat like those of the cerebellum, that is, by comparing intended outputs with their actual execution" (p. 294).

sind. Es kann aber auch ausgelöst werden durch relativ starke körperliche Störungen, relativ starke sensorische Störungen, relativ starke systemimmanente Störungen neuronaler und/oder psychischer Art oder durch eine Mischung aus ihnen, die *ausreicht für einen Grad der retikularen Erregung, die das sensorische und das motorische System aktivieren kann.* Dann tritt zur internen Vorstellungswelt von der Welt und von sich selbst, die im Traum herrscht, der *Bezug zur realen Welt und zum realen Selbst* hinzu, wodurch die Traumwelt momentan verlischt. Sie kann dann nur noch als Traum erinnert werden, jedoch auch das meist nur für kurze Zeit, weil das Geträumte nicht intensiv oder häufig genug vollzogen worden ist.

Die Wachheit ist derjenige allgemeine Grad der neuropsychischen Aktivität, der sich klar vom Schlaf unterscheidet, obwohl es auch große Übereinstimmungen zwischen den beiden Zuständen gibt.

Wachheit und Aufmerksamkeit sind im Lebensvollzug so eng miteinander verbunden, dass sie meist *nur zusammen als der jeweilige Grad der Bewusstheit der gesamten Aktivität* erfahren werden. Sie können aber in bestimmten Situationen auch voneinander unterschieden werden, z. B. wenn wir zwar wach sind, aber erst danach aufmerksam auf das eine oder andere werden. Den ersten Zustand können wir erfahren, wenn wir wachwerden, wenn wir tagträumen, wenn wir nur unsere Blicke schweifen lassen. Den zweiten können wir davon unterscheiden, wenn wir uns plötzlich etwas Bestimmtem zuwenden, weil es uns erregt oder weil wir es gesucht haben.

Die zur Wachheit führende Erregung ist insofern unspezifisch, als sie nur zu einem allgemeinen Bewusstsein von etwas Wahrgenommenem oder Vorgestelltem führt, aber noch nicht zu einem Bewusstsein von etwas Bestimmtem, wozu eine „genaue Identifizierung der Reize nach Art, Stärke und Ort" (Bierbaumer/Schmidt 1996[3], 315) erforderlich ist. Das wird erst durch eine spezifische Erregung durch das retikulare System ermöglicht, d. h. durch die Aufmerksamkeit.

Damit werden zwei Arten der Erregung durch die Formatio reticularis unterschieden: eine grundlegende, die Wachheit, die die Funktion erfüllt, dass uns etwas Wahrgenommenes oder Vorgestelltes überhaupt bewusst wird, und eine dazu hinzukommende, die Aufmerksamkeit, die die Funktion erfüllt, dass wir das uns Bewusste verarbeiten können. Dieses Verarbeiten besteht darin, dass wir in dem uns bewussten Wahrgenommenen oder Vorgestellten etwas unterscheiden, verbinden, als etwas Bestimmtes kategorisieren und benennen können. Die Bewältigung von Aufgaben oder gar die Lösung von Problemen sind mehr oder weniger umfangreiche Komplexe von solchen Grundoperationen.

Der Unterschied zwischen unspezifischer Erregung oder Wachwerden und spezifischer Erregung oder Aufmerksamkeit ist sehr schwer zu beobachten, weil sie nur in wenigen Situationen nacheinander auftreten und in allen anderen gleichzeitig aktiv sind.

Das Verhältnis zwischen unspezifischer und spezifischer Erregung wird im folgenden Zitat mit Befunden einer neurophysiologisch-psychologischen Untersuchungsmethode belegt und anschaulich beschrieben.

Viele unserer Patienten zeigten im bewußten, wachen Zustand nicht nur einen örtlich begrenzten Anstieg der Durchblutung, sondern auch eine Zunahme der Durchblutung des gesamten Gehirns. Leistungen des Erinnerns und Nachdenkens steigern zusätzlich zu regionalen Änderungen die generelle Durchblutung um ungefähr zehn Prozent. Der Effekt tritt nicht auf, wenn einfache Aufgaben gelöst werden, und ist besonders deutlich vorhanden, wenn die Person mit einem als schwierig empfundenen Problem kämpft. Diese Beobachtung stützt eine von den Neurophysiologen getroffene Unterscheidung zwischen spezifischen und unspezifischen Bahnen des Gehirns. Die motorischen und sensorischen Nervenbahnen gelten als spezifisch. Sie beginnen bzw. enden in definierten Arealen der Rinde und werden bei der Ausführung einer Bewegungsaufgabe und bei der Wahrnehmung und Deutung sensorischer Information aktiv. Gleichzeitig aktivieren solche Aufgaben aber auch größere Rindenareale über Bahnen, die sich fächerförmig vom Stammhirn und vom Mittelhirn her ausbreiten und die man unspezifisch oder diffus nennt. Offenbar muß die Hirnrinde also nicht nur lokal, sondern auch als Ganzes tätig werden, damit das Gehirn die Umwelt versteht und schwierige Aufgaben bewältigen kann.
Untersuchungen über die Wirkungen von Angst und Schmerz bestätigen diese Überlegungen. Eine Störung des psychischen Wohlbefindens durch einen Schmerzreiz oder durch große Angst führt zur allgemeinen Zunahme der Durchblutung des Gehirns und parallel zu einer Zunahme des Bewußtseins der Person von sich selbst und ihrer Umgebung. Jede psychische Belastung aktiviert Gehirnbahnen und führt dazu, daß die Nebennieren das Hormon Adrenalin ausschütten, das eine allgemein erregende Wirkung hat. (Lassen/Ingvar/Skinhoj 1989, 141f.)

Der Unterschied zwischen unspezifischer und spezifischer Erregung ist aber sehr wahrscheinlich kein absoluter, sondern ein *gradueller*, da bei der unspezifischen Erregung bereits *unwillkürliche automatische Erkenntnisprozesse* ablaufen können, die gelernt worden sind, nicht aber die *willkürlichen*, die Aufmerksamkeit erfordern. Somit scheint für bestimmte Erkenntnisprozesse ein bestimmter Grad der Erregung durch die Formatio reticularis erforderlich zu sein.

Das neuronale anatomische und physiologische Korrelat für die Aufmerksamkeit

Die Aufmerksamkeit hat nicht im Kern des retikularen Systems am oberen Ende des Stammhirns ihren Ort. Mit außerordentlich hoher Übereinstimmung wird die Aufmerksamkeit im *retikularen Kern des Thalamus, im Stirnhirn (präfrontal), in den Schläfenlappen (temporal) und im hinteren Scheitellappen des Gehirns (parietal)* lokalisiert. Dorthin verzweigen sich die aufsteigenden Nervenfasern der Formatio reticularis. Vom *Kern der Formatio reticularis* aus steigen die Fasern zuerst zu den *retikularen Kernen des Thalamus* auf. Von den retikularen Kernen des Thalamus aus *verzweigen* sie sich nach oben in die *Großhirnrinde*.

Diese Gesamtstruktur legt es nahe, erst einmal zwischen dem zu unterscheiden, was die *retikularen Kerne des Thalamus* leisten, und demjenigen, was *in der Großhirnrinde* geschieht. Daran kann sich dann die Analyse der Anatomie und Physiologie der Aufmerksamkeit in der Großhirnrinde anschließen. Birbaumer/-Schmidt geben den folgenden Bericht über die Befundlage über die *Leistungen der retikularen Kerne des Thalamus* am Beginn der neunziger Jahre des 20. Jahrhunderts.

Efferenzen des Frontalkortex (FC) und der MRF (mesencephalic reticular formation – J.G.) konvergieren an dem Retikulären Kern (R), der die thalamakortikale Aktivität „verteilt". MRF-Reizung öffnet die Tore unspezifisch, d. h. die Amplituden der ereigniskorrelierten Potentiale (EKP) steigen, das EKP wird desynchronisiert. Eine generelle Bereitschaft für Informationsaufnahme und Orientierung ist die Folge. Aktivierung des FC schließt die thalamischen Tore. Im Gegensatz zur MRF sind aber die Afferenzen und Efferenzen des präfrontalen Kortex anatomisch selektiv tätig, d. h. dass nur ein Teil der Bahnen vom FC zum R aktiviert ist, ein anderer Teil „still" bleibt und damit ein „Tor" (z. B. das C. geniculatum mediale bei akustischer Information) „geöffnet", alle anderen geschlossen bleiben. (Birbaumer/Schmidt 1996[3], 533)

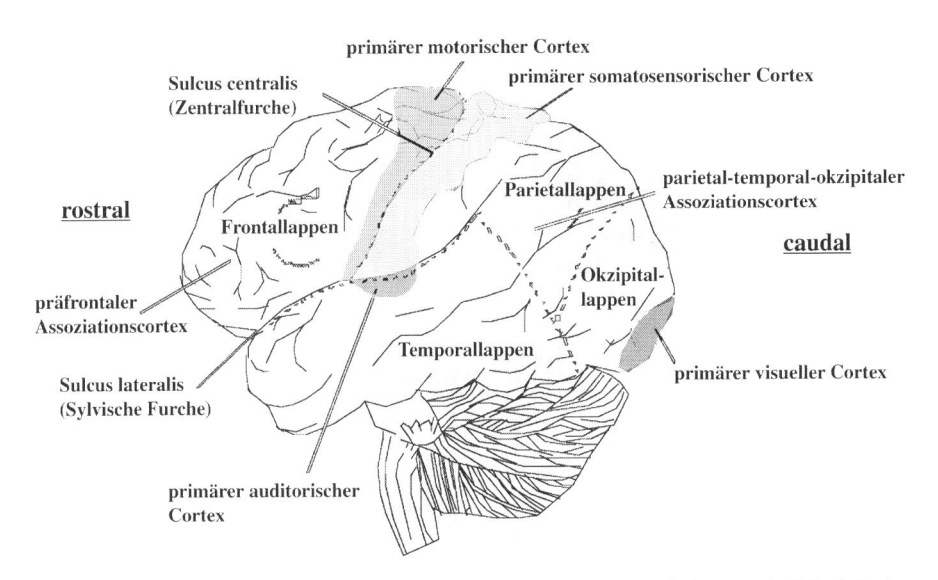

Abb. 2 – Die wichtigste Unterteilung der Großhirnrinde beim Menschen ist die in Frontal- (Stirn-), Parietal- (Scheitel-), Temporal- (Schläfen-) und Okzipitallappen (Hinterhautslappen). Der Cortex eines jeden Lappens weist Wülste (Gyri) auf, die durch Furchen (Sulci) voneinander getrennt sind. Die Grenzen zwischen den Lappen hat man etwas willkürlich entlang der Verlaufslinien der wichtigsten Sulci festgelegt.

Auf dieser Seitenansicht der linken Großhirnhälfte sind die primären sensorischen und motorischen Areale und die verschiedenen Assoziationsfelder dargestellt. Der primäre auditorische Cortex, nahe der Grenze zwischen dem Temporal- und dem Parietallappen, liegt innerhalb des Sulcus lateralis und ist daher nicht sichtbar. Zu erkennen sind stattdessen zwei große Assoziationsfelder: der präfrontale Assoziationscortex und der parietal-temporal-okzipitale Assoziationscortex. Bei einer Seitenansicht des Gehirns ist die auffälligste Furche der Sulcus lateralis (Sylvische Furche), der den Temporallappen von dem Frontal- und dem Parietallappen trennt. (Jessel 1996, 85) – Abbildung: Bohmeier Verlag (Gestaltung nach einer Vorlage vom Spektrum Akademischer Verlag GmbH Heidelberg, Berlin, Oxford, 1996).

Der Thalamus stellt aber nicht nur die Verbindung zwischen dem Kern des reticularen Systems und dem präfrontalen Kortex her, sondern auch die Verbindung zwischen dem limbischen System und dem präfrontalen Kortex.

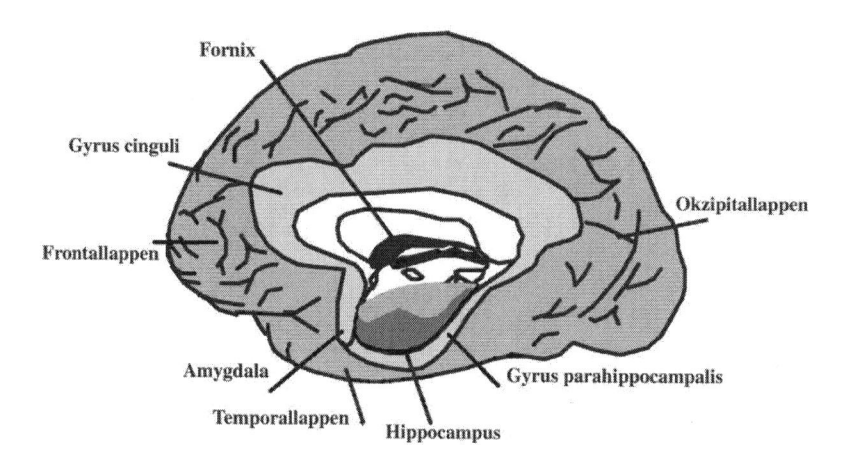

Abb. 3 – Die Medialansicht des Gehirns zeigt den **limbischen Lobus** (Gyrus cinguli) (oben angrenzend an die Großhirnrinde und unten an den Hirnstamm – J.G.), der aus primitivem Rindengewebe (**helleres Grau**) besteht, das den oberen Hirnstamm ringförmig umgibt. Unter ihm liegen die zum limbischen System gerechneten Einheiten Fornix, Amygdala und Hippocampus. (Kandel/-Kupfermann 1996, 619) – Abbildung: Bohmeier Verlag (Gestaltung nach einer Vorlage vom Spektrum Akademischer Verlag GmbH Heidelberg, Berlin, Oxford, 1996).

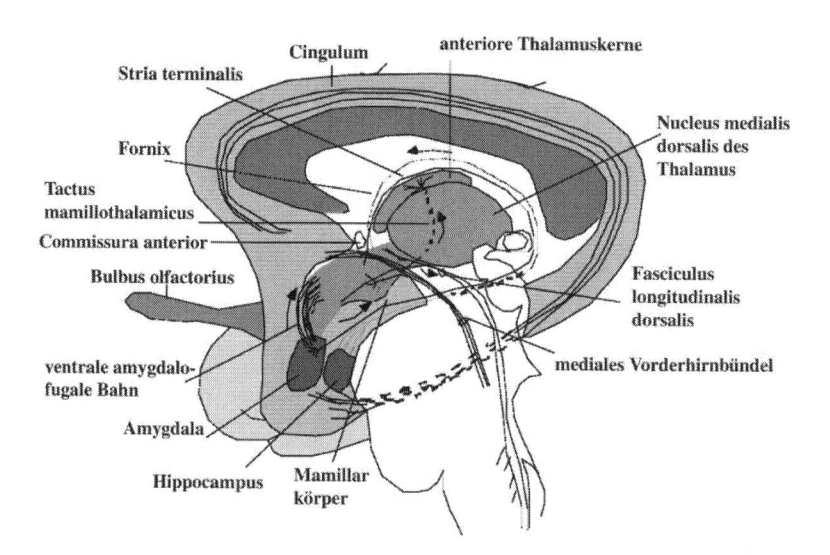

Abb. 4 – Die Verschaltungen der tiefliegenden Strukturen im limbischen System (für seine Lage im gesamten Gehirn s. Abb. 3 – J.G.). Die Hauptrichtung der neuronalen Aktivität in jedem Trakt ist durch einen Pfeil angegeben, doch ist die Aktivität in den Trakten typischerweise bidirektional. (Kandel/Kupfermann 1996, 619) – Abbildung: Bohmeier Verlag (Gestaltung nach einer Vorlage vom Spektrum Akademischer Verlag GmbH Heidelberg, Berlin, Oxford, 1996).

Die Lage des limbischen Systems kann so beschrieben werden: Nach oben hin schließt es an den Kortex an. Es bildet einen *zu den Falten des Kortex über ihm querliegenden Lappen*, den Gyrus cinguli, der an vielen Stellen mit dem Kortex „verschmolzen" ist. – Nach unten hin umschließt es zuerst *c-förmig von vorne nach hinten den Balken* (corpus callosum), der aus Nervenfasern besteht, die quer von der rechten Hirnhälfte zur linken verlaufen und beide Gehirnhälften miteinander verbinden. – Weiter nach unten umschließt es wie eine Manschette den Stamm des Gehirns (Abb. 3 stellt die zentrale Lage des limbischen Systems unterhalb des Kortex dar. Abb. 4 dagegen zeigt den inneren Aufbau des limbischen Systems, das aus einem großen Lappen und mehreren Kernen besteht.).

Der Thalamus verbindet damit die Funktionen des Wertens und Fühlens mit den Funktionen der Entscheidung, des Entschlusses und des Wollens. Von diesen Funktionen wird im nächsten Kapitel die Rede sein.

Beim retikularen Kern des Thalamus aber haben wir es mit dem folgenden Zusammenhang aus anatomischer Struktur, neuronalen Prozessen und Funktionen zu tun:

Am retikularen Kern des Thalamus treffen von oben Signale aus dem *Stirnhirn* und von unten Signale aus dem tiefer gelegenen *Kern des retikularen Systems* ein. – Dieser Teil des Thalamus öffnet daraufhin nach oben seine Tore zum Kortex für die unspezifische Erregung, die er von unten aus der Zentraleinheit des retikularen Systems erhalten hat, was eine generelle Bereitschaft des frontalen Kortex für Information, die der Orientierung und Reaktion dient, zur Folge hat. – Nach der Erfüllung dieser Funktion schließt der Thalamus seine Tore zum frontalen Kortex wieder.

Im Anschluss daran wird der frontale Kortex aktiv und regelt nun seinerseits selektiv die Öffnung und Schließung der Tore des Thalamus zum Kortex, z. B. die Öffnung des Kanals vom Thalamus für akustische Information und die Schließung für alle anderen Informationen aus dem Kortex.

Nach dieser Beschreibung gibt es zwischen dem Thalamus und dem präfrontalen Kortex einen Rückkopplungskreis, in dem sie sich gegenseitig steuern, indem vom Thalamus aus *der frontale Kortex allgemein erregt* wird, worauf dieser *selektiv den Zufluss weiterer erregender Potentiale vom Thalamus aus* regelt, wofür wiederum der Thalamus *Tore für den Zufluss zu unterschiedlichen Bereichen des Kortex* zur Verfügung stellt.

So hat der präfrontale Kortex zwar die Funktion der *Selektion*, der Thalamus aber hat die Funktion der *Reaktion auf diese Selektion* durch die Regelung des Zustroms von Potentialen der Formatio reticularis zu demjenigen Funktionsbereich, der durch den präfrontalen Kortex ausgewählt worden ist.

Wenn diese Beschreibung zutrifft, dann ist der Thalamus zum einen diejenige Instanz, die den *Zustrom von unspezifischer Erregung* in den Kortex regelt. Zum anderen aber hat er auch eine *Verteilerfunktion* für die erregenden Impulse der Formatio reticularis, die zur Aktivierung von spezifischen Funktionen führen. Dieses Zusammenspiel hat im Ganzen die folgende Form:

> Die Eigenheit neuronaler Netzwerke, einen Teil der ankommenden Information weiterzuleiten und den übrigen von der Weiterleitung auszuschließen, bezeichnet man im angloamerikanischen Sprachraum als ‚Gating' (im Deutschen am besten mit ‚Schleusen' zu

übersetzen (...) Eine Schlüsselfunktion für diese Funktion des Gatings nimmt der Thalamus ein.
Innerhalb der thalamischen Kerne stellt der Nucleus reticularis thalami das „Tor" zum Kortex dar. Der Nucleus reticularis thalami umgibt den Thalamus wie eine Muschel und weist eine Feinstruktur auf, die für die Selektion ankommender sensorischer Erregungsmuster ideal ist: Die Zellen im Nucleus reticularis thalami sind durch weitverzweigte Dendriten innerhalb vom Nucleus reticularis thalami und multipolare Axone mit vielen Kollateralen in die spezifischen Thalamuskerne gekennzeichnet; diese langen multipolaren Axone kommunizieren mit dem übrigen Thalamus und dem Mittelhirn, aber nicht mit neokortikalen Strukturen (...)
Der Nucleus reticularis thalami ist somatotopisch, visuotopisch etc. organisiert: die Afferenzen aus den verschiedenen Regionen lassen sich entsprechend ihrer funktionellen Bedeutung gliedern. In Abhängigkeit vom Ursprung der Afferenz wird also nur jenes Tor vom Nucleus reticularis thalami geöffnet, das der entsprechenden Afferenz (Sinnesmodalität) zugeordnet ist. Damit ist die (...) psychologisch beschriebene Spezifität des postulierten LCCS[11] für verschiedene Verarbeitungsdimensionen anatomisch gewährleistet. (Birbaumer/Schmidt 1996³, 531)

Hiernach realisiert der Thalamus seine Verteilerfunktion auf die Weise, dass er anatomisch Tore für unterschiedliche spezifische Funktionsbereiche in unterschiedlichen Arealen der Großhirnrinde besitzt.

Diese 1:1–Zuordnung zwischen neuronalen Netzwerken im retikularen Kern des Thalamus und ebensolchen Einheiten im Kortex ist eine *topologische Lösung des Verteilerproblems*. Wie in einem Bewässerungssystem das Wasser an bestimmten Stellen einmal in einen ausgesuchten Kanal gelenkt werden kann und ein anderes mal in einen anderen, so geschieht dies im Thalamus mit den erregenden Potentialen, die von der Formatio reticularis stammen. Wie beim Bewässerungssystem ein Wasserwart nach einem bestimmten Plan den einen oder den anderen Schieber hochzieht, so regelt der präfrontale Kortex, welchem spezifischen Funktionsbereich jeweils erregende Potentiale der Formatio reticularis zukommen sollen.

Neurochemisch sind die Systeme, die den Kortex unspezifisch aktivieren, cholinerg. Sie haben ihren Ausgangsort im Mittelhirn. – Demgegenüber sind die Systeme, die die *phasisch-selektive Aktivierung* durch die Aufmerksamkeit regeln, neurochemisch monoaminerg und sind „primär eine Funktion des retikularen Kerns des Thalamus in ‚Zusammenarbeit' mit MRF (mesenphalic reticular formation – J.G.),

---

[11] LCCS besagt: Birbaumer/Schmidt 1996³, 514: „Unter Ressource versteht man in der Psychologie eine nicht direkt beobachtbare Erregungshöhe, die einem informationsverarbeitenden System (z. B. KZG) verliehen werden muß, damit es eine bestimmte Leistung erbringen kann. Jene Systeme des ‚mentalen Apparates', welche die Ressourcen für ein oder mehrere sensorische und motorische Funktionen zur Verfügung stellen, nennt man limitierte Kapazitäts-Kontrollsysteme (LCCS - limited capacity control systems). Ressourcen werden in der Regel antizipatorisch, d. h. *vor* einem Reiz oder einer Reaktion nach Warnsignalen, die Reiz oder Reaktion (oder beides) ankündigen, zur Verfügung gestellt.
Alle Theorien der Aufmerksamkeit gehen von einer limitierten Aufmerksamkeitskapazität (limited capacity, LC) aus."

Frontalkortex (FC) und dem Parietalkortex (Scheitellappen der Großhinrinde – J.G.)" (Birbaumer/Schmidt 1996³, 529)..

> Während cholinerge Systeme für unspezifische Aktivierung des Kortex wichtig sind, regeln monoaminerge Systeme die phasisch-selektive Aktivierung (…) Nur cholinerge Stimulation im Mittelhirn erregt kortikale Areale. Trotzdem bleibt eindeutig, dass die Aktivität der monoaminergen Systeme das Signal-Rauschverhältnis der neokortikalen Regionen durch Hemmung einzelner Areale verbessert und lokale Erregungsanstiege (Aufmerksamkeitsänderungen) sich damit „deutlicher" von den gehemmten Regionen abheben (…) Cholinerge Systeme wirken bei elektrischer Reizung unspezifisch auf den Kortex. Die „Richtung" der Aktivierung (z. B. Hungeraktivierung, sexuelle Aktivierung etc.) wird von momoaminergen und anderen Neurotransmittern und -modulatoren bestimmt. (Birbaumer/Schmidt 1996³, 530)

Nach dieser Beschreibung könnte es sich bei den unspezifischen und den spezifischen Potentialen der Formatio reticularis um die *gleichen Potentiale* handeln und würde es nur von der Regelung durch den präfrontalen Kortex abhängen, wann sie als unspezifische und wann sie als spezifische eingesetzt werden. Da aber die spezifischen gegenüber den unspezifischen immer nur auf ein „Tor", d. h. auf einen spezifischen Bereich, begrenzt sind, könnte dies bei gleich bleibendem Zustrom von der Formatio reticularis in diesem Tor zu einer Verstärkung des Zustromes, d. h. zu einem *höheren Maß an erregenden Potentialen* kommen.

Die Formatio reticularis wäre dann der allgemeine „Energielieferant" (Birbaumer/Schmidt 1996³, 532). – Der Thalamus wäre der Verteiler dieser Energie. Aus dieser Verteilung ergäben sich die beiden Funktionen der Wachheit und der Aufmerksamkeit. – Und der präfrontale Kortex würde diese Verteilung regeln.

Genau dies wird durch neuere Untersuchungen bestätigt und präzisiert, wie sich im nächsten Kapitel zeigen wird.¹²

---

12 Vgl. hierzu Changeux 1984, 192f.: „M. Livingstone und D. Hubel (1981) ist das bemerkenswerte Kunststück gelungen, minuten- und sogar stundenlang die Aktivität einer einzigen Zelle aus der Sehrinde der Katze zu messen, während das Tier wach war oder schlief. Erste Feststellung: Während des Tiefschlafs befinden sich die Neuronen nicht in einem elektrischen Ruhezustand. Vielmehr zeigen sie eine heftige Spontanaktivität, meist in der Form regelmäßiger Impulsbündel, die sich mit den Gipfeln der langsamen Deltawellen decken. Mit dem Aufwachen verschwinden diese Impulsbündel. Sie werden desynchronisiert, und die Häufigkeit der einzelnen Impulse sinkt. Zweite Beobachtung: Es ist möglich, *während des Tiefschlafs* eine Reaktion der Neuronen in der Sehrinde zu messen, wenn man ein Lichtsignal in ein künstlich offen gehaltenes Auge gibt. Die Frequenz der aufgefangenen Impulse ist jedoch im Allgemeinen niedriger als im Wachzustand. Außerdem ist sie vermischt mit einer starken Spontanaktivität. Der Wachzustand des Kortex verbessert das Signal-Rausch-Verhältnis, er verstärkt Kontraste und versetzt die Zellen in einen Zustand «gesammelter Aufmerksamkeit», der Erwartung einer Interaktion mit der Außenwelt, er verschafft so jedem Neuron die Möglichkeit, seine Singularität auszudrücken, an der Bildung der bewußten Perzepte mitzuwirken und sich in einen Neuronenverband zu *integrieren*.
Bei Bewußtsein sein heißt also, daß die Gesamtaktivität der Neuronen des Kortex und, allgemeiner, des Gehirns einem Regulationsprozeß unterworfen wird. Verantwortlich sind ein paar kleine Neuronenkomplexe im Hirnstamm, die durch die Divergenz ihrer Axone und ihren überallhin reichenden Einfluß eine *globale* Wirkung entfalten. Die *einheitliche* Regulierung der

Dieser Regelkreis ist aber seinerseits noch mit weiteren Regelkreisen verbunden, so mit der „rückwirkenden Schleife vom Kortex zu den Basalganglien (über Striatum zum Pallidum und von dort wieder in den Thalamus)" (Birbaumer/Schmidt 1996[3], 533) und mit dem „Gyrus cinguli" der „bei schwierigen Entscheidungen zusätzlich die frontalen Areale des Arbeitsgedächtnisses aktivieren" kann (ebd.). Dazu kommen noch eine Regelkreis mit dem Nucl. Caudatus und ein weiterer mit dem Striatum.

Diese basalen Systeme verhindern ein Anwachsen der Erregung in den kortikothalamischen Rückmeldekreisen, sie erhöhen die Erregungsschwelle, wenn die Aktivierung (Depolarisation) der kortikalen Module über eine kritische Schwelle steigt. Je höher die neocorticale Erregung, desto ‚stärker' wird der neuronale Zustrom in die Basalganglien und umso mehr werden die ‚Tore' geschlossen. Der FC (Frontalkortex – J.G.) moduliert wie oben dargestellt diesen neurokortikalen Hemmungskreis. (Birbaumer/Schmidt 1996[3], 533)

Sobald es in diesem komplizierten System an unterschiedlichen Stellen neuronale Störungen in der Anatomie oder in den Prozessen gibt, treten unterschiedliche Ausfälle in den Bereichen *Bewusstsein, Aufmerksamkeit, Bereitschaftspotential und Selektivität* auf.

Störungen in einem dieser weitverzweigten Systeme gehen daher stets mit *Bewußseins- und Aufmerksamkeitsstörungen* einher. Zerstörung der Basalganglien führt zu Bewusstlosigkeit. Inkomplette Ausfälle, wie z. B. der dopaminergen Projektionen von der S. nigra zum Striatum bei der Parkinsonschen Erkrankung führen zu Reduktion der Bereitschaftspotentiale (LP) und zu Aufmerksamkeitsstörungen. Bei Ausfall des FC kommt es zu schweren Störungen der „Selektivität", die Person wird von unmittelbar gegenwärtigen Reizen „gesteuert", zu viele thalamische „Tore" sind geöffnet. (Birbaumer/Schmidt 1996[3], 533f.)

Wenn der Thalamus nur eine *Verteilerfunktion* für den Zustrom an unspezifischen oder spezifischen Potentialen der Formatio reticularis in die Großhirnrinde besitzt, dann muss die *Regelung der Aufmerksamkeit* in der Großhirnrinde ihren Sitz haben. Tatsächlich werden nicht nur die *Stirnlappen*, sondern auch die *Schläfenlappen* und die *Scheitellappen* des Gehirns übereinstimmend als diejenigen Regionen im Gehirn genannt, in denen die Aktivierung zumindest der sensorischen und motorischen Aktivitäten durch die Aufmerksamkeit ihren Sitz hat.

Diese Einheiten sind aber auch diejenigen Netzwerke, durch die die *Koordination von Teilaktivitäten* des gesamten neuropsychischen Systems zu vollständigen Aktivitäten sowie die *Koordination dieser einzelnen Aktivitäten zu Sequenzen mit Handlungsstruktur* geregelt werden.

Es versteht sich, dass es weit über den Rahmen dieser Untersuchung hinausgehen würde, diese Einheiten mit allen ihren Funktionen zu beschreiben. Wenn aber auch die Aufmerksamkeit und ihre Beziehungen zu Interesse, Intentionalität und Kurzzeitigem Arbeitsgedächtnis in diesen Einheiten ihren Ort haben, dann müssen sie als Ganze wenigstens ins Blickfeld gerückt werden.

Wachzustände beruht auf einer anatomischen und chemischen Organisation von großer Einfachheit."

Allein daraus, dass die Aufmerksamkeit in diesen Einheiten des Gehirns auftritt, kann bereits geschlossen werden, dass sie ein *integraler Bestandteil der Integrations- und Steuerungsfunktionen* dieser Einheiten für das gesamte neuropsychische System ist. Der Blick auf diese Einheiten zeigt aber auch, wie komplex die Gegebenheiten sind, mit denen beim Phänomen der Aufmerksamkeit zu rechnen ist.

Dem *Stirnlappen* werden von Lurija (1993, 166f.) zugeschrieben: *Organisation des bewussten Handelns* und *höherer Verhaltensformen*, die von sozialer Natur und sprachlich vermittelt sind, weil diese Funktionen bei Stirnhirnschädigungen ausfallen.

Kandel und Changeux schreiben den *Stirnlappen*, den *Scheitellappen,* den *Hinterhauptslappen*: und den *Schläfenlappen* Planungs-, Kontroll- und Vergleichsfunktionen zwischen bereits verfügbarer und neuer Information zu.

Der Stirnlappen dient vorwiegend der Planung zukünftiger Aktionen und der Bewegungskontrolle; der Scheitellappen kontrolliert das Tastgefühl und die Körperwahrnehmung (Somatosensorik – J.G.), der Hinterhauptslappen das Sehen und der Schläfenlappen das Hören sowie Aspekte von Lernen, Gedächtnis und Emotion. (Kandel 1996, 10)

Seine vergleichende Funktion kann das Gehirn nur mit intaktem Stirnlappen erfüllen. Ich habe bereits darauf hingewiesen, wie wichtig die Aufmerksamkeit für den Dialog ist, den das Gehirn unaufhörlich mit der materiellen und sozialen Außenwelt unterhält. Da kann es kaum überraschen, daß die Lotsenfunktion des frontalen Kortex (der Gehirnlappen mit seiner Funktion, die einkommende Information mit Bekanntem zu vergleichen – J.G.) vom Kern A10 des Hirnstamms (die zentrale Einheit der Formatio reticularis unterhalb des Thalamus – J.G.) gesteuert wird, der das Dopamin enthält und von dem im Zusammenhang mit der Regulierung der Aufmerksamkeit bereits die Rede war. Wenn bei einer Ratte dieser Kern operativ entfernt wird, scheitert sie im verzögerten Reaktionstest, als hätte sie keinen Stirnlappen mehr. Der Kern A10 fungiert also als ‚Regulator' des Stirnlappens; er richtet die Aufmerksamkeit auf diese Gehirnregion aus und ermöglicht ihr unter anderem, ihre Aufgabe als Vergleichsmechanismus zu erfüllen. (Changeux 1984, 205f.)

Die Stirnlappen haben aber auch die bereits erwähnte Funktion, gleichzeitig die impulsive Reaktion auf irrelevante Reize zu hemmen und *zielgerichtetes selektives Verhalten*, das willkürliche Aufmerksamkeit erfordert, zu regulieren.

Die wesentliche Rolle der Stirnlappen bei der Hemmung der Reaktionen auf irrelevante Reize und bei der Erhaltung von zielgerichtetem programmiertem Verhalten ist auch durch die Experimente von Konorski und Lawicke (1964), Brutkowski (1964 und 1966) und anderen unterstrichen worden. Wegen der Beeinträchtigung der Hemmungsmechanismen verursacht die Exstirpation der Stirnlappen stets den Zerfall des zielgerichteten, selektiven Verhaltens und die Enthemmung impulsiver Reaktion auf irrelevante Reize. (Lurija 1992, 278f.)

Anders als bei Personen mit Verletzungen des oberen Anteils des Hirnstamms und der limbischen Region können bei Patienten mit ausgedehnten Stirnlappenläsionen sowohl die elementaren Formen der unwillkürlichen Aufmerksamkeit wie auch die impulsiven Orientierungsreaktionen auf irrelevante Reize nicht nur erhalten, sondern sogar pathologisch gesteigert sein. Dagegen sind alle Versuche, bei diesen Patienten die willkürliche Aufmerksamkeit mit Hilfe von Instruktionen zu festigen, zum Scheitern verurteilt. Diese Unfähigkeit, sich auf eine Anweisung zu konzentrieren und Reaktionen auf irrelevante Reize zu unterdrücken, ist schon bei der ersten Begegnung mit Patienten augenfällig. Normalerweise beginnen sie mit der Lösung einer ihnen gestellten Aufgabe,

brechen den Vorgang jedoch ab, wenn ein Dritter den Raum betritt oder ein Bettnachbar der Schwester etwas zuflüstert, blicken den eintretenden Dritten an oder beteiligen sich an der Unterhaltung am Nachbarbett. (Lurija 1992, 279)
Grey Walter hat festgestellt, dass die Erwartung eines Reizes beim Menschen spezifische langsame Potentiale in den Stirnlappen hervorruft (‚Erwartungswellen'), die sich anschließend auf andere Hirngebiete ausbreiten. Zudem fanden Liwanow und seine Mitarbeiter heraus, dass intellektuelle Belastungen eine schlagartige Zunahme gleichzeitig arbeitender Punkte im Stirnhirn bewirkt.
Diese Phänomene deuten unmissverständlich darauf hin, dass sich die Stirnlappen an der durch Instruktion herbeigeführten Aktivierung beteiligen. Sie sind Komponenten jenes Hirnsystems, das unmittelbar die Prozesse der willkürlichen Aufmerksamkeit begleitet. Die Tatsache, dass die Stirnlappen über viele Stränge mit der Formatio reticularis verbunden sind, kann als morphologische und physiologische Basis der Beteiligung der Stirnlappen an den höheren Formen der Aktivierung angesehen werden. (Lurija 1992, 279)

Diese selektive Regelung leistet der präfrontale Kortex dadurch, dass er durch einen Regelkreis mit dem Gyrus cinguli verbunden ist. Der Gyrus cinguli ist derjenige Rand des Kortex, der sich um den oberen Rand des limbischen Systems im Zentrum des Gehirns schmiegt. Er stellt also den vielfältigen Kontakt zwischen dem Kortex und dem limbischen System her. Das limbische System aber hat die Funktionen des *Wertens* und des *Fühlens*.

Danach ist der präfrontale Kortex zwar die Instanz, die entscheidet, welche Aktivitäten gehemmt und welche aktiviert werden sollen, die *Kriterien* dafür, was im jeweiligen Augenblick wichtig und was nicht wichtig ist, liefert aber das limbische System.

Wir haben bereits wesentliche Teile des LCCS (limited capacity control system – J.G.) in Gestalt der MRF (mesenzephale Retikularformation – J.G.) als „Energielieferant" und des Nucleus reticularis thalami als „Tor" der Aktivierungsverteilung kennengelernt. Es fehlen uns noch zwei Systemeigenschaften, die wir zur Lenkung (Fokussierung) gerichteter Aufmerksamkeit benötigen. (…)
Die „Entscheidungsinstanz" besteht aus dem präfrontalen Kortex und dem Gyrus cinguli, die Informationen aus allen Teilen des Neokortex, besonders dem (rechten) inferiorparietalen Assoziationskortex über die eingelaufene Information und das Resultat der (nicht-bewußten) Vergleichsprozesse erhalten und gleichzeitig aus dem limbischen System über die vitale Bedeutung („vital wichtig" oder „unwichtig") informiert werden.
Das rückwirkende Informationssystem über die Topographie der Erregungsverteilung am Neokortex läuft über die Basalganglien zum Nucleus reticularis thalami und schließt die thalamischen Tore durch Anwachsen der Hemmung bei Erregungssteigerung in den entsprechenden kortikalen „Modulen" über kritische Schwellen. (Birbaumer/Schmidt 1996[3], 532)

Das ist eine Beschreibung derjenigen *Zusammenhänge, in denen die Aufmerksamkeit auftritt*, nicht aber eine Beschreibung der Aufmerksamkeit selbst. Die Aufmerksamkeit ist zwar anscheinend das *Produkt eines Zusammenspiels von Formatio reticularis, Thalamus, präfrontalem Kortex und limbischem System*. Wo aber tritt sie selbst auf, *woraus* besteht sie selbst und welche *Funktionen* übt sie aus?

Aus der bisherigen Beschreibung kann bereits für die *Aufmerksamkeit* geschlossen werden: Sie ist diejenige *Erregung durch das retikulare System,* durch die zusätzliche Potentiale zu den spezifischen Aktivitäten geschickt werden, die jeweils vollzogen werden müssen, z. B. zu dem visuellen Eindruck von der Lichtverteilung am Abendhimmel beim Blick aus dem Fenster, aber auch zu denjenigen Informationen, die zur Verarbeitung der zum Fokus gemachten Information herangezogen werden, z. B. zu ästhetischen Kategorien, zur Reflexion auf die durch den Anblick ausgelösten Emotionen, zu Assoziationen über unseren Planeten etc. *Sie trägt damit dazu bei, dass die jeweilige spezifische Funktion überhaupt und möglichst gut vollzogen wird.*

Damit ist klar, dass wir es bei der Aufmerksamkeit nicht mit einer einzigen Einheit zu tun haben, sondern mit *diversifizierten Einheiten,* die *die gleiche Funktion der Erregung am Ort der jeweiligen spezifischen Funktionen* für diese erfüllen. Das wird neuronal durch die räumliche Nähe zwischen den funktionsspezifischen und den sie erregenden attentionalen Netzwerken gestützt. So werden bei der Ausrichtung der Aufmerksamkeit auf bestimmte sensorische und motorische Aktivitäten Netzwerke aktiv, die ihren Ort in den *hinteren Scheitellappen* (parietal) haben. Diese Netzwerke sind auf die unterschiedlichen sensorischen und motorischen Aktivitäten spezialisiert. Sie sind dementsprechend für die linke und die rechte Gesichtshälfte voneinander getrennt und zum Teil asymmetrisch auf die rechte und linke Seite des Gehirns verteilt.

> Extinktionen treten, wie im Falle eines Neglects (Personen, die eine Körper- oder Gesichtshälfte völlig ignorieren – J.G.), häufiger bei Stimuli in der rechten Gesichtshälfte auf. Warum ist dies so? PET-Daten zufolge entsteht diese Asymmetrie, weil die rechte Hemisphäre die Aufmerksamkeit sowohl in die rechte als auch in die linke Gesichtshälfte richten kann, während die linke Hemisphäre nur die Aufmerksamkeit für die rechte Gesichtshälfte kontrolliert. Liegt die Aufmerksamkeit im linken Gesichtsfeld, kommt es zu Aktivitäten im rechten hinteren Parietallappen. Liegt die Aufmerksamkeit im rechten Gesichtsfeld, sind beide Seiten aktiv – eine Region im linken und verschiedene Regionen im rechten parietalen Cortex. Im rechten hinteren Parietallappen existieren also zwei getrennte Repräsentationen, von denen die eine die Aufmerksamkeit in das linke und die andere in das rechte Gesichtsfeld lenken kann. Im linken hinteren Parietallappen gibt es hingegen nur eine Repräsentation, welche die Aufmerksamkeit hauptsächlich in die rechte Gesichtshälfte richtet. (…)
> Die Aufmerksamkeit erhöht also selektiv die Aktivität von Zellen in einer Reihe von Cortexregionen, welche für die Verarbeitung von visuellen Informationen verantwortlich sind, die mit Bewegungen zusammenhängen. (Kandel/Kupfermann 1996, 350)

Diese Erregung der jeweiligen spezifischen Funktion besagt aber nur, dass das retikulare System diese Funktion *dort aktiviert, wo sie im ZNS ihren Ort hat.* Wenn dies zutrifft, dann wird die *Art der erregten Aktivität* nicht vom retikularen System bestimmt, sondern dies geschieht durch diejenigen Systeme, zu denen die erregte Aktivität gehört. Dann aber muss die Aufmerksamkeit *jede spezifische Aktivität erreichen* können. Das ist aber nur möglich, wenn sie *auf alle Orte, wo spezifische Aktivität auftritt, verteilt werden kann.*

Der neuroanatomische Ort und die chemische Natur der Transmitter der Aufmerksamkeit sind bis jetzt hauptsächlich für die Sensorik und die Motorik nachgewiesen worden, weil diese beiden spezifischen Aktivitäten den bis heute entwickelten Untersuchungsmethoden am besten zugänglich sind. Die *Typik ihrer Zuordnung zu den jeweiligen Aktivitäten und ihrer Einflussnahme auf sie* wird aber wahrscheinlich für alle Aktivitäten gelten.

Damit ist der *anatomische Ort* der Aufmerksamkeit und sind die *Funktionen der Aufmerksamkeit* soweit bestimmt, wie dies Anfang der Neunziger Jahre des 20. Jahrhundert möglich war. – In den beiden Jahrzehnten, die seitdem fast verstrichen sind, sind Untersuchungen angestellt worden, durch die einerseits die dargestellten Zuweisungen weitgehend bestätigt worden sind, andererseits aber das Wo, Woraus und Wozu der Aufmerksamkeit, und auch ihr Zusammenspiel mit anderen Funktionen zum Prozessor der Informationsverarbeitung differenzierter bestimmt worden sind. Das wird im folgenden Abschnitt demonstriert.

4. Psychologie und Neurologie der Aufmerksamkeit

Schon im vorausgehenden Kapitel über *neuronale anatomische und physiologische Phänomene* musste von *Wachheit* und *Aufmerksamkeit* gesprochen werden. Das aber sind keine neuronalen, sondern *psychische Phänomene*. Es ging in diesem Kapitel zwar primär um neuronale Phänomene, insgesamt ging es aber auch schon in ihm um *neuro-psychische Korrelate*.

Jetzt geht es um Befunde und Annahmen der experimentellen Psychologie über die Aufmerksamkeit. Man kann aber heute diese Resultate der psychologischen Forschung nicht mehr ohne die Berücksichtigung von neurologischen Befunden und Annahmen als hinreichend betrachten, wenn man nicht Gefahr laufen will, dass wesentliche Forschungsergebnisse unbeachtet bleiben und man deshalb dem Erkenntnisziel der Aufklärung des psychischen Phänomens „Aufmerksamkeit" nicht gerecht wird. Deshalb ist auch die moderne experimentelle Psychologie der Aufmerksamkeit eine psycho-neurologische, weil sie für ihre Befunde und Annahmen, die sie durch ihre psychologischen experimentellen Methoden gewinnt, nach neurologischen Korrelaten Ausschau hält. Wir wechseln also jetzt nur die Perspektive, aus der die Beobachtung des Phänomens der Aufmerksamkeit stattfindet.

Ich werde deshalb in diesem Kapitel die Ergebnisse der neueren psychologischen Aufmerksamkeitsforschung soweit wie möglich mit neurologischen Befunden und Annahmen in Beziehung setzen, falls dies nicht von den jeweiligen Psychologen schon selbst getan worden ist. Es wird sich dabei zeigen, dass für das Ziel, die Aufmerksamkeit als eine eigenständige Aktivität zu erweisen, die neurologischen Befunde sehr hilfreich sind, weil sie die Befunde und Annahmen, die durch Methoden der experimentellen Psychologie gewonnen worden sind, nicht nur *bestätigen*, sondern auch *ergänzen* und sogar *verbessern* oder aber auch *in Frage stellen* können.

Die Vorgehensweise ist jetzt in dem Sinne systematisch, dass nacheinander möglichst alle Unterschiede und Zusammenhänge, die am Phänomen der Aufmerksamkeit von der experimentellen Psychologie untersucht worden sind, einzeln zum Gegenstand gemacht werden. Sie werden Punkt für Punkt mit den Resultaten der Neuropsychologie in Beziehung gesetzt, über die in den vorausgehenden Kapiteln berichtet worden ist.

Es wird sich dadurch zeigen, dass das Phänomen der Aufmerksamkeit nach den Befunden und Annahmen der experimentellen Psychologie außerordentlich komplex ist.

Es ist nicht nur in sich vielgestaltig, sondern es erfüllt anscheinend auch ganz bestimmte Funktionen.

Nach den Befunden und Annahmen der experimentellen Psychologie ist das Phänomen der Aufmerksamkeit aber nicht nur selbst komplex, sondern es ist auch nur sehr schwer abgrenzbar, weil es aufs Engste mit anderen Phänomenen verbunden zu sein scheint: mit den spezifischen Funktionen für die Orientierung in der Welt und in uns selbst, mit der Reaktion auf deren Ergebnisse, mit dem Interesse in Gestalt von Motivation und Willen sowie mit einem kurzzeitigen Gedächtnis, das für die Orientierung und Reaktion notwendig ist.

Der Punkt-für-Punkt-Vergleich der Resultate der experimentellen Psychologie mit den Resultaten der Neurologie kann aber nicht nur für die Bewältigung der Komplexität des Phänomens der Aufmerksamkeit und für dessen Abgrenzung eine wichtige Funktion erfüllen, sondern er kann auch als ein erstes Kriterium dafür fungieren, zu entscheiden, was der Aufmerksamkeit zugeschrieben werden kann und was anderen Phänomenen zugeschrieben werden muss, mit denen die Aufmerksamkeit so eng verbunden ist. Es wird sich nämlich bei dem Durchgang durch die einzelnen Unterscheidungen einesteils zeigen, dass die Aufmerksamkeit ein integraler Bestandteil unseres gesamten Lebensvollzugs ist. Andererseits kann dann aber auch die Frage gestellt und bis zu einem gewissen Grade beantwortet werden, welcher Beitrag von ihr zu unserem gesamten Lebensvollzug geleistet wird.

Die Psychologie des Schlafes und der Wachheit beziehe ich nicht mehr mit ein, sondern ich setze sie voraus, weil diese beiden Formen der Aktivität des Gehirns schon die Voraussetzung für die Form der Aktivierung durch Aufmerksamkeit sind, wie die neurologischen Befunde schon gezeigt haben.

Experimentelle psychologische Untersuchungsmethoden der Aufmerksamkeit

Im Unterschied zur introspektiven Psychologie hat die experimentelle psychologische Untersuchungsmethode den Vorzug, dass sie auf die *Isolation von Variablen* aus ist und *Beziehungen zwischen den voneinander unterschiedenen Variablen* zu prüfen sucht.

Gegebenheiten der äußeren Situation, insbesondere Sichtbares und Hörbares, werden als visuelle und akustische Reize von vornherein auf die Versuchspersonen bezogen. Diese visuellen und akustischen Gegebenheiten (Photonen und Schallwellen) selbst und auch die Art ihrer Vorgabe lassen sich genau in dem Maße manipulieren, wie sie sich gezielt quantitativ variieren lassen. Das gilt im Falle der Aufmerksamkeitsforschung insbesondere für *den Ort und die Zeit des Auftretens* der Reize sowie für deren *Qualität* (z. B. Lichtreize, Töne, Buchstaben Zahlen, Pfeile, Wörter etc.).

Für die Darbietung der Reize gibt es ein Gerät, das Tachistoskop, das dank seiner modernen elektronischen Ausstattung einen Wechsel von Ort und Zeit der Vorgabe im *Millisekundenbereich* ermöglicht, in dem sich auch die neuronalen Prozesse abspielen.[13]

---

[13] Kluwe 1997, 54: „Aufmerksamkeitsforschung beschäftigte sich vorrangig mit der selektiven Enkodierung und Verarbeitung sensorischer Inputs. Das Problem der Steuerung sog. Höherer kog-

Gegenstand der experimentellen psychologischen Untersuchungen sind die psychischen Reaktionen der Probanden auf die vorgegebenen Reize. Diese Reaktionen sind aber nicht direkt zu beobachten. Deshalb muss von den messbaren physischen Gegebenheiten in der Umgebung der Probanden und in ihren physischen Reaktionen auf die psychischen Prozesse der Wahrnehmung der Reize und der Auslösung der motorischen Reaktion auf diese Reize geschlossen werden.

Im Falle der experimentellen psychologischen Aufmerksamkeitsforschung sind die physischen Verhaltensweisen körperliche Zuwendungen zu dem physikalischen Phänomen, insbesondere der Augen und des Kopfes, oder ein Knopfdruck. Diese physischen Verhaltensweisen sind Bestätigungen für das Auftreten von psychischen Sinnesreizen. Sie erlauben den Schluss auf eine der beiden Alternativen „psychische Reaktion – keine psychische Reaktion", auf die „Richtung der psychischen Reaktion" und auf die „Zeitdifferenz zwischen der Reizvorgabe und der nachfolgenden Reaktion".

„Reaktion" oder „keine Reaktion" ist ein erstes Indiz für die Abhängigkeit eines psychischen Phänomens von einem physikalischen Reiz, d. h. von einer vorgegebenen physischen Gegebenheit, bzw. für das Fehlen eines solchen Phänomens. – Erst durch eine positive Reaktion wird die externe physikalische Variable zu einer experimentellen psychologischen Variablen. Der Fall „keine Reaktion" wird dann zum Kontrollversuch für den Fall „Reaktion".

Die Unterscheidung von zwei oder mehr unterschiedlichen psychischen Phänomenen wird nur dadurch möglich, dass es zwei oder mehr unterschiedliche externe Variablen oder Konstellationen aus mehreren Variablen gibt, die zu unterschiedlichen Zeiten dargeboten werden. Erst solche Versuchsanordnungen ermöglichen es, außer dem Auftreten eines Phänomens auch Beziehungen zwischen verschiedenen psychischen Variablen zu erkennen.

Es können dies Differenzen in ein und demselben psychischen Phänomen sein, z. B. Grade seiner Intensität, unterschiedliche Modalitäten seiner Erscheinung oder unterschiedliche Funktionen. – Es können aber auch Relationen zwischen verschiedenen Phänomenen sein, z. B. zeitliche, räumliche, kausale, kombinatorische Verbindungen.

Die durch solche experimentellen psychologischen Untersuchungen ermittelten Wahrscheinlichkeiten für das Auftreten von bestimmten psychischen Phänomenen können dann ihrerseits mit neurologischen Versuchsergebnissen verglichen werden, wenn beide zur gleichen Zeit stattfinden. Dann kann sich zeigen, wo sie im Gehirn

---

nitiver Prozesse wurde erst in jüngster Zeit als Forschungsthematik formuliert (z. B. von Allport 1993 „nonspatial selection and control"; Baddeley 1992 a, b „attentional control of action"; Monsell 1996 „control of mental processes"; Shallice & Burgess 1993 „supervisory control of action and thought selection"). Die dabei gestellten Fragen gelten wegen der Komplexität der beteiligten Strukturen und Prozesse als ungleich schwieriger zu beantworten: Wie erfolgt die Setzung von Prioritäten für kognitive Aktivität, wie die intentionale Selektion, die Planung und Organisation von kognitiven Operationen, wie gelingt die Aufrechterhaltung von kognitiver Aktivität und wie deren flexible Änderung? Darauf gibt es allenfalls vereinzelte Antworten. Monsell (1996) spricht sogar von einem Bereich fast völliger Unkenntnis."

auftreten, ob dies an einer oder an verschiedenen Stellen der Fall ist und ob sich Gradunterschiede der gemessenen elektrischen Potentiale zeigen.

So hat sich z. B. bei Messungen mit dem ereigniskorrelierten Elektrokardiogramm (EKG) gezeigt, dass bei der Manipulation der Aufmerksamkeit durch die Variation von externen Variablen die P_1/N_1 Komponente im Spektrum der gemessenen elektrischen Potentiale die erste ist (daher die Nummerierung), die über den primären sensorischen Projektionsarealen anspricht. Diese Areale liegen im rechten und linken Schläfenlappen (temporal).

> Die P_1/N_1 ist die erste Komponente der EKP (ereigniskorrelierten Potentiale), die auf Manipulation der Aufmerksamkeit anspricht und ca. 100 ms nach dem Reiz gemessen wird (daher die Bezeichnung N_1). Bei akustischen Reizen tritt die N_1 etwas früher auf als bei visuellen. Die N_1 registriert man über den primären sensorischen Projektionsarealen. Die temporale N_1 – Komponente ist z. B. auf die Richtung der Aufmerksamkeit zu einem bestimmten Ohr besonders sensibel: bei Konzentration aufs rechte Ohr steigt die linke temporale Amplitude und umgekehrt. (Birbaumer/Schmidt 1996[3], 534)

Die Variation der Vorgabe eines akustischen Reizes durch einen Kopfhörer mit der Instruktion, die Aufmerksamkeit entweder auf das rechte oder auf das linke Ohr zu richten, hat außerdem gezeigt, dass eben dies spiegelverkehrt für das rechte Ohr im linken Schläfenlappen und für das linke Ohr im rechten Schläfenlappen geschieht.

Zu dieser doppelten Ortsbestimmung kommt noch eine Gradbestimmung hinzu, denn die Zuwendung der Aufmerksamkeit hat eine Erhöhung der Amplitude der elektrischen Spannung über dem akustischen Projektionsareal im rechten oder linken Schläfenlappen zur Folge.

Diese Befunde sprechen dafür, dass die Aufmerksamkeit *an einem bestimmten Ort im Gehirn* auftritt, dass dieser Ort derselbe ist wie der *Ort des sensorischen Reizes, auf den sich die Aufmerksamkeit gerichtet hat,* dass die Aufmerksamkeit an diesem Ort den *Effekt einer Erhöhung des elektrischen Potentials* hat, dass sie *willkürlich* auf eben diese Funktion, z. B. auf das Hören mit einem der beiden Ohren, gerichtet werden kann, dass die Aufmerksamkeit von einer Teilfunktion derselben Hauptfunktion (z. B. des Hörens) zu einer anderen Teilfunktion *wechseln* kann, also nicht fest an ein und dieselbe spezifische Teilfunktion gebunden ist und dass die Aufmerksamkeit eine *selektive zusätzliche Aktivierung* ist, weil sie nur in dem Funktionsbereich auftritt, auf den sie sich jeweils gerichtet hat.

Dies alles kann aus der Kombination eines psychologischen Experiments mit einem neurologischen Experiment geschlossen werden. Da diese Befunde repliziert worden sind und auch in unterschiedlichen Versuchsanordnungen auftreten, sind sie schon sehr sicher. Wenn sie mit weiteren Befunden kompatibel sind, kann sich ein zunehmend genaueres Bild von der Aufmerksamkeit ergeben.

Der russische Psychologe Lurija gibt in einem 1972 erschienen Buch (deutsche Ausgabe 1992) einen gedrängten Überblick über den damaligen Stand der Erforschung der Aufmerksamkeit. Ich schicke ihn deshalb ihrer systematischen Darstellung voraus. Da er außerordentlich informativ für die frühe Geschichte dieser Forschung ist, gebe ich ihn nur leicht gekürzt wieder.

Der Prozeß der Aufmerksamkeit ist nicht nur am geordneten selektiven Verhalten zu beobachten. Er spiegelt sich auch in bestimmten physiologischen Indikatoren wider, die zur Untersuchung der Aufmerksamkeitsstabilität herangezogen werden können. Als ich die Tätigkeit der ersten funktionellen Einheit des Gehirns – der Einheit, die für den kortikalen Tonus verantwortlich ist, – analysierte deutete ich darauf hin, dass jedwede Erregung von einer ganzen Gruppe von Symptomen begleitet wird, die einen allgemeinen Anstieg des Bereitschaftsniveaus oder des Körpertonus anzeigen. Zu ihnen gehören die bekannten Veränderungen der Herzaktivität und der Atmung, die Verengung der peripheren Blutgefäße, psychogalvanische Reflexe und Desynchronisationsphänomene (Unterdrückung des/Alpha-Rhythmus). Diese Symptome lassen sich beobachten, wenn Aufmerksamkeit durch einen Reiz oder irgendeine Form der Aktivität ausgelöst wird.

Aufgrund neuerer Untersuchungen muß diese Liste bekannter Erscheinungen erweitert werden. Sie verzeichnet nun auch: Veränderungen im langsamen Potential des Elektroencephalogramms (jetzt allgemein unter dem von Grey Walter vorgeschlagenen Ausdruck Erwartungswellen bekannt), das Auftreten zahlreicher synchron arbeitender kortikaler Punkte (vgl. Liwanow 1962; Liwanow et al. 1967) und schließlich Veränderungen im normalen periodischen Wechsel von langsamen Wellen und im Verhältnis von aufsteigenden und absteigenden Fronten der Alpha-Wellen, die zuerst von Genkin (1962, 1963 und 1964) beschrieben wurden.

All diese Erscheinungen sind an sich generalisiert und betreffen die Aktivierung als solche, unabhängig davon, ob diese durch den Übergang vom Schlaf zur Wachheit, durch eine elementare Veränderung der Intensität, durch Neuheit oder Attraktivität eines Reizes oder durch eine Instruktion hervorgerufen wird. Sie können daher als Anzeichen einer Veränderung des allgemeinen Hintergrunds der Aufmerksamkeit eines Menschen angesehen werden. Außer diesen Anzeichen gibt es jedoch auch solche, die spezielle Formen der Aktivierung oder die gerichtete, selektive Aufmerksamkeit anzeigen. An erster Stelle sind hier Veränderungen der kortikalen evozierten Potentiale zu nennen.

Das Phänomen evozierter Potentiale wurde von Adrian (1936), Jouvet (1956, Hernández-Peón (1961 und 1966), Dawson (1958a und 1958b), Dawson und Mitarbeitern 1959, Pejmer (1958) und vielen anderen untersucht. Es verhält sich im Wesentlichen wie folgt: Die Darbietung eines besonderen (visuellen, akustischen, taktilen oder schmerzhaften) Reizes ruft eine elektrische Reaktion (evoziertes Potential) in den korrespondierenden (okzipitalen, temporalen und zentralen) Kortexregionen hervor. Ein für unsere Zwecke wichtiges Merkmal besteht darin, dass diese Veränderungen in Abhängigkeit von der Reizintensität und der Aktivität der Person beträchtlich schwanken. Eine Veränderung (Zunahme der Amplitude) des evozierten Potentials kann in der ersten Phase (nach einer Latenzzeit von 30 bis 50 Millisekunden) als unmittelbare Reaktion auf einen sensorischen Reiz auftreten, wogegen Veränderungen, die durch komplexere Aktivitäten (etwa durch die Verarbeitung von Informationen) hervorgerufen werden, erst in den späteren Stadien des evozierten Potentials (nach einer Latenzzeit von 150 bis 250 Millisekunden) einsetzen. Das Phänomen der evozierten Potentiale kann nicht nur als Anzeichen einer unmittelbaren Reaktion auf einen spezifischen Sinnesreiz, sondern auch zur objektiven Erfassung von Veränderungen bei der Informationsaufnahme und -verarbeitung durch Mobilisierung der aktiven Aufmerksamkeit Verwendung finden. Als objektive Indikatoren der Aufmerksamkeit kann man evozierte Potentiale in zweifacher Hinsicht untersuchen. Zum einen können die Veränderungen des evozierten Potentials bei der Ablenkung der Aufmerksamkeit durch irrelevante Reize gemessen und zum anderen können Veränderungen dieser Potentiale bei Verstärkung der auf einen relevanten Reiz gerichteten Aufmerksamkeit miteinander verglichen werden. Untersuchungen der ersten Art sind in den klassischen Arbeiten von

Hernández-Peón (1956, 1960 und 1969) zu finden (...) Untersuchungen der zweiten Art sind vorwiegend an Menschen durchgeführt worden. Hierbei wurden evozierte Potentiale bei Reaktionen auf die übliche Darbietung sensorischer Reize entweder mit jenen verglichen, die in der Phase aktiver Erwartung von Reizen (also nach der Ankündigung, dass gleich ein Reiz erfolgen würde), oder mit jenen, die bei der Analyse von Reizen nach erfolgter Instruktion («Zähle die Reize!», «Unterscheide Veränderungen der Reizstärke» usw.) abgeleitet werden. Die Ergebnisse, die von verschiedenen Forschern unter diesen Bedingungen ermittelt wurden (vgl. Lindsey 1960 und 1961; Pejmer 1958 und 1966; Simmernizkaja 1970; Tecce 1970), zeigen, dass die Erregung der Aufmerksamkeit durch die aktive Erwartung oder durch die Erschwerung der Aufgabe zu einer merklichen Zunahme der Amplitude der evozierten Potentiale führt. Vergleiche dieser Untersuchungen mit jenen, die unter ‚Hintergrund'-Bedingungen durchgeführt wurden, bei denen also die sensorischen Reize ohne vorherige Anweisungen dargeboten wurden, belegen eindeutig, dass die Zunahme der Amplitude evozierter Potentiale (vor allem in der zweiten, späten Phase) ein objektiver Indikator der willkürlichen Aufmerksamkeit ist. (Lurija 1992, 268-270)

Durch die von Lurija zusammengefassten Untersuchungsresultate sind am Phänomen der Aufmerksamkeit unterschieden worden: der *allgemeine Hintergrund* der Aufmerksamkeit (Wachheit, Bereitschaftspotential), ihre *Ablenkung durch irrelevante Reize* sowie die *Erhöhung der Potentiale bei willkürlicher Verstärkung* der Aufmerksamkeit durch aktive Erwartung oder durch Erschwerung einer Aufgabe.

Automatische Aktivität ohne Aufmerksamkeit

Es scheint einen allgemeinen Konsens darüber zu geben, dass es *neuropsychische Aktivität ohne Aufmerksamkeit* gibt. Diese Aktivität wird als *Automatismus* bezeichnet. Damit werden alle neuronalen und psychischen Prozesse bezeichnet, die ablaufen und ihre Funktion erfüllen, ohne dass wir uns dessen *bewusst* sind. Wir *gewahren* sie nicht, wenn wir sie ausführen. Wir *bemerken* sie nicht, obwohl sie die Voraussetzung für das sind, dessen wir uns jeweils bewusst sind, das wir gewahren und bemerken.

> Walking, talking and eating seem to proceed without attention, until the ground becomes uneven, a verbal problem is posed or your peas fall off your fork. At these moments, you might find one task has to stop while attention is allocated to the other. (Styles 2006[2], 7)
> We are not, for example, able to introspect on the processes that underlie the production of words in sentences, we produce, although when the sentence is articulated it appears to make perfect sense. For the main part, we are only aware of the outcomes of processing not the working of the underlying processes themselves. (Styles 2006[2], 194)
> Norman (1968) believed that sensory inputs were extensively processed automatically and unconsciously before we consciously "know" about them. He believed that this processing relied heavily on the permastore of information in long-term memory. (Styles 2006[2], 35)
> The components of the event-related electrical brain potentials, when carefully analysed, differentially reflect the difference between automatic paraattentional and controlled attentional processes. (Pribram/McGuiness 1992, 85).

Die automatisch ablaufenden Aktivitäten sind aber keineswegs nur die elementarsten Prozesse in unserer jeweiligen Aktivität, sondern es können *alle Prozesse bis zu kompletten Handlungen jedes Komplexitätsgrades* automatisiert sein, wenn wir sie erstmalig bewusst vollzogen und vielfach wiederholt haben (gelernt und behalten).

Wir vollziehen sie dann als *komplette Routinen*, die nur noch *bewusst ausgelöst* werden müssen. Bei den sensomotorischen Aktivitäten wie Gehen, Sprechen, Essen, Rad fahren, Auto fahren, Klavier spielen, Jonglieren etc. lässt sich das besonders gut beobachten. Dies gilt aber auch für solche neuropsychischen Aktivitäten, die ohne sensomotorische Aktivitäten abzulaufen scheinen, wie Kopfrechnen, die Planung eines Zuges beim Schachspiel oder die Einschätzung einer komplexen Situation durch einen Experten.

> (…) whole actions can be carried out without a person being aware. (Styles 2006[2], 194)

Daraus folgt unmittelbar, dass Aufmerksamkeit *kein Bestandteil jeder menschlichen Aktivität* ist, sondern nur ein Bestandteil einer *Teilklasse* dieser Aktivitäten.

Dann aber müsste eine Beschreibung des Automatismus einen Beitrag zur *negativen Beschreibung* von Aufmerksamkeit leisten können, aus dem durch Umkehrschluss vielleicht auch *positive Bestimmungen* dieses Phänomens zu gewinnen sind.

Die bloße Entgegensetzung von automatischen mit aufmerksamen Aktivitäten reicht aber nicht aus für sichere Schlüsse auf Kennzeichen der Aufmerksamkeit, da „Aufmerksamkeit" nicht das Gegenteil von „Automatismus" ist. Diese logische Situation hat wahrscheinlich dazu beigetragen, dass die Zuschreibung von Merkmalen beim Vergleich von Aktivitäten ohne und mit Aufmerksamkeit keineswegs einheitlich ist.

So wird z. B. von Posner und Snyder (1975) der Aufmerksamkeit die Funktion der kognitiven Kontrolle zugeschrieben, die dem Automatismus fehle, während nach Neuman (1987) auch Automatismen kognitiv kontrolliert sind, jedoch nur unter der Schwelle zum Gewahrsein, weshalb nach ihm die Aufmerksamkeit nicht selbst kognitive Kontrolle ausübt, sondern nur dazu beiträgt, dass die Schwelle zum Gewahrsein überschritten wird, woraufhin die kognitive Kontrolle bewusst vollzogen werden kann. Aufmerksamkeit hat nach Neuman die Funktion einer Aktivitätssteigerung, die eine Bedingung dafür ist, dass *bewusste* kognitive Kontrolle möglich wird.

> Posner and Snyder (1975) drew the distinction between: "automatic activation processes which are solely the result of past learning and processes that are under current conscious control. Automatic activation processes are those which may occur without intention, without any conscious awareness and without interference with other mental activity. They are distinguished from operations that are performed by the conscious processing system since the latter system is of limited capacity and thus its commitments to any operation reduces its availability to perform any other operation." (Styles 2006[2], 187)
>
> Neuman believes that automatic processing is not uncontrolled, but rather is controlled below the level of conscious awareness. (Styles 2006[2], 193

Wenn wir z. B. beim Autofahren die Landschaft beobachten, fahren wir zwar automatisch, aber durchaus *kontrolliert durch die letzte Richtungsentscheidung*, bis wir nach einem Blick auf die Bahn die Richtungsentscheidung ändern und z. B. eine Kurve ansteuern oder in einen Rastplatz abbiegen. – Das ist ein Beispiel für die generelle Annahme, dass *komplette Teilhandlungen, einschließlich ihrer fortlaufenden Kontrolle*, automatisch ablaufen können, ohne dass das Phänomen der Aufmerksamkeit auftritt. Sobald aber eine solche Teilhandlung verändert bzw. durch eine andere abgelöst wird, geschieht dies bewusst kontrolliert, wofür Aufmerksamkeit erforderlich ist.

Das simultane Auftreten von Aufmerksamkeit und bewusster Kontrolle sagt aber noch nichts aus über den Zusammenhang zwischen beiden. Wenn es aber kontrolliertes automatisches Handeln gibt ohne Bewusstsein und ohne Aufmerksamkeit, dann gibt es zwar keine Bindung zwischen Aufmerksamkeit und kontrollierter Aktivität, wohl aber *zwischen Aufmerksamkeit und dem Modus der Bewusstheit der Kontrolle*.

Das Fehlen der Aufmerksamkeit in automatisch ablaufenden Aktivitäten und deren Bindung an die Bewusstheit kontrollierter Aktivität lässt noch weitere Folgerungen zu.

Da automatische Aktivitäten voll programmiert sein müssen und nur im Rahmen von programmierten Toleranzen sich auch an unterschiedliche Gegebenheiten anpassen können, kommt die Aufmerksamkeit erst zum Einsatz, wenn die programmierte Anpassung nicht mehr ausreicht, sondern über eine andere Form der Anpassung entschieden werden muss. Damit steht die Aufmerksamkeit *in einer Verbindung mit der Selektion von neuen Aktivitäten*.

> All neurons are selective in the range of activation to which they will respond. The role of the attention system is to modulate this selection for those types of stimuli that might be most important at a given moment. To understand how this form of modulation operates, it is important to know how a stimulus would be processed without the special effects of attention. In cognition, unattended processing is called "automatic" to distinguish it from the special processing that becomes available with attention. (Posner 1990, 31)

Nach Posner erlaubt der Vergleich mit automatischen Prozessen ohne Aufmerksamkeit die Folgerung, dass die Aufmerksamkeit die Funktion hat, die Selektion, die durch jede Aktivierung eines Neurons stattfindet, in dem Sinne zu modulieren, *dass die Neuronen für diejenigen Stimuli, die in einem gegebenen Moment am wichtigsten sind,* aktiv werden. Woraus aber diese Modulierung besteht, wird erst die Differenz zwischen der Aktivität eines Stimulus ohne und mit Aufmerksamkeit ergeben.

Von Norman wird dies dadurch ergänzt, dass die Aufmerksamkeit erst dann auftritt, wenn die automatischen Prozesse, zu denen nach ihm auch die unaufmerksame und die aufmerksame Aktivierung des semantischen Langzeitgedächtnisses beitragen, mühelos erfolgt sind und eine Selektion der anschließenden Aktivität auf der Grundlage des semantischen Gedächtnisses unter dem Kriterium der momentanen Wichtigkeit erforderlich wird. Die Aufmerksamkeit ist danach nicht nur gegenüber dem Fehlen der Aufmerksamkeit eine *Aktivitätssteigerung*, sondern *sie ändert auch kontinuierlich ihre Richtung und den Grad ihrer Intensität nach dem Grad der Wichtigkeit*. Die Art dieser Aktivitätssteigerung und die Beziehung zum Grad der Wichtigkeit bleiben aber auch bei Norman unbestimmt.

> In Norman's model, selection comes after semantic memory has been accessed and both attended and unattended sources of information have automatic and effortless access to semantics. Once semantics have been activated, pertinence values are assigned to those activations according to current ongoing cognitive activities.
> Pertinence is determined by the context of the inputs and activates nodes, or locations, in semantic memory. Selection is then based on the summation of activation in semantic

memory from both sensory input and context (…) Norman placed the selective, attentional process after parallel access to semantic memory (…) Norman allowed attention to be a matter of degree. Pertinence values are assigned at all levels of processing and the pertinence value may change with further processing. A message that initially seems of low pertinence may be found to be more pertinent following further processing. Finally, most messages will have been rejected, leaving only the most pertinent to become most deeply processed. (Styles 2006[2], 35)

Da die Aufmerksamkeit während des Vollzugs einer automatisierten Aktivität etwas anderem zugewendet werden kann, gibt es nicht nur zwei *gleichzeitig* vollzogene Aktivitäten, sondern die aufmerksame Aktivität ist gegenüber der automatisch vollzogenen auch insofern *frei beweglich*, als sie mit sämtlichen anderen Aktivitäten verbunden werden kann, die vom menschlichen Organismus *zur gleichen Zeit* vollzogen werden können, ohne dass sie miteinander inferieren. Sie ist deshalb im Gegensatz zum rigiden Programm des Automatismus *hoch flexibel*.

Der gleichzeitige Vollzug von Aktivitäten ist nur soweit möglich, wie ihre Prozesse *neuronal räumlich parallel* verlaufen und sie sich deshalb nicht kreuzen, was zu Interferenzen, d. h. zu gegenseitigen Störungen, führen würde (s. z. B. den störungslosen gleichzeitigen Vollzug von visuellen und akustischen Aktivitäten beim Lesen). – Die Koordination von Aufgaben, die nicht direkt miteinander verbunden sind, ist nur durch bewusste Kontrolle möglich, was Aufmerksamkeit erfordert. – Solche Koordinationen können jedoch auch automatisiert werden, wenn sie nicht nur gelernt, d. h. erstmalig vollzogen, sondern auch behalten werden, weil sie hinreichend oft wiederholt worden sind.

We saw that while some tasks could be combined without much difficulty, other tasks were impossible to do together. One explanation for this is that tasks can be combined, provided that the mappings between the input and output systems of one task are independent of the mappings between input and output systems of the other task. If there is crossover between input and output systems required for both tasks, there will be interference. Examples like this were evident in the studies by Mcleod and Posner (1984), Schumacher et al. (2001), and Shaffer (1975). When tasks can be combined successfully, they seem to be controlled automatically and independently, that is, each task shows no evidence of being interfered with by the other and is performed as well in combination as it is alone. However, when the mappings between the stimuli and their responses are not direct, the tasks interfere with each other and a different kind of control is required, one that requires conscious attention and appears to be of limited capacity. Some tasks that interfere when first combined become independent with enough practice. (Styles 2006[2], 184)

Die Struktur eines automatischen Prozesses besteht aus einer *Verbindung zwischen einem bestimmten Input von Informationen und bestimmten Fähigkeiten (skills)*. Wenn diese Verbindung nicht gelingt, kommt die Aufmerksamkeit und bewusstes Gewahrwerden ins Spiel. In diesem Modus der Aktivität kann dann das Arrangement zu einem neuen Automatismus gelingen. So ist der Automatismus *keine eigenständige Aktivität*, sondern nur ein *Modus jeder menschlichen Aktivität*, der unter bestimmten Bedingungen zustande kommt.

Thus, according to Neuman, "a process is automatic if its parameters are specified by a skill in conjunction with input information. If this is not possible, one or several attentional mechanisms for parameter specification must come into play. They are responsible for interference and give rise to conscious awareness (p 282)". It is clear from Neuman's argument that automaticity is not some kind of process, but something that seems to emerge, when conditions are right. The right conditions depend not only on the processing system but also on the situation. (Styles 2006[2], 195)

Die Mechanismen der Aufmerksamkeit treten dann in Aktion, wenn nicht alle Parameter für die Kontrolle einer Aktion festgelegt sind, und sie tragen dazu bei, dass die beiden Quellen für einen Automatismus, die Inputinformationen und die Skills, soweit spezifiziert werden, dass wieder ein Automatismus entstehen kann. Damit hat die Aufmerksamkeit *die Funktion der Behebung von Störungen von Automatismen durch die Ermöglichung der Generierung neuer Unterscheidwungen, die wiederum automatisiert werden können.* Das ist die *Moderation eines Übergangs.*

Neumann concludes that automatic processing is not "uncontrolled", but is controlled below the level of conscious awareness. In Neuman's view, a process is automatic if its parameters are specified by the perceptual input and by skills, learned through practice, stored in long-term memory. When it is the case that not all the parameters to control an action are specified by these two sources, than an attentional mechanism provides the specifications that are missing. Rather than a clear distinction, Neuman thinks there is a gradation between so called "automatic" and "controlled" processing. Skills may be largely perceptuomotor or largely cognitive, but most skills are a combination of both types. Attentional control itself has been suggested to be a skill (Gopher, 1993; Hirst, 1986) (Styles 2006[2], 213)

Da immer nur bestimmte Aktivitäten für eine begrenzte Zeit automatisiert sind, muss sich reibungslos eine aufmerksame Aktivität an sie anschließen können. Dies ist auch deshalb erforderlich, weil automatisierte Aktivitäten aufgrund der Kontingenzen sowohl in ihren äußeren als auch in ihren inneren Bedingungen sehr störanfällig sind. So wird z. B. ein Nagel krumm, weil der Hammerkopf ihn nicht im rechten Winkel getroffen hat, und dies, weil sich entweder der Nagel geringfügig nach einer Seite geneigt hat oder weil die erforderliche komplexe Körperhaltung beim Schlag aus irgendeinem Grund nicht eingehalten worden ist. Das erfordert die sofortige Aktivierung der Aufmerksamkeit für eine bewusste Korrektur des Fehlers. Dafür muss die Aufmerksamkeit für die neue Aktivität *genau dort, wo der Fehler aufgetreten ist, leicht und sehr schnell verfügbar* sein.

Für die beiden Arten der automatischen und der aufmerksamen bewusst kontrollierten Aktivität gibt es klare neurophysiologische Evidenz. Mit dem automatischen Modus korrelieren *synchrone Oscillationen des EEG im Bereich der jeweiligen Aktivität,* und mit dem Modus der aufmerksamen bewussten Kontrolle korrelieren *langsame Potentiale ebenfalls in den Bereichen der jeweils beteiligten Aktivitäten,* wozu eine starke Aktivierung des „mediothalamicfrontocorticalen" Systems kommt. Diese globale Unterscheidung von aktiven Bereichen des Gehirns wird im Weiteren zunehmend aufgegliedert werden.

(...) we may conclude from the preceding statements that in one „mode" of brain functioning the EEG reflects excitability under extensive MTFCS (mediothalamicfrontocortical system – J.G.) modulation. During this mode, event-related slow potentials are generated and EEG synchronization vanishes. In the other mode, threshold regulation should be automatic, which might become manifest in more synchronous EEG oscillations. Both modes may be present at the same time in different brain regions. (Rockstroh/Elbert 1990, 330)[14]

Miller listet fünf Faktoren der automatisierten Aktivitäten ohne Aufmerksamkeit auf.

Miller (1991) manipulated five factors that he thought might be responsible for the processing of unattended stimuli. These were:
poor spatial resolution of attentional focus
inability to hold attentional focus on a fixt duratio
inability to focus completely on an empty display location
inability to filter out stimuli that onset during the task (...)
inability to prevent analysis of all stimuli when there is insufficient demand by the attendet items.(Styles 2006[2], 47)

Im Umkehrschluss könnte dann für Aktivitäten mit Aufmerksamkeit zu erwarten sein, dass die *räumliche Auflösung im Fokus des Bewussten groß* ist, dass der Fokus des Bewussten *eine feste Dauer* hat, dass eine *vollständig leere Lokation* bewusst gehalten werden kann, dass Stimuli, die eine Aufgabe stören, *ausgesondert* werden können und dass die *Analyse derjenigen Stimuli verhindert* wird, für die es kein Erfordernis gibt.

Durch die Unterscheidung zweier menschlicher Aktivitäten, in denen die Aufmerksamkeit entweder auftritt oder nicht auftritt, ist damit abgegrenzt worden, wo sie nicht auftritt, und erkennbar geworden, wann sie auftritt. Das ist eine erste Umgrenzung des Phänomens der Aufmerksamkeit.

Damit ist aber noch nicht gesagt, dass diese Phänomene der Aufmerksamkeit selbst zugeschrieben werden können oder aber zu anderen Einheiten gehören, die mit der Aufmerksamkeit in spezifischer Weise kooperieren.

Durch diese beiden Abgrenzungen ist aber schon sichtbar geworden, dass die Aufmerksamkeit *nur mit dem anspruchsvolleren Modus der menschlichen Aktivität, der bewusst kontrollierten Aktivität*, verbunden zu sein scheint und dass sie zumindest mit allen Eigenschaften dieses Modus vereinbar sein muss. – Beim Modus mit Aufmerksamkeit fällt außerdem auf, dass die Aufmerksamkeit *gleichzeitig* auftritt: mit *spezifischen Aktivitäten*, wie z. B. sehen und hören, mit *Gewichtungen* des momentanen Wertes solcher spezifischen Aktivitäten und mit einem *begrenzten Umfang des Bereiches*, in dem sie auftritt.

---

[14] Zur Differenz zwischen automatischer und bewusst kontrollierter Aktivität s. z. B. auch Birbaumer/Schmidt 1996[3], 527f: „Zwischen aufmerksamer und unaufmerksamer Wahrnehmung ergeben sich deutliche Unterschiede in den damit korrelierten hirnelektrischen Potentialen und magnetischen Feldern. Die Unterschiede sind aber beim Menschen nur auf kortikalem Niveau registrierbar, in subkortikalen Hirnregionen finden sich bei Aufmerksamkeitszuwendung zumindest für akustische, visuelle und taktile Reize *keine Erhöhungen* der Amplituden von EKP (Ereigniskorrelierte Potentiale - J.G.) (...) Wenn Aufmerksamkeitsänderungen keinen Einfluss auf die Amplituden und Latenzen subkortikaler Potentiale auf ankommende Reize aufweisen, bedeutet dies, dass subkortikale Regionen die Reizinformation ohne jede Modulation weiterleiten."

Von welcher *Natur* die Aufmerksamkeit selbst ist, welche *Funktionen* ihr zugeschrieben werden können und *mit welchen anderen Einheiten sie auf welche Weise kooperiert*, wird jetzt zunehmend genauer sichtbar werden.

Die Auslösung der Aufmerksamkeit

Da es neuropsychische Aktivitäten ohne und mit Aufmerksamkeit gibt, ist es von besonderem Interesse, *unter welchen Bedingungen* Aufmerksamkeit ins Spiel kommt. Ganz allgemein scheint sie dann aufzutreten, wenn die Aktivitäten ohne Aufmerksamkeit, d. h. die Automatismen, an die *Grenze ihrer Leistungsfähigkeit* gelangt sind. Wann aber ist dies der Fall? Es scheint eine ganze Reihe von unterschiedlichen Ursachen dafür zu geben:

- *eine Störung im Ablauf des jeweiligen Automatismus selbst, wie z. B. der Ausfall eines Anschlusses, ein falscher Anschluss, das Verfehlen einer Funktion oder eine Abweichung vom angestrebten Ziel,*
- *das Auftreten von Gegebenheiten in der äußeren und inneren Situation, die im Programm des Automatismus nicht vorgesehen sind, d. h. von Kontingenzen aller Art, Ablenkungen durch starke Reize, unerwarteten oder plötzlich auftretenden Gegebenheiten, neuen Anforderungen etc.,*
- *der Schwierigkeitsgrad einer Aufgabe, dem die verfügbaren Automatismen nicht gewachsen sind, z. B. wegen der Kompliziertheit oder Komplexität der äußeren Gegebenheiten oder wegen der eigenen Ansprüche an die Qualität einer Leistung,*

  Neumann (1987) suggested that practice produce skills that constrain the parameters of action. When skills do not provide enough specification, attention is needed. Presumably more or less attention will be needed depending on how well or how many parameters are specified by pre-existing skills. (Styles 2006[2], 198)

- *die Aufgabe des jeweiligen Ziels und der Wechsel zu einem neuen Ziel, d. h. eine Verschiebung der höchsten momentanen Wichtigkeit auf etwas anderes,*
- *die eigene oder fremde Aufforderung, aufmerksam zu sein (pay attention!),*
- *ein vorausgehender Hinweis auf etwas,*

  It is well known that both endogenous and exegenous cueing of the position in which a visual target will be presented speeds detection and improves accuracy. Knowing in advance where to direct visual attention allows cortical enhancement of the region of cortex responsible for the processing of stimuli at the cued location (e.g. Posner, 1980). In auditory experiments, attention can be directed to features such as stimulus frequency or to the direction from which a sound comes. (Styles 2006[2], 121)

- *der schon vorgesehene Abbruch einer Aktivität, z. B. bei schweifender Wahrnehmung oder Erinnerung, bei Suchprozessen.*

Gemeinsam ist diesen mannigfachen Ursachen, dass es eine *Anforderung* gibt, der der jeweilige Automatismus nicht gerecht werden kann, und dass diese Anforderung *an jeder Stelle der jeweiligen gesamten Aktivität* auftreten kann. Man kann deshalb insgesamt von einer *Störung* der automatischen Bewältigung der jeweiligen Lebenssituation und dem *erhöhten bis höchsten Einsatz* aller Möglichkeiten zu ihrer

Bewältigung sprechen. Insofern gehört die bewusste Aufmerksamkeit zu einem *ausgezeichneten Zustand* gegenüber dem Automatismus.

> Erst wenn neue oder komplexe Situationen und Handlungen auftauchen („mismatch"), und Reaktionsalternativen bestehen, wird das LCCS (limited capacity control system – J.G.) aktiviert. Das LCCS erregt zusätzlich die beteiligten informationsverarbeitenden und reaktionsplanenden Systeme und hemmt die nicht-beteiligten. Dabei greift die Stärke motivationaler Einflüsse direkt in die Hemmung und Erregung ein. (Birbaumer/Schmidt 1996[3], 517)
> It is as if attention is being allocated or withdrawn according the combined demands of the tasks. (Styles 2006[2], 7)

Effekte der Aufmerksamkeit

Sobald das Auftreten von Aufmerksamkeit psychologisch festgestellt werden kann, können bestimmte Effekte beobachtet werden. Nach Posner sind die Reaktionen auf aufmerksam wahrgenommene Ereignisse innerhalb der ersten 150 ms nach einem Ereignis *schneller*, ist eine *erhöhte elektrische Aktivität im Scheitelbereich* messbar und feuern die betreffenden Neuronen schon bei einer *niedrigeren Schwelle*.

> If a person or monkey attends to a location, events occurring at that location are responded to more rapidly (Eriksen & Hoffmann 1972, Posner 1988), give rise to enhanced scalp electrical activity (Mangoun & Hillyard 1987), and can be reported at a lower threshold (Bashinski & Bachrach 1984, Downing 1988). This improvement in efficiency is found within the first 150 ms after an event occurs at the attended location. (Posner 1990, 27)

Hier werden zwei verschiedene Arten der gesteigerten Effekte angeführt, psychische und neuronale. Beide treten gleichzeitig auf und korrelieren mit der Aufmerksamkeit, d.h. sie treten regelmäßig miteinander auf. Im ersten Fall aber handelt es sich um eine Veränderung im Verhalten und im zweiten Fall um eine Veränderung im neuronalen Bereich, die miteinander korrelieren.

An psychischen Effekten der Aufmerksamkeitszuwendung werden in der Literatur genannt:

- *die Beschleunigung der Entdeckung und der Identifikation eines Ereignisses,*
- *die Beschleunigung der Reaktion auf das Ereignis, dem die Aufmerksamkeit gilt,*
- *eine höhere Genauigkeit der Unterscheidungen und Relationierungen (höhere Schärfe) im Fokus der Aufmerksamkeit,*
- *eine höhere Zahl von Unterscheidungen und Relationierungen im Fokus der Aufmerksamkeit (höherer Auflösungsgrad),*

Dass diese Phänomene gleichzeitig mit der Zuwendung der Aufmerksamkeit zu einem Ereignis auftreten, indiziert zwar, dass sie in einem Zusammenhang mit der Aufmerksamkeit stehen, sagt aber noch nichts darüber aus, ob sie von ihr *bewirkt* werden und gegebenenfalls, in welcher Weise dies geschieht.

Mit den schon bis jetzt angeführten Befunden und Annahmen lässt sich nämlich schon viel besser vereinbaren, dass alle diese Effekte *Leistungen* sind, die die Aufmerksamkeit *zusammen mit den jeweils aktivierten spezifischen Funktionen erbringt,* und dass die Aufmerksamkeit „nur" *eine unter mehreren Bedingungen* für die Aktivierung dieser spezifischen Funktionen ist. Allem Anschein nach sind ihre Potentiale in bestimmten Fällen eine notwendige und hinreichende Bedingung dafür, dass Netzwerke für spezifische Funktionen ihren Schwellenwert erreichen.

Grade der Aufmerksamkeit oder ihre energetische Natur

Es hat sich schon bei verschiedenen Formen der Erregung des neuropsychischen Systems durch das attentionale System gezeigt, dass es *Grade der Erregung* durch dieses System gibt, die im Ausgang von der Oszillation über die Wachheit bis zu allen Graden der Aufmerksamkeit, die auf spezifische Aktivitäten der Orientierung und der Reaktion bezogen sind, reichen.

Der Wechsel zwischen einer geringen Erregung durch die Aufmerksamkeit in einem weiteren Bereich und einer hohen Erregung in einem eng begrenzten Bereich konnte ein Indiz dafür sein, dass es nur ein begrenztes Maß an Erregungspotential durch die Aufmerksamkeit gibt, das entweder weit verteilt oder hoch konzentriert sein kann.

Die generelle Erregung durch das attentionale System und die Erregung durch die Aufmerksamkeit werden aber durch unterschiedliche Einheiten ausgeübt. Es könnte deshalb *zwei Energiemengen* geben, die beide graduiert werden können, die beide begrenzt sind und die aus einer Quelle stammen, nämlich dem retikularen System.

Der Grad der erforderlichen Aufmerksamkeit scheint direkt proportional zum Grad der Neuigkeit einer Aktivität zu sein. Je größer der Neuigkeitsgrad, umso größer der Grad der erforderlichen Aufmerksamkeit und umgekehrt.

> Consider learning a skill such as juggling. To begin with, we seem to need all our attention (ask yourself which kind of attention this might be) to throw and catch two balls. The prospect of ever being able to operate on three at once seems rather distant! However, with practice, using two balls becomes easy, we may even be able to hold a conversation at the same time. Now introduce the third ball, gradually this too becomes possible, although to start with we cannot talk at the same time. Finally, we can talk and juggle three balls. So it seems that the amount of attention needed by a task depends on skill, which is learned over practice. Once attention is no longer needed for juggling we can attend to something else. However, if the juggler goes wrong, the conversation seems to have to stop while a correction is made to the ball throwing. It is as if attention is being allocated or withdrawn to the combined demands of the tasks. In this example, attention seems to be either as limited "amount" of something or some kind of "effort". Accordingly, some theorists have likened attention to ressources of effort, while others have been concerned with where a limiting attentional step operates within the processing system to select some information for further processing. (Styles 2006[2], 7)

Das und vieles andere sprechen dafür, dass die Aufmerksamkeit ein begrenztes Quantum einer psychischen Aktivität bzw. neuronal ein begrenztes Maß an elektrischem Potential ist.

Es ist aber trotzdem nicht verwunderlich, dass die Frage nach der Natur der Aufmerksamkeit unterschiedlich beantwortet worden ist, weil es sich bei ihr nicht um eine einfache Aktivität, sondern um ein komplexes System zu handeln scheint. – Es kommt erschwerend hinzu, dass bei den Forschern die Neigung besteht, Annahmen über die Natur der Aufmerksamkeit davon abhängig zu machen, welche Unterschiede sie *jeweils experimentell festgestellt* haben, und dass aus der *Gleichzeitigkeit* des Auftretens der Aufmerksamkeit mit einer *spezifischen Aktivität*, mit der *Selektion* dieser Aktivität und mit der *Beschränkung der Bewusstheit auf die Auslösung dieser Aktivität* das Problem der Zuordnung dieser Funktionen zur Aufmerksamkeit oder zu einer anderen neuropsychischen Einheit entsteht.

Die Frage nach der Natur der Aufmerksamkeit wird sogar mit dem universalen Problem einer letzten entscheidenden Instanz im neuropsychischen System in Verbindung gebracht, dem sogenannten Homunkulusproblem. Dieses Problem tritt auf, sobald man die Aufmerksamkeit als einen *selbständigen Agenten* für diese Funktionen beschreibt.

Aus diesen Gründen ist die Diskussion über die Natur der Aufmerksamkeit sehr verwirrend.[15] Ich zeichne deshalb diese Diskussion nicht gewissenhaft nach, sondern beschränke mich auf die Argumentation für die Annahme, dass die Aufmerksamkeit eine *besondere Aktivität* ist, die die Funktion erfüllt, unter bestimmten Bedingungen die jeweiligen Aktivitäten für die Orientierung und für die Reaktion auszulösen. Für dieses Argument spricht:

- *Es gibt neuroanatomisch ein weitverzweigtes neuronales System, die Formatio reticularis, mit der neuronalen Funktion, durch seine Potentiale die Erreichung des Schwellenwertes für das Feuern derjenigen neuronalen Netzwerke zu bewirken, die die jeweiligen psychischen Funktionen für die Orientierung und Reaktion erfüllen.*

---

[15] Elizabeth A. Styles berichtet außerordentlich detailliert über Fortschritte in der Geschichte der Erforschung der Aufmerksamkeit. Sie widmet aber der Natur der Aufmerksamkeit nur wenige Abschnitte, in denen sie wiederum verschiedene Annahmen referiert. Leider aber bietet sie keine eigene systematische Analyse dieser Annahmen.
Styles 2006^2, 9: "From the way I have been talking about "attention", it might sound as if it is a "thing" or a causal agent that "does something". This is the problem of the homunculus (…) Of course, it might well be that "attention" is an emergent property, that is, it appears to be there, but plays no causal role in information processing. William James (1890) pointed out this distinction when he quiered: "Is attention a resultant or a force?" Johnston and Dark (1986) looked at theories of selective attention and divided them into cause theories and effect theories. Cause theories differentiate between two types of processing, which Johnson and Dark call Domain A and Domain B. Domain A is high capacity, unconscious and passive and equates with what various theorists call automatic or pre-attentive processing. Domain B is "among other things an attentional mechanism or director, or cause of selective processing" (p. 66). They go on to point out that this kind of explanation "betrays a serious metatheoretical problem", as, "if a psychological construct is to explain the intelligent and adaptive selection powers of the organism, then it cannot itself be imbued with these powers (p. 68). We shall meet many examples of cause theories as we move through the chapters, for example: Broedbent (1958, 1971), Kahnemann (1973), Posner and Snyder (1975), Shiffrin and Schneider (1977, Norman and Shallice (1986). However, as I said, it might just be the case that attention is an "effect" that emerges from the working of the whole system as inputs interact with schemata in long-term memory, an example of this view is Neisser (1976). Johnson and Dark think that it would be "instructive to see how much we can understand about selective attention without appealing to a processing homunculus" (p. 70). As had already been argued, attention seems so difficult to define, that it is intuitively likely that these different forms of "attention" arise from different effects rather than reflecting different causal agents."

Wie sich dieser Prozess im einzelnen neuronalen Netzwerk und in der einzelnen Nervenzelle abspielt, ist bis jetzt noch nicht untersucht worden, weil dafür noch keine geeigneten Messmethoden verfügbar sind. Es müsste dafür am lebenden Gehirn des Menschen bei einzelnen Zellen und bei einzelnen neuronalen Netzwerken der gesamte Prozess beobachtet werden, der sich zwischen allen afferenten (aufnehmenden) Postsynapsen und den jeweiligen Aktionspotentialen der efferenten (abgebenden) Präsynapsen abspielt. Außerdem müsste festgestellt werden können, von welchen Neuronen die Präsynapsen der afferenten Zellen stammen.

- *Die von den Neuronen dieses Systems produzierten elektrischen Potentiale können im Unterschied zum Standardpotential aller anderen Neuronen, das aus 100 Millivolt besteht, in der Höhe variieren. Sie können der jeweiligen Zielzelle für die Erreichung ihres Schwellenwertes unterschiedlich hohe Potentiale zuführen, und zwar sowohl durch eine unterschiedliche Zahl der Synapsen als auch durch einen unterschiedlichen Grad des elektrischen Potentials in den einzelnen Synapsen. Beides kann sowohl von der Erregung des Systems der Aufmerksamkeit durch andere Netzwerke des ZNS als auch vom jeweiligen Bedarf der Zielzelle abhängig sein. Über den jeweiligen Bedarf der Zielzelle können Rückkopplungsschleifen das attentionale System informieren.*
- *Da wir dann, wenn Prozesse automatisiert sind, unsere Aufmerksamkeit etwas anderem zuwenden können und da wir die Aufmerksamkeit nur wieder brauchen, wenn die automatisierten Prozesse ihr Ziel erreichen oder sogar schon erreicht haben, gestört werden oder durch eine andere Aktivität abgelöst werden sollen, scheint die Aufmerksamkeit eine Aktivität zu sein, die nur für die Auslösung von Aktivitäten erforderlich ist, die noch nicht automatisiert sind.*
- *Da die Aufmerksamkeit immer erst auftritt, wenn es schon andere Aktivitäten gibt, und da auch spezifische Aktivitäten vollzogen werden, wenn sie aktiv ist, ist sie prinzipiell abhängig von anderen Aktivitäten und sind andere Aktivitäten von ihr abhängig. – Sie kann deshalb nie letzte Ursache sein, sondern immer nur eine Ursache in einem Kausalzusammenhang.*

Als Produzent von elektrischen Potentialen für die Erreichung der Schwelle für die Auslösung von Aktionspotentialen anderer Neuronen ist sie nämlich nicht die alleinige Ursache für deren Aktivität, sondern nur unter bestimmten Bedingungen eine notwendige *Mitursache*. – Diese Beteiligung an den Ursachen für Aktivitäten der Orientierung und Reaktion kann man als ihre *Modulatorfunktion* bezeichnen.

Aus diesen Befunden kann geschlossen werden: Die Aufmerksamkeit ist eine *eigenständige neuropsychologische Aktivität*. Sie produziert eine *begrenzte neuropsychische Energie*, die *frei verfügbar* ist und die für die *Aktivierung solcher Aktivitäten* eingesetzt wird, die für die *Bewältigung von Gegebenheiten* erforderlich sind, für die es keine automatisierten Aktivitäten gibt.

Darüber, wie die Aufmerksamkeit ihre Modulatorfunktion ausübt, gibt es erst wenige Annahmen. Birbaumer und Schmidt nehmen an, dass die Aufmerksamkeitssysteme *den Schwellenwert für Aktionspotentiale in kompletten geschlossenen kreisförmigen*

Erregungskreisen (reverberatory circuit) erhöhen, die wiederum zu größeren Zellverbänden für bestimmte Aktivitäten zusammengeschlossen sind. Sie nehmen an, dass langsame negative Potentiale des EKG ein Indikator für solche Beeinflussungen der Schwellenwerte in umfangreichen Zellverbänden sind.

Jede Erregungskonstellation, die aus den Sinnesorganen ins ZNS transportiert wird und die Aufmerksamkeitsfilter passiert, kann zur Bildung eines geschlossenen Erregungs-kreises führen. In diesen, durch erregende Synapsen miteinander verbundenen Nervennetzen kann ein Erregungsmuster einige Zeit zirkulieren. Ein derartig kreisförmig geschlossener Erregungsverlauf wird daher auch reverberatorischer Kreisverband (reverberatory circuit) genannt. Ein bestimmtes Engramm (unter einem Engramm verstehen Birbaumer/Schmidt alle elektrochemischen Vorgänge im ZNS, die einem spezifischen Gedächtnisinhalt, z. B. der Erinnerung an das Gesicht einer befreundeten Person, zugrundeliegen – J.G.) kann aus mehreren solcher reverberatorischer Kreisverbände bestehen, die selbst wieder in ausgedehnteren „cell-assemblies" verbunden sind. Damit ein gegebenes Assembly in kreisende Erregung verfällt, muß es eine gewisse Erregungsschwelle überschreiten, diese wird von Aufmerksamkeitsprozessen bestimmt. Negative langsame Hirnpotentiale haben wir als ein Maß für solche Schwellenänderungen kennengelernt. (Birbaumer/Schmidt 19963, 579)

Das mehrfache zirkuläre Prozessieren in einem Zellensemble ist nicht erst für das Behalten und auch nicht nur bei neuen Koaktivitäten erforderlich, sondern schon dafür, dass überhaupt ein Aktivitätsmuster für eine Aktivität zustandekommt. Je umfangreicher ein solches Muster ist, umso höher ist der Zeitbedarf für dieses Zirkulieren.

Die Aufmerksamkeit speist wahrscheinlich ihr *begrenztes Quantum an Energie* in einen solchen Erregungskreis ein. – Dann liegt dem erlebten Phänomen der *Ausrichtung der Aufmerksamkeit auf etwas* das neuronale Faktum der *Mitverursachung* der Aktivität der neuronalen Netzwerke für die bewussten Funktionen in der jeweiligen Orientierung und Reaktion zugrunde.

Damit ist aber noch nichts darüber gesagt, wovon es abhängig ist, dass sie diese Menge an Energie jeweils bestimmten Neuronen mit spezifischen Funktionen für die Orientierung und Reaktion zukommen lässt. So bleibt z. B. *Ihr Verhältnis zur Selektionsfunktion* noch im Ungewissen.

Die Kapazität der Aufmerksamkeit

Schon das Faktum, dass es automatische Aktivitäten ohne Aufmerksamkeit gibt, spricht dafür, dass die Kapazität der Aufmerksamkeit nicht für die Auslösung der gesamten jeweiligen Aktivität ausreicht.

Es ist nämlich immer jeweils nur ein *kleiner Bruchteil der gesamten neuronalen Netzwerke* und damit der potentiellen psychischen Prozesse überhaupt aktiv, sowohl ohne als auch mit Aufmerksamkeit. Alle anderen werden daran gehindert, gleichzeitig aktiv zu sein. Die Aufmerksamkeit aktiviert von ihnen wiederum nur *denjenigen Teil, der die automatischen Prozesse reguliert.*

Der Grund dafür ist klar: Nur durch eine radikale Beschränkung auf die jeweils erforderlichen Aktivitäten ist ein geordnetes paralleles und lineares Prozessieren möglich. Jede Beeinträchtigung dieses Mechanismus führt zu schweren Störungen des gesamten psychischen Systems und schließlich zu seinem völligen Zusammenbruch. Dies verweist noch deutlicher darauf, wie eng begrenzt der Bereich der Aufmerksamkeit ist, aber auch, dass sie auf den *Funktionsbereich der Regulation von spezifischen Aktivitäten* beschränkt ist.

Schon die Selbstreflexion zeigt, dass jede sensorische und motorische Reaktion auf einen bestimmten Bereich beschränkt ist, z. B. auf eine Verkehrsampel und auf die Auslösung einer eigenen Bewegung bei Grün. Beobachtet man dieses Phänomen genauer, dann zeigt sich, dass sogar innerhalb des jeweiligen Bereiches der Aufmerksamkeit noch eine sukzessive Engerstellung erforderlich ist, ehe eine genaue Wahrnehmung und Reaktion vollzogen werden kann. Vor einer Ampel z. B. beobachtet man die Umgebung der Ampel, wenn sie auf Rot steht. Von der Umgebung aber verengt man immer wieder den Blick auf die Ampel und nochmals auf die rote Leuchte in ihr. Wenn die rote Leuchte erlischt, wechselt der Fokus der Aufmerksamkeit zu gelb und grün.

Wir nehmen also immer nur einen begrenzten Bereich wahr, müssen aber für die genauere Unterscheidung und Identifizierung von etwas in diesem Bereich ihn noch einmal oder sogar mehrfach stark reduzieren. – Ebenso entscheiden wir uns immer nur für eine bestimmte, aber relativ komplexe motorische Reaktion, z. B. mit dem Fahrrad zu einem Bekannten zu fahren. Ehe wir aber diese Reaktion sukzessiv realisieren können, müssen wir sie noch bis auf automatisch zu leistende Aktivitäten reduzieren.

Wenn auch der gesamte Prozess der Orientierung und Reaktion hochkomplex ist, so ist doch offenkundig, dass die Aufmerksamkeit in diesem Prozess mitbestimmt, innerhalb welcher Grenzen die jeweiligen Aktivitäten der Orientierung und Reaktion vollzogen werden, denn nur dort, wo die Aufmerksamkeit ist, findet die gesamte jeweilige Aktivität statt. Wo keine Aufmerksamkeit vorhanden ist, findet außer automatischen Aktivitäten nichts statt. Daher laufen die automatischen Prozesse nur in einem Bereich ab, der von aufmerksamen Prozessen ausgelöst und zumindest von Zeit zu Zeit kontrolliert wird. Dieses Phänomen wird als *limitierte Kapazität* der Aufmerksamkeit bezeichnet. Es ist ein Hauptargument für die Ressourcentheorie, der Annahme, dass die Aufmerksamkeit *eine Energie* ist.

Die Limitierung wird dadurch untersucht, dass außer einem Objekt, das Ziel der Aufmerksamkeit sein soll (target), ein andersartiges Objekt in unterschiedlichen Abständen vom Ort des Zielobjektes vorgegeben wird (incompatible distractor). Die Grenze des Bereichs der Aufmerksamkeit und damit ihrer Kapazität wird dann als die Relation zwischen Zielobjekt und andersartigem Objekt ("target distractor relationship", Styles 2006[2], 48) bestimmt. Sobald das andersartige Objekt in den Bereich der Aufmerksamkeit auf das Zielobjekt gerät, beeinflusst dieses Objekt die Reaktion auf das Zielobjekt (interfering effects). Das verweist darauf, *dass alles, was im Bereich der Aufmerksamkeit liegt, verarbeitet wird*. Was aber außerhalb dieses Bereiches liegt, wird ausgeschaltet.

> Alle Theorien der Aufmerksamkeit gehen von einer limitierten Aufmerksamkeitskapazität (limited capacity, L.C.) aus. (Birbaumer/Schmidt 1996[3], 514)

Eriksen, Pan, and Botella (1993) showed that the interfering effects of incompatible distractors were inversely proportional to their distance from the attended area and suggested this reflected an inhibitory field surrounding the attended area. Laberge, Brown, Carter, Bash, and Hartly (1991) argued that a gradient of attention around a target, and hence the area within which interference would or would not be found, varied with the attentional demand of the task. Further, Yantis and Johnston (1990) were also able to manipulate the distance over which flanking distractors had an effect on the response to the target.

The distance over which distractors interfere within the visual field is an important consideration when trying to determine if visual attention is a spotlight of fixed or variable width or more like a zoom lens. (Styles 2006[2], 48)

Basically, if the attentional demand of the task is low, irrelevant distractors will be processed, as there is still some attentional capacity left over. Therefore, so long as the task of selecting the target does not use all available attentional resources there will be interference. Contrawise, when target selection requires full use of all attentional resources, there will be no possibility of distractors being processed. Although we have not yet covered resource theory, note here, that attention is being discussed in terms of limited resource that must be shared across tasks, rather than a structural limitation as in Broadbent's filter model. Resource theory of attention is most widely applied in dual task situations (…) In the experiments here, the attentional resource is seen as being distributed across items in the display or among processing components of the overall task. (Styles 2006[2], 49)

Die Ausrichtung der Aufmerksamkeit auf den Gegenstand der spezifischen Aktivität

Der Aufmerksamkeit wird in der Regel die Funktion zugeschrieben, dass sie *gerichtet* sei. – Das scheint der vorwissenschaftlichen Psychologie zu folgen, nach der wir sagen, dass wir „unsere Aufmerksamkeit auf etwas richten". Bei dieser Rede aber wird nicht nur eine Ausrichtung der Aufmerksamkeit auf etwas angenommen, sondern auch noch, dass „wir" die Agenten sind, die die Aufmerksamkeit richten. – Mit der Gerichtetheit der Aufmerksamkeit wird häufig auch die Funktion der *Selektivität* verbunden.

Jede organisierte psychische Tätigkeit des Menschen besitzt ein gewisses Maß an Gerichtetheit und Selektivität. Wir reagieren nur auf einige von den vielen Reizen, die uns erreichen. Sie sind besonders stark oder erscheinen uns als besonders wichtig oder sind mit unseren Interessen, Vorhaben oder unmittelbaren Aufgaben verbunden. Von der großen Zahl möglicher Bewegungen wählen wir nur diejenigen aus, die uns in die Lage versetzen, ein unmittelbar vorgegebenes Ziel zu erreichen oder eine unerlässliche Handlung auszuführen. Und aus der großen Zahl der Gedächtnisspuren oder der Verbindungen derselben wählen wir auch nur die wenigen aus, die unseren unmittelbaren Aufgaben entsprechen und uns in die Lage versetzen, die jeweiligen intellektuellen Operationen auszuführen. (…)

Die Gerichtetheit und Selektivität als Grundlage der psychischen Prozesse wird in der Psychologie gemeinhin als Aufmerksamkeit bezeichnet. Mit diesem Ausdruck meinen wir eben jenen Faktor, der die für psychische Tätigkeiten bedeutsamen Elemente auswählt und der den genauen und organisierten Ablauf dieser Tätigkeiten streng überwacht. (Lurija 1992, 259)

Am Phänomen, dass wir „auf etwas aufmerksam" sind, auf alles andere aber nicht, kann Mehreres unterschieden werden:
- *Die Aufmerksamkeit ist mit dem intendierten Sachverhalt verbunden, aber nicht mit dem Intendieren dieses Sachverhalts. – Es ist uns deshalb bewusst, was wir sehen, aber nicht, dass und wie wir es sehen. – Erst dann, wenn wir uns reflexiv dem Sehen zuwenden, können wir uns auch das Sehen zum Gegenstand unserer Aufmerksamkeit machen. – Es muss daher zwischen dem Sachverhalt, auf den die Aufmerksamkeit gerichtet ist, und der Aufmerksamkeit, die sich auf ihn richtet, unterschieden werden.*
- *Der aufmerksam betrachtete Sachverhalt ist selbst klar und deutlich von anderem unterschieden und nicht bildlich kontinuierlich gegeben. Auch auf das Insgesamt einer bildlich gegebenen Wahrnehmung und auf das Schema des jeweils beabsichtigten Tuns können wir uns aufmerksam richten. Dies dauert aber in der Regel nur ganz kurz, weil wir dann im Gegebenen schon Einzelheiten unterscheiden. – Die Aufmerksamkeit scheint damit die Funktion der Aufhellung des Gegebenen zu haben, weshalb sie mit der Helle des Lichtes (lumen naturale) oder mit der Form des Kegels eines Scheinwerfers oder mit dem Fokus, d. h. dem Brennpunkt der Lichtstrahlen einer Lichtquelle, verglichen wird.*
- *Dass die Aufmerksamkeit auf etwas gerichtet ist, auf anderes aber nicht, setzt voraus, dass zwischen diesen Alternativen entschieden worden ist. – Dasselbe gilt dafür, dass zwei unterschiedliche Aktivitäten mit der gleichen Funktion, wie z. B. dem Sehen in zwei unterschiedlichen Richtungen, nicht gleichzeitig vollzogen werden können, sondern zwischen ihnen entschieden werden muss.*

Diese selektive Funktion kann der *Aufmerksamkeit* zugerechnet werden. – Sie kann aber auch der *Person als Agent* zugerechnet werden oder dem *gesamten neuropsychischen System,* dem *Entscheidungssystem,* dem *Wertsystem* oder dem jeweils gesetzten *Ziel.* In allen diesen Fällen wäre die Ausrichtung der Aufmerksamkeit das *Resultat einer Selektion,* die nicht von ihr geleistet wird.

As a visual attention shift cannot be made in two directions simultaneously, there must be a system that selects which shift to make. This shift is most likely related to current goals. (Styles 2006[2], 58)
Die Rolle des Paläokortex oder limbischen Systems (Hippocampus und Amygdala) und der Schaltstelle des Nucleus caudatus hat in jüngster Zeit die besondere Aufmerksamkeit der Forscher auf sich gezogen. Studien auf der Ebene einzelner Einheiten haben (…) klar ergeben, dass Neuronen, die nicht auf modalitätsspezifische Reize reagieren, sondern vermutlich alte und neue Reize vergleichen und so eine Reaktion auf neue Reize oder deren Eigenschaften ermöglichen, während die Reaktion auf alte gewohnte Reize gelöscht werden, in diesen Strukturen einen wichtigen Platz einnehmen (vgl. Winogradowa 1969, 1970a und 1970b). Darum wurden Strukturen des Hippocampus, die mit der Hemmung irrelevanter Reize und mit der Gewöhnung an wiederholt auftretende Reize befaßt sind, schon sehr früh als wesentliche Komponenten des hemmenden oder ‚filternden' Systems betrachtet. Man nahm an, dass sie notwendigerweise an den selektiven Reaktionen auf spezifische Reize beteiligt sind und die angeborenen Orientierungsreflexe beziehungsweise das instinktive Verhalten mitbedingen. Deshalb wurde zuerst der Hippocampus, später der

Nucleus caudatus als für die Hemmung von Reaktionen auf irrelevante Reize und für die Fähigkeit selektiven Verhaltens essentiell betrachtet (vgl. Grastyan 1961; Douglas & Pribram 1966; Winnogradowa 1969, 1970a und 1970b). Zudem hielt man Verletzungen dieser Strukturen für die Ursache des Zusammenbruchs selektiven Verhaltens, was in der Tat eher auf eine Störung der selektiven Aufmerksamkeit als auf einen Gedächtnisdefekt schließen lässt. (…)
Die gesamte Pathologie des Verhaltens läuft auf Instabilität selektiver Reaktionen, ausgeprägte Ermüdbarkeit und rasches Abgleiten in unspezifische Reaktionen auf verschiedene Reize hinaus.
Verhältnismäßig leichte Verletzungen bewirken erhöhte Ablenkbarkeit, den schnellen Abbruch zielgerichteten Handelns, eine Neigung zu irrelevanten Assoziationen und eng begrenzte Gedächtnisstörungen (…) Bei schweren Schädigungen (massive Tumore, die die Wände des dritten Ventikels und die limbische Region angreifen) nimmt dieses Syndrom gravierende Proportionen an. Es tritt ein traumähnlicher Dämmerzustand ein, in dem Patienten nicht mehr zwischen Gegenwart und Vergangenheit unterscheiden, verwirrt sind und konfabulieren. Doch bei leichten wie bei schweren Verletzungen werden irrelevante Reize sogleich in den Gedankenfluß aufgenommen, so dass das Bewusstsein chaotisch verläuft (…) Das Gesetz der Stärke, nach dem starke Reize starke Reaktionen und schwache Reize schwache Reaktionen hervorrufen, ist außer Kraft gesetzt. Reize unterschiedlicher Stärke verursachen gleiche Reaktionen. Gelegentlich bewirkt ein Reiz nicht die Unterdrückung, sondern eine paradoxe Belebung des Alpha-Rhythmus. (Lurija 1992, 275f.)

- *Wenn von Richtung der Aufmerksamkeit die Rede ist, dann muss von dem, auf das sie sich richtet, auch unterschieden werden, von wo aus sie sich darauf richtet, denn die lineare Relation „Richtung" gibt es nicht ohne Anfang und Ende.*

Erlebt wird eine *Hinwendung zu einem Objekt*. Wie aber wird diese Hinwendung neuropsychisch vollzogen? Hier muss unterschieden werden zwischen zwei unterschiedlichen Vorgängen.

Der eine Vorgang ist der *Wechsel der Aufmerksamkeit von einem Ort zu einem anderen*. Wenn Probanden aufgefordert werden, ihre Augen auf ein bestimmtes Objekt zu richten, dann geschieht dieser Wechsel schon *vor* dem Augenblick, in dem sich die Augen in diese Richtung bewegen, in verdeckter, d. h. vom Probanden nicht bemerkter Form. Es wird nämlich schon das sensorische Areal für diesen Ort voraktiviert, was eine top-down Aktivität voraussetzt.

Similarly, if people are asked to move their eyes to a target, an improvement in efficiency at the target location begins well before the eyes move (Remington 1980). This covert shift of attention appears to function as a way of guiding the eye to an appropriate area of the visual field (Fischer & Breitmeyer 1987, Posner & Cohen 1984). (Posner 1990, 27)

Das ist aber genaugenommen ein *Richtungswechsel*, von dem gleich die Rede sein wird, und nicht der *Ausgangspunkt für die Richtung*.
Versuche dieser Art implizieren aber auch, dass die Richtung der Aufmerksamkeit durch *Kategorien* bestimmt werden kann, die gleichzeitig mit ihrem kategorialen Gehalt im Moment die *höchste Wichtigkeit* besitzen. Diese Kategorien werden in der Form von Instruktionen oder von Hinweisreizen, z. B. in Gestalt von Pfeilen oder Richtungswörtern (Styles 2006[2], 58), vorgegeben. Wenn die Hinweisreize zutreffen,

d. h. wenn das Zielobjekt tatsächlich in der angezeigten Richtung liegt, dann wird die erforderliche Richtung der Aufmerksamkeit schneller eingenommen, als wenn sie nicht zutreffen. Das spricht dafür, dass die Instruktionen und Hinweisreize die Einnahme der erforderlichen Richtung erleichtern, womit erwiesen ist, dass sie sie beeinflussen. *Kategorien und Hinweisreize fungieren damit als Ausgangspunkte, von denen die Richtung der Aufmerksamkeit auf etwas ausgeht.*

Wenn dies so ist, dann werden *der Anfang und das Ende der Ausrichtung der Aufmerksamkeit durch spezifische Aktivitäten* gebildet, z. B. durch ein Suchschema und den wahrgenommenen gesuchten Gegenstand. Dann aber ist die Richtung der Aufmerksamkeit nicht die Relation zwischen irgendeiner Art von personalem Zentrum und dem Gegenstand der Aufmerksamkeit, sondern *zwischen zwei spezifischen Teilsystemen* des neuropsychischen Systems.

Es bleibt aber das Bewusstsein, dass wir es sind, die dies tun. Wahrscheinlich repräsentiert dieses Ichbewusstsein das gesamte neuropsychische System oder sogar den gesamten jeweiligen menschlichen Organismus.

Dies bestätigt die Annahme, dass nicht die Aufmerksamkeit selbst es ist, die die Richtung festlegt, sondern *dass sie einer vorgegebenen Richtung folgt und zu deren Realisierung beiträgt*. Sie erhöht die Tüchtigkeit, Ereignisse in ihrem „Lichtkegel" zu entdecken, wie z. B. Posner sagt ("attention can be likened to a spotlight that enhances the efficiency of the detection of events within its beam" – Posner et al. 1980, 172).

Für diese Beschreibung des Phänomens der „Richtung der Aufmerksamkeit" sprechen viele Befunde.

> Posner manipulated the validity of spatial visual cues to determine the manner in which such cues could be used to summon or direct attention. Validity is the probability that the cue does, in fact, indicate where a target is to be presented. That is, although the cue could be a valid indicator of where the target would appear, on some trials the cue was invalid, indicating a location different from that at which the target would be presented. In order to compare the costs and benefits of valid and invalid cues, Posner included a baseline control in which a central cross was presented to indicate that a target was about to be presented, but did not provide any information where the target was going to appear.
> When the cue was valid, subjects were faster to respond to the target than in the control condition. It seemed as if subjects were able to use the cue direct, or orient, attention because when the cue was invalid, their response was slower than control, suggesting that attention had moved in the wrong direction. These results were the same for both central and peripheral cues (Styles 2006[2], 53)

- *In dieser Konstellation der Aktivierung durch Aufmerksamkeit gibt es einen wichtigen Unterschied: Die Ausrichtung der Aufmerksamkeit kann entweder von einem Ziel, einem Suchschema etc. oder aber von einem Reiz der äußeren oder der inneren Wahrnehmung ausgehen. Die Richtung kann damit von ihrem Anfang oder von ihrem Ende her bestimmt werden oder, wie man oft sagt, top- down oder bottom-up hergestellt werden.*

Demnach hat die Richtung eindeutig eine *intentionale Struktur*. Diese intentionale Struktur kann aber von beiden Enden aus hergestellt werden. Sie ist nicht starr unidirektional, sondern ihre Genese kann in zwei Richtungen erfolgen. Sie ist damit keine

Ausgangsgegebenheit, sondern das Resultat einer Interaktion zwischen dem, was dem neuropsychischen System gegeben ist, und ihm selbst. – Dafür muss man nicht zwei verschiedene attentionale Systeme postulieren, wie Posner es tut, weil ein und dasselbe System durchaus von zwei verschiedenen Seiten aus aktiviert werden kann und dieses System auch sowohl bewusst kontrolliert als auch automatisch aktiv sein kann. Das schließt jedoch nicht aus, dass die Regelung dieser zwei Arten der Aktivität an zwei verschiedenen Orten stattfindet, wofür Posner und Peterson Befunde erzielt haben.

> Posner (1980) proposed two ways in which attention is oriented to a stimulus that are dependent on which of two attentional systems are called on. He distinguished between two attentional systems: an endogenous system, which is intentionally controlled by the subject, for example, when an arrow cue is believed to be informative or not; and an exogenous system, which automatically shifts attention according to environmental stimuli, is outside the subjects control and cannot be ignored.
> Further evidence from neurophysiological studies on monkeys, studies on normal subjects using positron tomography (PET) and cerebral blood flow and experiments with brain-damaged patients led Posner and Petersen (1990) to propose two independent but interacting attentional systems. The posterior system is involved in directing attention to relevant locations using the operations of engaging, shifting and disengaging. Three areas of the brain show enhanced response when a monkey attends to the location of a stimulus rather than some other spatial location: parietal lobe (Mountcastle et al., 1975), part of the pulvinar (Petersen, Robinson, & Morris, 1987) and the superior colliculus (Goldber & Wurtz, 1972). Using PET studies, similar activity has been observed in humans (Corbetta, Meizen, Shulman, & Petersen, 1993; Petersein, Fox, Miezen, & Raichle, 1988). Lesions in these areas produce symptoms of attentional neglect (...) The posterior system is specialised for covert orienting to location information, but not for other features of the stimulus, such as colour. (Styles 2006[2], 54)

Die Aufmerksamkeit ist aber nicht selbst die intentionale Aktivität, sondern sie ist dasjenige System, dessen Funktion und Leistung darin besteht, die jeweilige *Ausrichtung auf etwas zu aktivieren und die Aktivierung von spezifischen Aktivitäten zu ermöglichen*. Neurologisch exekutiert die Aufmerksamkeit diese Funktion durch *neuronale Netzwerke, durch die Netzwerke für stimmte spezifische psychische Funktionen*, z. B. für die Identifikation des Ortes oder einer Farbe einer Gegebenheit, aktiviert werden. Diese Aktivierung durch die Aufmerksamkeit ist unabhängig von den spezifischen Funktionen, denn sie beginnt schon, ehe wir die betreffende spezifische Funktion vollziehen.

> Posner (1980) showed that directing attention to a valid stimulus location facilitates visual processing and led him to suggest that "attention can be likened to a spotlight that enhances the efficiency of the detection of events within its beam" (Posner et al. 1980, p.172). It is important to note here that attention is not synonymous with looking. Even when there is no time to make an eye movement to the cued location, facilitation is found. Thus, it seems, visual attention can be covertly directed to a spatial location other than the one we are fixating. (Styles 2006[2], 54)

Die Änderung der Richtung der Aufmerksamkeit als Wechsel von einem Gegenstand zu einem anderen

Ein von jedem beobachtetes Phänomen der Aufmerksamkeit ist ihr *schneller Wechsel von einer Gegebenheit zu einer anderen*. Er wird als Wechsel ihrer Richtung erfahren.

Der schnelle Wechsel zeugt von einer außerordentlichen *Beweglichkeit* der Aufmerksamkeit *relativ zu ihrem Gegenstand*. Die Varianz des Gegenstandes bei *Konstanthaltung des Grades der Aufmerksamkeit* impliziert ihre Unabhängigkeit von ihren Gegenständen, und ihre Eigenständigkeit ihnen gegenüber.

Die schnelle Veränderung des Ortes der Aufmerksamkeit legt die Frage nah, wie dies zeitlich und räumlich bewerkstelligt werden kann. Für ein einziges zentrales System an nur einem Ort im ZNS dürfte beides nur schwer machbar sein. Ein System dagegen, das sich selbst extrem verteilt, kann die zeitliche und räumliche Nähe zum Ort der jeweiligen Aktivierung am besten realisieren. Es gibt dann in ihm selbst Verbindungen zwischen allen seinen noch so extrem verteilten Teilen. Tatsächlich wird das Problem auf diese Weise gelöst, wie wir schon gesehen haben.

Wenn aber die räumliche Diversifikation eines Systems es auch erlaubt, dass es seine Aktivität innerhalb des Systems von einem Ort zu einem anderen verlagert, so bleiben doch die Fragen, wie dies bei weit voneinander entfernten Orten geschieht und auf welche Weise überhaupt der Übergang von einem Gegenstand zu einem anderen geregelt wird. Wird hier etwas von einem zu einem anderen Ort innerhalb des Systems transportiert, und wer oder was ist es, der diesen Transport veranlasst?

Wir wissen schon, dass die Energie der Aufmerksamkeit stets an demjenigen Ort eingesetzt wird, an dem Bedarf für sie besteht. Das impliziert eine Vielzahl von neuronalen Netzwerken an verschiedenen Orten mit gleichartiger Funktion. – Wie aber wird der Wechsel der Aktivierung von einem dieser Teilsysteme zu einem anderen zustandegebracht? Gibt es dafür im attentionalen System selbst eine Instanz oder wird dieser Wechsel von einem anderen System geleistet?

Für den sensomotorischen Bereich von Orientierung und Reaktion ist z. B. nachgewiesen, dass die hinteren Scheitellappen aktiv sind, wenn ein Wechsel innerhalb des sensorischen Bereichs stattfindet, dass dagegen das frontale Gehirn aktiv wird, wenn ein Wechsel von der sensorischen Orientierung zur motorischen Reaktion stattfindet, also von einer Funktion zu einer ganz anderen.

Wir sind offensichtlich noch weit davon entfernt, eine Topologie der Netzwerke des attentionalen Gehirns für jede spezifische Aktivität des Gehirns zeichnen zu können. Eine Vielzahl von Befunden impliziert aber, dass für jede eigenständige spezifische Funktion der zugehörige Ort oder die zugehörigen Orte der aktiven Teilsysteme des attentionalen Systems nachgewiesen werden können und dass dabei auch noch für die verschiedenen Parameter der Aufmerksamkeit verschiedene Einheiten zuständig sind. Daraus folgt, dass sich die Struktur des attentionalen Systems, die sich vom Stammhirn aus durch das Mittelhirn in die gesamte Rinde des Gehirns ausbreitet, außerordentlich weit verästelt.

Ein entscheidendes Merkmal unserer Wahrnehmung ist das Verschieben der Aufmerksamkeit von einem Objekt innerhalb des Gesichtsfeldes zu einem anderen. PET-Aufnahmen zeigten, dass der posterior-parietale sowie der frontale Cortex bei gesunden Personen aktiviert werden, wenn sich ihre Aufmerksamkeit im Gesichtsfeld verschiebt. Hierbei ist jedes Areal mit verschiedenen Aufmerksamkeitsaspekten beschäftigt. Die parietale Region wird aktiviert, wenn die Aufmerksamkeit aufgrund von sensorischen Signalen wechselt, unabhängig davon, ob eine offenkundige motorische Handlung ausgeführt wird oder nicht. Die frontale Region ist hingegen nur aktiv, wenn die Stimuli zu einer Bewegungsantwort führen. (Kandel/Kupfermann 1996, 347)

Corbetta et al. (1993) studied visual attention using PET. They found that the right superior parietal cortex is activated when attention is shifted to both the righ and to the left. However, the left parietal cortex is only active during shifts to the right. (Styles 2006[2], 67)

Posner nimmt für jeden Wechsel eine *allgemeine Verlaufsform* an: Zuerst wird der Fokus der Aufmerksamkeit durch die Einheiten des Aufmerksamkeitssystems im hinteren Schläfenlappen von seinem gegenwärtigen Ort gelöst, dann lenkt eine Einheit dieses Systems im Mittelhirn die Aufmerksamkeit zu ihrem neuen Zielobjekt und schließlich aktiviert das Pulvinar, der größte Kern des Thalamus, die spezifische Aktivität.

The parietal lobe first disengages attention from its present focus, then the midbrain area acts to move the index of attention to the area of the target, and the pulvinar is involved in reading out data from the indexed locations. (Posner 1990, 28)

Die Veränderung der Grenze der Aufmerksamkeit (Fokussieren) durch Weiten oder Verengen (Zoomen)

Die Beweglichkeit der Aufmerksamkeit besteht aber nicht nur darin, dass sie außerordentlich schnell von einem Gegenstand zum anderen wechseln kann, sondern auch darin, dass sie *den Umfang ihres Gegenstandes vergrößern oder verkleinern* kann, und zwar in jeder Richtung der ihr im ZNS zugänglichen Informationen bis zu einer *absoluten Grenze* für den Umfang der jeweiligen Information.

Der Vorgang des Vergrößerns oder Verkleinerns entspricht dem optischen Vorgang des *Zoomens*. Die bei diesem Vorgang jewels gezogene Grenze entspricht dem optischen Phänomen des *Fokus*.

Das Zoomen ist offensichtlich ein eigener Parameter der Beweglichkeit, weil es eine eigene Gesetzmäßigkeit für diesen Vorgang gibt.

Der Vorgang des Zoomens wird im Funktionsbereich des Sehens dadurch gemessen, dass beobachtet wird, auf welche Items in einer räumlich verteilten Menge der Proband reagiert, z. B. nur auf die im linken oder nur auf die im rechten Gesichtsfeld liegenden beim Neglect (Verlust des bewussten Erlebens des räumlichen Aspekts des gesamten sensorischen Inputs aus der linken oder der rechten Hälfte sowohl des Körpers als auch der Außenwelt). Die Grenze zwischen denjenigen Items, auf die reagiert wird, und denjenigen, auf die nicht reagiert wird, ist dann die Grenze des Fokus. Im pathologischen Fall des Neglects ist diese Grenze beim jeweiligen Zustand des Kranken von ihm unüberschreitbar, d. h. absolut.

Das Zoomen erlaubt sowohl die Konzentration der Aufmerksamkeit auf einen kleinen Bereich als auch ihre Ausdehnung auf einen großen Bereich. Das Zoomen auf einen kleinen Bereich erfordert längere Zeit als das Zoomen auf einen großen Bereich.

Just as we can attend to locations in visual space, it is also possible to concentrate attention on a narrow area or to spread it over a wider area (Eriksen & Yeh 1985). (Posner 1990, 29) However zooming to the local level took longer than zooming to the global level. Stoffer suggest that the global level is usually attended to first and this additional time reflects an additional step that is required to reorient to the local level of representation. There are many studies directed to discovering the variables involved in local and global processing. Luna, Marcos-Ruiz and Merine (1995) review the evidence to that date. (Styles 2006[2], 67)

Wiederum analog zum Bereich der Optik variiert mit der Weite oder Enge der jeweiligen Einstellung des Fokus auch der *Grad der Aufmerksamkeit*. Bei einem weiten Fokus ist er relativ *niedrig*, bei einem engen Fokus ist er relativ *hoch*. – Wenn das gesamte Quantum in beiden Fällen gleichgroß ist, spricht dies für die Theorie einer einzigen limitierten Ressource. Ist dagegen das gesamte Quantum im zweiten Fall größer, spricht dies für eine zusätzliche Ressource.

There is also evidence that the "spotlight" can change the width of its focus depending on the task to be performed. Laberge (1983) used a probe to indicate which letter in a five-letter word was to be reported. Subjects "spread" of attention was manipulated. In one condition they had to categorise the central letter in the row, which was expected to make them focus attention in the middle of the word. In the other condition, they were to categorise the word, which was expected to encourage them to distribute attention over the whole word. Laberge found that response to a probe was affected by whether the subject was attending to the central letter or the whole word. When attention was focused on the centre letter, responses to that letter was faster than to any other letter, but when the whole word was attended, responses to any letter position were as fast at that to the centre letter in the focused condition. This result seems to show that the beam of the spotlight can be adjusted according to the task and is not of a fixed size. (Styles 2006[2], 64f.)

Enge oder Weite des Fokus wechseln auch im Prozess des Übergangs von einer ersten Orientierung zu einem bestimmten Gegenstand in diesem Bereich und zu dessen genauerer Analyse.

Broadbent (1982) summarised the data on the selectivity in visual displays and suggested that we should "think of selectivity as like a searchlight, with the option of altering the focus. When it is unclear where the beam should go, it is kept wide. When something seems to be happening, or a cue indicates one location rather than another, the beam sharpens and moves to the point auf maximum importance" (p. 271). (Styles 2006[2], 64f.) Eriksen and Musphy (1987) proposed that a better metaphor for visual attention would be a "zoom lens". Initially, attention is widely distributed with parallel processing of all elements in the display. In this case, all distractors will activate their responses. However with a pre-cue, the lens, or attention, can be narrowed down so that only the elements directly in the focus of the lens will activate their relevant responses. (Styles 2006[2], 65, s.a. oben 67)

Für den Gegenstand, auf den sich die Aufmerksamkeit bezieht, hat dies zur Konsequenz, dass er bei einem weiteren Fokus mit einem niedrigeren Grad der Aufmerksamkeit relativ *undifferenziert* erfasst wird, während er bei engem Fokus mit einem hohen Grad der Aufmerksamkeit so *differenziert* erfasst wird, wie es durch die Aktivität der jeweiligen spezifischen Funktionen möglich ist.

Soweit ich sehe, ist noch nicht beobachtet worden, *wie* die Aufmerksamkeit die beiden Effekte der Weite bzw. Enge und des niedrigen bzw. hohen Grades der Aufmerksamkeit zustande bringt. Beides ist dem einzelnen Individuum jeweils nur innerhalb bestimmter Grenzen möglich. Wenn es auch unter mehreren Bedingungen eine gewisse Varianz dieser Begrenzung gibt, so gilt die relativ enge Begrenzung jedoch generell. Der Horizont der Aufmerksamkeit kann über diese Begrenzung hinaus weder erweitert noch verringert werden.

> Also, there is evidence from flanker effects that there is a finit limit beyond which attention is unable to close down its focus sufficiently to exclude processing of adjacent items. (Styles 2006[2], 52)

Treisman hat im sensomotorischen Bereich vier Parameter unterscheiden können, innerhalb derer die Grenzen der Aufmerksamkeit liegen: den *Ort*, die *Merkmale*, den *Ort des jeweiligen Objektes* und die *Entscheidung*, welches identifizierte Objekt die Kontrollantwort auslösen soll, die zu einem späten Zeitpunkt auftritt. – Die ersten drei Parameter sind spezifisch, und der vierte ist wertend. Nach ihnen richtet es sich, wo das Fokussieren der Aufmerksamkeit stattfindet.

Die Aufmerksamkeit entscheidet demnach nicht von sich aus über Enge oder Weite des Fokus, sondern *richtet ihre Aktivität auch hier nach Dimensionen der ausgewählten spezifischen Aktivitäten*, denn die vier Parameter sind *allgemeine kognitive oder evaluative Schemata*, durch die die Lösung der Aufgabe gelenkt wird.

Dies kann zu Recht als ein Nachweis dafür angesehen werden, dass die Selektion nicht durch das Bild des Flaschenhalses (bottleneck) beschrieben werden kann, der an einem bestimmten Ort liegt und der seine selektive Funktion deshalb auch nur zu einem bestimmten Zeitpunkt des Prozesses der Informationsverarbeitung ausüben kann. Stattdessen gibt es anscheinend *mehrere Maßstäbe, die je nach Aufgabe in unterschiedlichem Maße und zu unterschiedlichen Zeitpunkten in Funktion treten*, weshalb sich auch die Aufmerksamkeit nacheinander auf Unterschiedliches konzentrieren muss.

> So, now Treisman (1993) allows for four levels or kinds of attentional selection on the basis of location, features, object-defined location and a late selection stage where attention determines which identified object file should control response. It is now evident that selectivity may operate at a number of levels depending on task demands. A strict bottleneck is therefore ruled out. (Styles 2006[2], 98)
>
> When selection of a target can be made on the basis of a single distinctive feature, spatial information is irrelevant and the selective attention can be controlled from the relevant feature map. However, when a conjunction is required, selective attention is controlled through a serial scan by spatial window. (Styles 2006[2], 99)

Die Differenz zwischen der Weite oder Enge der Aufmerksamkeit tritt in verschiedenen Situationen auf, z. B. beim Übergang von den automatisch produzierten Vorstellungen von einem Ausschnitt der Welt oder von uns selbst zu einem bestimmten Objekt, beim Unterschied zwischen den im Fokus stehenden Gegebenheiten und den Gegebenheiten in seinem Horizont oder auch bei der willkürlichen Ausweitung oder Verengung des Umfangs der Aufmerksamkeit, etwa bei Suchprozessen.

Es könnte deshalb die Fokussierung nur eine *Zone besonders hoher Aufmerksamkeit in einem weiteren Bereich der Aufmerksamkeit* sein. Das würde nicht nur den schnellen Wechsel in und aus dieser Zone erleichtern, sondern auch einen ständigen labilen fließenden Übergang zwischen beiden Bereichen erzeugen. In diesen Bereich des Übergangs fallen Phänomene wie das "tuning".

Ein Reizmuster oder eine motorische Antwort werden dann aus den bestehenden Alternativen ausgewählt, wenn sie eine bestimmte Erregungsschwelle übersteigen. Wenn ein bestimmtes Erregungsmuster eines Reizes im Gehirn durch die Aufmerksamkeitsprozesse aktiviert und von der Hintergrundinformation abgehoben wird, ist es nicht notwendigerweise sofort bewußt. Bei überlernten, geübten Aufgaben (z. B. Autofahren) erfolgt die Reaktion ohne Bewusstsein, und andere Reaktionssysteme können gleichzeitig ohne gegenseitige Behinderung (Interferenz) funktionieren (geteilte Aufmerksamkeit). Wir nennen diesen Vorgang der unbewußten selektiven Absenkung von Erregungsschwellen „tuning". Dieser englische Ausdruck ist schwer zu übersetzen, es ist damit das automatische Einstellen von Erregungsschwellen gemeint. (Birbaumer/Schmidt 1996[3], 517)

Sobald wir nach der Ankündigung einer Aufgabe, aufgrund der Aufforderung durch einen anderen oder aus eigenem Antrieb, uns bemühen, aufmerksam zu sein, verstärkt sich die schon mit der Wachheit vorhandene Bereitschaft zu speziellen Aktivitäten.

Sobald es um die Aktivierung bestimmter Aktivitäten geht, wird diese Erregung im Bereich der jeweiligen Aktivitäten noch einmal erhöht, und zwar bis hin zu ihrer höchstmöglichen Steigerung, wenn dies zu deren Auslösung erforderlich ist.

Wenn auch im Modus des Automatismus selbst keine Aufmerksamkeit auftritt, so kann doch nicht bezweifelt werden, dass Automatismen immer nur ganz bestimmte wohlgeordnete Aktivitäten *innerhalb der jeweiligen gesamten Aktivität* sind. Nie ist die gesamte jeweilige Aktivität nur Automatismus, sondern immer gibt es gleichzeitig mit ihm auch bewusste Aktivität und damit Aufmerksamkeit.

Konzentrieren auf eine Aufgabe oder verteilen auf mehrere

Wir sprechen oft von „geteilter Aufmerksamkeit" im Unterschied zur „Konzentration auf eine Sache". Dieser Unterschied wird durch Experimente untersucht, in denen die Probanden zwei Aufgaben gleichzeitig lösen sollen oder zweierlei gleichzeitig lernen sollen ("Dual task performance: How many resources?" – Styles 2006[2], 160; "Learning to do two things at once" – Styles 2006[2], 184).

Dieser Unterschied kann Aufschluss über die Kapazität der Aufmerksamkeit geben, die für die Lösung einer Aufgabe erforderlich ist. Sobald nämlich gleichzeitig zwei Aufgaben gelöst werden können, erfordert keine von ihnen die gesamte zur Verfügung stehende Kapazität.

> Eriksen and Yeh interpreted their results as demonstrating that the spotlight could not be divided between the two equally probable locations, but could be rapidly moved from one location to the next. However, Castiello and Umilta (1992) have shown that subjects can split focal attention and simultaneously manipulate two independent attentional foci when objects are located in opposite hemi-fields. (Styles 2006[2], 64)

Dieser Unterschied kann aber auch Aufschluss über die *Güte der Aufgabenlösung* geben. Wenn es bei einer zweiten Aufgabe zu Interferenzen zwischen den Aufgaben kommt, reicht die Kapazität für die Lösung der ersten Aufgabe nicht mehr aus.

Es kann auch untersucht werden, ob die gleichzeitige Bewältigung zweier Aufgaben durch wiederholten Versuch überhaupt erst möglich und/oder leichter wird, d. h. ob durch *Übung* die gleichzeitige Lösung von zwei Aufgaben gelernt werden kann. Es zeigt sich dann, dass durch die Automatisierung von Teilprozessen zunehmend mehr Kapazität der Aufmerksamkeit für die Bewältigung beider Aufgaben verfügbar ist.

Spelke, Hirst, and Neisser (1976) examined the effect of extended practice on people's ability to combine tasks. They gave two students 85 hours of practice spread over 17 weeks and monitored the ways in which dual task performance changed over that period. To begin with, when the students were asked to read stories at the same time as writing to dictation, they found the task combination extremely difficult. Reading rate was very slow and their handwriting was poorly formed. Initially, the students of Spelke et al. showed extremely poor performance, but after six weeks' extended practice their reading rate had increased, they could comprehend the text and their handwriting of the dictated words had improved. Tests of memory for the dictated words showed that the students were rarely able to recall any of the words they hat written down. (Note here that this suggest attention is necessary for remembering). (Styles 2006[2], 184)

Verstärken oder Abschwächen der Aufmerksamkeit durch Grade der Anstrengung

Eine weitere Dimension der Aufmerksamkeit scheint gegenüber den anderen variierbar zu sein: die *gesamte jeweilige Stärke der Aufmerksamkeit*. Sowohl die Aufmerksamkeit auf einen weiten Fokus als auch die Aufmerksamkeit auf einen engen Fokus können *stärker oder schwächer* sein. Dann muss aber das Maß der für die Funktion der Aufmerksamkeit erforderlichen Energie variieren können.

Ein Indikator für das Maß der für die Aufmerksamkeit aufgebrachten Energie ist die subjektiv erlebte *Anstrengung*, weil jeder körperliche Energieaufwand als Anstrengung erfahren wird. Deshalb wird auch die beträchtliche Energie, die das ZN für psychische Aktivitäten benötigt, als Anstrengung erfahren. Piaget bezeichnet im Anschluss an Janet die Anstrengung als eine *positive Aktivierungsregulation*. Wenn wir angestrengt auf etwas aufmerksam sind oder sogar erst sein wollen, findet die Regulierung eben dieser Aktivierungen statt.

J. M. Baldwin und J. Philippe zufolge stellt Janet fest, daß die Anstrengung eine positive Aktivierungsregulation darstellt (so wie die Müdigkeit eine negative Aktivierungsregulation ist und Freude oder Niedergeschlagenheit Beendigungsregulationen im Falle des Erfolges bzw. des Scheiterns sind), eine Regulation, die in erster Linie von einer Beschleunigung abhängt, d. h. von einer Verstärkung der für die Aktion erforderlichen Energien: ein Radfahrer, der in seiner normalen Geschwindigkeit fährt, spürt keine Anstrengung, aber diese macht sich sofort bemerkbar, wenn er sein Tempo beschleunigt, wenn er mit einer höheren Geschwindigkeit als gewöhnlich fährt oder wenn er gegen Müdigkeit anzukämpfen hat. (Piaget 1985, 183)

Aufrechterhalten der Aufmerksamkeit

Die Aufmerksamkeit kann auch unabhängig von ihren Gegenständen für eine gewisse Zeit aufrechterhalten werden. Damit ist die *Spanne der Aufrechterhaltung der Aufmerksamkeit* auch eine eigenständige Größe. Sie wird nachweislich durch die *rechte Hemisphäre* des Gehirns geregelt.

The right hemisphere is thought to be involved in maintaining enhancement, because patients with right-sided lesions have difficulty maintaining alertness during sustained attention tasks and vigilance tasks. Robertson and Manly (1999) suggest that the right hemisphere is more important for sustaining attention than shifting it and that deficits such as neglect, extinction and sumultanosia, which we are about to cover, may result from a more general effect of arousal, impaired spatial attention and reduced attentional capacity. (Styles 2006[2], 68)

Bei Kindern kann man nicht nur den schnellen Wechsel der Aufmerksamkeit, sondern auch die geringe Dauer der Konzentration auf etwas besonders gut beobachten.

Regelung der simultanen und sequentiellen Ordnung der einzelnen Aktivitäten in der Handlung

Es ist inzwischen deutlich geworden, dass die Aufmerksamkeit sehr flexibel dazu beiträgt, dass die jeweils erforderliche spezifische Aktivität aktiviert wird. Es ist auch schon mehrfach gesagt worden, dass sie dies im Dienste eines Zieles, einer Aufgabe, kurz der Entscheidung für eine bestimmte Aktivität tut. Wie aber eine solche selektive Vorgabe in eine *Folge von Aktivitäten* umgesetzt wird, ist bis jetzt noch nicht in den Blick gekommen.

Bei dieser Umsetzung gibt es das schwerwiegende Problem, dass die erforderlichen Aktivitäten im Gehirn topologisch verteilt sind und dass zwischen ihnen eine *zielführende Ordnung von simultanen und sequentiellen Aktivitäten* hergestellt werden muss. Diese Aktivitäten müssen zum einen gleichzeitig bzw. nacheinander möglich sein, und sie dürfen sich zum anderen nicht gegenseitig stören.

Da die Aufmerksamkeit ihre Energie auf eine solche geordnete Abfolge verteilen muss, muss sie auch zu dieser Verteilung in Verbindung stehen. Entweder stellt sie die dafür erforderliche Regulierung von Aktivierung und Hemmung selbst her, oder diese Regulierung wird von einem anderen System geleistet, das äußerst eng mit der Aufmerksamkeit kooperiert. Da diese Aufgabe der Organisation der Abfolge einer Handlung außerordentlich anspruchsvoll ist, ist für sie auf jeden Fall ein *eigenes Teilsystem* erforderlich.

Norman/Shallice bezeichnen die Funktion dieses Systems als "contention scheduling", was im Hinblick auf den gemeinten Sachverhalt als die „Herstellung einer zeitlichen und sachlichen Ordnung aus konkurrierenden Aktivitäten" verstanden werden kann.

> To permit action of cooperative acts and prevent simultaneous action of conflicting ones is a difficult job, for often the details of how the particular actions are performed determine whether they conflict with one another. We propose that the scheduling of actions takes place through what we call contention scheduling, which resolves competition for selection, preventing competitive use of common or related structures, and negotiating cooperative, shared use of common structures or operations when that is possible. There are two basic principles of contention scheduling mechanism: first, the sets of potential source schemas compete with one another on the determination of their action value; second, the selection takes place on the basis of action value alone - a schema is selected whenever its activation exceeds the threshold that can be specific to the schema and could become lower with the use of the schema. (Norman/Shallice 1986, 5)

Diese *Schemata*, die die simultane und sequentielle Ordnung von Aktivitäten für ein bestimmtes Ziel herstellen, können *durch Lernen spezifiziert und durch Wiederholung automatisiert* werden.

> The competition is effected through lateral activation and inhibition among activated schemas. What degree of lateral inhibition exists between schemas on the model remains an open issue (...) On the model, as tasks become better learned, the schemas controlling them could become more specialized in their use of processing structures, reducing potential interference and minimizing the need for mutual inhibition among schemas. (Norman/Shallice 1986, 5f.)

Norman/Shallice lokalisieren die *Aktivierung und Hemmung dieser Schemata im Scheitellappen*, einem schon häufig genannten Ort für die Aufmerksamkeit. – Pribram/McGuiness lokalisieren die *Selektion im limbischen System*, wie ebenfalls bereits mehrfach angenommen. Sie lokalisieren aber die *Ausführung der Aktivierung (target readiness) in den Basalganglien*, die als der Ort für die Regelung der Feinmotorik gilt, und Norman/Shallice lokalisieren den Mechanismus der content scheduling ebenfalls in den Basalganglien, und zwar genauer im corpus striatum dieser Einheit des Gehirns.

Dass für die Feinmotorik, z. B. für die Bewegungen der Hände eines Pianisten, ein enormer Regelungsbedarf für gleichzeitige und sukzessive Bewegungen besteht, ist offenkundig. Ebenso offenkundig ist, dass diese künstlichen Bewegungen zuerst langsam und mit bewusster Aufmerksamkeit auf ihre Koordination vollzogen werden und dass durch häufige Wiederholungen komplexe Bewegungseinheiten zu Automatismen werden, die nur noch am Anfang und am Ende durch willkürliche Aufmerksamkeit kontrolliert werden.

> According to our model these top-down influences are, on the one hand, the orbitofrontal-amygdala system responsible for familiarization and, on the other, the basal ganglia system responsible for targeted readiness. As yet, evidence for the latter relationship is only indirect. (Pribram/McGuiness 1992, 85).

> If the properties of the Supervisory Attentional System seem to correspond fairly well with neuropsychological evidence, does the same apply to the properties of contention scheduling? One possible relation is with mechanisms in the corpus striatum of the basal ganglia, often thought to be involved in the selection of actions (see Dinny-Brown & Yanagisawa, 1976; Marsden, 1982). The basal ganglia are innervated by one of the major dopamine projections, and dopamine release is in turn facilitated by amphetamine. Robbins and Sahakin (1983) have provided an explanation of the effects of increased doses of amphetamine (...) Robbins and Sahakian argue that increased dopamine release potentiates the activation level of schemas and leads to an increasing number of schemas being activated above threshold. In our terms, if the potentiation becomes too great, the lateral inhibitory control of contention scheduling is broken. Many schemas are selected at the same time, producing a jamming of almost all objects of behaviour. Parkinsonism appears to provide a complementary condition. (Norman/Shallice 1986, 10)

Somit spricht viel dafür, dass es eine Einheit gibt, die die Simultanität und die Sequentialität der Aktivitäten regelt. Es ist auch offenkundig, dass sie mit der Aktivierung und Hemmung von Aktivitäten durch die Aufmerksamkeit verbunden sein muss. Dafür, dass sie sogar zum System der Aufmerksamkeit selbst gehört, spricht, dass

Simultanität und Sequentialität von Aktivitäten nur durch Aktionspotentiale zustande kommen können, die im jeweiligen Augenblick die spezifischen Aktivitäten auslösen und dass Aktionspotentiale des attentionalen Systems dafür den Ausschlag geben könnten.

Wie die Regelung von Simultanität und Sequentialität der Aktivitäten tatsächlich zustande kommt, bedarf aber noch der weiteren Klärung.

Unwillkürliche und willkürliche Aufmerksamkeit

Auf die Frage nach dem *Agenten für die Auslösung der Aufmerksamkeit* scheint das Phänomen der Aufmerksamkeit schon selbst eine Antwort zu geben. Jeder kann bei sich selbst und bei anderen beobachten, dass sich die Aufmerksamkeit *plötzlich und wie aus heiterem Himmel* auf etwas richtet und dass wir uns in anderen Fällen *große Mühe geben, unsere Aufmerksamkeit auf etwas zu richten.*

Im ersten Fall werden wir auf etwas aufmerksam, ohne dass wir es wollen. Im zweiten Fall wollen wir ganz bewusst auf etwas aufmerksam sein. Im ersten Fall erregen ein Blitz, ein Schmerz, ein Einfall, eine Erinnerung oder die Zuwendung eines anderen Wesens zu uns unsere Aufmerksamkeit. Im zweiten Fall lesen wir ein Buch, suchen wir etwas, sind wir an etwas interessiert, konzentrieren wir uns auf einen Vortrag oder sind wir scharf darauf, etwas Bestimmtes zu erfahren.

Wenn die Zuwendung der Aufmerksamkeit so *schnell und zwingend wie ein Reflex* erfolgt, spricht die Forschung von *unwillkürlicher* Aufmerksamkeit. Wenn sie *absichtlich und oft erst nach reiflicher Überlegung* erfolgt, spricht sie von *willkürlicher* Aufmerksamkeit. – Im ersten Fall kommt sie ohne unsere Absicht zustande und scheint sie von etwas ausgelöst zu werden, das nicht in unserer Macht steht. – Im zweiten Fall scheinen wir selbst es zu sein, die ihre Auslösung zustande bringen.

Dieser Unterschied betrifft die gesamte Aufmerksamkeit, jede ihrer Formen und alle ihre Parameter. Er betrifft deshalb alles, was bisher über die Aufmerksamkeit gesagt worden ist. Er beschreibt nämlich zwei *Modi* der Aufmerksamkeit, die sich *aus zwei Formen ihrer Regulierung* ergeben.

> Results showed that attentional zooming and attention shifting are similar at a functional level in that they can both be controlled either involuntarily (exogenous cue) or voluntarily (endogenous cue). (Styles 2006[2], 67)

Es ist aber die Frage, ob die beiden Modi der Unwillkürlichkeit und der Willkürlichkeit der Aufmerksamkeit selbst zugeschrieben werden können, was sehr oft geschieht, oder ob es sich bei ihnen um zwei verschiedene *Auslöser der Aufmerksamkeit* handelt.

Die unwillkürliche Aufmerksamkeit wird tatsächlich durch sogenannte *exogene* Gegebenheiten ausgelöst, dagegen die willkürliche durch sogenannte *endogene*. „Außerhalb des Organismus" und „im Organismus" ist ein räumlicher Gegensatz. Er ergibt sich daraus, dass die Sensorik es mit physikalischen und chemischen Gegebenheiten in der Umwelt des Organismus zu tun hat, der Wille aber, etwas zu beobachten oder eine Bewegung auszuführen, hat im Organismus seinen Ort.

Der räumliche Gegensatz von „außen" und „innen" ist aber problematisch, denn zu den sogenannten exogenen Auslösern wird man nicht nur die Ereignisse außerhalb unseres Körpers, sondern auch Ereignisse in unserem Körper und sogar in unserer

Psyche rechnen müssen, die plötzlich und ohne unser Zutun auftreten. Es kann doch nicht bezweifelt werden, dass ein ohne unser Zutun auftretender körperlicher Reiz, aber auch eine ohne unser Zutun auftretende Missstimmung, Hochstimmung, Erinnerung etc. unsere Aufmerksamkeit auf sich ziehen. – Es kommt hinzu, dass auch die sensorischen Inputs von exogenen Auslösern schon *innere* Ereignisse sind, wenn man sie nicht als physikalische Qualitäten, sondern als sensorische Reize nimmt.

Die beiden Termini „exogen" und „endogen" bezeichnen danach nur den Unterschied zwischen dem jeweils *intentional Gegebenen* und der *Intention auf das Gegebene*. Das ist die Struktur der spezifischen Aktivitäten, die sämtlich intentional sind. Auf diese Aktivitäten bezieht sich die Aufmerksamkeit.

Die Beziehung zwischen der Intention auf einen erwarteten Reiz und der Intention auf den gegebenen Reiz wird durch eine Versuchsanordnung untersucht, in der es Hinweisreize (cues) gibt, die auf den Ort des Zielreizes verweisen, und in der der Zielreiz entweder an diesem Ort erscheinen kann oder aber auch nicht.

> The effects of cueing a position in retinal space where a visual target might appear has been studied by many psychologists including Posner (1978, 1980) and Posner, Snyder, and Davidson (1980). Posner's technique is elegant and simple. Subjects are asked to make a speeded response as soon as they detect the onset of a light in their visual field. Just before the target is presented, subjects are given a cue, which can be one or other of two types. The first type of cue, called a central cue, is an arrow that points either towards the left or the right, indicating that the target will appear to the left or the right of fixation. A central cue, although usually presented centrally on fixation, is also central in the sense that it is a symbol representing direction and as such requires central processing by the cognitive system for its interpretation. The alternative type of cue, called periphere cue, is presented outside, or peripheral to, fixation and involves a brief illumination of one of a number of box outlines that mark the possible locations at which a target may appear. A peripheral cue is not symbolic in the same way as a central cue, because no interpretation is needed to determine its location, a peripheral cue indicated position directly. (Styles 2006[2], 52f.)

Sowohl der exogene als auch der endogene "cue" beschleunigen die *Identifikation* und verbessern die *Genauigkeit*. Es kann angenommen werden, dass dies der Aktivierung der Aufmerksamkeit zuzuschreiben ist. Damit wären die beiden Auslöser aber auch in ihrer Funktion gleichrangig.

> It is well known that both endogenous and exegenous cueing of the position in which a visual target will be presented speeds detection and improves accuracy. (Styles 2006[2], 121)

Für diese unterschiedlichen Auslöser der Aufmerksamkeit scheint es auch zwei unterschiedliche neuronale Netzwerke zu geben.

Laberge unterscheidet nämlich zwischen zwei Systemen der Aufmerksamkeit, von denen das eine kurze bottom-up-Prozesse verstärkt und das andere länger andauernde top-down-Prozesse. Das erste korreliert mit einer direkten Verbindung zwischen den parietalen Arealen und den frontalen über den Thalamus, während das zweite durch eine indirekte Verbindung mit den frontalen Arealen die Intensität der top-down-Prozesse regelt.

For example, Laberge (2000) suggests that amplification of neural activity in cortical columns produces the selective property of attention. This amplification can be controlled "bottom up" by the stimulus or "top down" by intention. Laberge identifies numerous triangular circuits in the brain. These triangular circuits involve a direct pathway between the parietal areas where attention is expressed and frontal areas via the thalamus, which is involved in amplification. The direct pathway is involved in selecting parietal areas in which attention will be expressed while the indirect pathway modulates the intensity of attentional expression in the selected areas. Laberge assumes that an abrupt onset initiates, bottom up, brief parietal activity, which is the orienting of attention, but if this activity is to be prolonged, then top-down activity is necessary. (Styles 2006[2], 56)

Während Laberge Korrelate für kürzer andauernde bottom-up-Prozesse und länger andauernde top-down-Prozesse benennt, benennen Posner/Badgaiyan den *hinteren Schläfenlappen* als Korrelat für die Auslösung (engagement), Hemmung (disengagement) und Verbesserung des Zugangs zu dem angezielten Objekt (amplification) und den *vorderen Schläfenlappen* als Korrelat für den Fall, dass offene, intentional kontrollierte Orientierung erhöhte Aktivität erfordert, was bei komplexen Aufgaben für die generelle Kontrolle über die Bereiche mit den Zielobjekten und für die Antizipation des Ortes der Zielobjekte notwendig ist.

In a more recent review, which includes evidence from magnetic resonance imaging Posner/Badgaiyan 1998 summarise the role of the posterior attentional system, "in terms of cognitive theories, this network mediates disangagement, engagement and amplification of the attentional target"(p. 64). The second, anterior network is involved in overt, intentionally controlled orienting: "It is involved in attentional recruitment and it controls the brain areas that perform complex tasks. It exerts general control over the areas involved in target detections and response (…) and (…) is also responsible for anticipation of the target location" (p.65). (Styles 2006[2], 55)

Die Befunde von Laberge sind ähnlich wie die von Posner/Badgaiyan. Beschreiben sie aber dieselbe Differenz? Die Unterschiede ihrer Beschreibung könnten sowohl aus ihren Messmethoden als auch aus der Interpretation ihrer Ergebnisse resultieren. Das vermag ich nicht zu entscheiden.

Ich verzichte deshalb auf ihre Auswertung und nehme sie nur als Beleg dafür, dass es im System der Aufmerksamkeit und seiner Auslösung verschiedene Teilsysteme zu geben scheint, die bis jetzt noch nicht genau genug unterschieden worden sind, so dass es einen stabilen Konsens über sie geben könnte.

Was von der Aufmerksamkeit abhängig ist und wovon sie ihrerseits abhängig ist

Durch die Unterscheidung einer Reihe von Funktionen der Aufmerksamkeit ist sichtbar geworden, wie komplex die Struktur des attentionalen Systems schon *selbst* ist. Die Komplexität des Phänomens der Aufmerksamkeit ist aber noch wesentlich größer, wenn man hinzunimmt, in welchem *Kontext* sie auftritt, d. h. *was von ihr abhängig ist und wovon sie ihrerseits abhängig ist.*

Während ich bis jetzt versucht habe, herauszufinden, worin sich die Aufmerksamkeit von anderen Phänomenen unterscheidet, geht es mir jetzt darum, die *Zusammenhänge zwischen der Aufmerksamkeit und anderen Teilsystemen* des ZNS in den Blick zu fassen. Durch diesen doppelten Schritt bei der Beschreibung der Aufmerksamkeit erhalte ich eine Grundlage für den Nachweis der Kooperation der Aufmerksamkeit mit dem Interesse, der Intentionalität und dem Kurzzeitigen Arbeitsgedächtnis (KAG).

In der mir bekannten Literatur werden diese vier Phänomene selten ausdrücklich voneinander unterschieden und wird noch seltener der Zusammenhang zwischen ihnen thematisiert. – Während in den Beschreibungen der Aufmerksamkeit schon sehr oft die drei anderen Phänomene ins Spiel kommen, wird andererseits die Aufmerksamkeit bei der Beschreibung dieser drei Phänomene nur selten erwähnt. Dies kann man als Indiz dafür ansehen, dass die Aufmerksamkeit stärker auf diese drei Phänomene angewiesen ist als umgekehrt diese drei Phänomene auf sie. – Ich werde deshalb bei der Beschreibung dieser Phänomene vielfach von mir aus die Aufmerksamkeit mit ins Spiel bringen müssen, damit die spezifische Natur dieser drei Phänomene sichtbar wird und damit keine Funktionen der Aufmerksamkeit für sie usurpiert werden.

Norman/Shallice haben sowohl die am Prozess der Informationsverarbeitung beteiligten Aktivitäten unterschieden als auch die Beziehungen zwischen ihnen thematisiert. Ich gehe von diesem Modell aus und versuche dann meinerseits den Zusammenhang der Abhängigkeiten systematisch darzustellen.

Nach Norman/Shallice gehört die Aufmerksamkeit zu denjenigen Einflüssen, unter denen die *Aktivität lebender Organismen und insbesondere des Menschen* zustande kommt. Sie beschreiben diese Einflüsse sowohl mit psychologischen als auch mit neurologischen Begriffen. Nach ihnen kommt die Aktivierung der Neuronen eines neuronalen Netzwerkes, mit dem das Schema einer spezifischen psychischen Aktivität korreliert, durch die Erreichung des Schwellenwertes für ihr Aktionspotential durch die afferenten elektrischen Potentiale der folgenden neuropsychischen Einheiten zustande:

- *durch "contention scheduling", d.h. durch die Regelung der simultanen und sequentiellen Aktivierung der einzelnen Netzwerke bzw. der entsprechenden psychischen Schemata (Basalganglien),*
- *durch "satisfaction of trigger conditions", d.h. durch diejenigen Reize, die die Aktivität des jeweiligen Netzwerks, bzw. des jeweiligen Schemas auslösen (bottom-up von Reizen der äußeren und der inneren Welt),*

  Trigger conditions specify under what conditions a schema could be initiated, thus allowing for precise environmental control of performance. How well existing conditions match the trigger specifications determines the amount of activation contributed by this factor. (Norman/Shallice 1986, 6)

- *durch "selection of other schemas", d.h. durch andere Schemata, die ihrerseits dieses Schema auswählen (top-down von Schemata, von denen das jeweilige Schema abhängig ist),*

  Selection of one schema can lead to the activation of others. Any given action sequence that has been well learned is represented by an organized set of schemas, with one - the source schema – serving as the highest-order control. The term source is chosen to indicate that the other component schemas of an action sequence can be activated through the source. We assume that the initial activation values of component schemas are determined by means of their source schema. For example, when the source schema for a task such as driving an automobile has been selected, all its component schemas become activated, including schemas for such acts as steering, stopping, accelerating, slowing, overtaking, and turning. Each of these component schemas in turn acts as a source schema, activating its own component schemas (braking, changing gear, signalling, and so on). (Norman/Shallice 1986, 6)

- *durch "vertical thread" und durch "horizontal thread", d. h. durch die strukturellen Verbindungen zwischen topologisch verteilten Einheiten.*

  We divide activational influences upon a schema into four types: influences from contention scheduling, from the satisfaction of trigger conditions, from the selection of other schemas, and from "vertical thread" influences. (Norman/Shallice 1986, 6)
  The horizontal thread specifies the organization structure for the desired action sequence. (Norman/Shallice 1986, 6)
  That horizontal thread control of action may be viewed within a schema framework is too well known to need reviewing here (see, e.g. Pew, 1974, Schmidt, 1975). (Norman/Shallice 1986, 8)

- *und durch das "Supervisory Attentional System (SAS)", das dem content scheduling system diejenigen Potentiale zur Verfügung stellt, die es für die Aktivierung der jeweiligen Aktivität in der simultanen und sequentiellen Ordnung und die Hemmung aller anderen benötigt. Es kontrolliert auf diese Weise die Realisierung der Ordnung.*

  However, a schema may not be available that can achieve control of the desired behavior, especially when the task is novel or complex. In these cases, some additional control structure is required. We propose that an additional system, the Supervisory Attentional System (SAS), provides one source of control upon the selection of schemas, but it operates entirely throught the application of extra activation and inhibition to schemas in order to bias this selection by the contention-scheduling mechanisms. (Norman/Shallice 1986, 6)

Danach ist das Aktionspotential der jeweiligen spezifischen Aktivität eine Summe (ein Integral), aus den Potentialen, die von diesen fünf anderen Einheiten stammen.

Unter diesen Einheiten hat das attentionale System eine besondere *Position*: Einerseits kann es das neuronale Netzwerk des Schemas für eine spezifische psychische Funktion nicht aktivieren ohne die Aktionspotentiale der anderen vier Einheiten. Insofern ist seine Wirksamkeit *von der Wirksamkeit dieser anderen Einheiten abhängig*.

Andererseits ist das attentionale System zur Aktivierung des neuronalen Netzwerkes für das Schema einer spezifischen Aktivität dann erforderlich, wenn die Summe der Aktionspotentiale der anderen afferenten Netzwerke den *Schwellenwert für die Herstellung neuer Verbindungen* nicht erreicht. Dann ist das Aktionspotential des attentionalen Systems notwendig, weil ohne dieses Potential die Aktivierung nicht zustande kommt.

- *Die Aufmerksamkeit, das SAS, kontrolliert nur die Aktivierung und Hemmung, nicht aber die Selektion selbst. Die Selektion der jeweiligen Aktivität geht auf ein anderes System zurück, dessen Input das SAS erhält, nämlich auf das System der Motivati-*

on, das die Aktivierung von *Quellenschemata der spezifischen Aktivitäten für die Erreichung von langfristigen Zielen regelt.*

Note that the operation of SAS provides only an indirect means of control action. Attention, which we will associate with outputs from SAS, controls only activation and inhibition values, not selection itself. Moreover, it is control overlaid on the horizontal thread organization. When attentional activation of a schema ceases, the activational value will decay back to the value that other types of activating input would produce.

In addition, we assume that motivational factors supplement the activational influences of the SAS. We take motivation to be a relatively slow-acting system, working primarily to bias the operation of the horizontal thread structures toward the long-term goals of the organism by activating source schemas (and through their selection component schemas). (Norman/Shallice 1986, 7)

Nach dem Modell von Norman/Shallice hat die Aufmerksamkeit demnach eine besondere Funktion im Gesamtprozess der Auslösung einer Aktivität, nämlich die Funktion der *Modulation* durch die *Hinzufügung von Aktivierung oder Hemmung.*

Attentional processes can modulate the selection process only by adding activation or inhibition. Attention to action is neither sufficient nor necessary to cause the selection of an action sequence.

Attentional processes are primarily relevant to initiation of actions, not for their execution. (Norman/Shallice 1986, 8)

Die Aufmerksamkeit kooperiert dabei mit einem *System der willkürlichen bewussten kognitiven Kontrolle* und mit einem *System der Selektion* von Aktivitäten für die Organisation von Simultanität und Sequentialität.

Actions under deliberate conscious control involve a specific mechanism in addition to those used in automatic actions.

Selection between competing action sequences takes place through the mechanism of contention scheduling. (Norman/Shallice 1986, 8)

Sie übt ihre Funktion demnach nur *im Zusammenhang mit willkürlicher bewusster Kontrolle*, nicht aber bei automatischer Regelung der Simultanität und Sequentialität der einzelnen Aktivitäten aus, daher sind die Symptome bei der Zerstörung ihrer Netzwerke im Scheitellappen, wo die Aufmerksamkeit ihren Ort hat, dieselben wie bei Patienten mit Läsionen im präfrontalen Kortex, wo die willkürliche bewusste Kontrolle ihren Ort hat..

A major feature of our model is that for well-learned action sequences two levels of control are possible: deliberate conscious control and automatic contention scheduling of the horizontal threads. Possibly the strongest evidence for the existence of both levels comes from neuropsychology. The functions we assume for the supervisory attentional control - those that require "deliberate attention" - correspond closely with those ascribed by Luria (1966) to prefrontal regions of the brain, thought by Luria to be required for the programming, regulation, and verification of activity. In this view, if the Supervisory Attentional System were damaged the resulting behaviour should be similar to that exhibited by patients with prefrontal lesions. (Norman/Shallice 1986, 8)

Es wird nun untersucht, ob sich die Annahmen von Norman/Shallice mit anderen, vor allem aber mit neueren Befunden und Annahmen vertragen.

Die Abhängigkeit der Aufmerksamkeit vom Interesse
Während in sehr vielen Fällen der Aufmerksamkeit die Selektionsfunktion zugeschrieben wird, nehmen z. B. schon Husserl, aber auch Pribram/McGuiness, und, wie eben dargestellt, Norman/Shallice sowie Birbaumer/Schmidt an, dass die Entscheidung über die jeweilige Aktivität vom frontalen Kortex geleistet wird, der seinerseits die Wertgewichtungen vom limbischen System erhält.[16]

Dann aber hat die Aufmerksamkeit nur die Modulatorfunktion, dass sie die bereits getroffene Selektion durch ihre Aktivierungsfunktion *ausführt*. Das ist eine Abhängigkeit der Aufmerksamkeit von Wertgewichtungen und Entscheidung.

An dieser Stelle ist es unerheblich, ob diese Selektionsentscheidung einem „Stellungnehmen" zugeschrieben wird (Husserl 2004, 377), "motivational factors" (Norman/-Shallice 1986, 7), einer „motivationalen „Kraft" der Inhalte", einer „Antriebs- oder Anreiz-Komponente" (Birbaumer/Schmidt 1996[3], 514) oder neurologisch dem "orbitofrontal-amygdala system" (Pribram/McGuiness 1992, 85). – Im nächsten Kapitel der Untersuchung werde ich ausdrücklich die Wahl des Terminus „Interesse" für diese Selektionsentscheidung begründen und die anderen Termini zu ihm ins Verhältnis setzen.

Die Abhängigkeit der Aufmerksamkeit von den spezifischen intentionalen Aktivitäten und dieser Aktivitäten von ihr
Die Aufmerksamkeit bezieht sich immer *auf etwas*. Was im Fokus der Aufmerksamkeit steht, ist bereits das Resultat von spezifischen Aktivitäten, z. B. von bestimmten sensorischen oder motorischen, und ermöglicht die Aktivität weiterer spezifischer Aktivitäten. Es gibt deshalb besondere Beziehungen zwischen der Aktivierungsfunktion der Aufmerksamkeit und den spezifischen Aktivitäten.

Die Aufmerksamkeit ist nämlich insofern von spezifischen Aktivitäten abhängig, als sie bereits automatisch aktivierte spezifische Aktivitäten voraussetzt. Andererseits sind diejenigen spezifischen Aktivitäten, die zur Verarbeitung der automatisch generierten Resultate erforderlich sind, von der Aktivierungsleistung der Aufmerksamkeit abhängig.

Der Übergang vom ersten zum zweiten Abhängigkeitsverhältnis spielt sich ab beim Wechsel der Aufmerksamkeit von dem unwillkürlich Wahrgenommenen zu dem willkürlich Wahrgenommenen, von einer weit gestreuten Aufmerksamkeit zu einer eng fokussierten, von geringer zu hoher Auflösung, von geringer Schärfe zu großer Schärfe der Unterscheidungen und Relationen, von einer Vorstellung zu ihrer Analyse und vom Medium des Bildmodus zum Medium des Sprachmodus.

---

[16] Husserl 2004, 377: „Verwoben mit dem Sich-Richten der Aufmerksamkeit ist ein Stellungnehmen."
Birbaumer/Schmidt 1996[3], 514: „Bei der Diskussion von Aufmerksamkeitsvorgängen dürfen wir nicht vergessen, dass die Selektion und die Speicherung eines Inhalts von der motivationalen „Kraft" der Inhalte abhängen. Reize mit hohem Anreiz- (Incentive) Wert und Reaktionen, die primäre Triebe befriedigen, werden eher Aufmerksamkeit steuern als neutrale Reize. Jeder Gedächtnisinhalt im KZG erhält eine damit assoziierte Antriebs- oder eine Anreiz-Komponente."

Die Netzwerke mit spezifischen Funktionen sind die Zieleinheiten für die Potentiale des attentionalen Systems. Da *jede afferente Verbindung eines Netzwerkes mit einem anderen die Relation der Intentionalität impliziert*, sind nicht nur die spezifischen Aktivitäten intentional, sondern ist auch die Aufmerksamkeit intentional. Ihr Gegenstand ist aber die Aktivierung der Intention auf eine spezifische Gegebenheit. Sie aktiviert jede spezifische Intention und nicht eine bestimmte Art von spezifischen Gegenständen. Insofern unterscheidet sich die Intentionalität der Aufmerksamkeit von der Intentionalität der von ihr aktivierten spezifischen Aktivitäten.

Die Notwendigkeit der Aufmerksamkeit für die Verbindung von Einheiten
Es gibt jüngere Annahmen dafür, dass *konzentrierte Aufmerksamkeit* erforderlich ist, sobald mehrere Einheiten miteinander verbunden werden müssen. Das ist die sehr allgemeine Funktion der *Synthese*. Die Organisation von Simultanität und Sequentialität ist demgegenüber bereits der Sonderfall der zeitlichen Synthese (contention scheduling) sowie der strukturellen Synthese zwischen topologisch verteilten Einheiten (vertical and horizontal thread). – Beim gegenwärtigen Forschungsstand bezieht sich anscheinend das sogenannte *Bindungsproblem* noch auf sämtliche Formen der Synthese.

Sofern Synthesen bewusst vollzogen werden und eine schwierige Aufgabe darstellen, bestätigt dies, dass die konzentrierte Aufmerksamkeit für willkürlich kontrollierte schwierige Aktivitäten erforderlich ist. Im Fokus der Aufmerksamkeit können dann auch Synthesen zwischen weit voneinander entfernten Einheiten hergestellt werden.

Treisman (1999) concludes with the view that binding features requires moving the attentional window over the map of locations and selecting from the feature maps those features linked to the attended location. The retrieval of these connections allows "what" and "where" to be combined.

Thus, Treisman concludes that when a master map of locations is not available as in the case of bilateral parietal loss binding is not possible. The evidence from both normal participants and RM (Name eines Patienten – J.G.) "suggest that attention is needed to bind features together, and that without attention, the only information recorded is the presence of separate parts and properties" (p. 108). (Styles 2006^2, 99)

When a target is defined as a conjunction of attributes (e.g. red triangle) and appears in a background of nontargets that are similar to the target (e.g. red squares and blue triangles), the search process becomes slow, attention demanding, and serial (Duncan & Humphreys 1989). (Posner 1990, 31)

Treisman (Treisman & Gormican 1988) has shown that subjects use attention, when attempting to conjoin features, and it has also been shown that spreading focal attention among several objects leads to a tendency for misconjoining features within those objects, regardless of the physical distance between them (Cohen & Ivry 1989). Thus, attention not only provides a high priority to attended features, but does so in a way that overrides even the physical distance between objects in a display. (Posner 1990, 31)

Durch ihre Intention auf die Aktivierung von spezifischen Funktionen hat die Aufmerksamkeit eine *Moderaterfunktion* für die Gewinnung von Information aller Grade der Differenziertheit und Komplexität. Sie hat nämlich einen Einfluss darauf, welche Schemata für spezifische Funktionen aktiviert werden. – Durch ihre Flexibilität leistet sie einen substantiellen Beitrag zur Strategie der Informationsverarbeitung.

Die Abhängigkeit der Aufmerksamkeit von der Kapazität des kurzzeitigen Arbeitsgedächtnisses

Die Grenzen der Kapazität der Aufmerksamkeit scheinen mit den Grenzen des kurzzeitigen Gedächtnisses zusammenzufallen, innerhalb derer jede Informationsverarbeitung zustande kommt. Das leuchtet unmittelbar ein, weil für die Unterscheidung und Verbindung von Gegebenheiten diese Gegebenheiten simultan *präsent* sein müssen, auch wenn sie sich nacheinander ereignen bzw. wahrgenommen werden. Wegen dieser engen Verbundenheit ist besonders schwer zu erkennen, ob wir es bei der Aufmerksamkeit und dem KAG mit zwei Kapazitäten von zwei Instanzen oder nur mit einer Kapazität von einer Instanz zu tun haben.

Das kurzzeitige Arbeitsgedächtnis muss alles präsent halten, was zum Vollzug der jeweiligen Aktivität erforderlich ist. Das sind nicht nur die Gegebenheiten, die jeweils voneinander unterschieden und miteinander verbunden werden, sondern auch die Ziele für unsere jeweiligen Aktivitäten und deren Verlaufsformen, d. h. für die simultane und sequentielle Verknüpfung von einzelnen Aktivitäten.

> What we are attending to is currently in short-term or working memory. What is in short-term memory is what we are consciously thinking about at that moment in time (…) Memory and attention are also closely interwoven when planing and monitoring day-to-day activities. Have you ever gone to make a cup of tea and poured the tea into the sugar bowl? The correct actions have been performed but not on the correct objects. This sort of "slip of action" often arises when we are "not paying attention to what we are doing". When we engage in a complex sequentially ordered set of actions to achieve a goal, like making a cup of tea, not only do we have to remember the overall goal, but we must also monitor and update the steps that have been taken towards goal completion, sometimes updating goal states as we go (…) Attention in the control of action is an example of another kind of attention, driven by goals, or what we intend to do. The question of the intentional, voluntary control, where behaviour is planned according to current goals and instructions is a growing area of research in the attention literature. (Styles 2006², 8)[17]

---

[17] S. a. Styles 2006², 186: "Atkinson and Shiffrin pointed out the importance of understanding not only the structure of the information processing system, but also how it was controlled. While their model was one of memory, it is, in fact, quite similar to Broadbent's model. Information entered the system in parallel, residing in a sensory buffer from which some information was selected for entry into short-term memory. In Atkinson and Shiffrin's model, the selection, rehearsal and recoding of information in short-term memory all required "control" processes. Short-term memory was seen as a "working memory" in which both storage and processing took place. The more demanding the processing was, the less "capacity" would be available for storage and vice versa. We all have experienced the difficulty of trying to solve a mental problem, where as soon as the products of part of the computation become available, we forget what the question was! We just don't seem able to keep all the information in mind at the same time as consciously manipulating it. In this example we can see the close relationship between working memory and conscious attentional control. Recently, Lavie et al. (2004) have shown that loading working memory reduces the ability to ignore distractors in visual search. When high priority targets are in competition with low priority, but salient distractors, cognitive control of visual search is compromised by a concurrent short-term, working memory task. It appears, in this case, that the ability to control the selective filter is reduced when attentional capacity must be allocated to the memory task (…) For now we shall note the close relationship between attentional

Es ist aber fraglich, ob der Mechanismus, der diese Simultanität des sukzessiv Aktivierten zustande bringt, auch der Aufmerksamkeit zugeschrieben werden kann oder ob die Kapazität der Aufmerksamkeit von diesem Mechanismus abhängig ist. – Im zweiten Falle würde *die Kapazität des KAG auch die Grenze für die Kapazität der Aufmerksamkeit* sein und könnten die Mechanismen der Aufmerksamkeit, wie z. B. das Zoomen, nur innerhalb dieser Grenze geschehen.

Das Verhältnis zwischen Aufmerksamkeit und KAG wird deshalb noch ausdrücklich thematisiert werden müssen.

Die Abhängigkeit des bewussten Gewahrseins von der Aufmerksamkeit

Aufmerksamkeit und das *Gewahrsein von etwas* (awareness) scheinen unverbrüchlich miteinander verbunden zu sein. Jedes von ihnen scheint es ohne das andere nicht zu geben. Die Aufmerksamkeit wird deshalb auch oft mit der Lichtmetapher beschrieben, was den Termini der Evidenz oder der Bewusstheit entspricht. Pribram/McGuiness sprechen von *bewusstem Gewahrsein des Zielobjektes* ("targeted conscious awareness"). Dann aber gibt es auch ein nicht bewusstes Gewahrsein in automatisierten Prozessen, weshalb Gewahrsein nicht mit Bewusstsein gleichgesetzt werden kann.

> A set of intrinsic extralemniscal processing systems has been identified to operate via a tecto-tegmental pathway to the reticular nucleus of the thalamus. The later components (N_2, P_3, etc.) of event-related potentials have been shown to reflect processing in these systems and those that control them. Activity in these systems has been related to targeted conscious awareness. (Pribram/McGuiness 1992, 85)

Es bleibt dann dabei, dass die Aufmerksamkeit mit der bewussten Gegebenheit von etwas verbunden ist. – Ist dann aber Bewusstsein nur eine andere Beschreibung für Aufmerksamkeit, ist es von der Aufmerksamkeit mitbedingt, oder ist umgekehrt die Aufmerksamkeit ein Phänomen des Bewusstseins?

Die Beziehung der Aufmerksamkeit zu Lernen und Behalten

Die Beziehung der Aufmerksamkeit zu Lernen und Behalten scheint eng zu sein.

Bei der Aktivierung von spezifischen Aktivitäten ist immer schon Gelerntes im Spiel, weil diese Aktivitäten bereits selbst eine Lerngeschichte haben.

Die Aufmerksamkeit ist aber anscheinend auch eine Voraussetzung für Lernen und Behalten. Wenn sie nämlich einen wesentlichen Beitrag zur Aktivierung von spezifischen Funktionen leistet, dann ist sie in demselben Maße Voraussetzung für Lernen und Behalten, sofern Lernen aus dem Vollzug neuer spezifischer Aktivitäten besteht

---

> control and working memory. Following on from Atkinson and Shiffrin (1968), later modifications of the working memory concept have all included both storage and control aspects (e.g., Baddely, 1986; Broadbent, 1984). For information in working memory to be "working" it needs manipulation by "the subject" and what subject does is "control". Atkinson and Shiffrin tell us nothing about this control except that it is something that the subject does. If we are to avoid the homunculus, or little man in head, we must try and explain the difference between these two kinds of processing in terms of well defined psychological mechanisms. This, as we shall see, is extremely difficult to do."

und sofern Behalten die schnellere und leichtere Reaktivierung aufgrund von Wiederholungen des Gelernten ist. Das aber scheint der Fall zu sein (s. hierzu Kapitel VIII).

Nach Kandel gibt es sogar einen direkten Einfluss der Neurotransmitter Serotonin oder Dopamin, die für das Aufmerksamkeitssystem spezifisch sind, auf diejenigen Prozesse, durch die nach seinen Forschungen das Behalten zustande kommt. Ihnen schreibt er aber auch die Funktion der „Markierung" eines Reizes als wichtig zu.

> In jedem Fall (bei der Kurzzeit- und der Langzeiterinnerung – J.G.) scheinen modulatorische Transmitter ein Aufmerksamkeitssignal weiterzugeben, das einen Reiz als wichtig markiert. In Reaktion auf dieses Signal werden Gene angeschaltet und Proteine erzeugt, die an alle Synapsen (der jeweiligen Nervenzelle – J.G.) gesandt werden. Bei der Aplysia löst Serotonin beispielsweise die Produktion von Proteinkinase A aus, während bei der Maus diese Aufgabe dem Dopamin zufällt. (Kandel 2006^2, 340)

Auch im Steuerungsprozess der Aufmerksamkeit selbst scheinen Lernprozesse stattzufinden, bis hin zu willkürlich konstruierten *Strategien* ihres Einsatzes. In solchen Strategien werden alle Variationsmöglichkeiten der Aufmerksamkeit genutzt, um bestimmte Situationen zu meistern, in Konferenzen z. B. andere als bei der Formulierung eines Vertrages oder auf einer Party.

Die Beziehung der Aufmerksamkeit zur erzieherischen Beeinflussung
Wenn die Aufmerksamkeit einen Einfluss auf Lernen und Behalten hat, dann können diese durch eine Beeinflussung der Aufmerksamkeit von außen (aber auch von innen durch Selbstinstruktion) beeinflusst werden. Indem nämlich durch die Umgebung oder durch den Erzieher die Aufmerksamkeit des Edukanden auf etwas gelenkt wird, kann dieser etwas lernen, das in seiner Umwelt wichtig ist. Starke Reize oder Instruktionen erfüllen dadurch die Selektionsfunktion für die Aufmerksamkeit (s. hierzu Kapitel IX).

> Die Annahme, dass die Aufmerksamkeit des Kleinkindes nur durch kräftige und neue Reize oder durch die Verbindung von Reizen mit unmittelbaren Bedürfnissen geweckt wird, ist abwegig. Von Anfang an lebt das Kind in der Umwelt der Erwachsenen. Wenn seine Mutter einen Gegenstand in der Umgebung benennt und mit dem Finger darauf zeigt, wird die Aufmerksamkeit des Kindes zu dem Gegenstand hingezogen, so dass sich dieser nunmehr von anderen Gegenständen abhebt, gleichgültig, ob er einen starken, neuen oder lebenswichtigen Anreiz schafft oder nicht. Diese Lenkung der kindlichen Aufmerksamkeit durch soziale Kommunikation (Wörter oder Gesten) markiert ein bedeutsames Stadium in der Entwicklung zu dieser neuen gesellschaftlich organisierten Form der Aufmerksamkeit. Später läßt sie den Organisationstypus der Aufmerksamkeit mit dem komplexesten Aufbau, die willkürliche Aufmerksamkeit, entstehen.
> Wygotzkij hat als erster Psychologe diese gesellschaftlichen Wurzeln der höheren Formen der Aufmerksamkeit erkannt. (Lurija 1992, 265)

5. Struktur und Funktion des ganzen Systems der Aufmerksamkeit

Über die Struktur und Funktion des Systems der Aufmerksamkeit geben schon allgemeine Beschreibungen der Aufmerksamkeit aus den letzten beiden Jahrzehnten des 20. Jahrhundert einen Überblick. In ihnen werden in aller Regel anatomische, physiologische und psychologische Befunde und Annahmen miteinander verquickt.[18]

Ich versuche jetzt auch eine Synopse der von mir dargestellten Befunde und Annahmen zum System der Aufmerksamkeit aus den drei verschiedenen Teildisziplinen, unterscheide aber möglichst deutlich, ob es sich um anatomische, physiologische oder psychologische Sachverhalte handelt.

- *Die Einheit, durch die die Aufmerksamkeit produziert wird, ist ein eigenständiges neuronales und psychisches System mit der Funktion, die Aktivierung der jeweiligen spezifischen Aktivitäten für die Orientierung und für die Reaktion des Menschen zu gewährleisten. – Sie selbst ist unspezifisch, insofern sie jede spezifische Aktivität aktivieren kann. Dafür spricht unter anderem, dass es im Grenzfall leere Aufmerksamkeit gibt, wie es auch leere Intention gibt.*
- *Dieses System der Aufmerksamkeit hat eine spezifische topologische neuroanatomische Struktur. Sie erstreckt sich in einer Form durch das ZNS, die gewährleistet, dass es seine elektrischen Potentiale zu jeder Zeit an jeden Ort des ZNS zu denjenigen Netzwerken schicken kann, die für die Orientierung und Reaktion zuständig sind.*
- *Das System der Aufmerksamkeit ist ein Teil des retikularen Systems. – Seine Basis besteht aus den Kernen des retikularen Systems am oberen Ende des Stammhirns. – Von diesen Kernen führen Nervenverbindungen zum retikularen Kern des Thalamus. – Von dort aus führen Bahnen zum Kortex, insbesondere aber zum präfrontalen Kortex. Sie führen zu einer generellen Erregung des Kortex, die wir*

---

[18] Birbaumer/Schmidt 1996³, 312f.: „Die den Hirnstamm durchziehende Formatio reticularis ist eine wichtige Station des aufsteigenden unspezifischen (extralemniskalen) Systems. Sie verfügt über eine Vielfalt von afferenten Verbindungen aus praktisch allen Sinnesorganen. Afferente Zuströme kommen auch aus zahlreichen anderen Gehirngebieten, z. B. motorische und sensorische Großhirnrinde, Thalamus, Hypothalamus. Auch die efferenten Verbindungen sind vielfältig: absteigend zum Rückenmark, aufsteigend über die unspezifischen Thalamuskerne zum Kortex, zum Hypothalamus, sowie zu den Kernen des limbischen Systems (...).

Über die vielfältigen Aufgaben der Formatio reticularis sind wir bisher nur unvollkommen unterrichtet. Ihr wird eine Mitwirkung an einer Reihe von Funktionen zugesprochen, die wie folgt zusammengefaßt werden können:

- Steuerung der Bewußtseinslage durch Beeinflussung der Erregbarkeit kortikaler Neurone und damit Teilnahme am Schlaf-Wach-Rhythmus;
- Vermittlung der affektiv-emotionalen Wirkungen sensorischer Reize durch Weiterleitung efferenter Information zum limbischen System;
- vegetativ-motorische Regulationsaufgaben, besonders bei lebenswichtigen Reflexen (z. B. bei Kreislauf-, Atem-, Schluck-, Husten-, Niesreflexen), bei denen viele afferente und efferente Systeme miteinander koordiniert werden müssen; und
- Mitwirkung an der Stütz- und Zielmotorik über die motorischen Zentren des Hirnstammes und des Kleinhirns." (s. unter anderem auch Damasio 1995, 139; Hernegger 1995, 67f., 76-225, 252, 305, 322-351, 448; Nauta/Feirtag 1990, 125)" (s.a. o. II, 3: Changeux 1984, 201f.)

als Wachheit erfahren. – Vom frontalen Kortex führen Nervenfasern zum retikularen Kern des Thalamus zurück. Durch die Potentiale dieser Fasern wird im retikularen Kern des Thalamus das System der Aufmerksamkeit angeregt.

Das System der Aufmerksamkeit selbst besteht aus demjenigen *System des retikularen Kerns des Thalamus*, das über „Tore" (gats) zu den verschiedenen Bereichen des Kortex verfügt und das diese „Tore" öffnen oder schließen kann. – Welche Tore es öffnet und welche es geschlossen hält, wird durch die Informationen aus dem präfrontalen Kortex geregelt.

Von diesen „Toren" laufen Fasern zu Netzwerken in den einzelnen Feldern im Kortex mit spezifischen Funktionen, z. B. zu dem visuellen, dem akustischen und dem motorischen Feld. Von diesen Netzwerken führen dann Axone zu den Netzwerken mit spezifischen Funktionen.

Daraus resultiert insgesamt die anatomisch-physiologische Struktur, dass letztlich die retikularen Kerne im Stammhirn die *Ressource* der Aufmerksamkeit sind, dass der retikulare Kern des Thalamus die *Verteilerstation* der Ressource ist und dass in einer außerordentlich großen Diversifikation *Netzwerke des retikularen Systems wahrscheinlich in der gesamten Großhirnrinde verteilt* sind, von denen aus die Netzwerke der jeweiligen spezifischen Aktivitäten durch die Potentiale des Systems der Aufmerksamkeit erregt werden.

Die physiologische Funktion des Systems der Aufmerksamkeit besteht darin, dass es elektrische Potentiale produziert, die *keinen Informationswert* für die Aktivitäten des Menschen haben, sondern „nur" dazu beitragen, dass die Neuronen, deren Funktion bestimmte Aktivitäten der Orientierung und Reaktion sind, *ihren Schwellenwert erreichen*. Mit den Worten Kandels:

> Salven von Aktionspotentialen in diesen Strukturen könnten für eine Modulation der Aktivität von entsprechenden Zellen in den verschiedenen Merkmalskarten verantwortlich sein. (Kandel 2006², 408f.)

Im Einzelnen hat das neuronale *Prozessieren* des retikularen Systems der Aufmerksamkeit die folgende Form:

- *Die Neuronen dieses Netzwerkes haben die Besonderheit, dass ihr Aktionspotential unterschiedliche Grade haben kann.*

Für das *Prozessieren* dieses Systems ist deshalb kennzeichnend, dass es im Unterschied zum „Feuern" oder „Nichtfeuern" (alles oder nichts) aller Netzwerke für spezifische Aktivitäten *graduell erregen* kann (Damasio 1995, 271). Bei den Zielzellen kommt deshalb das vom retikularen System eintreffende Quantum an elektrischem Potential zu dem elektrischen Potential, das von anderen Neuronen eintrifft, hinzu und trägt, genau in Entsprechung zu seiner Größe, zur Erreichung des Schwellenwertes der Zielzellen bei.

Aufgrund dieses Mechanismus gibt es unterschiedliche Konstellationen der Erregung der Netzwerke für eine spezifische Funktion durch das retikulare System der Aufmerksamkeit.

Schon ein geringer Grad der Erregung kann ausreichen, um eine bereits in hohem Maße erregte Zelle zu aktivieren. – Das ist der Fall, wenn in dieser Zelle entweder von vielen anderen Zellen Signale eintreffen oder aber die Zelle selbst aufgrund von Lernprozessen den Schwellenwert sehr schnell erreicht. In beiden Fällen ist für die Erreichung des Schwellenwertes für die Auslösung ihres Aktionspotentials nur wenig zusätzliches elektrisches Potential des retikularen Systems der Aufmerksamkeit erforderlich.

Der Grad der Erregung durch das retikulare System der Aufmerksamkeit kann aber auch für die Aktivierung zu gering sein. Dann kommt es trotzdem zu einer Erhöhung des elektrischen Potentials in der Nervenzelle. Diese sogenannten langsamen Prozesse (niedrige Amplitude) haben möglicherweise den Signalwert der simultanen Aktivierung von vielen Informationen zu Vorstellungen (Pribram 1971; Rockstroh/Elbert 1990, 330).

Der höchste Grad der Erregung durch das retikulare System der Aufmerksamkeit kann dazu ausreichen, auch nur sehr schwach erregte Zellen noch auf den Schwellenwert für ihr „Feuern" zu bringen. Dies geschieht bei äußerster Anstrengung, sich zu konzentrieren und scharf zu beobachten, z. B. in Gefahrensituationen. Es kann aber auch sein, dass der Effekt der Gewinnung einer genauen Information trotzdem nicht erzielt wird, weil die Zellen zu wenig von anderen Zellen erregt werden. Dann reicht auch die größte Anstrengung der Konzentration und Fokussierung nicht aus.

Nimmt man noch den Zeitfaktor hinzu, dann gibt es zu jedem Zeitpunkt eine große Zahl von unterschiedlichen Möglichkeiten des Zusammenwirkens von Potentialen des retikularen Systems der Aufmerksamkeit mit anderen Potentialen für die Auslösung des „Feuerns" von Netzwerken für spezifische Aktivitäten.

Dieses Zusammenwirken besagt aber auch, dass keineswegs das gesamte für die Aktivität der jeweiligen Nervenzellen erforderliche elektrische Potential vom retikularen System herkommt und „verwaltet" wird, sondern nur ein Potential, das das von anderen Nervenzellen eintreffende Potential erhöht. Das Potential des retikularen Systems der Aufmerksamkeit *moduliert* nur das schon vorhandene Potential zu einem Gesamtpotential, das die Schwelle für ein Aktionspotential erreicht oder auch nicht. Diese Regulierung der Erregbarkeit ist u.a. als längere Depolarisation von dendritischen Bäumen im Kortex gemessen worden (Rockstroh/Elbert 1990, 330).

> Accordingly, in the model we allow attentional processes only to bias or modulate the operation and selection of schemas. Precise timing is controlled by the fit of stimulus input to that required by the set of trigger conditions for a schema. (Norman/Shallice 1986, 11)

Daraus resultiert zum einen die begrenzte Leistungsfähigkeit dieses Systems für die Auslösung des jeweiligen spezifischen Aktionspotentials, zum anderen aber auch die Leichtigkeit des Wechsels von Erregung zur Ruhe sowie von einem Areal zum anderen im gesamten ZNS (vom Sehen, zum Hören, zu einer Reflexion, zu einem intensiven Gefühl etc.) (Horgau 1994, 77), weil ein Wechsel der Richtung der Aufmerksamkeit nur Neuronen, die bereits stark von anderen Neuronen erregt sind, zum Feuern bringen muss.

Eng begrenzte und großflächige Beeinflussung der Erregungsschwellen im Kortex im Wach- und Schlafzustand (Birbaumer/-Schmidt 1996^3, 591) sind ebenso möglich wie simultane und sequentielle, schwache und starke. Immer aber bleibt die Aktivierung selektiv, sowohl aus Gründen des Energieverbrauchs als auch aus Gründen eines geordneten Informationsflusses.

Die Möglichkeit der graduellen Erregung kann *unspezifisch* sein. Dann geht es um den *Grad des Wachheitsniveaus*. Das Hochfahren der Gehirnaktivität von denjenigen Prozessen, die ständig zur Aufrechterhaltung der Funktionstüchtigkeit des ZNS während des Schlafes von oszillatorischen (rhythmischen) Impulsen automatisch geregelt werden, zu einem Wachheitsgrad, der für die Ausübung aller zur Verfügung stehenden Funktionen ausreicht, kann besonders gut beim Wachwerden beobachtet werden.

Die *spezifische* Erregung durch das retikulare System aktiviert diejenigen Informationen, auf die sich die Aufmerksamkeit richtet, z. B. den visuellen Eindruck, dass es schon hell ist, aber auch diejenigen Informationen, die zur Verarbeitung der zum Fokus gemachten Information herangezogen werden, z. B. ästhetische Kategorien, die Reflexion auf die durch den Anblick ausgelösten Emotionen, Assoziationen über unseren Planeten etc. – Das ist die Gesamtheit der jeweils aktuellen Information, einschließlich der nicht explizit bewussten Informationen. Alle im Gesehenen mitgesehenen und im Gedachten mitgedachten Informationen gehören nämlich ebenso dazu wie alle automatisch ablaufenden Verarbeitungsprozesse, kurz: alles, was mit dem, das im Fokus der Aufmerksamkeit steht, mitaktiviert wird.

Das ist die Form der Zusammenarbeit zwischen dem retikularen und den funktionsspezifischen Systemen.[19]

Die neuronale anatomische Struktur und die physiologische Form und Funktion des Prozessierens des retikularen Systems der Aufmerksamkeit korrelieren mit den folgenden *psychischen* Phänomenen:

- *Als Ausrichtung auf etwas wird erfahren, dass die Netzwerke der Aufmerksamkeit Netzwerke für spezifische Funktionen aktivieren.*

---

[19] Birbaumer/Schmidt stellen die neuronale Struktur für die unspezifische oder generelle Erregung durch das retikulare System so dar:
Birbaumer/Schmidt 1996³, 315: „Die Erregung des sensorischen Kortex (durch Sinnesreize - J.G.) ist zwar eine notwendige, aber keine hinreichende Bedingung für das Zustandekommen einer bewußten Wahrnehmung. Dazu ist auch erforderlich, daß wir wach sind und daß unsere Aufmerksamkeit auf das wahrzunehmende Ereignis gerichtet ist. Wie in den Kapiteln über den Schlaf und das Bewusstsein näher ausgeführt, ist dafür u.a. ein ständiger erregender Zufluss aus der Formatio reticularis des Hirnstammes über den Thalamus in die Hirnrinde notwendig. Diese generelle Aktivierung (arousal im englischen Sprachgebrauch) aus der Formatio reticularis wird ihrerseits wieder angeregt und unterhalten durch sensorische Zuflüsse, die teils aus dem Vorderseitenstrang, teils aus anderen hier nicht genannten aufsteigenden Bahnen des Rückenmarks und teils aus anderen Sinneskanälen stammen. Sie werden, wie oben schon erwähnt, als unspezifische sensorische Systeme zusammengefaßt, da sie nicht der genauen Identifizierung der Reize nach Art, Stärke und Ort dienen. Stattdessen führt ihre Tätigkeit zum Aufwachen und zu Aufmerksamkeits- und Hinwendungsreaktionen. Sie tragen damit dazu bei, das für eine bewußte Wahrnehmung notwendige Wachheitsniveau einzustellen. Das unspezifische sensorische System ist auch mit dem limbischen System eng verknüpft.

Die Aufmerksamkeit richtet sich immer auf den intentionalen Gegenstand der jeweiligen Aktivität. Das gilt nicht nur für die direkte Intention auf etwas in der Welt oder in unserem gesamten Organismus, sondern auch für die reflexive Intention auf jede andere Intention. Deshalb kann sich die Aufmerksamkeit auch auf den *Vollzug* von spezifischen Aktivitäten richten, der während des Vollzugs kein Gegenstand des Bewusstseins ist.

Von besonderem Interesse ist, dass die Potentiale der Aufmerksamkeit vorwiegend *Schemata* zu aktivieren scheinen, *die Steuerungs- und Kontrollfunktionen für die Ausführung von Aktivitäten erfüllen*, sofern die Ausführung schon weitgehend automatisiert ist. Es ist deshalb nicht verwunderlich, dass die Aufmerksamkeit besonders am Anfang und am Ende von Aktivitäten in Aktion zu treten scheint. Dieser Prozess der bewussten Aktivierung von Schemata wird sich immer mehr auf übergeordnete Aktivitätsschemata verlagern, weil die untergeordneten Schemata zunehmend selbst automatisiert werden.

> One theme of the model is that attentional resources are relevant only at the specific points in an action where schema selection is required. Thus, control of a hand movement in response to a signal will usually require attentional resources twice: once to initiate the schemas that start the motion, once to initiate the schemas that control termination of the motion (see Keele, 1973). (Norman/Shallice 1986, 13)

- *Die Aufmerksamkeit richtet sich auf das, was im jeweiligen Moment als das Wichtigste erscheint. Sie trägt damit zur Exekution einer Selektion bei.*

Worauf sich die Aufmerksamkeit jeweils richten soll, wird im präfrontalen Kortex entschieden. Die Prozesse des Interesses, der Entscheidung, des Entschlusses und des Wollens sind insgesamt Modi der Zuwendung zu etwas. Diesen Zuwendungsprozessen liegt wiederum das Wertungssystem im Hippocampus des limbischen Systems zugrunde.

Dieses hochkomplexe System des Wertens und der Handlungsregulation leistet die Selektion derjenigen „Tore" im retikularen Kern des Thalamus, durch die das retikulare System selektiv bestimmte spezifische Funktionen aktiviert.

Das Aufmerksamkeitssystem führt deshalb die Aktivierung derjenigen Aktivitäten aus, die durch den präfrontalen Kortex ausgewählt worden sind.

- *Die Aufmerksamkeit verfügt über eine Kapazität für die Aktivierung von spezifischen Aktivitäten, die prinzipiell begrenzt ist und die seit langem als „Enge des Bewusstseins" reflexiv beobachtet wird.*

Die faktischen Grenzen des Fokus der Aufmerksamkeit aber richten sich nicht nur nach dem absolut verfügbaren Quantum an Potentialen des retikularen Systems, sondern auch nach dem Bedarf an spezifischen Aktivitäten für den jeweils ausgewählten Gegenstand und nach dem Ausmaß der durch Lernen automatisierten Aktivitäten. Je größer der Bedarf, desto enger die Grenzen, und je mehr Teilaktivitäten automatisiert sind, desto weiter die Grenzen. So sind die unterschiedlichen Grenzen des Fokus anscheinend das Resultat der Verteilung ein und derselben Ressource.

- *Aufgrund der energetischen Natur der Aufmerksamkeit, der Graduierbarkeit ihrer elektrischen Potentiale und des Aufwandes für die jeweiligen spezifischen Aktivitäten hat die Aufmerksamkeit erlebbare Intensitätsgrade.*
- *Wegen des hohen Energiebedarfs für Aktivitäten mit einem hohen Grad an Aufmerksamkeit ist die erlebte Intensität mit Graden der erfahrenen Anstrengung verbunden.*
- *Viel spricht dafür, dass der Aufmerksamkeit die oberen Skalenwerte in einem Kontinuum von Wachheitsgraden zukommen.*

Dafür spricht, dass Wachheit und Aufmerksamkeit beide Funktionen des retikularen Systems sind, dass die Grenze zwischen Fokus und Hof nicht scharf ist, dass sie leicht verschoben werden kann, dass es auch ein Kontinuum der Anspannung und Anstrengung bei der Aufmerksamkeit gibt, dass nicht nur die Wachheit ein funktionsübergreifender und dauerhafter Zustand ist, sondern dass auch die Aufmerksamkeit funktionsübergreifend ist und nach reichlicher Übung lange auf einem hohen Niveau konstant gehalten werden kann. – So könnten helle Wachheit und gespannte Aufmerksamkeit dasselbe sein.

So spricht schon sehr viel dafür, dass es ein Kontinuum der Aktivierung von der ständigen generellen Oszillation im Takt von etwa 15 ms ohne spezifische Funktionen bis zu Aktivierungen von mehreren hundert ms für komplexe einzelne Aktivitäten gibt. Dies ist unmittelbar als Prozess und als Anstrengung bis hin zu Reaktionen in der Mimik und in der Körperhaltung bei sich selbst und bei anderen erfahrbar, wenn man z. B. ein schwer erkennbares Objekt zu identifizieren sucht oder einen klaren Gedanken vollziehen will.

Diese beiden Kontinua sind aber gegliedert. – Weitgehende Übereinstimmung gibt es in der Ansicht, dass es *Voraktivierungen von größeren Bereichen* gibt und die *volle Aktivierung von bestimmten Aktivitäten*. Das gilt auch für die Ansicht, dass schon in präattentiven automatischen Prozessen erste unterscheidende und verbindende spezifische Aktivitäten auftreten. – Ob es aber auch noch unterscheidbare Stufen oder Formen der Voraktivierung gibt, ist noch umstritten. Das gilt auch für die Frage, von wann an man in diesem Kontinuum genau von Traum, von Wachheit etc. bis zur höchsten Konzentration von Aufmerksamkeit sprechen soll. Muss man schon von einer hohen Form der generellen Voraktivierung an oder erst von der Einschränkung der Aktivierung auf bestimmte Aktivitäten von Aufmerksamkeit sprechen?

> Arousal-familiarization, activation-targeted readiness, and comfortful innovation are therefore three separate dimensions of controls on attention initiated by the orienting reaction. (Pribram/McGuiness 1992, 68)
> Treisman und Jelesz fanden heraus, dass deutlich wahrnehmbare Objektgrenzen auf elementaren visuellen Eigenschaften wie Helligkeit, Farbe und Orientierung von Linien beruhen (...) Wenn die Objektgrenzen durch deutlich unterscheidbare Elemente gebildet werden, dann, so die Befunde von Treisman und Jlesz, verläuft der Prozeß, der für das Herausspringen der Objektgrenzen sorgt, fast automatisch innerhalb von 50 ms.
> Auf der Grundlage dieser Beobachtungen schlagen Treisman und Julesz die Existenz zweier getrennter Prozesse der visuellen Wahrnehmung vor. Ein schnell ablaufender,

präattentiver (nicht aufmerksamkeitsgesteuerter) Prozeß, der nur für das Erkennen der wichtigsten Umrisse eines Objekts sorgt, liest die Hauptmerkmale und die globale Textur eines Objekts ein und codiert nützliche Elementarmerkmale der Szene. An diesem Punkt der Verarbeitung können Variationen einfacher Merkmale als Grenzen oder Konturen wahrgenommen werden, komplexe Unterschiede in Kombinationen von Merkmalen werden aber nicht entdeckt. Ein später einsetzender, aufmerksamkeitsgesteuerter (attentiver) Prozeß führt zu einer Fokussierung feinerer Merkmale eines Objekts. Hierbei werden Merkmale ausgewählt und hervorgehoben, die in verschiedenen Merkmalskarten verzeichnet sind. Genau dieser aufmerksamkeitsgesteuerte Prozeß hatte schon die Gestaltpsychologen neugierig gemacht. Wie wir gesehen haben, handelt es sich dabei um eine „Der Sieger bekommt alles"–Strategie, bei der bestimmte Merkmale betont und ins Zentrum der Aufmerksamkeit gerückt und andere Merkmale und Objekte ignoriert werden. (Kandel 1996, 407)

- *Automatische Aktivitäten verlaufen ohne Aufmerksamkeit. Aufmerksamkeit wird nur aktiviert, soweit die Situation nicht allein durch automatische Aktivitäten bewältigt werden kann.*

Das gilt für die Auslösung und Beendigung von automatischen Aktivitäten, für Störungen im automatischen Ablauf selbst, für neu auftretende äußere und und innere Ereignisse, für Reizstärken außerhalb der Toleranzen des jeweiligen Automatismus (sehr große ebenso wie sehr niedrige), für Schwierigkeiten bei einer Aufgabenlösung, die nicht sofort mit der automatischen Auslösung eines anderen Automatismus bewältigt werden können, für eine Änderung des Handlungszieles, für Änderungen bei der Gewichtung der jeweils vollzogenen Aktivität (enttäuschte Erwartung, neue Präferenz) und bei der Veränderung eines Parameters einer Aktivität, z. B. seiner Schnelligkeit oder Genauigkeit u.a.m.

Kurz: Aufmerksamkeit wird immer dann eingesetzt, wenn ein hoher bis höchster Bedarf an spezifischer Aktivität für die Orientierung und für die Reaktion auftritt.

- *Die Aufmerksamkeit ermöglicht den höchstmöglichen Grad der Unterscheidung und Relationierung beim jeweiligen Entwicklungsstand.*

Was jeweils unterschieden und miteinander verbunden werden kann, ist abhängig von kognitiven Schemata, die bereits erworben worden sind. Wenn Größen genau unterschieden werden müssen, muss man Maßeinheiten kennen, wenn Farben genau unterschieden werden müssen, geht dies nicht ohne gelernte Farbbegriffe.

Die Funktion der Aufmerksamkeit besteht dann insgesamt darin, dass sie einen größeren Grad der Auflösung im jeweiligen Sachbereich oder die Bewältigung eines höheren Grades an Komplexität ermöglicht. Sie ist deshalb eine notwendige Bedingung für die Lösung von Problemen aller Art. Sie dient der Analyse, d. h. der weiteren Verarbeitung, jedweder Gegebenheit. Das gilt insbesondere für die Herstellung von neuen Verbindungen, d. h. für Lernen.[20]

---

[20] Vgl. z. B. Eccles 1989, 328: „1977 habe ich die Hypothese entwickelt (Literaturangabe für diesen Verweis von Eccles: Popper/Eccles, 472. - J.G.), der selbstbewusste Geist registriere nicht

- *Aufgrund der Regelung der Öffnung und Schließung von „Toren" im retikularen Kern des Thalamus durch den präfrontalen Kortex und möglicherweise auch aufgrund der Hemmungsfunktion der Basalganglien kann die Aufmerksamkeit schnell von der Aktivierung einer spezifischen Funktion zu einer anderen wechseln.*
- *Da mehrere „Tore" gleichzeitig geöffnet werden können, können durch die Aufmerksamkeit gleichzeitig mehrere Aktivitäten aus unterschiedlichen Funktionsbereichen aktiviert werden.*
- *Die erfahrbare Differenz zwischen dem Fokus der Aufmerksamkeit und einem Hof mit einem geringeren Grad des Gewahrens um diesen Fokus herum könnte mit der Differenz zwischen der spezifischen Aktivierung durch die „Tore" des Thalamus und der unspezifischen Aktivierung durch das retikulare System über den Thalamus korrelieren. – Es könnte aber auch sein, dass der Hof der Aufmerksamkeit schon ein Gedächtniseffekt der unspezifischen Aktivierung oder/und einer vorausgehenden spezifischen Aktivierung ist. – Ein Zusammenwirken von Aktivierungs- und Gedächtnisfunktion liegt nahe.*
- *Die Aufmerksamkeit kann unwillkürlich durch die Art der Ereignisse (Reizstärke oder auch ganz schwache Reize, Bewegung, Ungewohntes etc.) ausgelöst werden (bottom-up) oder willkürlich durch das gesamte Wertungssystem im Prozess der Handlungsregulation (Interessen an etwas, Ziele, Absichten, kognitive Schemata mit Wertvalenzen, Vorurteile, Einstellungen, Strategien, Entschlüsse, Wille etc.) (top-down).*
- *Willkürlich können gesteuert werden: das Zoomen (verengen oder weiten des Fokus), der Grad der Konzentration (auf mehrere Sachverhalte zerstreute oder auf einen Sachverhalt konzentrierte Aufmerksamkeit) und die Dauer der Aufrechterhaltung der Aufmerksamkeit.*

---

bloß passiv die neuronalen Ereignisse, sondern habe eine aktive Suchfunktion, wie es Jung (1978) mit dem Scheinwerfervergleich zum Ausdruck bringt. Potentiell liegt ständig die Gesamtheit der komplexen neuronalen Prozesse vor ihm ausgebreitet, und aus dieser unabsehbaren Menge von Leistungen im Liaison-Hirn (das Gehirn, soweit es der inneren Wahrnehmung zugänglich ist - J.G.) kann er, je nachdem, worauf seine Aufmerksamkeit, seine Vorliebe, sein Interesse oder sein Drang sich richten, eine Auswahl treffen, indem er bald dieses, bald jenes sucht und die Ergebnisse der Ablesungen aus vielen verschiedenen Feldern des Liaison-Hirns miteinander verknüpft. Auf diese Weise vereinheitlicht der selbstbewußte Geist die Erfahrung".
Vgl. z. B. Kandel 1996, 406: „Wie wird die Information über Farbe, Bewegung, Tiefe und Form, die zumindest zum Teil durch getrennte neuronale Systeme verarbeitet wird, zu einer integrierten Wahrnehmung verbunden? (…) Um spezifische Kombinationen von Merkmalen im Gesichtsfeld zu jedem gegebenen Zeitpunkt repräsentieren zu können, müssen unabhängige Gruppen von Zellen mit unterschiedlichen Funktionen zeitweise in Verbindung gebracht werden. Es muß also einen Mechanismus geben, der es dem Gehirn ermöglicht, Informationen, die in verschiedenen corticalen Regionen verarbeitet werden, zusammenführen. Man bezeichnet diesen Mechanismus, der bis jetzt nicht näher bestimmt werden konnte, als Bindungsmechanismus.
Ann Treisman und ihre Kollegen und Bella Julesz haben unabhängig voneinander in psychophysischen Studien gezeigt, dass die Bildung solcher Verbindungen Aufmerksamkeit erfordert."
Auf die Notwendigkeit der Aufmerksamkeit für jede Synthese verweist auch Case.
Case 1985, 381: "Regardless of the process by which a given set of structures is activated, they cannot be integrated unless are actively attendet to do."

Auch diese willkürliche Steuerung der Aktivität der Aufmerksamkeit beruht wie jede Selektion einer Aktivität auf Gewichtungsprozessen. Auch dies ist ein Indiz dafür, dass die Aufmerksamkeit eine eigenständige Aktivität ist.

- *Von außen kann die unwillkürliche Aufmerksamkeit durch die Vorgabe von Sachverhalten ausgelöst werden und die willkürliche Steuerung durch die Vorgabe von Hinweisreizen auf Sachverhalte (cues).*

Gibt man Sachverhalte vor, die für interessant gehalten werden, zieht dies ebenso die Aufmerksamkeit auf sich wie Hinweisreize in der Form von Pfeilen, vorausgehenden ähnlichen Sachverhalten, Instruktionen bzw. Aufgaben die Aufmerksamkeit lenken.

Dies setzt voraus, dass man bei der Vorgabe von Sachverhalten schon weiß, dass sie für interessant gehalten werden oder dies durch trial and error ausprobiert. Ob sie für interessant gehalten werden, ist aber letztlich von der jeweiligen äußeren und inneren Situation und deren Bewertung durch die Vp oder den Edukanden abhängig.

Hinweisreize wirken nur dann erleichternd für die Auslösung von Aufmerksamkeit, wenn sie als solche verstanden werden und wenn sie auch valide sind, d. h. zutreffen.

Ohne die Verarbeitung der Vorgaben durch den Betreffenden selbst und ihre Akzeptanz durch ihn kommt es nicht zu einer Aktivierung der Aufmerksamkeit durch die Beeinflussung von außen.

- *Die durch Lernen erworbenen kognitiven Schemata sind eine Voraussetzung für die intentionalen Gegenstände, auf die sich die Aufmerksamkeit richtet. – Lernen besteht aus den neuen Koaktivitäten zwischen verschiedenen Netzwerken und Funktionen, die durch Aufmerksamkeit aktiviert werden. – Durch den Vollzug der Aufmerksamkeit und auch durch die Reflexion auf sie wird auch im System der Aufmerksamkeit selbst gelernt. Es werden dann entweder bestimmte Formen der Steuerung der Aufmerksamkeit zur Gewohnheit, oder es werden Einstellungen und sogar bewusste Strategien für ihre willkürliche Steuerung entwickelt.*

Die Aufmerksamkeit ist deshalb eine notwendige Bedingung für Lernen, soweit es sich in bewussten Aktivitäten vollzieht, und wird auch selbst durch Lernen verändert.

- *Die Aufmerksamkeit scheint eine notwendige Bedingung für Bewusstheit (bewusstes Gewahrsein) neben anderen notwendigen Bedingungen für sie zu sein. Es gibt umgekehrt keine Aufmerksamkeit ohne Bewusstheit.*

Es gibt nämlich zwar automatische Aktivitäten ohne Bewusstsein und ohne Aufmerksamkeit, aber es gibt keine bewussten Aktivitäten ohne Aufmerksamkeit.

Außer der Aufmerksamkeit gibt es aber noch weitere notwendige Bedingungen für Bewusstheit, z. B. die Intention auf etwas Spezifisches und die Wertvalenz des jeweiligen spezifischen Gegenstandes.

Bewusstheit scheint deshalb das Produkt oder eine Emanation des Zusammenwirkens aller an einem Bewusstseinsakt beteiligten Funktionen zu sein. Sie könnte deshalb mit einem bestimmten Grad der neuronalen bzw. geistigen Aktivität verbunden sein.

- *Während es einen sehr hohen Konsens darüber gibt, dass die Aufmerksamkeit von einer Selektionsinstanz abhängig ist und dass sie ihrerseits mit einem begrenzten Potential die Aktivierung von spezifischen Aktivitäten moduliert, ist das Verhältnis der Aufmerksamkeit zum KAG noch sehr unklar.*

Der Zusammenhang zwischen den Potentialen des attentionalen Systems und den neuronalen Netzwerken der spezifischen Funktionen ist aber auch noch nicht klar. So könnte es z. B. sein, dass durch die Aufmerksamkeit eine *größere Zahl von Neuronen* aktiviert wird, weshalb der Auflösungsgrad und die Schärfe der jeweiligen Funktion ihr Maximum erreichen können. Vielleicht wird beides aber auch durch eine *länger andauernde Aktivierung* der jeweiligen Neuronen erreicht, die sowohl eine Wiederholung der Analyse- und Synthese-Operationen erlaubt als auch einen schnellen Wechsel des Unterschiedenen und Verbundenen. – Solche Fragen können erst beantwortet werden, wenn genauer beobachtet werden kann, was sich beim einzelnen Neuron an seinem jeweiligen Ort abspielt.

- *Noch sehr wenig geklärt ist, wie die erfahrbare Hemmung (Inaktivität) aller nicht ausgewählten Aktivitäten zustande kommt.*

Sie könnte eine Gemeinschaftsleistung von mehreren Systemen sein, die schließlich zur *selektiven Aktivierung bestimmter spezifischer Aktivitäten* führt. Kandidaten dafür sind der präfrontale Kortex, der retikulare Kern des Thalamus, die distribuierten Einheiten der Aufmerksamkeit, aber auch der Pulvinarkern im Thalamus und die Basalganglien, die die Wahl und Feinsteuerung der spezifischen Aktivitäten steuern.

Das ist schon ein sehr differenziertes Bild von dem retikularen System der Aufmerksamkeit. Es bestätigt nicht nur die eingangs formulierten Annahmen über sie, sondern eröffnet darüber hinaus schon einen Zugang zu seinem hochkomplexen Mechanismus.

In den folgenden Kapiteln der Untersuchung wird die Aufmerksamkeit auch noch von den anderen Einheiten des Prozessors aus in den Blick kommen. Trotzdem wird noch viel Forschungsarbeit geleistet werden müssen, um die Aufmerksamkeit möglichst vollständig und zuverlässig zu verstehen.

6. Formale Merkmale der Aufmerksamkeit

Ich beende die Beschreibung der Aufmerksamkeit mit einer Zusammenstellung von formalen Eigenschaften der Aufmerksamkeit.

Die Aufmerksamkeit besitzt eine Struktur, einen Prozessmodus und eine Funktion
Die Struktur der Aufmerksamkeit wird durch die neuronale Architektur festgelegt, weil sich die Aufmerksamkeit in der dreidimensionalen Räumlichkeit dieser Struktur abspielt und weil der Zeitbedarf für ihr Prozessieren u.a. von den Distanzen in dieser Struktur abhängt.

Ihr Prozessmodus besteht aus der neuronalen und psychischen Art ihres Prozessierens, d. h. einer Sachlogik der Produktion und Verarbeitung von elektrischen Potentialen bzw. der Aktivierung von spezifischen Aktivitäten.

Aus beidem resultiert die neuropsychische Funktion der Aufmerksamkeit, nämlich die Dosierung von Energie, die für die Auslösung der jeweiligen spezifischen Aktivitäten erforderlich ist.

Die Aufmerksamkeit ist ein universales System für das gesamte ZNS
Die Aufmerksamkeit ist eine anatomisch, physiologisch und psychisch *separate Einheit*, die ihre Funktion für das gesamte übrige ZNS und sogar für die Reflexion auf sie selbst und ihre Steuerung zu erfüllen scheint. Sie stellt allen anderen Einheiten das Repertoire ihrer Aktivierungsmöglichkeiten zur Verfügung. Das wird von keinem anderen System des ZNS geleistet.

Dafür spricht, dass sie unabhängig vom jeweiligen Was des Aktivierten zu einem anderen Was wechseln kann, dass sie sich auf mehrere Aktivitäten aufteilen kann, dass sie über mehrere wechselnde Aktivitäten aufrechterhalten werden kann und dass sie sogar „leer" eingenommen werden kann, z. B. in Erwartung eines Ereignisses oder im Augenblick der Ratlosigkeit, was als Nächstes getan werden soll.

Die Aufmerksamkeit besitzt gleichzeitig eine hochgradige Zentralität und eine außerordentliche Diversifikation im gesamten ZNS für die Erfüllung ihrer Funktion
Die Aufmerksamkeit ist einerseits ein System, das im ZNS sehr zentral liegt, das sich aber andererseits auch über das gesamte Gehirn verteilt. Dies erlaubt es, dass sie zwar eine einheitliche Leistung für das gesamte ZNS erbringt, dass ihre Potentiale aber nicht von einem Zentrum aus zu jedem Ort im ZNS transportiert werden müssen. Dagegen wird immer deutlicher sichtbar, wie dieses System in unmittelbarer Nähe der Zielzellen deren Aktivierung beeinflusst.

Das setzt eine komplizierte innere Organisation dieses Systems voraus, die noch fast vollständig unbekannt ist. Es setzt aber auch voraus, dass sie mit anderen Systemen zusammenarbeitet, die ebenfalls Leistungen für das gesamte System erbringen, wenn es um die Produktion und Organisation der spezifischen Aktivitäten geht.

<small>Offenbar verfügt jedes Sinnessystem über eigene lokale Apparate für Aufmerksamkeit und Arbeitsgedächtnis. Doch bei der Untersuchung der globalen Prozesse von Aufmerksamkeit</small>

und Arbeitsgedächtnis lassen Studien an Mensch und Tier darauf schließen, daß die präfrontalen Rindenfelder und einige Strukturen des limbischen Systems (der vordere Teil des Gyrus cinguli) eine entscheidende Rolle spielen. (Damasio 1994, 139)

Die Aufmerksamkeit passt sich sehr flexibel an den jeweiligen Bedarf der spezifischen Aktivitäten an Potentialen für ihre Aktivierung an
Zum einen kann die Aufmerksamkeit automatisch durch das äußere Milieu ausgelöst werden (unwillkürlich) und zum anderen durch das innere Milieu (willkürlich). Beide Möglichkeiten der Anpassung hängen aber davon ab, welche *gewichteten Auffassungsschemata* jeweils zur Verfügung stehen. Die Veränderung dieser Schemata durch Lernen vergrößert die Anpassungsfähigkeit dieser beiden Möglichkeiten der Aktivierung der Aufmerksamkeit.[21]

> It has become possible to distinguish controlled attention from the paraattentional pre- and post-attentive automatic processes upon which controlls operate. (Pribram/McGui-ness 1992, 85)
>
> The pre- and post-attentive processes appear to be coordinate with activity in the extrinsic lemniscal primary sensory projection systems. Processing in these systems is reflected in the early components of event-related brain electrical potentials. These extrinsic systems are, however, not just throughputs for further processing. Rather, they are sensitive to the history of reinforcement, which the subject has experienced. The concept of a limited channel capacity must, therefore, be modified to encompass this ability of organisms to improve, through practice, their competence to process a great deal of information in parallel. Competence, not capacity, limits central processing span. (Pribram/McGuiness 1992, 85)

Zur Anpassungsfähigkeit der Aufmerksamkeit tragen außerdem die hochgradige Verteilung des attentionalen Systems, seine Aktivierbarkeit durch andere Teilsysteme

---

[21] Hoffmann 1988, 202: „Für das Verständnis der Aufmerksamkeitssteuerung ergibt sich der Hinweis, wenigstens zwei Mechanismen zu unterscheiden: Im Vollzug einer Handlung, so der erste Mechanismus, führen die gelernten Ausgangs- und Folgezustände zu Erwartungen für die ihnen entsprechenden Reizkonstellationen, die in der Konsequenz auch bevorzugt wahrgenommen werden. Anders gesagt, im Handlungsvollzug wird die Aufmerksamkeit (automatisch) auf die Reizkonstellation konzentriert, die als Voraussetzung und als Folge der jeweiligen Teilhandlungen gelernt worden sind. Davon abzuheben sind Mechanismen, die eine willkürliche Konzentration der Aufmerksamkeit auf Teilaspekte eines gegebenen Reizangebotes bewerkstelligen, etwa auf die Reize, die von einem bestimmten Sinnesorgan verarbeitet werden, oder auf die Reizwirkungen von einer bestimmten Stelle in der Umgebung. Zu diesen Mechanismen gehört natürlich die Steuerung der Augenbewegungen. Es gibt aber auch Hinweise auf interne Mechanismen, die es ebenso wie die Augenbewegungen gestatten, bestimmte Aspekte einer aktuellen Reizkonstellation zu focussieren (vgl. etwa Posner, 1980). Es handelt sich hier um Aufmerksamkeitshandlungen, die vermutlich wie alle anderen Handlungen auch in Handlungsfolgen integriert werden können."
Hoffmann 1988, 202: „Die Fähigkeit des Menschen, seine Aufmerksamkeit auf spezifische Reizeigenschaften zu konzen-trieren, ist unstrittig. Wir können dabei die Reize, auf die wir uns konzentrieren wollen, fast beliebig wählen. Die Farbe Rot, das gelbe Taxischild oder ein bestimmtes Schriftbild können Gegenstand unserer Aufmerksamkeitskonzentration sein. Das Resultat besteht stets darin, daß die Reize, auf die die Aufmerksamkeit gerichtet ist, bei ihrem Auftreten schneller verarbeitet werden, als wenn die Aufmerksamkeit nicht auf sie gerichtet gewesen wäre."

und seine Fähigkeit, die von ihm produzierten Potentiale zu dosieren, bei, weshalb es mit größter Schnelligkeit an jeder Stelle des ZNS, an der seine Potentiale benötigt werden, unwillkürlich und willkürlich aktiv werden kann.

Die Aufmerksamkeit ist ein Modulator zwischen anderen Funktionen
Die Aufmerksamkeit trägt dazu bei, dass diejenigen Funktionen aktiviert werden, die für die Ausführung der Entscheidung für ein bestimmtes Handlungsziel erforderlich sind. Insofern vermittelt sie generell zwischen der *Wertentscheidung* für die jeweils bevorzugte Aktivität und der *Ausführung* dieser Aktivität.

Die Aktivierung von Aufmerksamkeit und Arbeitsgedächtnis kommt nicht durch ein Wunder zustande. Zunächst wird es durch die Präferenzen motiviert, die dem Organismus innewohnen, und dann durch Präferenzen und Ziele, die auf der Grundlage dieser inhärenten Präferenzen erworben werden. (Damasio 1995, 269)

Bei dieser Vermittlungsleistung arbeitet sie mit allen Teilsystemen zusammen, die ebenfalls die Orientierung und die Reaktion sowie ihre Organisation in kompletten Handlungen regeln. Das sind nach dem derzeitigen Kenntnisstand diejenigen *kognitiven Schemata*, die hierarchisch ganze Klassen von Aktivitäten regeln, das *KAG*, das für die simultane Präsenz der zu unterscheidenden und zu verbindenden Einheiten sorgt und das System, das die *simultane und sequentielle Ordnung* im Handlungsablauf herstellt.

Die Realisierung dieser Vermittlungsleistung und dieser Kooperation erfordern eine hochkomplexe neuronale und psychische Organisation, von der erst sehr wenig bekannt ist.

Die Aufmerksamkeit ist eine Ursache in mehreren kreiskausalen Zusammenhängen
Von der Organisation des Systems der Aufmerksamkeit ist aber schon erkennbar, dass sie nur eine Ursache in denjenigen kreiskausalen Zusammenhängen (circuits) ist, die die Selbstregulation des neuropsychischen Systems zustande bringen und dass sie auch selbst aus kreiskausal vernetzten Netzwerken besteht.

Wenn wir auch noch weit davon entfernt sind, die Struktur dieser Kausalkreise genau zu kennen, so ist doch schon offensichtlich, dass die Aktivität der Aufmerksamkeit von der Aktivität mehrerer anderer Systeme abhängig ist und dass andererseits die Aktivität dieser Systeme von ihr abhängig ist.

Damit ist sie einerseits eine Wirkung und andererseits eine Ursache in Kausalzusammenhängen. Sie wird angeregt, indem sie von anderen Ursachen aktiviert wird, und sie regt an, indem sie eine bestimmte Wirkung ausübt.

Dass es sich hierbei insgesamt nicht um einen linearen Kausalzusammenhang handeln kann, zeigt sich schon daran, dass sich diese Systeme nicht in eine einzige Kette von Ursachen und Wirkungen mit einem Anfang und mit einem Ende arrangieren lassen.

Stattdessen gibt es Wechselwirkungen, wahrscheinlich zwischen allen beteiligten Einheiten, wofür insbesondere spricht, dass der gesamte Zusammenhang von verschiedenen Einheiten aus in Gang gesetzt werden kann. Norman/-Shallice nehmen eine solche Wechselwirkung z. B. zwischen der Aufmerksamkeit und dem Willen an.

Da sich die beteiligten Systeme gegenseitig regeln, ist kein besonderes Netzwerk für diese Aufgabe erforderlich. Überall entscheidet das Erreichen von *Schwellenwerten* über die Aktivierung des betreffenden Systems. Das ergibt insgesamt ein *Knäuel aus Regelkreisen*, in dem sich alle einzelnen Systeme und auch alle Regelkreise gegenseitig regeln.

> What happens when the supervisory system does produce attentional activation to modulate schema selection? We propose that *will* be this direction of action by deliberate conscious control. This definition is consistent both with the popular meaning of the term and with the discussions of will in the earlier psychological literature (e.g. James, 1890; Pillsbury, 1908). Thus, strongly resisting a habitual or tempting action or strongly forcing performance of an action that one is loathe to perform seem to be prototypical examples of application of will. The former would appear to result from deliberate attentional inhibition of an action schema, the letter from deliberate activation.
>
> In our view, will varies along a quantitative dimension corresponding to the amount of activation or inhibition required from the supervisory attentional mechanisms. The assumption that this activation value lies on a continuum explains why the distinction between willed and ideomotor actions seem quite clear in considering extreme actions but becomes blurred in considering those that require very little attentional effort. Thus introspection fails in determing whether will is involved in the voluntary lifting of the arm. But there is no need to make a distinction if this is simply identified as being near the zero point of the quantitative scale of attentional activation. (Norman/Shallice 1986, 15)

III. Interesse

Nach dem vorwissenschaftlichen Verständnis von „Interesse" hat man immer *Interesse an etwas Bestimmtem*. Insofern ist das Interesse eine *intentionale Aktivität*. – Außerdem impliziert „Interesse" immer eine *Bevorzugung vor anderem*, an dem man nicht interessiert ist. Insofern hat Interesse eine *Wertvalenz*. Sobald man interessiert ist an etwas, ist nämlich schon entschieden, dass man es für *wichtig* hält. Man spricht ihm ein hohes oder für den jeweiligen Augenblick sogar das höchste Wertgewicht zu. – Dieser Entscheidung können *Wertgewichtungen von Alternativen* vorausgegangen sein.

Diese Beschreibung des Interesses entspricht den Beschreibungen der Aufmerksamkeit darin, dass das Interesse wie diese *auf eine spezifische Aktivität bezogen* ist, dass es *selektiv* ist, dass es die Aktivität einer *Zuwendung* ist und dass ihm die *Entscheidung* für ein bestimmtes Objekt sowie Gründe für diese Entscheidung vorausgegangen sein müssen.

Es ist deshalb nicht verwunderlich, dass die Beschreibungen des Interesses und der Aufmerksamkeit in einem verblüffenden Maße übereinstimmen.

So entsprechen sich z. B. Aufmerksamkeit und Interesse in introspektiven Beschreibungen Husserls darin, dass beiden eine Richtung zugeschrieben wird, die gewechselt werden kann, dass diese Einnahme von Richtungen und ihr Wechsel streng mit den unterschiedlichen Möglichkeiten der spezifischen Aktivitäten korrelieren, z. B. mit den verschiedenen Möglichkeiten des visuellen Wahrnehmens, dass beide verteilt und konzentriert sein können, dass beide Grade der Intensität besitzen, dass beide gespannt und entspannt sein können und dass mit beiden Lust an der Erkenntnis verbunden ist. – Außerdem setzen beide nach Husserl voraus, dass es bereits eine größere Einheit gibt, auf die sie sich richten.

Nehme ich z. B. das Wahrnehmen dieses Würfels zum Thema der Beschreibung, so sehe ich in der reinen Reflexion, dass dieser Würfel kontinuierlich als gegenständliche Einheit gegeben ist in einer vielgestaltigen wandelbaren Mannigfaltigkeit bestimmt zugehöriger Erscheinungsweisen. Diese sind in ihrem Ablauf nicht ein zusammenhangloses Nacheinander von Erlebnissen. Sie verlaufen vielmehr in der Einheit einer Synthesis, dergemäß in ihnen ein und dasselbe als Erscheinendes bewusst wird. Der Würfel, der eine und selbe, erscheint bald in Naherscheinungen, bald in Fernerscheinungen, in den wechselnden Modi des Da und Dort gegenüber einem, obschon unbeachtet, stets mitbewussten absoluten Hier (im miterscheinenden eigenen Leibe). (...) Wir finden stets das betreffende Merkmal als Einheit dahinströmender Mannigfaltigkeiten. (Husserl 1995[3], 40)

Die ‚Enge des Bewusstseins' bedeutet in diesen Beziehungen die Minderung der Intensität, welche das Interesse mit der Zersplitterung auf mehrere Einzelobjekte (und zwar ceteris paribus proportional zu ihrer Anzahl) erfährt. Aber auch in der Beschränkung auf ein einzelnes Objekt gilt, dass sich das Interesse bald auf ein einzelnes seiner Momente, auf irgendeinen Teil oder eine Bestimmtheit ‚konzentrieren', bald auf eine Mannigfaltigkeit solcher ‚verteilen' kann, und im letzteren Fall schwächt sich die Intensität der auf die Einzelheiten des Objektes entfallenden Teilinteressen. Hier wie dort hängt aber von der Intensität des Interesses die Fülle der Auffassungen ab, die sich an das zunächst aufgefasste Einzelne knüpfen. (Husserl 2004, 99)

Sowohl das vorwissenschaftliche Verständnis von Interesse und Aufmerksamkeit als auch das introspektive phänomenologische Verständnis erfassen aber die beiden Phänomene *nicht als Prozesse,* sondern nur als einen *einzelnen Vollzug* mit einer bestimmten *Struktur*. Das ist kein Wunder, weil Aufmerksamkeit und Interesse für die introspektiven Beobachtungsmöglichkeiten in der Regel als *Aspekte kompletter Aktivitäten* gegeben sind.

Sie sind dann nur schwer oder gar nicht voneinander zu unterscheiden, da sie möglicherweise kurz nacheinander auftreten, danach aber gleichzeitig sind (An dem, auf das ich meine Aufmerksamkeit richte, bin ich interessiert. Was mich interessiert, zieht meine Aufmerksamkeit auf sich. – Die Aufmerksamkeit richtet sich auf das Interessante. Das Interessante liegt im Fokus der Aufmerksamkeit).

Was nacheinander geschieht und in welchem Verhältnis die aufeinander folgenden Geschehnisse zueinander stehen, kann deshalb nur von Prozessanalysen erkannt werden. Eine Versuchsanordnung, die eine Prozessanalyse ermöglicht, ist z. B. die primäre Vorgabe von Schlüsselreizen (cues), z. B. in Gestalt von verbal formulierten Aufgaben bzw. Zielbeschreibungen, und die nachfolgende Vorgabe von Zielreizen. In solchen Versuchen ist festgestellt worden, dass die Aufgaben bestimmen, worauf sich die Aufmerksamkeit richtet. In solchen Versuchsanordnungen hat die vorausgehende Aufgabe die selektive Funktion, nach der sich die Aufmerksamkeit richtet.

> Folk, Remington, and Johnston (1992) and Folk, Remington, and Wright (1994) have conducted a variety of experiments that have revealed the importance of goal-directed control or task requirements. For example, onset cues capture attention when the task is to detect onset targets, but not when the task was to identify target colour and vice versa. This finding suggest that only task-relevant features of a stimulus capture attention. Remington and Folk (2001) argue for a dissociation between attention and selection. (Styles 2006^2, 58f.)
> In summary, they (Remington und Folk – J.G.) suggest that their results demonstrate that given a stimulus is attended the automatic extraction of stimulus dimensions is mediated by top-down goals. This means that while the attentional spotlight might facilitate processing within its beam, there are additional processes involved in selecting the dimensions relevant to the current task environment and instructions. (Styles 2006^2, 60)

Aktivitäten, denen eine Zielbestimmung oder Aufgabe vorausgehen, sind aber *gewollte* Aktivitäten, und dieses Wollen ist von einer *Entscheidung* abhängig. Da aber die gewollten Aktivitäten notwendig mit hoher Aufmerksamkeit verbunden sind, könnte es die Abfolge geben: *Entscheidung* für die Erreichung von etwas, *Wollen* von etwas und *Aufmerksamkeit* auf etwas.

> As Roy D'Andrade (personal communication) has pointed out, a willed act demands not only strong attentional activation; it also depends on the existence of a "mandated decision", independent of one's attending – a conscious knowledge that the particular end is to be attained. This mandate, in our view, would be required before the supervisory attentional mechanisms will produce their desired activation output. (Norman/Shallice 1986, 16)

Hier ist die Rede davon, dass die bewusste Kenntnis von dem speziellen Ziel dem bewussten Akt und der für ihn erforderlichen Aktivierung durch Aufmerksamkeit vorausgehen muss. Aber von Interresse wird nicht gesprochen. Eine Aufhellung der

Zusammenhänge zwischen Aufmerksamkeit und Interresse einerseits sowie zwischen Zielbewusstsein und Willen andererseits ist nur von möglichst genauen Prozessanalysen zu erwarten. Wenden wir uns jetzt Analysen desjenigen Prozesses zu, in dem das Interesse als selektive Zuwendung zu etwas auftritt.

Ein Phasenmodell des Handlungsablaufs

Die Abfolge der Aktivitäten des Menschen wird durch die Struktur der *Handlung* geregelt. Für die Beschreibung des Prozesses der Handlung genügt es aber nicht, von einzelnen Beziehungen in ihr zu sprechen, z. B. von Beziehungen zwischen Ziel, Zweck und Mittel, sondern für das Nacheinander von verschiedenen Aktivitäten kommt nur ein Modell der Prozessstruktur der Handlung in Betracht.

Der Prozess der Handlung wird in der Regel als zielgerichtete geordnete Abfolge von einzelnen Aktivitäten beschrieben. Während alle verfügbaren Aktivitäten Teile von Handlungen werden können, ist die Handlung eine Form, in der die Abfolge dieser Einheiten organisiert wird.

Diese Abfolge von Aktivitäten lässt sich unter mehreren Gesichtspunkten in Phasen gliedern. Heckhausen hat ein Prozessmodell für den *Antrieb* der Handlung vorgelegt.

```
        Intentions-      Intentions-  Intentions-    Intentions-
        bildung          initiierung  realisierung   desaktivierung
              ↓              ↓            ↓              ↓
                    "Rubikon"
        |MOTIVATION  ║  VOLITION    |  VOLITION    ║  MOTIVATION |
        Fazit-Tendenz→║  Fiat-Tendenz→|              ║
        ---→ Wählen →═╝→präaktionale Phase→├── Handeln ──→╚═← Bewerten →── →
```

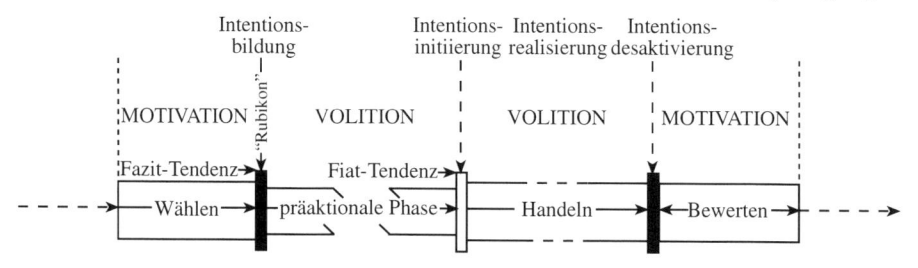

Abb. 5 – Handlungspsychologisches Phasenabfolgemodell (Nach Heckhausen, H. Wiederaufbereitung des Wollens. Symposium auf dem 35. Kongreß der DGfP, Heidelberg, September 1986) (Gollwitzer 1987, 180). – Abbildung: Bohmeier Verlag (Gestaltung nach einer Vorlage vom Springer-Verlag. Berlin, Heidelberg 1987).

Im Antrieb der Handlung werden von Heckhausen vier Phasen unterschieden, die Phase bis zu der *Entscheidung*, ein bestimmtes Ziel zu erreichen, die er als Wählen mit Fazit-Tendenz beschreibt, die Phase bis zum *Entschluss*, die Erreichung des Zieles zu realisieren, die er als proaktionale Phase mit Fiat-Tendenz beschreibt, die Phase der *Realisation* dieses Entschlusses, die er als Handeln bezeichnet, und eine Kontrollphase, in der auf das Resultat und manchmal auch auf den Verlauf der Handlung zurückgeblickt wird, um sie zu bewerten. – Die erste Phase nennt er *Motivationsphase*, und die beiden folgenden Phasen bezeichnet er als *Volitionsphasen*.

In der *Motivationsphase* wird der Entscheidungsprozess für das Handeln bis zu einer *Entscheidung* geführt und mit ihr abgeschlossen (Fazit-Tendenz). Mit der Entscheidung haben die Abwägungen zwischen Alternativen und Motiven zur *Selektion eines bestimmten Handlungszieles* geführt und damit auch zur *Reduktion aller möglichen Aktivitäten auf diejenigen, die für die Erreichung des Ziels geeignet sind*.

In der *Volitionsphase* geht es nicht mehr um die Begründung, sondern nur noch um die Realisierung dieser Selektion (Fiat-Tendenz). Das wird als die *Funktion des Willens* angesehen und nicht mehr als Funktion der Motivation.

Beim Übergang von der Motivationsphase zur Volutionsphase findet im Antrieb ein abrupter Wechsel statt. Das Abwägen von Motiven wird blockiert, und stattdessen werden Antriebe für die Ausführung des Entschiedenen mobilisiert, z. B. für die Festlegung von Raum und Zeit der Folge von Aktivitäten, für die Ausdauer und für die Frustrationstoleranz. Diese Antriebe sind genauso wie die Motive von kognitiv-evaluativ-emotionaler Natur. Sie machen zusammen den Willen aus (Ach 1971) und können deshalb als Volitionen bezeichnet werden (Heckhausen/Gollwitzer/Weinert 1987; Gollwitzer 1991).

Welchen Ort hat aber das *Interesse* in diesem Phasenmodell? Nach der bisherigen Beschreibung des Interesses gehört es nicht zu den einzelnen Motiven, weil es bereits eine *Zuwendung zu etwas Bestimmtem* ist. Als momentane selektive Zuwendung zu etwas tritt es aber schon vor der Entscheidung bei der Zuwendung zu dem, für das man sich danach entscheidet, auf oder auch bei der Abwägung zwischen Alternativen als vorübergehendes Interesse an jeder von ihnen. Sobald man sich aber für etwas Bestimmtes entscheidet, ist das Interesse endgültig im Spiel, und es bleibt dann den gesamten Handlungsvollzug hindurch bestehen, bis es sich etwas anderem zuwendet.

Wenn man das Interesse an etwas so beschreibt, dann kann es nicht gleichgesetzt werden mit einer bestimmten Klasse von Motiven, den sogenannten Sachmotiven. Es tritt im Handlungsvollzug *erstmalig mit der gesamten Motivation für die Entscheidung für etwas Bestimmtes* auf. Die Entscheidung aufgrund der gesamten Motivation, die Absicht, die Erwartung, der Entschluss, der Wille und auch die reflexive Kontrolle der Handlung sind dann aber nichts anderes als *Modi der Behandlung des Gegenstandes des Interesses* im gesamten Ablauf der Handlung.[22]

Das Handlungsmodell von Heckhausen ist nur ein Phasenmodell für die verschiedenen Modi des Antriebs der Handlung. Es ist von der tatsächlichen Vielfalt und Dynamik der Regelung einer Handlung abstrahiert worden. Aus diesem komplexen Geschehen hebe ich noch einiges zusätzlich zu dem abstrakten Modell heraus.

Das mit dem Ziel einer Handlung verbundene Interesse, dieses Ziel zu realisieren, bleibt zwar leitend für den gesamten Vollzug der jeweiligen Handlung. In dieses leitende Interesse werden im Verlauf der Handlung aber viele unterschiedliche Interessen eingeschachtelt, die zur Erfüllung des leitenden Interesses beitragen können. Jede dieser Interessen ist für eine Teilaktivität leitend. Über solchen Teilinteressen kann man sogar das leitende Interesse vergessen.

Die Selektion einer Handlung erfolgt demnach nicht durch eine einzige Aktivität, sondern durch eine Abfolge von Aktivitäten, von denen in der Selbsterfahrung unterscheidbar sind: das Abwägen zwischen Motiven für Alternativen, die Entscheidung für eine bestimmte Handlung bzw. für ein bestimmtes Ziel, der Entschluss für die Realisierung der Handlung und für deren Beginn, der Anfang der Ausführung der Hand-

---

[22] Zur Motivations- und Volitionspychologie s. z. B. Heckhausen 1989²; Heckhausen/Gollwitzer/Weinert 1987; Maslow 1954; Weiner 1984.

lung und ihr nachfolgender Vollzug und schließlich die Begutachtung des Resultats der Handlung und ihres Vollzugs. In diesem Prozess wird zunehmend genauer bestimmt, was tatsächlich vollzogen wird, bis hin zu den Zufälligkeiten, die noch innerhalb der Toleranzen der Automatismen liegen.

Deshalb ist der *Selektionsprozess* ein dynamischer Vorgang, der nicht auf eine einzige Stelle festgelegt ist. Der berühmte „Flaschenhals" (bottleneck) liegt weder an irgendeinem Anfang noch an irgendeinem Ende des Geschehens und wird wahrscheinlich auch nicht nur durch Ziele geregelt. Stattdessen ist der gesamte Prozess der Handlung eine *zunehmende Präzisierung der Selektion* bis zu ihrer Realisierung.

Dem entspricht in Heckhausens Modell die Abfolge „Intentionsbildung", „Intentionsinitiierung", „Intentionsrealisierung" und „Intentionsdesaktivierung".

Die *Aufmerksamkeit* scheint in diesem Prozess dem Interesse unmittelbar zu folgen, und sie scheint jeweils so lang aktiv zu sein, wie der jeweilige Gegenstand des Interesses bewusst ist. – Das ist der Versuch einer ersten Beantwortung der Fragen:

- *Ist das Interesse überhaupt eine deutlich unterscheidbare Funktion, und worin besteht sie?*
- *In welchen Beziehungen steht das Interesse zu Entscheidung, Entschluss und Willen? Mit anderen Worten: Welche Rolle spielt es im Verlauf der Handlung?*
- *In welchen Beziehungen steht das Interesse zur Aufmerksamkeit?*

Ich stelle jetzt eine Reihe von Befunden und Annahmen der Psychologie und der Neurologie dar, die zur Beantwortung dieser Fragen beitragen können.

Interesse und Aufmerksamkeit im Handlungsvollzug

Es gibt Untersuchungen des Prozesses, der sich zwischen einer Instruktion, dem Bewusstsein von einem Zielreiz und der motorischen Reaktion auf dieses Bewusstsein durch den Druck auf eine Taste abspielt. Solche Versuche haben z. B. Kornhuber und Libet angestellt. Diese Prozesse sind nicht bewusst und können deshalb nur durch ausgeklügelte Versuchsanordnungen zugänglich, d. h. exakt gemessen oder erschlossen, werden. Da die untersuchten Prozesse in der Zeiteinheit von Millisekunden ablaufen, erzielen diese Untersuchungen die größte zeitliche Auflösung des Ablaufs der Anregung einer einfachen sensomotorischen Handlung, die heute möglich ist. Vielleicht können diese Untersuchungen Aufschluss geben über die *Abfolge von Interesse und Aufmerksamkeit.*

Kornhuber entdeckte ein Potential, das nach der Aufnahme einer erwarteten Reizkonstellation auftritt, ehe eine bewusste Willenshandlung in Gestalt einer motorischen Reaktion auf diesen Reiz vollzogen wird. Er gab diesem Potential die Bezeichnung *Bereitschaftspotential.* Es erscheint in der Großhirnrinde frontal und medial, wenn sich die VP antizipierend verhält und wird deshalb von Kornhuber als eine Aktivität des *Willenshirns* bezeichnet.

> Zunächst wurde so das Bereitschaftspotential gefunden (Kornhuber & Deecke, 1965); dieser Begriff wurde in die englisch geschriebene Literatur übernommen. Es ist ein langsam ansteigendes, oberflächennegatives Gleichspannungspotential, das etwa 1 s vor einer raschen Fingerbewegung beginnt. Erstaunlicherweise ist es nicht maximal über der

Handregion des kontralateralen präzentralen motorischen Kortex, sondern in der Mittellinie des Kopfes über der sog. Supplementär-motorischen Area (SMA), und zwar, wie sich in der Folge herausstellte, nicht nur vor Finger- und Handbewegungen, sondern auch vor Augen- und Sprachbewegungen. (Kornhuber 1987, 378)[23]
Während des Bereitschaftspotentials und in den 40 ms zwischen dem Beginn der prämotorischen Positivierung und dem Einsetzen des Motorpotentials laufen subkortikale Prozesse in Kleinhirn und Stammganglien ab, die der Bewegungsbereitschaft und programmierung dienen und ohne die der motorische Kortex allein nicht fähig wäre, eine Willkürbewegung auszulösen (Kornhuber 1971, 1974, 1980b). Dafür gibt es auch tierexperimentelle Bestätigungen durch Einzelneuronenableitung (Lamarre, Spedaliери, Busky & Lund, 1980; Melnick, Hull & Buchwald, 1984). (Kornhuber 1987, 379)

Kornhuber und Deecke entdeckten noch ein weiteres Potential. Es tritt wie das Bereitschaftspotential vor der bewussten motorischen Reaktion auf und auch nach ihm. Dieses Potential korreliert mit der *Verarbeitung des sensorischen Signals* und wird abgelöst durch das Potential für die motorische Aktivität. Dieses Potential haben sie *Aufmerksamkeitspotential* genannt.

Das Erstaunliche an diesem Bild ist nun, daß bei dieser Versuchsanordnung, in der der Zeitpunkt der Reizrichtungsveränderung von der Versuchsperson vorhergesehen wird, die SMA (supplementär-motorische Area – J.G.) und mit ihr der ganze Frontallappen einschließlich des motorischen Kortex beidseitig sich antizipierend verhält: sie veranlasst die Bereitschaft zur Bewegungsveränderung der Hand schon im Voraus. Sie geht dazu noch einmal auf hohe Spannung, erledigt ihre Aufgabe aber schon 500 ms vor dem hinteren Parietalhirn, an das sie das Startkommando deligiert. Diese Delegation des motorischen Startsignals an ein sensorisches Assoziationsfeld ist ein Zeichen der Anpassung der Hirnfunktion an die Situation, in der der zeitliche Ablauf klar ist und es nur auf eine sensorische Analyse der neuen Reizrichtung ankommt (…) Wir haben deshalb diesem Potential, das vor der Reizveränderung auftritt und bis zu deren Auswertung anhält, den Namen Aufmerksamkeitspotential gegeben (…)
Betrachtet man die Hirnpotentiale um den Zeitpunkt der Reizrichtungsumkehr über allen Hirnlappen, so wird deutlich, daß wir zwei unterschiedliche Arten von Gehirn vor uns haben: frontal und medial das Willenshirn, das sich in der Situation dieses Experiments antizipierend verhält, dagegen in den hinteren Hirnlappen das kognitive Gehirn, das in diesem Experiment ein Aufmerksamkeitspotential zeigt, bis die Wahrnehmungsarbeit vollendet ist. (Kornhuber 1987, 382)

---

[23] Libet 2005, 160: „Sie (Kornhuber & Deeke) fanden, dass einer Willenshandlung regelmäßig und auf spezifische Weise eine messbare elektrische Veränderung der Gehirnaktivität vorangeht. Einer Willenshandlung ging ein schwacher Anstieg der elektrischen Negativität voraus, der auf einem Gebiet der Kopfhaut, vor allem am Scheitel oben auf dem Kopf, lokalisiert war. Die elektrische Veränderung begann etwa 800 ms oder länger bevor eine Versuchsperson allem Anschein nach eine Willenshandlung vollzog. Sie wurde daher Bereitschaftspotential (BP) genannt.
Die untersuchte Handlung war ein plötzliches Krümmen oder Beugen des Handgelenks oder der Finger. Jedes BP ist sehr klein und wird nahezu überdeckt von den anderen elektrischen Aktivitäten des Gehirns im Ruhezustand."
Erst durch die „Summierung von 200-300 BPs" hob sich das BP deutlich von den anderen elektrischen Aktivitäten ab.

Danach ist die *Antizipation des Vollzugs der Handlung* eine *Willensleistung*. Auf diese Antizipation folgt eine Orientierungsphase, in der der sensorische Reiz, der die motorische Reaktion auslösen soll, erkannt und verarbeitet wird. Diese Orientierung löst die motorische Reaktion aus. Dies erfordert *Aufmerksamkeit*. Dem entsprechen *zwei verschiedene Potentiale in zwei verschiedenen Arealen der Gehirnrinde*. Während der Wille seinen Ort im Frontalhirn hat, hat die Aufmerksamkeit ihren Ort im hinteren Scheitelhirn.

> Während der Handlungswille sein Zentrum im Stirnlappen hat, in dem hochverarbeitete Wahrnehmungsmeldungen mit Antriebsimpulsen konvergieren, ist der lokalisatorische Schwerpunkt der Aufmerksamkeit im Scheitellappen, in dem Meldungen verschiedener Sinne zusammenkommen (Jones & Powell, 1970; Kornhuber 1983b). In Übereinstimmung damit gibt es Aufmerksamkeitsstörungen bei parietalen Läsionen (Brain, 1941); Semmes, Weinstein, Genth & Teuber, 1963), das Aufmerksamkeitspotential des Menschen hat sein Maximum über dem Parietallappen und das Neuronverhalten im Tierversuch bestätigt dies (Lynch, Mountcastle, Talbot & Yin, 1977; Mountcastle, Anderson & Motter, 1983). Die unterschiedliche Funktion des Parietal- und Frontallappens wird bei den sakkadischen Augenbewegungen deutlich. Bei unwillkürlicher Aufmerksamkeit werden die Sakkaden vom Parietallappen gesteuert, hingegen wird bei den eigentlichen Willkürsakkaden das frontale Augenfeld tätig (Bruce & Goldberg, 1985). (Kornhuber 1987, 389)

Damit wird die Selektion der Handlung schon bei ihrer Antizipation durch den Willen geleistet und tritt die Aufmerksamkeit erst am Anfang des Vollzugs der Handlung bei der Verarbeitung des sensorischen Reizes und der Auslösung der motorischen Reaktion auf ihn auf. Sie verschwindet wieder, sobald diese vorausgesehene motorische Reaktion automatisch abläuft. Somit wird die Aufmerksamkeit für die Initiierung der bereits ausgewählten Handlung aktiviert. Der Wille zur Ausführung der Handlung aber bleibt konstant bis zur Erreichung des Zieles.[24]

> Wille ist besonnene Entschlossenheit. Es ist die Fähigkeit, unter Berücksichtigung umfassender und langfristiger Ziele im Handeln Prioritäten zu setzen. Es ist Stabilität des Verhaltens aus Vernunft, nicht aus zufälligem Antrieb, sondern in Übereinstimmung mit der Person, ihrem Ernst und ihrer Treue (...) Der Mensch vermag, jenseits von Instinkt und Opportunismus, sich zu neuen Zielen zu entschließen und in der Ausführung ebenso flexibel wie beharrlich zu sein. (Kornhuber 1987, 388)

---

[24] Kuhl 1996, 686: „Jede der genannten sechs Willensfunktionen kann bei Verletzung des präfrontalen Gehirns beeinträchtigt sein (Fuster, 1989; Luria, 1992/1973; Shallice, 1988; Stuss & Benson, 1984), wobei verschiedene Teile des Stirnhirns für unterschiedliche Teilfunktionen relevant sind: Der seitliche (dorsolaterale) Teil für die zeitliche Sequenzierung und Aufrechterhaltung geplanter Handlungsschritte (Funahashi, Bruce & Goldman-Rakic, 1989, Fuster, 1989), der basale (orbitofrontale) Bereich für die Unterdrückung absichtswidriger Impulse (H.H. Kornhuber et al., 1989; Stuss & Benson, 1984), der innere Mittelbereich (medial) für die Aufrechterhaltung der Zielvorstellung und die Steuerung von unbewußten Wahrnehmungsfiltern für absichtsrelevante Informationen (Knight, 1991; Posner & Rothbart, 1992) und der vordere rechtshemisphärische Teil für die emotionale Anpassung des Gesamtorganismus (einschließlich Aktivierung und Wachheit) an die zu erwartende Anspannung oder an die eingetretene oder zu erwartende Lage (Posner & Peterson, 1990)."

Der frontale Kortex, das neuronale Korrelat zu Aktivitäten des Willens, erhält einerseits „hochverarbeitete Wahrnehmungsmeldungen vom Parietal- und Temporallappen" andererseits ist er vielfältig mit dem limbischen System vernetzt. Die Verbindung zwischen spezifischen Aktivitäten und dem Wertsystem aber ist die Grundlage für die Ausführung einer bestimmten Reaktion. Damit scheint auch der Wille an der *Selektionsleistung* für bestimmte Handlungen beteiligt zu sein. Er scheint aber nur dann erforderlich zu sein, wenn sich bestimmte Erschwernisse im Handlungsverlauf einstellen, d.h. wenn die Handlung nicht automatisch abläuft, sondern wenn der Einsatz der Potentiale des Willens für die Bewältigung von Schwierigkeiten notwendig ist.

So *kooperiert der Wille mit der Aufmerksamkeit* und *moderiert* er wie sie die Aktivierung von spezifischen Aktivitäten. Er ist dabei abhängig vom Wertsystem. Auch er ist nur ein Teilsystem im Gesamtsystem der Aktivierung.

> Bei einfachen Finger-, Hand- oder Augenbewegungen wird die frontale Konvexität nicht aktiv (Becker, Hoehne, Iwase & Kornhuber, 1972; Deecke, Grözinger & Kornhuber, 1976). Es bedarf einer Situation der besonderen Eile (wie bei der CNV-Untersuchung; Deecke & Kornhuber, 1977) oder des motorischen Umlernens (Lang, Lang, Kornhuber, Deecke, Kornhuber, 1983), um die Rinde der frontalen Konvexität zur Aktivität herauszufordern. Auch wenn es darauf ankommt zu entscheiden, welche Art von Reaktion auf einen Reiz richtig ist, ist der frontale Kortex wichtig. Dies entspricht der Tatsache, dass in der lateralen frontalen Konvexität Impulse aus dem limbischen System mit hochverarbeiteten Wahrnehmungsmeldungen vom Parietal- und Temporallappen konvergieren (Jones & Powell, 1970; Kornhuber, 1983b). (Kornhuber 1987, 390)

Libet, der seine Versuchsanordnungen z.T. im Anschluss an Kornhuber entwickelt hat[25], hat Befunde erzielt, aus denen geschlossen werden kann, dass die *Aktivität spezifischer Reize in unbewussten Prozessen* der Aktivität der Aufmerksamkeit bereits vorausgeht und dass das Auftreten einer *bewussten Reaktion* möglicherweise erst durch eine *Aktivität der Aufmerksamkeit, die etwa 500 ms anhält,* zustandekommt.

> Wir haben festgestellt, dass das Gehirn eine beträchtliche Zeit (etwa 0,5 sec) braucht, um das Bewusstsein eines sensorischen Signals »hervorzubringen«, während unbewusste Funktionen viel weniger Zeit zu erfordern scheinen (etwa 100 msec) (Liebet 2005, 134)

Dies ist zum einen eine weitere Bestätigung der *Trennung von Selektion und Aufmerksamkeit* und zum anderen eine Erklärung dafür, wie die Aufmerksamkeit die Bewusstheit einer Aktivität beeinflusst, nämlich durch eine *anhaltende Wiederholung ihrer Aktivierung.* Libet hat deshalb eine Theorie „für die Erklärung des Übergangs zwischen Gehirnaktivitäten (...), die für unbewusste geistige Funktionen erforderlich

---

[25] Libet 2005, 136: „Die experimentelle Variable in diesen Versuchen bestand aus wiederholten Impulsen „auf die aufsteigende sensorische Bahn des Thalamus unterhalb des sensorischen Kortex". Diese elektrischen Impulse wurden Patienten durch eine Sonde durch die Schädeldecke bei vollem Bewusstsein gegeben. Sie konnten so über die erlebten Effekte der Impulse berichten. „Die tatsächliche *Dauer* jeder Folge von 72 Impulsen pro Sekunde war für jeden Testdurchgang verschieden und reichte in unsystematischer Ordnung von 0 (kein Reiz) bis etwa 750 ms (also von 0 Impulsen bis zu 55 Impulsen bei dieser Versuchsanordnung). Eine Dauer der Folge von 500 ms würde hier 36 Impulse enthalten."

sind, und jenen, die für bewusste Funktionen benötigt werden" formuliert, die er als „Time-on-Theorie" (Zeitdauer-Theorie) bezeichnet (Libet 2005, 134).

Diese Time-on-Theorie hat zwei einfache Komponenten:
(1) Um ein bewusstes sensorisches Erlebnis zu erzeugen (mit anderen Worten, ein Erlebnis mit Bewusstsein), müssen geeignete Gehirnaktivitäten während einer Mindestzeit von 500 ms andauern (wenn sich das Ereignis in der Nähe der Schwelle befindet) (...)
(2) Wir schlugen dann vor, dass, wenn ebendiese Gehirnaktivitäten kürzer dauern, als für Bewusstsein notwendig ist, sie trotzdem bei der Realisierung einer geistigen Funktion ohne Bewusstsein beteiligt sein können. Eine unbewusste Funktion könnte dann in eine bewusste einfach dadurch transformiert werden, dass die Dauer (time-on) der geeigneten Gehirnaktivitäten erhöht wird. Uns wurde klar, dass die Dauer wahrscheinlich nicht der einzige Faktor beim Übergang vom Unbewussten zum Bewussten ist. Wir betrachteten sie aber als einen steuernden Faktor. (Libet 2005, 134)
(...) die bloße Hinzufügung von Bewusstsein zu einer korrekten Detektion erforderte einen Zuwachs der Reizdauer von fast 400 ms für die wiederholte Folge von Reizen. Dieses Ergebnis war genau so, wie es die Time-on-Theorie vorhergesagt hat. (Libet 2005, 138)
Man könnte fragen, was eine bestimmte Dauer gerade für Bewusstsein hinreichend macht, so dass die meisten anderen nicht hinreichend sind. Darauf haben wir keine vollständige Antwort. Es gibt jedoch gute Gründe für die Annahme, dass das Richten der Aufmerksamkeit auf ein bestimmtes sensorisches Signal ein wirksamer Faktor dafür ist, die sensorische Reaktion zu einer bewussten zu machen. Wir wissen noch nicht, welcher Mechanismus im Gehirn »entscheidet«, dass die Aufmerksamkeit auf ein Signal und nicht auf ein anderes konzentriert werden soll. Es gibt jedoch Belege dafür, dass der Aufmerksamkeitsmechanismus einige Areale der Hirnrinde zum »Aufleuchten« veranlassen oder aktivieren könnte; eine solche Zunahme des Erregbarkeitsniveaus dieser Gebiete könnte die Verlängerung der Dauer ihrer neuronalen Reaktionen erleichtern, um die für Bewusstsein notwendige Dauer zu erreichen.
Wir wissen nicht genau, welche neuronalen Aktivitäten für ein bewusstes oder unbewusstes geistiges Ereignis »angemessen« sind. Mein Argument ist jedoch, dass die Dauer dieser Aktivitäten ein kritischer Faktor bei der Bestimmung des Unterschieds zwischen den beiden Arten von geistigen Ereignissen sein könnte, was auch immer die geeigneten neuronalen Aktivitäten sein mögen. (Libet 2005, 135)
Vielleicht beginnen alle bewussten geistigen Ereignisse in Wirklichkeit unbewusst, bevor überhaupt ein Bewusstsein erscheint. (Libet 2005, 141) Das Erscheinen einer bewussten Erfahrung hat einen Alles-oder-Nichts-Charakter (...) Die Time-on-Experimente haben gezeigt, dass das Schwellenbewusstsein ziemlich plötzlich auftaucht, wenn die Aktivitäten die ganzen 500 ms andauern! (Libet 2005, 147)

Libet vermutet, dass die Dauer des Aufmerksamkeitspotentials zu dem Mechanismus gehören könnte, durch den die Grenzen der bewussten Erlebnisse zustande kommen. Das spricht einmal mehr dafür, dass die Grenzziehung für die jeweilige Aktivität ein überaus komplexer Prozess ist, zu dem viele Einflüsse beitragen. Diese Vermutung Libets kann aber auch als ein Hinweis auf einen Zusammenhang zwischen der Aufmerksamkeit und dem KAG verstanden werden.

Die Time-on-Bedingung für bewusstes Erleben könnte eine »Filterfunktion« haben, um bewusste Erlebnisse zu jeder Zeit zu begrenzen (...) Wir schlagen also vor, dass die große Mehrheit sensorischer Inputs unbewusst bleibt, weil sie keine hinreichend lange Dauer von geeigneten Aktivitäten von Gehirnzellen entwickeln. Möglicherweise ist es der Mechanismus der Aufmerksamkeit, der es einer bestimmten ausgewählten Reaktion gestattet, lange genug zu dauern, um Bewusstsein auszulösen; aber Aufmerksamkeit selbst ist anscheinend kein hinreichender Mechanismus für Bewusstsein. Somit könnte die Time-on-Bedingung für Bewusstsein einen Teil des Mechanismus für die Abschirmung von sensorischen Inputs, die nicht bewusst werden, darstellen. (Libet 2005, 150 f.)

Die Untersuchungen von Kornhuber und Libet haben der Zeitspanne zwischen der Übernahme einer Instruktion (Entschluss) und der antizipierten Reaktion auf einen erwarteten Reiz in einfachen sensomotorischen Handlungen gegolten. Sie haben nachgewiesen, dass sich in der Spanne von einigen Hundert Millisekunden unbewusste Prozesse abspielen, die dazu führen, dass diese Handlungen ausgeführt werden und bewusst werden. Diese Prozesse scheinen *Subsysteme des Willens* zu sein, ohne die der Vollzug der Handlung nicht zustande kommt. Dabei geht die *Selektion* der jeweiligen sensorischen und motorischen Aktivitäten anscheinend ihrer *Aktivierung durch die Aufmerksamkeit* voraus.

Das Interesse könnte deshalb dasjenige Subsystem sein, das den Willen durch die *Zuwendung zu etwas* exekutiert, und die Aufmerksamkeit könnte dasjenige Subsystem sein, das zur *Aktivierung* der durch das Interesse ausgewählten Aktivitäten beiträgt, bis hin zu ihrer Bewusstheit.

Es ist durch diese Untersuchungen zumindest wahrscheinlich geworden, dass die Funktionen der Selektion und der Aktivierung *von mehreren unterschiedlichen Systemen* erfüllt werden und nicht nur der Aufmerksamkeit oder nur dem Interesse oder beiden zugeschrieben werden können. Es scheint stattdessen einen sachlich und zeitlich wohlgeordneten Zusammenhang von strukturell, prozessual und funktional diversifizierten Teilsystemen im Zeitfenster von einigen Hundert Millisekunden zu geben. Wie dieser Zusammenhang genau aussieht, bedarf aber noch eines großen Aufwandes an Forschung.

Die selektive Funktion, die schon durch die Entscheidung ausgeübt und durch den Willen realisiert wird, kann dem Limbischen System zugeschrieben werden, das vielfältige Verbindungen mit dem präfrontalen Kortex hat.

Es gibt nämlich ein neuronales System, das die Funktionen des Wertens und Fühlens erfüllt. Was sich in der Selbsterfahrung und psychologisch als *Werten* und *Fühlen* analytisch unterscheiden lässt, lässt sich neurologisch anatomisch und neurophysiologisch dem *limbischen System* zuordnen, und zwar das Werten der Einheit des Hippocampus (Seepferdchen), das Fühlen der Einheit der Amygdala (Mandelkern), die beide wiederum reziprok miteinander verbunden sind, und der Abgleich zwischen dem Vollzug der Handlung und ihrem Ziel dem Cingulum und auch den Basalganglien.

Das *Werten* muss die *Eigenschaften einer bipolaren Skala mit den Polen maximal negativ und maximal positiv* haben, *die an jede Information von jedem Komplexitätsgrad angelegt* werden kann. – Die Höhe der positiven oder negativen Grade ist weder exakt festlegbar noch nach oben bzw. unten begrenzt, sondern komparativ gegenüber anderen Wertungen. Werten ist deshalb ein vergleichendes Gewichten auf dieser Skala.

Das *Fühlen*, z. B. Freude oder Trauer, hat auch *Grade*. Zum einen gibt es wie beim Werten *Grade auf der Skala „positiv-negativ"*, wodurch alle Gefühle in unterschiedlichem Grade entweder mit einer positiven oder mit einer negativen Wertvalenz versehen sind. Es liegt nahe, dass dies aus der Verbindung mit dem Wertsystem stammt. – Zum anderen gibt es *Intensitätsgrade*. – Beides gibt es aber nur in unauflöslicher Verbindung mit der jeweiligen aktuellen *emotionalen Qualität*. Diese Qualität repräsentiert die *Wertvalenzen der jeweils aktuellen Information*, z. B. der Nachricht über ein gut bestandenes Examen, eines günstigen Diagnosebefunds, der eigenen Stimmung beim Schwimmen im Meer oder einer brenzligen Situation im Autoverkehr.

Der *Amygdala* wird die Funktion zugeschrieben, das sensorische System, d. h. die *Sinneswahrnehmungen, mit Gefühlen zu verbinden*. Da sie aber auch mit dem Kortex verbunden ist, wird vermutet, dass sie durch die emotionale „Einfärbung" mit darüber entscheidet, was im Kortex weiterverarbeitet und behalten wird.

> Die Möglichkeit, daß Sinneserlebnisse ihre Gefühlsbedeutung über die Amygdala beziehen, wird durch eine Beobachtung gestützt, die wir schon früh bei der Untersuchung des Gedächtnisses machten: Affen ohne Amygdala lernen nur langsam, einen Gegenstand mit einer Belohnung zu verknüpfen. Es fällt ihnen schwer, sich an die positiven Verknüpfungen zu erinnern, welche zu dem bekannten Gegenstand gehören.
> Eventuell ermöglicht es die Amygdala zum einen, daß Sinnesereignisse gefühlsmäßige Verknüpfungen entwickeln, zum anderen, daß Gefühle die Wahrnehmung und die Speicherung von Gedächtnisinhalten mitgestalten. Auf welche Weise greift das Gehirn aus der von den Sinnen gelieferten Flut von Eindrücken die bedeutsamen Reize heraus?
> Falls Gefühle die Sinnesverarbeitung in der Großhirnrinde beeinflussen, könnten sie den notwendigen Filter liefern, indem sie ihrer Tendenz nach die Aufmerksamkeit – und damit das Lernen – auf Reize mit gefühlsmäßiger Bedeutung einschränken. Die Amygdala ist mit ihrem Vermögen, zwischen Sinnen und Gefühlen zu vermitteln, eine der Strukturen, die dieser selektiven Aufmerksamkeit zugrunde liegen könnten. (Mishkin/Appen-zeller 1990, 102)
> Zusammengenommen weisen diese Belege auf die Möglichkeit hin, daß opiathaltige Fasern von der Amygdala zu den Sinnessystemen laufen, wo sie vielleicht eine Wächteraufgabe leisten, indem sie als Antwort auf Gefühlszustände, die im Hypothalamus erzeugt werden, Opiate freisetzen. Auf diese Weise könnte die Amygdala den Gefühlen ermöglichen, Einfluß auf das zu nehmen, was wahrgenommen und gelernt wird. Die Wechselwirkung zwischen Amygdala und Großhirnrinde könnte erklären, warum bei Affen wie bei Menschen gefühlsbeladene Ereignisse vergleichsweise starke Eindrücke hinterlassen (…). (Mishkin/Appenzeller 1990, 103)
> Der Hypothalamus ist an der Steuerung von Emotionen und von Trieben (Sexualität, Aggression) beteiligt. Er erfüllt aber auch Funktionen bei der Steuerung der Aufmerksamkeit, der kognitiven Prozesse und des Lernens, weil er mit dem Kortex intensiv verbunden ist. (Birbaumer/Schmidt 1996[3], 459f.)

Dem *Anterior Cingulate Cortex* (ACC) wird die Funktion zugeschrieben, dass er den laufenden Vollzug der Handlung mit ihrem Ziel abgleicht und Abweichungen als Irrtum registriert.

> Consistent with this role, the ACC is also thought to be involved in error processing (Holroyd & Coles, 2002; cf. Botvinick, Braver, Barch, Carter & Cohen, 2001). This position holds that the ACC is sensitive to incorrect or inappropriate behaviors and

suggests that one aspect of the ACC control function involves bringing erroneous behaviors in line with desired goals. The motivation for this proposal is due primarily to observations of the error-related negativity (ERN), a component of the event-related brain potential (ERP) associated with error commission, which appears to be generated in the ACC. (Holroyd, Nieuwenhuis, Mars, Coles 2005, 219)

Auch die *Basalganglien* kontrollieren den laufenden Vollzug der Handlung, insbesondere den Ablauf der Feinmotorik in ihr. Sie gleichen ihn aber nicht mit dem Ziel ab, sondern antizipieren durch Schemata der gelernten Aktivitäten den Erfolg oder Misserfolg der jeweiligen Aktivität und stoppen oder aktivieren demgemäß ihren Vollzug.

The theory is based on previous research that indicates that the basal ganglia monitor ongoing events and continuously predict whether the outcomes of those events will end favorably or unfavorably (Barto, 1995; Houk, Adams, & Barto, 1995; Montague, Dayan & Sejnowski, 1996). According to this position, when the basal ganglia revise their predictions for the worse (indicating that ongoing events are "worse than aspected"), they produce a negative error signal. Conversely, when the basal ganglia revise their predictions for the better (indicating that ongoing events are "better than aspected") they produce a positive error signal. These negative and positive error signals are conveyed from the basal ganglia a phasic decreases and increases, respectively, of the tonic activity of the mesencephalic dopamine system. In turn, the dopamine system conveys the signals back to the basal ganglia, where they are used to improve the prediction, and to frontal cortex (for reviews of this phasic activity, see Schultz, 1998, 2002). (Holroyd, Nieuwenhuis, Mars, Coles 2005, 223).

Die Funktion der *Selektion* ist in diesen wissenschaftlichen Annahmen der Entscheidung, dem Entschluss und dem Willen zugeschrieben worden, denen Kontrollsysteme zugeordnet sind. Von Interesse aber ist in ihnen nicht die Rede gewesen. *Die interessierte Zuwendung ist aber ihnen allen gemeinsam* und damit die Selektion von etwas und die Ausschließung von allen anderen Möglichkeiten. Genau diese *konstante Funktion in den aufeinander folgenden Ereignissen* von Entscheidung, Entschluss und Willen könnte dem weiträumigen Gebrauch des Wortes Interesse entsprechen.

Annahmen über die Position von Interesse und Aufmerksamkeit im Prozess der Handlung

Welche Annahmen über die Position von Interesse und Aufmerksamkeit im Prozess der Handlung werden nun durch die von mir zitierten psychologischen und neuropsychologischen Befunde und Annahmen gestützt?

Die im folgenden Abschnitt abschließend zusammengestellten Annahmen können noch keineswegs als gesichert gelten, weil sie weder direkt untersucht worden sind noch durch hinreichend viele und aussagekräftige Versuche gestützt werden können. Durch sie können aber Möglichkeiten des Arrangements unterschiedlicher Aktivitäten im Prozess der Steuerung der Handlung sichtbar werden. Dieses Arrangement ist wegen der Vielzahl der an ihm beteiligten Funktionen und wegen seiner Dynamik im Bereich von Millisekunden außerordentlich komplex.

- *Die bewusste willentliche Hinwendung der Aufmerksamkeit zu etwas findet erst nach einer unbewussten Voraktivierung der jeweiligen spezifischen Aktivität statt.*

Damit hat die Selektion der jeweiligen spezifischen Aktivität schon stattgefunden, ehe die Aufmerksamkeit bewusst auf sie gelenkt wird und dadurch ihre Verarbeitung stattfinden kann.
- *Die Selektion der jeweiligen spezifischen Aktivität findet durch ein anderes neuronales System statt als die Aktivierung durch die Aufmerksamkeit, nämlich durch Einheiten des limbischen Systems und des frontalen Kortex.*
- *Die Selektion der spezifischen Aktivität findet nicht nur zu einem einzigen Zeitpunkt und durch eine einzige Funktion statt, sondern zu mehreren Zeitpunkten und durch mehrere Funktionen. Im Bereich des Interesses sind dies die Entscheidung, der Entschluss und der Wille. In diesem Prozess wird eine Selektion nicht nur durchgehalten und in einen anderen Modus transformiert, sondern auch modifiziert, d. h. angepasst an äußere oder innere Bedingungen, präzisiert oder auch revidiert. So ist die Selektion ihrerseits ein kompliziertes System, dass mit separaten neuronalen Netzwerken und deren Aktivitäten korreliert.*
- *Das Interesse kann man als die Zuwendung zu dem jeweils bevorzugten Gegenstand beschreiben. Diese Selektion kommt schon ins Spiel beim gewichtenden Vergleich von Alternativen. Mit der Entscheidung für eine Alternative wird es manifest. Mit dem Entschluss beginnt seine Realisation, und es dauert an, bis die Handlung vollzogen und reflexiv beurteilt und bewertet worden ist, d. h. bis der Wille erfüllt ist.*

Husserl beschreibt die intentionale Struktur des Interesses und seine Position in der Handlung so: Das Interesse im weiteren Sinne ist die „vorübergehende oder dauernde Ichzuwendung, das Dabeisein (interesse) des Ich". – Das Interesse im weiteren Sinne unterscheidet sich vom Interesse im engeren Sinne, das er als „thematische, etwas wahrnehmende und dann eingehend betrachtende Zuwendung" beschreibt. Das ist diejenige Aktivität, die einen bestimmten Gegenstand des Bewusstseins konstituiert. Sie ist deshalb im analytischen Sinne selektiv. Die Zuwendung des Interesses im weiteren Sinne bleibt dabei aber erhalten.

Von beiden unterscheidet er den Willen. Interesse in beiderlei Gestalt ist zwar auch schon ein „Streben" und es ist auch mit einem „positiven Gefühl" verbunden. Beides aber bezieht sich nach Husserl nur auf das Wahrnehmen und den Fortgang des Erkennens. – Der Wille dagegen tritt in der Form von Absichten und ihrer willentlichen Realisierung in Handlungen auf, deren Resultat mit „einem Wohlgefühl am Gegenstande" verbunden ist, wenn dieser den Erwartungen entspricht.

Danach ist das Interesse auf spezifische Aktivitäten *bezogen* und geht es über in den Willen, der es entweder transformiert oder ersetzt, denn die Intention der Zuwendung zu einer spezifischen Aktivität bleibt im Willen erhalten. Dem entspricht im Handlungsmodell von Heckhausen der Terminus „Intention".

> Wir sprachen auch von einem Interesse, das mit der Zuwendung zum Gegenstande erwacht sei. Nun zeigt sich, dass dieses Interesse noch nichts mit einem spezifischen Willensakt zu tun hat. Es ist kein Interesse, das so etwas wie Absichten und willentliche Handlungen aus sich hervortriebe. Es ist bloß ein Moment des Strebens, das zum Wesen der normalen Wahrnehmung gehört. Daß wir dabei von Interesse sprechen, hat

seinen Grund darin, daß mit diesem Streben Hand in Hand ein Gefühl geht, und zwar ein positives Gefühl, das aber nicht zu verwechseln ist mit einem Wohlgefühl am Gegenstande. Es kann zwar auch sein, daß der Gegenstand selbst unser Gefühl berührt, dass er uns wert ist, und daß wir uns darum ihm zuwenden und bei ihm verweilen. Aber ebenso gut kann es sein, dass er ein Unwert ist und gerade durch seine Abscheulichkeit unser Interesse erweckt. So ist das Gefühl, das zum Interesse gehört, ein ganz eigentümlich gerichtetes. In jedem Falle – sei es, dass der Gegenstand durch seinen Wert oder durch seinen Unwert, den wir daran erfühlen, unsere Zuwendung motiviert – notwendig wird sich, sobald wir ihn erfassen, sein Sinngehalt bereichern (...) Auf höherer Stufe kann dieses Streben dann auch die Form eines eigentlichen Willens annehmen, des Willens zur Erkenntnis, mit absichtlichen Zielsetzungen usw. (Husserl 1964³, 91)

Mit Beziehung darauf kann man einen weiteren Begriff von Interesse, bzw. von Akten des Interesses bilden. Unter solchen sind dann nicht nur diejenigen verstanden, in denen ich einem Gegenstande thematisch, etwa wahrnehmend und dann eingehend betrachtend zugewendet bin, sondern überhaupt jeder Akt der, sei es vorübergehenden oder dauernden Ichzuwendung, des Dabeiseins (inter-esse) des Ich. (Husserl 1964³, 92f.)

Husserl beschränkt den Interessenbegriff auf den kognitiven Bereich und lässt ihn einerseits dem Willen vorausgehen, lässt das Interesse aber andererseits „auf höherer Stufe" „die Form des eigentlichen Willens annehmen, den „Willen zur Erkenntnis".

Das entspricht dem weit verbreiteten Verständnis, das *Interesse* an einem Gegenstand vom *Begehren* des Gegenstandes zu unterscheiden und diesem vorausgehen zu lassen. Husserl kann aber beide Differenzen nicht durchhalten, und die Differenz zwischen zwei parallelen Funktionen, der *Zuwendung zu etwas* und unterschiedlichen *Modi dieser Zuwendung im Handlungsverlauf*, hat er nicht in Erwägung gezogen. Das Interesse ist deshalb für ihn immer nur positives Erkenntnisinteresse. Es ist nicht im Sinne der Handlungsopportunität positiv.

- *Die Entsprechungen zwischen Interesse und Aufmerksamkeit resultieren wahrscheinlich daraus, dass sie beide zur Aktivierung der jeweiligen spezifischen Funktionen beitragen. Dafür, dass ihre elektrischen Potentiale zwei Ressourcen für sie sind, spricht u. a., dass beide als anstrengend erfahren werden.*[26] *Für diesen Zweck regulieren sie sich gegenseitig, so dass dasjenige unsere Aufmerksamkeit auf sich zieht, das uns interessiert, und dasjenige, auf das unsere Aufmerksamkeit gerichtet ist, uns interessieren kann oder auch nicht. Das wiederum führt zur Zuwendung zu ihm mit gesteigerter Aufmerksamkeit oder zur Abwendung von ihm mit einem Erlöschen der Aufmerksamkeit auf es.*
- *Da es Grade der Wertschätzung durch das Interesse gibt und auch Grade der Aktivierung durch Aufmerksamkeit, können sie sich gegenseitig verstärken oder schwächen. Das erlaubt eine Anpassung an den jeweiligen Bedarf an spezifischen Aktivitäten, was eine entsprechende Flexibilität ihrer Aktivierung erfordert.*

---

[26] S.a. Kuhl 1996, 731: „Für die Vermutung, daß der Kapazitätsbegriff (der Aufmerksamkeit - J.G.) und der phänomenale Willensbegriff einen gemeinsamen introspektiven Ursprung haben, spricht auch die Tatsache, daß in beiden Fällen, d. h. bei der willkürlichen Ausrichtung der Aufmerksamkeit auf Aufgabenrelevantes und bei dem phänomenal erschlossenen „primären Willensakt" das Anstrengungserleben im Vordergrund steht (Ach, 1910; Kahnemann, 1973)."

Soviel ist auch hier wieder offenkundig: Was für unsere Selbsterfahrung nur einzelne einfache Funktionen zu sein scheinen, ist in Wirklichkeit ein überaus differenziertes und kombiniertes Zusammenspiel einer Vielzahl von neuronalen Einheiten mit unterschiedlichen Funktionen. Nur durch die Dynamik einer Vielzahl von simultanen und sukzessiven Veränderungen in diesen Einheiten und zwischen ihnen in der zeitlichen Größenordnung von Millisekunden kommt die fließende Anpassung an die Erfordernisse der jeweiligen Situation zustande.

Wir haben gerade erst damit begonnen, dieses erstaunliche Geschehen genauer kennenzulernen. Es wird aber so lange bei Annäherungen und Schlüssen bleiben, bis wir in der Lage sind, die neuronale Aktivität nicht nur auf der Kopfhaut und indirekt über den Stoffwechsel zu messen, sondern direkt an den Nervenbahnen, an einzelnen Netzwerken und schließlich an einzelnen Neuronen samt ihren Axonen und Dendriten im lebenden Gehirn des Menschen, was bis jetzt nur in Ausnahmefällen möglich ist. Erst dann können wir die einzelnen Aktivitäten und ihr Zusammenspiel in der Zeit genau beobachten.

IV. Intentionalität

Aufmerksame und/oder interessierte Zuwendung zu etwas sind fraglos intentionale Relationen. Beide aber beziehen sich auf *spezifische Aktivitäten*, die *etwas Bestimmtes in der Welt oder bei uns selbst* zum Gegenstand haben. Auch das sind intentionale Relationen. – In welchem Verhältnis aber steht die Intentionalität dieser verschiedenartigen Einheiten zueinander?

Die Antwort wird sein: Aufmerksamkeit und Interesse sind *universale unspezifische* intentionale Relationen, weil sie keine bestimmten Sachverhalte in der Welt und in uns selbst zu ihrem Gegenstand haben, sondern sie sich auf alle richten können. – Davon können diejenigen Intentionen unterschieden werden, die sich immer auf *etwas Bestimmtes* in der Welt und bei uns selbst richten. – Um diese Intentionen geht es in diesem Kapitel.

Vorwissenschaftlich wird „Intention" in der Regel als Absicht, Vorhaben oder Ausrichtung auf ein bestimmtes Ziel verstanden.

„Intentionalität" ist aber auch ein philosophischer oder psychologischer Terminus. Er wird entweder als „Bewusstsein von etwas" oder als „Ausrichtung auf ein Handlungsziel" definiert. Die erste Definition ist Grundlegend in der Phänomenologie des Erkennens, die zweite in der Theorie des Handelns (s. Abb. 5).

Erst seit den Achtziger Jahren des 20. Jahrhunderts gibt es experimentelle psychologische und neuropsychologische Untersuchungsrichtungen, die sich mit der Intentionalität in der sensomotorischen Aktivität und im Fremdverstehen befassen. In beiden Fällen gibt es intersubjektiv beobachtbare und genau messbare Phänomene im äußeren Verhalten, insbesondere Bewegungen der Augen, der Hand und des ganzen Körpers und außerdem noch neuronale Aktivitäten, die Intentionalität indizieren.

Von „Intentionalität" ist einerseits in den Theorien des Bewusstseins oder des Geistes und andererseits in Theorien des Handelns die Rede. Dies verweist darauf, dass Intentionalität, ebenso wie Aufmerksamkeit und Interesse, ein Phänomen von grundlegender und allgemeiner Bedeutung ist.

Wenn das Phänomen der Intentionalität unter die Frage nach dem Prozessor der Informationsverarbeitung in den Blick gefasst werden soll, dann bedarf dies der möglichst weitgehenden Reduktion der sehr umfangreichen phänomenalen und theoretischen Kontexte, in denen es auftritt. Zu einer solchen Konzentration auf das Phänomen der Intentionalität kann am besten die introspektiv gewonnene Theorie der Intentionalität von Edmund Husserl verhelfen, weil sie radikal und sehr differenziert ist.

Der introspektive psychologische Befund der Intentionalität

Ich versuche jetzt, weitgehend im Anschluss an Husserl, eine systematische Beschreibung dessen, was am Phänomen der Intentionalität *introspektiv unterscheidbar* ist. Diese Beschreibung der Intentionalität ist das Resultat einer Reflexion auf psychische Aktivitäten, die von jedem bei sich selbst vollzogen werden kann.

> Besonders bedeutsam war (bei Brentano – J.G.) ein, selbst schon aus der Innenschau geschöpfter, allgemeiner Gesichtspunkt für alle psychologischen Deskriptionen: wir bezeichnen ihn heute mit dem Worte Intentionalität. Zum ersten Male war damit das

Grundwesen alles psychischen Lebens, das Bewusstsein als Bewussthaben von etwas, in den Brennpunkt gestellt, und zwar als der allgemeinste, aus der Evidenz der inneren Erfahrung direkt zu schöpfende Wesenscharakter psychischen Lebens. (Husserl Phän-Psych, 31)
Im cogito lebend, haben wir die cogitatio selbst nicht aktuell bewusst als intentionales Objekt; aber jederzeit kann sie dazu werden, zu ihrem Wesen gehört die prinzipielle Möglichkeit einer reflektiven Blickwendung und natürlich in der Form einer neuen cogitatio, die sich in der Weise einer schlicht erfassenden, und zwar gewahrend erfahrenden auf sie richtet. Mit anderen Worten, jede kann zum Gegenstande einer sog. ‚inneren Wahrnehmung' werden, in weiterer Folge dann zum Objekt einer reflektiven Wertung, einer Billigung oder Missbilligung usw. (Husserl, Ideen I, 84)

Wenn das Phänomen der Intentionalität als „Bewusstsein von etwas" beschrieben wird, dann impliziert diese knappe Beschreibung schon eine große Zahl von Unterschieden und Relationen im Phänomen der Intentionalität.

- *Intentionalität ist eine lineare gerichtete Relation mit den Relaten „Bewusstsein" und „etwas". – Man kann diese Relation als die „Ausrichtung des Bewusstseins auf etwas" beschreiben. Dies gilt für alle bewussten Aktivitäten, nicht nur für die direkten, sondern auch für die reflexiven.*

Die direkten richten sich auf die äußere Welt, zu der auch unser von außen wahrnehmbarer Körper gehört, und auf die innere Welt, d. h. auf unsere inneren Körperempfindungen und unsere inneren mentalen Zustände sowie auf unsere Erinnerungen.

Die reflexiven Bewusstseinsakte richten sich auf alle Bewusstseinsakte, sowohl auf die direkten als auch auf die reflexiven, und zwar entweder auf ihre Gegenstände oder auf ihren Vollzug oder auf sie als Ganze. – Sie sind deshalb auch intentionale Akte, haben aber andere intentionale Gegenstände als die direkten.

Es gibt anscheinend kein völlig leeres Bewusstsein, selbst dann nicht, wenn man sich ein Vakuum vorzustellen versucht. Der Gegenstand des Bewusstseins ist dann eben „die Vorstellung von einem Zustand ohne jede Bestimmtheit". Ob wir aber eine solche Vorstellung, die ja auch schon *etwas* ist, überhaupt bilden können, ist fraglich. Husserl spricht aber in dem Sinne von leeren Intentionen, dass uns kein bestimmter Gegenstand bewusst ist.

- *Das Relat „etwas" besagt nur, das es überhaupt einen Gegenstand gibt. Dieses Relat wird deshalb auch nur ganz allgemein als intentionaler Gegenstand oder als intentionales Objekt bezeichnet. Von welcher Art dieses Objekt ist, bleibt in dieser Beschreibung der allgemeinen Struktur der Intentionalität völlig unbestimmt, ist de facto aber durch Gegenstände aller Art bestimmt.*

Welche Gegenstände dies sind, hängt von der Art der *Klassifikation des jeweiligen Sachverhaltes* ab. Verschiedene Sachverhalte oder auch ein und derselbe Sachverhalt können sehr unterschiedlich klassifiziert werden, z. B. als Wahrnehmung oder Vorstellung oder Gedanke, als gegenwärtig oder gewesen oder zukünftig, als real oder potential oder irreal. Sie können aber auch nach Regionen klassifiziert werden, z. B. nach innen oder außen, physisch oder psychisch, individuell oder sozial.

Klassifiziert wird dann nach der jeweils gewählten Perspektive, aus der das Bewusstsein auf etwas gerichtet wird, z. B. aus der Perspektive auf die psychische Qualität des Gegenstandes, auf seine zeitliche Bestimmtheit oder auf seinen Gegebenheitsmodus.

Dass die Gegenstände des Bewusstseins klassifiziert werden können, gilt generell. – Wie aber jeweils ein Gegenstand klassifiziert wird, das hängt von der jeweiligen Wahl einer Perspektive auf ihn ab.

Sobald ein Sachverhalt in der direkten oder auch in der reflexiven Intention *als etwas* bewusst ist, z. B. als Stuhl oder Tisch, als Gefühl oder Erlebnis, ist nicht nur er selbst, sondern auch schon seine Klassifikation Gegenstand des Bewusstseins, weil er bereits als etwas Bestimmtes erfahren wird („Nimm den Stuhl und setz dich an den Tisch!").

Besonders wichtig für das Phänomen der Intentionalität ist, ob die intendierten Gegenstände *gewesen, gegenwärtig oder zukünftig* sind. Diese zeitlichen Modi sind mit den Sachverhalten zugleich bewusst. Sie werden als Modi der jeweiligen Sachverhalte erfahren und machen deshalb mit ihnen zusammen den intentionalen Gegenstand aus. Husserl spricht deshalb im Hinblick auf die zeitlichen Modi auch nicht nur von Intention, sondern auch von Retention und Protention.

Durch diese Unterscheidungen wird einerseits die Einheit des Phänomens der Intentionalität dokumentiert, andererseits aber auch eine bedeutsame Varianz. Die Wahrnehmung von etwas, die Erinnerung an etwas, die Antizipation von etwas sind einerseits sämtlich intentionale Bewusstseinsakte. Andererseits liegt aber ihr Gegenstand jeweils in einer der drei Dimensionen der Zeitlichkeit. – Das schließt jedoch nicht aus, dass alle drei Dimensionen simultan miteinander verbunden sein können, wenn z. B. etwas *Erinnertes* als angestrebtes *Zukünftiges* vorgestellt wird und als solches sowohl in der Absicht als auch im Entschluss *präsent* ist.

Bewusstseinsakte und Handlungsziele sind deshalb keine zwei verschiedenen Klassen von Gegebenheiten, sondern Handlungsziele sind nur eine *Teilklasse von Bewusstseinsakten*. Daher ist es ein Kategorienfehler, wenn man unter Intentionen *nur* Absichten, Erwartungen und Ziele versteht.

Bei den temporalen Teilklassen von Intentionen wird aber die Relation der „Richtung auf etwas" deshalb besonders deutlich, weil sie eine *zeitliche Extension* besitzen. Das gilt aber auch für die *räumliche Extension* von Intentionen, wenn z. B. auf ein Flugzeug am Himmel gezeigt wird. Wenn aber ein Ideal, die Liebe eines anderen Menschen oder gar Gott zum intentionalen Objekt werden, dann ist die Extensionalität der Intention zwar nicht messbar wie Zeit und Raum, aber gerade wegen ihrer Unbestimmbarkeit so unermesslich groß, dass jede zeitliche oder räumliche Extension dagegen gering erscheint.

Für alle Intentionen gilt, dass ihr Gegenstand unabhängig von ihrer Extension nicht nur *präsent*, sondern auch *nah* ist. Daraus resultiert die Intimität mit dem jeweiligen intentionalen Gegenstand. – Diese Intimität wird durch die Reflexion auf die Extension der Intentionalität aufgehoben. An ihre Stelle tritt dann die Intimität mit dem Gegenstand der Reflexion.

Der Hauptgrund dafür, dass Intentionalität so häufig nur den Absichten, Erwartungen und Zielen zugesprochen wird, ist sehr wahrscheinlich die Bedeutsamkeit der Zukunft für das Leben des Menschen. Das Wertgewicht und auch die emotionale Valenz der Zukunft sind sehr oft dominant.

- *Unter den Klassifikationen der Gegenstände des Bewusstseins gibt es auch die Unterscheidung zwischen bewusstseinsinternen und bewusstseinsexternen. Ob man einen Gegenstand der einen oder der anderen Klasse oder sogar beiden zuordnen kann, hängt von der Perspektive ab, aus der die Klassifikation erfolgt.*

In der Perspektive der direkten Intention auf etwas ist beides möglich, weil uns *etwas* als Sachverhalt der äußeren Welt bewusst sein kann und *etwas anderes* als Sachverhalt *in unserem* Bewusstsein und wieder etwas anderes als Sachverhalt *unseres* Bewusstseins selbst.

Auch aus der Perspektive der reflexiven Intention auf unser Bewusstsein von etwas ist beides möglich. Wenn wir uns nämlich in die Perspektive des direkten Bewusstseins versetzen, gilt das, was soeben von ihm gesagt worden ist. – Wenn wir aber aus der Perspektive der Reflexion beschreiben, dann können wir im Gegenstand eines Bewusstseins, auf den wir reflektieren, zwischen dem Gegenstand, der bewusst ist, und dem Gegenstand, der mit diesem Gegenstand gemeint wird, unterscheiden. Im ersten Fall ist der Gegenstand als Inhalt unseres Bewusstseins gemeint, im zweiten Fall als bewusstseinstranszendenter.

In der Reflexion auf unser Bewusstsein von etwas zeigt sich, dass *alle Gegenstände des Bewusstseins bewusstseinsimmanent sind*, weil es für uns nur unter der Bedingung Gegenstände gibt, dass sie uns bewusst sind. Sie sind Phänomene (Erscheinungen) von Transbewusstem. Von dieser Voraussetzung gibt es keine Ausnahme. Aus dieser „Sphäre" gibt es kein Entrinnen, diese „Umschließung" können wir nicht durchbrechen.

Aber eine Klasse von bewusstseinsimmanenten Gegenständen *bezieht sich* auf bewusstseinsexterne Gegenstände, weil wir bewusstseinsexterne meinen, obwohl wir nur bewusstseinsinterne von ihnen haben.[27] Diese Klasse von intentionalen Gegenständen ist allerdings sehr groß. Zu ihr gehören alle Gegenstände der äußeren Welt,

---

[27] S. z. B. auch Crane 2007, 12: „Für mich besteht das Wesen der Intentionalität in ihrem Gerichtetsein auf ein Objekt. Dabei fasse ich „Objekt" sehr weit und schließe materielle Dinge, Eigenschaften, Zustände, Tatsachen und dergleichen mit ein. Ein Objekt ist alles, worüber man nachdenken oder worauf man seinen Geist auch auf sonstige Weise richten kann. Ich folge der philosophischen Tradition, und insbesondere den bahnbrechenden Arbeiten Edmund Husserls (1959-1938), indem ich diese Objekte »intentionale Objekte« nenne.
Dabei ist es von zentraler Bedeutung, dass ein intentionales Objekt keine Entität, kein Ding einer bestimmten Art ist. Trotzdem sind natürlich *manche* intentionalen Objekte wirklich existierende Dinge, Wenn ich über Wien nachdenke, dann ist die Stadt Wien das Objekt meines Gedankens und zugleich etwas wirklich Existierendes. Einige intentionale Objekte existieren jedoch nicht, sind daher in keinem Sinn des Ausdrucks „Dinge". Wenn ich an Eldorado denke, so denke ich an etwas, das nicht existiert. Dennoch ist es das Objekt meines Gedankens, und zwar einfach in dem Sinne, dass ich über es nachdenke. Aus diesem Grund bezieht sich der Begriff des intentionalen Objekts (des Gedankenobjekts) auf keine Gruppe existierender oder realer Dinge."

einschließlich unseres eigenen Körpers. Es gehören zu ihr aber auch alle anderen Sachverhalte, denen wir objektive Realität unabhängig von unserem Bewusstsein von ihnen zusprechen. Das gilt auch für die mentalen.

Beide Möglichkeiten des Bewusstseins von etwas, die direkte und die reflexive, können sich somit alles zum Gegenstand machen, sogar das Nichts.

- *Das Relat „Bewusstsein" in der intentionalen Einheit „Bewusstsein von etwas" besagt, dass wir etwas gewahren (Husserl), dass wir seiner inne sind (Dilthey), dass es für uns da ist (Heidegger), dass es uns gegeben ist (Husserl).*

Das Faktum, dass wir etwas gewahren oder dass uns etwas gegeben ist, ist völlig unabhängig vom Realitätsmodus des Gegenstandes des Bewusstseins. Sobald uns etwas bewusst ist, „steht es vor uns", ist es „augenscheinlich". Man kann dies auch als die *Unmittelbarkeit* des Zugangs zum Gegenstand des Bewusstseins beschreiben.

Uns ist in diesem Moment auch nur dieses Etwas bewusst und nicht, warum es und wie es uns bewusst geworden ist. Wir wissen in diesem Moment nicht, woher der Gegenstand kommt. Es ist so, als ob er uns von jemand gegeben werde. Deshalb ist jeder Gegenstand des Bewusstseins eine Überraschung, ein Wunder.

Zur Gegebenheit gehört außerdem dazu, dass es uns jeweils *so und nicht anders* gegeben ist. In diesem Augenblick haben wir nichts anderes. Es ist deshalb unsere *momentane Gewissheit*.

Das ist die Grundlage für all unser Erkennen, weil es keine Möglichkeit gibt, diese Ausgangsgegebenheit aufzuheben, ohne gleichzeitig unser Bewusstsein aufzuheben. Eine solche Aufhebung des Bewusstseins geschieht im Tiefschlaf, was für uns nur nachträglich als Faktum erfahrbar ist, oder aber nach allem, was wir wissen, beim Gehirntod. Daher ist das uns Bewusste für uns, so wie es uns im Moment bewusst ist, ein *absolutes*, d. h. ein durch nichts bedingtes, *Datum*, d. h. Gegebenes. Wir sagen dann, es ist für uns *augenscheinlich* so, es ist für uns *evident*.

Im Augenblick der Bewusstheit von etwas können wir nicht an ihm zweifeln, weder an den uns bewussten Qualitäten noch an der Existenz als Gegebenes. Denn sobald wir an ihm zweifeln, ist es uns nicht mehr als das, als das es uns bewusst ist, bewusst, sondern ist uns schon etwas Fragwürdiges an ihm oder seine Inexistenz bewusst. Dann aber ist dies unsere Gewissheit und nicht mehr das, an dem wir zweifeln. So kommen wir immer nur von einer Gewissheit zur nächsten, ganz unabhängig davon, als wie sicher sich das uns jeweils Bewusste erweisen wird, wenn wir uns z. B. selbst weiter mit ihm beschäftigen, wenn wir andere fragen, wenn die Verhältnisse sich ändern etc. Auch dies ist unentrinnbar so.

Wer starr auf einer momentanen subjektiven Gewissheit verharrt, ist entweder noch sehr jung und unerfahren mit der Welt und mit sich selbst oder er ist borniert, wozu nicht nur die Unfähigkeit, seine subjektive Sicherheit in Frage stellen zu können, gehört, sondern auch die ideologische Verblendung, weil sie gegen jede gegenteilige Erfahrung resistent ist.

Das aber gilt für alles, was uns bewusst ist, nicht nur für das sinnlich Wahrgenommene, sondern auch für das gedachte Allgemeine oder für eine Fata Morgana oder eine fixe Idee, für unsere Wünsche, für unsere Phantasien, für das Utopische, für das

Fiktive, ja sogar für unsere Halluzinationen: Sie sind im Augenblick das, als was sie uns bewusst sind. Und nur das ist für uns Realität. Wir suchen deshalb auch auf sie als real Gegebene zu reagieren, indem wir zum Beispiel im pathologischen Fall der Halluzination nicht vorhandene Personen beschimpfen, sie zu greifen oder zu vertreiben suchen, und fassungslos sind, wenn wir nichts zu greifen bekommen.

Alle diese Momente sind im Terminus der Bewustheit enthalten: das Gewahrsein, die Unmittelbarkeit, die Vorfindlichkeit und die Gewissheit.

> Ein Reales originär gegeben haben, es schlicht anschauend ‚gewahren' und ‚wahrnehmen' ist einerlei. (Husserl, Ideen I, 11)
>
> Aber Evidenz in einem allerweitesten Sinne ist ein Korrelatbegriff nicht nur hinsichtlich der Begriffe Sein und Nicht-Sein. Er modalisiert sich auch korrelativ zu den sonstigen modalen Abwandlungen des Seins schlechthin, als wie Möglich-Sein, Wahrscheinlich-Zweifelhaft-Sein, aber auch mit den nicht in diese Reihe gehörenden Abwandlungen, die ihren Ursprung in der Gemüts- und Willenssphäre haben, wie Wert- und Gut-Sein. (Husserl 1995[3], 60)

- *Im Hinblick auf die Relation der Intention ist eine Sache sehr eigenartig. Die Bewusstheit ist immer assoziiert mit dem intentionalen Gegenstand. Im Augenblick der Bewusstheit eines Gegenstandes gibt es deshalb nicht gleichzeitig ein Bewusstsein von unserem Bewusstsein von diesem Gegenstand, d. h. von unserer Intention auf ihn.*

Wir zählen z. B. etwas und haben dabei ein Bewusstsein von den Gegenständen, die wir zählen, und ihrer Zahl, nicht aber vom Vorgang des Zählens. Wenn wir nämlich anfangen, das Zählen zu beobachten, haben wir einen anderen intentionalen Gegenstand und verlieren wir die Gegenstände, die wir zählen, und ihre Zahl aus dem Blick. Wenn wir aber gezählt haben, dann wissen wir trotzdem, dass wir gezählt haben und können wir uns auch an den Vorgang des Zählens erinnern, z. B. daran, dass und vielleicht auch warum wir uns einmal verzählt haben. Also müsste es bei der Intention auf die Gegenstände und auf ihre Zahl eigentlich auch ein Bewusstsein vom Zählen gegeben haben, wenn wir uns an das Zählen erinnern können. Kein Bewusstsein vom Zählen und doch ein Bewussstein von ihm, das ist paradox.

Dieses Paradox lässt sich nur auflösen, wenn es einen sehr schnellen, kaum merkbaren Wechsel zwischen direkten und reflexiven Intentionen gibt oder wenn es nicht nur bewusste reflexive Intentionen, sondern auch nicht oder kaum bewusste reflexive Intentionen unterhalb der Schwelle für voll bewusste Reflexionen gibt. Wahrscheinlich gibt es sogar beides, den *schnellen Wechsel* ebenso wie die *automatisierte reflexive Kontrolle des automatischen Vollzugs einer Intention* und möglicherweise sogar schon eine echte *vorbewusste reflexive Kontrolle*. Um diese unbewusste Reflexion von der ausdrücklichen bewussten Reflexion zu unterscheiden, hat Sartre sie im Unterschied zum cartesianischen Begriff des reflexiven Cogito als präreflexives Cogito bezeichnet.

> Indessen ist es die notwendige und zureichende Bedingung dafür, dass ein erkennendes Bewußtsein Erkenntnis *seines* Objektes ist, daß es ein Bewußtsein von sich selbst als Bewußsein von dieser Erkenntnis ist. (Sartre 1952, 30)

Anders ausgedrückt ist jedes setzende Bewußtsein vom Objekt zu gleicher Zeit nichtsetzendes Bewußtsein von sich selbst. Wenn ich die Zigaretten zähle, die in dieser Dose sind, habe ich den Eindruck der Enthüllung einer objektiven Eigenschaft dieser Menge Zigaretten: es sind zwölf. Diese Eigenschaft erscheint meinem Bewußtsein als eine in der Welt vorhandene Eigenschaft. Dabei brauche ich durchaus kein setzendes Bewußtsein davon zu haben, dass ich sie zähle; ich „erkenne mich nicht als Zählenden" (…) Und dennoch habe ich in dem Augenblick, wo diese Zigaretten sich mir als zwölf enthüllen, ein nicht setzendes Bewusstsein von meiner Addierfähigkeit, denn wenn man mich fragt: „Was machen Sie da?", würde ich sofort antworten: „Ich zähle" (…) das nicht reflexive Bewußtsein macht die Reflexion erst möglich: es gibt ein präreflexives cogito, das die Voraussetzung des Cartesianischen cogito ist. (Sartre 1952, 31f.)

Das ist ein weiterer Befund dafür, dass das Bewusstsein von etwas nicht die gesamte psychische Aktivität ist, sondern dass es nur ein kleiner Ausschnitt aus dem gesamten psychischen Geschehen ist, das *vorausgeht* und das *parallel* und *simultan* mit ihm geschieht.

- *Es gibt nicht nur viele Arten von intentionalen Gegenständen, sondern auch viele Arten der Intention auf sie, weil nicht nur der intentionale Gegenstand als ein Bestimmter, sondern weil auch das Bewusstsein immer nur als ein Bestimmtes auftritt. Das erfahren wir, wenn wir auf Bewusstseinsakte reflektieren. In der Reflexion können wir uns nämlich nicht nur auf den Gegenstand eines Bewusstseins richten, sondern auch auf das, was wir mit ihm getan haben. Das gilt auch für das Interesse und die Aufmerksamkeit.*

Als Gegenstand des Interesses erscheint d a s B e m e r k t e , n i c h t d a s B e m e r k e n . (…) Ich bin auf die Sache aufmerksam, ich habe für den Gegenstand Interesse, und nicht: Ich habe Interesse am Wahrnehmen. (Husserl 2004, 109f.)

Alle Klassen von *Verben* der menschlichen Aktivität bringen Intentionen zum Ausdruck: Wir sehen, denken, fühlen und wollen etwas. Wir glauben, wissen, phantasieren etwas. Wir erinnern uns an etwas oder wir antizipieren etwas, indem wir uns etwas zum Ziel setzen, etwas prognostizieren, etwas erwarten usw.

Husserl unterscheidet das „Intendieren im prägnanteren Sinn" von der „bloßen Auffassung" und bezeichnet es als „Meinen" (Husserl 2004, 68). Zu der Klasse der meinenden Erlebnisse rechnet er aber nicht nur die bewussten spezifischen Aktivitäten, wie Wahrnehmen und Denken, sondern auch die Aufmerksamkeit, das Interesse, das Erwarten, Wünschen und Wollen.[28]

Dies zeigt zum einen, dass dem Bewusstsein von etwas bereits ein *Auffassen von etwas* zugrunde liegt, das nicht bewusst ist. *Intentionalität gibt es also nicht nur im*

---

[28] Dem entspricht die Allgemeinheit der Logik intentionaler Sätze.
S. dazu z. B. Carrier/Mittelstraß 1989, 72: „Intentionale Sätze bringen in der Regel *propositionale Einstellungen* zum Ausdruck und sind von der Art ‚A glaubt, daß a' oder ‚B denkt an b'. Kennzeichen intentionaler Sätze ist, dass die Geltung des Satzes oder seiner Negation nicht impliziert, daß der Gehaltssatz wahr oder falsch ist bzw. dem Gehaltsbegriff faktische Referenz zukommt. Aus ‚A glaubt, daß es regnet', folgt nicht, dass es tatsächlich regnet, und ‚B denkt an den Bodensee' impliziert nicht die Existenz des Bodensees."

Bewusstseinsakt. – Es zeigt zum anderen, dass Husserls Begriff der Intentionalität so weit ist, dass er sämtliches Gerichtetsein auf etwas umgreift. – Es zeigt aber auch, dass Husserl *viele Arten von Intentionen* zu unterscheiden versucht und sie sämtlich als Akte, d. h. als *eigenständige Einheiten* versteht.

(Vielleicht ist Wahrnehmung ohne Aufmerksamkeit oder Interesse nichts anderes als Wahrnehmung mit niedrigen Graden desselben.) Das Interesse erscheint mir als ein Akt (Erlebnis) jener Klasse, die ich unter dem Titel der meinenden Erlebnisse befasse, und speziell scheint es mir als verwandt mit Akten derart wie Erwarten, Wünschen, Wollen o.ä. (…)
Das einheitliche Interesse geht eventuell über in eine einheitliche Erwartung, einen einheitlichen Wunsch oder Willen, und diese Akte stehen in ihrem ganzen Charakter so nahe, dass wir in den Fällen, wo sie auftreten, kaum werden annehmen dürfen, dass (sie) neben dem Interesse (und der Wahrnehmung) als eine gesonderte Weise meinender Beziehung vorhanden sind; vielmehr dürfte es richtig sein, dass sie dann das Interesse ablösen (…) Viel größer ist die Versuchung, das Interesse mit der wahrnehmenden Intention zu identifizieren, und dies war in der Tat meine frühere Überzeugung; doch ist sie mir mehr als zweifelhaft geworden. (Husserl 2004, 105f.)
Bei jeder Spezies meinender Akte unterscheiden wir zwei korrelate Zustände, den Zustand der Spannung (Intention) und Lösung (Erfüllung). Der unerfüllte Wunsch ist eine Spannung, der erfüllte (die Wunscherfüllung) die zugehörige Lösung. (Husserl 2004, 104)

- *Ein reales Bewusstsein von etwas besteht nicht nur aus einer Intention, sondern aus mehreren. Husserl beschreibt dieses Phänomen als „Strahlen", wenn er die Vielfalt in einem Ganzen zum Ausdruck bringen will. Er beschreibt es „als Setzungen" oder „Thesen", wenn er das Erkennen, Werten, Fühlen etc. als verschiedene Aktivitäten unterscheiden will.*

Die verschiedenen Intentionen richten sich nicht nur auf verschiedene *Sachverhalte*, die voneinander unterschieden oder miteinander verbunden werden, sondern auch auf die verschiedenen *Modalitäten*, in denen diese Sachverhalte bewusst sind, insbesondere auf zeitliche und Realitätsmodi.[29]

Diese Mehrzahl von Intentionen ist nach Husserl kein Aggregat, sondern sie ist eine Einheit, in der es Über- und Unterordnung gibt, die er als *Fundierungszusammenhang* bezeichnet.

---

[29] Engels 1989, 166: „Dank unserer Intentionalität, etwas auf vielfältige Weise als etwas meinen zu können, kann uns ein und derselbe Gegenstand überhaupt erst in seiner Plurifunktionalität bewußt werden. Ebenso beinhaltet Intentionalität die Möglichkeit, verschiedene Gegenstände unter ein und demselben funktionalen Aspekt zu betrachten, so daß wir hier von deren funktionaler Äquivalenz sprechen können. Diese mit der Struktur der Intentionalität gegebene Möglichkeit eines vieldeutigen Bezuges zur Realität befähigt uns zu einem flexiblen und variablen Umgang mit den Dingen, wodurch z. B. bei Ressourcenknappheit eine plurifunktionale Verwendung des Vorhandenen möglich ist und umgekehrt die Suche nach funktionalen Äquivalenten angeregt wird.
Intentionalität und Kontrafaktizität unseres Erkennens können wir auch im Begriff der Pluriperspektivität zusammenfassen, da ihre Gemeinsamkeit darin besteht, Gegenstände und Vorgänge aus verschiedenen Perspektiven zu sehen und sie auf alternative Weise zu entwerfen."

Zum Wesen jedes intentionalen Erlebnisses, was immer sonst in seinem konkreten Bestande vorfindlich sein mag, gehört es, mindestens einen, in der Regel aber mehrere, in der Weise der Fundierung verbundene ‚Setzungscharaktere', ‚Thesen' zu haben; in dieser Mehrheit ist dann notwendig eine die sozusagen archontische, alle anderen in sich vereinigend und sie durchherrschend. (Husserl, Ideen I, 287f.)
Das intentionale Erlebnis ist Bewußtsein von etwas. Man sagt dann wohl auch: ist gerichtet auf dieses Was. Hier aber ist nach meiner jetzigen Ansicht zu sagen: Wir unterscheiden latent intentionale Erlebnisse von patent intentionalen. Die Letzteren, als die eigentlich intendierenden, enthalten Strahlen (bzw. einen eventuell fundierten Strahl) der Richtung–auf im Sinn der aufmerkenden Richtung. (Husserl 2004, 377)

- *Die Einheit des jeweiligen Gegenstandes des Bewusstseins und auch die Bildung von Zusammenhängen aus Bewusstseinserlebnissen ist nach Husserl ein Produkt der Synthesis durch das Subjekt.*

Der Gegenstand des Bewußtseins in seiner Identität mit sich selbst während des strömenden Erlebens kommt nicht von außen her in dasselbe hinein, sondern liegt in ihm selbst als Sinn beschlossen, und das ist als intentionale Leistung der Bewußtseinssynthesis. (Husserl 1995^3, 44)
Synthesis liegt aber nicht nur in allen einzelnen Bewußtseinserlebnissen, und verbindet nicht nur gelegentlich einzelne mit einzelnen; vielmehr ist das gesamte Bewußtseinserleben (...) synthetisch vereinheitlicht. (Husserl 1995^3, 45)

- *Es gibt einen sehr schnellen Wechsel von einem Gegenstand des Bewusstseins zu einem anderen: von einem visuellen Gegenstand zum anderen, von einem Sinnesfeld zu einem anderen, z. B. vom Sehen zum Tasten, vom Wahrgenommenen oder Gedachten zum Gefühlten oder Gewichteten, vom Gegenwärtigen zum Gewesenen oder Zukünftigen, vom Gewünschten zum Gewollten – kurz: anscheinend von jeder Klasse von intentionalen Gegenständen zu jeder anderen, ja sogar von jedem beliebigen Gegenstand zu jedem beliebigen anderen, sofern er als Bewusstseinsgegenstand aktivierbar ist. Das Feld der intentionalen Gegenstände, zwischen denen gewechselt werden kann, ist nur begrenzt durch die Verfügbarkeit von Gegenständen des Bewusstseins. Daraus resultiert im Extrem eine hektische Flüchtigkeit oder sogar Chaos, d. h. völlige Desorganisation der Intentionen bei bestimmten Pathologien.*

Dieser Wechsel von einem Gegenstand zu einem anderen ist nicht nur sehr schnell und scheinbar grenzenlos, sondern auch *absolut*. Uns ist jetzt nicht mehr der eine, sondern der andere Gegensstand bewusst, es sei denn, wir wollen vergleichen oder eine bestimmte Beziehung herstellen, wozu beide Gegenstände bewusst sein müssen.

Es gibt aber keine zeitliche Konstanz einer spezifischen Intentionalität, während ihre Gegenstände gewechselt werden, wie es bei der Aufmerksamkeit der Fall ist. Mit den Gegenständen wechselt auch die Intention samt ihrer gesamten Perspektivik. Bewusstsein von etwas Bestimmten gibt es deshalb immer nur als dieses eine, das von einem anderen abgelöst wird. Konstant ist nur die abstrakte Struktur der Intentionalität gegenüber der Varianz aller tatsächlichen Fälle.

- *Dieses eine Bewusstsein von etwas ist dann auch das an dieser Raum-Zeit-Stelle des menschlichen Lebensvollzugs einzige aus vielen anderen möglichen.*
  Daher realisiert schon die spezifische Intentionalität die *Selektion* von Aktivitäten: Erst zwischen bereits aktivierten spezifischen Intentionen kann das Interesse auswählen und erst auf die ausgewählte Intention kann sich dann die Aufmerksamkeit richten.

  > Bemerktsein ist Inhaltsein eines beliebigen psychischen Aktes; ob ihm eine besondere Spezies bemerkender Akte zugeordnet ist, lasse ich dahingestellt. Primär bemerkt ist der Hauptinhalt eines umgrenzenden Aktes. (Husserl 2004, 169)

- *In welchem Verhältnis steht dann die spezifische Intentionalität zum Interesse?*
  Das Interesse ist nach Husserl „eine eigentümliche Teilnahme an einem Inhalt", nämlich „eine das Bemerken fördernde Kraft". Es bedingt Wahrnehmen und führt von einer Wahrnehmung zu neuen Wahrnehmungen.

  > Mir erscheint also das Interesse als ein eigenartiger Bewußtseinszustand; es ist eine eigentümliche Teilnahme an einem Inhalt. (Husserl 2004, 167)
  > Das Interesse erscheint uns nach dem Erörterten mit Recht als eine das Bemerken fördernde Kraft. Schon bei der geringen Artikulation, die es als neu erregtes zeigt, bedingt es Wahrnehmen. Mit dem Wahrnehmen artikuliert sich das Interesse immer mehr und führt Schritt für Schritt zu immer neuen Wahrnehmungen, die ihrerseits neue Interessen erregen und artikulieren. Dies vollzieht sich innerhalb eines gegenständlichen Zusammenhanges. (Husserl 2004, 108)

Einerseits muss für jedes Interesse an etwas schon etwas da sein, auf das es sich richten kann. Im Handlungsablauf ist dies zunächst nur eine Vorstellung von einer Aktivität und nicht schon deren Realisierung.

Die Realisierung der Aktivität in der Ausführung einer Handlung ist dann die Erfüllung des Interesses an etwas und des Wollens von etwas mit ihren Vorformen der Antizipation in Form einer Absicht, eines Zieles oder einer Erwartung. Damit ist die Realisierung die Erfüllung einer Selektion von Aktivitäten, die schon vorher stattgefunden hat. Die Absicht ist verwirklicht, das Ziel ist erreicht, die Erwartung ist eingetreten oder all dies auch nicht.

Das gilt nach Husserl insbesondere für das Interesse an einer Erkenntnis. Das Interesse an einer Erkenntnis ist gespannt, „das gelöste Interesse ist die Erkenntnis selbst". Dieses Verhältnis zwischen Spannung und Lösung gilt auch für die Aufmerksamkeit, die nach Husserl dem Interesse „implizit" ist, eine mehrdeutige Bezeichnung der Beziehung zwischen Aufmerksamkeit und Interesse.

> Ich unterscheide erregtes (gespanntes) und beruhigtes (gelöstes, entspanntes) Interesse oder besser: gespanntes, gefesseltes, entspanntes, befreites und freies, ruhiges Interesse. Der einfache Akt des gespannten Interesses ist ein Beziehungsgefühl, es hat Beziehung zum künftigen Eintritt einer gewissen, durch ein A bedingten, zugehörigen Entspannung und Erreichung des Zustandes freien Interesses (...)
> Im Übergang von Spannung zu Lösung tritt Erkenntnis ein. Das der Lösung zugrunde Liegende ist erkannt. Insofern hat die Spannung Beziehung zu Erkenntnis. Sie ist gerichtet

auf Erkenntnis. Und sie ist auch Ursache der Erkenntnis. Erkenntnis (ist) also primäre Wirkung des gespannten Interesses. Das gelöste Interesse ist Erkenntnis selbst.
Die Befriedigung des Interesses, die Erfüllung der Tendenzen im Fortstreben von Wahrnehmungsphase zu Wahrnehmungsphase, von Gegebenheitsweise zu Gegebenheitsweise des Gegenstandes, ist in eins Erfüllung der Erwartungsintentionen. Das ist der Normalfall des ungehemmten Ablaufens der Intentionen; der Gegenstand steht dann in schlichter Glaubensgewißheit als seiend und so seiend vor Augen. (Husserl 1964³, 93f.)
Es gibt also gespanntes Interesse am Gegenwärtigen, aber auch gespanntes Interesse am Künftigen, eine auf das Gegebene gerichtete und eine vorgerichtete, dem Künftigen entgegenstrebende Spannung. (Husserl 2004, 183)
Jede gespannte Erwartung impliziert einen Zustand gespannter Aufmerksamkeit. (Husserl 2004, 160)

- *Während es bei den spezifischen Intentionen nur einen Grad der Klarheit und Deutlichkeit gibt, d. h. der Differenziertheit und der Unterscheidbarkeit von anderem, gibt es sowohl beim Interesse als auch bei der Aufmerksamkeit Grade der Intensität.*

Es wird nun weiter die Frage sein, wie gewisse graduelle Unterschiede im Bemerken, die mitunter, obschon leider selbst nicht klar erfasst, als Unterschiede der Klarheit, Deutlichkeit, eventuell Merklichkeit bezeichnet werden, zu fassen sind. (Husserl 2004, 93)
Der Unterschied zwischen dem Meinen, das die Wahrnehmung und die gesonderte objektivierende Vorstellung macht, und dem Interesse zeigt sich auch in den synthetischen Zusammenhängen. Meinung tritt mit Meinung zusammen in Form der Identitätseinheit. Die Erfüllung einer Meinung liegt im Bewußtsein des Selbstgegebenseins. Anders beim Interesse. Es setzt, wenn es sich identifiziert, einen objektivierenden Zusammenhang voraus, aber die Erfüllung des Interesses ist Befriedigung, so wie die Erfüllung eines Wunsches Wunschbefriedigung ist. Aber eine Meinung bestätigt sich, befriedigt sich nicht. Es ist ein anderer Charakter. (Husserl 2004, 119)
Was aber für uns ausreicht, ist der Hinweis darauf, dass Meinung und Interesse sich evidentermaßen dadurch unterscheiden, dass das Letztere ein Gemütsakt ist, die Meinung aber nicht. Die objektivierende Meinung hat keine Gefühlsbasis und keine sich darauf gründende Intensität. Von einem brennenden Interesse sprechen wir oft genug, von einer brennenden Meinung zu reden, gibt keinen Sinn. Das Meinen, das für uns in Frage ist, hat kein Mehr und kein Minder. (Husserl 2004, 118)

- *Husserl beschreibt das Zusammenspiel zwischen den spezifischen Intentionen und der Intention des Interesses als eine kreisförmige Dynamik.*

Im Wechsel der kreisförmig ineinander zurückführenden Intentionen, bei einer allseitigen und erschöpfenden Betrachtung (des jeweiligen intentionalen Gegenstandes – J.G.) schwächt sich das Interesse bezüglich seiner Intensität, weil alle einzelnen Intensitätselemente an Stärke verlieren. Sind die Wahrnehmungszusammenhänge öfters durchlaufen und uns jede Einzelheit vertraut geworden, so „verliert die Sache an Interesse", sie wird langweilig. In Wahrheit mag das Interesse nicht verloren, aber so schwach sein, dass andere Gegenstände bzw. die durch sie erregten Interessen im Wettstreit um das Bemerken siegen können. Diese neuen Interessen bedingen die wahrnehmende Heraushebung ihrer Gegenstände und die Inszenierung neuer Wahrnehmungs- und Interessenverläufe. Verläuft der Wechsel des Interesses gezwungenermaßen in einem beschränkten Kreis längst vertrauter Gegenstände, wollen sich keine neuartigen Gegenstände und Interessen darbieten, so vollzieht (sich) die „Zu- und Abwendung des Interesses" mit steigender

Unlust – mit Langeweile. Daß die Vertrautheit einer Umgebung niemals zum vollen Stillstand kommen kann, weil es schon aus äußeren Gründen niemals an Motiven der Bevorzugung fehlen kann, bedarf keiner näheren Ausführung. (Husserl 2004, 108)

Diese Beschreibung der Intentionalität durch Husserl ist die Beschreibung der Struktur aller Intentionen. Eine solche allgemeine Struktur des Bewusstseins von etwas ist die Abstraktion einer Struktur von kompletten Aktivitäten und hat deshalb selbst nur begriffliche Realität.

Aus der Perspektive der Introspektion lässt sich die Struktur der Intentionalität sehr differenziert beschreiben, wofür Husserls umfangreiche Analysen auch dann noch das beste Beispiel sind, wenn nicht alle seine Unterscheidungen von jedem nachvollziehbar sind.

Nach dieser Beschreibung gibt es in dieser Struktur auch eine Varianz, weshalb sie nicht starr ist, sondern flexibel. Da die Zahl der variablen Parameter relativ groß ist, wozu noch die variablen Grade einiger Parameter kommen, ermöglicht ihre Flexibilität die Anpassung an eine Vielzahl von Gegebenheiten in der äußeren Situation und auch in der inneren. Diese Variabilität ermöglicht auch die großen intraindividuellen und interindividuellen Unterschiede in Bewusstseinsakten.

Die von Husserl beschriebene Struktur ist aber die Struktur von Bewusstseinsakten als fertigen Realitäten. Sie ist damit die *Struktur eines Resultats, nicht die Struktur des Verlaufs* der Entstehung dieses Resultats. Als „Momentaufnahme" des vollzogenen Bewusstseinsaktes ist diese Struktur trotz ihrer immanenten Flexibilität, die für die Vielzahl unterschiedlicher Bewusstseinssakte ein Beleg ist, statisch. Wie dieses Resultat zustande kommt, d. h. durch welche Prozesse es hervorgebracht wird, wird eben so wenig erkennbar, wie die Prozesse, die mit diesen Prozessen wiederum verbunden sind.

Das ist jedoch in erster Linie eine Beschränkung der Beschreibung der Intentionalität, die sich aus den begrenzten Möglichkeiten der introspektiven Beobachtung ergibt. Wir können uns reflexiv immer nur der Resultate der psychischen Prozesse, nicht aber dieser Prozesse selbst bewusst sein. Wir kennen deshalb vorwissenschaftlich nur ihre Funktionen.

Bei der Beschreibung der erkennenden Intentionen kam Husserl nicht umhin, sich auch mit dem Interesse und der Aufmerksamkeit zu befassen, weil sie eng miteinander verbunden sind. Husserl war sich der Schwierigkeit, sie introspektiv voneinander zu unterscheiden, voll bewusst und hat sich deshalb sehr darum bemüht.

Das Ergebnis dieser Bemühungen ist ein Modell von der Kooperation zwischen erkennenden Intentionen, dem Interesse und der Aufmerksamkeit. Für dieses Modell ist kennzeichnend:

- *Das Bewusstsein von spezifischen Gegenständen des Wahrnehmens und Denkens, das Interesse und die Aufmerksamkeit sind nicht nur voneinander unterscheidbare Merkmale der menschlichen Aktivität, sondern eigenständige intentionale Akte mit unterschiedlichen Funktionen. Es sind die Funktionen „Bemerken von etwas" (erkennen), „vorziehen" (Selektion) und „aktivieren von Funktionen des Bemerkens" (Aufmerksamkeit).*

- *Diese eigenständigen intentionalen Akte sind Komponenten der Intentionalität als Bewusstsein von etwas.*
- *Sie stehen zueinander in dem Bedingungs- und Fundierungsverhältnis, dass eine spezifische Aktivität die Voraussetzung für ihre Selektion ist und dass die Selektion wiederum die Voraussetzung für die Zuwendung der Aufmerksamkeit ist.*
- *Im Bewusstsein von etwas ist aber der Inhalt des Bewusstseins dominant, während Interesse und Aufmerksamkeit rezessiv sind und nicht gleichzeitig mit dem Inhalt erlebt werden. Sie können aber in der Reflexion voneinander unterschieden werden. Das ist eine hierarchische Unterordnung der unspezifischen Intentionen unter die spezifischen im Bewusstseinsakt.*
- *Realisiert wird dies in einem dynamischen Prozess der zunehmenden Steigerung der Klarheit und Deutlichkeit der Erkenntnis, der zunehmenden Intensität des Interesses und der zunehmenden Intensität der Aufmerksamkeit.*
- *Dieser Prozess ist insofern kreisförmig, als ein bloßes Auffassen von etwas erst durch selektives Interesse und Aufmerksamkeit zu differenzierter Erkenntnis führt, weil im Aufgefassten etwas bevorzugt und fokussiert wird, was dann genauer analysiert werden kann.*

Insofern sind spezifische Aktivitäten einerseits die Voraussetzung für Interesse und Aufmerksamkeit, andererseits aber sind diese beiden die Voraussetzung für solche spezifischen Aktivitäten, die zu höherer Klarheit und Deutlichkeit führen. Dieser Kreisprozess kann mehrfach wiederholt werden, bis die jeweils erzielbare höchstmögliche Klarheit und Deutlichkeit erreicht ist.

- *Bei jedem solchen weiteren Versuch, etwas klarer und deutlicher zu erkennen, spielt sich auch wieder die Transformation des Interesses in Wunsch, Absicht, Erwartung, Entscheidung, Entschluss und Wille ab, meist sehr schnell oder auch verkürzt, während der spezifische Inhalt des Bewusstseins in Gestalt eines Gegenstandes des Bewusstseins konstant bleibt.*

Obwohl dies alles für die Hypothese der Kooperation zwischen Aufmerksamkeit, Interesse und Intentionalität spricht, ergibt diese introspektive Beschreibung noch kein hinreichendes Bild von dieser Kooperation, weil noch zu viele Fragen offen bleiben, insbesondere die Fragen:

- *Wodurch kommt das Richtungsbewusstsein der Intentionalität zustande?*
- *Wer oder was richtet sich eigentlich auf Gegenstände?*
- *Woraus entstehen die unterschiedlichen Klassen von Bewusstseinsakten, sowohl der Gegenstände als auch der Intentionen auf sie?*
- *Haben wir es mit der Grundstruktur aller psychischen Aktivitäten zu tun, oder handelt es sich nur um die Struktur einer bestimmten Klasse von psychischen Aktivitäten, nämlich der bewussten?*
- *Vollziehen wir kontinuierlich bewusste intentionale Akte oder treten sie nur an bestimmten Stellen der menschlichen Aktivität auf?*

- *In welchem Verhältnis stehen spezifische intentionale Akte zu unspezifischen intentionalen Aktivitäten, z. B. zur Aufmerksamkeit, zum Interesse und zum Willen, über die ihnen zugeschriebenen Abhängigkeiten hinaus genau?*
- *Sind die unspezifischen Aktivitäten der Aufmerksamkeit, des Interesses und des Willens ebenso intentional wie die spezifischen, oder sind sie nur deshalb bzw. in der Weise intentional, dass sie sich auf die spezifischen Aktivitäten richten?*
- *Durch welche Prozesse kommt jedes Bewusstsein von etwas zustande?*
- *Gilt die Beschreibung der Intentionalität des einzelnen Bewusstseinsaktes auch für die geordnete Einheit aus nichtbewussten und bewussten Akten in Gestalt der Handlung?*
- *Wie wird das Zusammenspiel der vielen unterschiedlichen Intentionen geregelt?*

Vielleicht geben neuropsychologische Untersuchungen auf diese und auch noch auf andere Fragen Antworten.

Das Problem des neuronalen Korrelats für die Intentionalität

Der Neuropsychologe Libet sucht in seinen Forschungen zum Bewusstsein expressis verbis nach dem neuronalen Korrelat für den introspektiven Befund, dass die Intentionalität „Bewusstsein von etwas" ist.[30]

> Die Verwendung introspektiver Berichte bei unseren Untersuchungen führte mich dazu, das Wesen ihrer Bedeutung deutlicher zu erkennen. Mir wurde klar, dass das wesentliche Merkmal introspektiver Berichte bewussten Erlebens in der Bewusstheit von etwas besteht. Wessen man sich bewusst ist, umfasst eine breite Vielfalt erlebter Inhalte, einschließlich der Bewusstheit der Außenwelt und unserer inneren Körperwelt (über sensorische Inputs), unserer Gefühle (Ärger, Freude, Niedergeschlagenheit), unserer Gedanken und Vorstellungen und unseres Selbst (…) Ich werde auf der Grundlage der empirischen Belege dafür argumentieren, dass Bewusstheit an sich ein einzigartiges Phänomen ist und dass es mit einzigartigen neuronalen Aktivitäten verknüpft ist, die eine notwendige Bedingung für alle bewussten Erfahrungen darstellen. (Libet 2005, 34)

Damit erkennt Libet nicht nur an, dass introspektive Beschreibungen für neuropsychologische Untersuchungen unverzichtbar sind, sondern er nimmt auch an, dass es speziell für die Intentionalität neurologische Befunde gibt.

Ich wende mich deshalb jetzt experimentalpsychologischen und neuropsychologischen Beschreibungen der Intentionalität zu, wie ich es auch in den vorausgehenden Kapiteln getan habe. Dabei werde ich Belege für die Annahme vorlegen, dass die Intentionalität die *Grundstruktur aller neuropsychischen Aktivitäten* ist, nicht nur der bewussten, dass man aber zwischen *spezifischen und unspezifischen intentionalen*

---

[30] Oeser/Seitelberger 1988, 23: „Im Zentrum dieser Überlegungen (über eine derzeitige Philosophie des Geistes - J.G.) steht ein klassischer Begriff der traditionellen aristotelisch-scholastischen Philosophie, der später von Brentano wiederaufgenommen worden ist: der Begriff der „Intentionalität". Er bildet den nichteleminierbaren Grundbegriff einer neuen „Philosophie des Geistes", die sich als kompatibel mit der modernen Hirnforschung erweisen könnte."
Oeser/Seitelberger 1988, 31 „Alle wirklich intentionalen Akte haben daher eine biologische Grundlage."

Gegenständen unterscheiden kann und dass die Intentionalität, die beiden gemeinsam ist, das *Zusammenwirken* zwischen diesen beiden Arten der Intentionalität erst ermöglicht. Diese universale Intentionalität wiederum könnte ihr neuronales Korrelat in der *Divergenz-Konvergenz-Struktur der Neuronen und neuronalen Netzwerke und der Aktivitätsmuster in dieser anatomischen Struktur* haben.

Die deutsche Sprache bringt die Gemeinsamkeit und die Unterschiede zwischen Aufmerksamkeit, Interesse und spezifischer Intentionalität andeutungsweise durch Präpositionen zum Ausdruck. Das Bewusstsein *von* etwas konstituiert spezifische Gegenstände. – Das Interesse *an* etwas, die Entscheidung *über* etwas sowie der Entschluss und der Wille *zu* etwas regeln die Zuwendung zu einem solchen Gegenstand. – Die Aufmerksamkeit *auf* etwas gibt den Ausschlag für die Aktivierung der spezifischen Aktivität, der sich das Interesse und seine Modi zugewendet haben.

Die Intentionalität der unspezifischen Aktivitäten „Aufmerksamkeit" und „Interesse" richtet sich auf die Gegenstände der spezifischen Aktivitäten
Die spezifischen Aktivitäten sind neuronal lokale Aktivitäten, die von klar definierbaren Arealen in der Gehirnrinde ausgehen und in ebensolchen Arealen enden.

Demgegenüber sind die Systeme für die unspezifischen Aktivitäten *weit über das Gehirn verteilt*, wie es sich sowohl bei der Aufmerksamkeit als auch bei dem Wertungssystem, das zum Interesse und seinen Modi führt, gezeigt hat.

Die Aktivierung der spezifischen Aktivitäten tritt ebenso wie die Aktivierung der unspezifischen im *bewussten wachen Zustand* auf. Wenn aber spezifische Aktivitäten in gesteigertem Maße aktiv sind, *steigt auch die Aktivität der unspezifischen Aktivitäten an*.

Dies belegt die *getrennte Messbarkeit von spezifischen und unspezifischen Aktivitäten und ihre gleichzeitige Steigerung*, die eine Abhängigkeit zwischen ihnen indiziert. Es ist aber anscheinend noch nicht zu erkennen, wie diese Abhängigkeit genau aussieht.

> Viele unserer Patienten zeigten im bewußten, wachen Zustand nicht nur einen örtlich begrenzten Anstieg der Durchblutung, sondern auch eine Zunahme der Durchblutung des gesamten Gehirns. Leistungen des Erinnerns und Nachdenkens steigern zusätzlich zu regionalen Änderungen die generelle Durchblutung um ungefähr zehn Prozent. Der Effekt tritt nicht auf, wenn einfache Aufgaben gelöst werden, und ist besonders deutlich vorhanden, wenn die Person mit einem als schwierig empfundenen Problem kämpft.
> Diese Beobachtung stützt eine von den Neurophysiologen getroffene Unterscheidung zwischen spezifischen und unspezifischen Bahnen des Gehirns. Die motorischen und sensorischen Nervenbahnen gelten als spezifisch. Sie beginnen bzw. enden in definierten Arealen der Rinde und werden bei der Ausführung einer Bewegungsaufgabe und bei der Wahrnehmung und Deutung sensorischer Information aktiv. Gleichzeitig aktivieren solche Aufgaben aber auch größere Rindenareale über Bahnen, die sich fächerförmig vom Stammhirn und vom Mittelhirn her ausbreiten und die man unspezifisch oder diffus nennt. Offenbar muß die Hirnrinde also nicht nur lokal, sondern auch als Ganzes tätig werden, damit das Gehirn die Umwelt versteht und schwierige Aufgaben bewältigen kann. (Lassen/Ingvar/Skinhoj 1989, 141 f.)

Da die spezifischen Aktivitäten von einem Netzwerk zu einem anderen verlaufen, sind sie *ein Prozess mit einem ganz bestimmten Ausgangspunkt und einer Richtung ihrer Aktivität auf einen ebenso bestimmten Endpunkt.* Dies könnte der Prozess sein, der der introspektiven Erfahrung der Ausrichtung auf einen Gegenstand des Bewusstseins entspricht. Umgekehrt wäre dann die Intentionalität die Struktur eines Verlaufs. Jedes Bewusstsein von etwas wäre dann nicht eine schlagartige Ausrichtung, sondern käme in einem *Prozess mit einer jeweils genau messbaren Dauer* zustande.

Genau dies ist der Fall, denn jede Identifikation eines Reizes hat von dessen Vorgabe an bis zu seiner Identifikation durch den Probanden einen Zeitbedarf, der zwischen etwa 20 Millisekunden, der generellen Oszillation des Gehirns, und mehreren hundert Millisekunden liegt (s. dazu u.a. die Zeitmessungen v. Libet 2005 u. Hoffmann 1988).

Das Verhältnis zwischen der Intentionalität der spezifischen Aktivitäten und der Intentionalität der unspezifischen Aktivitäten

Den unspezifischen Aktivitäten des Interesses und der Aufmerksamkeit gehen immer schon spezifische Aktivitäten voraus. – Die unspezifischen Aktivitäten tragen dann aber zur Aktivierung von weiteren spezifischen Aktivitäten bei.

Die folgende Darstellung dieses Verhältnisses beruht auf mehreren Modellen. Ihnen ist gemeinsam, dass sie sich auf den Prozess beziehen, durch den die *zeitliche Ordnung der Handlung* hergestellt wird. Die Beschreibung bezieht sich nämlich auf sensomotorische Handlungen. Es spricht aber sehr viel dafür, dass kognitive Handlungen zumindest ähnlich verlaufen.

> A model is proposed which describes the regulation of cortical excitability. It is based on the fact that pyramidal neurons have firing thresholds which can be modulated via lasting depolarizations of the dendritic tree. It is suggested that modification of excitability takes place separately in the different neural networks, constituing one physiological basis of attentive behaviour.
> Depolarizations of apical dendrites give rice to surface-negative scalp potentials which appear in the DC-records of the EEG. Hence, the extent of excitability in one brain region can be measured as amplitudes of slow potential shifts arising from the corresponding region. (Rockstroh/Elbert: 1990, 330)

> Indeed, prefrontal functions apply to a wide range of motor and cognitive activities, from eye movement to speech and reasoning, but in all instances they serve the purpose of ordering sequential action toward a goal, whatever that goal may be. In that sence the prefrontal cortex is "motor", like the rest of the frontal lobe (Fuster 1981). (Fuster 1997[3], 209)

Den Gesamtprozess der Aktivierung der spezifischen Aktivitäten durch die unspezifischen beschreibt Fuster als "drive":

> For initiating and leading temporal structures of behavior to their goal, the cortex of the frontal lobe makes use of a fund of neural energy that can best be characterized as basic drive. Drive is the source of alertness or general attention, and of the interest in the world and in themselves, that patients with substantial lesions of dorsolateral and medial frontal cortex seem to lack. Drive determines the initiative and vigor with which the organism form behavioral structures. It is provided to the frontal cortex in the form of modulatory activation from the subcortical and limbic formations that have connective assess to it. Those include the reticular formation of the mesencephalon, the amygdala, and the

hypothalamus. Some of the activating influences originating in those brain structures may be transmitted to the frontal cortex through the mediodorsal nucleus of the thalamus. (Fuster 1997[3], 216f.)

Ich beschreibe jetzt diesen Prozess auf der Basis von mehreren Darstellungen, in denen nicht nur eine große Zahl von einzelnen Versuchen, sondern auch eine Reihe von Modellierungen des fraglichen Zusammenhangs zusammengefasst werden. Nach ihnen könnte dieser Prozess bei sensomotorischen Aktivitäten, d. h. bei einer Handlung aus sensorischer Orientierung und motorischer Reaktion auf die Resultate der Orientierung (vgl. hiermit z. B. Stock 2004), im Einzelnen so aussehen:

1. Einige Sensorische Reize lösen eine *präattentionale unbewusste Verarbeitung* durch den Kortex aus, die automatisch zu einer Wahrnehmung führen. Das ist ein spezifischer Verarbeitungsprozess. Er hat die Form eines Regelkreises, der zwar von sensorischen Reizen ausgelöst wird, in dem aber intern gespeicherte Daten verarbeitet werden, was eine bestimmte Zeit dauert, obwohl es sehr schnell geschieht.

The following examples should illustrate the functioning of threshold regulation as represented by scalp-recorded brain potentials. Let us first give an example of "automatic" threshold regulation largely unaffected by incoming stimuli. Activity at time t will determine activity at the very next moment t+r, r denoting the time required for the regulatory loop cortex - striatum - pallidum - thalamus - cortex to transform the information received from the cortex and to transmit it back readjusting its excitability. (Rockstroh/-Elbert: 1990, 327)

Thus it appears that all discrete auditory stimuli receive a rapid and complete processing of their physical features. This processing, performed by the permanent feature-detection system, is very rapid, with a good deal of it probably occuring at the subcortical level. It is automatic, parallel, and preconscious, and is not influenced by the direction of attention. (Näätänen 1990, 229)

2. Tritt im Bereich des automatisch Wahrgenommenen ein *neuer Reiz* auf, dann erzeugt dies einen *zusätzlichen spezifischen Input für die Aktivierung von spezifischen Aktivitäten* für die Wahrnehmung und deren Verarbeitung.

An external event or stimulus produces additional input to the cortex. Consequently, the momentary activity (A (t)) and subsequent activity will be changed. Stimulus input activates the primary projection areas via specific thalamic fibers, enhancing A (t). The feedback control will cause a compensatory increase in threshold, which should show itself in the EEG as a transient positive shift. (Rockstroh/Elbert: 1990, 327)

3. Erst 100-150 ms danach treten *nichtspezifische positive elektrische Potentiale auf*. Sie regeln die Schwellen für die Aktivierung von spezifischen Aktivitäten für die Bearbeitung von Stimuli, die von ihnen als relevant ausgezeichnet worden sind. – Demnach geht der Aktivierung der unspezifischen Intentionen schon eine Aktivierung von spezifischen Intentionen voraus.

Excitability of cortical regions can be tuned by nonspecific thalamocortical fibers, which synapse with the apical dendrites. This process might be considered a candidate for the regulation of thresholds of neuronal excitability. However, such a tuning of nonspecific thalamocortical afferents can only be effective if information about ongoing activity in the networks to be regulated is taken into account. A "measurement device" must be assumed that receives information about ongoing activity of cortical neuronal networks and which transmits this information to the thalamus. Neuroanatomical structures that fulfill these requirements are the basal ganglia (Braitenberg, 1984; Scheibel & Scheibel, 1966; Marsden 1982; Brooks 1986; Schneider & Lidsky, 1987). The ventral system of the basal ganglia contains the limbically innervated Nucleus accumbens, while the dorsal system receives input from major areas of the cerebral neocortex, the thalamus, and the Raphe nuclei in the reticular formation (Marsden, 1982; Brooks 1986). We can assume a regulatory loop, comprising cortex - striatum - palladium - thalamus - cortex. This assumption is in line with the conclusion drawn by Brooks (1986) that "the basal ganglia are parts of a control circuit that may operate somewhat like those of the cerebellum, that is, by comparing intended outputs with their actual execution" (p. 294) (Rockstroh/Elbert 1990, 325f.)

Indeed, modality nonspecific positive EP components develop after a latency of 100-150 ms in response to every enhancement of cortical activity. The reflexive limiting of cortical excitability allows for the interruption of ongoing activity, while incoming activity fed through specific afferents is maintained. Therefore, strong inputs enable the initiation of activity in specific cortical networks and block previously active events. (Rockstroh/Elbert: 1990, 328)

The development of the attentional trace depends on the availability of accurate sensory information about the relevant stimulus to the brain (Näätänen 1982). (Näätänen 1990, 132)

4. Die unspezifischen Potentiale haben zum einen die psychische Funktion der *Gewichtung* des neuen Ereignisses. Eine Wahrnehmung als Ganze oder etwas in ihr wird dann für relevant gehalten, d. h. hoch gewichtet, und ist damit interessant. Alle anderen zur Zeit gegebenen Stimuli sind dagegen nicht interessant.

Much of action is, however, self-initiated and goal-directed. These goals of the organism and motives in general, make some stimuli relevant and others irrelevant.
If the event is relevant, cortical input may be enhanced through brain stem and/or limbic activity. (Rockstroh/Elbert: 1990, 328)

5. Auf das hoch Gewichtete wird zum anderen die *Aufmerksamkeit* gelenkt. – Erst durch die Zuwendung des Interesses und der Aufmerksamkeit kommt es zu einer bewussten Wahrnehmung.

Thus the attentional trace depends on (1) the existence of the corresponding sensory-memory information and (2) voluntary "tuning" or maintenance activity (Näätänen 1990, 230)
(...) the subject needs a few stimuli in the very beginning of the session before Nd ("attention effect called negative difference by Hansen and Hilyard" – Näätänen 1990, 216) begins to elicit, or, in other words, the attentional trace emerges. This trace is maintained from a relevant stimulus to the next relevant stimulus by the continuous (or almost continuous) matching process itself when the sequence of these stimuli continuous (like speech) or interrupted by only very brief intervals. (Näätänen 1990, 230)[31]

---

[31] S. z. B. a Birbaumer/Schmidt 1996³, 528: „Die kortikale Regelung von Aufmerksamkeit garantiert, dass jeder Reiz, auch wenn er nicht bewußt wahrgenommen wird, vor der Zuteilung von Aufmerksamkeitsressourcen vom Neokortex analysiert wird und die Erregungskonstellationen bekannter, unwichtiger Reize auf kortikaler Ebene in ihrer Weiterverarbeitung gehemmt werden. Offensichtlich findet die Hemmung unbedeutender Afferenzen auf peripherem Niveau, z. B. auf

If attention is to be directed actively toward the relevant stimulus, the working of the feedback loop can be controlled via the MTFCS (mediothalamic-frontocortical system - J.G.). Stimuli can activate MTFCS operation directly via brain stem collaterals feeding into R (nucleus reticularis thalami – J.G.) and releasing FC (frontal cortex – J.G.) activity. (Rockstroh/Elbert: 1990, 328f.)[32]

Whether a conscious percept emerges is determined by sensory attention-triggering characteristics of the stimulus, the momentary degree of excitability of the brain mechanisms responsive to these stimulus characteristics (Näätänen & Picton 1987), and by the direction and intensity of attention at the moment of presentation, with attention directed toward the stimulus lowering the threshold and attention directed away from the stimulus elevating it. Stimulus onsets and offsets, as well as changes in a continuous stimulus, belong to such stimulus characteristics. They elicit N1 components (supratemporal, sometimes also nonspecific ones) whose generator process might cause the preperceptual sensory data from the stimulus to reach the level of conscious perception. (Näätänen 1990, 229)

6. Die Aufmerksamkeit erlaubt die *Verarbeitung des Neuen* im Kontext einer Handlung. Bedeutsame Hinweise, gerichtete Bewegungen und relevante Informationen werden auf das Schema der Handlung und ihres Zieles bezogen.

Surely the bulk of all voluntary and deliberate behavior is made of simple and automatic acts, old habits, and familiar percepts. If the behavior is new, however, its most critical constituents are the attentive acts, that "palpate" the environment in search of significant cues, the intentional and eloborate movements, the continuous monitoring and updating of relevant information, and the referring of that information to the schema of the action and its goal. The prefrontal cortex is an active force behind these operations, and that is why it has been called "the executive of the brain" (Pribram 1973). Those operations have been characterized as the executive functions of the frontal lobe and, more specifically, of the prefrontal cortex. One of them is attention. (Fuster 1997[3], 217)

7. Die *Ergebnisse der Verarbeitung* des Relevanten werden wiederum *gewichtet*, was die *Aufmerksamkeit* auf sie lenkt und vielleicht noch steigert. Dies setzt sich fort, bis der Orientierungsprozess beendet wird.

8. Danach werden *verfügbare automatische motorische Reaktionen* auf das Resultat der Orientierung aktiviert und genauso verarbeitet wie die sensorischen Reize. – Dabei kommen Selektion und Aufmerksamkeit wieder ins Spiel. –

Ebene der ersten Umschaltstationen entweder nicht oder nur nach weitgehender kortikaler Verarbeitung statt."

[32] S. a. Fuster 1997[3], 217: "Attention is, therefore, a specialization of basic drive. However, it is possible the metabolic activation of the anterior cingulate cortex, which occurs with *effort to do* in several domains of action, and which has attributed to the activation of an "anterior attentional system" (Posner and Petersen, 1990), constitutes a nonspecific manifestation of basic drive in the frontal lobe. Cingulate activation would be a resource of neural excitation for selective attention in specific action domains of the frontal cortex."
Und. Näätänen 1990, 227: "According to the present theory, the sensory-specific attentional trace is maintained and controlled by a frontal-lobe mechanism. In the foregoing, data were reviewed suggesting a later, frontal PN component. This component might reflect the involvement of the frontal lobes in selective attention, a well-established fact (Luria & Homskaya 1970; Pribrm & Luria 1973; Kknight 1984; Picton et al. 1986; Stuss & Benson 1986; Woods, in press)."

Wenn die Orientierung verarbeitet und die Reaktion ausgearbeitet ist, kommt es zu einer *Entscheidung* für eine bestimmte motorische Reaktion auf bestimmte sensorische Reize, d. h. für einen bestimmten sensomotorischen Plan.

Drive also allows the making of decisions, but the choice of decision is an attentive act that is determined in frontal cortex after analysis and evaluation of assorted items of memory and motive. Most of them or all of them may be unconscious.

Simply anatomical considerations lead us to believe that the making of a decision is a multidetermined event and does not come down from any hypothetical "center of decision", let allone "center of will". Aside from the absence of any bit of neural evidence for such a center, we should take into account that the "central executive", as the anterior frontal cortex has sometimes been called, is the best connected of all neocortical regions. To various parts of it come, directly or indirectly, inputs from practically everywhere else in the brain; inputs from brainstem and diencephalon bringing information on the internal milieu, from limbic structures on affective state and motivational significance, from myriad cortical locations on past memory and experience.

Given this richness of input to the frontal cortex, it is reasonable to view any decision as a vector of converging neural influences upon it, as the resolution of competition or conflict between numerous motives and items of internal and external information. That resolution is bound to involve some selection, which in the nervous systems means selective facilitation and lateral inhibition. (Fuster 1997³, 218)

9. Die gewählte motorische Reaktion wird genauer ausgearbeitet bis zum *Entschluss*, sie auszuführen.

Set or motor attention. It consists in the selection of particular motor acts and the preparation of the sonsory and motor systems for them. The selection is made among items of an established repertoire of motor memory. This function is essential for the execution of plans (temporally extended set), and also based in the dorsolateral prefrontal cortex, though probably under influences from the anterior medial cortex. (Fuster 1997³, 252)

10. Im Entschluss wird der *Wille* aktiviert. Er steuert bei der Ausführung der motorischen Aktivität sowohl die Selektion von spezifischen motorischen Aktivitäten als auch die Ausrichtung der Aufmerksamkeit auf sie, soweit dies für die Regelung von automatischen Prozessen erforderlich ist.

From set or motor attention derives the intention to act, though the latter may appear to precede the former in time. The conscious intention to perform an act, whether at the start of a sequence of actions or in the middle of it, may in fact precede the preperatory set of the motor apparatus for the act. However, in the neural logistics of the behavioral structure, preparatory set can take place before and even without intention. To wit, the experimental results of Libet, who demonstrated the start of the frontal "readiness potential" a few hundreds of milliseconds before the intention to move. Conscious operations in general may be secondary to neural operations. What is true in this respect for the intentions to perform a certain act is also true, at a more general level, for the decision to carry out a given plan of action. (Fuster 1997³, 217 f.)

11. Ein Resultat ist erzielt und wird automatisch *wahrgenommen*. Das Wahrgenommene wird *gewertet*, woraus oder bis ein neues Interesse entsteht. – Der Zyklus beginnt von vorn (s. 1.).

Dies ist ein allgemeines Prozessmodell der Handlung, eine Beschreibung von einigen Etappen in ihrem Verlauf. – Es ist jedoch keine Beschreibung des tatsächlichen komplexen Verlaufs. Im tatsächlichen Verlauf gibt es eine komplizierte *Verschachtelung* dieser Etappen. Außerdem gibt es *Überlagerungen* der voneinander unterschiedenen Etappen, sodass sie zumindest partiell simultan verlaufen. Dies ist z. B. der Fall, wenn es eine länger andauernde Aufmerksamkeit gibt oder gar ein lebenslanges Interesse an etwas, z. B. in Gestalt von Identitätszielen (Gollwitzer 1987). Dann können die unspezifischen Aktivitäten bestimmten spezifischen Aktivitäten vorausgehen, z. B. der Entdeckung bestimmter Gegenstände, die im Bereich des Interesses und der Aufmerksamkeit liegen.

Es wird eine große Dynamik in der Variation der Reihenfolge von spezifischen Intentionen und unspezifischen Intentionen geben, weil sie sich wechselseitig beeinflussen können. Da sie zyklisch miteinander verbunden sind, kann jede von ihnen der Einstieg in den Zyklus sein.

Von allen Formen ihres Zusammenspiels aber bleibt unberührt, *dass die unspezifischen Aktivitäten die Aktivität von spezifischen modulieren*. Eben dadurch aber arrangieren oder organisieren sie deren Abfolge in der Handlung, die aus vielfältigen Orientierungen und Reaktionen besteht.

Dass sowohl den spezifischen Aktivitäten als auch den unspezifischen *die Intentionalität gemeinsam* ist, obwohl sie unterschiedliche Funktionen ausüben, ist ein Indiz dafür, dass wir es bei der Intentionalität mit einem Phänomen zu tun haben, dass nicht nur für einzelne Klassen von neuropsychischen Aktivitäten kennzeichnend ist, sondern vielleicht sogar für alle.

Dafür spricht auch, dass *alle drei selektiv* sind und nur durch ihre drei unterschiedlichen Selektionen die jeweilige einzelne Aktivität zustande kommt. Die jeweilige spezifische Aktivität mit einem bestimmten Gegenstand unterscheidet sich von allen anderen spezifischen Aktivitäten. Sie wird aber nur aktiv, wenn sie allen anderen im Moment vorgezogen wird und ihr deshalb soviel Aktionspotentiale zugeführt werden, dass sie ihren Schwellenwert erreicht, wofür das Interesse und die Aufmerksamkeit sorgen.

Für die Universalität der Intentionalität spricht daher auch, dass keine Selektion eines intentionalen Gegenstandes ohne Unterscheidung und Verbindung möglich ist. Aus den jeweils schon unterschiedenen Gegebenheiten geschieht die Selektion einer bestimmten Gegebenheit aber neuronal durch die Erleichterung der Aktivierung bestimmter Aktivitäten und die Hemmung aller anderen (Fuster 1997[3], 218). Auch die Hemmung wirkt bei der zeitlichen Organisation der Handlung mit und hat wie die Erleichterung ihren Ort im präfrontalen Kortex in Zusammenarbeit mit den Basalganglien und dem Cingulum.

> Inhibitory control. This function protects behavioral structures from external or internal interference. An important source of interference are sensory and motor memories that are similar to those in current action but inappropriate to it. By suppressing distraction, this function serves the exclusionary role of attention. Inhibitory control based primarily in the orbimedial prefrontal cortex and exerted on a variety of cortical and subcortical regions. (Fuster 1997[3], 252)

Diese neuropsychologischen Befunde und Annahmen bestätigen die introspektiven Befunde Husserls über die *Eigenständigkeit* der spezifischen und unspezifischen intentionalen Akte und auch über deren *Zusammenspiel* durch die räumliche Dissoziation dieser Akte auf unterschiedliche neuronale Netzwerke und durch die Messung ihres zeitlichen Auftretens.

Diese Resultate erlauben aber über Husserls Beschreibung hinaus eine Beschreibung ihres Prozessierens im gesamten Verlauf der Handlung. Davon konnte ich hier auf Grund der mir bekannten Angaben nur einen ersten und bruchstückhaften Eindruck vermitteln. Während sich die Beschreibung des Gesamtprozesses der Handlung bisher nur aus den Resultaten einer außerordentlich großen Zahl von sehr speziellen Untersuchungen konstruieren lässt, müsste er jetzt selbst zum Gegenstand neuropsychologischer Untersuchungen werden, wodurch Gesetzmäßigkeiten in seinem Ablauf erkannt werden könnten.

Intentionale Gegenstände sind das Resultat von Unterscheidungen

Die bisherige Theorie der Intentionalität beschreibt nur den *Zustand, in dem ein Gegenstand des Bewusstseins schon gegeben ist*. Wie aber kommt es dazu?

Husserl hat zwar schon beschrieben, *dass* die Gegenstände des Bewusstseins in dem jeweils bereits Gegebenen von allem anderen unterschieden sind. – George Spencer-Brown aber hat zusätzlich phänomenologisch beschrieben, *wie dies geschieht*. Er hat *die Form des Vorgangs der Unterscheidung* beschrieben, die an jedem Übergang zu einem anderen Gegenstand des Bewusstseins introspektiv beobachtet werden kann.

Husserl würde diese Form der Beschreibung als *Wesensschau* bezeichnen. Georg Spencer-Brown aber bezeichnet seine Beschreibung als eine *mathematische*, zum einen wegen der universalen Formalität des Beschriebenen und zum anderen wegen der spezifischen Logik der Verbindung von Unterscheidungen miteinander (Einschachtelung statt Begriffshierarchie).

Indem Georg Spencer-Brown die universale Form der Unterscheidung von und in Gegenständen des Bewusstseins beschreibt, beschreibt er die *Grundlage für jedwede Selektion*, denn Selektion ist der Akt einer Bevorzugung eines Gegebenen vor allem anderen.

Der Prozess der Unterscheidung tritt wie die Intentionalität auch dann auf, wenn in der Reflexion auf Bewusstseinsakte etwas *in den Bewusstseinsakten* unterschieden wird, weil diese dann die Gegenstände des Bewusstseins sind. – Wenn die psychische Logik der Unterscheidung mit der neuronalen Logik des Prozessierens korreliert, dann ist die Theorie des Vorgangs der Unterscheidung von Georg Spencer-Brown ein Beitrag zur *Genese der kompletten Einheit jedes Bewusstseinsaktes*.

Die *Formalität* dieser Beschreibung des Vorgangs der Unterscheidung macht sie sogar unabhängig vom Erleben des beschriebenen Vorgangs und damit von der Bewusstheit. Die Struktur dieses Vorgangs ist nämlich das abstrakte Resultat einer Reflexion auf ihn.

Die Form der Unterscheidung gilt nicht nur für jedes Bewusstsein von etwas, sondern auch für alle nichtbewussten automatischen Unterscheidungen.

Diese Theorie von Georg Spencer Brown scheint mir eine beträchtliche Erweiterung der Husserlschen Phänomenologie zu sein, und zwar eine Erweiterung um die Beschreibung eines Prozesses, der *grundlegend* ist *für die von Husserl beschriebenen Phänomene der Intentionalität* und auch für dessen allgemeine Beschreibung dieser Phänomene. Wenn diese Theorie des Prozesses der Unterscheidung von etwas auch im Mikrobereich der neuronalen Prozesse gilt, dann ist diese Erweiterung der Husserlschen phänomenologischen Psychologie eine neuropsychologische Theorie.

Ich zitiere die ersten Aussagen der Theorie der Unterscheidung von Georg Spencer-Brown und schließe daran deren systematische Analyse an. – Diese Analyse hat den Duktus einer zustimmenden Explikation und Rezeption dieser Theorie für die Klärung der Frage nach dem Prozessor der menschlichen Informationsverarbeitung. Ich erwarte, dass die Theorie der Unterscheidung von Georg Spencer Brown einen wichtigen Beitrag dazu leisten kann, die Form der Kooperation zwischen Aufmerksamkeit, Interesse, Intentionalität und Kurzzeitigem Arbeitsgedächtnis zu klären.

1. Die Form

Wir nehmen die Idee der Unterscheidung und die Idee der Bezeichnung als gegeben an, und daß wir keine Bezeichnung vornehmen können, ohne eine Unterscheidung zu treffen. Wir nehmen daher die Form der Unterscheidung für die Form.

Definition

Unterscheidung ist perfekte Be-Inhaltung.

Das heißt, eine Unterscheidung wird getroffen, indem eine Grenze mit getrennten Seiten so angeordnet wird, dass ein Punkt auf der einen Seite die andere Seite nicht erreichen kann, ohne die Grenze zu kreuzen. Zum Beispiel trifft ein Kreis in einem ebenen Raum eine Unterscheidung.

Wenn einmal eine Unterscheidung getroffen wurde, können die Räume, Zustände oder Inhalte auf jeder Seite der Grenze, indem sie unterschieden sind, bezeichnet werden.

Es kann keine Unterscheidung geben ohne Motiv, und es kann kein Motiv geben, wenn nicht Inhalte als unterschiedlich im Wert angesehen werden.

Wenn ein Inhalt einen Wert hat, kann ein Name herangezogen werden, diesen Wert zu bezeichnen.

Somit kann das Nennen des Namens mit dem Wert des Inhalts identifiziert werden. (Spencer-Brown 1999[2], 1).

Diese Beschreibung der Unterscheidung beginnt mit der Übernahme der „Idee der Unterscheidung" und der „Idee der Bezeichnung". Damit schließt sie sich an das Faktum an, dass diese Ideen bereits im Gebrauch sind. Das heißt genauer: Sie schließt sich an eine gängige Praxis der Kategorisierung und Benennung zweier Phänomene an, nämlich der Herstellung einer Differenz und deren mediale Repräsentation.

Da diese beiden Kategorien in einer phänomenologischen Praxis auftreten und als Kategorien Phänomene einer spezifischen Art sind, ist dieser Ausgangspunkt ein phänomenologischer, weil er sich den uns bewussten Gegebenheiten der Welt und bei uns selbst zuwendet und keineswegs willkürlich eine formale Struktur konstruiert. Deshalb kann erwartet werden, dass alles, was folgt, auch *phänomenologische Beschreibung* ist.

Das wird schon durch die beiden weiteren Teilsätze des ersten Satzes bestätigt, denn sie enthalten eine phänomenologische Hypothese. Durch diese Hypothese wird behauptet, dass sich die Unterscheidung und die Bezeichnung voneinander unterscheiden und dass die Bezeichnung die Unterscheidung voraussetzt. Diese Hypothese bezieht sich auf die Differenz und die Relation zwischen dem Gedachten und einem Medium für das Gedachte, insbesondere der Sprache, aber auch jeder anderen Art von Anzeichen, Token (Symbolen) oder Zeichen.

Diese Hypothese über die Differenz zwischen dem Gedachten und seiner medialen Repräsentation ist keineswegs unbestritten, wird aber von der weit überwiegenden Mehrheit der mit dieser Relation befassten Wissenschaftler aus verschiedenen Disziplinen vertreten.[33] Damit setzt die Beschreibung nicht nur die beiden Kategorien „Unterscheidung" und „Bezeichnung", sondern auch schon eine wissenschaftliche phänomenologische Annahme über das Verhältnis zwischen dem Unterschiedenen und seiner Bezeichnung als gegeben voraus.[34]

Im zweiten Satz des ersten Abschnittes wird aus der allgemeinen Annahme, dass die Unterscheidung der Bezeichnung notwendig vorausgeht, gefolgert, dass die „Form der Unterscheidung" das Primäre ist und sie der Sache nach durch die Bezeichnung nicht tangiert wird, weshalb sie generell als „*die* Form" behandelt werden kann. – Das ist zugleich implizit die Formulierung der unbedingten Allgemeinheit, die er seiner Annahme über die Unterscheidung zuschreibt.

Mit dem *Formbegriff* wird zugleich beschrieben, dass es um etwas geht, das anderes zum *Inhalt* hat, denn in der nachfolgenden Definition wird der Formbegriff mit dem Inhaltsbegriff verbunden, die ein Begriffspaar bilden, das auch aus der Alltagssprache bekannt ist.

Dies impliziert, dass es bei der Unterscheidung um einen *topologischen* Zusammenhang geht, d. h. um räumliche Verteilung, und nicht um die An-einanderreihung von unterschiedlichen abstrakten Merkmalen eines Gegenstandes. Es impliziert aber auch wieder, dass wir es mit höchster Allgemeinheit zu tun haben. – Damit geht es bei dieser Beschreibung um *Geometrie*, d. h. um die mathematische Disziplin des Raumes, und nicht um formale Logik.

Darauf folgt die Definition der „Unterscheidung", d.h. die Bestimmung der Unterscheidung selbst. Die Definition besteht aus einer einzigen Aussage, die durch Kursivdruck hervorgehoben ist, nämlich der Aussage „*Unterscheidung ist perfekte Be-Inhaltung*".

---

[33] Der sogenannte linguistic turn, wie er z. B. von Rorty vertreten und verteidigt wird, nimmt die Sprache zur Ausgangsgegebenheit und bezweifelt, dass es eine Differenz zwischen Sprache und Denken gibt. Für die Hypothese der Bedingtheit der Sprache durch das Denken und Wechselwirkungen zwischen beiden sprechen dagegen z. B. W.v.Humboldt, Lenneberg, Piaget, Bühler, Edelman, Tomasello und viele andere. Siehe dazu auch Grzesik 2005.

[34] Die phänomenologische Annahme der Differenz zwischen Erkennen und Bezeichnen kann inzwischen durch dir räumliche Dissoziation der zugehörigen neuronalen Netzwerke und die damit verbundenen Zuordnungsmöglichkeiten und Zeitverhältnisse ihrer Aktivierung gestützt werden. Siehe dazu auch Grzesik 2005.

Mit dem Terminus Be-Inhaltung wird dem durch die Vorsilbe repräsentierten Formbegriff der Inhaltsbegriff hinzugefügt. – Da die Wortform von Be-Inhaltung ein substantiviertes Verb ist, was auch für den Ausdruck „Unterscheidung" gilt, handelt es sich bei ihr um den *Vorgang, dass sich die Form etwas zum Inhalt macht*. – Da dieser Vorgang als „perfekt" beschrieben wird, macht er sich *uneingeschränkt alles* zum Inhalt. – Damit ist Unterscheidung diejenige Form, in der jeder Inhalt auftritt, weil es ohne sie keinen Inhalt gibt.

Wie das vorstellbar ist, wird in der nachfolgenden Explikation der Definition beschrieben. Erst jetzt wird die Form der Unterscheidung nicht nur genannt, sondern als geometrische Struktur beschrieben:

Das erste, was vorstellbar ist, ist eine „Grenze" mit „getrennten Seiten". Dass eine Grenze *zwei* Seiten hat, entspricht unserer Erfahrung mit Grenzen jeder Art.

Dass eine Grenze *getrennte* Seiten hat, ist aber eine besondere Erfahrung. Primär erfahren wir eine Grenze, wenn wir sie überschreiten, erst nur von der einen und dann nur von der anderen Seite, entweder von diesseits oder von jenseits. Dass dies zwei unterschiedliche Erfahrungen sind, erkennen wir nur aus der vergleichenden Reflexion auf die beiden Erfahrungen. Genau dieses Faktum, dass es sich um zwei Seiten handelt, die qua Seiten zwei verschiedene Gegebenheiten sind, berechtigt dazu, sie als *getrennte* Seiten zu beschreiben.

Richten wir dagegen in der Reflexion auf diese beiden Erfahrungen unsere Aufmerksamkeit nur auf die Grenze, dann sind die beiden Seiten nur *zwei Aspekte von ein und demselben*. So können wir uns z. B. von einem Schlagbaum gut vorstellen, dass er zwei getrennte Seiten hat, aber als Schlagbaum mit einem gewissen Umfang ist er schon wieder selbst eine komplexe Form, die je nach Perspektive sogar verschiedene Seiten hat, insbesondere die des kreisförmigen Umfangs und die seiner kreisförmigen Endflächen, falls er tatsächlich aus einem Baumstamm gefertigt worden ist. Die Grenze aber hat nach Georg Spencer Brown als abstrakter Bestandteil der Form der Unterscheidung nur zwei Seiten, weil es um das abstrakte Phänomen der Grenze geht.

Die Grenze wird von George Spencer-Brown nicht nur als zweiseitig, sondern auch noch durch die *Operation* beschrieben, dass ein Punkt auf der einen Seite die andere Seite nur dann erreichen kann, wenn er die Grenze „kreuzt", was gut vorstellbar ist.

Die bis hierhin beschriebene Vorstellung von der Grenze wird dadurch bestätigt, dass als Beispiel der Kreis als eine Unterscheidung „in einem ebenen Raum" angeführt wird. Auf der einen Seite, rings um den Kreis, liegt der ebene Raum, aus dem der Kreis ein Ausschnitt ist. Auf der anderen Seite liegt der Inhalt des Kreises als Ausschnitt aus dem ebenen Raum.

Dieses Beispiel zeigt damit aber auch schon, dass bei der Unterscheidung die beiden Seiten nicht gleich sind, sondern dass die eine Seite zu dem hin gerichtet ist, was innerhalb der Form ist, und die andere Seite zu dem hin, was außerhalb von der Form liegt. So hat die Grenze *eine innere und eine äußere Seite*. Damit gibt es zwischen den beiden Seiten eine *Asymmetrie*.

Dazu kommt, dass die Grenze in einem Raum gezogen wird, der durch sie *geteilt* wird. Über die Grenzen dieses Raumes nach außen wird nichts gesagt. Dass bei der Beschreibung des Kreises von „einem ebenen Raum" gesprochen wird und nicht von einer Ebene verweist schon darauf, dass es nicht um die zweidimensionale oder dreidimensionale Ausdehnung geht, sondern um *jede Ausdehnung*, die durch Unterscheidung entsteht, weshalb die hier gemeinte Grenze n-dimensional ist, wofür der Raum von Vektoren ein Beispiel ist.

Das zweite, was vorstellbar ist, ist eine genauere Bestimmung dessen, was auf den beiden Seiten der Grenze liegt, sobald sie gezogen worden ist. Es sind „Räume, Zustände oder Inhalte" auf jeder Seite der Grenze. Dass drei Ausdrücke höchster Allgemeinheit gewählt worden sind, verstehe ich so, dass es ganz allgemein *irgendetwas* ist, das man bestimmen kann.

Sobald die beiden Seiten unterschieden sind, können sie auch bezeichnet werden. Da die Seiten asymmetrisch sind, werden es unterschiedliche Bezeichnungen sein.

„Raum" ist die allgemeinste Bezeichnung für das noch *ungeschiedene Ganze*, das durch die Grenze getrennt wird. Das bestätigt, dass die Unterscheidung als ein topologisches Phänomen beschrieben wird. Nur weil das Ganze Raum ist, gibt es auf jeder Seite der Grenze nur den einen Teil des gespaltenen Raumes. Daher ist jede Seite der Grenze nicht Aspekt der Grenze, sondern ist sie ein Teil des ganzen Raumes.

Raum ist nur wahrnehmbar, wenn es in ihm etwas gibt, was wahrgenommen wird oder genauer und allgemeiner, was bewusst ist. Teilräume treten deshalb nur auseinander, wenn in jedem von ihnen etwas anderes wahrgenommen wird. Anderenfalls sind sie nicht als Teilräume erfahrbar. – Der Raum selbst bildet dann die Form von allem Wahrnehmbaren, weil er es Be-inhaltet, möglicherweise der Grund, aus dem ihn Kant als Form der Anschauung beschrieben hat. – Da Raum aber auch als leerer vorstellbar ist, z. B. der Raum in einem Gefäß, wird mit dem Raumbegriff die Möglichkeit für eine Topographie von Inhalten aller Art eröffnet, auch von abstrakten, wie z. B. von Zahlen, Kräften oder von Daten empirischer Forschungen.

„Zustände" oder „Inhalte" sind bereits Gegebenheiten im Raum, durch die der Raum erst als Raum erscheint. Sie bezeichnen *das Was*, das in den Teilen des Raumes, die durch die Spaltung entstanden sind, be-inhaltet ist, in höchster Allgemeinheit. Sie sind aber für Georg Spencer-Brown gleichrangig nicht nur untereinander, sondern auch mit dem Raum, weil von ihm „Räume, Zustände, Inhalte" wie eine vollständige Disjunktion behandelt werden.

Im dritten Abschnitt der Explikation der Definition werden zwei *Voraussetzungen* für die Unterscheidung angeführt, nämlich irgendein „Motiv" und dass „Inhalte als unterschiedlich im Wert angesehen werden", was wiederum die notwendige Voraussetzung für jedes Motiv sei.

„Motiv" und „Wert" sind Phänomene, die im Handeln auftreten. Mit ihrer Inanspruchnahme überschreitet George Spencer-Brown scheinbar den Bewusstseinsakt der Unterscheidung. Er nimmt die beiden Termini aber nur für die Beschreibung einer Eigenschaft der Unterscheidung in Anspruch, nämlich für ihre *Selektivität*.

Jede *Selektion* setzt aber ein Auswahlkriterium voraus. Es gibt daher die jeweilige Unterscheidung nur, weil sie im jeweiligen Augenblick für das unterscheidende Individuum einen höheren Wert hat als alles andere und es deshalb seine Aufmerksamkeit dem jeweils unterschiedenen Inhalt zuwendet. Diese Selektion ist nämlich nach Georg Spencer-Brown eine *Funktion der Richtung der Aufmerksamkeit*. Die Aufmerksamkeit ist deshalb für ihn „selektive Aufmerksamkeit" (Spencer-Brown 1999^2, 189). Der Wert des Unterschiedenen ist für ihn eine *Funktion des Grades der Aufmerksamkeit*. Er spricht nämlich von „gleicher Aufmerksamkeit" bei „gleichem Wert" der beiden Seiten und von „weniger" oder „spärlicher Aufmerksamkeit" bei ungleichem Wert. (ebd.)

Da der Wert eine Qualität des Unterschiedenen ist, kann auch er bezeichnet werden und ist seine Bezeichnung ebenso wie beim Unterschied mit ihm identisch.

Dies belegen die beiden folgenden Zitate. Sie sind aber auch noch aus zwei weiteren Gründen informativ. Es wird in ihnen nämlich zum einen an zwei weiteren sehr unterschiedlichen Beispielen, nämlich dem Geschirr-Spülen und dem Tod, die Form der Unterscheidung demonstriert.

Zum anderen bestätigen sie, dass die Unterscheidung nach Georg Spencer-Brown die notwendige Bedingung dafür ist, dass es für uns *überhaupt etwas als etwas* gibt. Daraus folgt, dass durch unzählige Unterscheidungen alles zustandekommt, was es für uns gibt. Ohne sie gibt es kein *Universum* für uns, von welcher Art auch immer das jeweilige Universum ist. Damit ist die Unterscheidung konstitutiv für *alle Gegenstände unseres Bewusstseins*, von der Wahrnehmung bis zu den abstraktesten, und auch bis zu allen von uns willkürlich konstruierten künstlichen Welten.

Wir bemerken eine Seite einer Ding-Grenze um den Preis, der anderen Seite weniger Aufmerksamkeit zu widmen. Wir bemerken, daß ein Geschirr in der Spüle abgewaschen ist, indem wir dem nicht-Geschirr Universum, welches unsere Definition von der Grenze des Geschirrs gleichermaßen definiert, nur spärliche Aufmerksamkeit schenken. Schenkten wir beiden Seiten die gleiche Aufmerksamkeit, müßten wir ihnen den gleichen Wert beimessen, und dann würde die Geschirr-Grenze verschwinden. Die Existenz des Geschirrs wäre beendigt, und es gäbe nichts mehr abzuwaschen. (Spencer-Brown 1999^2, 189)

Anmerkung dazu von Georg Spencer Brown: Wenn wir sagen, wir spülen das Geschirr, tun wir diesem tatsächlich überhaupt nichts. Wir tun es dem Rest des Universums, welches wir abkratzen, um dem Geschirr eine saubere Grenze zu geben. (Spencer-Brown 1999^2, 189)

Die „negative" Seite des Todes ist, daß in ihm keine Zukunft für das tote Wesen liegt, einfach weil kein wie immer geartetes Universum erscheinen kann, ausgenommen als selektive Aufmerksamkeit irgendeines Wesens. Wenn das Wesen selbst nicht gefunden werden kann, dann kann auch das Universum nicht gefunden werden. (Spencer-Brown 1999^2, 191)

Der Vorgang des Unterscheidens

Georg Spencer-Brown schließt an die Beschreibung der Form der Unterscheidung eine *Folge von Anweisungen für die Behandlung von Unterscheidungen* an, aus denen er seine gesamte Theorie einer Mathematik der Unterscheidungen entwickelt. Ich nehme diese Anweisungen hier aber nur als *zusätzliche Beschreibung des Phänomens der Unterscheidung* in Anspruch. Diese Anweisungen lauten:

Formen, der Form entnommen

Konstruktion

Triff eine Unterscheidung.[35]

Inhalt

Nenne sie die erste Unterscheidung.
Nenne den Raum, in dem sie getroffen wird, den Raum, der durch die Unterscheidung geteilt oder gespalten wird.
Nenne die Teile des Raumes, der durch die Teilung oder Spaltung gebildet wird, die Seiten der Unterscheidung oder wahlweise die Räume, Zustände oder Inhalte, die durch die Unterscheidung unterschieden werden.

Zweck

Laß jegliche Markierung, jegliches Token oder Zeichen zusammen mit der, oder in Bezug auf die Unterscheidung als ein Signal aufgefaßt werden.
Nenne die Verwendung eines jeglichen Signals dessen Zweck.

Erster Kanon. Vereinbarung über die Absicht

Laß den Zweck eines Signals auf dessen erlaubte Verwendung beschränkt sein.
Nenne das die Vereinbarung über die Absicht. Im allgemeinen: *Was nicht erlaubt ist, ist verboten.*

Kenntnis

Laß einen Zustand, der durch die Unterscheidung unterschieden wurde, markiert sein durch eine Markierung

---

[35] Für die Universalität der Form der Unterscheidung vor jeder tatsächlichen Unterscheidung und auch für die Differenz zwischen Unterscheiden und Benennen spricht der folgende Kommentar Georg Spencer-Browns zu diesem Satz eine deutliche Sprache:
Spencer-Brown 1999², 72: „Bei neuerlicher Betrachtung des ersten Kommandos,
    triff eine Unterscheidung,
merken wir an, dass es ebenso gut ausgedrückt werden kann etwa durch
    laß da eine Unterscheidung sein
    finde eine Unterscheidung
    erkenne eine Unterscheidung
    definiere eine Unterscheidung
oder
    laß eine Unterscheidung getroffen werden
da wir hier einen Ort erreicht haben, der so primitiv ist, daß Aktiv und Passiv sowie auch eine Anzahl anderer eher peripherer Gegensatzpaare schon lange ineinander kondensiert sind, und fast jede Form von Worten mehr Kategorien suggeriert, als tatsächlich vorhanden sind."

der Unterscheidung.
Laß den Zustand durch die Markierung erkannt werden.
Nenne den Zustand den markierten Zustand.

Form

Nenne den Raum, der durch jedwede Unterscheidung gespalten wurde, zusammen mit dem gesamten Inhalt des Raumes die Form der Unterscheidung.
Nenne die Form der ersten Unterscheidung die Form. (Spencer-Brown 1999[2], 3f.)

Aus diesem Text lässt sich *für die Beschreibung der Form der Unterscheidung* bestätigend oder noch zusätzlich zu den bisherigen Angaben entnehmen:

- *Der Vorgang der Unterscheidung ist eine Konstruktion des Menschen.*
- *Es muss jeweils eine Entscheidung für eine erste Unterscheidung getroffen werden. Das impliziert, dass es das Problem gibt, für welche Unterscheidung man sich jeweils zuerst entscheidet, und ein weiteres Problem, welche Unterscheidungen auf die erste folgen sollen.*
- *Die Grenzziehung durch die Unterscheidung wird als Teilung oder Spaltung des Raumes der Unterscheidung beschrieben.*
- *Die Teile des Raumes, die durch die Unterscheidung entstehen, können wahlweise als Seiten, Räume, Zustände oder Inhalte beschrieben werden. – Für die Beschreibung der Teile auf beiden Seiten der Grenze gibt es demnach eine Variation von Möglichkeiten. Die Termini „Seiten" und „Räume" beziehen sich auf die Teile im Ganzen und resultieren aus der bisherigen Strukturbeschreibung. Die Termini „Zustände" und „Inhalte" beziehen sich auf das, was auf den beiden Seiten bzw. in den beiden Räumen auftreten kann. Der Terminus „Inhalt" ist der Paarbegriff zu „Form" und hat deshalb die gleiche Formalität. Der Terminus „Zustände" ist eine neue Kategorie. Es ist fraglich, ob er die gleiche Stufe der Formalität wie die anderen Termini hat. Es ist auch zu fragen, ob nicht andere Termini für die Konkretisierung dessen, was die Teile des Raumes enthalten, hinzugenommen werden müssten.*
- *Weitere Aussagen beziehen sich auf die Bezeichnung. Sie beziehen sich zum einen auf die möglichen Arten der Bezeichnung, für die er „Markierung, Token oder Zeichen" anführt, wobei „Token" als „Symbol" verstanden werden kann. So ist z. B. „┐" ebenso ein Token wie „m". – Sie beziehen sich zum anderen auf die Relation zwischen der Bezeichnung und dem Bezeichneten. Diese Relation besteht darin, dass das Bezeichnende als Signal ausschließlich den Zweck hat, das Gemeinte zu bezeichnen, weshalb dann, wenn das Bezeichnende gebraucht wird, nur das Bezeichnete gemeint ist. Deshalb kommt mit der Verwendung einer Bezeichnung nur das Bezeichnete ins Spiel.*
- *Neu ist die Einführung einer Bezeichnung für denjenigen Zustand, der auf einer Seite der Grenze bezeichnet werden soll, in Gestalt der graphischen Markierung „┐". Durch diese Markierung wird bezeichnet, auf welcher Seite der markierte Zustand liegt.*

- *Ausdrücklich wird die Unterscheidung als eine Einheit beschrieben, die aus einer Grenze, aus dem gesamten gespaltenen Raum und aus dem gesamten Inhalt des Raumes besteht.* Alle drei Gegebenheiten machen nur zusammen die Form der Unterscheidung aus.
- *In diesem Kontext wird der Ausdruck „die Form" für die erste Unterscheidung reserviert.*

Es gibt dann noch eine weitere Gruppe von Anweisungen für den Umgang mit einer Beschreibung:

> Nenne die konkave Seite eines Tokens dessen Innenseite.
> Laß jedes Token als Anweisung beabsichtigt sein, die Grenze der ersten Unterscheidung zu kreuzen.
> Laß die Kreuzung von dem Zustand weg erfolgen, der auf der Innenseite des Tokens bezeichnet ist.
> Laß die Überschreitung in den Zustand erfolgen, der durch das Token bezeichnet wird.
> Laß einen Raum mit keinem Token den unmarkierten Zustand bezeichnen. (George Spencer-Brown 1999[2], 5)
> Wenn der Inhalt Wert hat, kann gleichermaßen ein Motiv oder eine Absicht oder Anweisung, die Grenze in den Inhalt hinein zu kreuzen, herangezogen werden, um diesen Wert zu bezeichnen.
> Somit kann das Kreuzen der Grenze ebenfalls mit dem Wert des Inhalts identifiziert werden. (Spencer-Brown 1999[2], 2)

Aus diesen Anweisungen ergeben sich noch einige Kennzeichen für die Struktur der Form der Unterscheidung, für den Prozess der Unterscheidung und für die Bezeichnung der Unterscheidung:

- *Das Symbol für die Unterscheidung verweist auf eine Innenseite und eine Außenseite der Unterscheidung.*
- *Das Symbol ist eine Anweisung für den Prozess der Unterscheidung. Dieser Prozess besteht aus den beiden Möglichkeiten des Wechsels von der Außenseite zur Innenseite (erste Unterscheidung) und des Wechsels von der Innenseite zur Außenseite (zweite Unterscheidung).*

Durch den ersten Wechsel von der Außenseite zur Innenseite kommt die Unterscheidung überhaupt erst zustande. Dieser Wechsel wird „kreuzen" genannt. Das Resultat des Kreuzens ist strukturell das „Kreuz", das aus der Unterscheidung und der Überquerung von außen nach innen besteht.

Durch den zweiten Wechsel von der Innenseite zur Außenseite ist es möglich, auch die Außenseite zu beschreiben. Dieser Wechsel wird „Überschreitung" genannt, weil „die Grenze der ersten Unterscheidung" gekreuzt wird.

- *Der Wert kann wie die Unterscheidung unterschiedlich bezeichnet werden, z. B. als Motiv, als Absicht oder als die Anweisung, die Grenze in den Inhalt hinein zu kreuzen. Insofern stehen alle diese Bezeichnungen für die Funktion der Selektion.*
- *Die Relation der Identifizierung der Benennung des Wertes mit dem Wert besagt, dass mit jedem Namen für einen Wert zwar primär der Wert gemeint ist, dass die*

Benennung des Wertes aber auch für die Unterscheidung stehen kann, weil der Wert der Wert einer Unterscheidung ist.

Diese Prozessbeschreibung ist ganz neu und phänomenologisch gut nachvollziehbar. Wenn man z. B. in der Dunkelheit mit dem Auto fährt, dann erkennt man plötzlich durch ein Kreuzen aus dem Dunklen in einen hellen Bereich eine Lichtquelle. Man unterscheidet das Licht von der Dunkelheit. – An dem unterschiedenen Licht kann man dann z. B. den Grad seiner Helligkeit, seine Ausdehnung, seinen Ort in der Dunkelheit oder die Schnelligkeit seiner Bewegung unterscheiden, ebenfalls durch das Kreuzen in diese „Inhalte".

Durch die Beschreibung von Georg Spencer-Brown wird die Unterscheidung als ein bestimmter *Prozess* beschrieben, durch den etwas unterschieden wird, und nicht nur als ein Akt, in dem das, was *schon unterschieden* worden ist, als Gegenstand des Bewusstseins auftritt.

Dieser Prozess besteht auch nicht nur aus einer einzigen Operation, sondern aus einer organisierten Gruppe von unterschiedlichen kreuzenden bestimmenden und bezeichnenden Operationen.

Georg Spencer-Brown beschreibt damit, durch welche Prozesse das Bewusstseinserlebnis *als Ganzheit und sämtliche Unterscheidungen in ihm zustande kommen*. Das setzt Husserl immer als schon gegeben voraus. Darin unterscheidet sich die *Prozess-Beschreibung* von Georg Spencer-Brown deutlich von der Beschreibung der *identischen statischen Struktur* aller Bewusstseinsakte durch Husserl. Die Beschreibung des Prozesses der Genese des Bewusstseinsaktes und die Beschreibung seiner Struktur ergänzen sich aber gegenseitig.

Da in der phänomenologischen Reflexion nicht nur die in den Gegenständen des Bewusstseins gemachten Unterscheidungen beschrieben werden können (noematische Analyse), sondern auch die Akte, durch die diese Unterschiede gemacht werden (noetische Analyse), sind die Beschreibungen von Georg Spencer-Brown reflexive phänomenologische Beschreibungen, durch die die ganze noetisch-noematische Einheit des Bewusstseinsaktes als operatives Geschehen dargestellt wird.

Damit verfügen wir jetzt über eine Beschreibung desjenigen Prozesses, durch den alle Bewusstseinsakte und damit alle spezifischen Aktivitäten zustandekommen. Schon für diesen grundlegenden Prozess ist nach Georg Spencer-Brown *Wertung* und Zuwendung der *Aufmerksamkeit* erforderlich.

Deshalb fügt sich diese Beschreibung in den bisher dargestellten Zusammenhang ein, was sich auch bei der Suche nach dem neuronalen Korrelat für die Intentionalität zeigen wird.

Das neuronale Korrelat zum introspektiv beschriebenen Prozess der Unterscheidung bei einer Gruppe von Neuronen

In diesem Abschnitt geht es um das Problem der Zuordnung *jedes einzelnen Neurons* zu einer psychischen Funktion. Es muss aber angenommen werden, dass es immer mehrere Neuronen sind, die die gleiche psychische Funktion ausüben, und meist auch schon viele Neuronen, die verschiedene psychische Funktionen ausüben, weshalb ich immer im Anschluss an Edelman (1995) von der Korrelation zwischen einer „Gruppe von Neuronen" und einer psychischen Funktion spreche.

Nur in wenigen Fällen ist die Aktivität einzelner Neuronen gemessen worden, in allen anderen Fällen geht es um die Aktivität mehr oder weniger umfangreicher neuronaler Netzwerke. Wie umfangreich sie sind, hängt vom Auflösungsgrad der Untersuchungsmethode ab (z. B. Ort und Dichte der Elektroden auf der Kopfhaut). Dann aber bleibt unentschieden, ob sich die zugeordnete Funktion nicht durch Untersuchungsmethoden mit einer größeren Auflösung wiederum in mehrere Funktionen aufteilen lässt. – Mit dieser Möglichkeit muss aber auch gerechnet werden, wenn die Aktivität einzelner Neuronen gemessen wird, weil auch das einzelne Neuron an unterschiedlichen Mustern aus Aktionspotentialen beteiligt sein kann und in ihnen auch unterschiedliche Funktionen ausüben kann. – Daraus resultiert die Vorläufigkeit jeder folgenden, ja sogar aller bisher angenommenen neuropsychischen Zuordnungen.

Die Behandlung dieser Frage erfordert einerseits eine strikte Beschränkung auf die gesuchten Befunde, andererseits aber erfordert sie eine möglichst genaue und vollständige Berücksichtigung und Darstellung der relevanten Befunde. Das eine Erfordernis zwingt zu strikter und konsistenter Abstraktion von allem Irrelevanten. Das andere Erfordernis dagegen zwingt zur möglichst genauen Analyse der relevanten konkreten neurologischen Gegebenheiten.

Ich versuche den beiden Erfordernissen dadurch gerecht zu werden, dass ich nur solche Befunde berücksichtige, die als *Korrelate für den Prozess der Unterscheidung* in Betracht kommen, und dass ich das, was relevant ist, möglichst differenziert aufnehme und darstelle.

Außerdem gehe ich so vor, dass ich mich zuerst auf die einzelne Nervenzelle konzentriere und dann zu ihrer Vernetzung mit anderen Nervenzellen fortschreite. Das ist ein Progress vom Einfachen zum Komplexen.

Für den gesamten Versuch, Antworten auf diese Frage zu finden, gilt, dass in jeder Hinsicht Vorsicht geboten ist. Ich verweise deshalb für alle weiteren Aussagen nochmals ausdrücklich auf den prinzipiellen hypothetischen Modus jeder wissenschaftlichen Aussage.

Damit die Berechtigung der Frage erkennbar wird und damit die angestrebte Engführung gelingt, gehe ich von einem Zitat aus, das schon Antworten auf die Frage enthält. Dieses Zitat bezieht sich auf Gegebenheiten in der Nervenzelle, die ich erst danach so genau, wie es in diesem Kontext möglich ist, darstelle.

> The nervous pulses can clearly be viewed as (two-valued) markers, in the sense discussed previously: the absence of a pulse then represents one value (say, the binary digit 0), and the presence of one represents the other (say, the binary digit 1). This must, of course, be interpreted as an occurrence on a specific axon (or, rather, on all the axons of a specific

neuron) (Das sind Axonkollaterale, d. h. Verzweigungen, des einzigen Axons jedes Neurons. – J.G.), and possibly in a specific time relation to other events. It is, then, to be interpreted as a marker (a binary digit 0 or 1) in a specific, logical role.

As mentioned above, pulses (which appear on the axons of a given neuron) are usually stimulated by other pulses that are impinging on the body of the neuron. This stimulation is, as a rule, conditional, i.e. only certain combinations and synchronisms of such primary pulses stimulate the secondary pulse in question - all others will fail to so stimulate. That is, the neuron is an organ which accepts and emits definite physical entities, the pulses. Upon recept of pulses in certain combinations and synchronisms it will be stimulated to emit a pulse of its own, otherwise it will not emit. The rules, which describe to which groups of pulses it will so respond are the rules that govern it as an active organ.

This is clearly the description of the functioning of an organ in a digital machine, and of the way in which the role and function of a digital organ has to be characterized. It therefore justifies the original assertion, that the nervous system has a prima facie digital character. (Neumann 2000[2], 43f.)

Neumann schreibt dem Neuron eine zweiwertige Logik zu ("represents", "can clearly be viewed as markers"). Die beiden Werte dieser Logik werden dem neurologischen Sachverhalt zugeschrieben, dass das Neuron *entweder feuert oder nicht feuert*. Jedes Neuron gibt nämlich entweder mit einer bestimmten Häufigkeit ein elektrisches Potential, das „Aktionspotential" genannt wird ("pulses", "stimuli"), an andere Nervenzellen ab, oder es tut dies nicht. Neumann markiert die Inaktivität mit der binären Ziffer „0" und die Aktivität mit der binären Ziffer „1".

Das könnte das neuronale Korrelat für die Form der Unterscheidung sein, weil *eine Grenze gezogen* wird und weil durch die Grenze *zwei Zustände voneinander getrennt* werden, indem einer von ihnen bestimmt, d. h. gewählt ("accept"), und als „1" bezeichnet wird. – Was jetzt folgt, gilt der Frage, ob diese Annahme gestützt werden kann.

Für die Beantwortung dieser Frage muss berücksichtigt werden, dass die Differenz „feuern - nicht feuern" kein isoliertes Faktum ist, sondern dass sie eingebunden ist in einen Zusammenhang, da jedes Neuron von anderen Neuronen Aktionspotentiale aufnimmt und da es sein eigenes Potential an andere Neuronen leitet ("That is, the neuron is an organ which accepts and emits definite physical entities, the pulses.").

Der Fokus der Aufmerksamkeit von Neumann ist *das Feuern des Neurons oder das Ausbleiben des Feuerns*. Aber er befasst sich auch mit der Aufnahme von Aktionspotentialen und mit der Abgabe des eigenen Aktionspotentials durch das Neuron an andere Neuronen. Er beschreibt deshalb nicht nur die vom Neuron hergestellte *Differenz*, sondern auch den *Prozess*, durch den diese Differenz zustande kommt.

Wenn das Neuron feuert, ist dies dadurch bedingt, dass bestimmte Aktionspotentiale *aufgenommen* und *miteinander verbunden* werden. – Wenn keine solche „Akzeptanz" und Synthese stattfindet, dann feuert das Neuron nicht. Das ist die Selektion bestimmter Aktionspotentiale und deren Verbindung zu einem neuen Aktionspotential. Es könnte mit dem psychischen Prozess der Entstehung eines neuen Unterschieds korrelieren.

This stimulation is, as a rule, conditional, i.e. only certain combinations and synchronisms of such primary pulses stimulate the secondary pulse in question - all others will fail to so stimulate." (Neumann 2000[2], 43)

Das neue Aktionspotential wird dann aber nicht nur an eine andere Zelle, sondern in aller Regel an eine große Zahl von anderen Zellen weitergeleitet, weil sich das eine Axon verzweigt. Bei jeder Zielzelle eines Neurons findet dann wieder derselbe Vorgang statt.

Neumann verbindet demnach aus der Perspektive auf das ganze Neuron, nämlich auf seinen Eingang und auf seinen Ausgang, die *Funktion der Synthese* von mindestens zwei Impulsen (das „Und") mit der *Funktion des Unterscheidens* (der „1").

> I observed before that this particular mechanism – the stimulation of nerve pulses by suitable combinations of other nerve pulses – makes the neuron comparable to the typical basic, digital, active organ. To elaborate this further: if a neuron is contacted (by way of their synapses) by the axons of two other neurons, and if its minimum stimulation requirement (in order to evoke a response pulse) is that of two (simultaneous) incoming pulses, then this neuron is in fact an 'and' organ: it performs the logical operation of conjunction (verbalized by 'and'), since it responds only when both its stimulators are (simultaneously) active. If, on the other hand, the minimum requirement is merely the arrival (at least) of one pulse, the neuron is an 'or' organ - i.e. it performs the logical operation of disjunction (verbalized by 'or'), since it responds when either of its two stimulators is active.
> 'And' and 'or' are the basic operations of logic. Together with 'no' (the logical operation of negation) they are a complete set of basic logical operations - all other logical operations, no matter how complex, can be obtained by suitable combinations of these. I will not discuss here how neurons can simulate the operation 'no' too, or by what tricks the use of this operation can be avoided altogether. The above should suffice to make clear what I have already emphasized earlier, that the neurons appear, when thus viewed, as the basic logical organs - and hence also as the basic digital organs. (Neumann 2000[2], 52f.)

Dem entspricht die folgende graphische Darstellung der logischen Struktur des Neurons durch Amit, in der nicht nur mit der Synthese von zwei Impulsen gearbeitet wird, sondern mit einem *Schwellenwert für die Summe aller Impulse*, was den tatsächlichen Verhältnissen entspricht.

Amit stellt die Struktur desjenigen Prozesses dar, durch den das Feuern des Neurons zustande kommt. Er formalisiert alle ankommenden Potentiale und ihre gesamte Summe, die sich aus der Addition derjenigen Neuronen ergibt, die jeweils feuern. Wenn die Summe dieser Potentiale den Schwellenwert des Neurons erreicht oder überschreitet, feuert das Neuron, anderenfalls feuert es nicht. Diese beiden Zustände bewertet er wie Neumann mit „1" und „0". Damit ergibt sich der folgende Zusammenhang: Summe der aufgenommenen Potentiale = Schwellenwert = feuern (1=1=1).

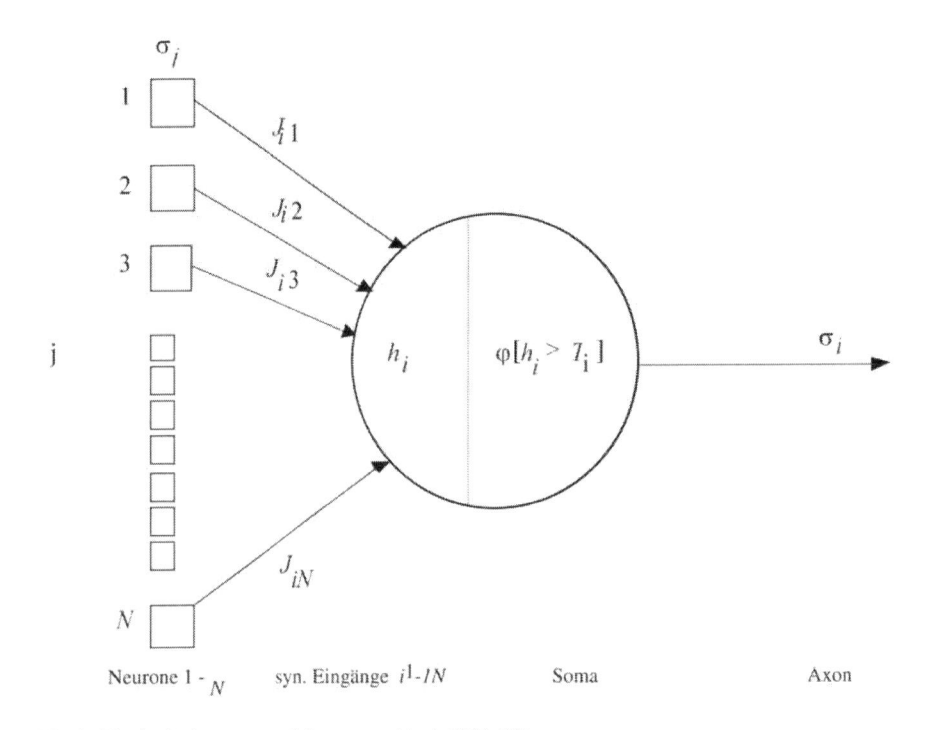

Abb. 6 – The logical structure of the neuron (Amit 1989, 19).

Übersetzte und ausführlichere Legende: Die mit 1 bis N gekennzeichneten Kästchen symbolisieren Neurone. Ihre logischen Möglichkeiten, zu feuern oder nicht zu feuern, werden durch die Variable σ_j symbolisiert, die dementsprechend die Werte 1 bzw. 0 annehmen kann (arrival or non-arrival of a spike along the pre-synaptic axon connecting neuron j to i). – Der große Kreis symbolisiert den Zellkörper (Soma) des Neurons i. – Die Pfeile von den Neuronen J zum Neuron i bezeichnen die Potentiale (efficacies = Kraft, die einen Effekt bewirkt, oder Gewicht) der synaptischen Eingänge von Neuron i. Die von den Neuronen J über Axone zum Neuron i geleiteten Potentiale gelangen nämlich über die synaptischen Eingänge J_{ij} abgeschwächt in das Soma des Neurons i. – Ihre Multiplikation mit σ_j, d. h. mit 0 bzw. 1, bestimmt dann das Gesamtmaß der Potentiale, das die anderen Neurone J im Neuron i hinter der Synapse (postsynaptisches Potential, PSP) auslösen. h_i ist daher das gesamte PSP, also die Summe aller mit 0 bzw. 1 multiplizierten Potentiale J_{ij}. $-\varphi$ [...] bezeichnet die Entscheidungsfunktion des Neurons: Sie nimmt den Wert 1 an, wenn $h_i > T_i$ wahr ist, wobei T_i der Schwellenwert des Neurons i ist. Daraus folgt: $\sigma_i = 1$, die Zelle i feuert und nimmt wieder den Wert 0 an; $\sigma_i = 0$, die Zelle i feuert nicht, wenn $h_i > T_i$ nicht wahr ist, d. h. der Schwellenwert nicht überschritten wird. – Abbildung: Bohmeier Verlag (Gestaltung nach einer Vorlage der Cambridge University Press 1989)

Somit beschränkt sich Amit auf die beiden Fälle, dass das Neuron feuert oder dass es nicht feuert. Die Formalisierung dieser beiden Fälle entspricht der tatsächlichen Sachlage. Neumann und Amit abstrahieren so vom Neuron diejenige Struktur des Organs, durch die es eine *Differenz* herstellt, wenn es feuert. Diese Differenz ist aber eine Differenz in einem Kontext, nämlich zwischen denjenigen Differenzen, die aufgenommen werden, und denjenigen Differenzen, zu denen die Differenz des jeweiligen Neurons weitergeleitet wird und zu deren Zustandekommen sie ihrerseits beiträgt. Danach ist die durch ein Neuron gemachte Differenz eine *Differenz zwischen Differenzen*.

Neuman und Amit haben den tatsächlichen Prozess der Aktivität des einzelnen Neurons in zwei Weisen formalisiert, die sich zwar in einigem unterscheiden, aber voll miteinander kompatibel sind. Für die Suche nach der Korrelation für den Prozess der Unterscheidung durch die spezifische Intentionalität stelle ich jetzt den physiologischen Vorgang, durch den ein Aktionspotential mit seinem individuellen Signalwert erzeugt wird, auf der Basis der derzeitigen Forschungslage dar.

Jede Nervenzelle im gesamten ZNS, die mit anderen Nervenzellen in Verbindung steht, produziert ein elektrisches Potential, das sie selbst durch ihr Axon zu anderen Nervenzellen leitet. Dieses Potential wird *Aktionspotential* genannt.[36] Dieser Prozess verläuft nach dem derzeitigen Kenntnisstand so:

In jeder Nervenzelle wird im Ruhezustand ein Ruhepotential von etwa - 60 Millivolt durch Austauschprozesse an ihrer Membran zwischen der Flüssigkeit in und außerhalb der Nervenzelle aufrechterhalten. Dieses Potential ändert sich dann, wenn an den Dendriten und am Soma (Zellkörper) Aktionspotentiale von anderen Neuronen eintreffen. Diese Aktionspotentiale haben alle die Amplitude von 100 mV, sofern sie nicht vom Wachheits- und Aufmerksamkeitssystem kommen und graduell abgestuft sind oder andere, noch wenig untersuchte Formen haben (z. B. Erregungen durch diffuse Transmitterfreisetzung in der Umgebung mehrerer Zellen).

Schon die aufnehmenden Postsynapsen des Neurons schwächen das ankommende Potential unterschiedlich stark ab. Von jeder solchen Eintrittsstelle aus breitet sich das verbleibende Potential bis zum Axonhügel (Ansatzpunkt für die Ausgangsfaser) hin langsam aus, wobei es sich aufgrund der Widerstände in der Zellflüssigkeit weiter abschwächt. Ergibt die Summe der abgeschwächten Potentiale am Axonhügel ein Potential von etwa - 50 mV, dann ist der Schwellenwert für die Auslösung eines Prozesses erreicht, der zum Aktionspotential der Zelle von etwa 100 mV (etwa - 50 mV bis etwa + 50mV) führt.

Durch die Zelle werden so die zahlreichen Potentiale, die an verschiedenen Stellen der Zelle aufgenommen werden, bis zum Schwellenwert miteinander verbunden („verrechnet"). Die eintreffenden Potentiale haben unterschiedliche Stärke, sind positiv (erregend) und in geringerer Zahl negativ (hemmend), sie treffen zu unterschiedlichen Zeiten ein und haben bis zum Axonhügel eine unterschiedlich lange Strecke zu überwinden, was unterschiedliche Grade der Abschwächung zur Folge hat.

Nach der Erreichung des Schwellenwertes wird die Differenz zwischen dem Schwellenwert und dem Aktionspotential von der Zelle selbst erzeugt. Das geschieht durch einen sich selbst verstärkenden und nicht mehr zu beeinflussenden Prozess, bis die Zelle „feuert". Dieser Prozess besteht aus einem positiven Rückkopplungsprozess, in dem positive Natriumionen, die von außen durch Kanäle in der Zellmembran in die Zelle einströmen, weitere Kanäle für solche Ionen öffnen, was sich mehrfach wiederholt, bis das Aktionspotential erreicht ist.

---

[36] Koester 1996, 177: „Der Grundmechanismus, der das Alles-oder-Nichts-Aktions-potential erzeugt, (ist) bei allen Nerven- und Muskelzellen sämtlicher Tierarten der gleiche."

Dieser Prozess bewirkt die ständige Polarisation der Zelle gegenüber der Flüssigkeit, die sie umgibt, und ihre nur vorübergehende Depolarisation. – Seine Funktion ist die Verbindung vieler Signalwerte anderer Zellen zum eigenen Signalwert der Zelle. Das Aktionspotential hat immer dieselbe Form (Amplitude) der elektrischen Welle, nämlich eine Impulsspitze (engl. spike) von etwa 100 mV, die während einer Zeit von 15 ms mehrfach aufeinander folgt. Wie oft dies geschieht, ist von Zelle zu Zelle unterschiedlich. Die Zahl dieser Wiederholungen, die Frequenz der Welle, bildet den individuellen Signalwert der jeweiligen Zelle. Hält die Erregung der Zelle durch andere Zellen über die Dauer des Signals an, dann kann die Zelle erst nach einer deutlichen Pause, der Refraktärzeit, ihr Signal wiederholen. Auf diese Weise werden die einzelnen Signale klar voneinander getrennt und gibt es den gleichen Zeittakt für das Feuern aller Neuronen, weshalb alle Aktionspotentiale von Neuronen der im ZNS verteilten Netzwerke miteinander synchronisiert werden können.

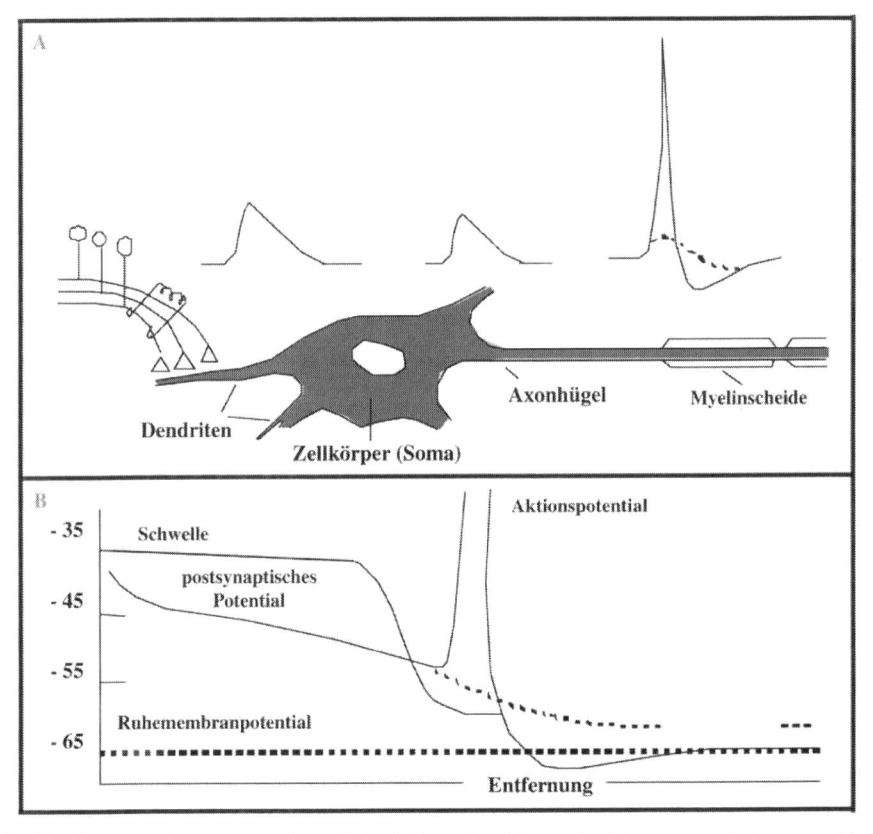

Abb. 7 – Das summierte postsynaptische Potential kann in Aktionspotentiale umgewandelt werden. Diese Umwandlung erfolgt in vielen Neuronen am Axonhügel (nach Poritsky und Eckert). (Reichert 1990, 130) - Abbildung: Bohmeier Verlag (Gestaltung nach einer Vorlage vom Georg Thieme Verlag, Stuttgart, 1990).

Dann wird das Aktionspotential im Axon ohne Abschwächung (selbst über große Entfernungen) bis zu den Präsynapsen, den Endverdickungen der Axone, geleitet. Dort löst es die Ausschüttung von Transmittern in den synaptischen Spalt aus. Die Transmitter werden dann aus der Flüssigkeit im Spalt von Rezeptoren der Postsynapsen aufgenommen. Diese Aufnahme hat die Funktion, Ionenkanäle zu öffnen, durch die aus der Flüssigkeit im Spalt positive Natriumionen durch die Membran in das Zellinnere diffundieren. Durch sie kommt in der Zielzelle das elektrische Potential zustande, das von der Erregung durch eine andere Zelle stammt. In der Zielzelle kann es dann wieder in der geschilderten Weise zur Bildung eines Aktionspotentials kommen.

Die Funktion der Zelle für andere Zellen und letztlich für das ganze ZNS besteht demnach darin, dass sie in bestimmten Momenten „feuert", in allen anderen aber nicht (Alles-oder-nichts-Prinzip). Sobald sie gefeuert hat, wird das Ruhepotential der Zelle durch elektrochemische Prozesse an der Präsynapse, an der ihr Signal ausgetreten ist, wieder hergestellt.

Im Prozess der Weiterleitung des Aktionspotentials geht es nur um die Aufrechterhaltung des Signals. Die konstante Größe des Potentials bei seiner Weiterleitung durch das Axon wird zum einen durch Myelinzellen erreicht, deren Ausläufer sich um die Axone wickeln und eine Isolierung erreichen, die der Leitfähigkeit der hundertfachen Dicke des Axons entspricht. Zum anderen wird sie dadurch erreicht, dass in den Zwischenräumen zwischen dem Ende einer Myelinzelle und dem Beginn einer neuen wieder ein Austauschprozess an der Zellmembran durch Natrium-Kanäle stattfindet, der den unvermeidlichen Verlust an elektrischem Potential ausgleicht (Regenerierungen des Signals).

Ich stelle jetzt aus den Beschreibungen der logischen Struktur des Neurons von Neumann und Amit und der Beschreibung des Prozessierens des Neurons diejenigen Phänomene zusammen, die mit dem Prozess der Unterscheidung eines intentionalen Gegenstandes korrelieren könnten.

- *Die Funktion von „und" und „oder" sowie von (1) und (0) sind erst Funktionen des Prozessierens der Nervenzelle und nicht schon Funktionen ihrer anatomischen Struktur. Die Struktur der Anatomie des Neurons ist aber für die Art und Weise, wie das Neuron prozessiert, eine notwendige Bedingung. Demnach gibt es das Prozessieren nicht ohne die Struktur und die Funktionen nicht ohne das Prozessieren.*
- *Anatomisch hat das Neuron viele Eingänge und einen Ausgang. Der Prozess besteht aus der Verarbeitung der meist sehr zahlreichen Inputs zu einem Output. Das ist ein Prozess, der von den aufgenommenen Aktionspotentialen auf das eigene Aktionspotential gerichtet ist. Er ist gerichtet von den aufgenommenen Differenzen auf eine neue abzugebende Differenz.*
- *Durch die neue Differenz werden Verbindungen zwischen allen Neuronen, deren Aktionspotential aufgenommen worden ist, und allen Neuronen, zu denen die neue Differenz geleitet wird, hergestellt. Changeux beschreibt deshalb die logische Struktur der einzelnen Nervenzelle als „ihre Fähigkeit, mittels der Synapsen Tausende abgegrenzte, individuelle Verbindungen zu anderen Zellen herzustellen"*

(Changeux 1984, 309). – Damit hat das Neuron nicht nur die Funktion, eine Differenz herzustellen, sondern es hat gleichzeitig mit der Herstellung einer Differenz auch die Funktion, Verbindungen zwischen anderen Neuronen herzustellen.
- *Diese Ausrichtung ist ein Prozess der Verarbeitung von eingehenden Aktionspotentialen zum eigenen Aktionspotential. Deshalb ist die Ausrichtung nicht nur eine gerichtete Relation, sondern sie besteht de facto aus einem Zusammenhang von Prozessen für die Aufnahme und für die Transformation von elektrischen Potentialen in ein neues elektrisches Potential. Das ist eine analoge Transformation. Deshalb haben wir es beim Neuron mit einem operativen System zu tun.*
- *Mit diesem systemischen operativen Prozess der Verarbeitung von elektrischen Potentialen korrelieren logische Operationen. Das Neuron produziert nämlich durch eine analoge Operation ein digitales Signal. Deshalb haben wir es nicht nur mit einem physikalischen Prozess zu tun, sondern auch mit einem Prozess der Informationsverarbeitung.*
- *Das Resultat dieses Prozesses ist entweder eine einzige Differenz oder keine Differenz. Es gibt deshalb die scharfe Grenze „alles oder nichts" zwischen dem, was das jeweilige Neuron leistet, wenn es aktiv ist, und dem, was nicht geschieht, wenn es nicht aktiv ist.*
- *Dass sich das Aktionspotential aus dem zusammensetzt, was das Neuron an Aktionspotentialen von anderen Neuronen aufnimmt, wiederholt sich, wenn das an andere Zellen übermittelte Aktionspotential seinerseits zu dem Aktionspotential von anderen Zellen beiträgt. Immer handelt es sich dann um die Summation (das Integral) von Aktionspotentialen.*
- *Damit korreliert, dass logisch identisch ist: „eine Differenz wird aus Differenzen hergestellt" und „diese Differenz trägt zur Herstellung einer anderen Differenz bei". In beiden Fällen geht es um die Generierung einer Differenz aus Differenzen. Nur aus der Perspektive der Zeit ergibt sich eine umgekehrte Sicht der Reihenfolge des Vorgangs, „Aufnahme und Abgabe" vom aufnehmenden Neuron aus und „Abgabe und Aufnahme" von abgebenden Neuron aus. Dann aber besteht der gesamte Prozess der Generierung von Information aus der Summierung von Informationen zu einer neuen Information.*
- *Das ist neuronal ein homogener Prozess der Transformation von elektrischen Aktionspotentialen in ein anderes elektrisches Aktionspotential. Informationstheoretisch ist dies ein homogener Prozess der Transformation von Differenzen in eine neue Differenz.*

Da das Neuron die elementare Einheit des gesamten ZNS ist, müssen alle im ZNS auftretenden komplexen Zusammenhänge aus Neuronen bestehen. Es gibt zwar durchaus Unterschiede in der Form der Neuronen, nämlich in der Art der synaptischen Vermittlung (z. B. physikalisch oder chemisch) oder bei den Neuronen des attentionalen Systems im Grad der Aktionspotentiale statt der Alternative „alles" oder „nichts". Die bis jetzt dargestellte Struktur aber scheint bei allen gleich zu sein. Deshalb hängen alle Möglichkeiten, aus Neuronen komplexe Einheiten zu bilden, von der *Anschlussfähigkeit* des Neurons an andere Neuronen ab.

Für seine Anschlussfähigkeit ist bestimmend, dass die Aktivität jedes Neurons eine gerichtete Aktivität ist, die von Neuronen auf Neuronen gerichtet ist. Insofern ist die Aktivität eines Neurons schon von sich aus eine *gerichtete Vermittlung zwischen den Aktivitäten anderer Neuronen*.

Für seine Anschlussfähigkeit ist auch bestimmend, dass die Aktivität jedes Neurons verrechenbar ist mit der Aktivität jedes anderen Neurons.

Für seine Anschlussfähigkeit ist außerdem kennzeichnend, dass die Differenzen anderer Neuronen in die Differenz jedes Neurons *eingeschachtelt* werden, während seine eigene Differenz in die Differenzen anderer Neuronen *eingeschachtelt* wird. Auf diese Weise werden die Differenzen anderer Neuronen *Teile* seiner eigenen Differenz und wird seine Differenz Teil der Differenzen anderer Neuronen. Daraus resultiert die Logik der Verarbeitung von Differenzen.

Die Anschlussfähigkeit des einzelnen Neurons wird schließlich dadurch bestimmt, dass es entweder feuert oder nicht feuert. Es gibt deshalb immer Aktivitäten von Neuronenverbänden, an denen das jeweilige Neuron beteiligt ist, und andere, an denen es nicht beteiligt ist.

Da die Aktivität eines Neurons auf Millisekunden beschränkt ist, verbindet es sich immer nur für eine sehr kurze Zeitspanne mit anderen Neuronen. Dieser Zeitraum ist jedoch beträchtlich größer als bei der Aktivität der heutigen Transistoren auf einem Chip. Da es für jedes Neuron, das Aktionspotentiale von anderen aufnimmt, dieselben Anschlussmöglichkeiten an andere Neuronen gibt, ist die *Dynamik der Vergrößerung der Zahl von Anschlussmöglichkeiten extrem groß*.

Wegen der Universalität der Struktur der Anatomie und der Aktivität des Neurons hat auch jede Verknüpfung von Neuronen dieselben Anschlussmöglichkeiten wie das einzelne Neuron. Was für jedes einzelne Neuron gilt, wiederholt sich deshalb bei Gruppen von Neuronen jeder Größe.

Die Unterscheidung und Verbindung in der Struktur und in der physiologischen Funktion von neuronalen Netzwerken

Was für das einzelne Neuron gilt, wiederholt sich, wenn *mehrere Neuronen hintereinander* geschaltet sind. Daraus resultieren grundlegende Formen der Verschaltung aller Neuronen des gesamten ZNS, von den Sinnesrezeptoren über die Sinneszellen, die Zellen des kognitiven Systems, die Zellen des limbischen Systems etc. bis hin zu den Neuronen, die Muskelfasern steuern.

1. Divergenz-Schaltung

Ein Neuron kann mit anderen Neuronen so verbunden sein, dass sein Impuls an *verschiedene andere Neuronen* gelangt. Es teilt dann seinen Impuls divergenten Neuronen mit. Diese Neuronen können sehr *unterschiedlich weit* von ihm entfernt liegen und in *unterschiedlichen Funktionsbereichen* ihren Ort haben. Auf diese Weise kann ein und derselbe Impuls mit seinem differenten Signalwert an *divergente Adressaten* gelangen.

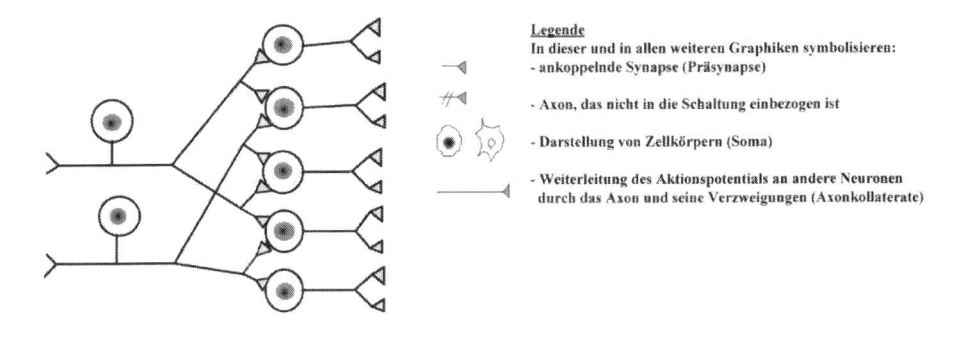

Legende
In dieser und in allen weiteren Graphiken symbolisieren:
- ankoppelnde Synapse (Präsynapse)
- Axon, das nicht in die Schaltung einbezogen ist
- Darstellung von Zellkörpern (Soma)
- Weiterleitung des Aktionspotentials an andere Neuronen durch das Axon und seine Verzweigungen (Axonkollaterate)

Abb. 8 - Bei einer *Divergenzschaltung* handelt es sich um die Verschaltung *eines* Neurons (oder einer Rezeptorzelle) *auf mehrere* nachgeschaltete Neuronen. Hierbei gilt die Dale'sche Regel, wonach alle Axonendigungen eines Neurons mit demselben Transmitter ausgestattet sind und daher alle einheitlich entweder exzitatorisch (erregend – J.G.) oder inhibitorisch (hemmend – J.G.) wirken. Die Divergenzschaltung dient dazu, verschiedenen ZNS-Bereichen gleichartige Afferenzen (hinführende im Unterschied zu efferenten, d. h. wegführenden, Impulsen – J.G.) zugänglich zu machen. (Rahmann/Rahmann 1988, 113f.) – Abbildung: Bohmeier Verlag (Gestaltung nach einer Vorlage vom J.F. Bergmann Verlag München 1988).

2. Konvergenz-Schaltung

Die *Konvergenzschaltung* leistet das Umgekehrte. Sie verbindet den Impuls vieler Neuronen zu einem einzigen. Strukturell ist dies nur die aufnehmende „Seite" des Neurons gegenüber der abgebenden.

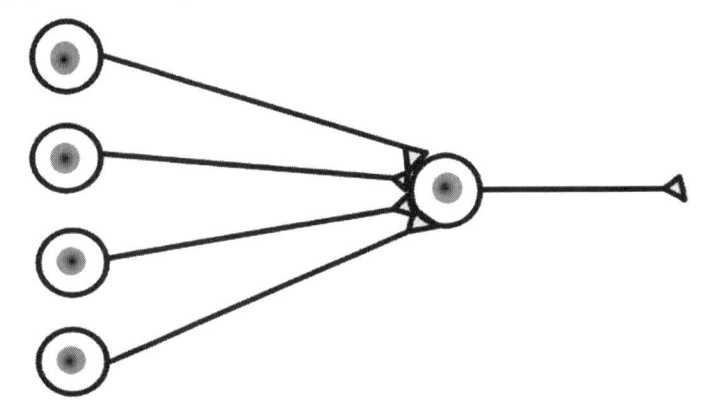

Abb. 9 – Im Falle einer *Konvergenzschaltung* laufen die Endaufzweigungen verschiedener Neuronen auf einer Nervenzelle zusammen, so daß hierdurch eine räumliche und zeitliche Summe von Erregungen vieler Zellen oder Rezeptoren an einer nachgeschalteten Nervenzelle stattfindet. – Zum Beispiel schätzt man die Zahl der an einem Motoneuron im Rückenmark konvergierenden Axonendigungen auf bis zu 19 000 (*Nauta/Feirtag* 19882, 90f. sprechen von „etwa zehntausend" – J.G.) und die an den Betz-Zellen im motorischen Cortex des Vorderhirns von Affen sogar auf 60 000. (Rahmann/Rahmann 1988, 114) – Abbildung: Bohmeier Verlag (Gestaltung nach einer Vorlage vom J.F. Bergmann Verlag München 1988).

3. Konvergenz-Divergenz-Schaltung

In der *Konvergenz-Divergenz-Schaltung* werden die beiden bis jetzt unterschiedenen Schaltungen so miteinander verbunden, dass die Erregung vieler Nervenzellen *zuerst von einer Zelle miteinander verbunden und dann dieses Produkt an verschiedene andere Zellen weitergegeben* wird. Das ist bereits eine Kombination der ersten beiden Schaltungen, die jedoch eine neue elementare Schaltungsform ergibt.

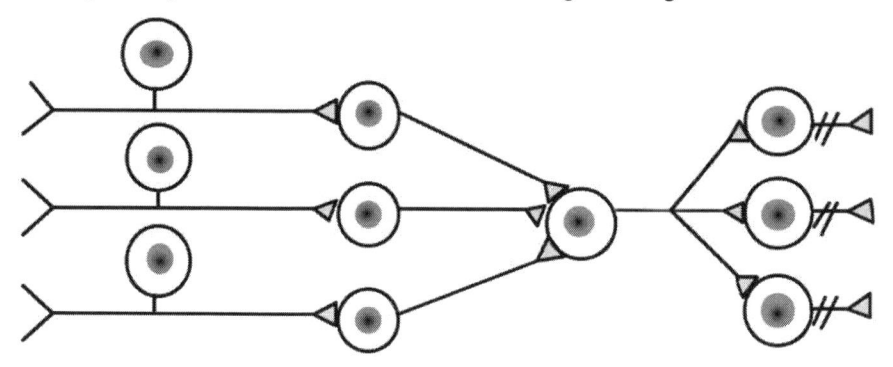

Abb. 10 - Von *Konvergenz-Divergenz-Schaltungen* spricht man, wenn beide zuvor besprochenen Prinzipien miteinander gekoppelt auftreten: Jedes einzelne Neuron erhält über viele postsynaptische Eingänge von verschiedenen anderen Neuronen oder Rezeptorzellen konvergente Informationen. Es integriert diese und entlässt sie wieder über eine Vielzahl von präsynaptischen Endaufzweigungen des Axons an viele nachgeschaltete Zellen. (Rahmann/Rahmann 1988, 114) − Abbildung: Bohmeier Verlag (Gestaltung nach einer Vorlage vom J.F. Bergmann Verlag München 1988).

4. Divergenz-Konvergenz-Schaltung

Dass die Kombination der beiden ersten Formen der Schaltung tatsächlich zu einer neuen Schaltungsmöglichkeit führt, zeigt die *umgekehrte Reihenfolge der Kombination von Konvergenz- und Divergenzschaltung* besonders gut, weil sie die Grundform der sensomotorischen Funktionseinheit ist: Von den räumlich verteilten Rezeptorzellen verschiedener Art wird der sensorische Input auf sensorische Zellen verteilt, die ihn verarbeiten. Danach werden sie vom motorischen System verarbeitet und dann immer stärker zusammengefasst, bis ein einziges Neuron eine einzige Muskelfaser entweder streckt oder zusammenzieht. Dabei treten Divergenzen (Verzweigungen) und Konvergenzen (Zusammenführungen), die in der Graphik nur zweifach dargestellt sind, vielfach auf. Ich übernehme für diese Schaltung den Text und die graphische Darstellung von *Kandel*.

A Divergenz   B Konvergenz

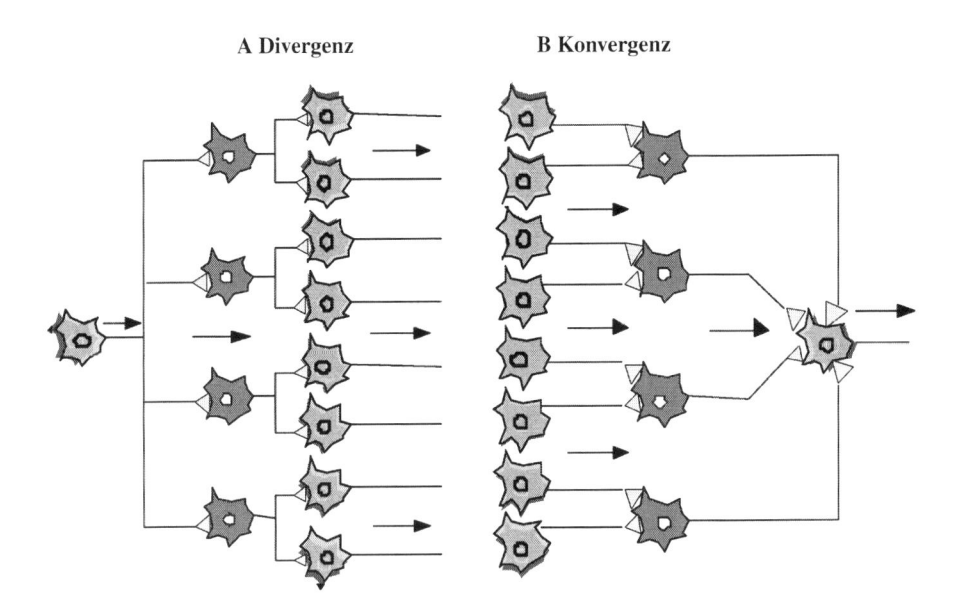

Abb. 11 – Divergenz und Konvergenz neuronaler Verbindungen stellen Schlüsselprinzipien der Gehirnorganisation dar. In sensorischen Systemen zweigen sich die Rezeptorneuronen auf der Input-Ebene gewöhnlich auf und schaffen Kontakt zu zahlreichen Neuronen, welche die zweite Ebene der Informationsverarbeitung darstellen (A). Nachfolgende Verbindungen zweigen sich sogar noch stärker auf. Im Gegensatz dazu sind Motoneuronen die Zielzellen immer stärker zusammenlaufender Verbindungen (B). Infolge dieser Konvergenz erhält die Zielzelle die gesammelte Information vieler präsynaptischer Zellen. (Kandel 1996, 31) – Abbildung: Bohmeier Verlag (Gestaltung nach einer Vorlage vom Spektrum Akademischer Verlag GmbH Heidelberg, Berlin, Oxford, 1996).

Die Verbindung von Divergenz und Konvergenz bzw. umgekehrt sind deshalb „Schlüsselprinzipien der Gehirnorganisation", weil in dieser Schaltung *vier elementare Verbindungsmöglichkeiten zwischen zwei Zellen so miteinander kombiniert sind, dass sich eine überaus mächtige, d. h. vielseitig verwendbare, Schalterfunktion ergibt:*

Erstens: die sequentielle Verknüpfung. In ihr wird die räumliche Verbindung zwischen zwei räumlich getrennten Neuronen dazu genutzt, dass die beiden Neuronen *zu zwei verschiedenen Zeitpunkten und die zweite im Anschluss an die erste „feuern".* So können prinzipiell beliebig lange *Ketten von Signalfolgen* entstehen. Während die sequentielle Zweierverbindung die einfachste Form der Verbindung zwischen Neuronen ist, führt die Aneinanderreihung solcher elementaren Verbindungen in einem begrenzten Raum sehr schnell zu *knäuelhaften Verwicklungen.* Es kommt hinzu, dass die Signalleitung im Nervensystem viel langsamer ist als auf Chips. Deshalb gibt es für die *lineare sequentielle Verbindung* spezifische Grenzen ihrer Brauchbarkeit.

Zweitens: die parallele Schaltung. Die parallele Schaltung nutzt ebenfalls die räumliche Getrenntheit der Neuronen, diesmal aber für ihre *voneinander klar unterschiedene, aber zeitgleiche Aktivität.* Während die räumliche Linearität für *zeitliche Sequentialität* genutzt wird, wird die räumliche Parallelität für *zeitliche Simultanität* genutzt. Die parallele Schaltung ist deshalb, für sich genommen, gerade *keine Verknüpfung*. Nichtverbundenheit kann aber nicht durchgehendes Prinzip des Nervensystems sein, weshalb Parallelität *immer mit Sequentialität verbunden ist:* Entweder geht sie einer sequentiellen Verknüpfung voraus, oder sie folgt ihr nach. So werden z. B. örtlich verteilte oder aus verschiedenen Hauptsystemen des ZNS stammende Impulse miteinander verbunden, oder es wird ein einzelnes Signal parallel in spezifischer Weise verarbeitet, ehe es in der verarbeiteten Form weitergegeben wird. Jede parallele Bahn ist aber auch ihrerseits sequentiell und oft auch parallel strukturiert.

Auf diese Weise wird räumliche Verteilung sowohl für simultane als auch für sequentielle Verbindungen genutzt. Durch *zeitgleiches „Feuern" in unvorstellbaren Größenordnungen* entsteht die außerordentlich schnelle Verarbeitung von unvorstellbar vielen Informationen durch das neuronale System.

Drittens: die induktive Verknüpfung (bottom-up). Die Struktur der Konvergenz erlaubt die *Verknüpfung von vielen Impulsen zu einem*. Damit ist die *prinzipielle Möglichkeit der Synthese* eröffnet, die z. B. für *die Verbindung von Eindrücken der unterschiedlichen Sinne zu einem einzigen Eindruck von der äußeren Situation,* z. B. im Straßenverkehr, genutzt wird. Sie tritt aber auch beim Lesen als gleichzeitige Aufnahme verschiedener Buchstaben durch die beiden Augen auf. Ohne sie ist auch *Generalisierung* nicht möglich. Das Prinzip sagt noch nichts über die Formen seiner Realisierung aus, in denen viele Neuronen in unterschiedlichen Konfigurationen miteinander verbunden sein können, was nur empirisch zu ermitteln ist.

Viertens: die deduktive Verknüpfung (top-down). Dieses Pendant zur induktiven Verknüpfung besteht aus der Impulsgebung eines Neurons an viele andere. Damit sind die *prinzipiellen Möglichkeiten der Analyse und der Steuerung* eröffnet, die z. B. zur Beschreibung eines Gesichts, zur Diagnose einer Situation oder zur Ausführung eines Planes genutzt wird. Ein Neuron regt dann ihm „untergeordnete" Neuronen durch seinen Impuls an. Auch hier darf das Prinzip nicht mit den Formen seiner Realisierung in komplexen neuronalen Netzwerken verwechselt werden.

Durch die Verbindung von konvergenter und divergenter Schaltung entstehen so *die beiden Funktionen der Umschaltung zwischen paralleler und sequentieller und zwischen induktiver und deduktiver Weiterleitung von Impulsen*. Die parallele und serielle Schalterstellung ergeben zusammen die *Prozessstruktur der Handlung*. Die induktive und deduktive Schalterstellung bezeichnet man zusammen als *hierarchische Struktur*.

Das von Kandel als Beispiel *gewählte* sensomotorische System verweist noch auf eine *wichtige generelle Eigenschaft aller elementaren Schaltungen*. Die elementaren Möglichkeiten der Verschaltung treten keineswegs nur auf einer unteren „Ebene" oder in einer unteren „Schicht" der Verschaltungen auf, sondern diese Formen der Verschaltung können *bis zu den komplexesten Einheiten unbegrenzt oft auftreten (Rekursivität elementarer Verschaltungen)*, wobei natürlich immer umfangreichere Komplexe von Neuronen wiederum miteinander verbunden werden und das aus ihrer Verbindung resultierende Signal an ähnlich umfangreiche Komplexe simultan vermittelt wird. Dann ist aber auch klar, dass es so etwas wie durchgängige „Ebenen" oder „Schichten" aus unterschiedlichen Formen der Verschaltung im gesamten Gehirn überhaupt nicht geben kann, weil *an jeder Stelle im gesamten Nervensystem alle Verknüpfungsformen möglich sind und sie für die Vielzahl unterschiedlicher Funktionen gerade nicht völlig gleichförmig genutzt werden* (z. B. im Kortex für Funktionen des Denkens anders als in der Amygdala für Funktionen des Fühlens).

Das ist die *räumliche Verknüpfungsleistung der einzelnen Nervenzelle* vom einen „Ende" der Zelle zu ihrem anderen „Ende", d. h. zwischen der Vielzahl von Neuronen, deren Impulse die Nervenzelle erreichen, und der Vielzahl von Neuronen, die vom Impuls der Nervenzelle über die Verzweigungen ihres Axons erreicht werden. Rein räumlich stellt sie eine Verbindung her zwischen allen ihren synaptischen Eingängen (postsynaptisch gegenüber den ankoppelnden Präsynapsen von Axonen anderer Nervenzellen) und ihren synaptischen Ausgängen (präsynaptisch zu den aufnehmenden Dendriten bzw. dem Soma anderer Neuronen).

> Die Konvergenz der Dendriten und die Divergenz durch die Verzweigung des Axons sorgen für eine Kombinationsvielfalt der Vernetzung, die nicht mehr einfach die Zelle, sondern das ganze „Neuronensystem" betrifft (…) Durch die Eigenschaft von Konvergenz und Divergenz kommt auch (…) eine Kombinatorik der Nervenaktivitäten zustande. (Changeux 1984, 309)

Da es hier nur auf das neuronale Korrelat für das Phänomen der Unterscheidung ankommt, habe ich mich auf die Darstellung von Divergenz- und Konvergenzschaltungen beschränkt. Die Verknüpfungsmöglichkeiten der einzelnen Neuronen werden aber im ZNS zu vielfältigen *Großformen der Verknüpfung* genutzt.

Die Untersuchung dieser Großformen steht aber noch vor großen Schwierigkeiten, weil die Nervenverbindungen so zahlreich sind, weil die beteiligten Neuronen weit im Raum des Gehirns verteilt sind, weil sie miteinander verwoben sind, weil die vielfältigen Muster aus Aktionspotentialen in solchen Netzen sehr kurzlebig sind, weil der Auflösungsgrad der Untersuchungsmethoden am lebenden Gehirn noch weit davon entfernt ist, die Aktivität der vielen einzelnen Neuronen unterscheiden zu können, weil sie nicht außerhalb des Gehirns untersucht werden können. Das sind nur einige der vielen Gründe für die Schwierigkeiten, vor denen ihre Untersuchung steht. Soweit ich sehe, gibt es bis jetzt nur Untersuchungen von Netzwerken aus einer kleinen Zahl von Neuronen entweder in vivo oder in vitro, z. B. Untersuchungen der winzigen Säulen in der Großhirnrinde oder von Neuronengruppen, die auf einer Nährlösung für eine gewisse Zeit funktionsfähig bleiben.

Wegen dieser Anschlussfähigkeit des Neurons sind die dargestellten Schaltungen keineswegs die einzigen Möglichkeiten, einzelne Neuronen und Verbände von Neuronen miteinander zu verbinden. Die Konvergenz- und Divergenzschaltungen sind aber die Grundlage für alle anderen Verbindungen, weil diese nur zusätzlich bestimmen, welche Differenzen Ausgang und welche Ziel des jeweiligen Neurons sind. In welche Form der Verknüpfung ein Neuron auch immer eingestellt ist, an jeder Stelle ist es gleichzeitig konvergent und divergent. Daraus resultiert die unabsehbar große Zahl seiner Verknüpfungsmöglichkeiten.

So gibt es z. B. Rückkopplungen, die daraus bestehen, dass das Aktionspotential eines Neurons ein inhibitorisches Neuron anregt, das auf die Aktivität ebendieses Neurons hemmend einwirkt, indem es ihm negative Potentiale zuführt. – Es gibt aber auch Rückkopplungen von der Form, dass ein Neuron sein Aktionspotential an sich selbst zurückleitet, was zu einer Verstärkung seines Inputs führt. – Wird dies wiederholt, so haben wir es mit einer rekursiven Verbindung zu tun. – Es gibt die Möglichkeit der gleichzeitigen wechselseitigen Anregung von Netzwerken durch einzelne Neuronen in ihnen. – Es gibt die Möglichkeiten der kreiskausalen Verknüpfung von neuronalen Einheiten mit Teilfunktionen, die z. B. beim motorischen System zur Ausführung der kompletten Bewegung von der Grob- bis zur Feinmotorik führen oder die zu wechselseitigen Regelungen in Gestalt von Regelkreisen führen, wie z. B. zwischen dem Verstehen und der Produktion von Sprache (Wernicke- und Broca-System).

Die Korrelation zwischen dem psychischen Phänomen der Intentionalität und dem neuronalen Prozessieren

Ich wage es nun, auf der Grundlage der dargestellten neuropsychologischen Befunde und Annahmen eine Antwort auf die Frage nach dem *neuronalen Korrelat für die Intentionalität* zu geben. – Für diesen Versuch ist kennzeichnend:

Es gibt strukturelle Äquivalenzen und Komplementaritäten zwischen neurologischen Befunden und Annahmen und der von Husserl und Georg Spencer Brown beschriebenen Intentionalität. Jede von ihnen aber muss empirisch geprüft werden. Ich habe eine Reihe von empirischen Befunden und Annahmen für sie angeführt, es kann aber durchaus noch weitere Befunde geben, die ich noch nicht kenne. – Es müssen jedoch auch Untersuchungen angestellt werden, die von vornherein eine Entscheidung über Hypothesen anstreben, die sich auf diese Korrelation beziehen.

Das im Folgenden gezeichnete Gesamtbild von dieser Korrelation kann sicher nicht als Ganzes experimentell geprüft werden. Um Phänomene zu testen, die für den Gesamtzusammenhang kennzeichnend sind, bedarf es besonderer Versuchsanordnungen. Ob es sie schon gibt oder welche es sein müssten, vermag ich noch nicht zu sagen.

Die Art der Beschreibung ist phänomenologisch. Das impliziert, dass auch die Befunde von experimentellen psychologischen und neurologischen Beobachtungsmöglichkeiten als Gegenstände unseres Bewusstseins angesehen werden.

Es wird sich im Folgenden zeigen, dass in dem von mir dargestellten Material schon sehr viel für die jeweilige Korrelation spricht. Es ist aber sicher möglich, dass im einen oder anderen Fall die Korrelation neuronal anders realisiert wird, als ich es darstelle. Ich werde auf solche alternativen Möglichkeiten hinweisen, soweit ich sie derzeit sehe.

Ich unterscheide jetzt Korrelationen zwischen psychischen und neuronalen Befunden zum Phänomen der Intentionalität, soweit dies auf der Grundlage des dargestellten Materials möglich zu sein scheint. Das ist zugleich die Synthese der vorausgehenden Aussagen über die Intentionalität zu einem Gesamtbild.

Psychisch: In der direkten Intention auf die Welt oder auf uns selbst und auch in der reflexiven Intention auf Bewusstseinsakte ist *etwas als Gegenstand gegeben,* während außerhalb des Gegenstandes, d. h. in seinem Horizont, kein bestimmter Gegenstand klar und deutlich gegeben ist.

Entweder ist das, was jenseits der Grenze des Gegenstandes gegeben ist, ein leerer Raum, soweit wir ein Bewusstsein von ihm bilden können, oder aber der Raum jenseits der Grenze des Gegenstandes ist auch durch eine Qualität bestimmt, z. B. als blauer Himmel, als Rauschen, als ein Gas, als eine Szene und anderes mehr.

Es gibt deshalb immer *eine Grenze zwischen dem intentionalen Gegenstand und dem, was er nicht ist*, so dass klar ist, ob ein Punkt im Gegebenen zum unterschiedenen Gegenstand gehört oder nicht. Sobald dies nicht mehr eindeutig ist, ist die Grenze undeutlich und kann kein Gegenstand mehr unterschieden werden.

Neuronal: Die Neuronen eines oder mehrerer Netzwerke *feuern gleichzeitig genau so lang*, wie etwas als intentionaler Gegenstand gegeben ist. Wenn sie nicht feuern, ist dieser intentionale Gegenstand für das jeweilige Individuum zu dieser Zeit nicht da. Beispiele dafür sind die gemessenen und auf dem Display bildlich dargestellten Aktivitäten in sensorischen und motorischen Gehirnarealen.

Da die Grenze zwischen „feuern" und „nicht feuern" absolut ist, könnte *die Grenze von feuernden Netzwerken mit der Grenze des jeweiligen intentionalen Gegenstandes* korrelieren. Das wäre eine Entsprechung zwischen der *psychischen Aktivität* des Bewusstseinsaktes und der *neuronalen Aktivität* in bestimmten neuronalen Netzwerken.

Da die beiden Zustände „feuern" und „nicht feuern" bei ein und demselben Neuron nicht gleichzeitig sein können, stehen sie zueinander auch in der zeitlichen Relation der Sequenz. – So ist mit der Differenz zwischen „feuern" und „nicht feuern" auch die Differenz der Zeitpunkte t 1 und t 2 gegeben.

In derselben Zeit, in der die jeweilige Gruppe von Neuronen feuert, gibt es außerdem eine Differenz zwischen ihr und allen anderen Neuronen, die nicht feuern, eine Differenz zur vorausgehenden und nachfolgenden Aktivität und eine Differenz zwischen ihr und allen anderen Neuronen, die gleichzeitig feuern. – Im ersten Fall handelt es sich um die Differenz zwischen Aktivität und Inaktivität, im zweiten und dritten Fall um die Differenz zwischen sequentiellen und simultanen Aktivitäten der gleichen oder unterschiedlichen Art.

Da die Grenze zwischen den *gleichzeitig aktiven* Gruppen von Neuronen und allen *nicht aktivierten* Neuronen ebenfalls absolut ist, könnte die Grenze von gleichzeitig feuernden Netzwerken mit der Grenze eines *Bündels von intendierten Gegenständen (Polythetik) mit den dazugehörigen Vollzügen* korrelieren.

Psychisch: Wenn etwas unterschieden worden ist, können *in ihm bestimmte intensionale oder extensionale Qualitäten* unterschieden werden.

Es ist daher schon ein Unterschied *in einem bereits unterschiedenen Gegenstand* des Bewusstseins, ob die Grenze zu einer *intensionalen* Qualität gekreuzt wird oder aber zu einer *extensionalen* Qualität. – In beiden Fällen ist es aber eine Qualität, die als etwas bewusst ist. Nichts anderes ist dann jeweils bewusst, z. B. „die rote Farbe auf einem Verkehrsschild" oder „die dreieckige Form eines Verkehrsschildes". Jede solche Eigenschaft ist als etwas, das zu einer bestimmten Zeit an einem bestimmten Ort gegeben ist, für uns zeit-räumlich.

Bei der Unterscheidung einer Qualität wird „in" die Qualität hineingekreuzt. Sie ist der Inhalt, den diese Seite der Grenze be-inhaltet.

Dies geschieht z. B. beim bewussten Betrachten eines Bildes, denn wir richten dann den Blick nur kurz auf das ganze Bild und lassen ihn danach von einem Teil oder Aspekt des Bildes zu einem anderen hinüberwechseln.

Diese Abfolge von Unterscheidungen innerhalb eines unterschiedenen Gegenstandes wird uns aber nur bei bewusster Steuerung oder Kontrolle der Beobachtung bewusst.

Neuronal: Mit dem Kreuzen der Grenze könnte der *Wechsel* von einem aktiven neuronalen Netzwerk zu einem anderen korrelieren.

Es gibt schon sehr viele Aktivitätsmuster von neuronalen Netzwerken, die gemessen worden sind und die in bildgebenden Verfahren wegen des hohen Grads ihrer Aktivierung durch helle Farben repräsentiert werden.

Mir sind aber keine neurologischen Untersuchungen bekannt, durch die *der Wechsel als Wechsel* dokumentiert wird. Dokumentiert werden immer nur die Aktivitätsmuster, die durch verschiedene Versuchsanordnungen erzielt worden sind und die den Mittelwert einer großen Zahl der jeweiligen Aktivierungen repräsentieren, nicht aber die Übergänge zwischen diesen Aktivitäten.

In unserem Bewusstsein aber findet dieser Wechsel von einem Gegenstand des Bewusstseins zum nächsten in kleinsten Zeiteinheiten ständig statt, und er wird auch in reflektierender Abstraktion durch Vergleich erkannt.

Psychisch: Durch das Kreuzen auf die andere Seite der Grenze kann auch dieser Teil des Raumes bestimmt werden. In vielen Fällen werden beide Seiten schnell hintereinander bestimmt, z. B. als Figur und Grund, als heiß oder kalt, blau und rot, als Schiff auf dem Meer, als konkret und abstrakt, oder aber möglicherweise sogar gleichzeitig, z. B. als Zwilling oder Paar.

Das Kreuzen auf die andere Seite ist eine neue Unterscheidung. Sie hat dieselbe Form wie die vorausgehende Unterscheidung durch das Kreuzen auf die eine Seite.

Von der Form der Unterscheidung her ist völlig unbestimmt, was in beiden Fällen des Kreuzens der Grenze unterschieden wird. Es bedarf deshalb in jedem Fall einer *Entscheidung*, was unterschieden wird.

Wenn ein Gegenstand unterschieden worden ist, wird durch diesen Gegen-stand nicht zwingend mitbestimmt, zu welchem Gegenstand man auf der anderen Seite überwechselt. Man kann im Grenzfall willkürlich zu einem beliebigen anderen aktivierbaren Gegenstand über die Grenze springen. So ist die *serielle Folge von Unterscheidungen* ein Gesetz der fortgesetzten Unterscheidung.

Es kann aber neuropsychische Regeln oder Gesetzmäßigkeiten für die Abfolge von Unterscheidungen geben, z. B. die Nähe oder die Ähnlichkeit, die mit Recht als Assoziationsgesetze, d. h. Gesetze der Beigesellung, bezeichnet werden. – Dazu kommen Abfolgen, die durch Gesetzmäßigkeiten bestimmt werden, die im Gegebenen liegen, insbesondere zeitliche oder räumliche.

Neuronal: Für jede neue Unterscheidung gilt alles, was für jede Unterscheidung gilt.

Psychisch: Die gegebene Qualität kann *benannt* werden. Statt „benennen" kann auch „bezeichnen" oder „beschreiben" gesagt werden. Immer aber handelt es sich darum, dass für die bestimmte intensionale oder extensionale Qualität oder die bestimmte Einheit etwas anderes als *Medium* gesetzt wird, das sie vertritt. Das am besten für die Benennung des Unterschiedenen geeignete Medium ist wegen der scharfen Begrenzung ihrer Zeichen die Sprache oder ein anderes trennscharfes Zeichensystem.

Da aber das Medium nur den Zweck hat, zu benennen, bleibt die Identität des Benannten durch die Benennung unberührt. Deshalb kann, wie Georg Spencer-Brown festsetzt, die Benennung differenztheoretisch wie das Benannte behandelt werden.

Neuronal: Die Differenz zwischen Benanntem und Benennendem ist neurologisch besonders gut für die Sprache als Medium der Benennung nachzuweisen. Das gilt auch für die Zuordnung der Sprache als Benennung zu der benannten Kategorie. Sowohl *mit dem Benannten* als auch *mit dem Benennenden* korreliert die Aktivität *unterschiedlicher* neuronaler Netzwerke, die aber nahe beieinander liegen. Es gibt außerdem ein neuronales System, das die *Zuordnung einer Benennung zu verschiedenen Benannten ermöglicht und umgekehrt,* was eine Erklärung für das Phänomen der Homonyme und Synonyme liefert.

The classic double dissociation we uncovered suggests that there are relatively separate lexical-mediation systems for concrete nouns and verbs. The systems that appear essential for retrieving proper nouns and certain classes of common nouns are in left anterior and middle temporal cortices. (Other common nouns can be retrieved from systems in left posterior temporal and occipitoparietal cortices; we and others have found that damage to those systems does not compromise verb retrieval.). We had hypothesized that the systems essential for verb retrieval were in left frontal cortices. The rationale for this hypothesis came from the observation that damage to left frontal cortices impairs the retrieval of verbs more markedly than the retrieval of nouns, and observation supported by studies in which verb retrieval was more defective than noun retrieval in aphasics with presumed left frontoparietal damage (...)

These findings indicate that word forms can still be reactivated from their highly distributed and fragmentary base representation in auditory, kinesthetic, and motor cortices. The failure seems to be in a mediation stage between the processing of a concept and the vocalization of word forms. Elsewhere we have proposed that there is a considerable anatomical separation for systems that support concepts, language, and the two-way-access mediation between the two.

Our interpretation differs from the traditional view on the neural basis of language in many respects. (i) We do not think that either concepts or word forms are represented in a permanent and integrated manner and in one neural site. On the contrary, they depend on many interacting networks that hold the potential for reactivation of components of concepts or components of word forms within recursive networks. (ii) We do not believe that the connection between conceptual structure and word-form implementation is a direct one. We believe, instead, that it depends on a mediational set of neural structures that use convergence zones and their feedforward-feedback connections, to link separate regions. The dissociations described above, by revealing intact conceptual and word-form processing but impaired interaction between the two, provide further evidence that such mediational systems exist in the human brain.

The most intriguing implication of our findings has to do with large-scale organization of brain systems for concepts and language. Our findings concern mediation systems for knowledge access. They suggest that the systems that mediate access to concrete nouns are anatomically close to systems that support concepts for concrete entities. Our findings also suggest that systems that mediate access to verbs are located elsewhere and are anatomically close to those that support concepts of movement and relationship in spacetime. (Damasio/Tranel 1993, 4959)

Psychisch: Die Bestimmungen von beiden Teilen des Raumes, der durch die Grenze des Unterscheidens voneinander getrennt wird, stehen in unterschiedlichen *Relationen* zueinander. Auch sie können als eine Differenz bestimmt und benannt werden.

Während bei jeder Unterscheidung die durch die Grenze voneinander getrennten Teile allein schon deshalb, *weil sie voneinander unterschieden sind, ungleich* sind, sind die beiden Teile *als Teile ein und desselben Raumes gleich*. – Damit sind der Unterscheidung bereits die beiden Relationen „ungleich" und „gleich" implizit. Deshalb gehören diese beiden Relationen schon zur universalen Form der Unterscheidung. Sie ist damit nicht nur eine Einheit aus zwei getrennten Seiten, sondern auch aus der Relation zwischen den beiden Seiten.

Ebenso wie die Teile diesseits und jenseits der Grenze können auch die Relationen der Ungleichheit und der Gleichheit zwischen ihnen bestimmt werden. Dabei geht es nicht mehr um die formale Ungleichheit oder Gleichheit, sondern um *qualitative Relationen zwischen qualitativ Differentem und qualitativ Äquivalentem*.

Durch solche Bestimmungen werden die Relationen der Ungleichheit (Asymmetrie) und der Gleichheit (Symmetrie), z. B. zur Relation der Kausalität zwischen Ursache und Wirkung, der Konditionalität zwischen Mittel und Zweck, der Finalität zwischen Zweck und Mittel, der Transitivität ($a < b < c$ oder $a > b > c$), der Intentionalität oder der Generalisierung ($a = a$) und Reziprozität ($a = b = b = a$) über Äquivalenz. (vgl. zum System der Relationen z. B. Piaget 1947, 49 f.)

Neuronal: Der Ungleichheit entspricht möglicherweise neuronal, dass voneinander getrennte Netzwerke *mit verschiedenen Funktionen* feuern. Der Gleichheit entspricht, dass voneinander getrennte Netzwerke *mit gleichen Funktionen* feuern.

In beiden Fällen können die Netzwerke nacheinander oder gleichzeitig feuern. Wenn sie nacheinander feuern, gibt es zwischen dem Ungleichen oder dem Gleichen die räumliche Beziehung der *Linearität* und die zeitliche Beziehung der *Sequentialität*. – Wenn sie gleichzeitig feuern, gibt es zwischen dem Ungleichen oder dem Gleichen *mehrdimensionale räumliche Beziehungen* und die zeitlichen Beziehungen der *Simultanität*.

Psychisch: Die bestimmte und benannte *Relation* ist selbst ihrerseits *wieder eine Differenz*. So wie bei jeder Unterscheidung auch die Relationen zwischen dem Unterschiedenen thematisiert werden können, so kann jede Relation als Ganze als eine Differenz thematisiert werden. In beiden Fällen wird an ein und demselben etwas anderes zum Gegenstand des Bewusstseins.

Neuronal: Die Anschlussmöglichkeiten von neuronalen Netzwerken an andere machen dies möglich.

Psychisch: In der Reflexion erkennen wir, dass das gegebene Unterschiedene *das uns Bewusste* ist.

Während in der direkten Intention das Gegebene einfach *für uns da* ist, erkennen wir erst in der Reflexion, dass das Gegebene *das uns Bewusste* ist. Erst in der Reflexion erkennen wir die Differenz zwischen der Realität, dass uns etwas bewusst ist, und der Realität, die es außerhalb unseres Bewusstseins gibt (etwas, das uns als Wahrnehmung oder Vorstellung bewusst ist und das uns auch als außerhalb unseres Bewusstseins liegend bewusst ist – J.G.), und erkennen wir die Abhängigkeit des Bewussten von uns selbst.

Neuronal: Neuronal korreliert mit dem Bewussten sicher ein *aktiviertes Netzwerk*, aber auch mit den nicht bewussten automatischen Aktivitäten müssen aktivierte Netzwerke korrelieren. Deshalb korreliert wahrscheinlich *nur ein bestimmter Grad der Aktivität eines Netzwerkes* mit dem Bewusstsein von etwas.

Bei den Messungen durch bildgebende Verfahren ist aber offen, ob der Grad der für einen ganzen Bereich des Gehirns gemessenen Aktivität auf der *Zahl der aktivierten Neuronen* im Messbereich oder auf der *Dauer* bzw. *Häufigkeit* der Aktivierung in dem gemessenen Zeitraum beruht. Ich weiß nicht, ob man beides schon zu unterscheiden vermag.

Messungen an einzelnen Neuronen sprechen dafür, dass bei Aufmerksamkeit auf etwas bestimmte Neuronen aktiv sind, die ohne Aufmerksamkeit nicht aktiv sind. Dies spricht für den ersten Fall, dass sich bei dem mit der Aufmerksamkeit verbundenen Bewusstsein der Grad der Aktivität dadurch erhöht, dass *zusätzlich* zu der bereits automatisch aktivierten Funktion der Unterscheidung eines Gegenstandes des Bewusstseins durch die Zuwendung der Aufmerksamkeit genauere Unterscheidungen an diesem Gegenstand möglich werden.

Es gibt auch Befunde dafür, dass die Zeitdauer ein Indikator für Bewusstheit ist, weil es immer eine bestimmte Zeit dauert, bis etwas bewusst wird. Es gibt aber anscheinend noch keine Befunde dafür, wie der Prozess des Bewusstwerdens in dieser Zeitdauer verläuft (Libet 2005. s. dazu das VII. Kapitel).

Psychisch: In der Reflexion erkennen wir, dass wir auf das uns Bewusste *gerichtet* sind.

Während das Gegebene in jeder Intention auf etwas einfach da ist, aber der Beobachter sich dabei selbst nicht in derselben Weise gegeben ist, erkennen wir erst in der Reflexion, d.h. aus der Perspektive des zweiten Beobachters, *dass wir als erste Beobachter auf das Gegebene gerichtet sind*. Deshalb ist die Erkenntnis der Intentionalität des Bewusstseins ein Resultat der reflektierenden Abstraktion.

> Wir müssen wohl sagen: Der Akt richtet sich auf einen Gegenstand, das sagt, ein Gegenständliches ‚erscheint' (und im vollzogenen Akt geht der Strahl der Aufmerksamkeit darauf), ist überhaupt ‚vorstellig', und dieses ‚Vorstellige' ist nur ideales Aktkorrelat. Und zwar in allen Akten dieselbe Komponente kommt hierbei in Frage, die Komponente ‚Vorstellen' eines ‚Vorgestellten'. (Husserl 2004, 384)

Das Phänomen des fehlenden Bewusstseins von unserem eigenen Agieren beim Bewusstsein von etwas ist oft als der *blinde Fleck* in unserem Bewusstsein beschrieben worden. Man kann diese Situation auch mit dem Bild beschreiben, dass wir bei der Intentionalität „mit dem Rücken zur Wand" stehen. Wir erfahren nur den *intentionalen Gegenstand*, nicht aber, wie diese Erfahrung zustande kommt.

So werden wir uns auch immer erst in der nachträglichen Reflexion auf einen Bewusstseinsakt bewusst, dass wir etwas unterschieden haben. Wenn wir z.B. an der Kasse eines Supermarktes die Zahl der Milchtüten in einem Einkaufswagen zählen, dann sind wir uns nur der Milchtüten und ihrer Zahl bewusst. Wenn wir uns aber sofort danach an diesen Vorgang erinnern, dann wissen wir, dass wir gezählt haben und wenn wir dann auch noch auf diese Reflexion reflektieren, dann wissen wir, dass wir uns das Zählen bewusst gemacht haben.

Ein gut erforschtes Beispiel für diese Sachlage ist auch der *physische* Prozess beim Lesen, der aus Augensprüngen und Augenrasten besteht, mit denen wir jede Zeile in mehrere Einheiten aufteilen. Nur bei den Augenrasten können wir die Buchstaben und Wörter unterscheiden und miteinander verbinden, bei den Augensprüngen dagegen unterscheiden und verbinden wir nichts. – Wir erfahren das Lesen beim Lesen trotz dieser Intervalle als einen kontinuierlichen Prozess der ständigen Abfolge von Gegenständen des Bewusstseins. – Erst wenn wir auf diesen Prozess reflektieren, merken wir, dass wir uns springend fortbewegen. Diese Beobachtung kann man dann auch für die bewusste Steuerung dieses Prozesses einsetzen (s. z. B. Techniken des schnellen Lesens).

Durch Methoden der empirischen Psychologie lassen sich diese Vorgänge wesentlich genauer beobachten. So kann man z. B. durch die exakte Messung der Augenbewegungen immer genauer beobachten, wie sich der physische Leseprozess abspielt. Durch solche Messungen hat man neuerdings sogar festgestellt, dass bei Augenrasten die beiden Augen gleichzeitig unterschiedliche Gruppen von Buchstaben unterscheiden, sich also die Diskriminierungsaufgabe teilen, was zur Beschleunigung ihrer Bewältigung beiträgt.

Durch solche Beobachtungen aus der Innen- und aus der Außenperspektive kann man zwar zunehmend besser beschreiben, *was wir tun*, wenn wir uns auf etwas richten.

Wer aber ist es, der dies tut? Das ist die Frage nach dem *Agenten* all unserer Tätigkeiten. Die Antwort „ich bin es" ist zwar leicht zu geben, weil kein anderer Akteur für das uns Bewusste in Sicht ist und weil das „Ich" als Akteur schon derjenigen Beobachtung implizit ist, dass das Gegebene „uns", d. h. jedem „Ich", bewusst ist. Aber es bleibt dann immer noch ganz unbestimmt, *wer oder was* das „Ich" ist, weil der Agent dieser Tätigkeiten von den Tätigkeiten nicht zu unterscheiden ist. Husserl hat deshalb das „Ich" zu einem besonderen Gegenstand von reflexiven phänomenologischen Unterscheidungen erklärt.

Es gibt aber auch die inzwischen weit verbreitete Annahme, dass der Ausgangspunkt der jeweiligen Intention ein „Gesichtspunkt" ist. Die Metapher des Gesichtspunktes wird psychologisch als Kategorie oder Schema interpretiert, unter die das jeweils Gegebene gefasst wird. Das kognitive System wird dann als ein hochkomplexer Zusammenhang aus solchen Schemata angesehen.

Dann aber wären diese Schemata die Agenten der Intention und wäre die Intentionalität der Prozess, in dem die Subsumtion eines Gegebenen unter kognitive Schemata zustande käme, und wäre der Agent der Intention nicht ein zentrales Ich.

Diese Subsumtion aber ist ein Prozess. Dafür sprechen z. B. psychologische Untersuchungen, in denen die Zeit zwischen der Vorgabe eines Bildes von einem Gegenstand und der Nennung eines Wortes für diesen Gegenstand gemessen wird. Es werden dann unterschiedliche Wörter für Begriffe von unterschiedlicher Abstraktionshöhe genannt, z. B. „ein Ding", „eine Tasse" oder „eine Mokka-Tasse". Die Bezeichnung für einen Begriff mittlerer Abstraktionshöhe wird dann schneller genannt als die Bezeichnung für einen übergeordneten ab-strakteren und allgemeineren Begriff und dieser wiederum schneller als die Bezeichnung für einen untergeordneten weniger abstrakten und spezielleren Begriff.[37] Das ist ein unterschiedlicher Zeitbedarf, der sowohl auf unterschiedlich aufwendige Suchprozesse als auch auf einen höheren Grad der Bekanntheit, d. h. der schnellen Aktivierbarkeit, zurückgeführt werden kann.

Neuronal: Da das Aktionspotential eines Neurons durch sein Axon an andere Neuronen geleitet wird, *ist seine Aktivität auf die aufnehmenden Neuronen gerichtet.* Dasselbe gilt für die Aktivität neuronaler Netzwerke. Wenn aber alle Prozesse im ZNS mit Informationswert aus Aktionspotentialen bestehen, dann ist *die gesamte jeweilige Aktivität des ZNS*, d. h. die Aktivität aller Einheiten des ZNS, *gerichtet*.

Der *Agent* dieser gerichteten Aktivität ist das einzelne Neuron oder ein Netzwerk von Neuronen. Der *Adressat* der Aktivität und damit ihr *Ziel* sind andere Neuronen. Da das Aktionspotential eine klar und deutlich unterschiedene Einheit ist, ist auch diese Ausrichtung der Aktivität auf andere Neuronen klar und deutlich.

Die jeweilige Aktivität eines Neurons aber ist ihrerseits nichts anderes als die Summe derjenigen Aktionspotentiale, die die Zelle erreicht haben und die deren Aktionspotential auslöst. Dann aber sind die von einer Zelle aufgenommenen Aktionspotentiale die Agenten für die Auslösung des Aktionspotentials dieser Zelle.

So gesehen, besteht das ZNS aus *Agenten, die andere Agenten aktivieren und ihrerseits von Agenten aktiviert werden.* Da kein Aktionspotential in das ZNS hineinkommt und kein Aktionspotential das ZNS verlässt (operative Geschlossenheit des ZNS), ist diese Ausrichtung der Aktivität eine *systemimmanente*. Sie tritt genauso oft auf, wie es *Verbindungen zwischen neuronalen Netzwerken* gibt.

Das ist eine Beschreibung der *Prozessstruktur des ZNS*, denn jede Aktivierung ist ein Vollzug in Raum und Zeit, für die es einen messbaren Zeitbedarf im Millisekundenbereich gibt.

Innerhalb des Systems hat diese Ausrichtung keinen absoluten Anfang und kein absolutes Ende, sondern sie ist nach dem heutigen Kenntnisstand *infinit*. Der infinite Anschluss von Aktivitäten an Aktivitäten ist nicht nur linear, sondern kann z. B. auch die Formen der Wechselwirkung, der Kreiskausalität und der Kombination simultaner Aktivitäten annehmen.

Der *Universalität der Intentionalität des Bewusstseins* entspricht die *Universalität dieser Prozessstruktur.* Dafür, dass mit der Intentionalität die universale Prozessstruktur des ZNS korreliert, weil beide die gleiche Universalität besitzen, spricht deshalb auch, dass bis jetzt, soweit ich sehe, für die Ausrichtung auf etwas *kein spezielles neuronales Korrelat* aufgewiesen worden ist.

Wie aber sieht die Korrelation der universalen *Prozessstruktur des ZNS* mit der *Prozessstruktur des Bewusstseinsaktes* konkret aus? Die Prozessbeschreibung der Unterscheidung durch Georg Spencer-Brown macht dies vorstellbar.

---

[37] S. z. B. Hoffmann 1986.

Wenn wir in einen Bewusstseinsakt einschwenken, z. B. in die Erinnerung, wohin wir einen Schlüssel gelegt haben, dann öffnet sich uns blitzschnell eine Vorstellung von dem Schlüssel an einem bestimmten Platz. – Mit dieser Vorstellung korreliert neuronal *ein Muster aus Aktionspotentialen in einem neuronalen Netzwerk.* Jede Vorstellung bleibt so lang bewusst oder genauer: Sie wird so oft wieder bewusst, wie ihre Auslösung wiederholt wird.

Unser Bewusstsein ist aber auf diese Vorstellung eingeschwenkt, weil es vorher auf andere Vorstellungen gerichtet war. – Dieser Schwenk wird psychisch als Suchen erfahren, das aus einem blitzschnellen Wechsel bestehen kann, währenddessen nichts klar und deutlich bewusst wird. Das Suchen kann aber auch als ein längerer Prozess erfahren werden, in dem Etliches kurz bewusst wird, so wie bei der Suche nach einer bestimmten Stelle in einem Buch. Damit korreliert ein kurzes Aufflackern der Aktivität derjenigen Netzwerke, die bei dem Suchprozess passiert werden.

Was diesen Schwenk der Richtung der Aktivität auslöst und was die neue Vorstellung aktiviert, wird in diesem Prozess nicht bewusst. – Mit diesen psychischen Prozessen könnten deshalb diejenigen Aktionspotentiale korrelieren, *deren Summe das Netzwerk aktivieren, das mit der neuen Vorstellung korreliert.*

Was sich bei diesem Schwenk abspielt, ist nämlich ein sehr komplexer Prozess, der aus vielen Aktionspotentialen besteht, in dem es aber wegen seiner Flüchtigkeit zu keinen klar und deutlich abgegrenzten Aktionsmustern kommt, mit denen Vorstellungen korrelieren. Deshalb sind uns auch die psychischen Prozesse, die mit diesen neuronalen Prozessen korrelieren, nicht bewusst. Der Grund dafür könnte sein, dass die bei diesem Schwenk passierten Netzwerke zwar feuern, aber nicht so lang feuern, wie es für die Bildung einer bewussten Vorstellung erforderlich wäre. Es könnte aber auch sein, dass zwar etliche Neuronen feuern, aber die Zeit nicht ausreicht, dass alle Neuronen in den jeweiligen Regelkreisen feuern, was für die Konstitution eines bewussten Gegenstandes erforderlich wäre.

Die durch die jeweilige Neuronengruppe geleistete Aktivierung einer großen Zahl von Neuronen mit der psychischen Funktion der Vorstellung, d. h. des Bewusstseins von einem bestimmten Gegenstand, könnte deshalb nur ein *Zwischenglied* sein zwischen vorausgehenden Aktionspotentialen, durch die dies zustande kommt, und nachfolgenden Aktionpotentialen, durch die die nächste bewusste Aktivität zustande kommt. Dann wäre das jeweils bewusste Unterschiedene *nur so etwas wie ein Fenster zur Gesamtheit des neuronalen und psychischen Geschehens,* was wir bei der sprunghaften bewussten Steuerung und Kontrolle komplexer automatischer Abläufe auch so erfahren.

Diejenigen Aktivitäten, durch die die jeweilige *Ausrichtung* und damit die *Selektion* des jeweiligen Gegenstandes des Bewusstseins zustande kommt, können aber in der Reflexion häufig auch als unmittelbar vorausliegende oder sogar länger vorausgehende Aktivitäten beobachtet oder auch analytisch erschlossen werden. Dafür aber müssten sie entweder bewusst gewesen sein oder aber erst durch die Aktivität der Reflexion bewusst gemacht werden.

Für die Bestätigung dieser Beschreibung müssten neurologisch nicht nur die mit den intentionalen Gegenständen korrelierenden Netzwerke, sondern auch die *Herkunft der bei ihnen eingehenden Aktionspotentiale* aus bestimmten Netzwerken untersucht werden, was noch vor den bereits erwähnten hohen Hürden steht.

Falls auf diesem oder auch auf anderen Wegen eine Bestätigung gelingt, dann gilt: Die Agenten, auf die die Aktivierung der jeweils aktuellen Funktion zurückgeht, sind das jeweils aktuelle Ich.

Diese Aussage impliziert sehr viel, das hier nicht explizit gemacht werden kann. – Soviel aber ist schon gewiss: Dieses Ich ist keine höchste Hierarchieebene, sondern es besteht aus sämtlichen Funktionen, die zusammen die jeweilige Selektion zustandebringen. Es ist auch kein Homunkulus, der als gesonderte Einheit alles andere lenkt, sondern es ist *die Ganzheit des individuellen Organismus, soweit sie in den Vollzug des jeweiligen Bewusstseinsaktes involviert ist.* – Dem widerspricht nicht, dass die Koordination dieses Ganzen im Gehirn als einem besonderen Organ des ganzen Organismus und dort nochmals in bestimmten Bereichen der Großhirnrinde stattfindet, weil auch diese Zentren nur bestimmte Funktionen in diesem Prozess erfüllen.

Psychisch: In dem jeweils intendierten Gegenstand der Aufmerksamkeit können wir *infinit weitere Unterscheidungen* machen, solang es uns gelingt, in ihm etwas zu unterscheiden. Diese Unterschiede sind *dem ersten Unterschied eingeschachtelt.* Auch in jede weitere Unterscheidung können wiederum andere Unterschiede eingeschachtelt werden.

So ist die Einschachtelung von nachfolgenden Unterscheidungen in eine Unterscheidung ein *Gesetz der fortgesetzten Unterscheidung im Unterschiedenen.* Man kann dies auch als die *Analyse* des zuerst Unterschiedenen bezeichnen.

Neuronal: Zu diesem Prozess sind mir keine speziellen neurologischen Untersuchungen bekannt. Es könnte mit ihm aber die *Divergenzschaltung* korrelieren.

Psychisch: Wenn wir die Grenze von zwei und mehr Unterscheidungen überschreiten, können wir alle diese Unterscheidungen, deren Grenze wir überschritten haben, auf Gleichheit oder Ungleichheit hin untersuchen.

Das ist die Einschachtelung von Unterschiedenem in eine nachfolgende Unterscheidung von relationaler Natur.

Das kann man als Synthese des zuvor Unterschiedenen bezeichnen. Diese Synthese kann als Resultat ein Aggregat, eine Summe, eine Generalisierung oder auch eine gerichtete oder ungerichtete Relation sein, z. B. eine inverse oder reziproke. Von welcher Art das Resultat ist, ist davon abhängig, welche Relationen zwischen dem Unterschiedenen hergestellt werden.

Möglichkeiten der mehrfachen Unterscheidung sind ebenso wie die erste Unterscheidung Gegenstand der universalen Theorie der Unterscheidung, die Georg Spencer-Brown entwickelt hat. – Dieser Theorie müssten wegen ihrer Formalität alle funktions- und sachbereichsspezifischen Theorien der Unterscheidung und ihrer Verknüpfung subsumierbar sein.

Neuronal: Zu den möglichen Verbänden oder Konfigurationen von Unterscheidungen und Verbindungen zwischen neuronalen Netzwerken gibt es erst vereinzelte Untersuchungen, z. B. die Theorie der Klassifikationspaare von Edelman (s. Abb. 15). In seiner Konfiguration von Unterscheiden und Verbinden gibt es primär zwei neuronale Gruppen für zwei voneinander unterschiedene Merkmale. Aus diesen beiden neuronalen Gruppen interagieren sekundär in einem zweiten Schritt die jeweils aktiven Neuronen beider Netzwerke miteinander. Diese Konfiguration von Netzwerken und neuronaler Aktivität könnte mit der Klassifikation der voneinander unterschiedenen Merkmale durch Äquivalenzen korrelieren, d. h. mit der Begriffsbildung. Neuroanatomisch aber könnte mit dieser Konfiguration von Unterscheidungen die Schaltung „divergent-konvergent" korrelieren.

Psychisch: Die Einschachtelung ist damit eine *transitive Relation*, die in beiden Richtungen abgelesen werden kann, vom Eingeschachtelten zum Einschachtelnden und vom Einschachtelnden zum Eingeschachtelten, d. h. induktiv oder deduktiv.

Neuronal: Neuronal könnten dem die beiden Möglichkeiten der Schaltung von Neuronen in der Form „divergent-konvergent" oder „konvergent-divergent" entsprechen.

Psychisch: Die Form des Unterscheidens ist *gegenüber jeder Qualität neutral*. Auch das Gesetz der Einschachtelung des Unterschiedenen ist gegenüber jeder Qualität neutral. Sie ist eine unauflösliche Einheit aus Differenz und Relation, die alle möglichen Unterschiede und Relationen zum Inhalt haben kann. Jede von ihnen hat eine bestimmte Qualität. Die Einschachtelung von Einheiten in Einheiten hat aber als Form keine bestimmte Qualität und ist deshalb rein assoziativ, weil sie eine Summation beliebiger Einheiten dieser Art ist.

Daher wird erst durch die Bestimmung der Qualität eines Unterschieds aus der Form der Unterscheidung ein tatsächliches System aus Differenzen. Diese tatsächlichen Systeme bestehen sowohl aus topologischen Verknüpfungen als auch aus hierarchischen. Aus den Differenzen ergeben sich simultane und sequentielle topologische Systeme. Aus den Äquivalenzen ergeben sich hierarchische Systeme, z. B. personale oder das Abstraktionssystem.

Neuronal: Der Neutralität der universalen Form der Unterscheidung entspricht die *Neutralität der universalen Prozessstruktur des neuronalen Systems*.

Die Aktionspotentiale können sowohl simultan als auch sequentiell zu topologischen Aktionsmustern geordnet sein. Sie können aber auch zu hierarchischen Ordnungen miteinander verbunden sein, die simultan oder sequentiell aktiviert werden können. Die Beschreibung solcher Möglichkeiten ist die Aufgabe der Netzwerktheorie.[38]

Psychisch: In der *Reflexion auf den gesamten Prozess der Unterscheidung* können wir sowohl auf den Gegenstand des Bewusstseinserlebnisses reflektieren als auch auf seinen Vollzug.

Im *Gegenstand des Bewusstseins* können wir all das unterscheiden, was Husserl im Noema und was Georg Spenzer-Brown in der Form der Unterscheidung unterschieden haben. – Das sind Resultate einer *reflexiven noematischen phänomenologischen Abstraktion*.

Wir können aber auch *im Vollzug des Bewusstseinsaktes* vieles unterscheiden, z. B. dass er gerichtet ist, dass zu ihm nicht nur eine Richtung der Aufmerksamkeit, sondern auch ein Grad der Intensität der Aufmerksamkeit gehört, dass er unwillkürlich geschieht oder willkürlich, dass er selektiv ist, dass er eine Zeitdauer hat, dass er von

---

[38] S. z. B. Klimesch 1988.

einem Gegenstand zu einem anderen schwenkt und vieles andere mehr. – Das sind Resultate einer *reflexiven noetischen phänomenologischen Ab-straktion*.

In beiden Fällen können wir Sachverhalte jedes Allgemeinheitsgrades unterscheiden bis zu höchster Allgemeinheit für alle Bewusstseinsakte.

Neuronal: Für diese beiden Klassen von reflektierenden Bewusstseinsakten gibt es meines Wissens keine speziellen neurologischen Untersuchungen. Aber auch für sie kann man dieselben Schlüsse wie für alle reflexiven Bewusstseinsakte aus der allgemeinen Prozessstruktur des Neurons ziehen.

Wenn es bis jetzt auch noch nicht möglich ist, neurologisch *die komplexe Struktur auch nur einer einzigen Unterscheidung* exakt zu analysieren, weil dafür alle neuronalen Netzwerke, die an einem spezifischen Bewusstseinsakt beteiligt sind, exakt untersucht werden müssten, so kann doch schon angenommen werden: Die Form der Unterscheidung aus Differenz und Relation ist keine „freischwebende" Funktion des menschlichen Geistes, sondern sie ist *eine Funktion des gesamten neuropsychischen Systems aus Orientierung und aus Reaktion*. Umgekehrt gibt es *keine Funktion dieses Systems ohne sie*.

Die spezifische Intentionalität mit der Form der Unterscheidung aus Differenz und Relation hat somit die Realität nicht nur eines psychischen, sondern auch eines neuronalen Phänomens. – Das psychische Phänomen ist der Gegenstand einer reflektierenden Abstraktion und einer Generalisierung höchstmöglichen Grades im psychischen System. Das neuronale Phänomen der Prozessstruktur des Neurons ist das Resultat von experimentellen Untersuchungen und hat ebenfalls die Form einer Gesetzmäßigkeit höchster Abstraktheit und Allgemeinheit, jedoch im neuronalen System.

Dieser Versuch eines phänomenologischen Vergleichs von introspektiven psychologischen Befunden und neurologischen Befunden entspricht genau der Forschungssituation, die Searle vor kurzer Zeit mit den folgenden Sätzen beschrieben hat.

> When I raise my arm, my conscious intention-in-action causes a physical movement of my body. But the movement also has a level of description where it is caused by a sequence of neuron firings and the secretion of acetylcholine at the axon end plates of the motor neurons. On the basis of these facts I can do a philosophical analysis to show that one and the same event must be both a qualitative, subjective, conscious event and also have a lot of chemical and electrical properties. But there the philosophical analysis ends. I need now to know how exactly it works in the plumbing. I need to know exactly how the brain causes and realizes the conscious intention-in-action in such a way that the intentions, with its combination of phenomenological and electrochemical structures, can move physical objects. For that I am going to need the results of neurobiological research (…) Many of the crucial questions we need to ask in philosophy and neuroscience (…) For example, What are the NCCs (neuronal correlates of conscious) and how exactly do they cause consciousness? How can my conscious intention-in-action move my body? (…) How do neurobiological processes, beginning with the assault of the photons on the photoreceptor cells and continuing through the visual cortex into the prefrontal lobes, cause conscious visual experiences? (Searle 2007, 123f.)

Searle überschreitet aber die Korrelationen zwischen psychologischen und neurologischen Befunden durch Fragen nach dem Verhältnis zwischen beiden.

Was ich an psychisch-neuronalen Korrelaten des Bewusstseins von etwas beschrieben habe, ist nur ein Ausschnitt aus dem Stand der Forschungen in diesem Feld. Die psychischen und neuronalen Gegebenheiten sind mit Sicherheit noch wesentlich komplexer als die bis jetzt untersuchten und mir bekannten.

Auf die außerordentliche Komplexität in diesem Bereich haben Wilden und Neumann schon vor einigen Jahrzehnten verwiesen. Sie nennen eine ganze Reihe von Problemen, die bis heute nicht hinreichend geklärt sind.

(...) the possible patterns of stimulation do not involve only the so-called 'impulse' (...) These patterns probably also include the FREQUENCY of the series of impulses in an single axon, the SYCHRONISATION of impulses from different axons, the NUMBER of impulses, and the SPATIAL ARRANGEMENT of the synapses to which the impulses arrive, as well as the so-called summation time (...) Some of these aspects, such as frequency, spatial arrangement, and the chemical processes, are analogs. (Wilden 1972, 158)

The logical complexity of such a system would hardly seem to be that of a two-valued, analytic logic, but rather that of a many-valued, dialectical one, a logic of DEGREES. This way of looking at the brain seems to confirm what was said earlier about every code in its totally being an analog. Another feature emerges from the study of nervous system seems to be that digitalization is always necessary when certain boundaries are to be crossed, boundaries between systems of different 'types' or of different 'states', although how these types or boundaries might be operationally defined is unclear. (Wilden 1972, 158)

Thus wherever 'simultaneity' is mentioned in the above, it cannot and does not mean actual, exact simultaneity. In each case there is a finite period of grace, a summation time, such that two pulses arriving within such a time period still act as if they had been simultaneous (...) On all these matters certain (more or less incomplete) bodies of observation exist, and they all indicate that the individual neuron may be - at least in suitable special situations - a much more complicated mechanism than the dogmatic description in terms of stimulus-response, following the simple patterns of elementary logical operations, can express. (Neumann 2000^2, 55f.)

It is conceivable that in the essentially digitally-organized nervous system the complexities referred to play an analog or at least a 'mixed' role. It has been suggested that by such mechanisms more recondite over-all electrical effects might influence the functioning of the nervous system. It could be that in this way certain general electric potentials play an important role and that the system responds to the solutions of potential theoretical problems in toto, problems which are less immediate an elementary than what one normally describes by the digital criteria, stimulation criteria, etc. (Neumann 2000^2, 58)

Die Produktion der intentionalen Information durch die Kooperation von Interesse und Aufmerksamkeit mit der spezifischen Intentionalität

Welche Ergebnisse hat nun die Beschreibung der Intentionalität für die Beantwortung der Frage nach der Kooperation zwischen Aufmerksamkeit, Interesse und Intentionalität erbracht?

Von Intentionalität ist nicht nur beim Bewusstsein von etwas die Rede, sondern auch beim Interesse an etwas und bei der Aufmerksamkeit auf etwas.

Beim spezifischen Bewusstsein von etwas sind *die jeweils unterschiedenen Produkte der Sensorik und der Kognition* die intentionalen Gegenstände. Sie sind die *Information*, die wir von der Welt und von uns selbst durch die Einheit aus Differenz und Relation gewinnen können. Da es eine unbegrenzte Vielzahl solcher Gegenstände gibt, wird diese Intentionalität als *spezifisch*, d. h. als jeweils besonders geartet, bezeichnet.

Der jeweils höchste Grad des Wertgewichtes, den das *Interesse* verleiht, und der jeweilige Grad der Aktivierung durch die *Aufmerksamkeit* können allen spezifischen Gegenständen zukommen. Deshalb sind diese beiden intentionalen Gegenstände *unspezifisch*, d. h. allgemein, und generieren sie ihrerseits keine Information.

Das Interesse und die Aufmerksamkeit *richten sich auf spezifische intentionale Gegenstände*. Deshalb setzen sie voraus, dass solche Gegenstände schon automatisch unterschieden worden sind und aktieren sie weitere Unterscheidungen an den schon vorgegebenen Gegenständen. – Die Aufmerksamkeit richtet sich auf solche Gegenstände, die durch das Interesse bevorzugt werden. Deshalb setzt die Aufmerksamkeit die Selektion eines spezifischen intentionalen Gegenstandes durch das Interesse voraus.

Am engsten ist das Verhältnis zwischen den spezifischen intentionalen Aktivitäten und der Aufmerksamkeit. – Dieser Zusammenhang stellt sich genauer so dar:

In der Reflexion erkennen wir, dass der uns bewusste intentionale Gegenstand *auch der Gegenstand der Aufmerksamkeit* ist. Der bewusste *spezifische* Gegenstand ist damit immer auch zugleich intentionaler Gegenstand der *unspezifischen* Aufmerksamkeit.

> Aufmerksamkeit als eine Funktion, die zu allem spezifisch intentionalen (patent intentionalen) Bewusstsein gehört, kann nur verstanden werden als jene „betrachtende" Richtung-auf, die auch bestehen kann, wenn die Stellungnahme nicht vollzogen, sondern nur latent ist. (Husserl 2004, 378)

Wenn wir auf einen Gegenstand des Bewusstseins gerichtet sind, dann können wir uns durch kurze Wechsel in reflexive Bewusstseinsakte der *Intensität* dieser Zuwendung bewusst werden und können wir sie als *Konzentration* und als *geistige Anstrengung* beschreiben. Deshalb können wir auch erst in der Reflexion zwischen dem jeweils intendierten Gegenstand und unserer Aufmerksamkeit auf ihn unterscheiden.

Der jeweils intendierte Gegenstand kann außerdem sehr schnell wechseln, während der Grad der Aufmerksamkeit auf die wechselnden Gegenstände konstant bleiben kann. Umgekehrt kann der intendierte Gegenstand konstant bleiben bzw. wiederholt aktiviert werden, während der Grad der Aufmerksamkeit auf ihn zunehmen oder abnehmen kann.

Da aber sowohl die spezifische Intention als auch die Aufmerksamkeit auf den Gegenstand des Bewusstseins gerichtet sind, spricht man nicht nur bei der Intentionalität, die den Gegenstand des Bewusstseins konstituiert, sondern auch bei der Aufmerksamkeit von der Ausrichtung auf ihn.

Für die zahlreichen neuronalen Befunde zur Aufmerksamkeit ist kennzeichnend, dass es separate neuronale Einheiten gibt, deren Aktivität mit der Aufmerksamkeit korreliert. Das erlaubt ihre Unterscheidung von den spezifischen Intentionen und ihre gesonderte Beobachtung.

Die neuronalen Einheiten, die insgesamt das attentionale System ausmachen und ihre Ausgangseinheit in der Formatio reticularis haben, führen bis in die Nähe der jeweiligen spezifischen Aktivitäten. Von dort aus fügen sie den jeweiligen spezifischen Aktivitäten noch einen Beitrag an elektrischen Potentialen zu, der zur Erreichung ihres Schwellenwertes ausreicht. Damit gibt es eine klare und deutliche neuronale Distribution des Aufmerksamkeitssystems. Sie führt zu einer räumlichen Nachbarschaft und zu einer prozessualen Interaktion mit denjenigen neuronalen Systemen, die durch sie so stark bzw. so lang aktiviert werden, wie ihre Funktionen bewusst sind.

Wie aber sieht diese Interaktion aus. Die Antwort auf diese Frage könnte so lauten:

Den Ausgang nimmt diese Interaktion von automatischen spezifischen Intentionen, die *vorbewusst* und *vorattentional* sind. Durch sie werden nämlich schon intentionale Gegenstände unterschieden und kategorisiert, d. h. als Exemplare einer Klasse erkannt, so dass auch auf sie automatisch reagiert werden kann. – Es ist die automatische Verarbeitung des ständigen sensorischen Inputs, den wir durch unsere Rezeptoren des äußeren und des inneren Milieus erhalten.

> Thus it appears that all discrete auditory stimuli receive a rapid and complete processing of their physical features. This processing, performed by the permanent feature-detection system, is very rapid, with a good deal of it probably occurring at the subcortical level. It is automatic, parallel, and preconscious and is not influenced by the direction of attention. This basic sensory analysis occurs without the participation of memory (except the passive neural representations of sensory memory that give rise to an MMN ["mismatch negativity which is not elicited by the standard stimuli" – R.N.] with deviant stimuli). Nor do the outcomes of this analysis necessarily contact any higher forms of memory, that is, this analysis does not automatically lead to semantic activation. Thus, these sensory processes do not in themselves produce conscious perception but rather provide its informational basis, its stimulus-specific contents. (Näätänen 1990, 229)

Hiernach kommt Näätänen nach umfangreichen Analysen der Forschungslage zu dem Schluss, dass die *komplette* Verarbeitung des *physikalischen* auditorischen sensorischen Inputs unabhängig von Bewusstsein und Aufmerksamkeit ist. – Andererseits liefert sie aber nach ihm die *informationale Basis*, d. h. den *stimulusspezifischen Inhalt*, für die bewusste Wahrnehmung.

Das besagt, dass diese spezifische Verarbeitung den unspezifischen Funktionen sowohl des Interesses als auch der Aufmerksamkeit *zeitlich vorausgeht* und auch eine *notwendige Bedingung* für sie ist, da sie das Produkt herstellt, auf das diese sich richten können.

Damit dies möglich ist, muss dieses Produkt so lange behalten werden, bis diese neuen Prozesse einsetzen. Dies leistet ein *Ultrakurzzeitgedächtnis*, das auf die jeweilige sensorische Funktion spezifiziert ist. Dieses sensorische Gedächtnis ist selbst noch nicht das kurzzeitige Arbeitsgedächtnis, aber es ist eine Voraussetzung für dieses.

All auditory sensory information produced by preconscious processing is stored for a while in the form of precise neuronal representations of sensory memory. This short-duration memory might be located in cerebral system thought or receive and analyse sensory inputs (see also Deutsch 1975; Näätänen 1984). There is indirect ERP and MEG (magnetoencephalogramm) evidence that this memory is located in the auditory cortex. Only sensory data are stored in acoustic sensory memory, there being no representations for meanings, interpretations, expectancies, and so on. Neither these factors nor attention affect the accuracy and strength of the sensory-memory representations and their decay times (whereas they must be crucial for storing and retaining information in the higher memory systems). Thus, the neurophysiological evidence reviewed strongly suggest the existence of a passive, sensory-register type for memory in audition that is strictly separable from the other kinds of memory (Näätänen 1985; see however Broadbent 1984). (Näätänen 1990, 229)

Dieser automatische Prozess, der in diesem Fall zu bestimmten akustischen Stimuli führt, findet aber immer in einer bestimmten Situation statt, in der bestimmte Schallereignisse auftreten, die in der Reichweite des Gehörs liegen.

Daher leistet *jede raum-zeitliche Position* eines menschlichen Organismus schon eine *radikale Reduktion* aller möglichen akustischen Stimuli auf ganz bestimmte. – Diese Reduktion kommt dadurch zustande, dass der Hörende schon in diese Situation gelangt ist, z. B. die Probanden in eine bestimmte Untersuchungssituation. – Insofern ist das automatische Hören keineswegs voraussetzungslos, sondern es findet *schon im Kontext eines bestimmten Handlungszusammenhanges* statt, der dazu geführt hat, dass die automatischen Prozesse zu genau diesem Resultat führen. Dieser Handlungszusammenhang aber ist *bewusst gesteuert*.

Daraus folgt, dass die automatischen Prozesse *Teilprozesse* in einem umfangreicheren Prozess sind, durch den der Organismus schon die Selektion eines Bereichs vorgenommen hat, innerhalb dessen die automatischen Prozesse ihre Arbeit tun können.

Diese automatischen Prozesse können folgenlos bleiben. Davon ist nur die von ihnen generierte Information ausgenommen, die weiterverarbeitet wird. Diese *Weiterverarbeitung* wird ermöglicht durch *Interesse* und *Aufmerksamkeit*. Durch sie finden diejenigen *Selektionen* und *Aktivierungen* statt, die zu einer bewussten Wahrnehmung, zu der bewussten Kategorisierung eines wahrgenommenen Gegenstandes, z. B. als Blume oder Rose oder vierblättrig oder rot, und zur sprachlichen Benennung dieser Kategorien führen. – All dies sind dann *Unterscheidungen und Relationierungen in dem automatisch gelieferten sensorischen Material*.

Das ist ein weiterer Selektionsprozess. So ist der Realitätsausschnitt, in dem automatische Prozesse ihre Funktion erfüllen können, abhängig von vorgängigen bewussten Prozessen. Andererseits aber sind alle weiteren bewussten Prozesse abhängig von den Resultaten automatischer Prozesse. So haben wir uns z. B. beim Wachwerden schon bewusst entschieden, die Augen zu öffnen oder nach der Uhr zu tasten, ehe wir etwas automatisch sehen oder ertasten können, was die Voraussetzung für bewusste Identifikationen in unserer Umgebung ist.

> Whether a conscious percept emerges is determined by sensory attention-triggering characteristics of the stimulus, the momentary degree of excitability of the brain mechanism responsive to these stimulus characteristics (Näätänen & Picton 1987), and by the direction and intensity of attention at the moment of presentation, with attention directed toward the stimulus lowering the threshold and attention directed away from the stimulus elevating it (...)
>
> Thus, access to conscious perception is determined, on the present hypothesis, by the strength of the N1 generator process activated by the stimulus in relation to some threshold controlled by the direction and intensity of attention. In addition, analogous attention-triggering processes might occur in each modality (...) The sensory-physiological events in each modality might compete for the focus of attention by means of the respective N1 generator processes. This competition may be both inter- and intramodal. The multitude of parallel sensory processes calls for a mechanism that chooses the input for conscious perception and attention. (Näätänen 1990, 229)

Diese Übergänge von unbewussten Prozessen der Informationsverarbeitung zu bewussten und umgekehrt finden im Millisekundenbereich statt und können deshalb *außerordentlich schnell* aufeinander folgen.

> This detailed information on sensory stimulus events may, however, apparently enter the limited-capacity sytem even during a very brief attentional "glimpse" of the to-be-ignored input, making contact with semantic analysers and higher memory systems.
>
> These brief, uncontrollable attention switches might account for "the breakthrough of the unattended" without the need to posit the late selection and automatic semantic processing of the "unattended" when it really is unattended. That is, ERP data suggest that there is an efficient attention-switching mechanism; this is driven by certain common physical characteristics of auditory stimulation and therefore frequently causing involuntary attention switches to the fully elaborated representation of sensory features of recent stimuli stored in sensory memory, bringing these representations into contact with semantic analyzers and higher memory systems.
>
> These attention-switching or passive-attentional (James 1890) mechanisms consequently provide for powerful environment control over the focus of attention. They frequently make the organism attend to the present environmental situation by interrupting, though usually only for a very brief while, an attentional state directed at, for example, task performance. (Näätänen 1990, 230)

Funktionell sind danach das bewusste System und das automatische System wechselseitig die Voraussetzung füreinander. Dem entspricht der folgende Verlauf: Es findet eine bewusste Zuwendung zu etwas statt. Die automatischen Prozesse stellen die Kontakte zum jeweils zugänglichen Realitätsbereich her. Danach erlauben die bewussten die Verarbeitung dieser Kontakte durch alle Mittel, die dem neuropsychischen System zur Verfügung stehen. – Auch bei dieser bewussten Verarbeitung wird sich aber der schnelle Wechsel von bewussten zu automatischen und wiederum zu bewussten Prozessen fortsetzen.

> Much of action is, however, self-initiated and goal-directed. These goals of the organism, and motives in general, make some stimuli relevant and others irrelevant (...) The high speed and accuracy of the selectional mechanism called the attentional trace arises in part

> because this mechanism operates at an early stage of sensory processing (see also Johnston & Dark 1982) (...) The attentional trace may be characterized as a mechanism tonically asking whether the next stimulus is the stimulus represented by this trace: Each input is immediately compared with the attentional trace. There is therefore no memory-search operation which would otherwise be needed for recognizing the stimulus (...) Hence, the passive neuronal model and the attentional trace are functionally separable stimulus representations though perhaps in part overlapping ones. (Näätänen 1990, 230)

Hieraus resultiert für das Verhältnis der drei intentionalen Aktivitäten zueinander: Die Aufmerksamkeit kann nur auf bereits aktivierte spezifische intentionale Gegenstände gerichtet werden, die bereits vom Interesse bevorzugt werden. Dieser Zusammenhang ist aber eingeschachtelt in einen Handlungszusammenhang, der ihn ermöglicht. Auf der anderen Seite sind auch in ihn selbst weitere solche Zusammenhänge eingeschachtelt. Umgekehrt können von partiellen Prozessen aus umfangreichere konzipiert werden.

So findet das Wechselspiel zwischen automatischen und bewussten Prozessen in allen Größenordnungen des Handelns statt, weshalb es Konzentration und Ausweitung, große und geringe Auflösung, bottom-up und top-down erlaubt.

> Thus the attentional trace depends on the existence of the corresponding sensory-memory information and voluntary "tuning" or maintenance activity. (The latter in turn depends on the subject's momentary ability to concentrate on the task and probably also on temporal expectancies concerning the occurrence of the relevant stimulus.) (Näätänen 1990, 230)

Es gibt aber auch ein Wechselspiel in der Reihenfolge zwischen den drei intentionalen Funktionen, so dass z. B. ein zufälliger Schwenk der Aufmerksamkeit zur Aktivierung eines spezifischen Gegenstandes führt, der Interesse wecken kann, worauf die Aufmerksamkeit verstärkt wird, was zur genaueren Analyse dieses Gegenstandes führt, dass dann aber die durch die Analyse unterschiedenen Gegenstände kein Interesse mehr erwecken, weshalb sich die Aufmerksamkeit von ihnen abwendet, wodurch die Analyse beendet wird.

V. Kurzzeitiges Arbeitsgedächtnis (KAG)

Das KAG ist kein Bewusstseinsakt. Es ist uns deshalb weder in der direkten Intention als intentionaler Gegenstand noch in der reflexiven Intention als intentionaler Akt bewusst.

Wir können nur im intentionalen Akt der Erinnerung an etwas oder des Bewusstseins von einem Wissensbestand feststellen, dass wir etwas behalten haben. Etwas, das uns früher einmal präsent war, ist uns auch jetzt präsent. Das ist für uns das *Phänomen des Gedächtnisses*.

Die psychologische experimentelle Forschung und seit kurzem auch die neurologische Forschung sprechen aber dafür, dass dies das *Langzeitgedächtnis* ist. Sie haben von diesem Gedächtnis über eine lange Zeitspanne noch zwei Gedächtnisse unterschieden, die nur kurz dauern, ein *ultrakurzes sensorisches Gedächtnis* und ein *Kurzzeitgedächtnis*.

> The first part of this chapter maintained that evidence for the triparite distinction between sensory persistence, short-term memory, and longterm memory appears quite strong; an excellent convergence from behavioral studies, neuropsychological findings, and neurophysiological results was noted. (Pashler 1998[2], 355)

Im ultrakurzen Gedächtnis wird die sensorische Information nur so lang präsent gehalten, bis ein Teil von ihr weiterverarbeitet wird. Im Kurzzeitgedächtnis findet die Verarbeitung der Information statt, das Langzeitgedächtnis hat nur die Funktion des Behaltens.

Hiernach sind diese drei Gedächtnisse *Stationen der Informationsverarbeitung* zugeordnet. Und nur deshalb konnten sie durch Versuchsanordnungen auch unterschieden werden. In diesen Versuchsanordnungen konnte auch die Dauer der kurzzeitigen Gedächtnisse relativ genau gemessen werden, während es für die Dauer des Langzeitgedächtnisses noch kein bestimmtes Maß gibt.

In den frühen Untersuchungen hat man aufgrund der Daten angenommen, dass man es mit *drei getrennten Speichern* zu tun habe und dass die Information *von einem Speicher zum anderen* transportiert werde. Inzwischen spricht aber sehr viel dafür, dass beides nicht der Fall ist. Es könnte sich um *ein Kontinuum in der Dauer des Behaltens* handeln, das *am selben Ort* stattfindet, von dem die bisherigen Versuchsanordnungen aber bis jetzt nur diese drei Stadien unterscheidbar gemacht haben.

In diesem Kapitel geht es nur um das *Kurzzeitgedächtnis* (engl. short term memory, STM), in dem die Informationsverarbeitung stattfindet, weshalb es heute auch in der Regel als Arbeitsgedächtnis (engl. working memory, WM) bezeichnet wird. Ich spreche deshalb in diesem Kapitel vom kurzzeitigen Arbeitsgedächtnis (KAG).

Das KAG ist ein Behaltensprozess, der im einzelnen Bewusstseinsakt und in der Abfolge von Bewusstseinsakten die Funktion hat, diejenigen Einheiten präsent zu halten, die verarbeitet werden. Dieser Behaltensprozess ist uns aber nicht bewusst, sondern er vollzieht sich verdeckt.

Dass es ein solches Gedächtnis geben muss, kann vorwissenschaftlich in der Introspektion, d. h. reflexiv, aus zwei Gegebenheiten geschlossen werden.

Die eine Gegebenheit ist das Phänomen, dass unsere jeweilige Aktivität offensichtlich *von Entscheidungen, Entschlüssen, Zielen, Plänen, Absichten und Erwartungen abhängig* ist, obwohl wir uns dessen beim Vollzug dieser Aktivität nicht bewusst zu sein brauchen. Wir müssen aber diese vorgängigen Ereignisse trotzdem *in irgendeiner Weise verfügbar* haben, denn sobald dies nicht mehr der Fall ist, folgen unsere Aktivitäten anderen Gesetzmäßigkeiten, z. B. einer alten Gewohnheit, (slip of action) und hilft nur eine Erinnerung an sie wieder zu einer zielgerechten Abfolge. Diesen Ansatzpunkt haben Miller, Galanter und Pribram im Auge, als sie, möglicherweise zum ersten Mal, von einem „Arbeitsgedächtnis" gesprochen haben.

> Wir möchten uns nicht auf bestimmte Vorstellungen über die Maschinerie der Ausführung eines Planes festlegen, wenn wir sagen, dass das Gedächtnis, das für die Ausführung von Plänen gebraucht wird, eine Art von schnell zugänglichem »Arbeitsgedächtnis« ist. Dort mögen gleichzeitig verschiedene Pläne oder verschiedene Teile eines einzigen Planes miteinander aufbewahrt sein. Vor allem, wenn ein Plan der Erfordernisse eines anderen wegen unterbrochen werden muß, müssen wir imstande sein, uns an den unterbrochenen Plan zu erinnern, um ihn fortzusetzen, sobald sich die Möglichkeit dazu ergibt. Wenn ein Plan in dieses Arbeitsgedächtnis transferiert wurde, anerkennen wir den besonderen Status der noch nicht ausgeführten Teile, indem wir sie «Absichten» nennen. (Miller/Galanter/Pribram 1973, 66)

Sie haben den Terminus „Arbeitsgedächtnis" gewählt, weil wir es nicht nur mit einem kurzzeitigen Gedächtnis zu tun haben, sondern mit einem Gedächtnis, das für bestimmte *Leistungen* im Prozess der Handlung erforderlich ist.

Die andere Gegebenheit ist das Phänomen, dass wir z. B. nacheinander identifizierte Buchstaben zu einem Wort verbinden oder den Regen und die nassen Dächer in Beziehung zueinander setzen können, obwohl wir sie *nacheinander* wahrgenommen haben. Dieses Phänomen verweist uns darauf, dass uns *das, was wir nacheinander wahrgenommen haben, noch verfügbar sein muss, wenn wir es miteinander verbinden.*

Das erste Phänomen hat seinen Ort im Vollzug der *Handlung*, das zweite hat seinen Ort im *Prozess der Unterscheidung und Verbindung von etwas.* Ich wende mich zuerst dem zweiten Phänomen zu.

1. Psychologische Befunde und Annahmen über das kurzzeitige Behalten bei einer Sequenz von Einheiten

Wie kommt im ständigen Fluss der psychischen Prozesse *das kurzzeitige Behalten des nacheinander Wahrgenommenen für seine Verarbeitung zustande*? Wichtige Aufschlüsse darüber haben Variationen einer einfachen Form des Experiments mit freier Reproduktion (free recall) erbracht.

Die Form der experimentellen Erforschung des kurzzeitigen Behaltens

Für die Darstellung der Experimente und die Interpretation ihrer Befunde halte ich mich zunächst an die Darstellung von Befunden und Annahmen der frühen Gedächtnisexperimente durch Arbinger. Er beschreibt den typischen Ablauf eines solchen Experiments folgendermaßen:

Der Vp wird zunächst eine Liste von (unzusammenhängenden) Wörtern – Wort für Wort – dargeboten (Beispiel: Stuhl - Bier - Fliege - Hand - Blume). Unmittelbar danach wird die Vp aufgefordert, diese Liste in beliebiger Reihenfolge zu reproduzieren.[39] Es lässt sich dann bestimmen, mit welcher Wahrscheinlichkeit (bezogen auf eine Gruppe von Vpn) jedes Wort der Liste richtig reproduziert wurde. Setzt man diese Wahrscheinlichkeiten mit der Position der Wörter (bezogen auf die dargebotene Liste) in Beziehung, so erhält man ein ganz charakteristisches Ergebnis, das in vielen Untersuchungen wiederholt bestätigt werden konnte: die sog. *seriale Positionskurve*.

Die Abbildung 12 zeigt eine solche Kurve (aus Murdock 1962) für eine Liste von 30 Wörtern bei einer Darbietungsrate von einem Wort pro Sekunde.

Die Abbildung 13 zeigt zunächst ganz allgemein eine starke Abhängigkeit der Reproduktionsleistung von der ursprünglichen Position eines Wortes in der Liste: Wörter, die ganz am Anfang der Liste standen, und besonders Wörter, die ganz am Ende der Liste standen, werden mit relativ hoher Wahrscheinlichkeit richtig reproduziert.

Die Verbesserung der Reproduktionsleistung in bezug auf die *letzten* – und damit zeitlich nächstliegenden – Wörtern ist als *Rezenzeffekt* [40] bekanntgeworden; die Verbesserung in bezug auf die ersten Wörter der Liste wird als *Primacy*-Effekt bezeichnet (...)

Es wird angenommen, daß die *ersten* Wörter der Liste bei ihrer Darbietung auf einen weitgehend ‚leeren' Kurzzeitspeicher treffen. Diese Wörter können daher auch viele Male innerlich wiederholt werden (rehearsal – J.G.) (beachte dafür die Darbietungszeit von 1 s pro Wort und die noch freie Kapazität des Speichers, frei, weil die Lösung der Aufgabe

---

[39] Baddeley 2007, 103: "During the 1960s, the term STM was applied to any paradigma that involved presenting material and then testing it from zero to 30 seconds later."

[40] Baddeley 2007, 103: "One of the principal sources used as evidence of a distinction between STM and LTM was the recency effect in free recall, the tendency for the last few items presented to be well recalled. The effect is abolished by a filled delay of a few seconds (Glanzer and Cunitz 1966), regardless of whether the material filling the delay is or is not similar to items to be remembered (...) the recensy effect is insensitive to wide range of variable such as rate of presentation, word concretness, attentional distraction and aging that have a marked effect on the recall of earlier items in the free recall list (Glanzer 1972). Recency thus appeared to represent one of the strongest sources of evidence for the STM-LTM distinction"
Baddeley 2007, 105f.: These results are readily explained in terms of the constant ratio hypothesis (Baddeley 1976). If the subject's problem is to discriminate between the item that has just been presented (the target item) and the immediately prior item, then subjects encountering a regular 5 second delay will have to discriminate each 5 second target item from a prior competing item that occured 5 seconds before the target, a 5 versus 10 second ratio (i.e. 0,5)".
Baddeley 2007, 115: "In conclusion, there is no doubt that the recency effect is one of the most stable and reliable phenomena within the study of human memory. There is also widespread agreement that it broadly follows the constant ratio rule. There is, however, much less agreement about its interpretation, with some theorist such as Nairne (2002) regarding it as evidence for a unitary memory system. Others, including myself see it as a mechanism that can operate, across a range of different memory stores, reflecting one of a range of general principles, but not itself implying a unitary system. Indeed, I would regard the recency effect as typically involving two types of memory; an *implicit* priming effect and an *explicit* retrieval strategy. Such priming may occur in any of a range of memory systems, from a very brief quasi-sensory echoic store (Glucksberg and Cowan 1970) to both episodic (Pinto and Baddeley 1991) and semantic memory (Watkins and Peynircioglu 1983). Selection and operation of the strategy will depend on the central executive, the component of working memory that will considered next."

des Memorierens, d. h. die durch das Experiment initiierte Handlung, erst beginnt – J.G.) . Nach einer bestimmten Anzahl von Wörtern (z. B. 6 oder 7) ist die Kapazitätsgrenze des Kurzzeitspeichers erreicht, so daß ein neues Wort der Liste erst dann in den Kurzzeitspeicher aufgenommen werden kann, nachdem ein anderes Wort aus ihm ‚entfernt' wurde (z. B. durch Übertragung in den Langzeitspeicher). Das neue Wort verbleibt aber auch nur kurze Zeit im Kurzzeitspeicher (und wird damit entsprechend wenig innerlich wiederholt), da ja laufend weitere Wörter dargeboten werden (die ja alle behalten werden sollen – J.G.). Unter der Annahme, daß die Anzahl innerlicher Wiederholungen die Stärke der ‚Gedächtnisspur' im Langzeitspeicher bestimmt, kann man für die ersten Wörter einer Liste also bessere Behaltensleistungen vorhersagen. Für die mittleren Wörter einer Liste – die alle auf einen ‚gefüllten' Kurzzeitspeicher treffen – ist die Zahl der innerlichen Wiederholungen geringer, die ‚Gedächtnisspur' schwächer und damit auch die Behaltensleistung schlechter.

In bezug auf die *letzten* Wörter der Liste kann angenommen werden, daß sie sich bei Beginn der Reproduktionsphase noch im Kurzzeitspeicher befinden, weil sie nicht durch andere Wörter ‚verdrängt' wurden. Diese Wörter werden bei der Reproduktion also unmittelbar aus dem Kurzzeitspeicher abgerufen, entsprechend hoch ist die Behaltensleistung. (Arbinger 1984, 33f.)

Die Annahme, dass sich die letzten Wörter, die zunehmend besser reproduziert werden konnten, noch „im Kurzzeitspeicher" befunden haben, wurde auch noch durch Versuchsanordnungen bestätigt, in denen man die Wiederholungen dieser Wörter für das Behalten zu stören suchte. Die Vpn mussten z. B. unmittelbar nach der Darbietung des letzten Wortes der Liste laut zählen (z. B. 30 sec. lang). Erst dann mussten sie die Wörter reproduzieren. Das Zählen hat dann die letzten Wörter aus dem Kurzzeitspeicher verdrängt, wie es in der ersten Form des Experiments mit den mittleren Wörtern durch die letzten geschehen ist. Die Prognose, dass dadurch der Behaltensvorteil durch die Wiederholungen im Kurzzeitgedächtnis für die letzten Wörter (Rezenzeffekt) aufgehoben würde, konnte bestätigt werden.

Aus dieser Darstellung Arbingers ist für unsere Frage nach dem Zustandekommen des KAG von Bedeutung:

- *Dieses Gedächtnis fungiert für den jeweiligen Gedächtnisinhalt nur so lang, wie dieser nicht aus ihm verdrängt wird, weil neue Inhalte aufgenommen werden müssen. Es ist damit auf jeden Fall für die jeweilige Information nur ein vorübergehendes Gedächtnis mit der Dauer von einigen Sekunden. Das wird mit dem Terminus des Kurzzeitgedächtnisses beschrieben (STM).*
- *Wenn die Annahmen über Wiederholungsprozesse (rehearsal) zutreffen, dann ist dieses Gedächtnis weder ein Speicher für substantielle Einheiten noch besteht es aus ‚Spuren', d. h. aus irgendwelchen materiellen Veränderungen, wie Arbinger noch schreibt, sondern besteht es aus einem Prozess. Dieser Prozess kann sowohl aus expliziten Wiederholungen, z. B. durch lautes oder durch leises inneres Sprechen, oder auch aus unbewussten Eigenaktivitäten des psychischen Systems bestehen. Dann wird durch eine Aktivität, die zu dem ursprünglichen Reiz hinzukommt, eine bereits vollzogene Aktivität aktiv gehalten.*

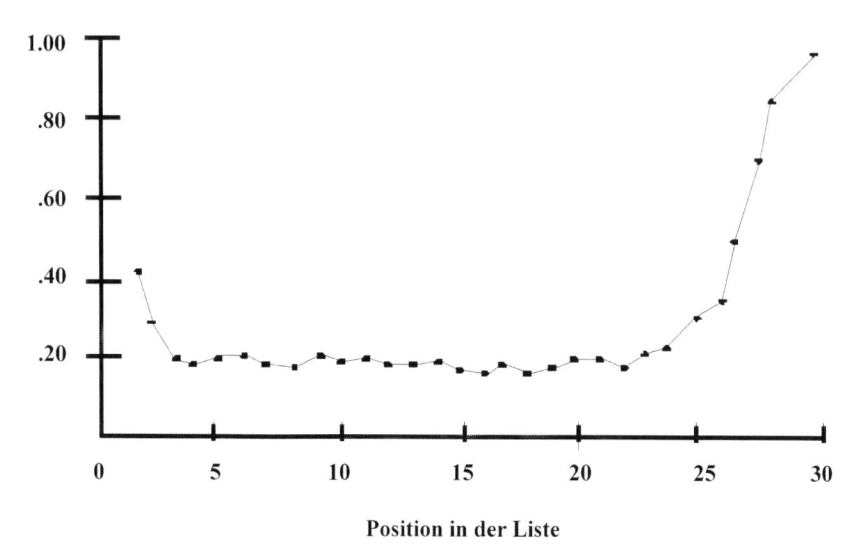

Abb. 12 – Seriale Positionskurve. (Arbinger 1984, 33) – Abbildung: Bohmeier Verlag (Gestaltung nach einer Vorlage der Wissenschaftlichen Buchgesellschaft, Darmstadt, 1984).

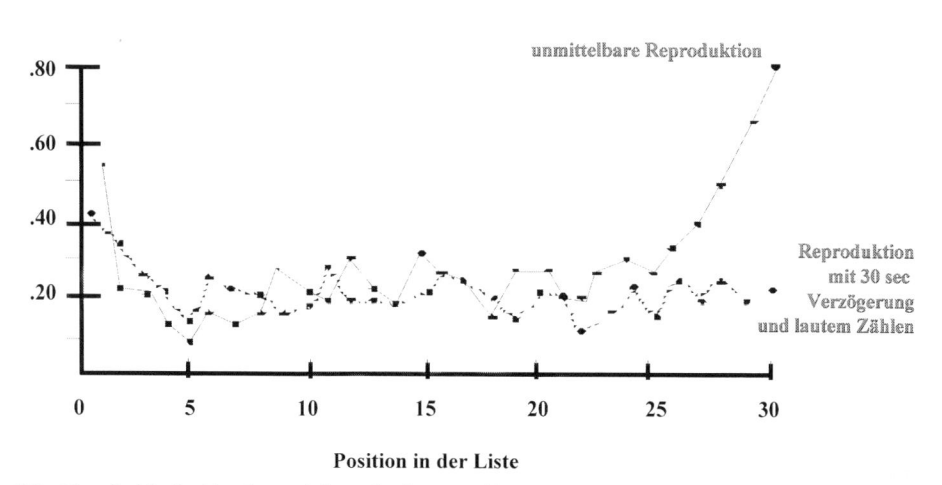

Abb. 13 – Seriale Positionskurve bei unmittelbarer und bei verzögerter Reproduktion (nach *Postman* u. *Phillips* 1965, S. 135). (Arbinger 1984, 35) – Abbildung: Bohmeier Verlag (Gestaltung nach einer Vorlage der Wissenschaftlichen Buchgesellschaft, Darmstadt, 1984).

- *Die Aufrechterhaltung der Präsenz bestimmter Informationen durch eine Eigenaktivität des neuropsychischen Systems ist sehr zerbrechlich, weil sie durch die Aufnahme neuer Informationen gestört oder zerstört werden kann. Mit der neuen Information spielt sich dann eine neue derartige Gedächtnisbildung ab. – Deshalb ist dieses kurzzeitige Gedächtnis im Hinblick auf neuen Input sehr labil.*

Die Kapazität des KAG

Das Phänomen, dass es eine Form des Gedächtnisses gibt, durch die nur eine *begrenzte Zahl von sequentiell gebildeten Einheiten simultan präsent* sein kann, hat zu Versuchen geführt, zu berechnen, wie groß die *Zahl dieser Einheiten* ist. Diese Zahl hat man als die *Spanne* oder die *Kapazität* des KAG bezeichnet. Diese Kapazität unterscheidet das KAG klar und deutlich vom Langzeitgedächtnis.

> Shallice and Warrington (1970) described patients (…) with normal LTM, coupled with a digit span (jedes einzelne der zehn arabischen numerischen Symbole von 0 bis 9, vom Abzählen an den Fingern der beiden Hände als „Finger" bezeichnet – J.G.) of only one or two items (…) This so called double dissociation between performance on LTM and STM tasks strongly suggested the need to assume separate processes. (Baddeley 2007, 3)

Die Kapazität des KAG wird durch die *Zahl der Einheiten* gemessen, die *gleichzeitig präsent* gehalten werden können.

Ein gutes Beispiel für das Phänomen dieses Gedächtnisses ist das Lesen. Wenn die Augen über eine Zeile gleiten, geschieht dies nicht kontinuierlich, sondern in einem Wechsel von Augenrast und Augensprung. Nur bei der Augenrast werden die Buchstaben oder die Wortbilder wahrgenommen, die in ihrem Bereich liegen. Beim Augensprung, dem Wechsel von einer Augenrast zur nächsten, wird nichts wahrgenommen. Der Bereich der Augenrast ist eng begrenzt, weshalb wir für jede Zeile etwa drei Augenrasten benötigen. Damit ist die Größenordnung der Einheit vorstellbar, die bei einer Augenrast aufgenommen werden kann (einige wenige Wörter, abhängig vom Umfang der Wörter, dem Grad der Automatisierung von Wortbildern und der Überlappung der aufeinanderfolgenden Augenrasten).

Die Verarbeitung von Informationen geschieht demnach in einem *Takt, in dem jeweils ein bestimmtes Quantum an Informationen verarbeitet wird*. Das ist das Phänomen der Kapazität des KAG.

Diese Kapazität für nacheinander gebildete, aber gleichzeitig verfügbare Einheiten ergibt sich daraus, dass mehrere nacheinander unterschiedene Gegebenheiten dadurch gleichzeitig verfügbar gehalten werden können, dass sie durch Wiederholungen (rehearsal) simultan aktiv sind, was die notwendige Bedingung für die Herstellung von Verbindungen jeder Art zwischen ihnen ist.

Da die Zahl der Einheiten, die gleichzeitig verfügbar sind und verarbeitet werden können, gering ist, muss die wiederholte „Füllung" der Kapazität des KAG in schneller Folge vonstattengehen, damit größere Komplexe von Information möglichst schnell verarbeitet werden können.

Diese Form des Gedächtnisses *eröffnet* einerseits alle Möglichkeiten unserer Verarbeitung von Information, aber andererseits *begrenzt* sie diese Möglichkeiten auch, und zwar beides grundlegend. – Das gilt für die Verbindung von Analyse und Synthese, für den Umfang der unterschiedenen Einheiten und der aus ihnen hergestellten Synthese, für die außerordentliche Vielzahl solcher Einheiten, für die Schnelligkeit ihrer Abfolge und für die unbegrenzte weitere Verknüpfbarkeit solcher Einheiten wiederum zu neuen Einheiten, natürlich auch nur nach den Gesetzmäßigkeiten der Kapazität des KAG, und es gilt auch für unser Handeln.

Alles, was wir wissen und tun können, muss durch dieses *Nadelöhr* (boutleneck, d. h. Flaschenhals) hindurch. Das ist anscheinend der Mechanismus für die schon von Herbart in seiner mathematischen Psychologie beobachtete Enge unseres Bewusstseins, für die oft die Aufmerksamkeit verantwortlich gemacht wird.

Für die Kapazität des KAG ist aufgrund dieser Untersuchungen kennzeichnend:

- *Die Zahl der simultan präsenten Einheiten beträgt nach Millers Zusammenfassung des Untersuchungstandes in den fünfziger Jahren maximal 7 + 2 oder 7 - 2, meist aber nur 2 bis 5 Einheiten (Miller 1956). Dieses Resultat aus vielen Untersuchungen ist bis heute in einer Vielzahl von Untersuchungen bestätigt worden. Es sind dabei aber auch viele Details und Konsequenzen in den Blick gekommen. Eine frühe Zusammenfassung solcher Resultate durch Miller lautet:*

  There is a clear and definite limit to the accuracy with which we can identify absolutely the magnitude of a unidimensional stimulus variable (Variablen in einer Dimension, z. B. der akustischen oder der visuellen – J.G.). I would propose to call this limit the span of absolute judgement, and I maintain that for unidimensional judgments this span is usually somewhere in the neighbourhood of seven. We are not completely at the mercy of this limited span, however, because we have a variety of techniques for getting around it and increasing the accuracy of our judgements. (Miller 1956, 90)

Diese Beschreibung enthält eine Reihe von Angaben, die für die Bildung der *Einheit aus Differenz und Relation der spezifischen Intentionen* relevant sind.

- *Miller unterscheidet zwischen "absolute judgment" und "immediate memory". "Judgment" hat psychologisch die Bedeutung "The mental act or attitude of decision with which the process of observation, comparison, or ratiocination is terminated" (Funk & Wagnalls). Es handelt sich nach Miller bei "judgment" um die gesamte Summe der jeweiligen Information im KAG und bei "immediate memory" um die Zahl der voneinander unterschiedenen und miteinander verbundenen Einheiten, aus denen eine ‚Füllung' des KAG besteht.*

  Absolute judgment is limited by the amount of information. Immediate memory is limited by the number of items. In order to capture this distinction in somewhat picturesque term, I have fallen into the custom of distinguishing between bits of information and chunks of information. Then I can say that the number of bits of information is constant for absolute judgment and the number of chunks of information is constant for immediate memory. Thus span of immediate memory seems to be almost independent of the number of bits per chunk, at least over the range that has been examined to date. (Miller 1956, 92, f.)

- *Der Informationsgehalt einer Unterscheidung erlaubt es, ein Maximum der Kapazität des KAG zu bestimmen, und die Zahl der augenblicklich präsenten Unterscheidungen erlaubt dies ebenfalls. – Der maximale Informationsgehalt einer Unterscheidung ist der eines messbaren Grades einer eindimensionalen Größe, z. B. der Töne ("we can identify absolutely the magnitude of a unidimensional stimulus variable"). Das Maximum der augenblicklich präsenten Unterscheidungen ist die im Augenblick präsent zu haltende Zahl solcher Einheiten, z. B. sechs unterscheidbare Grade der Lautstärke (sie werden alle fehlerfrei reproduziert).*

So now we have the number 2, 5 bits. What does it mean? First, note that 2, 5 bits corresponds to about six equally likely alternatives. The result means that we cannot pitch more than six different pitches that the listener will never confuse. Or, stated slightly differently, no matter how many alternative tones we ask him to judge, the best we can expect him to do is to assign them to about six different classes without error. Or, again, if we know, that there were N alternative stimuli, then this judgment enables us to narrow down the particular stimulus to one out of N/6. (Miller 1956, 84)

Damit ist das der exakte Befund, der der anfangs zitierten Zusammenfassung von Miller zugrundeliegt: 1. Die unterschiedenen Einheiten liegen in einer Dimension der Sinneswahrnehmung, z. B. dem Hören. 2. Diese Einheiten lassen sich exakt in bits messen. 3. Es handelt sich um elementare Einheiten. 4. Von diesen Einheiten können maximal 6 behalten werden. – Das ist das Maximum des Informationsgehaltes jeder Einheit in bits und das Maximum der im augenblicklichen Gedächtnis präsenten Einheiten.

- *Danach können jeweils bis zu sechs, im Durchschnitt bis zu sieben Unterscheidungen gleichzeitig präsent sein. Das ist zugleich die absolute Größe der Zahl von Differenzen, zwischen denen Relationen hergestellt werden können.*

Dazu kommen die von diesen Einheiten mitaktivierten automatisch generierten und nicht bewussten Einheiten (große Komplexe) (s. z. B. Baeriswyl 1989; Miller 1956; Johnson-Laird 1988).

- *Der Informationsgehalt der Einheiten ist aber de facto in den meisten Fällen viel größer. Diesen Sachverhalt belegt Miller mit dem Terminus "chunks of information" (Klumpen von Informationen). So haben z. B. Wörter aus Wortlauten als Einheiten im KAG einen höheren Informationsgehalt als einzelne Sprachlaute. Das wirkt sich jedoch auf die Kapazität des KAG deshalb nicht aus, weil nicht die Laute, sondern nur die Wortbilder als Einheiten fungieren. Dazu kommen dann noch Einheiten aus anderen Dimensionen, die gleichzeitig aktiv sind, z. B. die Wortbedeutungen oder die Wortformen gleichzeitig mit dem Wortlaut. Sie müssen für das Memorieren der Wortlaute nicht bewusst sein, können aber auch im KAG bewusst werden.*

There is a limit about eight or nine distinctive features in every language that has been studied, and so when we talk we must resort to still another trick for increasing our channel capacity. Language uses sequences of phonemes, so we made several judgments successively when we listen to words and sentences. That is to say, we use both simultaneous and successive discriminations in order to expand the rather rigid limits imposed by the inaccuracy of our absolute judgment of simple magnitudes. (Miller 1956, 89)

Aber auch die Möglichkeit der simultanen Aktivierung von Einheiten aus mehreren Dimensionen ist nicht unbegrenzt.

It seems that by adding more dimensions and requiring crude binary, yes-no judgements on each attribute we can extend the span of absolute judgment from seven to at least 150. Judging from our everyday behaviour, the limit is probably in the thousands, if indeed there is a limit. In my opinion, we cannot go on compounding dimensions indefinitely. I suspect that there is a span of perceptual dimensionality and this span is somewhere in the neighbourhood of ten, but I must add at once that there is no objective evidence to support the suspicion. This is a question sadly needing experimental exploration. (Miller 1956, 90f.)

Für die tatsächliche Kapazität ist auch relevant, wie *klar und deutlich* die Unterscheidungen sind. Bei unklaren und undeutlichen Unterscheidungen erhöht sich die Kapazität.

> The point seems to be that, as we add more variables to the display, we increase the total capacity, but we decrease the accuracy for any particular variable. In other words, we make relatively crude judgments of several things simultaneously. (Miller 1956, 88)

- *Eine weitere mächtige Möglichkeit besteht darin, dass an die Stelle von mehreren Unterscheidungen nur eine Unterscheidung gesetzt wird. Miller nennt diesen Vorgang "recoding", andere sehen darin die Nutzung der Möglichkeit, Hierarchien zu bilden, nach meinen bisherigen Überlegungen entspricht dies den Möglichkeiten Differenzen zu benennen oder einzuschachteln.*

> In order to speak more precisely, therefore, we must recognize the importance of grouping or organizing the input sequence into units or chunks. Since the memory span is a fixed number of chunks, we can increase the number of bits of information that it contains simply by building larger and larger chunks, each chunk containing more information than before (...) The operator recodes the input into another code that contains fewer chunks with more bits per chunk. There are many ways to do this recoding, but probably the simplest is to group the input events, apply a new name to the group, and then remember the new name rather than the original input events. (Miller 1956, 93)

Miller fasst einige weitere Möglichkeiten der Bildung von Chunks so zusammen:

> The three most important of these devices are (a) to make relative rather than absolute judgments; or, if that is not possible, (b) to increase the number of dimensions along which the stimuli can differ; or (c) to arrange the task in such a way that we make a sequence of several absolute judgements in a row. (Miller 1956, 90)

So können *Einheiten jeden Umfangs und jeder (unaufgelösten) Komplexität durch einzelne Einheiten repräsentiert* werden, z. B. ein ganzes europäisches Zeitalter durch das Wort „Renaissance" oder eine Klasse von philosophischen Erkenntnistheorien durch das Wort „Subjektiver Idealismus". Indem wir mit solchen Repräsentationen arbeiten, können auch Einheiten jedes Komplexitätsgrades im KAG miteinander verglichen und durch verschiedene Relationen miteinander verbunden werden.

- *Nach dem derzeitigen Stand der Forschung scheint die absolute Kapazität des KAG an bits für die einzelne Einheit und an Zahl der Einheiten tatsächlich eine Konstante zu sein. – Dagegen sprechen viele Befunde dafür, dass sich der Informationsgehalt der Chunks im Laufe des Lebens durch Lernen entwickelt, insbesondere durch Möglichkeiten zunehmender Organisation der Information. Solche Einheiten aber sind langzeitig behaltene Resultate der Informationsverarbeitung. Deshalb können wir durch Lernen und Behalten die Kapazität des KAG zunehmend erhöhen.*
- *Die Dauer der simultanen Präsenz der aktivierten Einheiten beträgt etwa 3 sec. Nach Pöppel beruht dies auf zwei Phänomenen, einer neuronalen Oszillation mit einer Periode im Bereich von 30 bis 40 Millisekunden für die Bildung einer einzel-*

nen Informationseinheit und maximal etwa 3 Sekunden für die Herstellung von Zusammenhängen zwischen solchen Informationseinheiten.

Für das Erkennen der zeitlichen Ordnung (zwischen zwei akustischen Reizen auf den beiden Ohren – J.G.) misst man 30 bis 40 Millisekunden (…) Zeichnet man die hirnelektrische Aktivität auf, dann stellt man fest, dass nach jedem Klickreiz neuronale Oszillationen ausgelöst werden, deren Periode im Bereich von 30 bis 40 Millisekungen liegt. Eine Periode dieser Oszillationen kann als ein Systemzustand des Gehirns angesehen werden, innerhalb dessen räumlich und zeitlich verteilte Information gleichsam eingesammelt wird. Eine Periode ist somit eine „zeitlose Zone", innerhalb derer die Vorher-Nachher-Beziehung von Geschehnissen nicht bestimmt ist. (Pöppel 1999, 624)

Nur wenn zwei aufeinander folgende Ereignisse in einen engen zeitlichen Rahmen fallen, kann eine Beziehung zwischen ihnen hergestellt werden, und nur dann ist es möglich, eines der Ereignisse subjektiv hervorzuheben. Wir deuten dieses Phänomen so, dass zentrale Mechanismen des Gehirns einzelne Ereignisse nur etwa drei Sekunden festhalten können, und dass die Integrationsfähigkeit nach dieser Zeit gleichsam „erschöpft" ist. (Pöppel 1999, 624)

Gelingt der betreffende Verarbeitungsprozess in dieser Zeit nicht, muss er noch einmal versucht werden, z. B. durch ein wiederholtes Lesen eines Wortes, oder es muss die Menge der Information durch verschiedene Maßnahmen, wie Aufteilung oder informationsärmere Repräsentation, verringert werden (s. z. B. die Transformation einer Telefonnummer in kleinere Einheiten).

- *Die Untersuchung der Kapazität des KAG beschränkt sich bis jetzt auf die wiederholte Aktivierung von etwa 7 Chunks (rehearsal). Welche Verbindungen zwischen den Chunks hergestellt werden können, ist m.W. in dieser Forschungsrichtung noch nicht untersucht worden, weil es in ihr nur um die Reproduktion der einzelnen Einheiten geht und nicht um deren Verbindung.*
- *Durch das KAG können Einheiten jeder Art, d. h. Unterschiede jeder Art und jedes Komplexitätsgrades, die vom ZNS hergestellt werden können, „gespeichert", d. h. gleichzeitig aktiviert, werden, sofern ihre Repräsentation die Kapazität des KAG nicht übersteigt. So können mehrere Einschachtelungen, mehrere aufeinander folgende Unterscheidungen, Unterscheidungen aus verschiedenen psychischen Funktionsbereichen, Erinnerungen aus verschiedenen Zeiten etc. simultan präsent sein sowie verarbeitet werden, z. B. durch Vergleiche.*
- *Das KAG fungiert demnach wie der Greifer eines modernen Baggers. Es bewegt sich höchst flexibel „über" der gesamten Fülle der von uns automatisch generierbaren Unterschiede und „greift" jeweils einen oder einige von ihnen „heraus", um sie durch Unterscheiden und Verbinden weiter zu verarbeiten. Das KAG ist deshalb die Voraussetzung dafür, dass im ZNS alles von allem unterschieden und jedes mit allem anderen verbunden werden kann. Das ist eine Kombinatorik übergreifender Art, weil nicht nur wahrgenommene oder abstrahierte Sachverhalte im Gegenstand des Bewusstseins miteinander kombiniert werden können, sondern auch Einheiten aus unterschiedlichen Funktionsbereichen des psychischen Systems, und zwar sowohl simultan als auch sequentiell.*

Das ergibt insgesamt das folgende Bild für das KAG: Jede Einheit aus einer sukzessiv vorgegebenen Reihe von Einheiten ist nicht mehr bewusst, sobald sie verschwunden ist und die nächste präsentiert wird, und auch die Herstellung einer Verbindung zwischen ihnen ist dies nicht. – Deshalb sind alle Einheiten aus einer solchen Reihe nur so lang bewusst, wie sie *wiederholt aktiviert* werden. Nur dann, wenn sukzessiv aufgenommene Einheiten durch Rehearsal simultan präsent sind, können Verbindungen zwischen ihnen hergestellt werden, z. B. aus Buchstaben ein Wortbild oder Raum- und Zeitrelationen.

Auf diese Weise regelt das KAG den *Zuschnitt des maximalen Umfangs des uns jeweils Verfügbaren*. Differenzen und Relationen können immer nur innerhalb der Kapazität des KAG hergestellt werden. So können auch die Resultate der Verarbeitung von Informationen aus mehreren aufeinander folgenden „Füllungen" des KAG wiederum nur in einer neuen Füllung des KAG voneinander unterschieden und miteinander verbunden werden.

Obwohl wir noch nicht wissen, wie sich dies genau abspielt, ist offenkundig, dass unser Wissen nur in einem komplizierten Prozess dieser Art zustande kommen kann.

Es gibt innerhalb der Kapazität des KAG Formen der Organisation der aktivierten Informationen

Die bisher angeführten Befunde und Annahmen sprechen dafür, dass das KAG ein *Prozess* ist, der aus *der anhaltenden Aktivität* von Einheiten besteht, die ihrerseits durch einen *Prozess der Aktivierung* geregelt wird. Das ist seine *Gedächtnisfunktion*. – Sie kommt weder durch einen Behälter für substantielle Einheiten noch durch Spuren, die in eine Materie eingeritzt sind, zustande, wie es die Metapher des Speichers suggeriert, sondern durch Prozesse.

Die dem KAG zugeschriebene Funktion des Arbeitsgedächtnisses bezieht sich darauf, dass in der Kapazität dieses Gedächtnisses die *gesamte bewusste Informationsverarbeitung* stattfindet und zumindest auch *die Aktivierung der unbewussten automatischen*.

Die recall-Experimente haben den Blick auf diese Verarbeitungsprozesse verstellt, weil es in ihnen nur um die Leistung des Behaltens ging. Sie haben analytisch nur den Gedächtnisaspekt der gesamten Prozesseinheit untersucht. Durch dieses reduktive analytische Vorgehen haben sie zwar wichtige Befunde erzielt, aber die anderen Aspekte des KAG in den Schatten des Unerkannten zurückgedrängt.

Wenn im KAG die gesamte Informationsverarbeitung stattfindet, dann müssen in ihm auch *alle Formen des Arrangements von aktivierten Einheiten* ihren Ort haben. Sie müssen entweder von anderen Systemen geleistet werden oder aber vom KAG selbst. Es gibt Annahmen für beide Möglichkeiten. Auf jeden Fall aber müssen die Erfüllung der Gedächtnisfunktion und die Erfüllung der Funktion, im Gedächtnis Einheiten zu arrangieren, eng miteinander verbunden sein.

Schon Miller hat die Operationen der *Bildung von Chunks* und der *Rekodierung* von Informationen in einer anderen Information dem KAG zugeschrieben oder zumindest in unmittelbare Verbindung mit ihm gebracht. Das aber sind keine Behaltensprozesse, sondern spezifische kognitive Prozesse.

Towse und Hitch unterscheiden in der Kapazität des KAG zwei Komponenten, die psychischen Funktionen und die Gegenstände, auf die sie gerichtet werden (Intention und intentionaler Gegenstand, Noesis und Noema). Das ist das Arrangement einer intentionalen Ordnung.

> As regards the domain-specific component of working memory span, we note that this has two orthogonal dimensions, corresponding to modality of information and information content, as in Fodor's (1983) horizontal vs. vertical classification scheme. In the present context, *modality* refers chiefly to whether information is verbal or visiospatial, whereas content refers to the knowledge domain to which the information relates, such as reading or arithmetic. (Towse/Hitch 2007, 129)

Bjorklund unterscheidet im KAG zwei unterschiedliche Einheiten, die eine speichert Information, die andere operiert auf dieser Operation. In der ersten werden Informationen präsent gehalten und in der zweiten werden diese Informationen verarbeitet. Da die Gedächtniskapazität für beide zusammen konstant ist, verringert sich die Kapazität für die eine Einheit, wenn der Bedarf für die andere sich erhöht. Das ist mit der Beschreibung von Towse/Hitch vereinbar.

> For example, Case et al. (1982) proposed that short-term memory can be conceptualized in terms of storage space and operating space. Storage space refers to the hypothetical amount of space an individual has available for storing information. Operating space refers to the hypothetical amount of space an individual has available for performing mental operations. Total processing space is used to refer to the sum of storage and operating space or on individual's total central processing resources. Case et al. proposed that total processing space remains relatively constant in development. Age differences observed on tasks that purportedly assess memory capacity (e.g., short-term span) are attributed to developmental increases in available storage space, accompanied by developmental decreases in the amount of operating space necessary for successful task completion. In other words, with age, children's processing becomes more efficient, requiring less operating space. This, in turn, makes available more space for storing information, resulting in overall improvement in task performance.
> In the present chapter, I propose that one reason information processing becomes more efficient development is that the activation of semantic relations becomes increasingly automatic with age. I believe that the human nervous system is biased toward making associations among frequently co-occuring objects/events/words in one's environment. Which specific items become associated, and the likelihood that the activation of these relations will become relatively automatic, will, for the most part, be a function of experience. Following Shiffrin and Schneider (1977), I propose that in development, the activation of semantic memory relations becomes increasingly less effortful, freeing processing space which can be used for storage (e.g., Case et al., 1982) or for the execution of controlled processes. In fact, the use of organization as a deliberate strategy may be possible only when encoding and categorization processes are sufficiently automatic so that enough of the system's capacity is available for the execution of effortful operations (...)
> Thus, the activation of semantic relations in certain tasks may be viewed not as absolutly automatic, but possibly as *veiled* (verdeckte – J.G.) controlled processes. Veiled controlled processes are described by Shiffrin and Schneider (1977) as operations that are difficult to perceive through introspection, are not easily modified through instructions, and take place quickly (...). Such processing, I argue, is relatively efficient in the use of attentional

capacity in comparison to controlled processes which are readily available to conscious evaluation (e.g., rehearsal) (...) I will use the terms „automatic" and „relatively automatic" to refer to operations that require relatively little processing capacity, thus not distinguishing among processes that are truly automatic and those unconscious, veiled controlled processes that require some minimal effort for their execution. (Bjorklund 1985, 119f.)

Durch diese dem KAG zugeschriebene Organisation wird die Kapazität des KAG für gegenständliche Information durch die Automatisierung von Operationen, *z. B. in Gestalt von kompletten Bewegungsprogrammen,* erhöht.

Eine Bestätigung und zugleich die Veranschaulichung der Vorstellung von einer *operationalen Kapazität des KAG* bieten die folgenden experimentell erzielten Resultate:

There are several plausible sources of individual differences in the theory. One interesting source is the operational capacity of the working memory. Readers with a large working memory should be able to retain more of the text in the memory while processing new text, so their integration of the information may be more thorough. A promising first exploration of this hypothesis has found a very strong correlation between working memory capacity and various aspects of reading comprehension tests (Daneman & Carpenter, in press). By contrast, traditional measures of passive short-term memory capacity do not have a strong correlation with reading comprehension. Operational capacity may depend on the automaticity of basic reading processes such as encoding and lexical access. Poor readers may devote more time and attention to these processes (Hunt, Lunneborg, & Lewis, 1975; Perfetti & Lesgold, 1977) and consequently have less capacity for maintaining previous information and integrating the new information (Case, 1978). (Just/Car-penter 1980, 351)[41]

---

[41] Mecklinger berichtet von psychologischen Befunden und Annahmen, nach denen im KZG auch nicht voll bewusste „Kognitive Elemente" für die Verarbeitung zur Verfügung stehen.
Mecklinger 1992, 6: „Kognitive Elemente lassen sich zudem anhand ihres Aktivierungszustandes beschreiben. Sie können sich in aktivem, inaktivem oder partiell aktiviertem Zustand befinden. Die Übergänge zwischen diesen Aktivierungszuständen sind gradueller Art, wobei ein Kognitives Element erst dann dem momentanen Bewußtsein zugänglich wird, wenn ein bestimmter Schwellenwert überschritten wurde (Anderson, 1983; Collins & Loftus, 1975). Wird beispielsweise ein Wort oder eine Melodie erkannt, werden die dadurch aktivierten Kognitiven Elemente unmittelbar handlungsrelevant. Diese, zu einem bestimmten Zeitpunkt dem Bewußtsein zugängliche Menge Kognitiver Elemente, wird dem Kurzzeitgedächtnis (KZG) zugeordnet.
Dem Kurzzeitgedächtnis kommen zwei Funktionen zu: Es ist zum einen ein temporärer Speicher handlungsrelevanter Informationen und fungiert, da es den zu einem bestimmten Zeitpunkt zu verarbeitenden Informationsbetrag reduziert, als selektives Fenster des LZG. Zum zweiten bildet das KZG einen Raum für Prozesse wie Entscheidungen, Denken oder Problemlösen (Hitch, 1980; Baddeley & Hitch, 1974; Baddeley, 1976; Klix, 1971; Atkinson & Shiffrin, 1971).
Die Menge aller zu einem bestimmten Zeitpunkt aktivierten Kognitiven Elemente ist jedoch größer als die Anzahl der dem Bewußtsein bzw. der Aufmerksamkeit zugänglichen Kognitiven Elemente und umfaßt auch Elemente, die nur partiell aktiviert sind. Eine solche partielle Aktivierung führt nicht zum bewußten Wahrnehmen oder Erkennen. Dagegen können partiell aktivierte Kognitive Elemente für die automatische Verarbeitung von Information wichtig sein. (Mecklinger 1992, 5)

Werden aber im KAG *zwei Klassen von Informationen, nämlich zuständlich gegebene und prozessierende,* miteinander verbunden, dann stellt sich die Frage, ob es auch im Langzeitgedächtnis diese beiden Klassen von Informationen gibt oder nur im KAG. Es spricht viel für die zweite Möglichkeit.

Anderson und Squire unterscheiden zwei voneinander getrennte Klassen des Wissens, das „deklarative Wissen" und das „prozedurale Wissen". Z. B. ist jeder Begriff, etwa „Landschaft", „PKW" oder „Konsum", allem Anschein nach deklaratives Wissen (von „deklarieren", d. h. „etwas kennzeichnen"), das man analysieren oder miteinander verbinden kann. – „Analysieren" und „Verbinden" ist demgegenüber Wissen von Prozeduren. – Diese strikte Unterscheidung von zwei Klassen des Wissens impliziert zwei getrennte Systeme der Langzeitspeicherung.

Nun kann man aber das deklarative Wissen auch als *Suchschema* oder für die Konstruktion eines Handlungsplanes verwenden. In diesem Fall ist *eben dieses deklarative Wissen* offenbar *operativ oder prozedural*. Es ist im Gebrauch und fungiert nicht als Kennzeichnung.

Andererseits kann das sogenannte prozedurale Wissen auch wie deklaratives Wissen behandelt werden, wenn man die Prozeduren nicht vollzieht, sondern auf sie reflektiert, indem man sie sich z. B. als Strukturen vorstellt und z. B. miteinander vergleicht. Es gibt ja Begriffe von Strategien, Taktiken, Algorithmen, die von Prozeduren abstrahiert worden sind und wie deklaratives Wissen behandelt werden können.

Wenn dies zutrifft, dann könnte das KAG die *Zuordnung dieser beiden Informationen* in der Weise leisten, dass *die eine im Modus der Zuständlichkeit* und *die andere im Modus des Prozessierens aktiviert* wird oder das KAG zumindest *die Gedächtniskapazität für diese Zuordnung durch ein anderes System* bereitstellt.

Wenn auch dies zutrifft, dann wird im KAG *eine spezifische Organisation von Prozesseinheiten* hergestellt, nämlich die intentionale Ordnung des *Operierens auf etwas.*

Das wäre aber nicht die abstrakte Relation der Intentionalität, die Husserl in seinen Bewusstseinsanalysen beschreibt (s. z. B. Husserl Ideen II, 216f.), sondern ein *Modus operandi*: Zwei Farben können *unterschieden* werden, zwei Begriffe lassen sich *vergleichen*, ein sprachlich formulierter Begriffsinhalt kann in ein graphisches Netzschema *transformiert* werden, eine plötzliche Angst lässt sich *dämpfen*, Unlust kann *verringert* werden, einige Fälle können durch einen Begriff *klassifiziert* werden, die Klassifikation kann *kontrolliert, analysiert, kritisiert* werden etc. Kurz: An der *vergegenwärtigten Information* können *Operationen verschiedener Art* ausgeführt

---

Festzuhalten ist, daß im Kognitiven System Elemente, die für bewußte und automatische Verarbeitung erforderlich sind, zeitgleich aktiv sein können. Diesem Umstand wird im Folgenden dadurch Rechnung getragen, daß dem KZG neben den Kognitiven Elementen, die dem momentanen Bewußtsein zugänglich sind, auch partiell aktivierte Kognitive Elemente zugerechnet werden. Das KZG, manchmal auch als aktiviertes Gedächtnis bezeichnet, stellt somit einen zeitlich begrenzten Zustand Kognitiver Elemente des LZG dar (Ashcraft, 1989). Neben sensorischen Gegebenheiten können auch Kognitive Elemente des Langzeitgedächtnisses in Form von Erfahrungen, Erinnerungen oder Strategien zum Inhalt des KZG werden."

werden. Das KAG aktiviert dann immer *zweierlei*: Es aktiviert *einen Bestand an Information*, und es aktiviert gleichzeitig *Möglichkeiten des operativen Zugriffs* auf diese Information.

Es könnte deshalb sein, dass die Unterscheidung zwischen „deklarativ" und „prozedural" durch Anderson (1988) und Squire/Kandel (1999) *nur die momentane Funktion des Wissens im KAG* betrifft, nämlich entweder den *Modus für die zuständliche Vergegenwärtigung oder den Modus für den Vollzug*, dass es sich bei ihnen aber *nicht um zwei getrennt voneinander langzeitig gespeicherte Wissensarten* handelt. Die Transformation von dem einen Modus in den anderen wäre dann aber selbst eine *operative* Leistung.

Für die modale Differenz zwischen zuständlicher und operativer Information spricht auch der Richtungssinn der Aufmerksamkeit. Die Aufmerksamkeit richtet sich auf die *zu bearbeitende vergegenständlichte Information* und *aktiviert den Vollzug einer Operation an ihr*. Sucht man etwa für die Begründung der Behauptung „Er war immer schon sehr risikobereit" nach einem Beispiel, dann wandelt man diese deklarative zuständliche Information in ein Suchschema um. Man ist versucht zu sagen: Mit ihm tastet der Strahl der Aufmerksamkeit die Erinnerung ab, bis er auf ein Beispiel trifft. Dafür musste aber die deklarative Information in eine prozedurale umgewandelt werden, nämlich in die Operation: „Suche im Langzeitgedächtnis nach einem Fall für die allgemeine Behauptung ‚X war risikobereit'!" Wie immer diese Operation tatsächlich beschaffen sein mag, wahrscheinlich als Vergleichsoperation zwischen Mustern, sie übt eine selektive Funktion in einem Bereich der langzeitig verfügbaren Information aus. Sobald die deklarative Information als Suchschema fungiert, liegt sie jedoch nicht mehr im „Licht des Aufmerksamkeitsstrahls", sondern wird sie an der „Quelle des Lichtstrahls" für die Suche des Beispiels eingesetzt.

Wenn diese Beschreibung zutrifft, dann kann man die Sachlage auch so beschreiben, dass in jedem Akt der Aufmerksamkeit eine Information *thematisiert* wird und eine andere Information für die Verarbeitung der thematisierten *in Gebrauch* genommen wird. Die thematisierte Information ist *vollbewusst*, die im Gebrauch befindliche aber nur soweit *mitbewusst*, dass sie durch eine nachträgliche reflexive Thematisierung voll bewusst werden kann

Nicht nur diese Argumente, sondern auch das *Prinzip der Ökonomie* sprechen gegen die strikte Aufteilung der gesamten gespeicherten Information in zwei Wissensklassen. Deshalb bevorzuge ich dieser Annahme gegenüber die Vorstellung, dass zwei Komplexe von Information aktuell so einander zuordnet werden, dass der eine als die zu bearbeitende zuständliche Information fungiert und der andere als die bearbeitende prozessuale.

Falls aber nicht das Arbeitsgedächtnis diese Zuordnung herstellt, muss es *einen anderen Mechanismus* geben, der dies leistet, weil der intentionale Gegenstand und der Prozess, der ihn hervorbringt, zwei verschiedene Gegebenheiten sind, die nicht fest miteinander verbunden sind, sondern die in einem bestimmten Maße unabhängig voneinander variiert werden können, so dass sich auf einen betimmten Gegenstand unterschiedliche Prozesse richten können, aber auch ein bestimmter Prozess sich auf verschiedene Gegenstände richten kann.

Es ist durchaus möglich, dass sowohl die Herstellung von hierarchischen Ordnungen kognitiver Schemata und die Kombinatorik von psychischen Funktionen als auch die Zuordnung von psychischen Funktionen zu intentionalen Gegenständen Leistungen der *spezifischen Intentionalität* sind. Norman und Shallice schreiben sie nämlich einem *kognitiven Schematismus* zu, den sie "contention scheduling" nennen und dessen Funktion es ist, aus konkurrierenden Aktivitäten eine Ordnung für deren Selektion herzustellen. In diesem Schematismus muss jeweils nur ein übergeordnetes Schema aktiviert werden, das den Mechanismus auslöst ("source schema"), entweder durch die Aktivität des Interesses oder der Aufmerksamkeit oder durch beides.

> Selection of one schema can lead to the activation of others. Any given action sequence that has been well learned is represented by an organized set of schemas, with one – the source schema – serving as the highest-order control. The term source is chosen to indicate that the other component schemas of an action sequence can be activated through the source. We assume that the initial activation values of component schemas are determined by means of their source schema. For example, when the source schema for a task such as driving an automobile has been selected, all its component schemas become activated, including schemas for such acts as steering, stopping, accelerating, slowing, overtaking, and turning. Each of these component schemas in turn acts as a source schema, activating its own component schemas (braking, changing gear, signalling, and so on). (Norman/Shallice 1986, 6)

Nimmt man die bis hierhin unterschiedenen Prozessstrukturen zusammen, die entweder im KAG auftreten oder ihm selbst zugeschrieben werden: das Chunking, die Recodierung, die Zuordnung von Funktion und Gegenstand, die Zuordnung von Information im Modus des Operierens zu Information im Modus der Zuständlichkeit und die Aktivierung von hierarchischen Ordnungen zwischen kognitiven Schemata, dann erweist sich das KAG immer mehr als der Ort der *Organisation der Voraussetzungen* für die Generierung der jeweiligen Information. Das erfüllt den Titel „Arbeitsgedächtnis" in fundamentaler Weise.

Wie sich diese Organisation im KAG abspielt, ist, soweit ich sehe, noch weitgehend ungeklärt. Es spricht aber sehr viel dafür, dass sie von anderen Systemen in der Kooperation mit dem kurzzeitigen Gedächtnis erbracht wird.

Die Theorie der multiplen kurzzeitigen Arbeitsgedächtnisse

Der bis jetzt beschriebene Mechanismus eines kurzzeitigen Arbeitsgedächtnisses ist aber nicht singulär und auf einen Ort im neuropsychischen System beschränkt, sondern er tritt *mehrfach an verschiedenen* Orten auf.

Auf Baddeley geht die Annahme zurück, dass es zwar einen *zentralen Prozessor* des KAG gebe, den er zunächst als „Leitzentrale" bezeichnet hat (Baddeley 1986, 209), nicht aber einen *zentralen Speicher*, den die gesamte Information vor dem Eintritt in den Langzeitspeicher passieren müsse. Er wies zuerst in der Sensomotorik auf der Grundlage von Läsionen einen kurzzeitigen phonologischen „Speicher" nach, der offenkundig ein *funktionsspezifisches Gedächtnis* ist.

In the light of this and other data, Baddeley and Hitch (1974) proposed that the concept of a unitary short-term memory system should be replaced by the concept of a multicomponent working memory. The short-term memory patients studied by *Shallice* and *Warrington* might be assumed to have a deficit in one component of this, the short-term phonological store that comprises part of the articulatory loop subsystem of working memory. (Baddeley/Pagagno/Vallar 1988, 586)

The data here and elsewhere (Baddeley, 1986) are simply far too rich to be explained in terms of a single monolithic short-term store. (Baddeley/Pagagno/Vallar 1988, 592)[42]

In seinem 2007 erschienenen Werk "Working Memory, Thought, and Action" hat Baddeley die seitdem durchgeführten Forschungen zu seinem Konzept eines *multikomponenten Arbeitsgedächtnisses* zusammengefasst und auch die inzwischen erfolgte Erweiterung seines eigenen Konzeptes dargestellt. Er unterscheidet jetzt mehrere Teilsysteme des Arbeitsgedächtnisses, nämlich die zentrale Exekutive (central executive) und zwei Subsysteme der zentralen Exekutive, das phonono-logische (phonological loop) und das visuell-räumliche (visuo-spational sketchpad). Dazu kommt noch das zuletzt von ihm unterschiedene episodische Gedächtnis. – Sie sind allesamt nicht bloße Gedächtnisse, sondern sie haben die Funktion, die Generierung von spezifischen Informationen zu ermöglichen.

In order to explain our pattern of data, we suggested that the unitary shortterm store proposed by Atkinson and Shiffrin should be replaced by a threecomponent working memory (Baddeley and Hitch 1974). This comprised an attentional control system – the central executive – together with two subsidiary storage systems, the phonological loop and the visuospatial sketchpad. All three systems were limited in capacity, although the nature of their limitations differed. (Baddeley 2007, 7)

We chose the term working memory in order to emphasize the functional role of the proposed system, rather than simply its storage capacity. (Baddeley 2007, 6)

- *Das von Baddeley unterschiedene phonologische Gedächtnis wird häufig als ultrakurz bezeichnet. Es wird außerdem vielfach als Grundlage des Arbeitsgedächtnisses beschrieben und deutlich von ihm unterschieden, da es nicht bewusst und auch nicht bewusstseinsfähig ist und alle Prozesse der Informationsverarbeitung in ihm automatisch ablaufen, was Baddeley allerdings nur als einen Gradunterschied beschreibt. Im ersten Fall liegt die Vermutung von getrennten Speichersystemen nahe, im zweiten Fall die Annahme von kontinuierlichen Graden der Dauer des Gedächtnisses und auch der Bewusstheit.*

The phonological loop was assumed to be capable of holding speech-based and possibly purely acoustic information in a temporary store. The storage was assumed to be dependent on a memory trace that would fade within seconds unless refreshed by rehearsal. Rehearsal was assumed to depend on either overt or covert vocalization. (Baddeley 2007, 7)

---

[42] Die Annahme, dass das Kurzzeitgedächtnis die Funktion eines Arbeitsgedächtnisses hat, wird nicht nur von Baddeley vertreten. S. z. B. Styles 2006[2], 186: "In Atkinsons and Shiffrin's model, the selection, rehearsal and recoding of information in short-term memory all required "control" processes. Short-term memory was seen as a "working memory" in which both storage and processing took place."

I assume that sequences of words or consonants are registered in the phonological store, a sublexical temporary storage system. (Baddeley 2007, 60)
One of the advantages of the loop is that rehearsal seems to proceed with minimal conscious control, allowing awareness to be utilized to maximize other aspects of processing. (Baddeley 2007, 316)[43]

- *Der "visuospatial sketchpad" (visuell-räumliche Wegskizze oder ein derartiges Schema) unterscheidet sich vom "phonological loop"' nur dadurch, dass jetzt keine Sprachlaute, sondern visuelle, räumliche und auch motorische Informationen behalten werden. Das sind Unterschiede zwischen der Information, die im KAG generiert wird, nicht aber Unterschiede in der Form des Gedächtnisses, in der dies geschieht.*

   The visuospatial sketchpad performed a similar function for both visual and spatial information. Rehearsal was assumed to occur, possibly though not necessarily involving eye movements (Baddeley 1986, p. 116-121; Postle et al. 2006). (Baddeley 2007, 7)
   The evidence suggests a clear difference between the short-term storage of features representing visual objects, and of their spatial location. Visual memory appears able to hold up to four objects, each of which may comprise multiple features. This system does not typically show short-term forgetting, even when a visual search task is interposed between presentation and test, whereas spatial STM is sensitive to the demands of any interpolated task. Both systems appear able to store serial order, provided relatively simple stimuli are uses. There is some evidence, though it is less extensive, for a third subsystem concerned with the storage of actions, which may rely on a motor or kinaesthetic code. All three temporary storage components are assumed to be coordinated within the visuospatial sketch pad, a system that is capable of manipulating visuospatial information as a part of overall working memory system, providing a basis for complex cognitive processing. (Baddeley 2007, 83)
   The visuospatial sketchpad (VSSP) (…) is assumed to operate at the interface between vision, attention and action. (Baddeley 2007, 63)
   I assume that the sketchpad is a subsystem that has evolved to provide a way of integrating visuospatial information from multiple sources, visual, tactile and kinaesthetic, as well as from both episodic and semantic LTM. As such I assume access from both perception and LTM. Readers of Chapter 8 will note similarities between this view and the characteristics attributed to the proposed episodic buffer. (Baddeley 2007, 101)

- *Der "episodic buffer" erlaubt die Verbindung der drei "working memory subsystems" mit dem LTM, weshalb dieses Gedächtnis von Baddeley als „Puffer" be-*

---

[43] Styles 2006², 28: "Sperling (1960) found that when subjects were presented with visual arrays lasting 50 msec, containing 12 letters, they were only able to report about four or five items. However, subjects said they could "see" the whole display for a short time after the display was terminated. The data suggested that although all items were initially represented in a brief visual memory, there was some limit on the rate at which item could be retrieved from this store before they had decayed. Sperling believed the pattern of results was evidence for a high capacity, fast decay visual memory store that faded over a short time and that unless this rapidly fading memory for visual information were transformed into another, more permanent state, it was lost. This brief visual information store was subsequently named iconic memory by Neisser (1967) and is analogous to the sensory store located between the senses and the selective filter in Broadbent's model."

zeichnet wird. In ihm können mehrere Arten (Dimensionen) von Information verfügbar sein und miteinander verbunden werden. Es dient deshalb zur Bewältigung von komplexen Gegebenheiten. Es ist auch ein temporäres Gedächtnis, aber nicht so kurzzeitig wie die anderen. Es fungiert als Werkraum, wofür bewusstes Gewahrwerden entscheidend ist.

However, it became increasingly clear that some form of additional storage was necessary if the model was to give an adequate account of some of the more complex functions of working memory, such as the capacity for remembering large chunks of prose (...) On the other hand, however, it was far from easy to see how performance on such complex span tasks could be explained within the existing framework, where memory storage was limited to the loop and the sketchpad, each of which could hold information only briefly, and which had no specified means of interaction. This prompted the addition of a fourth component, the *episodic buffer* (Baddeley 2000). This system was assumed to form an interface between the three working memory subsystems and long-term memory. It served a binding mechanism that allowed perceptual information, information from the subsystems and from long-term memory to be integrated into a limited number of episodes. It was a buffer in the sense that it provided an interface between a number of different codes – visual, verbal, perceptual – and from LTM, semantic and episodic. Finally, it was assumed to be accessible through conscious awareness. It differs from episodic LTM in being temporary in nature, but provides an interface that allows access to LTM both for learning and retrieval. It is assumed to act as a workspace for which conscious awareness plays a crucial role. (Baddeley 2007, 12f.)

- *Die zentrale Exekutive ("central executive") ist nach Baddeley nichts anderes als das attentionale System. Er übernimmt damit das von Norman und Shallice konzipierte "Supervisory Attentional System" (Baddeley 2007, 11). Die zentrale Exekutive besteht aus einem begrenzten Reservoir von Prozesskapazität, hat selbst keine Gedächtnisfunktion, bewirkt aber im episodischen Gedächtnis die Aufrechterhaltung von Aktivitäten für die Handhabung und Manipulation von bewerteter Information während des Entscheidungsprozesses in der Handlung.*

Baddeley hält damit zwar an seiner frühen Unterscheidung zwischen einer unspezifischen zentralen Exekutive und spezifischen Subsystemen im Arbeitsgedächtnis fest, setzt aber jetzt *die zentrale Exekutive mit dem System der Aufmerksamkeit* gleich. Damit macht er eine Annahme über das Verhältnis zwischen dem System der Aufmerksamkeit und dem Arbeitsgedächtnis, die für das Problem der Kooperation von Teilsystemen im Prozessor der Informationsverarbeitung relevant ist: *Die Aufmerksamkeit aktiviert bewertete Information im episodischen Gedächtnis.*

In the initial model, the central executive was assumed to comprise a limited pool of general processing capacity. We left its precise nature unspecified, concentrating instead on the subsystems, which seemed to offer a more tractable challenge. (Baddeley 2007, 7)
I proposed to accept the Norman Shallice model as a basis for conceptualizing the central executive (Baddeley 1986). (Baddeley 2007, 12)
Within the current model, the central executive is assumed to be an attentional system, with no intrinsic storage capacity, while neither the loop nor the sketchpad would appear to be well equipped for handling and manipulating valenced information. Given that the valence of the stimulus or situation is likely to be dependent at least in large part on prior

experience, combined with the capacity for maintenance during decision-making, the obvious component to locate this would be in the episodic buffer. (Baddeley 2007, 291)

Baddeley hat zwar gegen die Vorstellung von einem einzigen kurzzeitigen Arbeitsspeicher so viele Befunde ins Feld geführt, dass sie heute wohl kaum noch von jemand aufrechterhalten wird. Er sah sich aber gleichzeitig genötigt, *zunehmend mehr Teilgedächtnisse* zu unterscheiden.

Diese Teilgedächtnisse unterscheiden sich primär durch die *Art der Information*, die in ihnen kurzzeitig aktiviert wird. Zu den *akustischen* sind die *visuellen* hinzugekommen, zu diesen die *motorischen* und schließlich auch alle *Erinnerungen* und *Ideen*. Damit wird *das gesamte Handeln aus Orientierung und Reaktion* im Arbeitsgedächtnis konstituiert und geregelt.

Weitere Unterschiede zwischen ihnen gibt es im *Grad der Komplexität der Information*, d. h. der verschiedenen Arten (Dimensionen) der im Arbeitsgedächtnis verfügbaren Information, im *Grad der Bewusstheit* und in der *Dauer des Behaltens*.

Diese Unterschiede aber sind noch so stark von den jeweiligen Befunden abhängig, dass es fraglich ist, ob sie die generelle Hypothese von unterschiedlichen Gedächtnissen stützen können. Die Grenzen zwischen ihnen sind schon bei der in ihnen verfügbaren Information nicht scharf. Bei den Merkmalen der Form der „Speicherung" aber gibt es keine Unterschiede im Hinblick auf die Kurzzeitigkeit, die Notwendigkeit von Wiederholungen (Rehearsal) und die prinzipiell beschränkte Kapazität, während bei den von ihm unterschiedenen Gedächtnissen die Dauer unterschiedlich lang ist und die Grenzen zwischen automatisch-unbewusst und willkürlich-bewusst unterschiedlich verlaufen.

Dazu kommt, dass sich bei einer Unterscheidung mehrerer Arbeitsgedächtnisse natürlich *die Frage nach ihrem Zusammenhang* stellt. Diese Frage aber wird von Baddeley unbefriedigend bzw. überhaupt nicht beantwortet. Gehört die zentrale Exekutive als Aufmerksamkeitssystem überhaupt noch zum Arbeitsgedächtnis? Sind der "phonological loop" und der "visuospatial sketchpad" Subsysteme des "episodic buffer"? Wie sieht die von ihm behauptete Interaktivität zwischen den verschiedenen Gedächtnissen aus und wie wird sie realisiert?

So ist der Beitrag Baddeleys zur Geschichte der Erforschung des Arbeitsgedächtnisses zweifellos von unschätzbarem Wert. Sein Multikomponentenmodell aber wird wahrscheinlich nicht das letzte Wort bleiben. Es stellen sich zu viele Fragen.

Wie viele unterschiedliche Arbeitsgedächtnisse wird es schließlich geben? Wie scharf lassen sie sich voneinander unterscheiden? Verträgt sich die Vorstellung von *separaten Arbeitsgedächtnissen* mit der von Baddeley vertretenen Annahme, dass das Arbeitsgedächtnis ein *bei allen Teilgedächtnissen gleicher Prozess* ist? Macht sich hier nicht immer noch die Speichermetapher gegenüber dem Prozessparadigma geltend? In welchem Verhältnis steht die Aufmerksamkeit als zentrale Exekutive zu den Arbeitsgedächtnissen? (Lassen sie sich klar voneinander unterscheiden? Wie interagieren die beiden Prozesse miteinander?)

Möglicherweise verweist die Tendenz zu immer mehr funktions- und bereichsspezifischen Arbeitsgedächtnissen darauf, dass *sämtlichen spezifischen Informationen* der *Mechanismus des kurzzeitigen Behaltens* für ihre Generierung und Verarbeitung zur

Verfügung steht, dass dieser Mechanismus *am jeweiligen Ort* der Generierung und Verarbeitung auftritt, dass er aber nur *durch den Zufluss von Potentialen* möglich wird, der *vom attentionalen System* geleistet wird, und dass er deshalb auch von dem Ausmaß und der Dauer dieses Zuflusses abhängig ist.

Dann aber könnte auch das KAG *eine Form der Gedächtnisbildung* sein, die von Kandel in koaktiven Neuronen nachgewiesen worden ist. Darauf komme ich noch ausführlich zurück, wenn es um die abschließende Antwort auf die Frage nach der Kooperation zwischen Aufmerksamkeit, Interesse, Intentionalität und KAG geht.

So ist aus der Frage nach der Existenz eines solchen Gedächtnisses und seiner Kapazität im Laufe der Forschungsgeschichte die *Frage nach der Form seines Prozessierens* erwachsen. Beim gegenwärtigen Stand der Forschung scheint diese Einheit die *Funktion* zu haben, *die Koordination aller Informationen für den Gesamtprozess des Handelns aus Orientierung und Reaktion dadurch zu ermöglichen, dass sie einen Werkraum (workspace) dafür zur Verfügung stellt.*

Diese Koordinationsleistung ist so allgegenwärtig und so umfassend, dass keine Rede mehr davon sein kann, dass das Arbeitsgedächtnis eine *einzige Gedächtniseinheit an einem bestimmten Ort* ist, sondern dass die Wahrscheinlichkeit wächst, *dass prinzipiell im gesamten neuropsychischen System durch den Mechanismus des KAG derartige Einheiten gebildet werden können, die die Verarbeitung der jeweiligen Information erlauben.*

2. Neurologische Befunde und Annahmen zum KAG

Die Forschungslage in der Neuropsychologie ist beim Untersuchungsgegenstand „KAG" zum Teil schon stabil, zu einem anderen Teil aber noch ziemlich unklar. – Klar ist, dass es neuronale Korrelate für das KAG gibt, dass sie sich *im Bereich der jeweiligen spezifischen Funktionen* und *im frontalen Kortex* befinden. – Unklar ist, wieweit sich die Aktivitäten des KAG von den Aktivitäten der Aufmerksamkeit unterscheiden lassen, ob die starken individuellen Schwankungen in der genauen Lokalisation von den Untersuchungsbedingungen abhängen, von subjektiven Bedingungen bei den Vpn oder von der Natur des KAG, und wie der Mechanismus des Rehearsal genau zustande kommt.

Die Gründe für die Schwierigkeiten können in den Untersuchungsmöglichkeiten, die zur Verfügung stehen, und im verfügbaren Fundus von Einzeluntersuchungen liegen. – Das Auflösungsvermögen aller bildgebenden Verfahren ist immer noch nicht so groß, dass die Prozesse, die sich zwischen einzelnen Netzwerken oder sogar zwischen den einzelnen Neuronen abspielen, erfasst werden können.[44] Deshalb ist die

---

[44] Baddeley 2007, 228: "It may simply be that there is insufficient resolution within currend methods to allow fine distinctions to be made across studies in which subtle differences in both behavioural and neuroimaging methodology are likely occur. Furthermore, tasks never provide pure measures of underlying cognitive processes, hence many apparently diverse executive tasks are likely to have at least some processes in common."
Baddeley 2007, 224: "As the questions become more precise, the degree of agreement diminishes."

exakte Lokalisierung von Aktivitäten und damit auch ihrer Unterscheidung von anderen, insbesondere gleichzeitigen, noch nicht möglich. – Die Fragestellungen, Versuchsanordnungen und Messungen der einzelnen Untersuchungen sind noch sehr unterschiedlich, weil auch die theoretischen Vorgaben, die getestet werden, noch sehr unterschiedlich sind.

Gründe für die Schwierigkeiten können aber auch in der Sache liegen. Gleichzeitige Aktivitäten am gleichen Ort lassen sich nur sehr schwer voneinander unterscheiden. Aktivitätsmuster mit der gleichen Funktion können durchaus bei verschiedenen Individuen an unterschiedlichen Orten des neuronalen Netzwerkes auftreten. In der Dynamik des Geschehens lassen sich nur schwer Konstanten ausmachen.

Sehen wir uns zunächst Befunde der Neuropsychologie an, die als gesichert angesehen werden können. Ich orientiere mich dabei stark an dem Bericht über die Untersuchungen des frontalen Kortex von Fuster aus dem Jahre 1997 und an der Beurteilung der Sachlage von Baddeley in seinem Buch von 2007, weil beide, der eine als Neurologe, der andere als Psychologe, sich mit größter Vorsicht und Umsicht ein Urteil über die Forschungslage gebildet haben.

Das KAG ist ein eigenständiges System, in dem alle bewussten spezifischen Aktivitäten auftreten und das mit neuronalen Aktivitäten im präfrontalen Kortex korreliert

Im psychologischen Teil der neuropsychologischen Tests des KAG wird genauso wie im recall-test das Behalten von sukzessiv vorgegebenen Items (target stimuli) gemessen. – Dazu kommen aber Messungen des regionalen Blutflusses im Gehirn. – Das ergibt dann Korrelationen zwischen den psychologischen und den neurologischen Daten.

Solche Daten sind zunächst in Untersuchungen angefallen, die eigentlich auf die Diskrimination von sensorischen Stimuli abgestellt waren. Sie ergaben zum einen hohe Werte der Aktivität *im neuronalen Bereich der jeweiligen sensorischen Qualität* und zum anderen *in einer großen frontalen Region, die den größten Teil des dorsolateralen präfrontalen Kortex* einschloss.

Die psychologischen Versuchsanordnungen für den Nachweis neuronaler Korrelate für das KAG waren aber dann nicht nur reine recall-tests, sondern sie bestanden aus der Verbindung solcher Tests mit anderen gleichzeitig zu bewältigenden Aufgaben (dual-task-design). Die zweite Aufgabe bestand z. B. darin, zwei Stimuli zu vergleichen, wofür das STM erforderlich war. Während dieser Zeit erhöhte sich die Aktivität im präfrontalen Kortex.

> Risberg and Ingvar (1973) were the first to make active memory directly the subject of rCBF (regional cerebral blood flow – J.G.) study. In their task, the subject was required to remember - backwards - lists of spoken digits. During performance, they observed increased rCBF in temporal auditory areas and, in addition, in a vast frontal region that included most of the dorsolateral prefrontal cortex, where the increase was the greatest.
>
> Now, parenthetically, it is important to note that the tests of sensory stimulation and discrimination used in many of the early studies cited above required some degree of active short-term memory. Although working memory may not have been the primary

subject of study, the tasks used in those studies often imposed a delay between sensory stimulation and verbal or manual response that made them tests of working memory. (…) The subject was presented with a first stimulus (a tone sequence or a chord) and, after a delay, with a second stimulus that he must compare mentally with the first and decide whether the two were identical or not. Clearly a minimum of short-term-memory was needed to perform such a task correctly. Consequently, prefrontal activity was seen to increase during performance. (Fuster 1997^3, 191f.)

Baddeley führt neurologische Befunde für die von ihm unterschiedenen Subsysteme des Arbeitsgedächtnisses an. Zu den funktionsspezifischen Arealen kommen *für die Gedächtnisfunktion* beim "phonological loop" das *Brodman Areal (BA 40) an der Grenze zwischen den linken parietalen und temporalen Lappen* und beim visiospatial sketchpad das *rechte temporo-parietale Areal* hinzu. Für das zentrale exekutive attentionale System führt er Befunde für die Verteilung der attentionalen Aktivität auf die jeweiligen Funktionsbereiche und den frontalen Kortex an (visual: *rechter parietaler Kortex (B 7) ein prämotorisches Areal (B 6) und ein Areal im rechten inneren frontalen Lappen (BA 47)*.

Danach gibt es nicht nur für die spezifischen Gedächtnisse (Subsysteme), sondern auch für das unspezifische attentionale (zentrale Exekutive) eine Verteilung auf die jeweils aktivierten Funktionen und auf den frontalen Kortex.

Phonological loop

In an important early PET study of the phonological loop, Paulesu et al. (1993) contrasted the activation produced by a task involving memory for letters, with a second task in which subjects made some rhyme judgements, something that is known to depend on subvocalization. They identified one area, the boundary between the left parietal and temporal lobes that appeared to be associated with memory storage, Brodman Area (BA 40), and a second in the left frontal region that appeared to be linked to subvocal rehearsal, BA 44. The first of these areas coincided with the location of damage typically associated with patients having a very specific phonological STM deficit (Vallar and Shallice 1990), while the frontal activation coincided with Broca' Area, classically associated with the capacity for speech production. (Baddeley 2007, 218)

Visiospatial stetchpad

Jonides et al. (1993) fanden in "an equivalent experiment on the imaging of visuospatial short-term memory" "activation to be principally in the right hemisphere with particular activity in the right temporo-parietal area (Brodman Area 40), the occipital lobe (B 19), the pre-motor area (BA 6) and the inferior prefrontal region (B 47)." (Baddeley 2007, 218)[45]
The nature of rehearsal in the sketchpad is much less clear than in the phonological loop. One possibility is that rehearsal involves continued attention to stimulus location or possibly to the representation of the stimulus. (Baddeley 2007, 221)

---

[45] Fuster 1997^3, 194: "Another study (McCarthey et al., 1996), by superimposing fMRI images, points to interhemispheric differences in the dorsolateral prefrontal activation by two kinds of working memory; spatial and visual."

Central executive

The suggestion of an attentional rehearsal procedure is consistent with earlier work arguing for an association between visual attentional control and Brodman Area 7 in the right parietal cortex (e.g. Corbetta et al. 1993). More specifically, Henson (2001) suggests a possible rehearsal loop linking occipital storage through a visual attentional rehearsal link operating between the right parietal area (BA 7), a pre-motor area (BA 6) and the right inferior frontal lobe (BA 47). (Baddeley 2007, 222)

Zusammenfassend nimmt Baddeley an, dass die Aktivierung unterschiedlicher Informationen an unterschiedlichen Stellen der Großhirnrinde stattfindet: Die Komponenten des KAG korrelieren mit *parietalen Arealen*, die spezifischen sensomotorischen Aktivitäten haben ihren bekannten Ort in der linken oder in der rechten Hemisphäre, und die Manipulation von Information in diesen Gedächtnissen korreliert mit den *vorderen Regionen in den frontalen Lappen*.

To summarize, neuroimaging clearly provides a potentially important additional way of investigating the brain's cognitive function. In the case of working memory, it seems to provide evidence for a broad distinction between left hemisphere verbal and largely right hemisphere visuospatial processing, with the further distinction between more ventral coding of object information, in contrast to more dorsal processing of spatial information. The evidence also supports the view that the temporary storage components of working memory tend to be associated with parietal areas, while more anterior regions within the frontal lobes are more likely to be involved in the manipulation of information. Methods are constantly being developed and refined, so that the future will offer a much more fine-grained dissociation of regional specialization. (Baddeley 2007, 233)

Dieses Resultat ist insofern positiv, als die Aktivität des KAG tatsächlich neurologisch messbar zu sein scheint, und dass sie an zwei Stellen auftritt, zum einen wo *die jeweilige spezifische Aktivität* auftritt und zum anderen, wo *deren Aktivierung durch zentrale Steuerung* stattfindet. – Es ist insofern noch unbefriedigend, als die Angaben über den neuronalen Ort des KAG noch ziemlich grob sind und sie sich auch nur schwer von den Angaben über den Ort der jeweiligen spezifischen Aktivität und der Aufmerksamkeit unterscheiden lassen. Diese enge Verbundenheit des KAG mit der Aufmerksamkeit wird sich noch als bedeutsam erweisen.

Der frontale Kortex steuert die Verbindung zwischen sukzessiv wahrgenommenen Items

Die Reproduktion von sukzessiv wahrgenommenen Items ist offensichtlich ein Problem der Überwindung der *zeitlichen Differenz* zwischen nacheinander wahrgenommen Einheiten. Wenn sequentiell vorgegebene Einheiten reproduziert oder miteinander verbunden werden sollen, müssen sie noch verfügbar sein, obwohl sie nicht mehr wahrnehmbar sind. Diese Verfügbarkeit ist nur möglich durch eine innere Repräsentation der Items und durch ein Gedächtnis für sie. Diese Sachlage beschreibt Damasio sehr klar.

Das grundlegende Problem der Zeitbindung liegt in der Notwendigkeit, eine fokussierte Aktivität verschiedener Regionen so lange aufrechtzuerhalten, daß sinnvoll Kombinationen hergestellt werden und Denk- beziehungsweise Entscheidungsprozesse stattfinden können. Mit anderen Worten, die Zeitbindung setzt leistungsfähige Mechanismen der

Aufmerksamkeit und des Arbeitsgedächtnisses voraus, und die Natur scheint sie geliefert zu haben.
Offenbar verfügt jedes Sinnessystem über eigene lokale Apparate für Aufmerksamkeit und Arbeitsgedächtnis. Doch bei der Untersuchung der globalen Prozesse von Aufmerksamkeit und Arbeitsgedächtnis lassen Studien an Mensch und Tier darauf schließen, daß präfrontale Rindenfelder und einige Strukturen des limbischen Systems (der vordere Teil des Gyrus cinguli) eine entscheidende Rolle spielen. (Damasio 1999, 139)

An dieser Beschreibung ist außerdem bemerkenswert, dass Damasio an die Verbindung von Informationen aus mehreren Funktionsbereichen (Dimensionen) denkt und nicht nur aus einer, dass er Aufmerksamkeit und Arbeitsgedächtnis in einem Atem nennt, dass er den Ort des KAG sowohl in kognitiven Prozessen als auch im Handlungsprozess sieht, dass er sowohl eine lokale Verteilung der beiden Aktivitäten annimmt als auch ihre Lokalisierung im frontalen Kortex, und schließlich, dass dieses Zentrum mit dem Gyrus cinguli verbunden ist, der am Saum der Großhirnrinde liegt und ein Teil des limbischen Systems ist, das primär für Wertgewichtungen zuständig ist.

Fuster konkretisiert die durch das KAG ermöglichte Zeitbindung als die Verbindung der kürzlich stattgefundenen sensorischen und motorischen Ereignisse mit der Organisation künftiger Aktionen. Das neuronale Korrelat für das dafür erforderliche Gedächtnis sieht er in der *Aktivität von präfrontalen Netzwerken*. Er identifiziert sogar die Gedächtnisfunktion des KAG mit der Ausrichtung und dem Antrieb der Aufmerksamkeit.

The first function, the temporally retrospective one, is active short-term memory. It is the memory of the schema and of the recent sensory and motor events that must be retained for organizing prospective action. It has been called operant or provisional memory (this book, first edition, 1980). Because it is conceptually akin to what is known in human cognitive psychology as *working memory* (Baddeley, 1995), this characterization has been applied to short-term memory even in animal neuropsychology. We should keep in mind, however, that the concept of working memory was developed to describe a human cognitive function, and its theoretical elaboration contains linguistic subfunctions, such as the "phonological loop", that have no animal equivalent. However, the term *working memory* can be used as an *operational definition* of short-term memory, and thus applied to animals as well as humans performing memory tasks or solving problems (Fuster, 1995). (Fuster 1997[3], 230)

After all, working memory is attention directed to, and forced on, internal representation of the recent past (perceptual and motor), and preparatory set is essentially motor attention. (Fuster 1997[3], 217)

Der Mechanismus des verdeckten Rehearsals kommt durch die Aktivierung von Arealen des frontalen Kortex, der spezifischen Funktionen und der Aufmerksamkeit zustande

Das neuronale Netzwerk des KAG im präfrontalen Kortex wird nicht von sich aus aktiv, sondern wird seinerseits *durch Potentiale aktiviert, die von den aktivierten Items und der aktivierenden Aufmerksamkeit stammen.*[46] Dazu kommen außerdem noch Potentiale aus dem limbischen System. Das Resultat ist eine *anhaltende Aktivierung* der Netzwerke dieses Items, nachdem sich die Wahrnehmung und die Aufmerksamkeit bereits einem anderen Item zugewendet haben.

> The sustained discharge of prefrontal cells during active short-term memory indicates that this form, or rather state, of memory depends on the activation of prefrontal networks. That observation certainly supports the general idea that active memory consists in active neural networks (Fuster, 1995). Prefrontal networks are activated, as are the memories they represent. Those memories, however, are mixed and diverse. (Fuster 1997[3], 231)
>
> Therefore, it is reasonable to postulate that the sustained activation of prefrontal cells in working memory results, at least in part, from continued reactivation of those cells through *reentrant circuits*, whether those circuits are local or they course through structures outside of the prefrontal cortex. As we shall see later in the section on models, the sustained discharge of cortical neurons in active short-term memory can be explained as a phenomenon of reentry in activated networks with synaptic weights preastablished by learning (…) It is reasonable to infer that working memory is sustained in cortical networks by reverberating activity within those networks, in which prefrontal neurons take part *if* the memory is to be used for the integration of prospective action. (Fuster 1997[3], 232)

Der Mechanismus, durch den das KAG zustande kommt, hat nach Fuster die Form der von Hebb angenommenen *Koaktivität* zwischen Nervenzellen, durch die sowohl Lernen (eine neue Verbindung) als auch Behalten als anhaltende Aktivität oder langfristige Erleichterung der erneuten Aktivierung zustandekommen. Die von Hebb für das einzelne Netzwerk angenommene Koaktivität schreibt Fuster der Konnektivität des gesamten neuronalen Systems zu, weil sie die Struktur der Reziprozität besitzt. Deshalb kann die Aktivität des neuronalen Netzwerkes des Arbeitsgedächtnisses im frontalen Gehirn durch andere Netzwerke in diesem Bereich und auch außerhalb von ihm ausgelöst werden.

> Whatever a network represents, there must be mechanisms, internal or external to the network, that sustains its activation while it holds the representation in short-term memory. The reverberation of impulses within the network has long been suspected to be one such

---

[46] Damasio beschreibt die Aktivierung der Items so, dass sich die Aufmerksamkeit und das KAG die Aufgabe teilen, indem die Aufmerksamkeit für die Aktivierung des aktuellen Items sorgt, während das KAG für die Aktivierung der Items sorgt, die nicht mehr im Focus der Aufmerksamkeit stehen.
Damasio 1999, 124 (…) „die Vorstellungsbilder, über die wir nachdenken (Bilder von bestimmten Objekten, Handlungen und Beziehungsschemata sowie von Wörtern, mit denen wir letztere in Sprache übersetzen) müssen nicht nur im Brennpunkt sein - dafür sorgt die Aufmerksamkeit - , sondern müssen auch aktiv im Gedächtnis bleiben - wozu ein leistungsfähiges Arbeitsgedächtnis erforderlich ist."

mechanism (Hebb, 1949). For that reverberation to occur, the neurons of the network must be part of re-entrant circuits. This is, of course, a common feature of the cytoarchitecture of the cortex and other structures. Connective loops and reciprocal connections tie prefrontal cells with one another and with the cells of many other structures of the brain. (Fuster 1997[3], 232)

The model tells us that the patterns of firing cortical cells during active short-term memory can explained as manifestations of the activation of cells that are associated with one another in recurrent networks with fixed synaptic weights. This is in keeping with the notions of prefrontal cell dynamics presented in this book. (Fuster 1997[3], 250)

Fuster hält für das Behalten von Items im KAG eine anhaltende Aktivität für erforderlich ("that sustains its activation while it holds the representation in short-term memory"). – Diese Aktivität ist für ihn die Aufmerksamkeit, weshalb er sie mit dem Gedächtnis gleichsetzt ("working memory can be construed as attention directed to an internal representation" Fuster 1997[3], 232). Die Aufmerksamkeit aktiviert nämlich nach ihm die konnektiven und reziproken Verbindungen im frontalen Kortex und des frontalen Kortex' mit den Netzwerken für die jeweiligen Items. – Diese Aktivierung wiederum löst in den koaktiven Synapsen die selbstregulierten Behaltensprozesse aus, die Kandel aufgewiesen hat. – Dann käme aber das verdeckte Rehearsal des KAG durch eine Kooperation zwischen der Aufmerksamkeit, den spezifischen Aktivitäten und dem Gedächtnissystem in koaktiven Synapsen zustande. – Auf diesen Zusammenhang gehe ich ausführlich im VII. Kapitel ein.

Set is conventionally understood as the preparation for action. In several respects set is the opposite of short-term memory. Whereas the latter is retrospective, set is prospective; it looks forward in time. Whereas the content of short-term memory is mainly sensory, that of set is mainly motor. Whereas working memory can be construed as attention directed to an internal representation, set is attention directed to a prospective action; it is *motor attention*. Again by "motor" we mean much more than movement, skeletal or otherwise; we also mean speech and internal action, logical reasoning. They all need set for proper order and timing. (Fuster 1997[3], 232)

Working memory and, we may say, working set are two sides of the same coin, temporal integration. They complement each other and help mediate cross-temporal contingencies. Consider again the two logical propositions we said such contingencies were based on: "If now this, then later that" and "If earlier that, then now this." They require memory and set. Both are temporal synthesizing functions of the prefrontal cortex. (Fuster 1997[3], 232)

Die neurologischen Befunde sprechen so nicht nur dafür, dass das KAG ein System ist, das sowohl am Ort der jeweils aktivierten spezifischen Informationen auftritt als auch zentrale Netzwerke besitzt, sondern sie bieten auch eine *Erklärung für den Mechanismus der unbewussten Wiederholungen*. Diese könnten dadurch zustande kommen, dass das zentrale Netzwerk des KAG bzw. der Aufmerksamkeit dazu beiträgt, dass die Gegebenheiten, die nicht mehr im Fokus der Aufmerksamkeit stehen, noch so lang aktiviert werden, wie es für das bewusste Operieren auf ihnen erforderlich ist.

So zeichnet es sich bei der gegenwärtigen Forschungslage schon deutlich ab, dass es sich beim KAG um einen hochkomplexen Prozess handelt, der eine allgemeine Funktion für die spezifischen Prozesse der Informationsverarbeitung erfüllt.

3. Die Funktion des KAG im Prozess der Handlung

Es besteht große Übereinstimmung in der Annahme, dass das KAG wie auch die Aufmerksamkeit sowohl für die Informationsverarbeitung bei der sensorischen Orientierung erforderlich ist als auch bei der motorischen Reaktion auf die Resultate der Orientierung. Es liegt deshalb nahe, dass das KAG nicht nur für die Verarbeitung von Information, sondern auch für die Organisation des Verlaufs der Handlung seine Funktion erfüllt.

> Memory and attention are also closely interwoven when planing and monitoring day-to-day-activities. Have you ever gone to make a cup of tea and poured the tea into the sugar bowl? The correct actions have been performed but not on the correct objects. This sort of "slip of action" often arises when we are "not paying attention" to what we are doing. When we engaged in a complex sequentially ordered set of actions to achieve a goal, like making a cup of tea, not only do we have to remember the overall goal, but we must also monitor and update the steps that have been taken towards goal completion, sometimes updating goal states as we go (…) Attention in the control of action is an example of another kind of attention, driven by goals, or what we intend to do. The question of the intentional, voluntary control, where behaviour is planned according to current goals and instructions is a growing area of research in the attention literature. (Styles 2006[2], 8)
> This (the global workspace hypothesis von Baars 2002 – J.G.) assumes that working memory has evolved to serve a range of functions, notably including that of providing a workspace where information from many disparate sources can be combined and used both to understand our current situation, and to plan future action. (Baddeley 2007, 302)

Die Gedächtniskapazität des KAG scheint immer dann erforderlich zu sein, wenn automatisch geregelte Abläufe für die Situationsbewältigung nicht mehr ausreichen, weshalb bewusst analysiert, gefolgert, geplant, arrangiert und auf unerwartete oder neue Ereignisse reagiert werden muss. Das gilt sowohl für das erste Arrangement einer Handlung als auch für Korrekturen der geplanten Handlung während ihres Vollzugs.[47]

---

[47] S. dazu z. B. Hoffmann 1993, 86: „Es besteht weitgehende Übereinstimmung darin, daß für die Steuerung von (geübten) Handlungen Programme existieren, die die Informationen über den Ablauf der Handlungsfolge repräsentieren. Für die Existenz der Programme sprechen zwei Arten von Beobachtungen: So ist erstens gezeigt worden, daß geübte Handlungen auch dann ausgeführt werden können, wenn die sensorischen Rückmeldungen über die Korrektheit von Teilhandlungen unterbunden oder verzerrt werden (z. B. Lashley, 1917; Taub & Bermann, 1968; Kelso, 1977; Wing, 1977). D. h., der Handlungsablauf kann rückmeldungsfrei koordiniert werden, weil er, so die Annahme, von einem gelernten Programm gesteuert wird. Zweitens ist gezeigt worden, daß vor dem Beginn einer geforderten Handlung stets eine Planungsphase liegt, die umso länger ausfällt, je komplexer die zu realisierende Handlung ist. Dies wird als Hinweis auf eine ‚Vorprogrammierung' interpretiert, in der die Parameter eines bestehenden Programms an die vorhandenen Bedingungen angepaßt werden (Klapp & Erwin, 1976; Klapp & Greim, 1979; Sheridan, 1984; Keidel, 1983, 1984; u.a.) (...)
Handlungsrepräsentationen können auch Gegenstand der Vorstellungstätigkeit sein. Eine Handlungsausführung kann etwa in der Vorstellung verlangsamt werden, die Reihenfolge von Teilhandlungen läßt sich ändern, und einzelne Handlungen lassen sich zu völlig neuen Handlungsfolgen verbinden. Solche ‚gedanklichen' Operationen an vorgestellten Handlungen führen zu Effekten, die im ‚mentalen Training' zielgerichtet genutzt werden. Es zeigt sich etwa, daß die wie-

Eine Unterform des Kurzzeitgedächtnisses, das Informationen über Sekunden bis Minuten lebendig halten kann, ist das Arbeitsgedächtnis. Es wird für das unten noch zu erwähnende „tuning", also die reine Schwellensenkung eines Sinneskanals bei selektiver Aufmerksamkeit nicht gebraucht, sondern nur dann, wenn Information für kürzere Zeit gehalten werden muß, bevor eine Entscheidung oder Denkoperation aufgerufen oder motorische Befehle etwas verspätet ausgeführt werden müssen. (Birbaumer/Schmidt 1996³, 514/515)

Was sich jeweils im KAG abspielt, ist demnach abhängig vom jeweiligen Handlungsziel und Handlungsplan, wozu auch das Ziel zählt, eine Handlung zu planen. Das gilt sowohl für die nicht bewussten automatischen Prozesse als auch für die bewussten. So spielt sich im KAG z. B. auch der automatische Vergleich zwischen dem jeweils Erreichten und dem Erwarteten ab.

Die P_{300} ist an kein Sinnessystem gebunden, sondern tritt „unspezifisch" immer dann auf, wenn eine Erwartung nicht erfüllt wird (…) Der Reiz muß vor Auftreten der P_{300} bereits als abweichend erkannt sein; die P_{300} spiegelt den postulierten Löschungsprozess eines Inhalts im KZG wieder, wenn eine Erwartung korrigiert werden musste. Wird beim Vergleich von angekommenem und gespeichertem Reizmuster (um 200 ms) festgestellt, dass die beiden Muster voneinander abweichen, wird „automatisch" der alte Inhalt gelöscht. Die P_3 ist also Korrelat dieses reflektorischen Hemmprozesses im KZG. Sie tritt vor allem zentral am Vertex und parietal auf. (Birbaumer/Schmidt 1996³, 535)

Während die Handlung die Anschlüsse von „Füllungen" der Kapazität des KAG regelt, muss die Prozesseinheit „Handlung" als die Ganzheit, von der jeweils ein Teil im KAG aktiviert wird, ihrerseits abhängig sein von der Prozesseinheit des KAG. Worin besteht diese wechselseitige Abhängigkeit?

Das KAG leistet die *sukzessive Realisierung der gesamten Prozesseinheit „Handlung"*, weil nicht nur die sequentielle Abfolge der Aktivitäten im Prozess der *Ausführung* der jeweiligen Handlung in ihm hergestellt wird, sondern auch die sequentielle Abfolge der Aktivitäten bei der *Ausarbeitung der Pläne* für die Folge von ausführenden Operationen. Selbst wenn eine Handlung komplett programmiert ist, wie z. B. das Aufheben eines Steines, die Bedienung eines Computermanuals gemäß dem Zehnfingerprogramm, die Meldung am Telefon, eine Liedstrophe, dann muss das jeweilige Programm *durch bewusste Aktivitäten im KAG ausgelöst* und die Erreichung seines Zieles kontrolliert werden. Dasselbe gilt für Planungsprozeduren.

Mit jeder Aktivierung durch das KAG aber ändert sich die Struktur der jeweiligen *gesamten* Handlung zur Struktur der *noch verbleibenden* Handlung, weil die Handlung an das Resultat der bereits vollzogenen Teilhandlung anschließen muss.

Dieser Anschluss kann plangerecht möglich sein, dann verschiebt sich die Ausgangssituation für den weiteren Ablauf der Handlung mit allen Folgen für die Konzeptualisierung des noch zu vollziehenden Handlungsverlaufs (z. B. neue Schätzungen des Zeitbedarfs, Veränderung der Motivation durch die größere Nähe des Ziels und durch das positive Resultat des bisherigen Vollzugs, Umstrukturierungen

---

derholte Vorstellung eines bestimmten Bewegungsablaufes das nachfolgende Training der Bewegungsausführung erleichtert. Die Vorstellungen führen vermutlich zur Verbindung von Repräsentationsanteilen, die auch an der Ausführung der Handlung beteiligt sind (vgl. etwa Heuer, 1985)."

des weiteren Verlaufs aufgrund des gelungenen Vollzugs etc.). Verläuft der Vollzug nicht plangerecht, dann sind die Rückwirkungen auf die weitere Abwicklung der Handlung u. U. dramatisch.

Wenn dies zutrifft, dann ist die Prozesseinheit der Handlung in doppelter Weise auf das KAG angewiesen: Sie benötigt die Aktivierung im KAG für ihre *gesamte sequentielle Aktivierung*. Ohne das KAG gäbe es überhaupt keinen tatsächlichen Handlungsprozess, keinen Verlauf des Planens, keine Rückgriffe und Antizipationen im Plan und auch keine aufeinander folgenden Stationen von Entscheidung, Entschluss und Beginn der Ausführung und natürlich auch keine Kontrolle der Ausführung.

Andererseits benötigt die Handlung dasjenige, *das jeweils im KAG stattfindet*, für ihre Ausarbeitung, wiederum nicht nur für die Ausführung, sondern auch für die Planung. Nur durch das KAG wird gemäß seiner Prozessstruktur das zugänglich, was im psychischen System für eine bestimmte Handlung zur Verfügung steht, denn das KAG enthält den jeweiligen Ausschnitt aus der gesamten verfügbaren Aktivität. Es gibt deshalb *ohne KAG keine Handlung, weder als sukzessiven Prozess noch ihren jeweiligen Bestandteilen nach*.

So sind die beiden Einheiten „Handlung" und „KAG" sowohl *komplementär* (ergänzend) füreinander als auch *zirkulär* (kreisförmig) miteinander verbunden. Was sich in ihnen abspielt, ist möglicherweise sogar strukturgleich und nur durch die Größenordnung unterschieden, weshalb dann von der *Einschachtelung von Einheiten des KAG in Handlungen* gesprochen werden kann. – Aus dem häufigen Wechsel des Umfangs der aktivierten Einheiten resultiert dann ein großer Teil der Dynamik im Fluss des Lebensvollzugs.

Ohne die *Selektionsleistung der Handlung* kann das KAG nicht prozessieren, und ohne das *Prozessieren des KAG* wird die Handlung nicht als Sequenz von Prozesseinheiten realisiert. – Die Handlung erfüllt die *Strukturierungsfunktion* für die Anschlüsse von „Füllungen" des KAG aneinander. Das KAG ermöglicht die Verknüpfung der Einheiten, die für die Handlungsstruktur ausgewählt worden sind. Insofern sind sie füreinander *komplementär*.

Wenn aber Handlung und KAG *im jeweils aktiven Teil der Handlung* miteinander verbunden sind, dann muss es *Strukturidentitäten* zwischen ihnen geben, weil sich beide Einheiten zumindest partiell überlagern. Das ist auch tatsächlich der Fall:

- *Im KAG wird aus der verfügbaren Information das, was der Handlungsplan ausgewählt hat, aktiviert. – Die Handlung hat deshalb wie das KAG Zugriffsmöglichkeit auf jede verfügbare Information im psychischen System.*
- *Wie in der Handlung aus allen Hauptfunktionskreisen des psychischen Systems eine Prozesseinheit hergestellt wird, so auch im KAG.*
- *Wie in der Handlung eine Selektion von Subfunktionen der Hauptfunktionen stattfindet, z. B. „sprechen eines Wortes" statt „schreiben eines Wortes" als Subfunktion der Hauptfunktion „Sprachmedium", ist das KAG in der Lage, die ausgewählten Subfunktionen über ihre Aktivität hinaus selektiv aktiv zu halten.*

- *Wie in der Handlung die strukturelle Einheit und Stabilität des psychischen Systems über längere Distanzen in den rasch wechselnden sukzessiven Folgen von Teilhandlungen gewahrt bleibt, so bleibt im KAG die Einheit und Kontinuität des Prozessierens des psychischen Systems von Augenblick zu Augenblick bei raschem Wechsel der „Füllungen" des KAG gewahrt.*
- *Wie die Handlung die Transformation von verfügbaren Prozesseinheiten in eine antizipierte Abfolge leistet, ermöglicht das KAG das Operieren auf einem Input (z. B. bei der Augenrast auf einem Block von wenigen Wortzeichen) mit einem spezifischen Output (z. B. bei einer Augenrast die Dekodierung der Wortzeichen oder eine Rekodierung von Wortbedeutungen).*
- *Wie das Ende der Handlung einen Output besitzt in Gestalt des Vollzugs der angestrebten Aktivität, so besitzt jede Aktivität im KAG einen Output, an den z. B. so angeschlossen werden kann, dass er zum Input für einen nächsten Verarbeitungsschritt wird (z. B. ein erstes Verständnis von Wortsinn aus einer Augenrast als Input für eine weitere Rekodierung, d. h. einer „tieferen" Verarbeitung der Semantik eines Wortsinns, ehe nach einem Augensprung ein neuer Block von Wörtern zum Input wird).*
- *Dass die Handlung abhängig ist von der hierarchischen und parallelen Organisation der verfügbaren Information, gilt in derselben Weise für das KAG.*
- *Wie die Handlung eine formale Prozessstruktur ist für die lebenslang entweder nur geplanten oder auch realisierten unterschiedlichen Handlungen, ist das KAG eine formale Prozessstruktur für die Aktivierung der sequentiell aufeinanderfolgenden Aktivitäten des Handelns.*
- *Beide stellen zusammen den Unterschied zwischen den verfügbaren, aber nicht aktivierten Informationen des jeweiligen Systems und den im Moment aktivierten Informationen her. Deshalb müssen sie mit dem Mechanismus für aktivieren und für hemmen verbunden sein.*
- *Beide vermitteln zusammen zwischen der Struktur des Gesamtsystems und seinem Prozessieren.*

Wie sich die Zusammenarbeit des Prozessors der Informationsverarbeitung mit dem System, das die Handlung organisiert, im Einzelnen abspielt, bedarf noch der Klärung. Soviel ist aber gewiss, dass sie nur zusammen die operationale Geschlossenheit des neuropsychischen Systems und die kontinuierliche Stabilität seines Prozessierens gewährleisten. Der frontale Kortex wird der neuronale Ort für diese Zusammenarbeit sein. – Sie sind nicht abhängig von einem hierarchisch übergeordneten internen Prozessor, und erst recht hat kein Prozessor außerhalb des ZNS auf sie Einfluss.

Trotz des dynamischen und oft dramatischen Wechsels der von ihnen prozessierten Informationen bzw. Prozesseinheiten bleibt der Kreislauf ihres Prozessierens stabil und wird er nicht unterbrochen, selbst nicht in den Träumen während des Schlafes und sicher auch nicht im traumlosen Schlaf, obwohl er dort nicht bewusstseinsfähig ist. Wenn dieser Kreislauf zusammenbricht, dann ist das psychische System tot, wie das organische System aufhört zu existieren, wenn der Blutkreislauf aufhört. – Dieses

Verhältnis zwischen dem Prozessor der Informationsverarbeitung und der Handlung kann noch weiter aufgeklärt werden.

4. Die Kooperation des KAG mit Aufmerksamkeit, Interesse und Intentionalität

Während das Phänomen des kurzzeitigen Gedächtnisses zuerst als einzelnes Phänomen in reinen Recall-Aufgaben für eine Sequenz von Items entdeckt worden ist (z. B. für sinnlose Silben von Ebbinghaus schon 1885), hat sich inzwischen erwiesen, dass es mit anderen Systemen interagiert. Dazu haben insbesondere die vielen Variationen des dual-task-design's beigetragen, weil durch sie die Einflüsse unterschiedlicher *Instruktionen bzw. Ziele* und unterschiedlicher *Ausrichtungen der Aufmerksamkeit durch Schlüsselreize, verbale Instruktionen, Distraktoren und Verschränkungen der Recall-Aufgabe mit unterschiedlichen anderen Aufgaben* in den Blick gekommen sind.

Ich wende mich jetzt zuerst dem Verhältnis zwischen dem Interesse, d. h. der Selektion durch das *Wertungssystem*, und dem KAG und dann dem Verhältnis zwischen der *Aufmerksamkeit*, d. h. dem Aktivierungssystem, und dem KAG zu.

Die selektive Funktion des KAG ist abhängig vom Handlungsplan und damit vom Interesse an etwas

Das KAG wird „für die Ausführung von Plänen gebraucht" (Miller/Galanter/-Pribram 1973, 66). Sowohl die Retrospektive als auch die Prospektive erfordern dieses Gedächtnis, weil kontingente Sachverhalte, die zu unterschiedlichen Zeitpunkten bewusst werden, miteinander verbunden werden müssen.

> Whereas the content of short-term memory is mainly sensory, that of set is mainly motor. Whereas working memory can be construed as attention directed to an internal representation, set is attention directed to a prospective action (…) They complement each other and help mediate cross-temporal contingencies (…) Both are temporal synthesizing functions of the prefrontal cortex. (Fuster 1997[3], 232).

Über die Notwendigkeit eines kurzzeitigen Gedächtnisses für den gesamten Vollzug der Handlung besteht wahrscheinlich ein allgemeiner Konsens, weil die sequentielle Organisation von Aktivitäten für die Bildung der Einheit einer Handlung zwingend die *Überbrückung der Zeitdifferenz zwischen Ereignissen* erfordert. Das kann in der Selbstreflexion jederzeit überprüft werden.

Problematisch aber ist, wie das Verhältnis zwischen Handlung und KAG tatsächlich beschaffen ist und vor allem, wie es realisiert ist. Was besagt es, dass das KAG für die Handlung „gebraucht" wird oder dass es "temporal synthesizing functions" ausübt? Es ist nicht unmittelbar einsichtig, wie Handlung und KAG zusammenhängen.

Eine Antwort auf diese Fragen könnte lauten: Handlungsziele für kurze und automatisierte Handlungen sowie komplexe Handlungspläne für umfangreichere Handlungen aus Teilzielen oder sogar aus Teiloperationen *schreiben vor, was im KAG aktiviert werden muss, wenn die Ziele bzw. Pläne realisiert werden sollen.* Sie sind ihrerseits ausgewählte kognitive Schemata für die Auslösung einer bestimmten Abfolge von Aktivitäten. Damit ist durch sie schon die Selektion derjenigen Aktivitäten projektiert, die vollzogen werden sollen. Die Aktivierung dieser Aktivitäten und auch ihr dafür erforderliches Behalten werden durch die Aufmerksamkeit ausgelöst. Dasselbe geschieht schon bei der Planung, allerdings nur in der Vorstellung.

Wenn sich das erweisen lässt, dann gibt es keine direkte Abhängigkeit des KAG von der Handlung, sondern eine *indirekte über die Aufmerksamkeit*. Das scheint dem Eindruck zu entsprechen, den Styles von der Sach- und Forschungslage hat.

> Memory and attention are also closely interwoven when planing and monitoring day-to-day-activities (…) Attention in the control of action is an example of another kind of attention, driven by goals, or what we intend to do. The question of the intentional, voluntary control, where behaviour is planned according to current goals and instructions is a growing area of research in the attention literature. (Styles 2006[2], 8)

Danach wäre das KAG ein System, das sowohl mit seinem jeweiligen Inhalt als auch mit seiner Gedächtnisleistung abhängig ist von der *Wertung* in der Form des Auswahlprozesses einer Handlung, von den ausgewählten *spezifischen Aktivitäten* und von der *Aufmerksamkeit*. Es würde konstituiert durch die Potentiale der drei anderen Systeme des Prozessors. Das wäre auch eine Erklärung dafür, dass zwar die Funktion des KAGs erstaunlich genau erkannt werden kann, dass aber seine Aktivität sich nur geringfügig von der Aktivität der anderen Teilsysteme unterscheiden lässt.

Wieweit sich diese Annahme erhärten lässt, kann nur geprüft werden, wenn alle Beziehungen des KAG zu diesen Teilsystemen in den Blick gefasst werden.

Die Gedächtnisfunktion des KAG ist abhängig von der Aufmerksamkeit und vom Interesse

Dass das kurzzeitige Gedächtnis und die Aufmerksamkeit in einem engen Zusammenhang stehen müssen, ist schon in der introspektiven Reflexion zu erkennen, weil sie immer nur zusammen auftreten.

Es bedurfte deshalb intensiver experimenteller Forschung, ehe man etwas über die Art und Weise, wie sie genau zusammenhängen, ermitteln konnte. Conway/Jarrold/Kane/Miyake/Towse (2007) haben einen umfangreichen Rückblick auf diese Forschungen für den Zweck vorgenommen, die individuelle Varianz der Kapazität des KAG zu erforschen. Sie nehmen an, dass das KAG die doppelte Funktion hat, *gleichzeitig zielrelevante Information aufrecht zu erhalten und sie zu verarbeiten* ("simultaneously maintain and process goalrelevant information").

Das KAG ist danach einerseits *abhängig* von einem Auswahlkriterium für Information ("goalrelevant") und *dient* seinerseits ("serve") der Ausübung vieler wichtiger kognitiver Funktionen oder führt sie sogar selbst aus ("carries out"). Wie sieht aber diese Abhängigkeit von Zielen und diese Dienstleistung für kognitive Funktionen aus?

> The ability to mentally maintain information in an active and readily accessible state, while concurrently and selectivily processing new information, is one of the greatest accomplishments of the human mind; it makes possible planning, reasoning, problem solving, reading, and abstraction (…) *Working memory* (WM) is the term that cognitive psychologists use to describe the ability to simultaneously maintain and process goalrelevant information. As the name implies, the WM concept reflects fundamentally a

form of memory, but it is more than memory, for it is memory *at work,* in the service of complex cognition. As well, WM is a system with multiple components, or a collection of interrelated processes, that carries out several important cognitive functions. Most WM theories argue that the system comprises mechanisms devoted to storage of information and mechanisms for cognitive control (see Miyake & Shah, 1999a). These mechanisms of active maintenance and executive control are thought to be involved in most complex cognitive behaviors and so WM has become a central construct in psychology. (Conway/-Jarrold/Kane/Miyake/Towse 2007, 3)

Ein Beitrag in diesem Band von Conway et al. befasst sich ausdrücklich mit der "synergy of 'attentional' and 'memorial' processes" ("synergy" Funk &Wagnalls: "combined and correlated force, united action"). Dieses Untersuchungsziel im-pliziert bereits, dass es sich bei beiden um *Prozesse* handelt und dass deshalb ihr Verhältnis zueinander nur ein Verhältnis zwischen *Energien* (Potentialen) sein kann, „die für den Zusammenhalt und die gemeinsame Erfüllung von Aufgaben zur Verfügung stehen" („Synergie" Duden). Es geht ihnen deshalb nur noch um die genauere Bestimmung dieser bereits postulierten Synergie.

> Our approach to understanding WMC (working memory capacity – J.G.) and its variation emphasizes the synergy of "attentional" and "memorial" processes in maintaining and recovering access to information that is relevant to ongoing tasks and in blocking access to task-irrelevant information (Engle & Kane 2004; Engle, Kane & Tuholski, 1999; Kane & Engle, 2002; Kane, Hambrick & Convay, 2005) (Kane/Conway/Hambrick/-Engle 2007, 22)

Das KAG steht damit in Beziehung zu einem *selektiven Kriterium* ("relevant to ongoing tasks"), der *Aufmerksamkeit* und den *kognitiven Funktionen.* Diese Beziehungen sind von diesen Forschern durch komplexe Aufgaben im dual-task-design für die Spanne des KAG untersucht worden.[48] Diese Aufgaben sind ein

---

[48] Kane/Conway/Hambrick/Engle 2007, 23f.: "Our perspective is closely tied to the complex span-tasks we have used to measure WMC, which show good reliability by internal-consistency and test-retest measures (e.g. Klein & Fiss, 1999, Turner & Engle, 1989) (…) These WM span tasks present subjects with the traditional memory span demand to immediately recall short lists of un-related stimuli. Additionally, and critically WM span tasks challenge memory maintenance by presenting a secondary processing task in alternative with each memory item. Reading span (Danman & Carpenter, 1980) for example, requires subjects to react series of sentences for com-prehension and then recall the sentence-ending words from the series (or sometimes, to recall an isolated word of letter that followed each sentence) (…)
Instead, we think that WM span tasks are reasonably good measures for a domain-general atten-tional capability that is involved in the control of behavior and thought and is important to many cognitive abilities. Thus WM span tasks are generally better measures of the executive attention construct than STM span tasks (see Kane et al. 2005).
Working memory span tasks tap into executive attention by requiring subjects to maintain, or re-cover access to target information under proactive interference from prior trials (e.g. Lustig, May & Hasher, 2001), while that access or retrieval is challenged by intermittently shifting attentional focus between the memory and secondary processing tasks (e.g., Barrouillet, Bernadin, & Camos, 2004; Hitch, Towse, & Hutton, 2001). That is, interference encourages subjcts to rely on sustained, active access to the memoranda, rather than on LTM retrieval, but subjects cannot eas-ily maintain that access because the processing task prevents them from keeping target items in

besseres Maß für die Kapazität des KAG als reine recall-Aufgaben für die Kapazität des KZG, weil es in diesen Aufgaben nur um Behaltensprozesse und nicht um die Verarbeitung von Information geht. Sie haben für die Gedächtnisfunktion des KAG, d. h. für das Kurzzeitgedächtnis, die folgenden Resultate erzielt.

> We view STM as a metaphorical "store" represented by LTM traces activated above threshold. These traces may be maintained in the limited focus of attention (conscious awareness) or kept active and accessible through domain-specific rehearsal and coding processes (e.g. inner speech, chunking imagery). Domain-general executive attention processes may also be engaged to sustain activation of information beyond attentional focus, or to retrieve no-longer active information from outside of conscious focus. These executive processes will be particularly useful when rehearsal or coding routines are relatively unpractised or not useful in a particular context (e.g., with novel visuospatial materials, or in dual-task situations). These same executive attention mechanisms may also be deployed to block or inhibit goal-irrelevant representations or responses elicited by the environment.
>
> We propose that the extent in which executive attention is engaged by a task, for maintenance, retrieval, or for blocking, is critically determined by the degree of interference or conflict presented by the context (…) Thus, when we use the term working memory capacity, we refer to the attentional processes that allow for goal-directed behaviour by maintaining relevant information in an active, easily accessible state outside of conscious focus, or to retrieve that information from inactive memory, under conditions of interference, distraction, or conflict. (Kane/Conway/Hambrick/Engle 2007, 22f.)

Hieraus geht hervor:

- *Das Kurzzeitgedächtnis aktiviert Teile des Langzeitgedächtnisses ("above the threshold") und kann deshalb nur metaphorisch als Speicher bezeichnet werden.*
- *Die Aktivierung erfolgt entweder durch das bewusste Gewahrwerden im Fokus der Aufmerksamkeit oder durch domänspezifische Rehearsal- und Kodierungsprozesse, wie z. B. inneres Sprechen und die Bildung von Chunks im Bildmedium.*
- *Durch die generelle (nicht domänspezifische) Aufmerksamkeit werden aber auch Informationen jenseits des bewussten Fokus der Aufmerksamkeit aufrechterhalten oder ins Gedächtnis zurückgerufen.*
- *Die Aktivität der generellen Aufmerksamkeit wird dann eingesetzt, wenn die Rehearsal- und Kodierungsprozesse nicht ausreichen, weil sie noch zu wenig praktiziert, d. h. geübt, sind oder wenn der Kontext der jeweiligen Situation dies erfordert (neue Informationen, Interferenzen oder Konflikte).*
- *Die Hemmung der nicht zielrelevanten Aktivitäten wird durch denselben Mechanismus der Aufmerksamkeit geleistet wie die Aktivierung der zielrelevanten.*

Hiernach werden die Aktierung im KAG und die Hemmung aller anderen Aktivitäten nicht durch das KAG geleistet, sondern *durch die domänspezifische und die generelle Aufmerksamkeit* oder *durch Routinen des Rehearsals und der Kodierung.*

---

the focus of attention (the processing task also limits use of rehearsal or chunking strategies). Executive processes thus help maintain or recover access to the target items in the absence of focal attention and effective rehearsal procedures."

Das impliziert die *Abhängigkeit der Gedächtnisfunktion des KAG* von anderen erregenden Aktivitäten, und zwar nicht nur von der Aufmerksamkeit, sondern auch von den Operationen der Wiederholung und der Kodierung.

Das lässt sich zwar mit der bisherigen Darstellung der Aufmerksamkeit vereinbaren. – Es bleibt aber unbestimmt, wie die Aktivierung des KAG durch die Aufmerksamkeit zustande kommt und in welchem Verhältnis die verschiedenen erregenden Aktivitäten, die zur Gedächtnisfunktion des KAG führen, zueinander stehen.

Die Gedächtnisfunktion des KAG ist außerdem noch indirekt abhängig vom Interesse, weil die Aufmerksamkeit von diesem abhängig ist. Wenn nämlich starke negative oder positive Emotionen auftreten, dann wird das aktuelle Prozessieren im KAG unterbrochen, weil sich das *Interesse* auf diese Emotionen richtet. Dadurch wird das momentan höchste Wertgewicht auf sie verschoben. Dem folgt die *Aufmerksamkeit*, was dann zu einer neuen Füllung der Kapazität des KAG führt.

> Our review of the effects of danger and elation, of anxiety and craving, suggest that they all appear to be able to disrupt working memory. While the mechanism is likely to differ in detail, in each case, the effect seems to be attentionally based. Cues that may on occasion be pre-attentively detected lead to elaborated thought patterns, and hence reduce the processing capacity of working memory. (Baddeley 2007, 275)
>
> Fear, craving and depression all disrupt working memory in ways that support the claim by Damasio and LeDoux that the transformation of physiological emotional stimuli into psychological feelings is mediated by working memory. In the case of fear and craving, the disruption occurs because implicit emotional cues lead to explicid elaboration, a process that involves both the storage and the executive components of working memory. (Baddeley 2007, 300)

Die Aktivierung von spezifischen Intentionen ist abhängig vom KAG, von der Aufmerksamkeit und vom Interesse

Die Kapazität des KAG ist ihrerseits die Bedingung dafür, dass *Unterscheidungen und Verbindungen durch spezifische Operationen* hergestellt werden können. Was nicht im KAG aktiviert ist, kann auch nicht miteinander verbunden werden. Dafür spricht z. B., dass Tests des KAG in hohem Maße mit Tests korrelieren, in denen es um Urteilen und Folgern geht.

> Working memory capacity, in turn, is the best single predictor of reasoning ability, explaining at least half of the systematic variance in tests of reasoning or fluid intelligence. This relationship seems to exist on a high level of generality (…) We hypothesize that this factor is the limited ability of our nervous system to establish multiple temporary bindings at the same time, thereby enabling the construction of new relational representations. The construction of new relational representations is a requirement shared by most tasks commonly used in established reasoning tests and in experiments on reasoning. (Oberauer/Süß/Wilhelm/Sander 207, 69)
>
> Our view is that WM span tasks are complex and determined by many general and domainspecific processes, skills, and strategies. However, variation in WMC, as measured by individual differences in WM span, reflects primarily executive attention capabilities. These executive activates are general and important to a range of intellectual functions, from controlling inappropriate actions, to learning and recalling information amidst competing memories, to solving complex verbal and nonverbal problems (…) "STM" is

represented by graded activation of LTM traces (with "focal attention" representing the limited, conscious portion of activated LTM), along with routinized and executive processes that maintain activation (...) These ideas resonate with our claims regarding WMC, particularly that executive processes maintain or recover access to "apprehended " representations of goals, response productions and stimuli in the absence of focal attention or skilled rehearsal routines, and in the presence of interference of conflict. (Kane/Conway/Hambrick/Engle 2007, 39)

Die Bewusstheit ist beschränkt auf die Kapazität des KAG

Bewusst sind nur Inhalte im KAG, nicht aber im LZG, weshalb das KAG konstitutiv für das Bewusstsein von etwas, d. h. für Intentionalität, ist. Da aber das KAG abhängig ist von Aufmerksamkeit und Interesse, ist Bewusstsein auch von ihnen abhängig. Bewusstsein scheint deshalb kein eigenständiges System zu sein, sondern ein *Effekt des gesamten zentralen Prozessors*. Daraus resultiert die Zirkelhaftigkeit der Zuschreibungen des Bewusstseins zu den einzelnen Komponenten des Prozessors.

Die Produktion von Bewusstsein ist eine Eigenschaft des Kurzzeitgedächtnisses (KZG, engl. STM, short term memory), während Prozesse im Langzeitgedächtnis in der Regel nicht bewußt sind; LZG-Inhalte werden erst bei Übertragung in ein KZG- oder Arbeitsgedächtnis bewußt. (Birbaumer/Schmidt 1996[3], 513)

However, as has become increasingly obvious over the years, conscious awareness appears closely related to executive control, and hence to the operation of working memory. (Baddeley 2007, 302)

We usually say we are conscious of what we are attending to. What we are attending to is currently in short-term or working memory. What is in short-term memory is what we are consciously thinking about at that moment in time. Here, I hope you see the problems of definition, if we are not careful we find ourselves ensnared in circularity. (Styles 2006[2], 8)

Das Handeln ist abhängig vom KAG

Das KAG ist die Bedingung für die Bereitstellung von erinnerter Information für zukünftige Aktionen, für den Entschluss oder die motorische Aktion und für die Hemmung aller anderen Aktionen. – Damit ist die gesamte Organisation der Handlung, d. h. ihr Arrangement in der Zeit, nur möglich, weil das KAG es erlaubt, dass die dafür erforderlichen Verbindungen hergestellt werden.

The temporal integrative functions of the prefrontal cortex are fundamentally three:
1. Active *short-term memory* or working memory. This function is the provisional retention of information for prospective action. Its content may be sensory or motor, and may consist in the ad hoc temporary activation of an old memory. This kind of short-term memory, or state of memory, is mainly a function of the action domains of the dorsolateral prefrontal cortex. It is maintained active in neural networks by reverberation through re-entrant circuits.
2. *Set* or motor attention. It consists in the selection of particular motor acts and the preparation of the sensory and motor systems for them. The selection is made among items of an established repertoire of motor memory. This function is essential for the execution of plans (temporally extended set), and also based in the dorsolateral prefrontal cortex, though probably under influence from the anterior medial cortex.

3. *Inhibitory control.* This function protects behavioural structures from external or internal interference. An important source of interference are sensory and motor memories that are similar to those in current action but inappropriate to it. By suppressing distraction, this function serves the exclusionary role of attention. Inhibitory control is based primarily in the orbitomedial prefrontal cortex and excerted on a variety of cortical and subcortical regions.

To sum up, in this chapter I have outlined a cardinal function of the prefrontal cortex in the temporal organization of behaviour supported by three subordinate functions: short-term memory, set, and inhibitory control. They allowed the orderly and purposive execution of novel behaviour structures toward a goal; in other words, they secure the "syntax" of new action (literally in the case of speech). The model outlined is in harmony with cognitive and networks models of prefrontal function and dysfunction discussed at the end of the chapter. (Fuster 1997[3], 252)

It is reasonable to infer that working memory is sustained in cortical networks by reverberating activity within those networks, in which prefrontal neurons take part *if* the memory is to be used for the integration of prospective action. (Fuster 1997[3], 232)

Die Gedächtnisfunktion des KAG ist abhängig von einem allgemeinen Mechanismus des Behaltens

Es spricht viel dafür, dass die Gedächtnisfunktion des KAG nicht von diesem selbst ausgeübt wird, sondern dass sie dadurch zustandekommt, dass die *Aufmerksamkeit* oder *explizite Wiederholungen* den *allgemeinen Mechanismus des Behaltens in den neuronalen Netzwerken* in einem solchen Maß anregt, dass das Phänomen des KAG zustandekommt. Dann könnte das KAG eine *Kurzform der Gedächtnisfunktion des sogenannten Long Term Memory (LTM)* sein, das bis zu einigen Stunden anhalten kann, sich aber klar vom Langzeitgedächtnis unterscheidet, das erst bei der Erreichung eines Schwellenwertes des LTM ausgelöst wird. Das entspricht diesen beiden Gedächtnisformen darin, dass sie nur durch Aktivität zustandekommen, dass sie nur die künftige Aktivierung erleichtern und dass das STM nur durch die Koaktivität zustandekommt.

> Moreover, like many cognitive psychologists, we retain a conceptual distinction between immediate memory and LTM, regarding the former as an activated portion of the latter (…) memory is an activity, not a thing, and remembering over the "short term" and "long term" is identical, despite the phenomenological and folk-psychological distinction. (…) Indeed, our research relies heavily on the activation metaphor to describe the heightened accessibility of information, resulting from rehearsal or executive attention processes, which contributes to various complex cognitive tasks. (Kane/Conway/Ham-brick/Engle 2007, 40)

Nach all diesen Befunden und Annahmen ist die Aktivität des KAG ein *Produkt aus Potentialen* der neuropsychischen Systeme des *Interesses*, der *Aufmerksamkeit*, der *Intentionalität* und auch des allgemeinen *Gedächtnissystems*.

VI. Die Kooperation zwischen Aufmerksamkeit, Interesse, Intentionalität und KAG ergibt die Funktion des Prozessors der menschlichen Informationsverarbeitung

Nachdem die Aufmerksamkeit, das Interesse, die (spezifische) Intentionalität und das KAG als einzelne Einheiten beschrieben worden sind, soll jetzt ihre *Kooperation* beschrieben werden, was ja das Ziel dieser Untersuchung ist. Da von jeder dieser Komponenten aus auch schon Beziehungen zu den anderen Komponenten in den Blick gekommen sind, hat dieses Kapitel die Aufgabe einer Synopse und einer ausdrücklichen Thematisierung dieser Beziehungen.

Der Prozessor wird sich als ein „operatives System" erweisen. Dies besagt, dass wir es bei ihm immer nur mit *Prozessen* zu tun haben, dass diese Prozesse *neuronal die Form der Übertragung von Aktionspotentialen von einem neuronalen Netzwerk zu anderen* und *psychisch die Form von Operationen mit bestimmten Funktionen* haben und dass diese Operationen zusammen ein *geordnetes System* ergeben mit bestimmten Inputs und Outputs sowohl der Teilsysteme als auch des gesamten Systems des Prozessors. Durch seine Inputs und Outputs ist dieses System *informationell offen*. Im Hinblick auf sein Prozessieren ist es aber *operativ geschlossen*.

Die gegenwärtige Forschungslage scheint es noch nicht zu erlauben, den Prozessor der Informationsverarbeitung lückenlos zu beschreiben. Darin stimmen alle von mir befragten Darstellungen jüngeren und jüngsten Datums überein. – Es scheint mir aber trotzdem schon möglich zu sein, ein Bild von diesem Zusammenhang zu zeichnen, für das viele Befunde und Annahmen angeführt werden können. In einigen Punkten geht meine Synopse auch über bereits vorliegende Modellierungen einer solchen zentralen Einheit hinaus. – Nicht alle angeführten Annahmen passen aber in dieses Bild.

1. Die Existenz eines zentralen Prozessors für die Verarbeitung von automatisch generierter Information

In diesem Abschnitt geht es um Befunde und Annahmen, die dafür sprechen, dass eine *eigenständige neuropsychische Einheit* nachgewiesen werden kann, die die Funktion eines *zentralen Prozessors* besitzt, die durch die Kooperation zwischen dem Interesse, der Aufmerksamkeit, der spezifischen Intentionalität und dem KAG zustandekommt.

Der Prozessor der Informationsverarbeitung operiert auf automatisch generierter spezifischer Information

Es gibt inzwischen einen sehr weit gehenden Konsens darüber, dass die *Grundlast* der für den Lebensvollzug erforderlichen Prozesse für die Erzeugung von Information *automatisch*, d. h. unbewusst und selbstgeregelt, bewältigt wird und dass bewusste und willkürlich geregelte Aktivitäten nur *auf solchen automatischen Aktivitäten operieren*.

Libet hat den *Übergang von unbewussten zu bewussten Aktivitäten* ausdrücklich zum Gegenstand von Untersuchungen gemacht. Er hatte die ungewöhnliche Gelegenheit, seine Untersuchungen am offenen Gehirn von Patienten während chirurgischer Eingriffe machen zu können. Dabei stimulierte er „die aufsteigende sensorische Bahn im Thalamus unterhalb des sensorischen Kortex" (Libet 2005, 136) mit elektrischen Impulsen und ließ die Patienten, die nicht narkotisiert waren, reagieren, ob sie einen sensorischen Reiz erhalten hatten oder nicht.[49] Diese Experimente führten zu folgendem Resultat:

> Unsere Daten wiesen darauf hin, dass eine beträchtliche Dauer von neuronaler Aktivität (500 ms) nötig ist, um das Bewusstsein des sensorischen Ereignisses auszulösen. Diese Verzögerung stellt eine einfache und hinreichende physiologische Gelegenheit dar,

---

[49] Libet 2005, 136 f.: „Die tatsächliche *Dauer* jeder Folge von 72 Impulsen pro Sekunde war für jeden Testdurchgang verschieden und reichte in unsystematischer Ordnung von 0 (kein Reiz) bis etwa 750 ms (also von 0 Impulsen bis zu 55 Impulsen bei dieser Versuchsanordnung). Eine Dauer der Folge von 500 ms würde hier 36 Impulse enthalten.

Die Versuchsperson saß vor einer Tafel (an anderer Stelle „Kiste") mit zwei Knöpfen, von denen jeder kurz zum Leuchten gebracht werden konnte. Bei jedem Versuch wurde das Licht Nr.1 (L_1) eine Sekunde lang zum Leuchten gebracht; und eine Sekunde später wurde L_2 eine Sekunde zum Leuchten gebracht. Der Reiz auf den sensorischen Thalamus wurde mit zufälliger Variation entweder während der Zeit verabreicht, zu der L_1 leuchtete, oder während des Leuchtens von L_2.

Die Aufgabe der Versuchsperson bestand darin, anzugeben, in welcher der beiden Leuchtperioden, L_1 oder L_2, der Reiz verabreicht wurde. Sie sollte diese Entscheidung fällen, auch wenn sie sich keiner Empfindung beim Test bewusst war. Mit anderen Worten, sie wurde gezwungen, eine Wahl zu treffen. Sie zeigte ihre Wahl dadurch an, dass sie den L_1- oder L_2- Knopf drückte. Dann drückte sie andere Knöpfe, um das Niveau ihres Bewusstsein des Reizes zu berichten: Knopf #$_1$, wenn sie ihn auch nur schwach spürte; #$_2$, wenn sie nicht sicher war, ob sie ihn spürte oder etwas anderes während des Leuchtens des Knopfes; #$_3$, wenn sie gar nichts spürte und bei der Wahl von L_1 oder L_2 nur raten konnte."

Libet 2005, 137 f.: „(1) Bei Versuchen, in denen kein Reiz während L_1 oder L_2 verabreicht wurde (0 Impulse) lagen die Reaktionen in der Tat sehr nahe bei 50% richtigen Antworten, wie man es erwarten würde, wenn ausschließlich der Zufall eine Rolle spielt. (2) Bei allen Versuchen, bei denen ein Reiz verabreicht wurde, die Versuchspersonen sich aber keiner Empfindung bewusst waren und rieten, lagen die richtigen Antworten bei weit mehr als 50%. Das galt sogar für kurze Reizfolgen von 15-150 ms (1 bis 10 Impulse). Bei längeren Reizfolgen von 150-260 ms und einer ratenden Versuchsperson lagen die Versuchspersonen in 75% der Fälle richtig usw. Die Versuchspersonen detektierten also häufig den Reiz und gaben die richtige Antwort ohne ein Bewusstsein irgendeiner Wirkung des Reizes.

(3) Durch statistische Analyse bestimmten wir den Unterschied in der Reizdauer zwischen Bedingung A (richtige Reaktionen durch Raten und kein Bewusstsein) und Bedingung B (richtige Reaktionen und minimale Anzeichen von ungewissem Bewusstsein). In beiden Gruppen, A und B, waren alle Antworten korrekt. Der Unterschied lag in der Kein-Bewusstsein-Bedingung in A im Gegensatz zu einem minimalen Bewusstsein des Reizes in B. Wir fanden, dass der Übergang von Bedingung A (richtige Antworten, aber kein Bewusstsein) zu Bedingung B (richtige Antworten und minimales Bewusstsein) eine zusätzliche Reizdauer von fast 400 ms erforderte. Mit anderen Worten, die bloße Hinzufügung von Bewusstsein zu einer korrekten Detektion erforderte einen Zuwachs der Reizdauer von fast 400 ms für die wiederholte Folge von Reizen. Dieses Ergebnis war genau so, wie es die Time-on-Theorie vorhergesagt hat."

während der unbewusste Gehirnmuster den Inhalt des Erlebnisses verändern können, bevor er bewusst wird! (Libet 2005, 157)

Dieser Übergang von der unbewussten zur bewussten Informationsverarbeitung besteht möglicherweise aus der *Aktivierung des Prozessors der Informationsverarbeitung*. Es würde dann etwa 500 ms dauern bis *der Regelkreis des Prozessors stabilisiert ist* und seine Funktion erfüllen kann. Libet nimmt an, dass die Aufmerksamkeit an diesem Übergang beteiligt ist, indem sie *die Dauer der Aktivierung bestimmter automatisch erfasster sensorischer Stimuli verlängert*, was für eine Abhängigkeit des KAG von der Aufmerksamkeit spricht. Er ist allerdings sehr vorsichtig mit Annahmen über den Gesamtprozess, der zu *bewusster* sensorischer Information führt.

Man könnte fragen, was eine bestimmte Dauer gerade für Bewusstsein hinreichend macht (…) Darauf haben wir keine vollständige Antwort. Es gibt jedoch gute Gründe für die Annahme, dass das Richten der Aufmerksamkeit auf ein bestimmtes sensorisches Signal ein wirksamer Faktor dafür ist, die sensorische Reaktion zu einer bewussten zu machen. Wir wissen noch nicht, welcher Mechanismus im Gehirn »entscheidet«, dass die Aufmerksamkeit auf ein Signal und nicht auf ein anderes konzentriert werden soll. Es gibt jedoch Belege dafür, dass der Aufmerksamkeitsmechanismus einige Areale der Hirnrinde zum »Aufleuchten« veranlassen oder aktivieren könnte; eine solche Zunahme des Erregbarkeitsniveaus dieser Gebiete könnte die Verlängerung der Dauer ihrer neuronalen Reaktionen erleichtern, um die für Bewusstsein notwendige Dauer zu erreichen.

Wir wissen nicht genau, welche neuronalen Aktivitäten für ein bewusstes oder unbewusstes geistiges Ereignis »angemessen« sind. Mein Argument ist jedoch, dass die Dauer dieser Aktivitäten ein kritischer Faktor bei der Bestimmung des Unterschieds zwischen den beiden Arten von geistigen Ereignissen sein könnte, was auch immer die geeigneten neuronalen Aktivitäten sein mögen. (Libet 2005, 135)

Wir schlagen also vor, dass die große Mehrheit sensorischer Inputs unbewusst bleibt, weil sie keine hinreichend lange Dauer von geeigneten Aktivitäten von Gehirnzellen entwickeln. Möglicherweise ist es der Mechanismus der Aufmerksamkeit, der einer bestimmten ausgewählten Reaktion gestattet, lange genug zu dauern, um Bewusstsein auszulösen; aber Aufmerksamkeit selbst ist anscheinend kein hinreichender Mechanismus für Bewusstsein. Somit könnte die Time-on-Bedingung für Bewusstsein einen Teil des Mechanismus für die Abschirmung von sensorischen Inputs, die nicht bewusst werden, darstellen. (Libet 2005,150f.)

Libet zieht aus seinem Befund noch einige Folgerungen, die für die Annahme interessant sind, dass der Übergang von unbewusster zu bewusster Information der Prozess ist, in dem der Prozessor der Informationsverarbeitung funktionsbereit wird, in etwa vergleichbar mit dem Prozess und mit der Zeit, die ein Anlasser für das Erreichen der Funktionstüchtigkeit eines Motors benötigt:

- *Die von Libet gemessene Zeitdifferenz tritt bei Bewusstseinsinhalten jeder Art auf. – Eine solche generelle, alle Funktionen und Informationen übergreifende Funktionalität wird auch der Aufmerksamkeit, dem Interesse, der Intentionalität im Sinne der generellen Form der Generierung von spezifischer Information und dem KAG, kurz: allen Komponenten des Prozessors, zugesprochen.*

Die Resultate zeigten, dass Bewusstsein ein *Phänomen ist, das unabhängig vom Inhalt ist*. Beim selben Inhalt (richtiger Bericht über die Gegenwart eines Reizes) war eine Zunahme von 400 ms der Reizdauer nötig, um der Reaktion ein minimales Bewusstsein hinzuzufügen. Diese einzigartige Bedingung für Bewusstsein *an sich* macht es zu einer Funktion, die sich von anderen Hirnfunktionen unterscheidet. (Libet 2005, 138)

- *Diese Universalität der „Hinzufügung" auch nur eines minimalen Bewusstseins zu einem schon vorher registrierten Reiz sieht er als einen „direkten Beleg für eine Form der »unterschwelligen Wahrnehmung «" an (Libet 2005, 138) und führt experimentelle Befunde für Beispiele an, die die Vermutung stützen: „Vielleicht beginnen alle bewussten geistigen Ereignisse in Wirklichkeit unbewusst, bevor überhaupt ein Bewusstsein erscheint." (Libet 2005, 141). – Danach gehen unbewusste automatische Prozesse den bewussten willkürlichen voraus und entwickeln sich diese aus jenen.*

Wenn ein unterschwelliger Reiz als ein solcher definiert wird, dessen sich die Person nicht bewusst ist, gibt es eindeutig eine Möglichkeit für die unbewusste Detektion dieses unterschwelligen Reizes. (Libet 2005, 153)

Der Gebrauch der Stimme, das Sprechen und Schreiben fallen unter dieselbe Kategorie, d. h. sie werden wahrscheinlich alle unbewusst eingeleitet. (Libet 2005, 141)

Das Spielen von Musikinstrumenten, wie etwa Klavier oder Geige, oder das Singen beinhalten notwendig ebenfalls einen ähnlichen *unbewussten* Vollzug von Handlungen. (Libet 2005, 143)

Alle schnellen motorischen Verhaltensreaktionen auf ein sensorisches Signal werden unbewusst vollzogen. Diese Reaktionen können innerhalb von 100-200 ms nach dem Signal vollzogen werden, weit bevor man ein Bewusstsein des Signals erwarten könnte. (Libet 2005, 144)

- *Die unbewussten automatisierten Prozesse laufen schneller ab als die bewussten. – Es dauert nicht nur eine gewisse Zeit, bis der Prozessor funktionsfähig ist, sondern auch sein eigenes Prozessieren hat einen höheren Zeitbedarf als Prozesse, die ohne ihn ablaufen. Daraus resultiert, dass die von ihm vollzogene Operation der Generierung neuer Unterschiede und Verbindungen einen Zeitbedarf hat und deshalb ein Prozess sein muss.*

Unbewusste geistige Funktionen können schneller ablaufen, wenn sie von kürzer dauernden neuronalen Aktivitäten realisiert werden. (Libet 2005, 146)

- *Der Wechsel vom unbewussten zum bewussten Prozessieren geschieht abrupt und ist total. Es gibt keine Zwischenstufen zwischen ihnen. – Der Prozess des Übergangs wird deshalb ebenso wenig wie das unbewusste Prozessieren bewusst erlebt und damit erfahren.*

Das Erscheinen einer bewussten Erfahrung hat einen Alles-oder-Nichts-Charakter. Es gibt also kein berichtbares Bewusstsein eines Ereignisses, wenn die entsprechenden neuronalen Aktivitäten nur 90% der 500 ms andauern, die für ein wirkliches Schwellenbewusstsein notwendig sind. Die Time-on-Experimente haben gezeigt, dass das Schwellenbewusstsein ziemlich plötzlich auftaucht, wenn die Aktivitäten die ganzen 500 ms andauern! (Libet 2005, 147)

- *Die bewussten Prozesse sind diskontinuierliche Ereignisse. – Wahrscheinlich bewirken es die Schnelligkeit, mit der sie aufeinander folgen können, ihre Überlappung in der zeitlichen Abfolge und die gegenseitigen zeitlichen Verschiebungen pa-*

ralleler bewusster Prozesse, dass ihre Aufeinanderfolge trotzdem als ein kontinuierlicher Fluss erlebt wird.

Dies entspricht dem abrupten Wechsel des Ortes, an dem der Prozessor operiert, den wir als Wechsel der Richtung der Aufmerksamkeit oder als das Springen der Aufmerksamkeit von einem Ort zu einem anderen erfahren.

Die Annahme, dass durch den Prozessor separate Einheiten generiert werden, könnte mit der Abfolge von „Füllungen" des KAG korrespondieren, wie z. B. beim Augensprung von einer Augenrast zur nächsten.

Der verbreiteten Vorstellung, dass Menschen einen kontinuierlichen Bewusstseinsstrom haben, wird von der Time-on-Bedingung für Bewusstsein widersprochen. Der Begriff eines Bewusstseinsstroms wurde von dem großen Psychologen William James vorgeschlagen, und zwar auf der Grundlage seines intuitiven Erfassens seiner eigenen bewussten Gedanken (…) Unsere Befunde weisen jedoch darauf hin, dass *bewusste Denkprozesse aus diskontinuierlichen separaten Ereignissen bestehen* müssen. (Libet 2005, 147)
Vielleicht ist unser subjektives Gefühl eines gleichmäßigen Flusses bei einer Folge von Gedanken durch eine Überlappung der verschiedenen geistigen Ereignisse erklärbar. Das Gehirn scheint zu mehreren bewussten Ereignissen fähig zu sein, die nahezu gleichzeitig auftreten und sich zeitlich überschneiden. (Libet 2005, 148f.)

- *Libet nimmt aufgrund seiner Befunde an, „dass unbewusste und bewusste Funktionen beide von denselben Gehirnregionen, von denselben Gruppen von Neuronen vermittelt werden" (Libet 2005, 154). – Das impliziert, dass Bewusstsein nur ein anderer Modus des Vollzugs derselben spezifischen Funktionen ist. Es könnte der Modus sein, der ihre Verarbeitung durch den Prozessor erlaubt.*

Dafür spricht auch das Argument, dass eine Trennung von automatischem und willkürlichem Operieren eine Doppelung des gesamten Prozessierens voraussetzen würde, was völlig unökonomisch wäre, weil der Aufwand dafür gigantisch wäre.

Mit seinen Untersuchungen zum Übergang von unbewussten zu bewussten sensorischen und motorischen Funktionen hat Libet wichtige Belege für sein Postulat erarbeitet: „Die unbewusste Entdeckung eines Signals sollte deutlich unterschieden werden von einem Bewusstsein des Signals" (Libet 2005, 151).

Da das Prozessieren des Prozessors der Informationsverarbeitung immer in der bis jetzt beschriebenen Art und Weise mit Bewusstsein verbunden ist, *unterscheidet sich auch der Prozessor klar und deutlich von automatischen Prozessen.* Es gibt aber einen *Übergang von den automatischen Prozessen zu seinem Prozessieren.* Dieser Übergang scheint darin zu bestehen, dass der Prozessor *auf automatischen Prozessen operiert*, wozu die Aktivität der automatischen Prozesse und *zusätzliche Aktivität* für deren Bearbeitung erforderlich sind.

Dann aber würde es sich bei der Arbeit des Prozessors nicht um eine diffuse Erhöhung der spezifischen Aktivitäten oder um eine pure Hinzufügung von Bewusstsein handeln, sondern um die *Leistung der Aktivierung von zusätzlichen Aktivitäten.*

Von besonderer Bedeutung scheint es nach Libet zu sein, dass für bewusstes Operieren *geringere Schnelligkeit der Abfolge von einzelnen spezifischen Aktivitäten* kennzeichnend ist, wofür eine längere Aktivierung der einzelnen Aktivitäten für ihre Verarbeitung und die zusätzlichen Verarbeitungsprozesse die Ursache sein können.

Der Prozessor der Informationsverarbeitung hat seinen neuronalen Ort im Corpus cingulum des limbischen Systems, im Thalamus, im präfrontalen Kortex, in den Scheitellappen und in den Schläfenlappen des Kortex

Der präfrontale Kortex ist der Ort für die Entscheidung über das Interesse, d. h. über die Zuwendung zu etwas Bestimmtem. – Die Gewichtungen durch das Wertungssystem werden im präfrontalen Kortex zu der jeweiligen Entscheidung für eine bestimmte Aktivität zusammengeführt, d. h. zu einer Selektion. – Die Bündelung vieler Wertungen zu der Selektion von etwas wird dann durch alle Stadien des Handlungsverlaufs kontinuierlich aufrechterhalten: vom ersten Interesse an etwas zur Entscheidung für etwas und dann zur Beabsichtigung von etwas, zum Entschluss zu etwas, zur Erwartung von etwas, zur Ausführung von etwas und zur Bewertung des erzielten Resultats. Diese selektive Funktion wird durch Aktionspotentiale ausgeübt, die den Vollzug von Aktivitäten entweder erleichtern oder hemmen ("selective facilitation and lateral inhibition"). Für diese universale Funktion der Selektion durch das Wertungssystem sprechen sowohl die neuroanatomischen Befunde als auch die elektrischen Inputs und Outputs.

> Simply anatomical considerations lead us to believe that the making of a decision is a multidetermind event and does not come down from any hypothetical "center of decision," let alone "center of will". Aside from the absence of any bit of neural evidence for such a center, we should take into account that the "central executive", as the anterior frontal cortex has sometimes been called, is the best connected of all neocortical regions. To various parts of it come, directly or indirectly, inputs from practically everywhere else in the brain: inputs from brainstem and diencephalon bringing information on the internal milieu, from limbic structures on affective state and motivational significance, from myriad cortical locations on past memory and experience.
>
> Given is the richness of input to the frontal cortex, it is reasonable to view any decision as a vector of converging neural influences upon it, as the resolution of competition or conflict between numerous motives and items of internal and external information. That resolution is bound to involve some selection, which in the nervous system means selective facilitation and lateral inhibition. (Fuster 1997[3], 218)

Der präfrontale Kortex ist auch der Ort für die *Aufmerksamkeit*, die ihrerseits sowohl mit dem *limbischen System* (der Selektion durch Gewichtung) als auch mit Arealen für die sensorische und für die *kognitive* Funktion (den spezifischen Intentionen oder Aktivitäten) verbunden ist. Fuster schreibt deshalb nicht nur der Entscheidung, sondern auch der Aufmerksamkeit die Funktion der Selektion zu, und zwar die der Vermittlung zwischen der Wertungsfunktion (limbisches System) und der kognitiven Funktion (neocorticale Regionen). Diese Vermittlung geschieht im präfrontalen Kortex.

> The prefrontal cortex also seems to play a role in sensorial attention, namely, in the selective control of the access of sensory inputs to higher cerebral structures, including the prefrontal cortex itself. Although the mechanisms of that control are unclear, they can be reasonably assumed to involve the reciprocal connections of the prefrontal cortex with

subcortical and limbic structures implicated in motivation, as well as with other neocortical regions implicated in cognitive function. (Fuster 1997[3], 129)

The neural substrate of attention, that is, the ability to select sensory inputs and actions, and to inhibit others, is widely distributed in the frontal cortex. Dorsolateral areas support the selective aspects of attention, orbital areas the exclusionary or inhibitory ones. (Fuster 1997[3], 251)

Der präfrontale Kortex ist außerdem der Ort für die *zeitliche Organisation der Handlung* mit sämtlichen an ihr beteiligten Teilaktivitäten ("temporally organizing goal-directed behaviour").

At the level of neuroanatomy, the diverse connectivity of prefrontal areas suggests that they serve different functions. As we have seen in previous chapters, the neuropsychological analysis and the electrophysiology clearly lead also to that conclusion. However, the functions they reveal can be rightfully viewed as variants or components of a superordinate prefrontal function of temporally organizing goal-directed behaviour. It is at the level of particular behaviours and motor domains that areal specificity comes in. To some degree, specificity is also at the level of particular cognitive functions. Indeed, prefrontal functions apply to a wide range of motor and cognitive activities, from eye movement to speech and reasoning, but in all instances they serve the purpose of ordering sequential action toward a goal, whatever that goal may be. In that sense the prefrontal cortex is "motor", like the rest of the frontal lobe (Fuster 1981). (Fuster 1997[3], 209)

Für diese temporale Organisation erfüllt er die Funktionen der *Aufmerksamkeit*, der Steuerung des *Arbeitsgedächtnisses* und der *Hemmung* von irrelevanten Aktivitäten. – Somit treten der Prozessor der Informationsverarbeitung und die zeitliche Organisation der Handlung neuronal am gleichen Ort auf.

The essence of my position is that the prefrontal cortex plays a fundamental role in the temporal organization of behaviour because it provides neural support to three cognitive functions that are indispensable for conduction temporal sequences or "gestalts" of action: (1) short-term memory (working memory), (2) motor attention or set, and (3) inhibitory control of interference. The prefrontal cortex supports these functions in close cooperation with other brain structures. What defines the prefrontal participation in them is the overriding principle of organizing action. (Fuster 1997[3], 210)[50]

---

[50] Fuster beschreibt die Form der temporalen Organisation mit dem Terminus „Gestalt", den er von der deutschen Gestaltpsychologie übernimmt und den er gleichsetzt mit dem von Piaget und Neisser verwendeten Terminus „Schema".

Fuster 1997[3], 215 f.: "A structure of action is a *temporal gestalt*, like a melody. Temporal gestalts obey the same laws that govern spatial gestalts (Koffka, 1935; Wertheimer, 1967). One of them is the law of proximity: Close or contingous elements are treated as parts of the same configuration, whereas distant elements are not. Here what gives cohesion to the gestalt of action is not only the temporal proximity of the individual acts that constitute it, but their goal. Further, the temporal gestalt we are dealing with is a composite of sensory perception-behavior cycle (v.i.) to form together the gestalt.

The central representation of that gestalt of action is the equivalent of what many writers, including this one, call the *schema*. The schema stands for the plan or program of action. It does not represent all its elements and steps, however. It is an abridged, abstracted, representation of that plan or program, which may contain some of its components and undoubtedly contains, in some manner, its goal. The schema here is nearly identical to Piaget's "schema" (1952) or Neisser's

Damit ist der präfrontale Kortex nach Fuster der Ort der Organisation von *Handlungsplänen*, die die Selektion von Aktivitäten für den zeitlichen Ablauf regeln. Das erfordert die Transformation von *topographisch* verteilten neuronalen Aktivitäten in eine *sequentielle* Ordnung.

> Thus we are postulating that novel schemas of action are represented in the prefrontal cortex. Further we postulate that their prefrontal representation is a precondition for their enactment, as they are to guide actions to their goal. It is not at all clear, however, how schema of action are neurally represented; it is not clear how these items of motor, procedural, memory are stored in that part of the cerebral mantle (...)
> Because any plan and its goal include variegated sensory and motor elements, it is reasonably to assume that its schema is represented by a prefrontal network that transcendents several action domains. In humans, it may indeed enter the speech domain. In some manner, some of the associated elements of the sequence are encoded by the network with some degree of abstraction. What is remarkable is that a presumably spatial neural code (the topography of the activated network) will decode itself in a temporal sequence of acts and guide them to their goal. (Fuster 1997[3], 216)

Nicht nur Fuster, sondern auch viele andere Autoren schreiben dem präfrontalen Kortex eine *zentrale Rolle für sämtliche Funktionen des Prozessors der Informationsverarbeitung und der Handlungssteuerung* zu. – Sein Funktionieren hängt aber seinerseits von allen subkorticalen und auch von allen anderen kortikalen Regionen ab. – Alle psychischen Funktionen des Prozessors sind nach Fuster korreliert mit neuronalem Prozessieren, das nicht nur an einem Ort auftritt.

> The cortex of the frontal lobe participates in the initiation and execution of deliberate actions. It has been attributed a role in the so-called executive functions, especially decision making, attention, planning, and working memory. However, most of these functions are phenomena of neural processing and without a unique location of their own, either in the frontal cortex or elsewhere. (Fuster 1997[3], 250f.)

Der Prozessor der Informationsverarbeitung unterscheidet sich klar von allen automatischen Aktivitäten, obwohl die automatischen Aktivitäten auch im willkürlichen und begründeten Verhalten den größten Teil der Aktivitäten bilden.

Er tritt erst dann in Aktion, wenn es um ein *Verhalten* geht, das in irgendeiner Hinsicht *neu* ist, weshalb erworbene Automatismen nicht ausreichen. Er tastet dann die Erfahrung ab in der Suche nach bedeutsamen Anhaltspunkten für die angestrebten vielfältigen Aktivitäten. Er überwacht die wichtigen Informationen kontinuierlich, bringt sie auf den neuesten Stand und vergleicht sie mit dem Handlungsschema, insbesondere mit dem Ziel der Handlung.

Das alles schreibt Fuster der Aufmerksamkeit zu, den "attentive acts", die er aber als eine Spezialisierung des basalen Antriebs ansieht, der seinen Ort im limbischen System hat. Das Cingulum des limbischen Systems ist nämlich nach ihm "a resource of neural excitation for selective attention".[51]

"anticipatory schema" (1976). It is what some cognitive psychologists have called a "script" or "memory organization packet" (Schank, 1982; Grafman et al., 1995)."

[51] Kluwe 1997, 67: „PET-Analysen der Aktivation bei der Detektion von Zielreizen zeigen vor allem eine Beteiligung des Cingulum anterior. Eine anatomisch separierbare Netzwerkstruktur, die

Surely the bulk of all voluntary and deliberate behaviour is made of simple and automatic acts, old habits, and familiar percepts. If behaviour is new, however, its most critical constituents are the attentive acts that "palpate" the environment in search of significant clues, the intentional and elaborate movements, the continuous monitoring and updating of relevant information, and the referring of that information to the schema of the action and its goal. The prefrontal cortex is an active force behind these operations, and that is why it has called "the executive of the brain" (Pribram 1973). Those operations have been characterized as the *executive functions* of the frontal lobe and, more specifically, of the prefrontal cortex. One of them is attention. (Fuster 1997[3], 217)

Attention is, therefore, a specialization of basic drive. However, it is possible that the metabolic activation of the anterior cingulated cortex, which occurs with *effort to do* in several domains of action, and which has been attributed to the activation of an "anterior attentional system" (Posner and Petersen, 1990) constitutes a non-specific manifestation of basic drive in frontal lobe. Cingulate activation would be a resource of neural excitation for selective attention in specific action domains of the frontal cortex. (Fuster 1997[3], 217)

(...) attention has two complementary components: an intensive, selective, component, and an exclusionary one. The first, as it applies to the initiation and execution of action, seems based primarily in the dorsolateral frontal cortex. It would be the equivalent of what Shallice (1988) calls the "supervisory attentional system" (see below, Other Models of Prefrontal Function). The exclusionary component of attention is the equivalent of the function of inhibitory control of interference, which is one of the prefrontal integrative functions later discussed. (Fuster 1997[3], 217)

Die neurologischen Befunde sind aber anscheinend *noch nicht genau genug*, um das Zusammenspiel verschiedener Einheiten und Funktionen im präfrontalen Kortex genau analysieren zu können. Es werden meistens nur Regionen des Gehirns angegeben und noch kaum bestimmte Areale und nie bestimmte Netzwerke.

Die Lokalisierungen sprechen aber schon eindeutig dafür, dass es ein *eigenständiges hochverzweigtes neuronales System mit seinem Zentrum im präfrontalen Kortex* gibt, das sämtliche Funktionen der einzelnen Komponenten des Prozessors regelt. Das ist eine sehr starke Stütze für die Existenz eines solchen Prozessors.

2. Ein Komponentenmodell des Prozessors für die Generierung von Information

Es gibt eine Vielzahl von Befunden, die dafür sprechen, dass der Prozessor der Informationsverarbeitung ein *System* ist, das aus *mehreren Teilsystemen* besteht. Deshalb ist ein *Komponentenmodell* für ihn adäquat.

Darin stimmen viele Beobachter überein. Schon Husserl beschreibt die Aufmerksamkeit als eine Komponente (Husserl 2004, 384 u. 405): Im Gegensatz dazu gibt es

---

sich vor allem aus dem Cingulum anterior und dem dorsolateralen, präfrontalen Cortex zusammensetzt, bildet Posner (1995) zufolge die Grundlage für bewusste Steuerung der Aufmerksamkeit („executive attention"). Werden unterschiedliche Modalitäten angesprochen, ergibt sich stets die gleiche Aktivation des Cingulum bei sonst unterschiedlicher modalitätsspezifischer Aktivation anderer Areale. Posner (1995) nimmt deshalb an, daß das Steuerungssytem hierarchisch organisiert sein könnte, d. h. vom Cingulum anterior aus kann die Steuerung auf nachgeordnete Subsysteme übergehen."

über den *Zuschnitt der einzelnen Komponenten* noch keineswegs einen so hohen Konsens.

Baddeley nimmt z. B. schon *allein für das KAG* an, dass es aus mehreren bereichsspezifischen Komponenten besteht und aus einem übergeordneten attentionalen System.

> There thus appears to be growing agreement that separable components do exist and are coordinated by some kind of overall attentionally limited system. (Baddeley 2007, 202)

Birbaumer/Schmidt nehmen ebenfalls Komponenten an, die das bewusste Erleben hervorbringen, sprechen aber nur generell vom „Zusammenspiel verschiedener neuronaler Netzwerke". An anderer Stelle schreiben sie dem retikularen System den allgemeinen Erregungsgrad von „multisensorischen und motorischen Systemen" zu und der Zusammenarbeit zwischen „FR (formatio reticularis – J.G.), Thalamus, Basalganglien, Gyrus cinguli, Parietalregion und Frontalkortex" für die phasische lokale Aktivierung.

> Bewußtes Erleben setzt das erfolgreiche *Zusammenspiel* verschiedener neuronaler Netzwerke innerhalb des Zentralnervensystems voraus und läßt sich nicht einer Region in der Hirnrinde allein zuordnen. Neurophysiologisch scheint die Erregung neokortikaler Zellverbände durch subkortikalen Einstrom eine notwendige, aber nicht hinreichende Voraussetzung für Bewusstsein zu sein.
> Eine einheitliche Definition von Bewusstsein ist deshalb nicht möglich, weil es heterogene Bewußtseinsprozesse und -formen gibt, deren gemeinsames physiologisches Merkmal der weiträumige Erregungsanstieg, und psychologisch der Übergang von nichtbewußter „automatischer" zu aufmerksamer, „kontrollierter" Informationsverarbeitung darstellen. Dieser Übergang kann kontinuierlich oder ruckartig erfolgen. (Birbaumer/Schmidt 1996[3], 513)
> Aus dem bisher Besprochenen ist klar geworden, dass an der Steuerung von Aufmerksamkeit und Bewusstsein mehrere, z.T. weitgestreute Hirnsysteme beteiligt sein müssen. Voraussetzung für aufmerksames Verhalten und präparatorische Planung sind multisensorische *und* motorische Systeme, ein Hirnabschnitt allein kann die Aufgaben von Orientierung und präparatorischer Aktivierung nicht erfüllen (…) Während die *großflächige Aktivierung* des Neokortex zur Aufrechterhaltung eines optimalen tonischen Erregungsniveaus kortikaler Zellverbände primär als Funktion der Retikulärformation (FR) des Hirnstammes angesehen werden kann, müssen zur *phasischen, lokalen* Mobilisierung FR, Thalamus, Basalganglien, Gyrus cinguli, Parietalregion und Frontalkortex zusammenarbeiten. (Birbaumer/Schmidt 1996[3], 528)

Die vorausgegangenen Analysen von Befunden und Annahmen ergeben aber im Unterschied zu dieser summarischen Beschreibung des Zusammenspiels der Komponenten schon ein Bild von klar voneinander unterscheidbaren und in einer bestimmten Weise interagierenden neuropsychischen Einheiten.

Ein Modell der Kooperation des Interesses, der Aufmerksamkeit und des KAG mit der spezifischen Intentionalität für die Generierung von Informationen

Jedes der Teilsysteme des Prozessors erfüllt zwar seine eigene Funktion. Sie erfüllen aber nur zusammen die Funktion der Generierung von neuer Information.

Die Zusammenarbeit der Komponenten setzt voraus, dass es bereits automatisch generierte Information gibt, auf der sie operieren können. Der jeweils verfügbare Bestand an Automatismen ist das Resultat der Entwicklung von angeborenen Reflexen durch Erfahrung, d. h. durch Lernen und Behalten.

According to the two process approach, mental processing can operate in two different modes. In "automatic" mode, processing is a passive outcome of stimulation, it is parallel and does not draw on attentional capacity. In "conscious control" mode, mental processing is consciously controlled by intentions and does draw on attentional capacity. (Styles 2006[2], 185)

Im bewusst kontrollierten Modus konzentriert sich dann das mentale Prozessieren genau *auf die Leistungsgrenzen der automatischen Aktivitäten*, um sie festzustellen, und um sie aufzuheben, damit die Funktionsfähigkeit des gesamten Systems nicht an ihre Grenze stößt.

Im günstigsten Fall folgt auf die Feststellung einer *Systemstörung* sofort ihre Behebung: So wird z. B. eine fehlende Wortbedeutung aus dem Satzkontext erschlossen, führt die Einnahme einer neuen Perspektive zum gewünschten Resultat, wird eine Bewegung durch eine verbesserte Koordination aller an ihr beteiligten Subfunktionen beschleunigt oder gelingt ein Anschlag auf dem Klavier schon bei seiner ersten Wiederholung wunschgemäß. So kann die Wahrnehmung einer Systemstörung unmittelbar übergehen zur *Aktivierung von Prozessen für ihre Behebung*.

Der Prozessor leistet demnach sowohl die *Lenkung des nicht bewussten automatischen Prozessierens* als auch die *Fokussierung der bewussten willkürlichen Aufmerksamkeit* auf diejenigen Stellen, an denen Systemstörungen auftreten, sowie die Aktivierung von neuen Aktivitäten an eben diesen Stellen.

Er regelt nicht nur die ständige Veränderung durch den Anschluss von automatischen Abläufen aneinander, sondern auch Veränderungen an solchen Aktivitäten. Er regelt die bewusste reflexive Selbstreparatur und Optimierung für die Erreichung eines Handlungszieles. Kurz: Der Prozessor *operiert auf automatischen Aktivitäten und generiert seinerseits letztlich wieder neue automatische Aktivierungen*.

Welche automatischen Prozesse zur Grundlage für die Aktivität des Prozessors werden, hängt nicht allein von der *Situation* ab, in der wir uns jeweils befinden, genauer von den Informationen, die die äußeren und inneren Rezeptoren von ihr liefern, denn es ist immer schon nur eine *vom ZNS hergestellte Auswahl* aus ihnen, die uns in schnellem Wechsel bewusst wird. Diese Auswahl ist nämlich schon von bewussten und willkürlichen Aktivitäten bestimmt, z. B. beim Aufwachen vom Entschluss, die Augen zu öffnen, oder von der bewussten Identifizierung eines Geräusches als bekannt oder unbekannt.

So schwer es ist, einen Anfang für das Zusammenspiel zwischen vorbewussten automatischen und bewussten Prozessen zu beschreiben, so deutlich ist die *Zäsur des Beginns einer bewusst ausgelösten Aktivität*, z. B. nach dem Wachwerden das Aufstehen. Die Bewegung des Körpers in eine sitzende und dann in eine aufrechte Stellung ist nämlich schon eine Handlung, die den vollen Einsatz des Prozessors erfordert.

Im Zusammenspiel der Komponenten des Prozessors scheint es eine grundlegende Abfolge der Ausübung der einzelnen Funktionen zu geben, aber auch eine wechselseitige Fundierung und eine dynamische Vielfalt. – Es soll jetzt zuerst von der *grundlegenden Abfolge* die Rede sein.

Das Interesse resultiert aus der Gewichtung der jeweils verfügbaren Informationen

Es muss ein psychisches Teilsystem geben, das in der Lage ist, eine bereits verfügbare Information *als negativ oder als positiv zu markieren*. Nur auf diese Differenz kommt es für die Selektion derjenigen Information an, die jeweils als nächste bearbeitet werden muss. Diese Differenz hat sicher Skaleneigenschaften, weil Grade und damit Differenzen zwischen dem mehr oder weniger Störenden bzw. Bevorzugten möglich sind, aber schließlich gibt es nur die Alternative, ignorieren oder beheben.

Dieser notwendigen Möglichkeit der *Gewichtung* gegenüber ist es zweitrangig, ob man beim Menschen von einer Lust-Unlust-Differenz, von einem Bedürfnissystem, einem Wertsystem, einem System der negativen und positiven Affekte und Gefühle, einem System der Motivation oder aber von ihnen allen spricht. Es gibt nämlich gute Gründe dafür, dass diese Ausdrücke Bezeichnungen für unterschiedliche *Komponenten* oder *Stadien, Modi* oder *Aspekte* ein und desselben, aber hochkomplexen und kompliziert konstruierten *Gewichtungssystems* sind, das im limbischen System seinen neuronalen Ausgangsort hat.

Dieses Gewichtungssystem muss Zugang zu allen bewusstseinsfähigen Informationen haben, sowohl der jeweils von sämtlichen Rezeptoren des äußeren und inneren Milieus gebildeten Informationen als auch zu den gesamten bereits gemachten Erfahrungen.

Aus allen Einzelbewertungen muss das Gewichtungssystem eine *negativ-positiv-Bilanz für einen anzustrebenden Zustand*, z. B. das Abklingen eines Schmerzes, aufstellen. Der positive Saldo dieser Bilanz für eine antizipierte Aktivität (mühelos gehen können, einen bestimmten Beruf ausüben können etc.) ist dann diejenige *Aktivität, an die die weitere Folge der Planung und Ausführung von Aktivitäten angeschlossen werden muss*. Die verfügbaren Befunde und Annahmen bestätigen und differenzieren diese Postulate.

Eine Bearbeitung der automatisch generierten Information von der Welt und von uns selbst setzt erst dann ein, wenn eine Information *auffällt*, d. h. *als wichtig von unwichtigen unterschieden* wird. Auffällig sind einerseits solche Informationen, die stören, schmerzen, Unlust erzeugen, also in irgendeiner Hinsicht im Verhältnis zu physischen und psychischen Bedürfnissen des gesamten Organismus defizitär sind. Andererseits sind es diejenigen Informationen, die zu einer bereits angestrebten Form der Bedürfnisbefriedigung beitragen können. – All diese Informationen müssen bearbeitet werden, damit die Störung – der Schmerz, die Unlust, das Defizit – behoben bzw. das schon angestrebte Ziel erreicht wird. – Die *Selektion* all dieser Informationen leistet das Gewichtungssystem.

> Collecting together evidence from experiments such as those by Moray and from studies that showed electroencephalogram (EEG) changes during sleep to the presentation of a subject' name, they suggested "that a message will reach the same perceptual and discriminatory mechanisms whether attention is paid to it or not; and such information is then grouped or segregated by these mechanisms" (p. 83). They suggested that incoming

signals were weighted for importance and in some way compared to determine the currently most important signal. (Styles 2006[2], 24)
The model assumes that all sensory messages are perceptually analysed at the highest level (…) Thus Deutsch and Deutsch (1963) propose that, in all cases, the signal of the highest importance will be responded to, or the subject alerted by it, provided its activity is above the current arousal level. In this way the most important message will have been selected not at an early level, but after *full processing*. (Styles 2006[2], 25)

Nach Berti/Roeber/Schröger beschreibt Cowan (1999), wie das Bewertungssystem mit der Aufmerksamkeit zusammenarbeitet, wenn neue Informationen während der Ausführung einer Handlung eintreffen. Wenn die *willkürliche* Aufmerksamkeit auf die Aktivierung zielrelevanter Information aus ist, kann sie *unwillkürlich* auf neu eintreffende Information gelenkt werden, obwohl diese bereits automatisch als irrelevant eingeschätzt worden ist. Die willkürliche Aufmerksamkeit kann erst dann, wenn diese Irrelevanz zu einer bewussten wird, wieder zu der relevanten Information zurückkehren. Das kostet allerdings Zeit für die Zielerreichung.

Sensory processing of incoming information may result in an involuntary attention switch – for instance when new information is detected also if it was unattended. Importantly, the automatic detection of changes enables the cognitive system to evaluate the importance of an incoming stimulus (see Escera et al., 2003). With automatic preprocessing the environment can be scanned for significant changes of information even if the system is busy focussing on other parts of the environment or maintaining information. However, this openness for incoming stimuli is associated with additional costs in the processing of the relevant information: When a change is detected, attention will be oriented to the change even if its information is irrelevant. In order to solve the task at hand an additional, voluntary switch of attention back to the relevant information is needed – at additional time costs. (Berti / Roeber/ Schröger 2004, 250)

Danach operiert das *Interesse*, das ich als Ausdruck für die *Funktion der bewussten maximalen positiven Gewichtung im Augenblick* gewählt habe, auf den Informationen, die bereits von der Welt und von uns selbst automatisch generiert und gewichtet worden sind. Diese Information kann durch unwillkürliche Zuwendung der Aufmerksamkeit zugänglich werden.

Die Selektionsleistung des Interesses besteht anscheinend darin, dass sie aus der Fülle der jeweils automatisch generierten Information die für die jeweilige Handlung jeweils relevante *verfügbar* macht.

Diese Funktion übt das Interesse dadurch aus, dass es seine elektrischen Potentiale den entsprechenden Netzwerken zuführt. Dadurch bleiben diese bereits automatisch aktivierten Netzwerke mit ihren psychischen Funktionen *weiter aktiv und damit zugleich länger verfügbar.*

Diese Selektion durch Potentiale des Wertungssystems geht der Aufmerksamkeit (und auch dem Arbeitsgedächtnis) nicht nur voraus, sondern aktiviert auch diese selbst, möglicherweise indirekt über die von ihr selektierten Einheiten oder auch direkt und gleichzeitig mit ihnen.

Die Aktivierung von Aufmerksamkeit und Arbeitsgedächtnis kommt nicht durch ein Wunder zustande. Zunächst wird sie durch Präferenzen motiviert, die dem Organismus innewohnen, und dann durch Präferenzen und Ziele, die auf der Grundlage dieser inhärenten Präferenzen erworben worden sind. (Damasio 1994, 269)

Das interessierende Gebiet, der interessierende Vorgang etc., kurz: der interessierende Gegenstand des Bewusstsein, ist vor dem Beginn einer genaueren Analyse allerdings noch *relativ umfangreich*, und seine Grenzen sind noch *ziemlich unscharf*.

Die Aufmerksamkeit aktiviert spezifische Operationen für die genauere Analyse der jeweils interessierenden Information

Es ist schwer, die Aufmerksamkeit vom Interesse zu unterscheiden, weil die Selektion einer Aktivität durch das Wertungssystem und die Zuwendung der Aufmerksamkeit zu dieser Aktivität sich auf denselben Gegenstand beziehen und im Normalfall (ohne unwillkürliche Ablenkung) gleichzeitig stattfinden.

> It is difficult to envision a cognitive function such as attention, localized in any particular brain structure. Selective attention can be constructed as a property of frontal networks in operation. Attention would shift from one domain of action to another as different networks or parts of networks excite one another and are recruited in the perception-action cycle. It is true, however, that the operation of the cycle requires internal mechanisms of monitoring, memory, and set that ensure order and priority in the pursuit of goals. These mechanisms, in the aggregate, could be considered a "supervisory attentional system". (Fuster 1997[3], 217)

Die Aufmerksamkeit scheint diejenige Komponente zu sein, die diejenigen spezifischen Funktionen aktiviert, durch die das jeweils Interessierende *genauer unterschieden* sowie Unterschiede *miteinander verbunden* werden können.

Dieser Prozess kann noch nicht genau beschrieben werden, weil er für unsere Untersuchungsmethoden noch viel zu schnell, gleichzeitig in mehreren Bereichen und wiederholt abläuft. Dieser Ablauf könnte generell die folgende Form besitzen:

Im Interessanten lässt die Aufmerksamkeit ihren Fokus wandern, bis durch ständigen Abgleich mit dem jeweiligen Ziel diejenige Stelle in ihrem Fokus liegt, an der eine *neue Unterscheidung und/oder Verbindung* hergestellt werden muss. Erst im fixierten Fokus der Aufmerksamkeit ist es möglich, zwei nacheinander unterschiedene Reize miteinander zu verbinden, während einzelne Reize von sich aus durch ihre relative Stärke gegenüber den anderen automatisch generierten Reizen die Aufmerksamkeit auf sich ziehen können.

Diese Fokussierung findet z. B. im Auge auf die Fovea statt, wo die Retina die *größte Auflösung* leistet, spielt sich aber auch in den anderen Sinnessystemen in dieser Weise ab. Es kann deshalb erwartet werden, dass der Fokus der Aufmerksamkeit immer diejenigen Netzwerke aktiviert, die in dem, das interessiert, die größte Auflösung leisten. Bis dies erreicht ist, ist oft die Annäherung durch eine Kaskade von Unterscheidungen und Verbindungen erforderlich, was *anhaltende* Aufmerksamkeit sowie den *Wechsel* und die *Erhöhung der Konzentration* erfordert.

> Treisman and Gelade (1980) put forward feature integration theory (FIT), in which they proposed that focal attention provided the "glue" that integrated the features of objects. When a conjunction of features is needed to select a target from distractors, search is serial using focal attention, but if a target can be selected on the basis for a single feature, search is parallel and does not need focal attention. (Styles 2006[2], 116)

To overtly orient visual attention, we move our eyes so that the fovea, which is the part of the retina that codes most detail, cross visual space to focus on the object of current interest (...) coincident with fixation. (Styles 2006^2, 121)
Early experiments by Treisman and Gelade (1980) have shown that when subjects search for a target defined only by a conjunction of properties, for example a green "T" among green "X"s and brown "T"s, search time is independent of the number of distractors. This difference in search performance was taken as evidence that in order to detect a conjunction, attention must be focussed serially on each object in turn, but detection of a unique, distinctive feature could proceed in parallel. Treisman suggest that the unique feature can "call attention" to its location. (Styles 2006^2, 90)

Indem die Potentiale der Aufmerksamkeit immer das jeweils Interessierende daraufhin mit ihrem *Fokus* abtastet, was im jeweiligen Augenblick Priorität hat, ermöglicht sie wiederum eine Bewertung des jeweils von ihr Aktivierten, was sich bei jeder Verschiebung des Fokus wiederholt. Sie trägt damit zur immer genaueren Lokalisierung des Relevanten bei. Auf diese Weise *befördert sie durch ihre Aktivität den Selektionsprozess*.

Relevant aber sind die Übergänge und Störungen im jeweiligen Handlungsablauf und die Aktivitäten für deren Bewältigung. So tritt die Aufmerksamkeit immer dann in Aktion, wenn für die Erreichung der jeweiligen Handlungsziele automatische spezifische Aktivitäten begonnen oder beendet werden müssen. Das ist insbesondere dann der Fall, wenn die bereits ausgelösten automatischen spezifischen Aktivitäten nicht hinreichen, weil sie das gewünschte Resultat nicht erzielen.

Das kann viele Gründe haben: das unerwartete Auftreten sehr starker Reize aus dem äußeren oder inneren Milieu (bottom-up), eine nicht hinreichend stabile oder genaue Planung (top-down) oder unzureichende Automatisierung von Teilaktivitäten (Defizite beim Lernen und Behalten).

Die Aufmerksamkeit ändert ihre Richtung aber auch dann, wenn etwas *Ähnliches* wie das gerade Fokussierte oder etwas, das zu ihm *in Beziehung* steht, d. h. in verschiedener Weise „konsonant" mit ihm ist, außerhalb ihres Fokus, aber noch in ihrer Reichweite auftritt.

The top-down control of attention has been studied extensively in experimental psychology. In the typical study, subjects are instructed to perform a task, and the instructions for this task determine what subset of the stimuli are to be considered task relevant and what subset are to be considered task irrelevant. Most often subjects are asked to attend to stimuli satisfying some explicit criterion of selection and to ignore all other stimuli. Modern theories of attention are based largely on the results of such studies (...) outside of the laboratory, people often wander around lacking any explicit intention to attend to, find, or ignore anything in particular. How is attention controlled when an observer has relatively diffuse goals? (Huang /Pashler 2007, 148)
When people are retaining shape or semantic information in working memory, there is an apparently automatic tendency for visual attention to shift to whatever object in the background that the same shape has, or bears some semantic relationship to, the contents of working memory. This tendency illustrates what we have termed consonance-driven orienting. (Huang /Pashler 2007, 152)

So wirken an der Identifizierung des Relevanten auch kognitive Operationen mit, wie *Vergleiche* und *Relationierungen* mit dem jeweils fokussierten Relevanten.

In all diesen Fällen ist ein höherer bis höchster Einsatz aller verfügbaren spezifischen Aktivitäten in dem Bereich, der durch das Interesse markiert worden ist, erforderlich, um wieder eine geordnete Folge von automatisierten Aktivitäten herzustellen. Das sind *zusätzliche Aktivitäten in demjenigen Bereich, der vom Interesse aktiviert worden ist*.

> In order to provide a framework for explaining both everyday lapses and frontal lobe performance, Norman and Shallice proposed that behaviour is controlled at two levels. One of these is relatively automatic, based on habits and schemas whereby predicable events give rise to appropriate behaviour. Driving along a familiar route would be a good example of this. The other component, which they term the *Supervisory Attentional System* (SAS), is a mechanism for overriding such habits. It is used when the existing habit patterns are no longer adequate. (Baddeley 2007, 11)[52]

Die Aufmerksamkeit dient deshalb dem Interesse dadurch, dass sie diejenigen spezifischen Aktivitäten auslöst, die für seine Verwirklichung zur Verfügung stehen, dagegen alle konkurrierenden hemmt. Durch den ständigen Abgleich der im Fokus der Aufmerksamkeit stehenden Gegebenheiten mit dem Handlungsziel und dem Handlungsplan können auch geeignetere Alternativen zum Zuge kommen.

> Inhibitory processes act in the service of goals to (1) prevent irrelevant information from gaining *access* to the focus of attention, (2) delete no-longer relevant item from consideration, and (3) retain prepotent responses so that other, initially weaker response candidates can be evaluated and influence behavior as appropriate for current goals. (Hasher/Lustig/Zacks 2007, 230)

Das ist nur durch die ständige Zusammenarbeit zwischen *Interesse*, *Aufmerksamkeit* und *spezifischen Aktivitäten* möglich, weil die jeweils generierte spezifische Informationen mit der intendierten abgeglichen werden muss, worauf im positiven Fall die Aufmerksamkeit plangerecht die nächste automatische Aktivität auslöst oder aber im negativen Fall zur Neuorganisation des weiteren Vorgehens in den Planungsmodus wechselt.

In diesem zyklischen Prozess aktiviert die Aufmerksamkeit die jeweils in ihrem Fokus stehenden spezifischen Einheiten durch die Zuführung eines hohen Grades ihres Potentials.

Die Potentiale der Aufmerksamkeit tragen so wie auch schon die Potentiale des Wertungssystems durch ihre *anhaltende Aktivierung* auch dazu bei, dass diejenigen Informationen, die verarbeitet werden müssen, *kurzzeitig behalten* werden.

---

[52] Baddeley betont ausdrücklich, dass es ihm um die Funktion der Aufmerksamkeit im Prozess der Handlung geht, und nicht nur um ihre Funktion im Prozess der Wahrnehmung, der die meisten Untersuchungen gewidmet sind.
Baddeley 2007, 11: "(...) basing my speculations on a model of attentional control proposed by Norman and Shallice (1986) which was unusual in being concerned with the attentional control of action, rather than with the role of attention in perception."

Die Aufmerksamkeit trägt auch noch außerhalb ihres Fokus noch unwillkürlich mit geringeren Beträgen ihres Potentials zum kurzzeitigen Behalten bei, entweder dadurch, dass ihre Funktion der generellen Erregung dies leistet, oder dadurch, dass bereits durch ihre Aktivierung im Fokus nicht nur neue Unterscheidungen und Verknüpfungen aktiviert werden, sondern durch diese auch die selbstgeregelten Gedächtnissysteme für die neue Information in Gang gesetzt werden.

> The nature of rehearsal in the sketchpad is much less clear than in the phonological loop. One possibility is that rehearsal involves continued attention to stimulus location or possibly to the representation of the stimulus. (Baddeley 2007, 221)

So kommt die Aktivität der Aufmerksamkeit den spezifischen Aktivitäten zusätzlich zur Aktivität des Interesses zugute, und beide scheinen durch ihre Potentiale auch das Behalten zu begünstigen, weshalb das KAG von beiden abhängig sein könnte. (Auf das Verhältnis zwischen dem Interesse, der Aufmerksamkeit und dem Behalten gehe ich in Kapitel IX noch ausdrücklich ein.)

Wie das Zusammenwirken der Potentiale der beiden Systeme der Wertung und der Aufmerksamkeit für die Erreichung der Schwellenwerte für die Auslösung der jeweiligen spezifischen Aktivitäten und damit auch für die kurzzeitige Aufrechterhaltung dieser Aktivitäten (KAG) genau aussieht, ist noch nicht bekannt. Das liegt nicht nur am geringen Auflösungsgrad der bildgebenden Verfahren, sondern auch daran, dass meines Wissens der Zusammenhang zwischen dem Prozessieren von Interesse und Aufmerksamkeit mit dem von Kandel entdeckten Gedächtnissystem bis jetzt weder neuropsychologisch noch psychologisch untersucht worden ist.

Deshalb lässt sich noch nicht genau unterscheiden, wie das Interesse und wie die Aufmerksamkeit für die Erfüllung der Selektionsfunktion und der Gedächtnisfunktion zusammenarbeiten.

Nachweislich aber werden visuelle und auditorische Items sowohl *besser unterschieden* als auch *besser miteinander verbunden*, obwohl sie zu zwei verschiedenen Sinnesfunktionen gehören (crossmodal), wenn sie erwartet werden können, was ihre Selektion bedeutet, und wenn die Aufmerksamkeit auf sie gerichtet wird. Das spricht dafür, dass die Aktivierung derjenigen spezifischen Operationen, die für diese Verbesserung erforderlich sind, vom Interesse und von der Aufmerksamkeit beeinflusst wird.

> When covert attention is directed to an expected targetlocation both visual and auditory targets are discriminated better, suggesting strong crossmodal links between the visual and auditory modalities in endogenous orienting of spatial attention (Styles 2006[2], 151)

Die spezifischen Intentionen generieren sämtliche Informationen für die Orientierung und für die Reaktion auf deren Resultate

Von den spezifischen Intentionen ist immer die Rede, wenn das Wertungssystem, die Aufmerksamkeit und das Arbeitsgedächtnis untersucht werden, weil sich diese auf jene beziehen. Das gilt vornehmlich von den sensorischen und den motorischen Aktivitäten. Sie werden dann aber aus naheliegenden Gründen nicht selbst zum Gegenstand der Untersuchung gemacht.

Die Verarbeitung von sensorischer und motorischer Information zu umfangreichen Wissenssystemen durch kognitive Operationen geschieht zwar durch den Prozessor, gehört aber nur so weit zu ihm, wie es einen *universalen Mechanismus ihrer Generierung* gibt. Das wird durch die Hypothese der Differenztheorie, die oben dargestellt worden ist, angenommen. Die Verarbeitung der spezifischen Information selbst geschieht durch die jeweiligen spezifischen Aktivitäten, nicht durch den universalen Mechanismus des Prozessors.

Spezifische Informationen werden sowohl unbewusst und automatisch als auch bewusst und willkürlich generiert. – Soweit die automatischen Prozesse nicht mehr nur aus genetisch determinierten Reflexen bestehen, sind sie beim Umgang mit der Welt und uns selbst aus diesen Reflexen entwickelt worden, also *gelernt*. Das scheint schon bei sehr grundlegenden Möglichkeiten der Verarbeitung von sensorischer und motorischer Information der Fall zu sein, z. B. der Generierung ihrer Räumlichkeit und Perspektivik, weil diese nicht schon nach der Geburt verfügbar sind, sondern sich erst in der frühen Kindheit entwickeln. – Zur unbewussten automatischen Generierung kommt im Laufe der kindlichen Entwicklung zunehmend die bewusste willkürliche dazu. Durch sie wird der Bestand an automatisch vollziehbaren Aktivitäten weiter erhöht.

Sowohl die Wertung als auch die Aufmerksamkeit beziehen sich zwar auf die Generierung von spezifischen Informationen, produzieren aber *selbst keine solche Information*. Sie leisten der Generierung von spezifischen Informationen dadurch einen Dienst, dass sie zur Aktivierung der dafür erforderlichen Operationen beitragen, sowohl der unbewussten automatischen als auch der bewussten willkürlichen.

> There is, however, some agreement that attention is characterised by a limited capacity for processing information and that this allocation can be intentionally controlled. (Styles, 2006[2], 1)

Das scheint dadurch zu geschehen, dass ihre Potentiale zu den Potentialen hinzukommen, die die jeweiligen Netzwerke für die Generierung von spezifischen Informationen von den Sinnesrezeptoren oder aus den Schemata des Wissenssystems erreichen.

Der Aktionsradius des Interesses und der Aufmerksamkeit erstreckt sich aber auch auf diese Informationen, da sie sich sowohl auf bestimmte Sinnesreize als auch auf hochabstrakte einzelne Begriffsschemata und komplexe Handlungsschemata richten können.

So sind die spezifischen Intentionen für ihr Prozessieren auf die Potentiale des Wertungssystems und des Aufmerksamkeitssystems angewiesen, sofern sie ohne sie nicht den Schwellenwert für ihre Aktionspotentiale erreichen. Das gilt auch für die Aktionspotentiale der übergeordneten Netzwerke und Koaktivitäten, die die reflexive Steuerung und Kontrolle leisten.

Obwohl der Aufmerksamkeit sehr oft absichtliche und damit zugleich auch reflexive Kontrolle zugeschrieben wird, ist nicht ersichtlich, wodurch sie selbst diese Kontrolle ausübt. Es liegt deshalb nahe, dass die Aufmerksamkeit auch bei den Kontrollfunktionen nur zur Aktivierung beiträgt, dass aber die Steuerung und Kontrolle selbst von *kognitiven Schemata* geleistet wird, wie es Norman und Shallice, aber auch Neisser und Piaget annehmen. So ist z. B. jedes steuernde und kontrollierende Handlungsziel nicht nur eine Wertvalenz, sondern es ist auch das antizipierende kognitive Schema von einer angestrebten Aktivität.

Das KAG ermöglicht durch anhaltende Aktivierung von Informationen deren Verarbeitung durch spezifische Intentionen

Es ist durch eine Vielzahl von Replikationen erhärtet, wie groß die Kapazität des KAG für die Verfügbarkeit von Items ist, die nacheinander identifiziert worden sind. – Durch eine Vielzahl von Untersuchungen ist auch immer genauer ans Licht gekommen, wie trotz der Enge dieser Kapazität große Mengen von Information verarbeitet werden können. – Damit wissen wir schon viel über das Phänomen des KAG.

Wir wissen aber noch kaum etwas darüber, wie diese Gedächtnisleistung *zustandekommt*. Es wird zwar angenommen, dass es durch *Rehearsal* geschieht. Das ist dann offenkundig, wenn in Versuchen die Probanden angewiesen werden, nach jeder Identifizierung eines Items, z. B. als „a" oder als „Baum", dies zu wiederholen, z. B. durch inneres oder lautes Sprechen. Neben diesen bewussten und sogar intendierten Wiederholungen muss es aber auch *nicht bewusste verdeckte Wiederholungen* geben. Wie aber kommen diese Wiederholungen zustande?

Es wird vielfach angenommen, dass die Aufmerksamkeit zur Konstituierung des KAG beiträgt. Wie dies aber geschieht, ist bis jetzt, soweit ich sehe, noch nicht nachgewiesen worden.

Nach den bisher eingesetzten neurologischen Beobachtungsmöglichkeiten in Tierversuchen finden die anhaltenden Entladungen des KAG nicht in gesonderten Netzwerken statt, sondern in denselben Netzwerken im präfrontalen Kortex, die mit der Aufmerksamkeit korrelieren. Das spricht für die *enge Verbundenheit des KAG sowohl mit der Aufmerksamkeit als auch mit den jeweiligen spezifischen Aktivitäten*, erschwert andererseits aber auch deren Unterscheidung.

The sustained discharge of prefrontal cells during active short-term memory indicates that this form, or rather state, of memory depends on the activation of prefrontal networks. That observation certainly supports the general idea that active memory consists in active neuronal networks (Fuster, 1995). Prefrontal networks are activated, as are the memories they represent. Those memories, however, are mixed and diverse.

Some prefrontal cells, and their networks, clearly take part in the representation of the sensory stimuli that the animal must retain for prospective action (…) Those sensory-coupled memory cells in the prefrontal cortex are undoubtedly part of larger networks that originate in the associative areas of the posterior cortex and represent percepts of the same modality as the memorandum (…) Thus the short-term memory of the sensory cue in a memory task activates a posterior network qua sensory and a prefrontal network qua motor – that is, because it is associated with a prospective act.

Then there are prefrontal memory neurons that represent aspects of movement (…) We now have good reasons to suppose that these are the same cells and networks that participate in motor set or motor attention that preparate the motor apparatus for motion. (Fuster 1997[3], 231)

Wenn, wie Fuster annimmt, "memory consists in active neuronal networks", dann stellen sich die Fragen: Wie kommen Aufmerksamkeit und Gedächtnis in denselben Zellen zusammen? Hat das KAG seinen Ort nur im präfrontalen Kortex oder auch in den Arealen mit spezifischen Funktionen? Wie kommt das Behalten der spezifischen Funktionen durch Aktivitäten im präfrontalen Kortex zustande?

Es ist zwar nachgewiesen worden, dass die dem KAG zugeschriebene Grenze der Kapazität *zwischen* dem parallelen voratttentiven und dem attentiven Prozessieren auftritt und dass sich diese Grenze nach den Aufgabenanforderungen so verschieben kann, dass entweder mehr oder weniger sequentiell dargebotene Items behalten werden können. Aber es fehlen Untersuchungen, die nachweisen, wie dies zustande kommt.

> Different theories were proposed that suggested the serial bottleneck between pre-attentive parallel processing and serial attentive processing could move according to task demands. (e.g. Johnston & Heinz, 1979; Norman, 1968). (Styles 2006[2], 41)
>
> Information entered the system in parallel, residing in a sensory buffer from which some information was selected for entry into short-term memory. In Atkinson and Shiffrin's model, the selection, rehearsal and recoding of information in short-term memory all required "control" processes. Short-term memory was seen as a "working memory" in which both storage and processing took place. The more demanding the processing was, the less "capacity" would be available for storage and vice versa. (Styles 2007[2], 186)

Erstaunlich ist auch, dass in den Theorien der Aufmerksamkeit und des KAG, soweit ich sehe, Zusammenhänge mit der neuropsychologischen Theorie des Lernens und Behaltens oder den psychologischen Lerntheorien nicht ausdrücklich untersucht worden sind.

Vielleicht aber gibt es überhaupt keine direkte Hervorbringung des KAG durch die Aufmerksamkeit, und vielleicht gibt es auch keinen eigenständigen Mechanismus für Rehearsal, der für die Behaltensfunktion des KAG verantwortlich ist.

Es könnte nämlich gut sein, dass die Anregung der spezifischen Aktivitäten durch Potentiale der Aufmerksamkeit *nur indirekt auch zum Behalten* führt, weil durch die *Dauer bzw. Häufigkeit der spezifischen Aktivitäten* auch die Schwelle für die Autoregulation einer länger anhaltenden Aktivität spezifischer Aktivitäten geregelt wird.

Dann aber käme das kurzzeitige Behalten durch das Zusammenwirken zwischen Interesse, Aufmerksamkeit und Intentionalität mit dem *System für Lernen und Behalten* zustande, wozu ja auch Fuster tendiert. In diesem Falle würde der Prozessor der Informationsverarbeitung für das kurzzeitige Behalten *das System der Koaktivität für Lernen* und *die autoregulativen Systeme für die Erleichterung der Depolarisation, d. h. für Behalten*, in Anspruch nehmen. Das wäre eine Abhängigkeit des Prozessierens des Prozessors der Informationsverarbeitung von diesen Systemen. Das versuche ich in Kapitel IX zu begründen.

Der Prozessor erfüllt als Ganzer eine Reihe von Funktionen

Es gibt allem Anschein nach Funktionen, die nur durch die Kooperation aller Komponenten des Prozessors miteinander erfüllt werden. Ein äußeres Indiz dafür ist, dass diese Funktionen in unterschiedlichen Zusammenhängen und von unterschiedlichen Forschern jeder einzelnen Komponente zugeschrieben werden.

- *Er leistet die Selektion der jeweils wichtigsten Information, d. h. ihre momentane Bevorzugung vor jeder anderen. – Psychisch geschieht diese Selektion durch den höchsten Grad der Gewichtung im jeweiligen Augenblick, durch das Fokussieren der Aufmerksamkeit auf sie, durch die Begrenzung der Kapazität des KAG und durch die Spezifik der jeweiligen Intention. – Durch jede dieser psychischen Funktionen wird eine zunehmende Konzentration der Aktivierung auf diese Information erreicht. Damit resultiert der Endeffekt der Selektion aus ihrem Zusammenwirken.*

Neuronal korreliert mit diesem Prozess der zunehmenden Konzentration die Aktivierung der jeweiligen Netzwerke für spezifische Funktionen durch die Addition von afferenten (erregenden) und inhibitorischen (hemmenden) Potentialen für die Erreichung des Schwellenwertes ihres Aktionspotentials.

- *Er generiert jede Information, die nicht automatisch generiert werden kann. Genauer: Er aktiviert jede Aktivität, die eine solche Information generiert.*

Bei allen Ereignissen, die keinen Automatismus automatisch auslösen, muss der Prozessor zumindest automatische Prozesse, die für ihre Bewältigung geeignet sind, aktivieren.

- *Er generiert Bewusstsein. – Nur dann, wenn Interesse, Aufmerksamkeit, Intentionalität und KAG gleichzeitig aktiv sind, gibt es Bewusstsein, und vom gesamten Grad ihrer Aktivität hängt auch der Grad des Bewusstseins ab. Bewusstsein scheint eine psychische Funktion ihrer gemeinsamen Aktivität zu sein.*

Neuronal könnte das Bewusstsein mit dem Grad und der Dauer der Aktivierung des Regelkreises des Prozessors korrelieren.

- *Er ermöglicht sowohl die Einheit jeder einzelnen kompletten Aktivität als auch die Einheit der Handlung.*

Seine Komponenten kooperieren bei der Generierung von Information nicht nur bei der Orientierung, d. h. im Erkenntnisprozess, sondern auch bei der Reaktion auf die Orientierung. Er übt damit seine Funktionen im gesamten *Vollzug der Handlung* aus, bei der antizipativen Planung, bei der Steuerung und bei der Kontrolle ihrer Realisation sowie bei ihrer retrospektiven Bewertung.

Jede Komponente trägt psychisch mit ihrer Funktion etwas zu diesen Gesamteffekten bei. – Neurologisch wird diese Gemeinsamkeit durch ihre Koordination im präfrontalen Kortex und durch die *physikalische Homogenität* ihrer Aktionspotentiale trotz ihrer unterschiedlichen Frequenzen und Funktionen ermöglicht.[53]

---

[53] Vergleiche damit die folgenden Überlegungen Baddeleys über die Beschaffenheit des gesamten exekutiven Prozessors. Er belegt das von ihm vom Arbeitsgedächtnis aus entwickelte Komponentenmodell mit der Metapher "government".
Baddeley 2007, 308: "Baars (1997 p. 43) suggest that 'all unified theories of cognition today involve theatre metaphors'. A version proposed by Baars himself places at its centre working

3. Die operative Natur des Prozessors

Es spricht schon sehr viel dafür, dass das Prozessieren des Prozessors aus den *Aktivitäten seiner Komponenten* besteht. Diese Aktivitäten sind neurologisch Aktionspotentiale von neuronalen Netzwerken, mit denen die jeweiligen psychischen Funktionen korrelieren.

Libet sieht im Zeitbedarf für den Übergang vom *unbewussten automatischen* zum *bewussten Operieren* ein wichtiges Indiz dafür, dass beim bewussten Prozessieren die Aktivitäten, die auch beim unbewussten auftreten, *länger andauern*.

> Wir haben festgestellt, dass das Gehirn eine beträchtliche Zeit (etwa 0, 5 sec) braucht, um das Bewusstsein eines sensorischen Signals »hervorzubringen«, während unbewusste Funktionen viel weniger Zeit zu erfordern scheinen (etwa 100 ms). Was macht das Gehirn während der kürzeren Aktivierungsperiode, die nicht lange genug dauern, um Bewusstsein zu erzeugen? Weit davon entfernt, einfach nur still zu sein, weist das Gehirn messbare neuronale Reaktionen auf, die jenen ähnlich sind, die vor sich gehen, wenn das Gehirn

---

memory, which Baars likens to the stage on which the various cognitive actors may perform, illuminated by the spotlight of attention. The less well-illuminated portion of the stage represents aspects of immediate memory that are not currently in focal attention. The 'actors' constitute information from three types of input, namely: (1) The overt senses of hearing, feeling, touching and so forth; (2) Quasi-sensory information that is self-generated, such as internal speech and visual imagery, and finally (3) Ideas that are essentially non-sensory in nature, although they may have visual or verbal associations. The actions of these various informational components are controlled behind the scenes by a number of executive processes which include a 'director' (the self), and a 'spotlight controller'; both are influenced by a range of local contexts. Finally, the working memory stage and its performance are viewed by an unconscious audience comprising a somewhat mixt bag of memory systems, interpreters, automatic processes and motivational systems.
Although this analogy may seem somewhat strained, Baars (1997) does make good use of it as a basis for a broad overview for the general reader of current knowledge of research on conscious."
Baddeley 2007, 309: "I see working memory as lying at the heart of a system that is built to *do* things. Furthermore, I suggest that all the participant components are interdependent, with the importance of each depending on the particular circumstances. I would therefore choose the metaphor of *government*."
Baddeley 2007, 309: "Like the government, conscious working memory appears at first sight to be uniquely important, but like government, it crucially depends on its interaction with a huge range of impolicit activities that underpin its operation (…) But what constitutes the government? Here, I am inclined to agree with Baars in assuming that there is someone, or something, a committee perhaps, in charge of activities. Like Baars, I am happy, for the present at least, to assign the role to a traditional but constitutionally constrained senior minister, popularly known as the self."
Baddeley 2007, 310: "Dahaene and Naccache (2001) begin with a number of basic assumptions. First, they propose that considerable information processing is possible *without* the intervention of consciousness, but that when consciousness is involved, it demands attention. Attentional resources then allow consciousness to perform its basic three functions, namely: (1) Prolonging the duration of information maintenance, (2) Allowing information from different sources to be combined in novel ways, and (3) The generation of spontaneous behaviour. It is perhaps worth noting that these three overlap very closely with the functions attributed to the coordinated operation of the central executive and episodic buffer components of working memory."

schließlich eine neuronale Adäquatheit des Bewusstseins erreicht. Diese kürzer dauernden Folgen von neuronalen Reaktionen können kein Bewusstsein erzeugen. Aber, so fragten wir uns, können sie einen Mechanismus für die unbewusste Detektion eines sensorischen Signals bereitstellen? Diese Frage führte uns dazu, eine Time-on-Theorie für die Erklärung des Übergangs zwischen Gehirnaktivitäten vorzuschlagen, die für unbewusste geistige Funktionen erforderlich sind, und jenen, die für bewusste Funktionen erforderlich werden. Diese Time-on-Theorie hat zwei einfache Komponenten:
(1) Um ein bewusstes sensorisches Erlebnis zu erzeugen (mit anderen Worten, ein Erlebnis mit Bewusstsein), müssen geeignete Gehirnaktivitäten während einer Mindestzeit von 500 ms andauern (wenn sich das Ereignis in der Nähe der Schwelle befindet). Die anhaltende Zeit oder Dauer der Aktivitäten ist also ungefähr 0, 5 sec. Diese Eigenschaft haben wir schon experimentell nachgewiesen.
(2) Wir schlagen dann vor, dass, wenn ebendiese Gehirnaktivitäten kürzer dauern, als für Bewusstsein notwendig ist, sie trotzdem bei der Realisierung einer unbewussten geistigen Funktion ohne Bewusstsein beteiligt sein können. Eine unbewusste Funktion könnte dann in eine bewusste einfach dadurch transformiert werden, dass die Dauer (time-on) der geeigneten Gehirnaktivitäten erhöht wird. Uns wurde klar, dass die Dauer wahrscheinlich nicht der einzige Faktor beim Übergang vom Unbewussten zum Bewussten ist. Wir betrachteten sie aber als einen steuernden Faktor. (Libet 2005, 134)

Hieraus lässt sich für die Natur des ganzen Prozessors folgern:

- *Der Prozessor ist insofern homogen, als er neurologisch nur aus Aktionspotentialen besteht, die sich miteinander zur Erreichung von Schwellenwerten von Neuronen „verrechnen" lassen.*
- *Die Homogenität der neuronalen Aktivität erlaubt die Verbindung unterschiedlicher Funktionen miteinander (digitale Verknüpfung).*
- *Jede dieser Funktionen kann als eine psychische Operation mit einem bestimmten Resultat angesehen werden: Der Gewichtung auf einer Skala (Interesse), der Leistung eines unterschiedlichen Grades der Aktivierung von spezifischen Aktivitäten (Aufmerksamkeit), der Generierung von unterschiedlicher Information (Intentionalität), der Aktivierung für eine bestimmte Zeit nach dem Vollzug der jeweiligen spezifischen Aktivität (KAG).*
- *Die Homogenität des Prozessierens erlaubt aber auch den Anschluss von bewussten Unterscheidungen und Verbindungen an unbewusste.*
- *Da es sich um die Aktivierung von vielen Netzwerken handelt und diese Aktivierung längere Zeit anhält, ist der Energiebedarf hoch.*

Die in den Versuchen von Libet erreichte Auflösung des Prozessierens für seine Zeitmessungen ist aber noch zu gering, um entscheiden zu können, wie die Aktionspotentiale der verschiedenen Netzwerke zusammenkommen. Insbesondere kann noch nicht entschieden werden, ob Bewusstsein eine bloße Zutat zu den unbewussten Prozessen durch längere Dauer ist, was Libet anzunehmen scheint, oder der psychische Effekt der *Aktivierung von zusätzlichen Netzwerken mit reflexiven Kontrollfunktionen.*

4. Die Dynamik des Prozessors

Es scheint ein Kontinuum der Aktivierung von zunehmend leistungsstärkeren spezifischen psychischen Funktionen zu geben, das durch ein Kontinuum von zunehmender Stärke der unspezifischen psychischen Funktionen zustandekommt.

Das Kontinuum der spezifischen Aktivitäten beginnt im Traumleben, für das es gegenüber dem Wachzustand nur einen stark reduzierten momentanen sensorischen Input und minimale motorische Reaktionen gibt und dessen erlebte Selbststeuerung sich beim Erwachen als Schein entpuppt. Ihm folgt beim Erwachen die automatische Zuwendung zur Welt und zum Selbst auf der Grundlage des vollen jeweiligen sensorischen Inputs und der vollen Verfügbarkeit der motorischen Reaktionen. Erst darauf folgen spezielle Aktivitäten mit zunehmender Genauigkeit und Schnelligkeit. Die bewusste reflexive Kontrolle solcher Aktivitäten ist dann die höchste Stufe dieses Kontinuums.

Das Kontinuum der unspezifischen Aktivitäten des Interesses und der Aufmerksamkeit erstreckt sich von ihrem Auftreten im Traum über den Wachzustand mit allen automatischen Aktivitäten einschließlich der unwillkürlichen Aufmerksamkeit bis zur willkürlichen Zuwendung des Interesses und der Aufmerksamkeit zu etwas.

In diesen beiden Kontinua ist die zunehmend genauere Unterscheidung und Relationierung mit einer zunehmenden Fokussierung und Intensivierung von Interesse und Aufmerksamkeit verbunden.

Es sieht also so aus, als ob das ZNS in diesen beiden Kontinua zur Höchstform seiner Leistungsfähigkeit hochgefahren wird. Man kann sie deshalb als *vertikale Dynamik* bezeichnen.

Neben dieser Dynamik der Steigerung gibt es auch eine Dynamik im Prozess des tatsächlichen jeweiligen Verlaufs der Generierung einer Information und in der Abfolge solcher Einheiten. Denn obwohl es eine konstante Prozessstruktur des Prozessors zu geben scheint, variiert der tatsächliche Ablauf jedoch sehr stark. Diese Dynamik seines Prozessierens resultiert aus einer ganzen Reihe von variablen Dimensionen in ihm selbst.

Diese Variabilität erlaubt eine solche *Vielfalt von Kombinationen*, dass jede Beschreibung von einzelnen Verläufen nicht mehr sein kann als ein Beispiel. Eine vollständige Darstellung dieser Varianten, ja sogar ihre Zusammenfassung in Klassen scheint vollständig aussichtslos zu sein.

Ich beschränke mich deshalb auf den Versuch, aufzulisten, was sich in der bisherigen Beschreibung des Prozessors als *variabel* erwiesen hat.

Variable spezifische Funktionen
An erster Stelle ist variabel, welche Information aus der *infiniten Zahl von unterschiedlichen Informationen*, die generiert werden können, jeweils generiert wird. Variabel ist nicht nur die Art dieser Informationen, sondern auch die Qualität ihrer Generierung.

Diese Informationen können aus unterschiedlichen Perspektiven unterschiedlich klassifiziert werden, z. B. nach den Hauptfunktionen des neuropsychischen Systems,

z. B. als motorisch oder emotional, oder nach Bereichen der äußeren oder inneren Welt, z. B. als kosmisch oder als fiktional.

Variable Zahl und Größe der voneinander unterschiedenen und miteinander verbundenen Einheiten

Zur Variabilität der Art der Informationen kommt die Variabilität im Quantum an Informationen, das verarbeitet werden kann, hinzu. Während die gesamte Größe des Quantums einschließlich von definierbaren Schwankungen konstant zu sein scheint, gibt es bei der Zahl und der Größe der Einheiten, ihrem Informationsgehalt, spezifische Varianzen, z. B.:

Je größer der Informationsgehalt der Einheiten ist, desto geringer ist die Zahl von Einheiten, die verarbeitet werden kann, und auch die Qualität der Verarbeitung (geringe Auflösung, d. h. gröbere Einheiten und vage Relationen, z. B. nur eine verschwommene Vorstellung von einem Gesicht oder ungefährer Ähnlichkeitsvergleich zwischen den Vorstellungen von zwei Gesichtern).

Je kleiner der Informationsgehalt der Einheiten ist, desto mehr Einheiten können verarbeitet werden und desto besser ist auch die Qualität der Verarbeitung (große Auflösung, d. h. Unterscheidung von kleineren Einheiten und genauere Relationen, z. B. Pinselstriche und Relationen zwischen ihrer Form und Farbe).

Variable Grade von Interesse und Aufmerksamkeit

Während das, was jeweils bewusst ist, entweder bewusst ist oder nicht, gibt es bei der Intensität des Interesses und auch bei der Intensität der Aufmerksamkeit Grade.

Beim Interesse ist der Grad der Wertschätzung unterschiedlich. Mit ihm korreliert der Grad der Intensität des Interesses.

Bei der Aufmerksamkeit ist der *Grad der Weite ihrer Perspektive* variabel (zerstreute Aufmerksamkeit, Fokus der Aufmerksamkeit). Mit dem Grad der Weite ihrer Perspektive korreliert auch der Grad ihrer Intensität (Hohe Intensität durch die Konzentration im Fokus).

Variable Dauer der Aktivität der einzelnen Komponenten des Prozessors

Die Dauer der Aktivität der jeweiligen Komponente des Prozessors kann variieren. Die Dauer erstreckt sich von einem extrem kurzen „Aufblitzen" bis zur Habitualisierung von extrem lang anhaltender Aktivität. Da dies bei jeder Komponente variieren kann, gibt es unterschiedliche Möglichkeiten der Kombination zwischen ihnen, z. B. hohe Aufmerksamkeit ohne ein bestimmtes Interesse oder hohes Interesse mit zerstreuter Aufmerksamkeit.

So kann z. B. auch jemand an etwas habituell, d. h. langfristig konstant, interessiert sein, aber keine Ausdauer in der konzentrierten Aufmerksamkeit auf etwas oder geringe Ausdauer im Progress von Unterscheiden und Verbinden besitzen.

Oder länger andauernde Aufmerksamkeit ergibt z. B. ein höheres Maß der Auflösung und einen höheren Grad des Behaltens, was ein größeres Maß der Unterscheidung von Wertvalenzen und ihres Vergleichs erlaubt.

Variable Gesamtenergie
Variabel ist auch das Quantum an Energie, das dem Gehirn und speziell dem Prozessor vom Organismus jeweils durch den Stoffwechsel zur Verfügung gestellt wird. Dieses Quantum hängt nämlich vom temporären Stand dieser Versorgung ab. Dementsprechend vergrößert oder verringert sich die Produktion der betreffenden Neurotransmitter in den Neuronen ab.

So sind z. B. Ermüdung und allgemeine körperliche Schwäche bei Erkrankungen von jedem erfahrbare Beeinträchtigungen der Arbeit des Prozessors (geringeres Interesse an etwas, geringere Konzentration auf etwas, geringere Genauigkeit, kürzeres Behalten).

Offensichtlich können auch bestimmte chemische Substanzen die Arbeit des Prozessors beeinflussen. Das gilt schon für den Grad der Wachheit der für das optimale Funktionieren des Prozessors erforderlich ist. Der Chemismus solcher Einflüsse ist aber noch nicht hinreichend geklärt. Meist können wir nur direkte und längerfristige Effekte solcher Substanzen beobachten, ohne ihre Wirkungsweise genau zu kennen.

Variable Auslöser für den Prozessor
Da die Komponenten des Prozessors ihre Arbeit nicht sequentiell einer nach dem anderen vollziehen, sondern gemeinsam vollbringen, sind sie in Regelkreisen, die durch Schwellenwerte reguliert werden, miteinander verbunden. Deshalb kann ihre Aktivität von allen Stellen aus in Gang gesetzt werden, an denen der Prozessor als informationell offenes System mit externen Gegebenheiten verbunden ist. Die folgenden Stellen lassen sich unterscheiden:

- *Starke Reize (bottom-up, unwillkürliche Auslösung von nichtbewussten automatischen und auch von bewussten Prozessen der Informationsverarbeitung durch externe Einflüsse),*
- *Interessen, Ziele, Entscheidungen, Absichten, Entschlüsse, Willen (top- down, willkürliche Auslösung durch interne Prozesse),*
- *Anziehung der Aufmerksamkeit durch neue irrelevante Reize aufgrund der Assoziationsgesetze, wie räumliche und zeitliche Nähe oder Ähnlichkeit.*
- *Reihenfolgeeffekte bestimmen, was behalten wird und deshalb für die Verarbeitung zur Verfügung steht.*
- *Gelernte hoch bewertete kognitive Schemata identifizieren und selektieren autonom, d. h. ohne Begründung und Entscheidung (top-down in der Form von Einstellungen, Vorurteilen, fixen Ideen, Ideologien).*
- *Hinweisreize (cues) in verschiedenen Formen lenken die Aufmerksamkeit (auf die Qualität oder auf die Form des Targetreizes; graphische Anzeiger, Wörter, komplette sprachliche Instruktionen, Aufgaben).*

Durch sie kann von außen bzw. durch andere Personen der Prozessor ausgelöst werden, indem der Ort, die Zeit oder der Gegenstand markiert werden, um den es geht, ein Ziel angegeben wird, z. B. Wiedergeben, oder die Aktivität beschrieben wird, die vollzogen werden soll.

Immer wird dann eine *Auszeichnung* dessen vorgenommen, um das es geht. Das ist nichts anderes als eine vorhergehende Selektion, z. B. durch den Versuchsleiter, die der Proband übernehmen kann oder auch nicht. Sie tritt mit anderen Interessen des Probanden in Konkurrenz. Daher ist der Entscheidungsprozess beim Probanden vor der Bildung seines Interesses an etwas die Eintrittsstelle für diese Information in den Regelkreis des Prozessors.

Die Aufnahme solcher äußeren Hinweisreize erfolgt sensomotorisch, auch dann, wenn es sich um sprachliche Anweisungen handelt.

Drei Beispiele für die variable Abfolge der Aktivierung der Komponenten des Prozessors
Es gibt z. B. die folgenden sequentiellen Aktivierungsmöglichkeiten des gesamten Prozessors:

Eine *automatisch erkannte Gegebenheit* im jeweils Gegebenen (*Intentionalität*) zieht das *Interesse* auf sich (wegen der Stärke der von ihr ausgehenden Reize, wegen ihrer Auffälligkeit im Verhältnis zu anderen oder wegen ihrer Neuigkeit), weshalb die Zuwendung zu ihr intensiviert wird (*Aufmerksamkeit*), diese Gegebenheit in passgerechte Einheiten aufgeteilt wird (*KAG*) und auf diese Einheiten geeignete Operationen angewendet werden (*Intentionalität*). – Wegen seines Anfangs kann man diesen Verlauf als *bottom-up* bezeichnen.

Die Entscheidung für etwas und der Wille zu etwas bilden ein selektives *Interesse*, z. B. das Interesse an Bauarbeiten am Kölner Dom. Dieses Interesse fungiert als evaluatives und kognitives Suchschema und lenkt deshalb die *Aufmerksamkeit* auf den interessierenden Bereich. Beide führen zur Aktivierung spezifischer Funktionen für die Erfassung eines *Gegenstandes*, der dem Suchschema entspricht, z. B. eines Baugerüsts (*Intentionalität*). Sobald dies erreicht ist, wird der Gegenstand durch den Wechsel der *Aufmerksamkeit* in Einheiten aufgegliedert, in denen durch Fokussierung und Konzentration genauere Unterscheidungen und Relationierungen möglich werden, z. B. noch fehlende und schon neu eingesetzte Steinblöcke in einer Wand (*Intentionalität*). Wenn sie vollzogen worden sind oder sie nicht gelingen, wird der Prozessor neu justiert. – Wegen seines Anfangs kann man diesen Verlauf als *top-down* bezeichnen.

Eine Aktivität wird *gestört*, z. B. weil eine automatisch vollzogene Fußbewegung an einen Stein stößt oder ein Suchschema keinen passenden Gegenstand finden kann oder plötzlich ein Schmerz auftritt oder sich in der Situation etwas Unerwartetes ereignet oder die Anstrengung zu groß wird etc. (automatische Zuwendung der *Aufmerksamkeit* zu einem neuen intentionalen Gegenstand). Die Bewältigung der Störung wird als vorrangig bewertet (*Interesse*). Das Interesse lenkt die *Aufmerksamkeit* auf die Störung. Die *Aufmerksamkeit* konzentriert sich auf die Störung, weil ihre Behebung vordringlich ist, was ihre Identifizierung erlaubt (*spezifische Intentionalität*). Die Kategorisierung der Störung fungiert dann als Suchschema für Aktivitäten, die die Störung beheben können (Wechsel des *Interesses*). Das führt im positiven Fall zur Aktivierung von Einheiten mit Funktionen, die dazu geeignet sind, die Störung zu beheben (*Intentionalität*). – Dies ist eine Verlaufsform, die man als *Problemlösung* bezeichnen kann.

Diese und sicher auch noch weitere Variablen sind nicht nur die Ursache für die Grade der Leistungsfähigkeit des Prozessors, sondern erlauben auch mit einer außerordentlichen Geschmeidigkeit die Anpassung an den jeweiligen Bedarf.

5. Der Prozessor generiert den Prozess des Handelns aus Orientierung und Reaktion

Die gesamte Einheit der Handlung wird durch den Prozessor der Informationsverarbeitung generiert. Dies gilt für die Ausarbeitung von Handlungsschemata, für die Wahl eines solchen Schemas durch eine Entscheidung, für den Entschluss zur Realisierung des ausgewählten Schemas, für die Ausführung der projektierten Handlung und für ihre nachträgliche Bewertung. Der Prozessor konstituiert Schritt für Schritt sowohl den Handlungsplan als auch seine Realisierung. Fuster beschreibt z. B. den Prozess der Entscheidung so:

> Given is the richness of input to the frontal cortex, it is reasonable to view any decision as a vector of converging neural influences upon it, as the resolution of competition or conflict between numerous motives and items of internal and external information. That resolution is bound to involve some selection, which in the nervous system means selective facilitation and lateral inhibition. (Fuster 1997[3], 218)

Durch den Prozessor können Informationen aus der gesamten Einheit des Organismus mit ihren Wertvalenzen zu einem Vektor verrechnet werden, der die Selektion eines bestimmten Handlungsschemas bewirkt.

Dieser Prozess der Entscheidung durch den Prozessor ist nur möglich und vollzieht sich nur so schnell, weil er in mehr oder weniger gut *organisierten und auch bereits gewerteten Wissensbeständen* navigieren kann, was Damasio so beschreibt:

> Faktisches Wissen ist kategorisiert (die Fakten, aus denen es sich zusammensetzt, sind nach fundamentalen Kriterien in Klassen organisiert, und Kategorisierung trägt zur Entscheidungsfindung bei, weil sie die Arten der Wahlmöglichkeiten, die Arten von Ergebnissen und die Verknüpfungen zwischen Wahlmöglichkeiten und Ergebnissen klassifiziert. Ferner stellt die Kategorisierung eine Rangfolge der Wahlmöglichkeiten und Ergebnisse nach Maßgabe einer bestimmten Wertvorstellung her. Wenn wir uns einer Situation gegenübersehen, können wir dank vorhergehender Kategorisierung rasch erkennen, ob eine bestimmte Handlungsmöglichkeit oder ein bestimmtes Ergebnis aller Voraussicht nach vorteilhaft ist oder inwiefern verschiedene Zufallsereignisse den Vorteilcharakter verändern können.
>
> Diese Wissensrepräsentation ist nur möglich, wenn zwei Bedingungen erfüllt sind: Erstens muß man über die Mechanismen der basalen Aufmerksamkeit verfügen, die es ermöglichen, ein Vorstellungsbild unter weitgehendem Ausschluß anderer im Bewußtsein zu halten. Neuronal gesehen hängt dies wahrscheinlich von der Verstärkung des neurona-

len Aktivitätsmusters ab, das eine bestimmte Vorstellung erzeugt, während andere neuronale Aktivitäten in der Umgebung unterdrückt werden (Anm.: vgl. M.I. Posner und S.E Petersen: »The attention system of the human brain« in: Annual Review of Neuroscience, 13, 1990, S.25 -42). Zweitens braucht man den Mechanismus eines basalen Arbeitsgedächtnisses, das einzelne Vorstellungsbilder über einen »ausgedehnten« Zeitraum von einigen hundert oder tausend Millisekunden (Zehntelsekunden bis einigen Sekunden) festhält (Anm. vgl. Goldman-Rakic: Das Arbeitsgedächtnis. 1992, S. 94). Das heißt, das Gehirn wiederholt eine Zeitlang die topographisch organisierten Repräsentationen, die die Grundlage dieser Einzelvorstellungen bilden.

Ohne Basisaufmerksamkeit und basales Arbeitsgedächtnis besteht keine Aussicht auf zusammenhängende geistige Aktivität (...) Sie sind erforderlich für den Denkprozess, in dessen Verlauf mögliche Ergebnisse miteinander verglichen werden. (Damasio 1994, 267f.)

Wenn es nicht um die Entscheidung über einen voll automatisierten Ablauf geht, z. B. „etwas aufheben", dann sind u. U. sehr viele Einzelentscheidungen erforderlich, die ihrerseits in eine Abfolge gebracht werden müssen. Dann spielt sich derselbe Prozess der Organisation einer Handlung auf einer oder mehreren ineinandergeschachtelten Metaebenen statt (Planung der Planung der Planung etc.).

Was für die Entscheidung über ein Handlungsschema gilt, gilt auch für *jeden Schritt der Konzipierung und Realisierung* einer Handlung.

Im Handlungsverlauf findet die *vertikale* Dynamik in jeder einzelnen Aktivität statt. Sie spielt sich zwischen den verschiedenen Ebenen der vertikal organisierten Schemata ab. – Die einzelnen Aktivitäten werden aber außerdem zu einer Sequenz geordnet, die von ersten externen oder internen sensorischen Inputs bis zur motorischen oder inneren Ausführung einer Handlung reicht. Dieser Verlauf ist raum-zeitlich, weshalb man ihn als *horizontale Dynamik* bezeichnen kann. – Es kann im Handlungsverlauf auch ein starker Wechsel zwischen bewusst gesetzten Zielen und unbewussten automatischen Abläufen, bewussten Kontrollen und der Behebung von Störungen stattfinden. Die vertikale und die horizontale Dynamik führen zur jeweiligen Charakteristik einer Handlung, die von schläfrig vollzogenen automatischen Handlungen bis zu hochkonzentrierten Handlungen, die für Hochleistungen erforderlich sind, reicht.

In der Dynamik des Handlungsablaufs findet auch eine Dynamik im Zusammenspiel zwischen *spezifischen Aktivitäten, Graden des Interesses und Graden der Aufmerksamkeit* statt. Gibt es z. B. bereits eine *anhaltende gespannte Aufmerksamkeit* auf etwas, dann ist die Selektion bereits durch ein Interesse für etwas erfolgt, während im Fokus der Aufmerksamkeit und auch in dessen mitaktiviertem Umfeld die *Gesetzmäßigkeiten der spezifischen Aktivitäten* bestimmen, wem sich in diesem Bereich das Interesse und die Aufmerksamkeit jeweils zuwenden.

Da die unspezifischen und auch die spezifischen Intentionen *anhaltend* sein können oder auch zu etwas anderem *hinüberwechseln* können, kann jede von ihnen der Auslöser für eine Veränderung der beiden anderen sein. So kann z. B. das unerwartete Resultat einer spezifischen Aktivität das Interesse und die Aufmerksamkeit auf sich ziehen, kann das Interesse an etwas die Aufmerksamkeit auf eine spezifische Aktivität lenken und kann die Aufmerksamkeit auf etwas zu einem Interesse an etwas und einer spezifischen Intention auf etwas in dem interessanten Gegenstand führen.

6. Allgemeine Eigenschaften des gesamten Prozessors der Informationsverarbeitung

Es gibt eine Reihe von Eigenschaften, die dem gesamten Prozessor zueigen sind und daher auch für alle einzelnen Komponenten von ihm gelten.

- *Der Prozessor ist ein selbstgeregeltes System.*

Die einzelnen Komponenten des Prozessors regeln sich gegenseitig durch ihren Beitrag zum Erreichen des Schwellenwertes der anderen. Das ist nur durch Rückmeldungen vom jeweiligen Adressaten ihrer Aktivität möglich.

Die genaue Struktur der neuronalen Regelkreise des Prozessors ist aber noch nicht bekannt.

- *Die Form des Operierens des Prozessors ist universal für alle menschlichen Gehirne und konstant in der Lebenszeit dieser Organismen, falls diese nicht durch Verletzungen oder Krankheit beeinträchtigt sind.*

Die Vielzahl der empirischen Befunde zu Komponenten des Prozessors und zu ihrem Zusammenwirken seit einigen Jahrzehnten spricht einhellig dafür, *dass* es einen solchen Prozessor gibt. Diskutiert wird nur, *wie* er genau prozessiert.

Er scheint auch bei allen Lebewesen mit Gehirn aufzutreten und ist möglicherweise sogar in irgendeiner Form universal für die Regelung von Orientierung und Reaktion bei allen Lebewesen. Am Ende unterscheidet sich der Mensch hier von allen anderen Lebewesen hauptsächlich dadurch, dass er auch noch auf diesen Prozessor reflektieren kann, weshalb er sich nicht nur seiner bewusst werden kann, sondern er ihn auch absichtlich beeinflussen kann.

So ist der Prozessor der menschlichen Informationsverarbeitung ein *Produkt der Evolution des Lebens.*

- *Jede der vier Komponenten und alle zusammen sind in der anatomischen Struktur, in ihrem neuronalen Prozessieren und in ihren psychischen Funktionen genetisch determiniert.*

Der Umfang, in dem der Prozessor auftritt, und auch das Faktum, dass er embryonal und möglicherweise auch noch nach der Geburt durch *Wachstumsprozesse* zustande kommt, sprechen dafür, dass er genetisch determiniert ist.

- *Er ist ein System.*

Deshalb haben seine Komponenten die Struktur von Teilsystemen, hat er als ganzer und haben seine Teilsysteme einen bestimmten Input und Output und erfüllen sie mit ihrem Output bestimmte Funktionen.

Es spricht sehr viel dafür, und es gibt einen hohen Konsens darüber, dass der Prozessor insgesamt eine *Selektions*-, eine *Aktivierungs*-, eine *Gedächtnisfunktion* und eine Funktion der *Generierung von Information* hat. – Nicht so klar ist, welchem Teilsystem welche Funktion zugerechnet werden muss bzw. welchen Beitrag sie zu ihr leisten und welche Funktion sie sogar nur zusammen mit einem anderen System, z. B. mit dem System für Lernen und Behalten, ausüben.

Als System ist er durch Input und Output offen für den Informationsaustausch mit seiner Umwelt. Operativ aber ist er geschlossen, weil keine seiner Operationen in ihn hineinkommt oder aus ihm heraustritt.

- *Er verfügt über eine begrenzte Kapazität und Energie (Ressourcentheorie).*

Es gibt auch einen weitgehenden Konsens darüber, dass der Prozessor nur eine *begrenzte Zahl von einzelnen Informationen* verarbeiten kann und einen zunehmend größeren Konsens, dass dafür die *Begrenzung des Umfangs der ihm insgesamt zur Verfügung stehenden Ressource an Aktionspotentialen* verantwortlich ist. Das ist keine strukturelle, sondern eine energetische Begründung der begrenzten Kapazität für die Verarbeitung von Information.

Es muss hier aber unterschieden werden, ob man an eine Ressource für den gesamten Prozessor denkt oder an verschiedene Ressourcen für jede Komponente in ihm. Für die Aufmerksamkeit ist eine Ressourcentheorie vertreten worden. Die Aufmerksamkeit liefert aber keineswegs sämtliche Potentiale für die Informationsverarbeitung.

> If either the attentional resource or capacity that limits the system of a "general purpose" type, then all tasks that require attention will draw on the same resource or compete at the same bottleneck. This is a concept of a single, general purpose, limited capacity central processor (GPLCP). According to this conception, if the GPLPC is engaged in one mental operation, such as shadowing (laute Wiederholung eines relevanten items, sobald es erscheint, in recall-Experimenten – J.G.), then it is not available for another operation, such as sight reading. (Styles 2006[2], 155)

Befunde, dass zwei Aufgaben, die Aktivitäten aus unterschiedlichen Funktionsbereichen beanspruchen, gleichzeitig gleichgut bewältigt werden können, sind nicht zwingend ein Gegenargument gegen die Annahme eines Maximums der zur Verfügung stehenden Energie des attentionalen Systems, da die Zufuhr der retikularen Aktionspotentiale zu den verschiedenen Arealen auf verschiedene Weise geregelt werden kann.

Die Zuflüsse zu unterschiedlichen Funktionsbereichen können gleichgroß sein, was offensichtlich bei jeder Form der Erhöhung der allgemeinen Erregbarkeit der Fall ist.

Erhöhte Zuflüsse zu wenigen ausgewählten unterschiedlichen Funktionsbereichen können ebenfalls gleichgroß sein, soweit die insgesamt dafür zur Verfügung stehenden Potentiale ausreichen (z. B. auf Kosten der Aktivität der nicht ausgewählten Einheiten und wenn die ausgewählten Aufgaben nicht zu schwer sind).

Die Öffnung der Zuflüsse zu zwei verschiedenen Aufgaben kann zeitlich getaktet sein, wofür die Verbesserung der Leistungen durch Strategien für die gleichzeitige Bewältigung zweier Aufgaben sprechen. Da der Wechsel sehr schnell geschehen kann, kann er unbemerkt bleiben.

Trotz solcher Möglichkeiten der Bewältigung mehrerer Aufgaben in der gleichen Zeit steht offensichtlich in der jeweiligen Zeiteinheit kein beliebig großes Quantum an

Energie zur Verfügung, was sich schnell bei zunehmender Komplexität der Aufgaben zeigt.

However, the amount of information processing that an organism can do at any one time might alternatively be conceived of as being limited by the amount of processing capacity, or processing resources, available to the organism. Human factors research, which is concerned with measuring workload, stress, noise etc. and human performance, dearly suggest that the human information processor is limited in the number and complexity of operations that can be concurrently performed and that in different circumstances task combination is more or less difficult. This difficulty might be moderated by other variables, external to the operator, such as heat or noise, or by variables internal to the operator, such as personality, lack of sleep or fear. (Styles 2006^2, 155)

Knowles (1963) proposed that the "human operator" could be thought of as having a "pool" of processing resources and that this pool was of limited capacity. If one task demands more of the resources, then there will be less of the pool available to another task. As the first task becomes more and more difficult, more and more resources will be drawn from the pool, resulting in poorer and poorer performance of the secondary task. Note here an important difference from the structural view of attention. Rather than attention being directed to one task at a time, resource or capacity theory allows for attention to be shared between tasks in a graded manner. Moray (1967) pointed out that the adoption of a capacity view of attention did away with the need to assume a Bottleneck. Interference between tasks simply arose out of the capacity demands of the tasks and this could appear at any stage in processing. (Styles 2006^2, 156)

(…) but manipulations of the input and output for the two tasks showed that in some cues tasks could be combined without cost (e.g. McLeod, 1977). Other experiments seemed to indicate that complex tasks such as sight reading for piano playing and shadowing could be combined with no apparent decrement in either task (e.g. Allport et al., 1972). These results suggested that rather than a single general purpose channel or general purpose resource, there are a variety of resources, or capacities, that are task specific, and provided that the task to be combined are not competing for the same resource or capacity, there will be no dual task interference (McLead & Posner, 1984) (…) More recent evidence suggest that in some conditions there can be perfect time sharing between tasks. (Styles 2006^2, 179f.)

Alles spricht bis jetzt dafür, dass die Ressource für den gesamten Prozessor eng begrenzt ist. Es besteht aber bis jetzt keine Klarheit über die Anteile der einzelnen Komponenten an der begrenzten Ressource und über die Art des Zusammenspiels zwischen ihnen für das Zustandekommen der jeweiligen spezifischen Aktivität. Es gibt lediglich einige Annahmen über die Verteilung der Energie auf unterschiedliche Mengen von Information, die für eine begrenzte Ressource für den gesamten Prozessor spricht.[54]

---

[54] S.a. Lukesch 2001, 63: „Die Vorteile des Modells der flexiblen Ressourcen-Allokation liegen im folgenden:
(1) Selektive Aufmerksamkeit kann entweder in frühen oder in späteren Stadien der Informationsverarbeitung auftreten (frühe Selektion, wenn die verschattete Aufgabe schwer ist, späte, wenn sie leicht ist oder wenn genügend Ressourcen zur Verfügung stehen). Die selektive Aufmerksamkeit wird also nicht mehr an einem bestimmten Punkt der Informationsverarbeitung

Je größer die Zahl der aktivierten Einheiten (Chunks), desto kleiner das Quantum der für jede von ihnen zur Verfügung stehenden Energie.

Je kleiner die Zahl der aktivierten Einheiten (Chunks), desto größer das Quantum der für jede von ihnen zur Verfügung stehenden Energie.

Je größer der Informationsgehalt der einzelnen Einheit (Chunk) oder ihrer Verknüpfung mit einer anderen, desto höher der Energiebedarf für sie.

Je größer der Umfang der zur Verfügung stehenden automatisierten Aktivitäten, desto mehr Energie steht für die nicht automatisierten unwillkürlichen und willkürlichen Aktivitäten zur Verfügung.

- *Er regelt die Ordnung zwischen den Aktivitäten der Informationsverarbeitung und die Ökonomie der Ressourcen.*

Das System hat insgesamt die Funktionen der größtmöglichen Auflösung der Information durch Unterscheiden und Verbinden, der Herstellung von Verbindungen zwischen Einheiten unterschiedlicher Größe und der zeitlichen und sachlichen Organisation von Handlungen. All dies ist nur möglich durch die gleichzeitige Hemmung aller im jeweiligen Moment irrelevanten Aktivitäten, entweder durch das Ausbleiben von Potentialen oder durch negative Potentiale.

Das sind alles Funktionen der Herstellung von Ordnung. Sobald und soweit diese Funktionen ausfallen, finden Störungen von Ordnungen statt, die sich entweder in Ausfällen einzelner Funktionen oder in der Aufhebung ihrer normalen Koordination manifestieren. Dies führt zu disfunktionalen und chaotischen Aktivitäten.

Die Ausübung dieser Funktionen erfordert genau die Menge an Energie, die für die Aktivität aller beteiligten Netzwerke erforderlich ist. Deshalb findet dort, wo der Prozessor jeweils agiert, der höchste Energieverbrauch des Gehirns statt. Da aber der Bereich des Gehirns, in dem dies geschieht, immer eng begrenzt ist, ist dies ein sparsamer Umgang mit den Ressourcen. Die größte Entlastung erfährt der Energieverbrauch des Gehirns durch die Automatisierung von Prozessen, an der nicht nur Lernprozesse, sondern auch die Erhöhung der Leitfähigkeit der Axone durch Myelinzellen beteiligt zu sein scheinen.

Werden zu große Bereiche des Gehirns durch den Prozessor aktiviert, so hat dies nicht nur Fehlleistungen, sondern auch eine schnelle Ermüdung, vollständige Blockaden oder auch einen vollständigen Zusammenbruch der Energieversorgung des Prozessors mit Bewusstlosigkeit zur Folge.

---

festgemacht. Der Zeitpunkt hängt ab von (a) den Schwierigkeiten der primären Aufgabe, (b) dem Umfang der verfügbaren Ressourcen und (c) der Allokationspolitik der Vp.
(2) Die Informationsverarbeitung muss sich nicht mehr nach festgelegten Sequenzen richten (angefangen von sensorischen Analysen, aufhörend mit semantischen). Es ist sowohl eine datengetriebene, wie auch eine konzeptuell gesteuerte Verarbeitung möglich.
(3) Das Modell wird auch Selektionen gegenüber externen und internen Stimuli gerecht. Wenn z. B. bei einer Erinnerungsaufgabe das Bewusstsein von vielen Möglichkeiten abgeschirmt wird, so ist dies durch die Modelle der frühen oder späten Selektion nicht erklärbar, sehr wohl aber mit der flexiblen Ressourcen-Allokation."

- *Er besitzt eine extrem hohe Adaptivität.*
Der Prozessor ist als System seiner Umgebung gegenüber rezeptiv und produktiv und in beiden Hinsichten konstruktiv. Er ist deshalb zwar von ihr abhängig, verarbeitet aber das, was er von ihr aufnimmt, selbständig und selbsttätig und wirkt seinerseits auf sie ein. Dadurch kann er in einem außerordentlich hohen Maße mit ihr interagieren, d. h. sich mit ihr ins Verhältnis setzen.

Indem er die Gegebenheiten seiner Umgebung mit seinen eigenen Belangen ins Verhältnis setzt, passt er sich seiner Umgebung an und diese an sich. Das ist keine einseitige, sondern eine *wechselseitige Adaptivität*.

Diese Adaptivität ist jedoch nicht nur im Hinblick auf seine Umgebung, sondern auch im Hinblick auf seine eigenen Möglichkeiten begrenzt. Sie ist nur *im Rahmen der variablen Parameter des gesamten ZNS* und damit auch des gesamten menschlichen Organismus möglich. Die Varianz dieser Parameter wird durch die Erreichung von *Schwellenwerten* geregelt. Durch sie wird letztlich bestimmt, was zur Information wird und was nicht.

– Es gibt eine große Zahl von unterschiedlichen Klassen von *Sinnesrezeptoren*, die ständig automatisch registrieren, was sie im inneren und äußeren Milieu erfassen können. Jede von ihnen kontrolliert ein Spektrum von physikalischen Qualitäten, z. B. im Bereich des Lichtes oder des Schalls, der Körpertemperatur oder des Schmerzes. – Das ist eine strikte Reduktion der physikalischen Welt und auch des inneren Milieus, weil nur das zugänglich ist, wofür es Rezeptoren gibt. Dies ist bei den verschiedenen Arten von Lebewesen unterschiedlich. – (qualitative und quantitative Varianz der Stimuli)
– Was die Rezeptoren aufnehmen, wird automatisch zu einer sehr großen Zahl von *Sinneseindrücken (Perzepten)* verarbeitet, ohne dass sie uns bewusst werden. – (qualitative und quantitative Varianz der nicht bewussten Perzepte)
– Das *unwillkürliche Auftreten von bewussten Perzepten* ist abhängig von der erlebten Stärke und Dauer der Stimuli. Eine Differenz in der Reizstärke der vorbewussten Stimuli löst eine automatische Selektion aus. – (Varianz der Reizstärke)
– Eine *willkürliche Selektion von Perzepten* durch die schon ausgebildeten kognitiven Schemata, durch Interesse und durch Aufmerksamkeit führt zu bewusster Wahrnehmung. – Das ist eine Selektion durch zusätzliche Potentiale aus *übergeordneten kognitiven Schemata*, aus dem *Wertungssystem* und aus dem System der *Aufmerksamkeit*. (Variation der Gesamtstärke der Potentiale von zentralen Systemen des ZNS, die zu den Potentialen der spezifischen Systeme hinzukommen)
– Was aus den vorbewussten Aktivitäten bewusst wird, hängt von der Varianz der jeweils aktivierbaren spezifischen Aktivitäten, des Interesses, der Aufmerksamkeit und des KAG ab. – (*Innere Varianz der drei Komponenten*)
– Die *Wiederholung* dieses Vorgangs bei jedem Schritt der Verarbeitung des bewusst Wahrgenommenen im Millisekundenbereich führt von der Unterscheidung und Verbindung von *Wahrnehmungen* zur Unterscheidung und Verbindung von *Begriffen* bis zu komplexen *Theorien* und *Handlungszusammenhängen*.
– Die *Wiederholung* dieses Vorgangs führt auch im Handlungsverlauf im Millisekundenbereich zu großer Adaptivität.

- Jede der vier Komponenten und alle zusammen generieren nicht nur neue Information (Lernen) und deren Behalten, sondern sie verändern sich auch selbst durch Lernen und Behalten.
- Jede der vier Komponenten und alle zusammen sind *beeinflussbar durch das jeweilige Milieu*, insbesondere durch das gesellschaftliche (Sozialisation) und durch direkte Instruktion (Erziehung).

Damit wird von der jeweiligen natürlichen, kulturellen und gesellschaftlichen Umgebung und von der intendierten sozialen Beeinflussung nicht nur mitbestimmt, was von dem Prozessor jeweils an Information generiert werden kann, sondern auch, wie sich die Arbeit des Prozessors selbst entwickelt.

- *Innerhalb der gattungsallgemeinen Funktionalität des Prozessors gibt es in der Ausprägung und im Zusammenspiel seiner variablen Dimensionen einen großen Spielraum für individuelle Differenzen.*

Diese Differenzen beruhen einerseits auf genetisch determinierten Stärken und Schwächen jeder einzelnen Funktion und andererseits auf Lern- und Behaltensprozessen einschließlich ihrer Beeinflussung durch Fremdeinwirkungen oder durch Selbsterziehung bei jedem Individuum. Aus diesen Einflüssen resultiert die individuelle Entwicklung des Prozessierens des Prozessors.

Im Einzelfall des Gelingens oder Misslingens einer Aktivität sind die Anteile der genetischen Determination und der Entwicklung durch Lernen und Behalten nicht voneinander zu unterscheiden, weil sie immer nur zusammen zu bestimmten Aktivitäten führen. Außerwissenschaftlich lassen sich nur aufgrund von langfristigen Beobachtungen Vermutungen über ihren Anteil aufstellen, weil die genetische Determination in höherem Maße konstant (irreversibel) zu sein scheint als die Veränderungen durch Lernen und Behalten. Gegen diese Möglichkeit der Unterscheidung ihrer Anteile spricht jedoch auch einiges, insbesondere dass auch das optimal Gelernte und Behaltene so dauerhaft sein kann, als wäre es angeboren.

Aufgrund dieser allgemeinen Merkmale ist der Prozessor der menschlichen Informationsverarbeitung ein außerordentlich bewegliches Instrument für die Bewältigung der jeweiligen Situation. Er ermöglicht es, Information aus der äußeren und inneren Welt bottom-up und top-down automatisch zu generieren und dann nach Bedarf zu verarbeiten, großflächig und grob oder punktuell und fein und außerordentlich schnell. Dabei kann er nicht nur die Intensität der Verarbeitung, sondern auch die Art ihrer Verarbeitung in den Grenzen seiner Möglichkeiten willkürlich variieren.

Dies ist eine Beschreibung *der Struktur des Prozesses*, der zu intentionalen Gegenständen führt und nicht nur eine Beschreibung der *intentionalen Struktur des Bewusstseinsaktes*, die aus diesen Prozessen resultiert. Diese Prozessbeschreibung ist nur dadurch möglich geworden, dass der Ort und die Zeit der beteiligten Aktivitäten gemessen werden können. Deshalb ist die Genauigkeit und Zuverlässigkeit der Beschreibung dieses Prozesses von der Entwicklung der Messmethoden abhängig.

Über den genauen Mechanismus dieser Prozesse gibt es bis jetzt eine Reihe von allgemeinen Annahmen über das ZNS. So wird z. B. allgemein angenommen, dass alle Prozesse neurologisch aus Aktionspotentialen bestehen und dass auch ihre gegenseitige Beeinflussung durch Aktionspotentiale geschieht, weil sie z. B. durch Rückkopplungsschleifen miteinander verbunden sind, sowie dass sich Aktionspotentiale nach physikalischen Gesetzen miteinander verbinden (verrechnen) lassen. Das ergibt ein homogenes Geschehen trotz unterschiedlicher Funktionen.

Es gibt aber auch schon zunehmend mehr Befunde über einzelne Bereiche des ZNS, wie die hier vorgetragenen Befunde über den Prozessor der Informationsverarbeitung zeigen.

Wie aber die Verbindung zwischen den Neuronen der einzelnen Funktionsbereiche, d. h. wie die synaptischen Kopplungen zwischen den Präsynapsen der Axone und den Postsynapsen auf den Dendriten und dem Soma des aufnehmenden Neurons in den verschiedenen Funktionsbereichen tatsächlich aussehen, wissen wir noch nicht, weil wir noch keine Methode haben, die es uns erlaubt, sie sämtlich in vivo zu beobachten. Auch die einzelnen Prozesse zwischen komplexen Netzwerken sind noch kein möglicher Untersuchungsgegenstand für uns, selbst in Tierversuchen nicht.

VII. Lernen und Behalten sind einerseits Bedingungen für das Prozessieren des Prozessors und andererseits Resultate seines Prozessierens

Da der Prozessor auf der automatisch generierten Information operiert, operiert er sowohl auf der jeweils von den Rezeptoren über das äußere und innere Milieu gelieferten Informationen als auch auf allen bereits verfügbaren kognitiven Schemata, durch die diese Informationen identifiziert und in die sie integriert werden.

Diese Schemata aber sind neuronal bis auf die spinalen Reflexe *erworbene Aktivitätsmuster*. Sie sind aus den angeborenen reflexiven Reiz-Reaktionsverbindungen durch Lernen und Behalten entwickelt worden. Somit ist das Prozessieren des Prozessors abhängig von dem, was bereits erworben und behalten worden ist.

Da der Prozessor andererseits neue Information generiert, die langfristig behalten wird, sind Lernen und Behalten auch abhängig vom Prozessieren des Prozessors.

Das ist ein Zyklus, in dem *der Prozessor die Voraussetzungen für sein künftiges Prozessieren selbst verändert*, indem er sie durch Hinzufügung von neuen Unterschieden und Relationen modifiziert.

Wenn aber Lernen und Behalten einerseits Voraussetzung, andererseits aber Resultate des Prozessierens des Prozessors sind, könnte man sie als Input und Output dem Prozessor selbst zuschreiben. – Da aber dieser Input und dieser Output zwar ohne den Prozessor nicht zustandekämen, sie aber andererseits durch das System für Lernen und Behalten erzeugt werden, kann man sie auch diesem System zuschreiben.

Ich habe mich für die zweite Möglichkeit entschieden, weil nur dann, wenn man zwei verschiedene Systeme annimmt, von einem *Zusammenwirken* zwischen dem *Prozessor der Informationsverarbeitung* und dem *Lern- und Gedächtnissystem* gesprochen werden kann, was der Sachlage am besten entspricht.

Wie das Gelernte und Behaltene einerseits das Prozessieren des Prozessors bedingt und wie andererseits das Prozessieren des Prozessors zu Lernen und Behalten führt, kann man sich aber nur dann vorstellen, wenn man die Prozesse des Lernens und Behaltens so genau wie möglich kennt.

Es folgt deshalb zuerst eine möglichst knappe Darstellung der derzeitig vorliegenden neuropsychologischen Befunde und vorherrschenden Annahmen über Lernen und Gedächtnis.

Der Neuropsychologie ist es gelungen, unterschiedliche neuronale Korrelate für ein *kurzzeitiges* und für ein *langzeitiges* Behalten aufzuweisen. Damit sind keineswegs alle Fragen nach dem Gedächtnis beantwortet, aber es sind schon zwei Formen, Arten oder Modi des Gedächtnisses neurologisch exakt nachweisbar.

Trotzdem ist die Zeitdauer dieser beiden Gedächtnisse bis jetzt nicht exakt messbar. Es gibt keine Daten über ihr Maximum noch Mittelwerte über sie. Bezeichnender Weise wird das erste Gedächtnis, das bis zu mehreren Stunden anhalten kann, nicht als kurzzeitiges Gedächtnis, sondern zur Unterscheidung vom Ultrakurzzeitgedächtnis und vom Kurzzeitgedächtnis als long term memory bezeichnet, obwohl es vom darüber hinausgehenden langzeitigen Behalten unterschieden wird.

Es ist deshalb nicht ausgeschlossen, dass es ein Kontinuum des zunehmenden Behaltens gibt, das durch die Häufigkeit der Aktivierung der betreffenden Aktivitäten zustande kommt. Die Zäsuren ergeben sich dann erst aus den in bestimmten Situationen (unter bestimmten Bedingungen) gemessenen Werten.

Die beiden von der Neurologie bis jetzt unterschiedenen Formen des Gedächtnisses treten nämlich erst dann auf, wenn *eine neue neuronale Aktivität mit einer bestimmten Häufigkeit wiederholt* worden ist.

Damit setzen diese beiden Formen des Gedächtnisses voraus, dass schon etwas *gelernt* worden ist. Deshalb kann nicht über Gedächtnis gesprochen werden, ehe nicht über *Lernen* gesprochen worden ist. Für Behalten gibt es eben die notwendige Voraussetzung, dass es schon etwas Neues gibt, das behalten werden kann.

1. Neuropsychologische Annahmen über Lernen

Lernen findet in denjenigen Nervenzellen statt, die durch Synapsen miteinander verbunden und außerdem gleichzeitig aktiv sind (zu Neuron und Synapse s. das IV. Kapitel). Auf diese Weise entsteht durch die Verknüpfung zweier unterschiedlicher neuronaler Aktivitäten eine neue Aktivität. Dies hat der Psychologe Donald O. Hebb schon 1949 vermutet und als Koaktivität bezeichnet. Diese Vermutung ist seitdem nicht nur vielfach bestätigt, sondern auch zunehmend genauer belegt worden, so dass sie heute mit wenigen Ausnahmen die allgemein herrschende Meinung in der Neuropsychologie ist (s. dazu Kandel 2007; Grzesik 2002a).

Dieser Prozess der Koaktivität zwischen bestimmten Nervenzellen hat die folgende Form:

Jedes Neuron erzeugt dadurch, dass es sein Aktionspotential, sein „Signal", über sein Axon zu einem anderen Neuron leitet, zwischen dem Ende seines Axons, der Präsynapse, und der Kopplungsstelle des anderen Neurons, der Postsynapse, einen elektrochemischen Prozess, durch den in der anderen Zelle ein elektrisches Potential entsteht, das dem Aktionspotential der ersten Zelle in etwa entspricht.

Dieses Potential reicht aber keineswegs dazu aus, die andere Nervenzelle dazu zu bringen, seinerseits zu feuern, weil es sich auf seinem Weg von der Postsynapse zum Axonhügel der Zelle stark abschwächt und weil viele Potentiale von weiteren Zellen zusammenkommen müssen, bis die Schwelle erreicht wird, durch die das Aktionspotential dieser Zelle ausgelöst wird.

Dieser Prozess der „Signalübertragung" von einem Neuron zu einem anderen Neuron ist immer der gleiche.

Lernen findet aber erst dann statt, wenn das andere Neuron seinerseits so viele Potentiale von anderen Zellen erhält, dass es zu gleicher Zeit mit dem eben beispielhaft beschriebenen Neuron oder auch mit weiteren Neuronen „feuert". Dann sind die Aktionspotentiale dieser beiden Neuronen *Teile ein und desselben Aktivitätsmusters*. Auf diese Weise werden bereits gebildete Aktivitätsmuster verändert bzw. mehr oder weniger neue *Aktivitätsmuster jeder Größe* gebildet. Lernen hat danach seinen *Ort* in den Synapsen von koaktiven Nervenzellen.

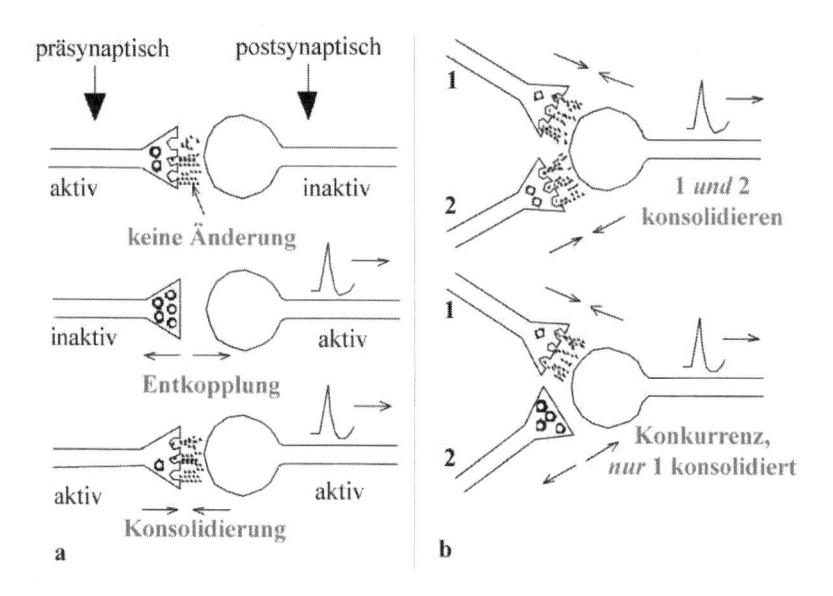

Abb. 14 - Modellvorstellung zur aktivitätsabhängigen Modifikation von synaptischen Verbindungen im visuellen System. **a** Synaptische Modifikationsregeln. Keine Änderung, wenn die präsynaptische Zelle aktiv und die postsynaptische Zelle inaktiv ist. Synaptische Destabilisierung, wenn die postsynaptische Zelle aktiv und die präsynaptische Zelle inaktiv ist. Synaptische Konsolidierung, wenn die präsynaptische und die postsynaptische Zelle gleichzeitig aktiv sind. **b** Selektive Stabilisierung von konvergenten Inputsynapsen tritt auf, wenn sie zeitlich korreliert aktiv sind. Konkurrenz zwischen den konvergenten Inputsynapsen tritt auf, wenn sie zeitlich nichtkorreliert aktiv sind. („Konsolidierung" und „Stabilisierung" beinhalten beide sowohl den Prozess des Lernens als auch den Prozess des Behaltens – J.G.). (Reichert 1990, 354) – Abbildung: Bohmeier Verlag (Gestaltung nach einer Vorlage vom Georg Thieme Verlag, Stuttgart, 1990).

Nun entspricht aber die soeben von mir beschriebene Struktur *dieses neuralen Ereignisses im ZNS* der Struktur der *psychischen Operation* einer neuen Unterscheidung und Verbindung von Einheiten, wie z. B. bei der Addition, im Sinne von Piaget, (s. Grzesik 2002a) oder von Georg Spencer-Brown (s. Kapitel IV), weil *voneinander unterschiedene Muster aus Aktivitäten, die Piaget Aktionsschemata nennt, erstmalig miteinander zu einem neuen Aktionsmuster verbunden werden.*

Wegen dieser Strukturgleichheit könnten die Operationen als psychische Prozesseinheiten mit den Koaktivitäten als neuronalen Prozesseinheiten korrelieren. Gleichzeitiges psychisches Unterscheiden und Verbinden sowie gleichzeitige und miteinander verbundene neuronale Aktivität würden dann zusammen eine einzige neuropsychische Prozesseinheit bilden. – Piaget hat 1971 selbst auf die Korrelation zwischen kognitiven Operationen und neuronaler Aktivität hingewiesen.

> We are studying the achievement of these structures in the adolescent and their development during childhood, and they seem to give some hope of coordination between psychology and neurology. It is evident that such general structures are based on the activity of the brain. (Piaget 1971, 32 f.)

Die tatsächlichen Lernprozesse aber bestehen nicht aus der Koaktivität zwischen *einzelnen* Neuronen, sondern aus der Koaktivität zwischen *vielen* Neuronen in verschiedenen neuronalen Netzen.

Wenn wir z. B. beim Lesen *ein geschriebenes Wort laut aussprechen*, sind Neuronen in visuellen sensorischen neuronalen Netzwerken und in motorischen Netzwerken für unseren Sprechapparat (Mund und Kehlkopf) gleichzeitig aktiv. Diese Verbindung muss gelernt werden. Man kann dies auch so beschreiben, dass Neuronen mit unterschiedlicher Information reziprok miteinander gekoppelt werden, was Edelman in Abb. 15 graphisch dargestellt hat. Wie die Sensorik und Motorik so können auch alle unterscheidbaren psychischen Funktionen miteinander verbunden werden.

Lernen als Erwerb (Akquisition) besteht deshalb immer aus funktionsspezifischen Aktivitäten und deren Kombination zu weiteren Aktivitäten, die wiederum funktionsspezifisch sind, weil durch diese Kombination eine neue Funktion entsteht, z. B. die eines Wortes aus Sprachlauten oder Schriftzeichen und Wortbedeutungen, d. h. Begriffen. Die unterschiedliche Struktur der verschiedenen Funktionsbereiche ergibt dann unterschiedliche Strukturen des Gelernten.

Wenn die Veränderung durch Lernen *in koaktiven Synapsen* stattfindet, dann folgt daraus für Lernen ganz allgemein:

- *Es gibt im Gehirn kein einzelnes Organ für Lernen an einem bestimmten Ort, sondern es gibt unzählbar viele Synapsen im gesamten Gehirn, die koaktiv sein können, weshalb in ihnen Lernen stattfinden kann. Das ist sowohl in einzelnen anatomischen Einheiten, wie Lappen, Kernen, Säulen etc. als auch zwischen solchen Einheiten möglich, und es geschieht an den zahlreichen Synapsen an den Dendriten und am Soma des Neurons. Damit ist die Kapazität für Lernen nicht nur außerordentlich groß, sondern auch sehr vielgestaltig (z. B. alle Verbindungen zwischen gleichen und unterschiedlichen Teilfunktionen).*
- *Die neu gebildeten funktionsspezifischen Einheiten werden keineswegs nur additiv angehäuft (assoziativ verbunden), sondern sie werden an die bereits verfügbaren Aktivierungen von Teilfunktionen als neue Aktivierungen angeschlossen, ja regelrecht mit ihnen „verklammert". So führt z. B. in der deutschen Sprache die Differenzierung von Subjekt und Prädikat durch weitere Satzteile vom einfachen Satz Schritt für Schritt zum erweiterten Satz mit seinen neuen Funktionen.*
- *Lernen geschieht wegen der parallelen Anordnung und der gleichzeitigen Aktivität der funktionsspezifischen Netzwerke an vielen Stellen des neuropsychischen Systems gleichzeitig. Es können deshalb dem „Gewebe" des jeweiligen Aktionsmusters, das sich über mehrere Funktionsbereiche erstrecken kann, gleichzeitig an etlichen Stellen neue „Maschen" hinzugefügt werden, durch die das bisherige „Gewebe" einen anderen Zuschnitt bekommt.*

Dann aber ist das jeweils neu Gelernte auch keine bloße additive Zutat zu einer funktionsspezifischen Einheit, sondern es werden jetzt Einheiten gebildet, durch die die bisherige Organisation von Einheiten im jeweiligen Funktionsbereich und damit auch die Organisation im gesamten ZNS geändert wird, wodurch *neuartige Funktio-*

nen entstehen. Das ist das Resultat der *Kombinatorik* aus bereits verfügbaren Operationen mit Teilfunktionen.

```
                            ┌─────────────┐
                            │    INPUT    │
                            └──┬───────┬──┘
                               │       │
              ┌────────────────▼─┐   ┌─▼────────────────┐
              │ Merkmalsdetektor │   │ Merkmalskorrelator│
              │  (Abstraktion 1) │   │  (Abstraktion 2)  │
              └────────┬─────────┘   └─────────┬─────────┘
                       │   reziproke Kopplung  │
              ┌────────▼─────────┐   ┌─────────▼────────┐
              │     Karte 1      │◄──┤     Karte 2      │
              │                  ├──►│                  │
              └──────────────────┘   └──────────────────┘
```

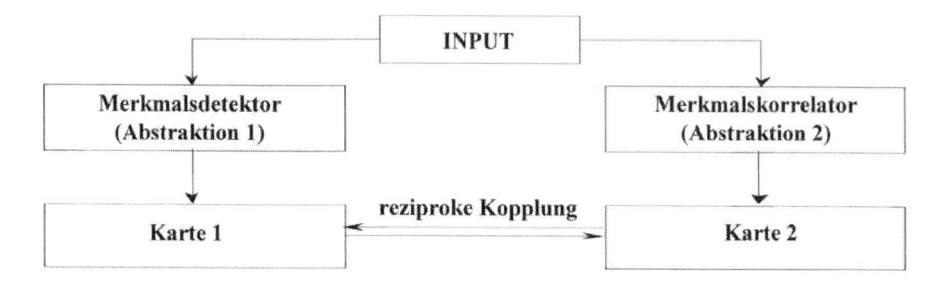

Abb. 15 – Globale Karten. – Ein Klassifikationspaar, das dank reziproker Kopplung in Echtzeit arbeitet. Der Input wird abhängig von zwei Netzwerken erfasst, von denen das eine die Merkmalsdetektion und das andere die Merkmalskorrelation (die zusammen die Wahrnehmung einer einzelnen Gegebenheit ergeben – J.G.) durchführt. Selektierte, auf höheren Ebenen abgebildete Reaktionen tauschen über wechselseitige Verbindungen zwischen kartierten Gebieten Signale aus. (Edelman 1995, 132). – Abbildung: Bohmeier Verlag (Gestaltung nach einer Vorlage vom R. Piper GmbH & Co. KG., München 1995).

- *Lernen ist danach kein exklusives oder insuläres oder auf einzelne psychische Funktionen oder auf bestimmte Lebensbereiche und Lebenszeiten beschränktes Ereignis, sondern es besteht aus einer unbestimmbar großen Zahl von Veränderungen in der gesamten Aktivität des Menschen während seines ganzen Lebens.*

Lernen im Sinne des Erwerbs einer neuen koaktiven bzw. operativen Einheit ist somit der grundlegende Prozess der Selbstveränderung des Menschen. Da jede Aktivität eines Neurons durch die Summe der bei ihm eintreffenden Aktionspotentiale ausgelöst wird, entstehen neue Koaktivitäten nur durch das Zusammenwirken zwischen Nervenzellen. So verändert das System sich selbst. Dazu ist keine übergeordnete Instanz im ZNS erforderlich, die diese Veränderung hervorbringt, sondern sie ist eine Resultante des Zusammenspiels zwischen Teilen des ZNS. Jede Veränderung besteht aus neuen Koaktivitäten.

Tatsächlich lassen unsere Studien über die Beziehungen zwischen der Sensitivierung (leichtere Aktivierbarkeit von Neuronen – J.G.) und klassischer Konditionierung (bedingter Reflex nach Pawlov – J.G.) darauf schließen, dass Lernen darin besteht, verschiedene elementare Formen synaptischer Plastizität zu neuen und komplexen Formen zu kombinieren, etwa die, wie wir mit Hilfe eines Alphabets Wörter bilden. (Kandel 2006[2], 227)

Nur diejenige Veränderung, die vollzogen worden ist, kann unter bestimmten Bedingungen auch behalten werden. Voraussetzung für die „Merkfähigkeit (retention)" ist, dass es schon eine Veränderung gibt, die gemerkt werden kann. (Kupfermann 1996, 361).

Nur dann, wenn man im Alltag von Lernen im umfassenden Sinne des dauerhaften Neuerwerbs spricht, umfasst der Begriff des Lernens auch die Gedächtnisprozesse, die zum Behalten führen.[55]

2. Neuropsychologische Annahmen über das Gedächtnis

Die alltägliche Erfahrung sagt uns, dass Behalten vom Üben abhängt, d.h. von der Wiederholung des erstmalig Vollzogenen. Genau das hat auch Ebbinghaus in seinen ersten empirischen Untersuchungen des Gedächtnisses bestätigt gefunden (Ebbinghaus 1885). Dass wir etwas behalten haben, erfahren wir als prompte Aktivierbarkeit einer gelernten Einheit. – Wir können aber durch Selbsterfahrung nicht erkennen, wie dies zustande kommt. So haben wir vor den neuropsychologischen Entdeckungen nicht gewusst, dass das Behalten durch besondere Prozesse zustandekommt, die durch die Zahl der Wiederholungen einer erstmalig vollzogenen Aktivität ausgelöst werden.

Kurzzeitiges Gedächtnis

Ein erster solcher Prozess ist die von der Neurologie beobachtete sogenannte Langzeitpotenzierung. Er ist aufgetreten, als auf mehrere Neuronen gleichzeitig eine Reihe von elektrischen Impulsen gegeben worden ist. Durch diesen Prozess bleiben Neuronen, die wiederholt koaktiv waren, noch über die Zeit dieser Erregung hinaus aktiv, was bis zu einigen Stunden dauern kann.

Dieser neuronale Prozess korreliert mit dem psychischen Phänomen des *kurzfristigen Behaltens*, das wir in jeder Handlung kleineren und auch größeren Umfangs psychologisch beobachten können. Wir behalten bei der Ausführung jeder Handlung zumindest ihr Ziel. Wenn wir das Ziel vergessen, bricht entweder die automatisch ausgeführte Handlung ab oder die Automatismen laufen ohne Ziel nach ihren eigenen Gesetzmäßigkeiten weiter und führen zu ungewünschten oder sogar zu gefährlichen Resultaten.

Der Prozess der Langzeitpotenzierung (LZP) findet genauso wie das Lernen *in den Synapsen von koaktiven Nervenzellen* statt. Er ist nämlich *an Lernen gebunden*, weil er ein Prozess ist, der erst nach einer mehrfach *wiederholten Koaktivität bei den an ihr beteiligten Zellen* ausgelöst wird. Durch ihn wird dann autonom, d.h. autoregulativ, die Aktivität der koaktiven Zellen über die Zeit hinaus, in der sie von anderen Zellen erregt werden, aufrechterhalten.

---

[55] Kandel 2006[2], 335: „O'Keefe und andere hatten herausgefunden, dass die räumliche Karte selbst eines einfachen Schauplatzes nicht augenblicklich angelegt wird, sondern erst zehn oder fünfzehn Minuten, nachdem die Ratte in eine neue Umgebung gekommen ist, was darauf schließen lässt, dass die Bildung der Karte ein Lernprozess ist. Übung macht den Meister gilt auch für den Raum. Unter optimalen Bedingungen bleibt diese Karte über Wochen oder sogar Monate stabil, ganz so wie ein Gedächtnisprozess."
(Kandel spricht hier zwar gesondert von „Lernprozess" und „Gedächtnisprozess", der durch Übung ausgelöst wird. die beiden Prozesse können aber in dem von ihm beschriebenen Versuch nicht auseinandergehalten werden, weil sie in der psychologisch beobachteten Verhaltensänderung nicht unterscheidbar sind, sondern nur als Behalten des Gelernten registriert wird.)

Er (der NMDA-Rezeptor – J.G.) gestattet Calciumionen nur dann, durch den Kanal zu fließen, wenn er das gleichzeitige Auftreten, die „Koinzidenz", zweier neuronaler Ereignisse entdeckt – das eine präsynaptisch und das andere postsynaptisch. Das präsynaptische Neuron muss aktiv sein und Glutamat ausschütten, und der AMPA-Rezeptor in der postsynaptischen Zelle muss gleichzeitig Glutamat binden und die Zelle depolarisieren. Nur dann werden die NMDA-Rezeptoren aktiv und lassen Calcium in die Zelle einströmen und so die Langzeitpotenzierung auslösen. Interessanterweise hatte der Psychologe D.O. Hebb bereits 1949 vorausgesagt, dass beim Lernen eine Art neuronaler Koinzidenzdetektor im Gehirn im Spiel sein müsse: „Wenn ein Axon von Zelle A .... Zelle B erregt und wiederholt oder dauerhaft an deren Aktivität teilnimmt, findet eine Art Wachstumsprozess oder Stoffwechselveränderung in einer oder in beiden Zellen statt, wodurch sich As Effizienz erhöht." (Kandel 2006[2], 310)

Was wir als kurzzeitiges Behalten erfahren, besteht demnach *nicht aus dem Zugriff auf einen Speicher*, sondern daraus, dass die gelernten Aktivitäten dann, wenn sie nach kurzer Zeit wieder gebraucht werden, noch aktiv sind und deshalb *leicht und schnell in Anspruch genommen werden können*. Die Ursache dafür ist, dass sie durch einen besonderen Mechanismus noch für einige Zeit aktiviert werden. Dieser Effekt wird manchmal als *Verstärkung*, manchmal als *Konsolidierung*, manchmal als *Stabilisierung* beschrieben, manchmal aber auch als *Speichern*.

Da sie noch aktiviert sind, braucht der Prozess ihrer Aktivierung, der beim Lernen stattgefunden hat und der u.U. viel Zeit in Anspruch genommen hat, schwierig und anstrengend gewesen ist, nicht mehr stattzufinden.

Mit dem kurzzeitigen Behalten ist aber die schnelle und leichte *Inanspruchnahme der neu erworbenen Einheit in jedem künftigen Bedarfsfall* noch nicht gewährleistet. Durch eine Reihe von *Wiederholungen in der gleichen Situation und Handlung* wird nämlich nur erreicht, dass die neue Aktivität während einer kurzen Zeit *in dieser Situation und Handlung* leicht und schnell aktivierbar ist. – Deshalb sind außer der sogenannten LZP noch weitere Prozesse erforderlich, die die *schnelle und leichte Inanspruchnahme der neuen Einheit in jedem künftigen Bedarfsfall* ermöglichen.

Damit sie über eine kurze Zeit hinaus *für lange Zeit* leicht und schnell verfügbar sind, bedarf es zunächst noch eines *zweiten Behaltensprozesses*.

Das Kurzzeitgedächtnis ruft durch Stärkung oder Schwächung bestehender Verbindungen eine Veränderung in der Funktion der Synapse hervor; das Langzeitgedächtnis erfordert anatomische Veränderungen. Wiederholtes Sensitivierungs-Training (Übung) veranlasst Neurone, neue Endigungen auszubilden und so die Voraussetzung für das Langzeitgedächtnis zu schaffen, während die Habituation (Gewöhnung an etwas – J.G.) die Neurone dazu bringt, vorhandene Endigungen wieder abzubauen. (Kandel 2006[2], 237)
Ein Kurzzeitgedächtnis, das Minuten anhält, wird – durch einen Konsolidierungsprozess, der auf der Synthese neuer Proteine beruht – in ein Langzeitgedächtnis von Tagen, Wochen und noch längerer Dauer umgewandelt. (Kandel 2006[2], 234)[56]

---

[56] Kandel 2006[2], 283: „Die Erkenntnis, dass die Genfunktion gemäß den Umweltbedürfnissen durch Signalmoleküle außerhalb der Zelle (Signale sekundärer Botenstoffe wie cAMP) herauf- und heruntergeregelt werden kann, war eine sensationelle Neuigkeit für mich. Sie veranlasste mich, die Frage, wie das Kurzzeitgedächtnis ins Langzeitgedächtnis überführt wird, in molekularen Begriffen neu zu formulieren. Jetzt lautete sie: Wie sind Regulatorgene beschaffen, die auf

Langfristiges Gedächtnis

Somit findet auch der neuronale Prozess, der mit dem psychischen Phänomen des Langzeitgedächtnisses (LTM) korreliert, *in koaktiven Neuronen* statt. Auch er setzt nämlich voraus, dass sowohl das Neuron, zu dem die Präsynapse gehört, als auch das Neuron, zu dem die Postsynapse gehört, gleichzeitig aktiv sind, also *Koaktivität und damit Lernen* stattfindet. Außerdem setzt er die LTP voraus. Er wird erst dann ausgelöst, wenn ein *Schwellenwert überschritten* wird, weil weitere Wiederholungen der Koaktivität stattgefunden haben. – Es treten deshalb LTP und LTM am *selben Ort* und *im selben Prozess* auf, jedoch nur *nacheinander und nach zusätzlichen Wiederholungen*.

> Wir fanden heraus, dass eine kurze Serotonininjektion die synaptische Verbindung zwischen dem sensorischen und motorischen Neuron einige Minuten lang verstärkte, indem sie die Glutamatausschüttung durch die sensorische Zelle erhöhte. Wie beim intakten Tier ist diese Kurzzeitverstärkung der synaptischen Stärke eine funktionelle Veränderung. Sie beruht nicht auf der Synthese neuer Proteine. Im Gegensatz dazu stärken fünf einzelne Serotonininjektionen, die fünf Schwanzschocks simulieren sollten, die synaptische Verbindung tagelang und führten zur Ausbildung neuer synaptischer Verbindungen - einer anatomischen Veränderung, die auf der Synthese neuer Proteine beruhte. (Kandel 2006[2], 280f.)
>
> Wie Carew, Castellucci und ich feststellten, werden die gleichen synaptischen Verbindungen zwischen sensorischen und motorischen Neuronen, die bei der kurzzeitigen Habituation und Sensitivierung modifiziert werden, auch bei der langfristigen Habituation und Sensitivierung verändert (…) In den einfachsten Fällen kann also offenbar ein und dieselbe Region sowohl Kurz- als auch Langzeiterinnerungen speichern – und zwar für verschiedene Lernformen. (Kandel 2006[2], 235)

Die Voraussetzung für die Überführung eines Kurzzeitgedächtnisses in ein Langzeitgedächtnis ist eine *größere Zahl von Wiederholungen*, und die Dauer des Behaltens wird außerdem noch durch die Aufteilung der Wiederholungen *in kleinere Übungseinheiten, zwischen denen es größere Pausen gibt*, beträchtlich erhöht.

> Wie Carew und ich feststellen, ist das Langzeitgedächtnis bei der *Aplysia* wie beim Menschen auf wiederholte Übung angewiesen, die von Ruhepausen unterbrochen wird. Als wir vierzig Reizungen hintereinander darboten, kam es zu einer Habituation der Kiemenrückziehung, die nur einen Tag lang anhielt, doch zehn Reize täglich vier Tage lang riefen eine Habituation von vierwöchiger Dauer hervor. Legten wir zwischen die Übung Ruhepausen, steigerten wir die Fähigkeit der *Aplysia*, Langzeiterinnerungen einzuspeichern. (Kandel 2006[2], 213)

Die erforderliche Anzahl von Aktionspotentialen für diesen Übergang kann aber auch in kurzer Zeit zusammenkommen, wenn eine sehr große Zahl von Zellen ihr Aktionspotential in dieser Zeit an die koaktiven Zellen schickt, was als intensives Erleben erfahren wird.

---

eine bestimmte Form des Lernens reagieren, das heißt, auf Hinweisreize aus der Umwelt? Und wie machen diese Regulatorgene aus einer kurzfristigen Veränderung, die für eine bestimmte Kurzzeiterinnerung entscheidend ist, eine langfristige synaptische Veränderung, die für eine bestimmte Langzeitveränderung vonnöten ist."

Doch auch ein hochemotionaler Zustand – etwa nach einem Autounfall – kann im Prinzip die normalen Schranken des Langzeitgedächtnisses überwinden. In einer solchen Situation werden so viele MAP-Kinasemoleküle so rasch in den Zellkern geschickt, dass sie alle CREB-2-Moleküle inaktivieren, dadurch die Aktivierung von CREB-1 durch Proteinkinase erleichtern und das Erlebnis direkt ins Langzeitgedächtnis einspeichern. (Kandel 2006[2], 289)

In jedem Fall der Erzeugung eines Langzeitgedächtnisses wird durch das *Quantum der Aktivierung* ein komplizierter Prozess in den beteiligten Neuronen ausgelöst, in dem bestimmte Gene im Genom des Zellkerns der Neuronen eine Gen-expression auslösen, durch die ein spezifisches Peptid (Eiweißmolekül) produziert wird. Dieses Peptid führt, wiederum durch einen komplizierten Prozess, zu neuen synaptischen Verbindungen, die dauerhaft für eine schnellere Erreichung der Schwelle für die Auslösung des Aktionspotentials der Zelle sorgen, weil sie die Geschwindigkeit der Depolarisierung des empfangenden Neurons erhöhen.

Für die Auslösung der Genexpression muss aber wie bei der LTP eine Schwelle überschritten werden.

Da Menschen sich nicht an alles erinnern, was sie gelernt haben – was sich wohl auch niemand wünschen würde – , ist es klar, dass die Gene, welche die Suppressorproteine codieren, eine hohe Schwelle für die Umwandlung von Kurz- in Langzeiterinnerungen errichten. Aus diesem Grund erinnern wir uns auf lange Sicht nur an bestimmte Ereignisse und Erfahrungen. Die meisten Dinge vergessen wir einfach. (Kandel 2006[2] 300)

Die Vergrößerung der Zahl der Kontaktstellen zwischen den beteiligten Neuronen, die durch Genexpression gebildet werden, hat nun nach Kandel die erstaunliche Form, dass an einem Axon Axonkollaterale (Verzweigungen) mit ihren Präsynapsen gebildet werden. Dadurch verdoppelt oder verdreifacht sich die vorhandene Präsynapse, und die Postsynapsen vermehren sich ebenfalls.

Die Veränderungen der synaptischen Stärke dauern nicht nur länger, sondern erstaunlicherweise verändert sich auch die Zahl der Synapsen im Schaltkreis. Besonders bei der Langzeithabituation nimmt die Zahl der präsynaptischen Verbindungen zwischen sensorischen und motorischen Neuronen ab, während die sensorischen Neurone bei der Langzeitsensitivierung neue Verbindungen ausbilden, die bestehen bleiben, solange die Erinnerung behalten wird. In beiden Fällen vollziehen sich im Motoneuron entsprechende Veränderungen. (Kandel 2006[2], 235f.)

Bei der Langzeitsensitivierung nimmt die Zahl der synaptischen Endigungen um mehr als das Doppelte zu (von 1300 auf 2700), und der Anteil der aktiven Synapsen erhöht sich von 40 auf 60 Prozent. Außerdem bildet das Motoneuron einen Auswuchs aus, um einige der neuen Verbindungen zu erreichen. Im Laufe der Zeit verblasst die Erinnerung: Die verstärkte Reaktion sinkt wieder auf das normale Maß ab, und die Zahl der präsynaptischen Endigungen geht von 2700 auf 1500 zurück, das heißt, sie bleibt etwas über der ursprünglichen Zahl. Dieser Restbestand ist vermutlich für den erstmals von Ebbinghaus entdeckten Umstand verantwortlich, dass ein Organismus eine Aufgabe beim zweiten Mal leichter lernen kann. Bei der Langzeithabituation dagegen fällt die Zahl der präsynaptischen Endigungen von 1300 auf rund 850, und die Zahl der aktiven Endigungen verringert sich von 500 auf etwa 100 – das kommt einem fast vollkommenen Zusammenbruch der synaptischen Übertragung gleich. (Kandel 2006[2], 236)

Für den gesamtem Vorgang gilt: Ein hochkompliziertes *selbstreguliertes* System im Neuron bewirkt, dass Neuronen, die wiederholt koaktiv waren, *leichter und schneller aktiviert werden können*, weil für die Auslösung ihres Aktionspotentials weniger Aktionspotentiale von anderen Neuronen erforderlich sind als bei ihrer erstmaligen Herstellung, da zusätzliche Ionenkanäle für eine schnellere Depolarisierung des Neurons sorgen.

Dieses System ist ein „Mechanismus", der „die Aktivierung einer nicht erblichen, sich selbst erhaltenden Veränderung in einem Protein" bewirkt (Kandel 2006[2], 300).

> In einer sich selbst erhaltenden Form sorgt CPEB für den Fortbestand der Proteinsynthese. Mehr noch: Der sich selbst erhaltende Zustand lässt sich nur schwer rückgängig machen. (Kandel 2006[2], 298)

Damit hat auch das Langzeitgedächtnis seinen Ort genau an der Stelle des Gehirns, an der eine Koaktivität stattfindet. Eine neue neuronale Verbindung, mit der eine bestimmte psychische Funktion korreliert und die auch schon kurzzeitig behalten worden ist, wird unter den genannten Bedingungen langzeitig behalten.

> Wir haben heute Grund zu der Annahme, dass das Langzeitgedächtnis seine Erinnerungen in der Großhirnrinde speichert. Es wird sogar in derselben Region gespeichert, in der die Informationen ursprünglich verarbeitet wurden – das heißt, Erinnerungen an visuelle Ereignisse werden in verschiedenen Arealen des visuellen Cortex gespeichert und Erinnerungen an taktile Ereignisse im somatosensorischen Cortex. (Kandel 2006[2], 147)
> Rückblickend betrachtet, haben unsere Forschungsarbeiten über die Langzeitsensitivierung und die Entdeckung des prionartigen Mechanismus drei neue Prinzipien in den Blick gerückt, die nicht nur für die Aplysia gültig sind, sondern auch für die Gedächtnisspeicherung in allen Tieren, auch dem Menschen. Erstens verlangt die Aktivierung des Langzeitgedächtnisses die Ein- und Abschaltung von Genen. Zweitens gibt es biologische Beschränkungen hinsichtlich der Erfahrungen, die im Gedächtnis gespeichert werden. Um die Gene für das Langzeitgedächtnis einzuschalten, müssen die CPEB-1-Pro-teine aktiviert und die CPEB-2-Proteine, welche die gedächtnisfördernden Gene unterdrücken, inaktiviert werden (…) Schließlich sorgt die Ausbildung und Bewahrung neuer synaptischer Endigungen für die Dauer des Gedächtnisses. (Kandel 2006[2], 300)

Das Resultat beider Gedächtnisprozesse kann *unbewusst* bleiben. Es kann uns aber auch *bewusst* werden. Im ersten Falle spricht man vom *impliziten Gedächtnis* und im zweiten Fall vom *expliziten*.

> Was wir gewöhnlich als bewusste Erinnerungen erleben, bezeichnen wir heute in Anlehnung an Squire und Schacter als explizites oder deklaratives Gedächtnis. Es ist der bewusste Gedächtnisabruf von Menschen, Orten, Objekten, Fakten und Ereignissen (…) Unbewusste Erinnerungen nennen wir implizites (oder prozedurales) Gedächtnis. Es liegt Habituation, Sensitivierung und klassischer Konditionierung ebenso zugrunde wie den Wahrnehmungs- und Bewegungsfertigkeiten, die uns beispielsweise befähigen, Fahrrad zu fahren oder einen Aufschlag beim Tennis auszuführen (…) Bei den einfachsten Tieren, unter anderen den Wirbellosen, können implizite Erinnerungen an Habituation,

Sensitivierung und klassische Konditionierung innerhalb der Reflexbahnen gespeichert werden. (Kandel 2006², 150)[57]
Folglich läuft das implizite Gedächtnis häufig automatisch ab. Seine Inhalte werden direkt durch die Ausführung abgerufen, ohne bewusstes Bemühen und ohne dass wir uns diesen Rückgriff auf das Gedächtnis überhaupt vergegenwärtigen. Zwar verändert Erfahrung unsere perzeptiven und motorischen Fähigkeiten, doch sind diese Erfahrungen für unsere bewusste Erinnerung im Grunde unzugänglich. Wenn Sie beispielsweise gelernt haben, Fahrrad zu fahren, tun Sie es einfach. Sie weisen Ihren Körper nicht bewusst an: „Jetzt tritt mit dem linken Fuß, jetzt mit dem rechten ..." Würden wir jeder Bewegung so viel Aufmerksamkeit schenken, fielen wir vermutlich vom Rad. Wenn wir sprechen, überlegen wir nicht, an welche Stelle im Satz das Nomen und das Verb zu stellen ist. Wir tun es automatisch, unbewusst. Mit dieser Form des Reflexlernens haben sich Behavioristen wie Pawlow, Thorndike und Skinner befasst. (Kandel 2006², 151)
Die Inhalte des komplexeren Gedächtnisses, das mich ursprünglich faszinierte – des expliziten Gedächtnisses für Menschen, Objekte und Orte – , werden dagegen bewusst abgerufen und lassen sich in der Regel durch Bilder oder Worte ausdrücken. Das explizite Gedächtnis ist weit komplizierter als der einfache Reflex, den ich an der *Aplysia* studiert hatte. Es hängt von den komplexen neuronalen Schaltkreisen im Hippocampus und im medialen Temporallappen ab und besitzt viele mögliche Speicherorte.
Das explizite Gedächtnis ist außerordentlich individuell. Einige Menschen leben ständig mit solchen Erinnerungen. (Kandel 2006², 305f.)

Ein implizites Gedächtnis, ein nicht bewusster Gedächtnisinhalt, kann in ein explizites, einen bewussten Gedächtnisinhalt, *verwandelt* werden und umgekehrt ein explizites in ein implizites.

Viele Lernerfahrungen nehmen sowohl das explizite wie das implizite Gedächtnis in Anspruch. Tatsächlich kann ständige Wiederholung explizite Erinnerungen in implizite Erinnerungen verwandeln. Fahrradfahrenlernen ist ein Prozess, in dessen Verlauf Körper und Fahrrad anfangs bewusste Aufmerksamkeit geschenkt werden muss. Schließlich aber wird der Vorgang zu einer automatischen, unbewussten Tätigkeit. (Kandel 2006², 150f.)

Aus der alltäglichen Erfahrung kennen wir das *implizite Lernen und Behalten* in vielerlei Gestalt, als Gewohnheitsbildung, als Gewöhnung, als Lernen von Modellen, das man auch als Nachahmung oder Beobachtungslernen bezeichnet, als "learning bei doing", als Lernen "on the job" u.a.m. Dieses Lernen und Behalten ist keineswegs eingeschränkt auf sensomotorische Koordinationen, sondern es findet in allen Funktionsbereichen des neuropsychischen Systems statt, wenn wir unser Leben leben. Die Primärsprachen z.B. werden zum größten Teil so gelernt, aber auch regelgeleitetes Handeln, Einstellungen, Stimmungen, Welt- und Selbstbeurteilungen sowie Bewertungen aller Art, kurz: möglicherweise der größte Teil dessen, was wir lernen.

---

[57] S.a. Kandel 2006², 305: „Dieses Ergebnis vermittelte uns erste Erkenntnisse über die Biologie des impliziten Gedächtnisses, einer Gedächtnisform, bei welcher der Abruf nicht bewusst erfolgt. Das implizite Gedächtnis ist nicht nur für einfache Wahrnehmungs- und Bewegungsfertigkeiten verantwortlich, sondern im Prinzip auch für die Pirouetten von Margot Fonteyn, das Trompetenspiel von Wynton Marsalis, die exakten Grundschläge von Andre Agassi und die Beinbewegungen eines Jugendlichen, der Fahrrad fährt. Das implizite Gedächtnis steuert uns durch längst verinnerlichte Routinehandlungen, die nicht mehr bewusst kontrolliert werden."

Weil Leben immer anstrengend ist, besonders dann, wenn es intensiv vollzogen wird, weil wir dafür Energie erzeugen müssen, gilt dies auch für das Lernen, und zwar in erhöhtem Maße, weil neue Koaktivitäen durch das Zusammenwirken von vielen Aktionspotentialen in vielen Wiederholungen hergestellt werden müssen. Wir merken aber den Energiebedarf für das Lernen nicht gesondert, wenn wir nicht ausdrücklich auf die Gründe für die erlebte Anstrengung reflektieren. Da der allergrößte Teil unseres Lebens so abläuft, steht für das Lernen auch sehr viel Zeit zur Verfügung.

Explizites Lernen und Behalten dagegen gibt es meist nur sporadisch. Auch dann begnügen wir uns meist noch mit der Kombination von Bekanntem. Erst dann, wenn wir uns intensiv und anhaltend um den Erwerb von Neuem bemühen, erreicht das explizite Lernen und Behalten seine höchste Effizienz.

Reaktivieren des Gelernten in anderen Handlungen

Mit dem langzeitigen Behalten ist aber die *Aktivierbarkeit der neu erworbenen Einheit in jedem Bedarfsfall* auch noch nicht gewährleistet. Durch *Wiederholung in der gleichen Situation und Handlung* wird nämlich nur erreicht, dass die neue Aktivität *in dieser Situation und Handlung* leicht und schnell aktivierbar ist, z. B. beim Memorieren von Vokabellisten.

Deshalb sind außer dem Behalten noch weitere Prozesse erforderlich, die die Aktivierung der neuen Einheit *in anderen Handlungen* ermöglichen. Damit die neue Aktivität auch *in anderen Handlungen von anderen Prozessen aus* schnell und leicht aktivierbar ist, müssen auch diese mit ihr *koaktiv* sein.

Diesen Prozess nennen wir im Alltag *Anwenden*, weil etwas bereits Gelerntes in einem anderen Zusammenhang verwendet wird. In der Psychologie ist dafür der Terminus „Transfer" (auch „Übungsübertragung") gebildet worden, bei dem noch zwischen dem horizontalen Transfer von einem Gebiet zu einem anderen, wozu auch die Analogie gehört, und dem vertikalen Transfer, in dem es um den Wechsel auf eine höhere Abstraktionsebene geht, unterschieden wird. Immer aber geht es um *Äquivalenzen*, d. h. um die gleichen Gegebenheiten in unterschiedlichen Handlungskontexten.

Zum Transfer gibt es meines Wissens noch keine *neurologischen* Untersuchungen. Man kann ihn sich aber gut damit erklären, dass es im Nervensystem mit jeder neuen Koaktivität zwischen zwei Neuronen gleichzeitig auch Koaktivitäten mit anderen Neuronen gibt. Sobald aber eine neue Koaktivität in anderen Kontexten auftritt, werden diese zusätzlichen Koaktivitäten variieren.

Wenn das zutrifft, dann haben wir es bei jeder Wiederholung einer neuen Koaktivität in einer anderen Handlung mit *neuen Lernprozessen* zu tun, soweit sich ihr Kontext ändert. Es wird dann im Mitaktiven implizit gelernt.

Dann aber ereignet sich bei jeder „Übertragung" eine Vielzahl von impliziten Lern- und Behaltensprozessen und keineswegs etwas ganz anderes als beim erstmaligen Lernen und Behalten. „Transfereffekte" müssen dann als ein Problem der Komplexität des Lernens behandelt werden, und dieses Problem muss mit Gesetzmäßigkeiten der neuronalen Vernetzung erklärt werden können. [58]

Nach diesen Gesetzmäßigkeiten, so kann angenommen werden, beschleunigt sich die erneute Aktivierung einer Koaktivität in neuen Handlungen mit der Zahl derjenigen Neuronen, die ihrerseits mit ihr koaktiv sind. Deswegen muss auch der Transfer durch eine möglichst große Zahl von Anwendungen gelernt werden und ist er keineswegs ein eigenständiger geheimnisvoller Mechanismus, sondern resultiert sein Effekt sehr wahrscheinlich aus einer spezifischen Kombination von vielen Lernprozessen.

3. Lernen und Gedächtnis sind Voraussetzungen für den Prozessor der Informationsverarbeitung

Soweit der Prozessor auf automatisch generierter Information prozessiert, ist er von dem bereits Gelernten abhängig, weil *die Automatismen Resultate des Lernens und Behaltens* (skills) sind. Sobald aber die gelernten Automatismen nicht ausreichen, müssen Aktivitäten *gewählt* und *aktiviert* werden, durch die die jeweilige Situation bewältigt werden kann. Auch dafür stehen keine anderen Aktivitäten (skills) zur Verfügung als die *gelernten*. – So sind alle wähl- und aktivierbaren spezifischen Aktivitäten, durch die Information generiert werden kann, bereits durch Lernen entwickelt und durch Behaltensprozesse leicht und schnell verfügbar geworden.

> Neuman suggested that practice can produce skills that constrain the parameters of actions. When skills do not provide enough specification, attention is needed. Presumably more or less attention will be needed depending on how well or how many parameters are specified by pre-existent skills. (Styles 2006[2], 198)
>
> A major feature of our model is that for well-learned action sequences two levels of control are possible: deliberate conscious control and automatic contention scheduling of the horizontal threads. (Norman/Shallice 1986, 8)

Das Gelernte und Behaltene wirkt sich im Einzelnen in der folgenden Form auf das Prozessieren des Prozessors aus:

- *Es vermehrt die zur Verfügung stehenden automatischen Prozesse, weil diese allein durch Lernen zustande kommen.*

> Posner and Snyder (1972) drew the distinction between: Automatic activation processes which are solely the result of past learning and processes that are under current conscious control. Automatic activation processes are those which may occur without intention, without any conscious awareness and without interference with other mental activity. They are distinguished from operations that are performed by the conscious processing system since the latter system is of limited capacity and thus its commitments to any operation reduces its availability to perform any other operation." (Styles 2006[2], 187)

- *Es verschiebt durch die Zunahme von automatischen Prozessen den Punkt, an dem die Aufmerksamkeit ins Spiel kommen muss.*

So konnten z. B. *Shiffrin* und *Schneider* (1977) auf dem Hintergrund einer Unterscheidung von automatischer und kontrollierter (d. h. Kapazität bzw. „Aufmerksamkeit' erfordernder)

---

[58] S. dazu auch Grzesik 2002a, 228-231 u. 492-494. - Zur Problematik der psychologischen Transferforschung s. z. B. Dettermann/Sternberg 1993.

Verarbeitung von Information zeigen, daß der Punkt, an dem Aufmerksamkeit ‚ins Spiel kommt', sehr stark lernabhängig ist, d. h. auch nicht an einer festen Stelle in das Informationssystem eingebaut ist. (Arbinger 1984, 42)

- *Es erhöht die Kapazität des KAG für Informationsverarbeitung dadurch, dass in ihm Chunks mit höherem Informationsgehalt bzw. komplexere Kompetenzen aktiv gehalten werden können.*

Diese Einheiten haben möglicherweise die Form, dass ein „Quellenschema" (source schema) einen hierarchisch und topographisch organisierten Zusammenhang von Schemata aktiviert, die Komponenten des Quellenschemas sind, von denen dann die automatischen Prozesse ausgelöst werden.

In living systems, an arousing stimulus often increases the uncertainty of the organism by its novelty (...) Living systems (and also computers) have the capability of memory which alters the competence with which they process information (Pribram, 1971, chaps. 14 & 16) (...) The increase in competence is the result of increasing the complexity of the neuronal model, an encoding process described as "chunking" the information (Miller, 1956; Simon, 1974). This and similar mechanisms in human information processing effect a change in central processing very different from that produced by a simple increase in the number of fixed-capacity channels available. (Pribram/MCGuiness 1975, 134f.)

Selection of one schema can lead to the activation of others. Any given action sequence that has been well learned is represented by an organized set of schemas, with one – the source schema – serving as the highest-order control. The term source is chosen to indicate that the other component schemas of an action sequence can be activated through the source. We assume that the initial activation values of component schemas are determined by means of their source schema. For example, when the source schema for a task such as driving an automobile has been selected, all its component schemas become activated, including schemas for such acts as steering, stopping, accelerating, slowing, overtaking, and turning. Each of these component schemas in turn acts as a source schema, activation its own component schemas (braking, changing gear, signalling, and so on). (Norman/Shallice 1986, 6)

- *Es erleichtert die gleichzeitige Bewältigung zweier Aufgaben. – Durch den wiederholten Versuch, zwei Aufgaben zugleich zu bewältigen, wird das Resultat zunehmend besser, weil durch Übung zunehmend mehr Teilprozesse automatisiert werden und deshalb zunehmend mehr Kapazität für die bewusste Regelung der Lösung beider Aufgaben verfügbar ist (Styles 2006^2, 184).*

- *Es beschleunigt, und es verbessert die Exaktheit des Prozessierens generell, jedoch je nach Bereich in spezifischer Weise und nur in den generellen Grenzen der Kapazität des Prozessors.*

Practice powerfully affects performance. In both simple and complex tasks, it speeds processing and generally improves accuracy as well. The speedup is often quite specific to the materials encountered during practice, resulting in very limited transfer to new stimuli or different tasks (...) It is certainly true that by most measures, practicing a task results in less interference when the task is combined with a concurrent task. However, such a reduction would be expected if the practiced task simply took less time as a result of practice, but remained dependent on limited-capacity mechanisms for whatever time it was being executed. (Pasher 1998^2, 407)

4. Das Prozessieren des Prozessors ist Voraussetzung für Lernen und Behalten

Dass *Aufmerksamkeit* für Lernen wichtig ist, wird seit altersher beobachtet. Der *Lernertrag* im Sinne des weiten Lernbegriffs scheint nämlich proportional zu sein erstens zum *Grad der Wachheit*, zweitens zum *Grad der Intensität und der Fokussierung von etwas durch die Aufmerksamkeit* und drittens zur *Zeitdauer ihrer Aufrechterhaltung* (Ausdauer und Wiederholung). Kurz: *Hohe, scharfe und lang aufrechterhaltene Konzentration* scheint für die *maximale und optimale Nutzung der Lernmöglichkeiten* des jeweiligen Menschen erforderlich zu sein.

Vorwissenschaftlich wird aber auch beobachtet, dass *Interesse* eine Voraussetzung für Lernen und Behalten ist.

Da man vorwissenschaftlich bei Lernen und Behalten primär an den Wissenserwerb denkt, versteht es sich fast von selbst, dass die *spezifischen Aktivitäten* eine Voraussetzung für Lernen und Behalten sind. Man denke nur an den alltäglichen Gebrauch des Intelligenzbegriffs.

Am wenigsten wird vorwissenschaftlich wahrgenommen, dass das KAG eine notwendige Bedingung für Lernen und Behalten ist.

Nach den wissenschaftlichen Befunden und Annahmen scheint die Aufmerksamkeit die *primäre Einflussgröße für Lernen und Behalten* zu sein, weil sie die Verarbeitung des Bevorzugten in Gang setzt und weil sie durch die Aktivierung von spezifischen Intentionen auch das Gedächtnis beeinflusst.

Indem die Aufmerksamkeit zur Aktivierung von spezifischen Funktionen beiträgt, beeinflusst sie auch das Behalten der von ihnen generierten Information

Da das Gedächtnis eine Folge der Dauer einer Koaktivität ist und da die Aufmerksamkeit zur Aktivierung der Koaktivität beiträgt, scheint die Aufmerksamkeit *indirekt* über die Koaktivität spezifischer Aktivitäten auch die Bildung des Gedächtnisses zu beeinflussen.

Selektive Aufmerksamkeit gilt allgemein als ein einflussreicher Faktor für Wahrnehmung, Handeln und Gedächtnis – für die Einheit der bewussten Erfahrung.
(...) Ohne sie kann das explizite Gedächtnis Inhalte weder einspeichern noch abrufen. (Kandel 2006[2], 337)

Wenn nur dort im neuropsychischen System gelernt wird, *wo gerade Koaktivität stattfindet*, dann gehört die Aktivitätsregulation der koaktiven Neuronen durch die Formatio reticularis zu jedem Lernprozess. Dafür gibt es neurologische Belege.

So treten z. B. die langsamen Wellen, die mit der Aufmerksamkeit korrelieren, dann auf, wenn *der zeitliche Zusammenhang zwischen konditioniertem und unkonditioniertem Reiz erkannt wird*, und verschwinden sie wieder, wenn diese Verbindung extrem überlernt worden ist, also automatisiert ist (Birbaumer/Schmidt 1996[3], 591). Damit tritt die Aktivität der Aufmerksamkeit genau mit der Herstellung eines neuen Zusammenhanges auf und dauert so lang, bis er automatisiert ist, d. h. dauerhaft leicht und schnell aktiviert werden kann.

Sowohl die generelle als auch die spezielle Aktivitätsregulierung durch die Aufmerksamkeit sind anscheinend Prozesse, ohne die es kein Lernen gibt. Indem die Formatio reticularis ständig sowohl den Wachheitsgrad des gesamten Systems als auch die Aktivierung bestimmter Bereiche im ZNS regelt, regelt sie die Selektion, d. h. die Auswahl und den Umfang, desjenigen Bereiches im ZNS, in dem jeweils gelernt wird, sowie die Aktivierung und den Intensitätsgrad der Lernprozesse.

So *moduliert* die Aufmerksamkeit *die Aktivierung der jeweiligen spezifischen Aktivitäten* in der folgenden Weise: Sie aktiviert die durch das limbische System ausgewählten spezifischen Aktivitäten, die ihrerseits die jeweiligen Informationen generieren. Sie *vermittelt* damit zwischen der Selektion von spezifischen Aktivitäten und deren Generierung von spezifischen Informationen.[59]

Das Gedächtnis ist dann aber ein *Resultat des gesamten Prozessors* der Informationsverarbeitung. Seine Dauerhaftigkeit hängt direkt von der *Häufigkeit der spezifischen Aktivität* und von den *autoregulativen Behaltensmechanismen* ab. Die Häufigkeit der spezifischen Aktivität wiederum wird durch die Aufmerksamkeit geregelt, die ihrerseits von der Selektion durch die Gewichtung abhängt.

Deshalb könnte auch das KAG eine Funktion des Gedächtnissystems sein, die durch die Potentiale der Aufmerksamkeit geregelt wird, worauf ich gleich zurückkomme. Genau das nimmt Fuster an.

> It is reasonable to infer that working memory is sustained in cortical networks by reverberating activity within those networks, in which prefrontal neurons take part *if* the memory is to be used for the integration of prospective action. (Fuster 1997[3], 232)

Die Möglichkeit einer direkten Einflussnahme der Aufmerksamkeit auf das Gedächtnis

Kandel nimmt anscheinend sogar einen unmittelbaren Zusammenhang zwischen den Transmittern des Aufmerksamkeitssystems und dem Mechanismus für langzeitiges Behalten an. Er unterscheidet auch nicht zwischen der Gewichtung durch das limbische System und der Aktivierung durch das attentionale System bei der

---

[59] Vgl. Eccles 1989, 328. Ihm war zu dieser Zeit noch nicht bekannt, dass für das Langzeitgedächtnis durch genetische Expression neue Axonkollaterate mit neuen Synapsen gebildet werden.
„1977 (Popper/Eccles, 472) (Literaturangabe von Eccles - J.G.) habe ich die Hypothese entwickelt, der selbstbewußte Geist registriere nicht bloß passiv die neuronalen Ereignisse, sondern habe eine aktive Suchfunktion, wie es Jung (1978) mit dem Scheinwerfervergleich zum Ausdruck bringt. Potentiell liegt ständig die Gesamtheit der komplexen neuronalen Prozesse vor ihm ausgebreitet, und aus dieser unabsehbaren Menge von Leistungen im Liaison-Hirn (das Gehirn, soweit es der inneren Wahrnehmung zugänglich ist - J.G.) kann er, je nachdem, worauf seine Aufmerksamkeit, seine Vorliebe, sein Interesse oder sein Drang sich richten, eine Auswahl treffen, indem er bald dieses, bald jenes sucht und die Ergebnisse der Ablesungen aus vielen verschiedenen Feldern des Liaison-Hirns miteinander verknüpft. Auf diese Weise vereinheitlicht der selbstbewußte Geist die Erfahrung (...) Außerdem können solche neuronalen Muster, die häufig aktiviert werden, zu einer Langzeitpotenzierung von Synapsen führen (...), durch die die neuronalen Schaltungen stabilisiert würden. Auf diese Weise würden die Gedächtnisspeicher in der Großhirnrinde entstehen, die der Einheit des Selbst eine dauerhafte Einheit geben. Ohne ein solches Gedächtnis wäre eine Erfahrung der Einheit nicht möglich."

Auslösung des Gedächtnissystems, sondern subsumiert beides unter Gewichtung und schreibt diese der Aufmerksamkeit zu.

In jedem Fall (bei der Kurzzeit- und der Langzeiterinnerung – J.G.) scheinen modulatorische Transmitter ein Aufmerksamkeitssignal weiterzugeben, das einen Reiz als wichtig markiert. In Reaktion auf dieses Signal werden Gene angeschaltet und Proteine erzeugt, die an alle Synapsen gesandt werden. Bei der Aplysia löst Serotonin beispielsweise die Produktion von Proteinkinase A aus, während bei der Maus diese Aufgabe dem Dopamin zufällt. (Kandel 2006[2], 340)

Wie aber diese beiden Transmitter ihren Einfluss genau zustande bringen, hat er meines Wissens noch nicht aufgewiesen. Das limbische System könnte wie das attentionale System Synapsen mit den Neuronen der spezifischen Aktivitäten bilden. Es könnte aber auch seinen Einfluss nicht direkt auf die spezifischen Aktivitäten, sondern nur indirekt über den Einfluss des attentionalen Systems auf die spezifischen Aktivitäten ausüben. In beiden Fällen sind aber die Potentiale des limbischen und des attentionalen Systems in den Neuronen der spezifischen Aktivitäten nicht mehr voneinander zu unterscheiden, weshalb es naheliegt, beide der Aufmerksamkeit zuzuschreiben.

Die unwillkürliche Aufmerksamkeit beeinflusst das implizite Gedächtnis in automatischen Prozessen und die willkürliche Aufmerksamkeit das explizite Gedächtnis in bewussten Prozessen

Kandel unterscheidet zwischen impliziten Gedächtnisprozessen, die in nichtbewussten automatischen Prozessen auftreten, und expliziten Gedächtnisprozessen, die in bewussten willkürlich geregelten Prozessen auftreten.

Nach Kandel werden die impliziten Gedächtnisprozesse durch die unwillkürliche Aufmerksamkeit ausgelöst, die ihrerseits von der Art, der Stärke und dem Wertgewicht der Stimuli abhängig ist (bottom-up). Danach würden auch in den automatischen Prozessen Aufmerksamkeit und Gedächtnis auftreten, aber implizit bzw. unwillkürlich, d. h. verdeckt und nicht bewusst.

Das explizite Gedächtnis erwächst nach Kandel „aus dem inneren Bedürfnis, Reize zu verarbeiten, die nicht automatisch auffallen" und ist mit der willkürlichen selektiven Aufmerksamkeit verbunden, die mit der Steuerung von Willkürhandlungen verbunden ist (top-down).

Danach unterscheiden sich die beiden Modi des *nicht bewussten automatischen Prozessierens* und des *bewussten absichtlichen Prozessierens* auch im Hinblick auf die Aufmerksamkeit und das Gedächtnis. Das scheint aber kein Unterschied in ihren Funktionen zu sein, sondern nur ein *Unterschied in der Auslösung dieser Funktionen, entweder durch die Stärke der Reize oder durch Willkürhandlungen, sowie der Unterschied zwischen nicht bewusst und bewusst.*

Unwillkürliche Aufmerksamkeit beruht auf automatischen neuronalen Prozessen und tritt besonders deutlich beim impliziten Gedächtnis zu Tage. (Kandel 2006[2], 339)

Bei der impliziten Gedächtnisspeicherung wird das Aufmerksamkeitssignal unwillkürlich (reflexiv) in Anspruch genommen, von unten nach oben: Das sensorische Neuron des

Schwanzes wirkt, vom Schock aktiviert, direkt auf die Zellen ein, die Serotonin ausschütten. (Kandel 2006[2], 340)
Doch trotz gewisser Ähnlichkeiten unterscheiden sich das explizite Gedächtnis des Raumes beim Menschen und das implizite Gedächtnis tiefgreifend voneinander. Das betrifft in erster Linie die selektive Aufmerksamkeit. (Kandel 2006[2], 337)
Beim räumlichen Gedächtnis scheint Dopamin willkürlich eingesetzt zu werden, von oben nach unten: Die Großhirnrinde aktiviert die Zellen, die Dopamin freisetzen, und das Dopamin moduliert die Aktivität im Hippocampus. (Kandel 2006[2], 340f.)
Der präfrontale Cortex, der für Willkürhandlungen herangezogen wird, schickt Signale an das Mittelhirn zurück und passt die Aktivitätsrate dieser Neurone an. Unser Befund, dass für Aufmerksamkeitsprozesse die gleichen Hirnregionen in Anspruch genommen werden wie für Willkürhandlungen, sprach für die Idee, dass selektive Aufmerksamkeit von entscheidender Bedeutung für die einheitliche Natur des Bewusstseins ist (...) Willkürliche Aufmerksamkeit, etwa diejenige, die man der Straße und dem Verkehr beim Autofahren schenkt, ist ein besonderes Merkmal des expliziten Gedächtnisses und erwächst aus dem inneren Bedürfnis, Reize zu verarbeiten, die nicht automatisch auffallen. (Kandel 2006[2], 339)

Danach wird nach Kandel auch in impliziten unbewussten automatischen Prozessen gelernt und behalten. Baddeley stellt weder in Frage, dass es implizites Lernen und Behalten gibt, noch, dass es uns nicht bewusst ist, hält es aber für unbewiesen, dass es *völlig* unbewusst ist, weil der Grad des Bewusstseins in den betreffenden Untersuchungen nicht gemessen worden sei und unser subjektives bewusstes Gewahrwerden (conscious awareness) möglicherweise erst von einem bestimmten Grad der Aktivierung an auftritt. Das korrespondiert mit den oben dargestellten Untersuchungsergebnissen von Libet, dass es 500 ms dauert, bis ein sensorischer Reiz subjektiv bewusst wird. Außerdem sind nach Baddeley nur die Relationen unbewusst, die dem bewussten Material implizit sind.

> The question of whether learning may ever occur unconsciously remains unresolved. Evidence for learning during sleep or during deep anaesthetic typically depends upon studies in which the depth of consciousness was not monitored (Andrade 1995). There is, of course, abundant evidence for implicit learning in which the learner is not consciously aware of the detailed nature of what is being learned. For example, the acquisition of the grammer of one's native language involves the apparent mastery of rules without necessarily knowing what those rules are (Reber 1993). Note, however, that in all such cases, it is not the material itself that is unconscious, but the relations operating within it. Both appear to depend upon capacity of the basic material to reach conscious awareness (see Shanks and St. John 1994; and Baddeley 1998 Chapter 19, for reviews). (Baddeley 2007, 307)

Auch das Maß der Aufmerksamkeit beeinflusst Lernen und Behalten

Wenn die Aufmerksamkeit sich auf das Behalten auswirkt, dann muss ein größeres Maß an Aufmerksamkeit auch eine Erhöhung der Behaltensdauer bewirken. Genau das scheint nach Kandel der Fall zu sein.

> Langzeitstabilität hängt in hohem Maße und systematisch davon ab, wie viel Aufmerksamkeit ein Tier seiner Umwelt schenken muss. Wenn also eine Maus gezwungen ist, einer neuen Umgebung viel Aufmerksamkeit zu schenken, weil sie eine räumliche

Aufgabe lösen muss, während sie die neue Umgebung erforscht, bleibt die räumliche Karte tagelang stabil, und das Tier erinnert sich mühelos an eine Aufgabe, die auf der Kenntnis dieser Umgebung basiert. (Kandel 2006[2], 338f.)

Selbst das Prozessieren des Prozessors ist durch Lernen und Behalten veränderbar

Da das retikulare System selbst ein neuronales Netzwerk ist, kann angenommen werden, dass es nicht nur an der Regelung beteiligt ist, in welchen Gebieten des ZNS jeweils gelernt werden kann, sondern dass *auch in ihm selbst gelernt wird*. Dann würde in ihm genau das durch den wiederholten Vollzug verbessert, was es tut, nämlich *die Aktivierung von spezifischen Aktivitäten*.

Für das retikulare System würde dann auch wie für alle anderen neuronalen Netzwerke das Verhältnis zwischen genetisch Determiniertem und Gelerntem gelten, das Kandel am Beispiel der Bildung von räumlichen Karten z. B. so beschreibt:

Vererbungs- und Entwicklungsprozesse legen die Verbindungen zwischen Neuronen fest – das heißt, sie bestimmen, welche Neuronen wann Verbindungen mit anderen Neuronen eingehen. Die Stärke - die langfristige Effektivität - der synaptischen Verbindungen wird von der Erfahrung reguliert. (Kandel 2006[2], 224)

Die *allgemeine* Fähigkeit zur Bildung räumlicher Karten besitzt der Geist von Natur aus, nicht aber die *besondere* Karte. Im Gegensatz zu den Neuronen in einem Sinnessystem werden Ortszellen nicht durch sensorische Stimulation angeschaltet. Ihre kollektive Aktivität repräsentiert vielmehr den Ort, an dem das Tier zu sein *glaubt*. (Kandel 2006[2], 335)

Bei der inneren Repräsentation des Raumes (…) gibt es einen Unterschied zwischen den Prozessen, die an dem Erwerb der Karte (und ihrer Beibehaltung über einige Stunden) beteiligt sind, und den Prozessen, welche die Karte in stabiler Form langfristig konservieren. (Kandel 2006[2], 337)

Der Umstand, dass ein Gen angeschaltet werden muss, um eine Langzeiterinnerung anzulegen, zeigt deutlich, dass Gene nicht einfach Verhaltensdeterminanten sind, sondern auch auf Umweltreize wie Lernen reagieren. (Kandel 2006[2], 300)

Dieses Verhältnis müsste dann auch für alle Grade der Aufmerksamkeit gelten, von der Wachheit über eine generelle Erhöhung der Aktivität im ZNS und ihre Konzentration auf einen Fokus bis hin zu ihrer bewussten Regulierung, und das sowohl für das implizite als auch für das explizite Lernen.

Mit anderen Worten: Bei der Lenkung der Aufmerksamkeit würde vom Säugling an bis ins hohe Alter ein *zunehmend komplexeres System von Regulativen für die Regulation der Aufmerksamkeit* gelernt oder auch wieder verlernt. Dann wäre die jeweilige Regulation der Aufmerksamkeit nur in ihrer Struktur und Funktion genetisch determiniert, im Übrigen aber ein Resultat der für jedes neuronale Netzwerk geltenden Gesetze für Lernen und Behalten. So sprechen z. B. Hirst und Gopher von dem Management, d. h. der bewussten Regelung, der Aufmerksamkeit als einer Geschicklichkeit (skill), die durch Training gelernt werden kann.

Hirst (1986) discusses a rather different kind of skill, that of allocating attention itself, and Gopher (1993) also investigates whether there are skills involved in attentional control. In his paper, Gopher seeks evidence to support the idea that attention management is a skill and that it can be learnt through training. He argues that we would need to show, first, that subjects do actually have the potential to control their allocation of attention and, second, that this potential is not always fulfilled, insofar as subjects may fail to maintain control; and, at last, that with appropriate training, difficulties of control can be overcome. In everyday life, we are continually having to perform complex tasks. These require the division, allocation and re-allocation of attention, depending on task demands and our currently active goals and intentions. (Styles 2006², 198)

Dafür, dass auch im Bereich der Aufmerksamkeit gelernt wird, spricht auch, dass die Aufmerksamkeit schon im frühesten Kindesalter auftritt, weshalb ihre Basis aus angeborenen Reflexen zu bestehen scheint, die sich bei der Interaktion mit der Umwelt durch Lernen entwickeln können.

Es ist Psychologen bekannt, dass die Merkmale der elementaren, unwillkürlichen, durch die stärksten oder biologisch bedeutsamsten Reize ausgelösten Aufmerksamkeit schon sehr früh, und zwar in den ersten Monaten der individuellen Entwicklungsgeschichte (bei Neugeborenen z. B. Unterbrechung der rhythmischen Saugbewegungen nach Darbietung eines Lichtreizes, Bronstein, Itina et a. 1958) beobachtet werden können. Diese Merkmale sind unter anderen: die Hinwendung der Augen, später des Kopfes, zu den stärksten Reizen; die Unterbrechung aller anderen, irrelevanten Tätigkeiten (...) Außer der Hinwendung der Augen und des Kopfes zum entsprechenden Reiz umfasst dieser Komplex auch autonome Reaktionen: den psychogalvanischen Hautreflex, Veränderungen der Atmung, die Verengung der peripheren Blutgefäße (z. B. in den Fingern) und die Erweiterung der Blutgefäße im Kopf. Wenn sich später die elektrische Aktivität des Kortex entwickelt, treten andere elektrophysiologisch bekannte Phänomene hinzu: die Hemmung des Alpha-Rhythmus (Desynchronisation) oder die Verstärkung evozierter Potentiale als Reaktion auf die Darbietung entsprechender Reize (...)
Ein bedeutsames Merkmal der Orientierungsreaktion, durch das sie sich von der allgemeinen Erregungsreaktion unterscheidet, ist darin zu erblicken, daß sie ausgeprägt gerichtet oder hochgradig selektiv sein kann. (Lurija 1992, 261f.)[60]

---

[60] Piaget hat beobachtet, daß die *Ausrichtung der Aufmerksamkeit* zwar von Geburt an möglich ist, ihr Ausmaß aber erst im Laufe der Entwicklung wächst. Dieser Fortschritt kann entweder auf die höhere Organisiertheit der durch die Aufmerksamkeit aktivierten Prozesseinheiten oder auf die Entwicklung des Steuerungssystems der Aufmerksamkeit selbst durch Lernen oder auf beides zurückgeführt werden.
Piaget 1993, 97: „Nun scheint es offenkundig, daß man etwas von diesem Fehlen an Gerichtetheit im spontanen Denken des Kindes bis ungefähr 7-8 Jahren wiederfindet. Sicherlich stellt sich das Kind auch vor diesem Alter ständig Aufgaben und Fragen. Darin ist sein Denken sehr verschieden von dem fast ausschließlich kontemplativen oder narrativen Denken der Tagträumerei. Aber die Momente, während derer solche Aufgaben gestellt werden, sind ständig unterbrochen von Momenten, wo das Kind tagträumt und seinen Assoziationen von Ideen entsprechend spielt. Außerdem ist ein Kind mit ein und demselben Problem nie länger als einige Minuten beschäftigt. Die Aufmerksamkeit wird unaufhörlich verschoben, sie flattert schmetterlingsgleich. Sie kommt immer auf dieselben Fragen zurück, aber ohne sich über längere Zeit festzumachen. In dieser Hinsicht steht das Denken des Kindes zwischen dem gerichteten und dem nicht-gerichteten Denken."
Piaget 1993, 98f: „Es scheint also unbestreitbar, daß hinsichtlich der Gerichtetheit des Denkens, der Systematisierung, das kindliche Denken zwischen dem Nichtgerichteten der Träumerei, des

5. Das Verhältnis zwischen der Aufmerksamkeit und dem KAG

Eine besondere Frage ist es, in welchem Verhältnis die Aufmerksamkeit zur Gedächtnisleistung des KAG steht. Nach der soeben dargestellten neuropsychologischen Gedächtnistheorie könnten sich nicht nur Lernen, sondern *auch die Gedächtnisfunktion des KAG* aus der Zusammenarbeit zwischen der *Aufmerksamkeit,* den *spezifischen Aktivitäten* und den Mechanismen für das *Behalten* ergeben, und zwar so: Die Aufmerksamkeit regelt die Dauer einer Koaktivität. Diese wiederum löst von einer bestimmten Dauer an die Schwellenwerte für die Dauer des Behaltens dieser Aktivität aus. So regelt die Aufmerksamkeit im Zusammenspiel mit den spezifischen Aktivitäten und mit den selbstgeregelten Gedächtnissystemen auch *jede Dauer der Aktivierung bzw. der schnelleren und leichteren Aktivierbarkeit einer spezifischen Aktivität, die über die Dauer ihrer direkten Aktivierung hinausgeht.* Diese Regelung besteht aber nur darin, dass und in welchem Maße die Aufmerksamkeit zur Aktivierung der spezifischen Aktivität beiträgt.

Die Aufmerksamkeit würde dann nicht direkt und allein das KAG bewirken, sondern *nur indirekt und zusammen* mit den spezifischen Koaktivitäten und dem selbstgeregelten Gedächtnissystem. Die gemessene Kapazität des KAG würde aus diesem Zusammenspiel resultieren. Für diese Annahme gibt es gute Gründe:

- *Es gibt eine strenge Korrespondenz zwischen der Ausdehnung und der Aktivität der Aufmerksamkeit auf der einen Seite und der Ausrichtung und der Dauer des Gedächtnisses auf der anderen Seite. – Das spricht dafür, dass nur das, worauf sich die Aufmerksamkeit richtet, überhaupt behalten wird. – Die Entsprechung zwischen der Aktivität der Aufmerksamkeit und der Kapazität des KAG ist dann nur eine Möglichkeit oder ein Teil dieser umfassenden Korrespondenz.*

The results described in the second part demonstrate strong interaction between attentional control and attentional limitations, on the one hand, and memory storage at the other hand. A voluntary decision to ignore a stimulus often prevents that stimulus from being registered in either short-term or long-term memory (Pashler 1998[2], 355)
Evidence described in this chapter suggested that both retrieval from and storage in long-term memory are subject to this same central bottleneck, or at least some milder form of interference associated with the same mental operations. Thus, if a person is required to carry out a task involving action planning, they are less able to store other information in long-term memory, even if this other information is completely unrelated to the task and not in any way confusable with it. (Pashler 1998[2], 355)
(...) thus, one would not expect that a person could read aloud sequentially exposed words while retaining other visual stimuli that are presented concurrently. The lack of interference with STM storage is striking, and it refutes very commonly held assumptions about the relationship STM and central processing limitations. (Pashler 1998[2], 356)

---

inneren Monologs oder sogar des Traumes und dem bewußt gerichteten Denken der angepaßten Intelligenz steht."

- *Die Selektion eines Stimulus, die Zuwendung der Aufmerksamkeit zu ihm und die Dauer der Analyse des Stimulus ("maintained firing in neurons specialized for stimulus analysis") bewirken das Kurzzeitgedächtnis. Dies alles geschieht am Ort des jeweiligen Stimulus durch Prozesse in koaktiven Synapsen und nicht im zentralen Prozessor im präfrontalen Kortex.*

Driver behaviour suggests that there is moment by moment priority setting and attentional trade-offs involved in complex task performance. (Styles 2006[2], 198)
The results described in this chapter indicate that while STM storage is not subject to a central processing bottleneck, it is here nonetheless closely tied to perceptual attention. For one thing, perceptual selection of a stimulus is a necessary condition for short-term storage to take place. The results here suggest, though they do not prove, that STM storage and full perceptual analysis are both direct and unavoidable consequences of perceptual selection. If this is correct, people should be unable to fully analyze a stimulus without storing it in the modality-appropriate STM, thereby displacing any previous memory contents; this prediction is testable but the appropriate experiments have not yet been performed. The idea that the perceptual analysis and STM storage would be tied in this way is congenial to the proposal, originally suggested by D.O. Hebb, that the neural basis of short-term storage is maintained firing in neurons specialized for stimulus analysis. (Pashler 1998[2], 356)

- *Wegen der Abhängigkeit des Behaltens von der Aufmerksamkeit hängt auch die Dauer des Behaltens von der Dauer der Aufmerksamkeit ab.*

Aus der relativ kurzen Dauer der Zuwendung der Aufmerksamkeit auf nacheinander dargebotene Reize resultierte dann die relativ kurze Dauer des KAG.

Die in den psychologischen Experimenten erschlossenen *verdeckten Wiederholungen (rehearsal) des KAG* könnten dann eine Leistung des Mechanismus für das kurzzeitige Gedächtnis sein. Durch diesen Mechanismus wird dann die Aktivität von spezifischen Aktivitäten über die Zuwendung der Aufmerksamkeit hinaus aufrechterhalten. Baddeley dagegen hält es für möglich, dass Rehearsal die direkte Folge einer anhaltenden Aufmerksamkeit ist.

The nature of rehearsal in the sketchpad is much less clear than in the phonological loop. One possibility is that rehearsal involves continued attention to stimulus location or possibly to the representation of the stimulus. (Baddeley 2007, 221)

Die Differenz zwischen der Behaltensdauer von etwa 3 Sekunden für das KAG und der Behaltensdauer für Handlungen unterschiedlichen Umfangs lassen sich daraus erklären, dass auf Ziele für längere Handlungen die Aufmerksamkeit *mehrfach* gerichtet wird, entweder schon vor der Auslösung eines automatischen Verlaufs oder auch von Zeit zu Zeit parallel zu diesem Verlauf, was natürlich auch für Zwischenziele gilt. – Es gibt deshalb auch ein kurzzeitiges Behalten, das wesentlich länger anhält als die in den recall-tests für das KAG gemessene Zeit. Dieses Gedächtnis hat eher die Dauer des sogenannten LTM.

Es gibt deshalb möglicherweise de facto gar keine verschiedenen Gedächtnisse, die sich streng durch ihre Dauer unterscheiden, sondern ein Kontinuum in der Dauer des Gedächtnisses, das durch das Zusammenwirken zwischen der Dauer der Aufmerksamkeit mit den spezifischen Aktivitäten und mit den autoregulativen Gedächtnissystemen zustande kommt. – Aus diesem Zusammenwirken resultierte dann auch das Phänomen von Gedächtnissen von unterschiedlicher Dauer mit unscharfen Grenzen zwischen ihnen.

- *Dieses Prozessieren kann parallel stattfinden bis zu einer Obergrenze der Kapazität für das gesamte Prozessieren. Es gibt deshalb nicht nur ein einziges KAG, sondern so viele KAG, wie jeweils parallel prozessiert wird. Ein KAG entsteht dann an allen Orten, auf die sich die Aufmerksamkeit gleichzeitig richtet.*

Rather, the findings suggest that while perceptual selectivity exists, so does parallel processing as an optional strategy that can be adopted in many circumstances where it is useful; and furthermore, that perceptual capacity limits exists as well, but only above some threshold of processing demands (...) One this view, we may voluntarily chose to analyze a single stimulus (suppressing the perceptual analysis of other stimuli) or we may choose to analyse several stimuli in parallel or even analyse a number of stimuli in parallel while suppressing analysis of others. The results support a modified CPP (controlled paralled processing – J.G.) which stipulates that when the total complexity of perceptual processing is exceeded, capacity limitations emerge. (Pashler 1998[2], 400f.)

However, the idea that there is just one short-term memory system that relies on articulatory coding can clearly be rejected; there appear to be several, perhaps many, distinct STM systems associated with different input systems and motor buffers, each capable of holding onto information without displacing the contents of other STM systems. Attention theorists have almost unanimously agreed that short-term memory and attention are deeply interconnected. Some writers have equated attentional resources with STM storage capacity (...) Chapters 7 and 8 argued that attention and STM are indeed closely linked, but that the nature of the linkage is quite different that what such formulations suggest (...) To put it simply and concretely, a person can select a response to a tone while storing a visual pattern in visual STM, but they seem unable to select a response to the tone while planning an action in response to the visual pattern. Nevertheless, central operations almost invariably impair storage of information in long-term memory. (Pashler[2], 406)

- *Wahrscheinlich beeinflussen die Divergenz und die Konvergenz von neuronalen Netzwerken im Gesamtprozess von Orientierung und Reaktion auch das Ausmaß des parallelen Prozessierens.*

Thus, the inability to retrieve two memories or plan two actions concurrently does not reflect any inability to probe memory with more than one cue at a time, as the digital computer metaphor might suggest. Instead, it seems that while many inputs can simultaneously activate a given output, they cannot generally activate different outputs, or if they can, the process of utilizing one output somehow flushes or degrades activation of the other. One suspects that these slightly paradoxical properties of human information processing may ultimately be illuminated by a better understandig of memory retrieval at the level of neural circuitry. (Pashler 1998[2], 405)

- *Die enorme Varianz im Informationsgehalt der Chunks, der dem Individuum jeweils im KAG verfügbar ist, resultiert aus seiner Lerngeschichte.*

Wenn alle diese Annahmen zutreffen, dann ist das KAG kein eigenständiges System, sondern resultieren seine Eigenschaften aus der Zusammenarbeit des Prozessors der Informationsverarbeitung mit den autoregulativen Behaltenssystemen.

Der Prozessor aus Interesse, Aufmerksamkeit und spezifischen Intentionen *löst dann das kurzzeitige Behalten des Arbeitsgedächtnisses durch die Aktivierung des Gedächtnissystems aus.* – Andererseits ist aber das weitere Prozessieren des Prozessors ohne die autoregulativen Systeme des Gedächtnisses nicht möglich, weil er nur auf den aktivierten spezifischen Aktivitäten operieren kann.

Wegen dieser wechselseitigen Bedingtheit kann man das Arbeitsgedächtnis sowohl als eine Funktion des Prozessors ansehen als auch als eine Voraussetzung oder einen Bestandteil von ihm.

Hat man einmal die Zirkularität des neuropsychischen Prozessierens erkannt, dann ist dies kein schwerwiegendes Problem der Abgrenzung des Prozessors der Informationsverarbeitung.

VIII. Die Beeinflussung von Lernen und Behalten auf dem Wege über den Prozessor der Informationsverarbeitung

Das Lernen und das Behalten eines Menschen kann von außen nur beeinflusst werden, wenn eine Beeinflussung dessen möglich ist, *was dieser Mensch tut*, denn Lernen und Behalten sind keine eigenständigen Aktivitäten, die direkt beeinflusst werden können, sondern nur *Derivate* oder *Funktionen* seines Tuns.

Das Tun des Menschen aber wird durch den Prozessor der Informationsverarbeitung gesteuert, weil durch diesen Prozessor nicht nur die Generierung der Information für die Orientierung in der Welt und im jeweiligen Menschen selbst, sondern auch die Generierung der Reaktion auf diese Orientierung geleistet wird.

Daraus folgt, dass das Lernen und das Behalten eines Menschen nur über sein Generieren von Information beeinflusst werden kann. Damit ist *die eigene Aktivität des Menschen die notwendige Voraussetzung für jeden Einfluss von außen oder auch von ihm selbst auf sein Lernen und Behalten.* Wie auch immer die Beeinflussung von Lernen und Behalten bezeichnet wird, als Erziehung, Selbsterziehung, Sozialisation, Unterricht, Training, Therapie, Coaching u.a.m., immer kann sie nur *indirekt* über die Aktivität des betreffenden Menschen selbst einen Einfluss auf dessen Lernen und Behalten ausüben.

Deshalb muss jeder, der das Lernen und das Behalten eines Menschen beeinflussen will, zweierlei wissen, wenn er nicht blind handeln will: erstens, wie das *Prozessieren des Prozessors* beeinflusst werden kann, und zweitens, *was er tun kann*, um ihn so zu beeinflussen, dass aus seinem Prozessieren Lernen und Behalten resultieren.

Dem entspricht das Phänomen, dass jeder, der erzieht, voraussetzt und erwartet, dass der Edukand sein eigenes Tun steuern kann und dass man ihn deshalb darüber informieren kann, was er tun soll. – Wie aber spielt sich das tatsächlich ab?

Es kann und soll hier keine komplette Erziehungstheorie entwickelt werden, sondern es sollen nur *grundlegende Folgerungen* aus der Funktion des Prozessors für Lernen und Behalten *für die Beeinflussung von Lernen und Behalten* gezogen werden.

Es kann aber auch nicht die ganze Breite der möglichen einzelnen Einflüsse dargestellt werden, weil die konkreten Einflüsse nicht nur unzählbar sind, sondern es auch relativ zur gesamten jeweiligen Situation ist, was getan werden kann. Es kann hier deshalb nur auf diejenigen „Stellen" des Prozessors hingewiesen werden, an denen auf ihn ein Einfluss ausgeübt werden kann. Soweit dies gelingt, sind die folgenden Aussagen *notwendige Grundlagen* für jede Theorie der Beeinflussung von Lernen und Behalten.

„Sozialisation" und „Erziehung" sind Bezeichnungen für *zwei Formen der Beeinflussung von Lernen und Behalten*. Das Verhältnis dieser beiden Bezeichnungen zueinander ist aber so ungeklärt, dass heutige Sozialisationstheorien in Deutschland meist auch die Erziehung der Sozialisation zurechnen, während die Erziehungstheorien, soweit es sie überhaupt gibt, die Einflüsse der Sozialisation häufig vernachlässigen oder gar ignorieren. – Das ist nicht verwunderlich, denn die beiden Bezeichnungen erlauben keine klare und deutliche Unterscheidung von zwei Formen der Beeinflussung.

Die Unterscheidung zwischen Sozialisation und Erziehung kann nämlich nicht durch den Terminus „sozial" geschehen, da nicht nur die Beeinflussung durch die Gesellschaft, sondern auch die Erziehung durch einzelne Menschen eine soziale Beziehung ist. – Sie kann auch nicht durch den Lebensbereich geschehen, *für den* gelernt und behalten werden soll, denn um die Gesellschaft geht es nicht nur in der Sozialisation, sondern auch in der Erziehung. – Es gibt auch keineswegs nur eine Beeinflussung durch einzelne andere sowie durch gesellschaftliche Ereignisse und Strukturen, sondern auch durch den *direkten Kontakt mit der Natur, mit Gegenständen der Kultur und mit Riten und Texten der Religion* werden Lernen und Behalten beeinflusst. – Durch beide Möglichkeiten der Beeinflussung wird auch nicht nur Soziales und Gesellschaftliches gelernt und behalten, sondern alles, was gelernt und behalten werden kann. – Man kann deshalb die Sozialisation auch nicht auf die Beeinflussung durch die Gesellschaft für die Gesellschaft und die Erziehung auf die Beeinflussung durch ein Individuum für die Entwicklung eines Individuums beschränken.

Ich vermeide deshalb die beiden problematischen Bezeichnungen „Sozialisation" und „Erziehung" und spreche von *Einflüssen auf Lernen und Behalten* (vgl. hierzu Grzesik 1998, VIII), aber in manchen Kontexten auch von „Erzieher" und „Edukand".

Bei der Beeinflussung unterscheide ich auch nicht zwischen „Erziehen" und „Unterrichten", sondern betrachte den *Unterricht als eine Spezialisierung der Beeinflussung auf bestimmte Bereiche des Lernens und Behaltens*, insbesondere auf das Sprachmedium, die Mathematik und das gesamte Wissen in sämtlichen unterscheidbaren Sachbereichen.

Eine solche zeitweise Spezialisierung der Beeinflussung des Lernens und Behaltens auf bestimmte Sach- und Funktionsbereiche findet auch schon in Episoden der Beeinflussung des frühkindlichen Lernens und Behaltens statt, obwohl man sie in der Regel als Erziehung bezeichnet. – Erst sehr spät in der Entwicklung der Menschheit sind nach und nach zunehmend mehr Einheiten dieser Art in besondere Institutionen verlagert worden. Das ist ein wichtiger Teilprozess der zunehmenden funktionalen Differenzierung der Gesellschaft.

Sämtliche Einflüsse auf Lernen und Behalten unterscheide ich aber in *intendierte* und *nicht intendierte*. Die intendierten wiederum lassen sich in *fremdintendierte* und *selbstintendierte* unterscheiden.

Die Beeinflussung von Lernen und Behalten einer Person ist *intendiert*, wenn sie von einer anderen Person oder aber von der betreffenden Person selbst beabsichtigt ist. Diese Form der Beeinflussung wird in der Regel als Erziehung oder Unterricht und als Selbsterziehung bezeichnet. – Die Selbsterziehung ist nur aufgrund der Selbstbezüglichkeit des Menschen (Selbstreferenz) möglich. In diesem Fall muss der Betreffende selbst das tun, was im Fall der Erziehung andere tun.

Sie ist *nichtintendiert,* wenn diese Einflüsse beim *Umgang* mit Naturgegenständen, Kulturgegenständen, religiösen Riten, Dokumenten oder Themen, einzelnen Personen oder gesellschaftlichen Gruppen stattfinden, ohne dass dies von jemand beabsichtigt ist und auch ohne dass dieser Umgang absichtlich von jemand für Lernen und

Behalten inszeniert worden ist.[61] Was dabei gelernt und behalten wird, hängt dann von der Art der Umgebung und von der selbständigen Verarbeitung der jeweiligen Umgebung durch die jeweilige Person ab. In dieser Form findet auch der Einfluss der Gesellschaft, ihrer einzelnen Mitglieder, ihrer kollektiven Prozesse und ihrer dauerhaften Strukturen auf das Lernen und Behalten jedes ihrer Mitglieder statt.

1. Die Beeinflussbarkeit von Interesse, Aufmerksamkeit, KAG und Intentionalität

Der Prozessor der Informationsverarbeitung ist von außen, d. h. von seiner gesamten Umgebung, *nur über die Sinne* zu beeinflussen. – Der Einfluss geht zum einen *von der Sinneswahrnehmung* selbst aus. Aus ihr generiert der Prozessor Informationen über die Welt und auch über den jeweiligen Menschen selbst. – Zum anderen geht der Einfluss nicht von den Sinneswahrnehmungen selbst aus, sondern von dem, was *mittels der Sinneswahrnehmung* dem Betreffenden an *Informationen mitgeteilt* wird. Dieser Einfluss ist ein medial und sozial vermittelter Einfluss.

Im ersten Fall findet Lernen und Behalten schon im Prozess der Generierung jeder Information statt. – Im zweiten Fall muss der Prozessor zuerst die Informationen der Mitteilung generieren und sie dann für die Steuerung seines Prozessierens verwenden.

Ehe ich auf die grundlegenden Möglichkeiten dieser Beeinflussung eingehe, beschreibe ich kurz den ganzen Prozess, durch den *jede Beeinflussung von Lernen und Behalten* zustande kommt.

Voraussetzung für jede derartige Beeinflussung ist die Wachheit, ein gewisser Grad der allgemeinen Erregung (arousal) und bereits automatisch ablaufende oder auch schon bewusst gesteuerte Aktivitäten.[62]

Die Beeinflussung ist deshalb immer ein *Eingriff in ein bereits ablaufendes Geschehen*. Dieser Eingriff kann darin bestehen, dass der Lernende in seiner Umgebung (oder auch bei sich selbst) etwas wahrnimmt, das für ihn *neu* ist. Dieser Einfluss ist nicht intendiert, sofern das Neue nicht absichtlich in seinen Wahrnehmungsbereich gebracht worden ist.

Das ist nichts anderes als der gesamte Prozess der Informationsverarbeitung und der in ihm stattfindenden Prozesse des Lernens und Behaltens, von dem bis hierhin die Rede gewesen ist: Das Individuum lernt aus dem Umgang mit seiner jeweiligen Umgebung und mit sich selbst.

Es kann aber auch absichtlich ein Einfluss auf ein Individuum ausgeübt werden, durch den sein Lernen und Behalten beeinflusst werden soll (s. hierzu z. B. Grzesik

---

[61] Zur Problematik der Begriffe Sozialisation und Erziehung s. z. B. Luhmann 1984, Kapitel 5, VIII; Grzesik 1998, VIII; Grzesik, 2002b.

[62] Lukesch 2001, 63: „Automatisierte, d. h. unbewusst ablaufende Prozesse der Informationsverarbeitung, sind von wesentlich größerer Kapazität als bewusst ablaufende Prozesse (parallele Informationsverarbeitung). Kontrollierte, d. h. bewusste Informationsverarbeitung, ist hinsichtlich Verarbeitungskapazität und -geschwindigkeit eingeschränkt, erlaubt jedoch eine willkürliche Abgrenzung gegenüber anderen (ablenkenden) Reizen. Durch kontrolliert ablaufende Prozesse kann man sich auch auf verschiedene Reizkonfigurationen einstellen bzw. das im Focus der Aufmerksamkeit stehende Objekt flexibel wechseln.

2002b). – Dieser Einfluss kann daraus bestehen, dass das, was der Betreffende gerade tut, *bestätigt* oder *kritisiert* wird. – Was gerade getan wird, kann auch durch *direkte physische Eingriffe* korrigiert werden, z. B. durch eine Korrektur der Körperhaltung oder durch die Lenkung einer Handbewegung. – Es kann aber auch ein neues Tun ausgelöst werden, entweder durch *gezielte Veränderungen in der Umgebung des Lernenden* oder durch *Anleitungen* zum Vollzug einer Tätigkeit, von der erwartet wird, dass durch sie etwas gelernt wird. Diese Anleitungen sind immer *Mitteilungen* an den Lernenden, auch dann, wenn ihm nur etwas vorgemacht wird und kein Wort fällt.

Die dem Lernenden für sein Handeln mitgeteilten Informationen müssen von ihm selbst generiert werden. Falls dabei Schwierigkeiten auftreten, bedarf auch dies wiederum der Beeinflussung seines Prozessierens durch andere. Es ist deshalb häufig eine kürzere oder längere Kommunikation mit dem Lernenden über die mitgeteilten Informationen erforderlich, bis er sie verstanden hat.

Nur dann, wenn die mitgeteilten Informationen verarbeitet worden sind, d. h. der Lernende sie richtig oder auch nicht richtig verstanden hat, können sie sich auf sein Prozessieren auswirken.

Dazu ist aber noch zweierlei erforderlich: Der Edukand muss diese Informationen sich zu eigen machen und damit *akzeptieren,* und er muss sie dann auch für die Aktivierung des Prozessors *verwenden*.

Das erste ist die *Bevorzugung* dieser Informationen für seine folgenden Aktivitäten. Das ist der generelle Prozess der Gewichtung für die Ermittlung derjenigen Aktivität, die jetzt die höchste Relevanz hat. – Das zweite ist der Prozess der *Transformation der Schemata, die durch Orientierungsoperationen aus der Mitteilung gewonnen worden sind, in das Prozessieren von eigenen Aktivitäten.* Das ist der Übergang von einem fremdbezüglichen zu einem *selbstbezüglichen Prozessieren des Prozessors*.

Die Beeinflussung der Aktivierung des Prozessors und damit indirekt auch von Lernen und Behalten durch andere ist daher keineswegs ein einfacher Prozess. Obwohl er von der Geburt an stattfindet, kann der Säugling seiner Umgebung und Kommunikation mit anderen nur in den Grenzen seines Entwicklungsstandes Informationen für sein Handeln und damit für Lernen und Behalten abgewinnen. Aber auch dann, wenn der junge Mensch zur vollen sprachlichen Kommunikation in der Lage ist, ist dieser Prozess sehr schwierig und anfällig für Fehler.

Die Beeinflussung des Prozessors der Informationsverarbeitung durch andere ist daher ein sehr fragiler Prozess, der keineswegs immer zum intendierten Resultat oder sogar überhaupt zu einem brauchbaren Resultat führt. Das gilt nochmals gesteigert für die Beeinflussung von Lernen und Behalten, weil sie eine spezifische Form der Beeinflussung des Prozessors erfordert.

Möglichkeiten, das Interesse zu beeinflussen

Die Beeinflussung der *momentanen Bevorzugung von etwas* zum Gegenstand der Informationsverarbeitung ist aus den folgenden Gründen ein sehr schwieriger Prozess.

Er hängt vom *Bewertungssystem des gesamten Organismus* ab und ist deshalb abhängig von den Bedürfnissen, die von Geburt an auftreten und sich durch Lernen entwickeln. Diese Bedürfnisse sind vielfältig.

Jedes Bedürfnis ist bezogen auf eine *Klasse von Sachverhalten.* Über eine solche Klasse von Sachverhalten kann durch die *Vorgabe eines Exemplars dieser Klasse* oder durch die *Mitteilung über die Kategorie dieser Klasse* informiert werden. Deshalb ist die Verständigung mit einem Menschen über den Gegenstand seines Bedürfnisses von Geburt an zunächst nur über derartige Gegenstände und erst vom Spracherwerb an auch über Kategorien möglich.

Unter dem Titel „Motivationspsychologie" gibt es inzwischen eine breitgefächerte psychologische Forschung der Beeinflussungsmöglichkeiten der jeweiligen Bevorzugung. – Soweit ich sehe, haben aber die neuropsychologischen Untersuchungen bis jetzt zwar zum vielfachen Nachweis der *Existenz dieser Komponente* geführt, nicht aber zu ihrer *differenzierten Analyse.*

In der Psychologie gibt es umfangreiche Berichte über Theorien des Prozesses der Bevorzugung, z. B. über die Leistungsmotivation oder die Kausalattribuierung (s. z. B. Heckhausen 1989^2 und Weiner 1984). – Es gibt aber noch keine elaborierte Theorie über das *Zusammenwirken zwischen allen möglichen Motiven,* das schließlich zu einer *Entscheidung für eine bevorzugte Aktivität* führt.

Die Bevorzugung von etwas, das Interesse an ihm, kann durch die *Vorgabe des betreffenden Gegenstandes* hervorgerufen werden (bottom-up). Ob durch die Vorgabe von Gegenständen aber ein Interesse ausgelöst wird, hängt von ihrer Bewertung durch den Lernenden ab.

Ganz allgemein scheinen solche Gegenstände bevorzugt zu werden, die *plötzlich auftreten, bewegt* sind, *sich stark von den sie umgebenden Sachverhalten unterscheiden, sehr bedrohlich* oder *hoch erfreulich* sind. Sobald der Lernende mit Gegenständen gute Erfahrungen macht, entwickelt sich auch schon ein schnell aktivierbares und auch länger anhaltendes Sachinteresse.

Soweit Interessen *in der Evolution entstanden* sind, sind sie *genetisch determiniert,* soweit sie sich von Geburt an entwickelt haben, sind sie durch *Lernen* entstanden. Im Resultat ist die *individuelle Varianz* der Interessen schon nach wenigen Lebensjahren außerordentlich groß.

Schon von Geburt an und möglicherweise schon intrauterin, beginnt die Erfahrung mit *Versuch und Irrtum, Erfolg und Misserfolg* von Aktivitäten. Dies gilt nach der Geburt und für lange Zeit, insbesondere für den Erfolg oder Misserfolg des Schreiens, weil es zunächst das einzige Mittel ist, sämtliche Interessen anderen gegenüber geltend zu machen. Das künftige Interesse an etwas wird dann in signifikantem Maße durch die Erfahrungen mit dem Erfolg oder Misserfolg des eigenen Verhaltens bestimmt.

Auf die Bildung dieser Erfahrungen kann von außen von Geburt an nicht nur durch die Vorgabe von etwas eingewirkt werden, sondern auch durch Reaktionen auf die durch diese Vorgaben ausgelösten Reaktionen. Sie können ignoriert, verstärkt oder modifiziert werden, je nachdem, wie der Erzieher auf sie reagiert. Auch diese Reaktionen des Erziehers sind Beeinflussungen des Lernens und Behaltens von außen.

So ist von Geburt an die Beeinflussung der Entwicklung des Interesses durch die Beeinflussung der gesamten Aktivität möglich, jedoch zunächst nur durch die Beeinflussung ihres gegenständlichen Auslösers und ihres von außen beobachtbaren sensomotorischen Vollzugs einschließlich der Reaktion auf das Resultat der Befriedigung eines Bedürfnisses.

Dieser Einfluss durch die Gestaltung der Umgebung auf die Entwicklung des Interesses ist nicht nur möglich durch die *Art der vorgegebenen Gegenstände* und die *Art der Reaktionen* auf den Umgang des Lernenden mit ihnen, sondern auch durch deren *Quantum*, durch den *Zeitpunkt* und die *Zeitdauer* der Vorgaben und durch ihre *Regelhaftigkeit*. Kurz: durch das gesamte Management der dinglichen und personalen Umgebung des Lernenden.

Zum Einfluss durch Gegenstände gehört auch deren *Widerständigkeit*. Ist der Widerstand der Gegenstände zu groß, weil sie z. B. zu schwer sind, dann kann nur die Erfahrung des Scheiterns der eigenen Bemühungen, mit ihnen etwas anzustellen, gemacht werden. Sind die Gegenstände aber entwicklungsgerecht, dann kann man ihre Widerständigkeit dadurch überwinden, dass man etwas lernt. Aus solchen Erfahrungen entwickelt sich die Sachmotivation.

Immer geht es hier für den Erzieher zum einen darum, dass er den bereits entwickelten Bedürfnissen des Edukanden durch die Gestaltung seiner Umgebung gerecht wird, und zum anderen aber darum, dass der Edukand durch den Umgang mit seiner Umgebung seine Interessen weiter entwickelt. Die erste Intention richtet sich auf die Handlungsbereitschaft und die zweite Intention auf die Entwicklung des Interesses durch neue Erfahrungen. Beide Intentionen werden durch Manipulationen seiner Umgebung realisiert, d. h. durch *intendierte Veränderungen der nichtintentionalen Einflüsse*.

In dieser Möglichkeit der Erziehung liegt schon die ganze Problematik der Beeinflussung von Lernen und Behalten von außen beschlossen: Ein verdeckter innerer Prozess kann nur durch Veränderungen der Umwelt des Lernenden beeinflusst werden. – Der innere Prozess der Selbstveränderung durch Lernen und Behalten muss vom Lernenden selbst vollzogen werden. Er muss dafür einen hohen Widerstand gegen jede Selbstveränderung überwinden. – Auf dieses Geschehen kann nur aus dem äußeren Verhalten geschlossen werden.

Der Erzieher muss deshalb seinerseits erst durch Versuch und Irrtum lernen, zu diagnostizieren, welche Bedürfnisse der Lernende hat, wie er die Stärke der Äußerung seiner Bedürfnisse einschätzen soll, wie er auf sie reagieren kann, aber auch, welche Entwicklung der Interessen des Lernenden durch die Manipulation seiner Umgebung eventuell gefördert werden kann.

Nur wenn dies alles hinreichend gut gelingt und mit der für Lernen und Behalten erforderlichen Genauigkeit und Regelhaftigkeit geschieht, lernt das Kind relativ schnell, was für es selbst jeweils *wichtig* ist und was nicht und wie es dies so äußert, dass der Erzieher wiederum angemessen reagiert.

Erst mit der Entwicklung der Fähigkeiten für die *Kommunikation*, insbesondere der sprachlichen, und der Entwicklung der Fähigkeiten zur *Selbststeuerung* und *Selbstkontrolle* entwickeln sich allmählich auch die Möglichkeiten, *direkt auf die Entscheidung über das jeweilige Interesse durch den Lernenden einzuwirken*. Der Lernende muss nämlich nicht nur den Sinn der Mitteilungen des Erziehers verstehen können, sondern er muss auch dazu in der Lage sein, seine Aktivitäten mit der Hilfe des kategorialen Gehalts dieser Mitteilungen auszuwählen. Erst dann kann der Erzieher mit dem Lernenden über den Wert seiner Aktivitäten, über seine Bilanzen von Erfolg und Misserfolg und auch direkt über seine Interessen kommunizieren.

Die Beeinflussung über die Kommunikation, insbesondere über die sprachliche, kommt zur Gestaltung der gegenständlichen und personalen Umgebung hinzu. Durch sie kann auch die willkürliche Aufmerksamkeit direkt erreicht werden und nicht nur die unwillkürliche. – Ohne die gegenständliche Beeinflussung der Entwicklung der Interessen bleibt aber die verbale Beeinflussung aus naheliegenden Gründen meist wirkungslos.

Möglichkeiten, die Aufmerksamkeit zu beeinflussen

Ganz allgemein scheint die Aufmerksamkeit nur dann aufzutreten, wenn die unbewusst ablaufenden Aktivitäten, d. h. die Automatismen, an die *Grenze ihrer Leistungsfähigkeit* gelangt sind. Dies kann *absichtlich provoziert* werden, und zwar sowohl durch die vorgegebenen *Gegenstände* als auch durch die dem Edukanden gestellten *Aufgaben*.

Die Gegenstände und/oder Aufgaben müssen dann die bekannte oder geschätzte Leistungsfähigkeit *überschreiten*. Die Diskrepanz darf aber nicht so groß sein, dass keine Aktivität mehr zustande kommt (Wahl eines mittleren Grades der Diskrepanz). Man kann deshalb eine Diskrepanz, die sich als zu groß erwiesen hat, verringern, indem man die Anforderungen der Gegenstände und Aufgaben verringert oder die Arbeitsbedingungen verbessert (z. B. Verlängerung der zur Verfügung stehenden Zeit, besseres Arbeitsmaterial, besseres Werkzeug, einzelne Hilfen).

Man kann beim Auftreten dieser Leistungsgrenzen insgesamt von einer *Störung* der automatischen Bewältigung der jeweiligen Lebenssituation und dem *erhöhten bis höchsten Einsatz* aller Möglichkeiten zu ihrer Bewältigung sprechen. Insofern die Aufmerksamkeit zu dieser Bewältigung beiträgt, gehört sie zu einer *ausgezeichneten Form der menschlichen Aktivität* gegenüber dem Automatismus. Gemeinsam ist diesen Störungen, dass sie *an jeder Stelle der jeweiligen gesamten automatisierten Handlung* auftreten können, aber insbesondere beim Übergang von einer Handlung zu einer anderen.

Es gibt eine Reihe von Möglichkeiten, die Aktivierung der Aufmerksamkeit durch eine *Störung der routinierten Tätigkeiten* zu provozieren:[63]

---

[63] Vgl. zu den Möglichkeiten, die Aufmerksamkeit zu beeinflusssen z. B. Lukesch 2001, 64: „Für den Lehr-/Lernprozess ist generell der Hinweis wesentlich, dass ohne entsprechende Aufmerksamkeitserregung ankommende Information vermutlich nicht weiterverarbeitet wird. Für die Erregung von Aufmerksamkeit sind wichtig (Gage & Berliner, 1996, S. 281):
(a) Stimuluseigenschaften (z. B. ein lautes Geräusch),
(b) explizite Hinweise (z. B. Aufforderungsreize: „dies ist der wesentliche Gesichtspunkt, um den es geht"), denn ein Mittel zur Aufmerksamkeitssteuerung ist die Sprache,
(c) motivational-emotionale Aspekte und
(d) kognitive Diskrepanzen, Inkongruenzen (vgl. Berlyne, 1969), unerwartete Ereignisse, wobei mittlere Diskrepanzen vorzuziehen sind."

- *eine Störung des Ablaufs der jeweiligen Automatismen, wie z. B. durch Hindernisse, Lückentexte, anderes Material, eine leicht modifizierte Aufgabe, die Anwendung auf einen neuen Fall,*
- *das Auftreten von Gegebenheiten in der äußeren und der inneren Situation, die im Programm des Automatismus nicht vorgesehen sind, d. h. Kontingenzen aller Art, z. B. Ablenkungen durch starke Reize, unerwartete Gegebenheiten, neue Anforderungen,*
- *ein Schwierigkeitsgrad der Aufgabe, dem die verfügbaren Automatismen nicht gewachsen sind, z. B. wegen der Kompliziertheit oder Komplexität der äußeren Gegebenheiten oder wegen der eigenen Ansprüche an die Qualität einer Leistung,*
- *eine Änderung des jeweiligen Zieles einer Aktion, d. h. eine Verschiebung der höchsten momentanen Wichtigkeit auf etwas anderes.*

Sowohl die Richtung der Aufmerksamkeit als auch die Stärke der Aufmerksamkeit können aber auch durch Mitteilungen unterschiedlicher Art direkt beeinflusst werden:

- *durch Reize mit Hinweisfunktion (cues) auf den Sachverhalt, um den es in der Aufgabe geht, z. B. Pfeile, vorausgehende Markierung der Position eines Sachverhaltes, vorausgehende Sachverhalte der gleichen Art,*

    Posner manipulated the validy of spatial visual cues to determine the manner in which such cues could be used to summon or direct attention. Validity is the probability that the cue does, in fact, indicate where the target is to be presented (…)
    When the cue was valid, subjects were faster to respond to the target than in the control condition. It seemed as if subjects were able to use the cue to direct, or orient, attention because when the cue was invalid, their response was slower than control, suggesting that attention had moved in the wrong direction. (Styles 2006[2], 53)

- *durch den expliziten Hinweis auf etwas, durch die Hinwendung mit dem ganzen Körper, des Gesichtes oder der Augen oder durch das Zeigen mit einem Finger, einem Stock, einem Lichtstrahl, dem ganzen Arm (Medium der Körpersprache),*
- *durch ein Stoppsignal, das dazu zwingt, den Automatismus zu unterbrechen und wieder in Gang zu setzen, wofür Aufmerksamkeit erforderlich ist, z. B. für ein Kind, das zu schnell zu einem Fußgängerüberweg läuft,*
- *durch die pauschale Aufforderung, aufmerksam zu sein (pay attention!) oder sich zu konzentrieren (eine solche Aufforderung kann von anderen ausgehen oder von dem Betreffenden an sich selbst gerichtet werden),*
- *durch die Aufforderung, etwas Bestimmtes zu tun, die immer eine Störung der laufenden Tätigkeit ist.*

Eine solche Aufforderung hat in der Regel die Form einer *verbalen Instruktion*, weil durch sie *genauer als durch alle anderen Medien gesteuert* werden kann, worauf sich die Aufmerksamkeit richten soll, insbesondere auch auf innere Gegebenheiten, wie Vorstellungen und Gedanken, Absichten und Gefühle, Einstellungen und Erwartungen etc., die nicht äußerlich wahrnehmbar sind, weshalb nicht durch ein wahrnehmbares Medium auf sie gezeigt werden kann.

Diese Instruktionen fordern *gleichzeitig* zur *Selektion* von etwas, zur *Konzen*-tration auf etwas und zur *Aktivierung* einer bestimmten Aktivität auf. Das geschieht schon, wenn Versuchspersonen zum Behalten eines bestimmten Sachverhalts (target) aus einer gewissen Zahl von Sachverhalten aufgefordert werden (recall-Aufgabe).

Durch Instruktionen kann auch auf *Aspekte* von Sachverhalten verwiesen werden, die nicht als Teile unterschieden werden können und auf die deshalb auch nicht gezeigt werden kann, z. B. beim Lesen auf die Akzentuierung oder auf den Rhythmus, oder auf grammatische Relationen. Diese impliziten Sachverhalte sind besonders schwer zu unterscheiden, weshalb Hilfen dafür besonders wichtig sind. Es ist aber auch nicht leicht, auf sie zu verweisen, weshalb am besten ihre Darstellung durch Mimik, Gestik, Körperhaltung und Bild mit sprachlichen Beschreibungen zusammenwirken müssen.

Auf diese Weise kann möglichst genau auf das verwiesen werden, *was* jeweils gelernt werden soll, z. B. beim Lesenlernen eines Erstklässlers auf einen bestimmten Laut oder später auf die Beachtung der Erzählerperspektive.

* *Durch die Vorgabe von Zielen kann die Aufmerksamkeit auf handlungsleitende Schemata gelenkt werden, durch die dann die erforderlichen Aktivitäten automatisch aktiviert werden. – In diesem Vorgang übt die Instruktion die Selektionsfunktion aus, die danach von der Aufmerksamkeit exekutiert wird. Diese Exekution besteht aus der Selektion von Schemata, die wiederum eine selektive Funktion für die Aktivitäten einer Handlung haben. So wird die Selektionsfunktion von der Aufmerksamkeit ‚weitergereicht' bis zu den einzelnen Aktivitäten, durch die sie erst realisiert wird.*

Planing ahead and goal-directed behaviour is compromised, patients often being unable to start or complete a task. Duncan (1986) believes these patients have difficulty setting up and using goal lists. Duncan has argued for the importance of setting up goal lists that are designed to meet our desires and needs. Goal lists are used to create action structures that are set up using the problem-solving heuristic of means-ends analysis (...) Norman and Shallice (1986) have a theory in which the activation or inhibition of task-relevant schema, or actions, can be intentionally controlled by a supervisory attentional system (SAS). This system can bias the schema that are needed for intended actions so that instead of the action that would normally be most active capturing control, the intended action can be made. The SAS has been equated with the central executive of working memory (Baddeley, 1986). If the SAS were damaged, behaviour would degenerate in the manner observed in frontal patients. (Styles 2006[2], 252)

Classical symptoms of frontal lobe damage are deficits in planning, controlling and coordinating sequences of actions. (Styles 2006[2], 230)

Schon von etwa neun Monaten an kann die Aufmerksamkeit eines Kindes durch einen anderen Menschen auf etwas gelenkt werden. Diese Fähigkeit verbessert sich zunehmend mit dem Erwerb von kulturellen Kommunikationsmöglichkeiten, insbesondere des Verstehens der Sprache, die dem Beginn des aktiven Sprachgebrauchs mit durchschnittlich einem Jahr und acht Monaten weit vorausgeht.

Deshalb ist von da an eine absichtliche Beeinflussung des Kindes über die Lenkung der Aufmerksamkeit möglich.

Dieser frühe Zeitpunkt, zu dem der Mensch schon *die Gerichtetheit auf etwas bei anderen* versteht und auch die *Kommunikation* über die Ausrichtung der Aufmerksamkeit möglich ist, spricht für die große Bedeutung der Aufmerksamkeit für die Beeinflussung der Entwicklung des Menschen durch Lernen und Behalten.

(...) das Verstehen der anderen als intentionale Wesen tritt zunächst in einem Alter von ungefähr neun Monaten auf, aber seine wahre Kraft erscheint erst allmählich, wenn Kinder die kulturellen Instrumente, vor allem die Sprache, aktiv gebrauchen, die ihnen erlaubt, dieses Verstehen zu beherrschen. (Tomasello 2006, 77)

In diesem Alter beginnen Säuglinge zum ersten Mal auf anpassungsfähige und zuverlässige Weise dorthin zu blicken, wohin die Erwachsenen blicken (Verfolgen des Blicks), mit ihnen während relativ langer Zeitspannen in bezug auf einen Gegenstand sozial zu interagieren (gemeinsame Beschäftigung), Erwachsene als soziale Bezugspunkte anzusehen (soziale Referenzbildung) und mit Gegenständen in derselbe Weise wie die Erwachsenen umzugehen (Imitationslernen), Kurz, in diesem Alter fangen Säuglinge zum ersten Mal damit an, sich auf die Aufmerksamkeit und das Verhalten Erwachsener gegenüber äußeren Gegenständen „einzustellen". (Tomasello 2006, 85)

Möglichkeiten, das KAG zu beeinflussen

Das KAG kann nicht direkt beeinflusst werden, sondern nur indirekt über die Vorgabe der Gegenstände oder über Instruktionen für die Aufmerksamkeit und/oder für die Wahl von bestimmten spezifischen Aktivitäten oder langfristig über die Organisiertheit des Gelernten. – Kurz: Alles, wovon die Kapazität (Informationsgehalt und Zahl der sequentiellen Einheiten), die Gedächtnisleistung und die Informationsverarbeitung (Auflösungsgrad als Differenziertheit der Unterscheidungen und Relationen sowie Komplexität der zu bewältigenden Aufgabe bzw. Aufgaben) des KAG abhängen, kann durch die Vorgabe von Gegenständen und durch Instruktionen beeinflusst werden.

Bei der *Vorgabe von Gegenständen* kann die Bildung von Füllungen des KAG und deren Verarbeitung durch die *Strukturierung* und die *Darbietungsweise* der Gegenstände *erleichtert* werden, weil dies dann nicht mehr vom Lernenden selbst geleistet werden muss.

- *Aufgliederung der Gegenstände in kleinere Einheiten (z. B. Ketten von Zahlen in Gruppen von zwei oder drei Zahlen, Sätze in Phrasen, Texte in Abschnitte, Akzentuierungen, Rhythmisierungen etc.).*

  Attentional control itself has been suggested to be a skill (Gopher, 1993; Hirst, 1986). Subjects can learn to be more effective in complex task combination. Skills training can be taught using whole-task and part-task techniques. Part-task training reduces working memory load, but whole task training provides more opportunities for learning strategies. (Styles 2006[2], 214)

- *Längere Darbietung für die unbewusste oder bewusste eigenständige Aufteilung in brauchbare Portionen.*

- *Wiederholte Darbietung oder die Anregung zu offenen Wiederholungen für eine Verbesserung der Diskrimination und eine Erhöhung der Behaltensdauer.*
- *Anordnung der Abfolge für die Nutzung des höheren Behaltenseffektes für die ersten und die letzten Einheiten einer Reihe von etwa 7 Einheiten (Primary und Rezenzeffekt).*

Die Funktionen des KAG können aber auch durch den *Grad der Organisiertheit des Gelernten* unterstützt werden.

- *Sachverhalte jeder Komplexität können durch sprachliche Ausdrücke oder durch andere Zeichensysteme repräsentiert werden, wodurch Kapazität für ihre Verarbeitung gewonnen wird, insbesondere für die Herstellung von Beziehungen zwischen ihnen (sorgfältige Wortwahl, konsistenter Wortgebrauch, Begriffswort für Begriffsdefinition, Einführung eines Zeichens).*
- *Die hierarchische und die topographische Organisation entlasten das KAG in unterschiedlicher Weise. – Die hierarchische Organisation erlaubt das Operieren auf unterschiedlichen Abstraktionsebenen und die Verbindung mehrerer Abstraktionsebenen, z. B. durch die Verbindung eines Begriffs mit einer übergeordneten Kategorie in der klassischen Form der Definition (definitio fit per genus proximum et differentiam specificam) oder mit einem untergeordneten Beispiel. – Die topographische Organisation erlaubt das räumliche navigieren von Aufmerksamkeit und KAG, indem z. B. Einheiten zu Gruppen verbunden werden und solche Gruppen wiederum miteinander verbunden werden.*
- *Elementarisierung und Minimierung der Komplexität von Sachverhalten. – Das ist eine Anpassung der Sachverhalte an die jeweilige Kapazität des KAG der Lernenden, die immer dann noch am kleinsten ist, wenn in einem Bereich erst wenig gelernt worden ist.*

Nun haben wir in früheren Arbeiten zu zeigen versucht, wieviel Einfluß die Enge des Aufmerksamkeitsfeldes auf das Denken des Kindes hat: Es ist diese Enge, die z. B. erklärt, oder wenigstens die Unfähigkeit des Kindes konditioniert, Beziehungen zu handhaben, das Verhältnis des Teils zum Ganzen usw. Man kann also als allgemeine Regel festhalten, daß die ganze Logik des Kindes von Gesetzen der Ökonomie geleitet wird, welche die Operationen, die Relationen, die Klassen, die verbalen Äußerungen usw. auf ein Maximum an Einfachheit oder auf ein Minimum an Kompliziertheit zurückzuführen. Diese Faktoren der Ökonomie oder der Enge des Aufmerksamkeitsfeldes, erklären insbesondere die Ordnung, in der die aufeinanderfolgenden Operationen der kindlichen Logik erscheinen. Kurz, wenn man den Akzent auf die Analyse des Feldes des Bewußtseins selbst legt, wie Janet es früher getan hat, oder wenn man ihn auf die Analyse des Verhaltens legt, wie er es heute tut, was die Erklärungen sehr viel dynamischer macht, konstituiert die „Kompliziertheit" der Operationen folglich für die strukturelle Psychologie eine Erklärung erster Ordnung. (Piaget 1993, 144f.)

Es gibt sicher noch weitere Möglichkeiten, die Enge der Kapazität des KAG oder des „Aufmerksamkeitsfeldes", wie Piaget bezeichnenderweise sagt, für die Entwicklung durch Lernen optimal zu nutzen.

Möglichkeiten, die spezifischen Intentionen zu beeinflussen

Die Möglichkeit, den Erwerb von spezifischen Intentionen zu beeinflussen, beginnt, schon von Geburt an durch die *Verstärkung* reflektorischer Aktivitäten durch Erfolg (Gratifikation) und Misserfolg (Sanktion), durch die *Konditionierung* solcher reflektorischer Aktivitäten, durch *Sensitivierung* und durch *Habituierung,* d. h. durch die Bildung von Gewohnheiten. Dann werden die jeweiligen angeborenen reflektorischen Aktivitäten dadurch beeinflusst, dass *die äußeren Bedingungen* für ihre Auslösung und die Reaktionen auf ihren Erfolg oder Misserfolg *manipuliert* werden.

Das ist eine *direkte Beeinflussung der spezifischen reflektorischen Aktivitäten,* die sowohl von der gegenständlichen Umgebung des Säuglings als auch durch deren Manipulation durch andere Personen geleistet wird. Dies kann ohne die Absicht geschehen, dass das Kind bestimmte spezifische Intentionen lernen soll, als auch mit einer solchen Absicht, z. B. der Absicht, dass es lernt, eine hohe Treppe auf dem Bauch rückwärts herunterzurutschen.

Die Information über spezifische intentionale Aktivitäten durch Instruktionen setzt bereits voraus, dass Instruktionen *verstanden* werden und dass sie auch in die entsprechenden Aktivitäten *umgesetzt* werden, d. h. kategoriale Steuerungsfunktion erfüllen können. Diese Fähigkeit entwickelt sich erst allmählich im Alter von etwa fünf Jahren zu einer sicher beherrschten Funktion.

Die einfache erregende (oder impulsartige) Wirkung einer Instruktion tritt erst am Ende des ersten oder zu Beginn des zweiten Lebensjahres auf. (Lurija 1992, 266)
In diesem Entwicklungsstadium (im Alter zwischen anderthalb und zweieinhalb Jahren) kann sich eine Instruktion gegen die konkurrierenden Faktoren der unwillkürlichen Aufmerksamkeit noch nicht durchsetzen, so dass in diesem Wettstreit die Gegebenheiten des unmittelbaren Sehfeldes die Oberhand behalten (...)
Erst im Alter zwischen viereinhalb und fünf ist die Fähigkeit zur Befolgung einer Instruktion stark genug, um eine dominierende Verbindung zwischen der Instruktion und dem Gegenstand hervorzurufen, so dass ein Kind dann mit Leichtigkeit den Einfluß aller irrelevanten, ablenkenden Faktoren ausblendet, und dies, obwohl noch längere Zeit Anzeichen der Instabilität der höheren Formen der Aufmerksamkeit auftreten können. (Lurija 1992, 267)
Die dargestellten Ergebnisse zeigen eindeutig, dass sich die physiologischen Veränderungen, die durch eine Instruktion ausgelöst werden und die der willkürlichen Aufmerksamkeit zugrunde liegen, erst nach und nach entwickeln. Sie treten in fertiger Form nicht vor Erreichung des zwölften bis fünfzehnten Lebensjahres auf. Aus meiner Sicht ist es eine sehr belangvolle Tatsache, dass erst in diesem Alter deutliche und anhaltende Veränderungen der evozierten Potentiale nicht nur in den sensorischen Kortexfeldern, sondern auch in den frontalen Zonen auftreten, und dies zu einer Zeit, in der die frontalen Zonen offensichtlich bei den komplexen und stabilen Formen der höheren, willkürlichen Aufmerksamkeit eine wichtige Rolle zu spielen beginnen. (Lurija 1993, 273)

Die verbale Instruktion ist die Form der Mitteilung, durch die die *differenzierteste Information für den Vollzug jeder spezifischen Aktivität* vermittelt werden kann (s. Kapitel III und Grzesik 1976). Sie ist außerdem unabhängig davon, dass die

Sachverhalte, über die sie informiert, sinnlich gegeben sind. Der Edukand muss aber dazu in der Lage sein, sich die Sachverhalte, über die durch Kategorien informiert wird, reflexiv bewusst zu machen.

Diese Beeinflussungsmöglichkeit funktioniert nur dann, wenn vom Erzieher Kategorien benutzt werden, die der Edukand schon kennt oder ad hoc lernen kann.

So ist diese Beeinflussungsmöglichkeit sowohl vom Entwicklungsstand des Edukanden als auch von der Kompetenz des Erziehers, die auch ein Entwicklungsstand ist, abhängig. Deshalb ist die erzieherische Kommunikation eine labile und individuell hochvariable Beeinflussungsmöglichkeit.

Möglichkeiten, den ganzen Prozessor zu beeinflussen

Die Aktivierung des ganzen Prozessors ist sowohl bottom-up als auch top-down möglich. Im ersten Fall geschieht sie durch aktuelle *Sinnesreize* oder *spontane Vorstellungen*, im zweiten durch *Aufgaben*, die sich der Edukand selbst stellt oder die ihm von anderen gestellt werden. Beide Möglichkeiten der Aktivierung dienen der Lebensbewältigung.

Im ersten Fall ist die Aktivierung des Prozessors eine Reaktion auf kontingente Ereignisse in der Welt und in uns selbst, weil sie bereits automatisch als *bedeutsam* oder *neu* kategorisiert werden. Im zweiten Fall geschieht seine Aktivierung durch *Bedürfnisse des gesamten Organismus*, auf die mit der Ausarbeitung von Handlungszielen und Handlungsplänen reagiert wird. Beides setzt schon einen Abgleich zwischen dem jeweils Gegebenen und dem bereits Gelernten voraus.

Oft reicht schon eine *minimale Information*, wie z.B ein Blick, ein Fingerzeig oder eine knappe Aufforderung dazu aus, den ganzen Prozessor zu aktivieren, weil diese Information erstens *innerhalb einer bekannten Situation* auftritt, weil zweitens die auslösenden Aktivitäten schon *habituell* geworden sind (Interessen an etwas, Aufmerksamkeit auf etwas, bestimmte spezifische Intentionen, bestimmte Strategien der Nutzung des KAG) und weil drittens die *Mitteilung polyfunktional* ist. Eine Geste oder eine kleine semantische Einheit können nämlich mehrere Mitteilungen gleichzeitig vermitteln, z. B. eine Mitteilung über die Richtung der Aufmerksamkeit, eine Mitteilung über den Gegenstand der Aufmerksamkeit und das, was zu tun ist, und auch eine Mitteilung über die momentane Relevanz der jeweiligen Aktivität.

Ob solche knappen Mitteilungen ausreichen für das Prozessieren der jeweiligen Aktivität, hängt aber entscheidend von den Erfahrungen ab, die ein Lernender mit solchen Mitteilungen schon gemacht hat, d.h. auch wieder von Lernprozessen. Wenn die Mitteilung hinreichend genau ist, der Vollzug der vom Erzieher gewünschten Aktivitäten möglich und erfolgreich ist und wenn die Konsequenzen klar, gewichtig und erwartbar sind, dann wird der Edukand auf den geringsten Fingerzeig reagieren.

Wenn der Erzieher sein Handwerk versteht, dann ist die Kommunikation zwischen ihm und dem Edukanden in der Regel nicht aufwendig, sondern wortkarg bis zum nahezu stillschweigenden Einverständnis. Das ist aber erst das Resultat anspruchsvoller, langfristiger und immer wieder neuer Lernprozesse, sowohl beim Erzieher als auch beim Edukanden, durch die die Kommunikation zwischen ihnen zunehmend verbessert wird. Wenn in den Verständigungsprozessen viel automatisiert worden ist und es sogar viele ausdrücklich vereinbarte Konventionen für die Verständigung zwischen ihnen gibt, braucht nicht in jedem Fall aufwendig neu informiert zu werden.

Treten aber beim Vollzug der intendierten Aktivität große Schwierigkeiten auf, weil sehr viel Neues bewältigt werden muss, dann steigt der Informationsbedarf des Edukanden beträchtlich. Er weiß ja noch nicht, wie er es anstellen soll, die Aufgabe zu lösen. Es kommt dann alles darauf an, dass der Erzieher *möglichst genau über das informiert, was erstmalig getan werden soll*, und dass der Edukand ihn auch versteht. Stattdessen kann die Bewältigung der kompletten Aufgabe auch dadurch erleichtert werden, dass der Edukand über das Vorgehen bei ihrer Lösung in unterschiedlichem Maße und in unterschiedlicher Weise informiert wird.

Eine solche Form der Kommunikation findet z. B. in gutem Schulunterricht statt, in dem der Lehrer alle seine Möglichkeiten der Darstellung und auch der verbalen Mitteilung nutzt, um möglichst genau mitzuteilen, worauf es jetzt ankommt. Dazu ist sowohl kluge Planung als auch spontane situative Reaktion erforderlich. Viele öffentlich bekannte Beispiele dafür gibt es z. B. in der musikalischen Schulung, man denke an Bernstein oder an die Jugendorchester in Venezuela. Solche Phasen gibt es aber nicht nur in solchen spektakulären Fällen, sondern in jedem engagierten Unterricht, z. B. auch im Nachhilfeunterricht. Dies sind für den Lehrer und den Schüler beglückende Ereignisse, die unter Umständen lebenslang erinnert werden.

Wenn der Prozessor als Ganzer beeinflusst werden soll, dann kommt es darauf an, dass *alle Einflüsse möglichst gut zusammenstimmen*. Da es außerordentlich schwer ist, dies im jeweiligen Augenblick zu erreichen, ist es sehr hilfreich, wenn viel schon im *Vorfeld* der jeweiligen Beeinflussung geregelt ist. Dazu trägt die Verständigung über langfristige Ziele, ein Klima der gegenseitigen Verständigung, günstige äußere Bedingungen (Befriedigung elementarer Bedürfnisse, günstige Arbeitsbedingungen etc.), gemeinsame Überzeugungen und Einstellungen im Lebensbereich des Schulunterrichts etc. bei, kurz: alles, was den Regelungsbedarf im jeweiligen Augenblick reduziert, z. B. auch die vorsorgliche Abstellung oder die schnelle Beseitigung von Ablenkungen.

> Nur Routinetätigkeiten können parallel durchgeführt werden; liegt eine anspruchsvolle Aufgabe vor, so stellen selbst kleinste Informationen aus aufgabenirrelevanten Kanälen (z. B. Hintergrundmusik) eine Beeinträchtigung des Lernens dar. (Lukesch 2001, 61)

Solche generellen Regelungen müssen aber einen großen Spielraum für die momentane Regelung lassen, weil nur die momentanen Entscheidungen sich an die Vielfalt der jeweiligen Gegebenheiten anpassen können. Anderenfalls werden die generellen Regelungen kontraproduktiv, weil sie statt zu einem dynamischen Prozess der Unterstützung des Lernens zu starren Erziehungsroutinen führen.[64]

---

[64] Lukesch stellt im folgenden Zitat einige Möglichkeiten der Auslösung und Verteilung der beschränkten Ressourcen für den Prozess der Informationsverarbeitung dar, die sich aus empirischen Untersuchungen ergeben haben.
Lukesch 2001, 62f.: „Die ‚Ressourcenpolitik' einer Vp oder ihr internes Kontrollsystem kann durch willkürliche Absichten oder bestehende Dispositionen gesteuert werden. (1) Dispositionen beziehen sich darauf, dass bestimmten Reizgegebenheiten automatisch Aufmerksamkeit zuge-

2. Die Beeinflussbarkeit des Lernens und Behaltens durch Informationen für die Handlungsplanung des Lernenden

In diesem Abschnitt geht es um die Beeinflussung von Handlungen jeder Komplexität, bei deren Vollzug viel gelernt werden kann. Dies ist zwar auch eine Beeinflussung des Prozessors, aber nur seiner Funktion der Organisation von Handlungen. Wie innerhalb dieser Organisation prozessiert wird, bleibt dann ganz dem Lernenden überlassen.

Diese Form der Beeinflussung ist pragmatisch von großer Bedeutung, weil sie immer dann gewählt werden kann, wenn es nicht möglich oder zweckmäßig ist, über das Prozessieren im Einzelnen zu informieren. Das ist z. B. der Fall, wenn der Erzieher selbst nicht genauer weiß, aus welchen Aktivitäten eine ihm bekannte Handlung besteht. Es ist der Fall, wenn es um die Verbindung schon bekannter Handlungen zu komplexeren Handlungen geht. Es ist aber auch der Fall, wenn es dem Lernenden selbst überlassen werden soll, größere Einheiten zu bewältigen, entweder weil er das schon kann, oder weil er die damit verbundenen Probleme selbst lösen soll. – Auf jeden Fall zieht sich die Beeinflussung hier auf größere Einheiten zurück.

Es ist dann die Frage, welche Lernresultate intendiert werden oder ob überhaupt etwas Bestimmtes intendiert wird, weil die gesamte Handlung als etwas Neues angesehen wird. Je weniger klar ist, was in einer Handlung neu ist, desto ungewisser ist, was in einer Handlung gelernt wird oder ob es überhaupt etwas Nennenswertes ist.

Zum Lernen einer bestimmten Handlung jedes Komplexitätsgrades, z. B. zum Schreiben, zum Addieren, zum blinden Schreiben mit zehn Fingern auf einem Manual, zum geschickten Umgang mit kleinen Kindern, zur Ausarbeitung einer öffentlichen Rede und so endlos weiter, müssen sehr viele Handlungen vollzogen werden. Entweder handelt es sich dabei um einunddieselbe Handlung, die zunehmend verbessert wird, z. B. um das Schreiben des Buchstabens „A", oder um Handlungen, in denen Teilhandlungen zunehmend zu der am Ende angestrebten Handlung verbunden werden. Deshalb bezeichnen Kinder schon mit einem gewissen Recht das, was sie

---

wendet wird (z. B. einem sich bewegenden Reiz wird bevorzugt Aufmerksamkeit gewidmet, auch alle sog. kollativen Reizeigenschaften i. S. von Berlyne [1960] sind hier zu nennen). (2) Augenblickliche Absichten können Reiz-Gegebenheiten betreffen (nur das hören, was dem linken Ohr zugespielt wird) oder sich auf Reaktions-Gegebenheiten beziehen (nur bestimmte Handlungen ausführen). (3) Hinzu kommt eine Bewertung der Aufgabenanforderung und eine nachfolgende Mobilisierung von Anstrengung. (4) Letztlich ist auch noch der momentan vorhandene Erregungszustand zu bedenken (geringe Erregung verhindert die Einstellung auf eine Aufgabe, zu hohe beeinträchtigt die Aufmerksamkeitsleistung durch Einengung, schlechte Differenzierung oder erhöhte Labilität der Aufmerksamkeit).

Das Modell macht folgende Voraussagen:
(1) Man kann zwei Aufgaben ohne Interferenz durchführen, wenn die Anforderungen aus beiden nicht die begrenzte Verarbeitungskapazität überschreiten.
(2) Die Ausführung einer Tätigkeit beeinträchtigt die einer anderen, wenn dafür mehr Kapazität verlangt wird, als für beide zur Verfügung steht.
(3) Der Einsatz der Verarbeitungskapazität erfolgt in flexibler und intentionaler Weise, dabei aber so ökonomisch wie möglich."

tun, mit diesen von den Erwachsenen gelernten Wörtern, z. B. als rechnen oder schreiben, obwohl ihr Tun noch weit von der genauen Form der jeweiligen Handlung entfernt ist.

Wie in diesen Handlungen gelernt wird, ist dem Erzieher meist unbekannt, weil er nur die erzielten Resultate beobachten kann und er auch meist keine erworbenen Kenntnisse von Lernprozessen hat. Trotzdem stellt sich in vielen Fällen nach geraumer Zeit das gewünschte Endresultat ein, weil das Lernen und das Behalten verdeckt und autonom geschehen, wenn man etwas zu tun versucht.

Dafür, welche Handlungen der Lernende vollziehen muss, um etwas Bestimmtes zu lernen, müssen ihm Informationen für die Planung seiner Handlungen mitgeteilt werden und muss er Rückmeldungen über den beobachtbaren Verlauf und das beobachtbare Resultat seiner Handlungen erhalten.

Das können Informationen über das jeweils zu erreichende *Ziel* der Handlung und gegebenenfalls auch Informationen über eine *Folge von Teilzielen* sein. Dann aber muss der Lernende den gesamten Verlauf zum Ziel selbst konzipieren und realisieren.

Es können auch Informationen über den *Gegenstand* sein, dem er sich zuwenden muss und über das, was er mit dem Gegenstand *tun* soll. Dann handelt es sich um *Instruktionen* oder *Aufgaben*. Diese Informationen können sich auf die gesamte Handlung beziehen (z. B. „Diskutiere die Kurve der Gleichung y = 3 x + 4") oder aber auf eine Folge von Teilhandlungen. In diesem Falle muss der Lernende den tatsächlichen Verlauf der Handlung mit der Hilfe der ihm mitgeteilten *Kategorien* selbst konzipieren und realisieren.

Er kann zusätzlich darüber informiert werden, was er alles für den Vollzug der Handlung braucht, wie viel Zeit er benötigen wird, mit welchen Schwierigkeiten er zu rechnen hat u.a.m.

Sobald aber der Lernende über die Bewältigung bestimmter Schwierigkeiten informiert werden soll, müssen wieder die Informationsmöglichkeiten für die jeweilige Steuerung des Prozessors der Informationsverarbeitung genutzt werden. Es kann dies z. B. die Konzentration auf etwas ganz Bestimmtes oder auch eine bestimmte Kontrolloperation sein.

Wenn man sich mit dem Lernenden möglichst genau darüber verständigen will, was gelernt werden soll und wie es gelernt werden kann, dann wird dies nur durch eine Verständigung über das Prozessieren des Prozessors möglich sein. Das ist ein sehr hoher Genauigkeitsgrad der Verständigung. Wenn dies gelingt, dann kann der Lernende versuchen, selbst Handlungen zu konzipieren, in denen genau dies geschieht.

Durch Informationen für die Steuerung von Handlungen können *große Komplexe von Lern- und Behaltensprozessen* angeregt werden. Solche größeren Einheiten kann man als *Kompetenzen* bezeichnen.

Die Bildung von Kompetenzen durch Lernen und Behalten

Kompetenzen können als *komplette bereichs- und funktionsspezifische operative Aktivitäten für die Bewältigung von Lebenssituationen* verstanden werden, die aus komplizierten Zusammenhängen von langfristig aktivierbaren Koaktivitäten bestehen.[65]

Kompetenzen entwickeln sich aus den genetisch determinierten Reflexen. Diese Entwicklung geschieht durch Lernen und Behalten. Sie dauert von Kompetenz zu Kompetenz und auch von Individuum zu Individuum unterschiedlich lang und führt zu unterschiedlicher Performanz.

Durch die *Sachbereiche* und durch die *Funktionsbereiche* wird bestimmt, welche Koaktivitäten für bestimmte Lernresultate jeweils hergestellt werden müssen. Das ist ein Problem der jeweiligen Selektion von Sachbereichen und Funktionsbereichen für deren Bewältigung.

Kompetenzen sind deshalb nichts anderes als *größere Einheiten von Lernen und Behalten*. Wenn man von Kompetenzen spricht, spricht man daher von Lernen und Behalten, auch wenn man nicht weiß, aus welchen Koaktivitäten und Behaltensprozessen die jeweilige Kompetenz besteht.

Für die Bildung von Kompetenzen durch Lernen und Behalten gibt es eine Reihe von allgemeinen Gesetzmäßigkeiten, die in Rechnung gestellt werden müssen, wenn man ihre Entwicklung fördern will.

- *An der Bildung von Kompetenzen ist nicht nur explizites, sondern immer auch, und zwar in hohem Maße, implizites Lernen beteiligt.*

Die Bildung von Kompetenzen findet daher sowohl in den bewusst vollzogenen als auch in den unbewusst vollzogenen Aktivitäten, die nicht im Fokus der Aufmerksamkeit liegen, statt.

Bei der Wahl von einzelnen Aktivitäten und Handlungen, die gelernt werden sollen, muss deshalb beachtet werden, was in ihnen selbst und was in ihrem Kontext neben dem Intendierten noch alles geschieht.

Es kann nämlich sein, dass für die Entwicklung noch viele Voraussetzungen fehlen, die entweder noch nicht organisch gewachsen oder erst noch erworben werden müssen, ehe die intendierten Aktivitäten und Handlungen vollzogen werden können. – Es kann aber bei deren Vollzug auch sehr viel gelernt werden, das nicht intendiert worden ist und entweder als wünschenswerte oder als ungewünschte Nebenwirkung auftritt.

- *Beim impliziten Lernen dauert es oft lang, bis eine Aktivität erstmalig gelingt, weil sie nicht bewusst und systematisch hergestellt wird, sondern weil sie sich nur hier und da zufällig einstellt und nicht systematisch geübt wird. – Beim expliziten Lernen dauert es oft lang, bis eine neue sensomotorische oder kognitive Operation erstmalig gelingt oder schon entwickelte Kompetenzen zu einer neuen verbunden werden, weil die dafür erforderlichen Unterscheidungen und Verbindungen oft*

---

[65] S. z. B. Grzesik 1998, 2002a, 2003 und 2005.

nicht auf Anhieb richtig hergestellt werden können, sondern erst nach vielen Versuchen.

Lernen kostet immer *Zeit*, wenn auch aus verschiedenen Gründen und in unterschiedlichem Maße („Zeit verlieren, heißt Zeit gewinnen"; „erst verlangsamen, dann beschleunigen").

- *Wenn überall im ZNS gelernt wird, wo Neuronen koaktiv sind, dann kann auch in allen Funktionsbereichen des ZNS gelernt werden, soweit die gewachsene Struktur der neuronalen Netze in ihnen Koaktivität möglich macht. Damit werden nicht nur Aussagen über das Volumen und den Aktivitätsmodus des Lernens möglich, sondern auch Aussagen über die Funktionsspezifik des Lernens und des Gelernten.*
- *Die Ganzheit des neuropsychischen Systems ist ein Verbund von reziprok miteinander verbundenen neuronalen Einheiten mit aufeinander abgestimmten psychischen Funktionen. Deshalb tragen zur Bildung von komplexen Kompetenzen immer sowohl gleichzeitige als auch aufeinander folgende Aktivitäten aus verschiedenen Funktionsbereichen bei. So ist z. B. der Wissenserwerb nie nur kognitiv (s. z. B. Gardner 2002).*

Die funktionsspezifischen Prozesse sind bis zu einem gewissen Grade *unabhängig voneinander variierbar* und deshalb auch genau in diesem Maße *frei miteinander kombinierbar*. Deshalb wird schon von Geburt an nicht jeweils nur in einzelnen Funktionsbereichen, sondern in *multifunktionalen Verbänden* gelernt. Das ist nur deshalb möglich, weil die räumlich verteilten, d.h. parallel angeordneten, Netzwerke für die verschiedenen Funktionen nicht nur sequentiell, sondern auch simultan prozessieren können.

Unsere Sprache ist ein ausgezeichnetes Beispiel dafür, wie gut die Simultanität von parallel operierenden Funktionen gelingt. In ihr gibt es nicht nur *Gleichzeitigkeit, sondern auch wechselseitige Abstimmung* von Sehen und Hören, von Muskelbewegungen der Augen und des Sprechapparates, der Sensomotorik mit Denken, Fühlen, Wollen, aber auch von Aufmerksamkeitslenkung und Handlungsregulation für die jeweilige komplexe sprachliche Kompetenz. Das gibt es aber nur, weil es in jahrelangem Lernen hergestellt worden ist.

Die Bildung einer Kompetenz durch Lernen ist deshalb kein Geschehen, das nur an einer Stelle des ZNS stattfindet, sondern ein Geschehen, das *aus einem Zusammenspiel mehrerer psychischer Funktionen* und mehrerer neuronaler Netzwerke zustande kommt. – Andererseits wird jede an diesem Zusammenspiel beteiligte psychische Funktion durch Lernen und Behalten zunehmend *differenzierter* und *zusammenhängender*.

- *Da die Dauerhaftigkeit von Kompetenzen nicht durch substantielle organische Veränderungen gewährleistet ist, sondern nur durch einen Mechanismus der Aktivitätsregelung, hängt sie von dessen Funktionieren ab. Dafür aber muss die jeweilige Aktivität systematisch wiederholt werden (direkt nach dem Erwerb häufig, dann in immer größeren Abständen). Findet dies nicht in der erforderlichen Häufigkeit statt, dann bilden sich die neu gebildeten Synapsen zurück. Es gibt nämlich allem Anschein nach keine absolute Sicherheit der lebenslangen Verfügbarkeit eines Lernresultats.*

Die schmerzliche Erfahrung des Vergessens kennt jeder zur Genüge. Andererseits aber verblüfft auch die Dauerhaftigkeit des Behaltens bestimmter Aktivitäten bis zum Tode. Nach der hier dargestellten Logik des Lernens und Behaltens, hat nicht nur das, was immer wieder explizit getan wird, sondern auch das verborgene implizite Lernen die Chance der Dauerhaftigkeit bis zum Zusammenbruch der betreffenden Aktivitätsmuster oder gar zum Ausfall der betreffenden neuronalen Netze. Wenn die bewusste Kontrollierbarkeit defizitär wird, steht oft implizit Gelerntes noch zur Verfügung. Das gilt nicht nur für sensomotorische Aktivitäten, sondern auch für Einstellungen, Vorurteile und Gewohnheiten aller Art.

- *Je mehr Aktivitäten in einer Kompetenz durch Behaltensprozesse automatisiert worden sind, umso mehr ist das KAG für den Erwerb einer neuen Teilkompetenz oder für eine neue Kombination dieser Kompetenz mit einer anderen entlastet.*
- *Das bereits Gelernte und Behaltene wird durch die Anwendung in neuen Situationen und Handlungen zunehmend brauchbarer für die Anwendung in weiteren neuen Situationen und Handlungen.*
- *Teilkompetenzen einer komplexeren Kompetenz können gesondert trainiert oder therapiert werden, soweit sie entweder durch Reize in Gang gesetzt oder durch bewusste Intention aktiviert werden können. So können z.B. Höchstleistungen im Sport durch das Training von Teilkompetenzen erzielt werden oder aber defizitäre komplexe Funktionen durch das Training von Teilfunktionen wieder hergestellt werden, wie z.B. durch mechanische Bewegungen einzelner Muskeln, durch das Training einer speziellen körperlichen Kondition, der Ausdauer bei bestimmten Muskelbewegungen oder der mentalen Einstellung in bestimmten Situationen.*
- *Alles, was am Zustandekommen einer neuen Kompetenz beteiligt ist, ist in die Veränderung involviert. So sind Lernen und Behalten zwar partielle, aber oft weitverzweigte Erweiterungen der Aktivität des neuropsychischen Systems.*
- *Durch die Bildung jeder Kompetenz verändert der Mensch sich selbst, auch dann, wenn ihm durch andere dabei geholfen wird, weil nur er in seinem Gehirn eine neue neuropsychische Einheit mit Funktionen für die Welt- und Selbstbewältigung bilden, behalten und anwenden kann.*
- *Aus der gewachsenen Einheit des individuellen menschlichen Organismus entwickelt sich Zug um Zug durch Lernen und Behalten die jeweilige menschliche Persönlichkeit.*

Wenn dies alles zutrifft, dann kann man jede menschliche Persönlichkeit als einen besonderen Zusammenhang aus gewachsenen und erworbenen realen physischen und psychischen funktions- und bereichsspezifischen Einheiten beschreiben. Man beschreibt dann genau in diesem Maße, was er erwiesenermaßen jederzeit aktivieren kann.

Eine solche Beschreibung der Entwicklung der Persönlichkeit durch die Entwicklung von Kompetenzen unterscheidet sich in vielem von pauschalen Merkmalsbeschreibungen, wie z. B. tüchtig, fleißig, ordentlich, einfallsreich, ausdauernd, intelligent, kommunikativ etc. Aber auch diese Merkmalsbeschreibungen beziehen sich auf Kompetenzen, weil sie von ihnen abstrahiert bzw. ihnen zugeschrieben worden sind.

Die Neuropsychologie erlaubt prinzipiell den Nachweis der Zusammensetzung aller komplexen menschlichen Leistungen aus gelernten funktionsspezifischen Prozesseinheiten für die Bewältigung des jeweiligen Sachbereiches, z. B. einer sozialen Situation ebenso wie eines handwerklichen oder eines finanziellen Problems, einer politischen Frage ebenso wie eines Zahlenzusammenhangs in der Bevölkerungsentwicklung, wissenschaftlicher Forschung ebenso wie künstlerischer Produktion, aller weltlichen Genüsse ebenso wie das Transzendieren dieser Welt. – Ob eine solche Beschreibung überhaupt und mit welchem Auflösungsgrad erforderlich ist, muss jedoch vom jeweiligen Bedarf abhängig gemacht werden.

Die Beeinflussung der Bildung von Kompetenzen

Wegen ihrer Komplexität sind Kompetenzen *komplette gelernte Handlungen oder zumindest Teilhandlungen.* Eine Kompetenz ist das, was man bei Bedarf *tun kann.* – Diese Einheiten entwickeln sich nur *langfristig.*

Für den Erwerb einer neuen Kompetenz muss der Erzieher deshalb *über Handlungen so informieren,* dass der Lernende sie vollziehen kann. Es gilt deshalb für die Beeinflussung ihrer Entwicklung das, was über die Beeinflussung von Handlungen gesagt worden ist. Da es um die langfristige Entwicklung großer gelernter Komplexe geht, gibt es einige weitere Möglichkeiten der Beeinflussung des Lernens und Behaltens. Sobald jedoch beim Lernenden Schwierigkeiten auftreten, muss der Erzieher so genau informieren, wie es für das Gelingen des jeweiligen Prozessierens erforderlich ist.

Ich liste nun einiges auf, worüber der Erzieher den Edukanden *im langfristigen Prozess der Entwicklung von Kompetenzen* informieren kann. Solche Möglichkeiten kommen zu den bereits angeführten Möglichkeiten der Vermittlung von Informationen für das Prozessieren des Prozessors und für die Konzeption von Handlungen hinzu.

- *Der Erzieher kann den Edukanden darüber informieren, welche bereits erworbenen Kompetenzen er aktivieren und wie er sie miteinander kombinieren kann.*

Jede Handlung resultiert aus einer doppelten Kombinatorik, zum einen aus den Kombinationsmöglichkeiten der psychischen Funktionen und zum anderen aus der Kombination solcher Kombinationsmöglichkeiten für die Bewältigung der jeweiligen Sache bzw. des jeweiligen Problems.

Es gibt nämlich eine *Kombinatorik, d. h. eine Logik der Verknüpfung,* zwischen den unterscheidbaren Kompetenzen in einunddemselben und in den verschiedenen Funktionsbereichen, z. B. die Verknüpfung von Sehen, Riechen und Tasten, die Verknüpfung der Sensorik, der Motorik und der Kognition zur Sprache oder die Verknüpfung des Notenlesens mit der Sensomotorik zum Spielen eines Instrumentes. – Kompetenzen jedes Komplexitätsgrades können für die Bewältigung der jeweiligen Situation wiederum miteinander kombiniert werden, soweit eine simultane oder sequentielle Kombination möglich ist.

So entstehen *durch die Kombination von Kompetenzen neue Kompetenzen*. Das ist die mächtigste Möglichkeit, in relativ kurzer Zeit große Fortschritte zu machen, falls nur die Verknüpfung bereits erworbener Kompetenzen gelernt werden muss. Sobald z. B. ein etwa zweijähriges Kind gelernt hat, Wortlaute genau nachzusprechen und sie mit bereits gelernten Begriffen zu verbinden, führt dies zu einer stürmischen Vergrößerung seines Wortschatzes, weil es schnell lernt, ein Wort nachzusprechen, und weil ihm schon ein großer Schatz von Begriffen zur Verfügung steht. Das gilt auch für den Erwerb einer Fremdsprache, wenn mit einem neuen Wortlaut schon aus der Muttersprache bekannte Wortbedeutungen verbunden werden können oder auch nicht zu ihm passen.

Leider ist die funktionale, temporale und gegenstandsspezifische Kombinatorik von Kompetenzen bis heute noch nicht zum Gegenstand einer Theorie geworden.

– Es gibt *Kombinationsmöglichkeiten zwischen den bereits entwickelten Kompetenzen*. – Durch diese Kombinationsmöglichkeiten können am leichtesten komplexere Kompetenzen gelernt werden, weil dann „nur" die neue Verbindung zwischen bereits gelernten Kombinationen gelernt werden muss.

Der Erzieher muss dann den Edukanden darüber informieren, welche Kompetenzen er *nacheinander* oder *gleichzeitig* aktivieren muss und *in welcher Weise* er sie miteinander verbinden muss oder kann, damit die neue Kompetenz zustande kommt.

Durch die Nutzung der Kombinationsmöglichkeiten bereits entwickelten Kompetenzen wird die Masse der alltäglichen Handlungen konstruiert. Sie werden zu Strategien und Taktiken von Routinehandlungen kombiniert und bewältigen auch Veränderungen, die innerhalb der erworbenen Toleranzen ihrer Kompetenzen liegen.

– Die Bewältigung von Problemen oder von neuen Lebenssituationen kann in hohem Maße durch die *Umorganisation der bisherigen Kombinationen* von Kompetenzen bewältigt werden.

Diese Umorganisation geschieht in einem erheblichen Maße durch die Bildung neuer Gewohnheiten. Dieser Prozess ist aber mit vielen Misserfolgen verbunden und sehr langwierig.

Er kann wesentlich effektiver und schneller vonstatten gehen, wenn er bewusst gesteuert wird. Dazu können bewusst gesetzte Prioritäten ebenso beitragen wie die Bildung von neuen handlungsleitenden kognitiven Schemata durch reflektierende Abstraktion.

Es können dann neue topographische (raum-zeitliche) Ordnungen und neue hierarchische Ordnungen zwischen kognitiven Schemata für einzelne Aktivitäten und komplette Handlungen hergestellt werden.

– Der größte Aufwand für die Kombinatorik von Kompetenzen muss für die Bewältigung aller komplizierten Lebensaufgaben, die heute oft in *Berufsrollen* ausdifferenziert sind, aufgebracht werden. Aber auch größere *Projekte, neue Berufsfelder* oder der *Wechsel in eine neue Lebenssituation* erfordern eine möglichst schnelle Anpassung durch neue Kombinationen zwischen den verfügbaren Kompetenzen.

- *Der Erzieher muss dafür sorgen, dass der Edukand neue einzelne Aktivitäten oder neue Teilkompetenzen möglichst an bereits entwickelte anschließen kann. Dann werden nicht nur die bereits entwickelten Kompetenzen erneut aktiviert, sondern dann wird auch der Vollzug der neuen Kompetenz genau in dem Maße entlastet, in dem die entwickelten Kompetenzen schon automatisiert sind.*

Je vielfältiger eine neue Aktivität oder Kompetenz an bereits gelernte Kompetenzen angeschlossen werden kann, desto *schneller* wird gelernt, weil bereits Gelerntes in die neue Tätigkeit einbezogen wird, desto *leichter*, weil genau in diesem Maße keine neuen Verbindungen hergestellt werden müssen, desto *reicher*, weil wegen dieser Entlastung *mehr neue Verbindungen simultan und sequentiell* hergestellt werden können

- *Der Erzieher muss den Edukanden aber auch dazu anregen, die erstmals vollzogene Teilkompetenz so oft und in so vielen Kontexten wieder zu vollziehen, dass er sie langfristig behält. Wenn viele Teilkompetenzen bereits verfügbar sind, werden sowohl das genaue Lernen einer neuen Teilkompetenz als auch ihre Stabilisierung oft vernachlässigt. Eine neue Teilkompetenz kann ja auch in umfangreichen Aktivitäten leicht umgangen oder kompensiert werden, und wenn sie wieder einmal vollzogen worden ist, dann dauert es oft zu lang bis sie wieder einmal auftritt.*

Die neue Teilkompetenz muss deshalb auch *gesondert trainiert* werden, sonst wird die angestrebte Kompetenz nie erreicht. Das ist z. B. ein Grund dafür, dass viele das Zehnfingersystem nie lernen, obwohl sie das Manual täglich stundenlang bedienen.

- *Der Erzieher muss ständig beobachten, ob beim Lernenden die Motivation und die generelle Aufmerksamkeit vorhanden sind, die für Lernen und Behalten erforderlich sind. Er muss deshalb nicht nur sporadisch, sondern kontinuierlich alle Möglichkeiten nutzen, beides zu erhalten oder anzuregen.*

Auch das ist wieder nur durch Informationen möglich: z. B. durch die *Neuigkeit* der gebotenen Gegenstände, durch *neue Ziele* und durch *gut dosierte Rückmeldungen über das Gelingen*. Aber auch schon die gute Organisation der spezifischen Aktivitäten kann für hohe Motivation und Aufmerksamkeit sorgen.

Von großer Bedeutung für die Motivation sind das *Selbstwirksamkeitsmotiv* und *langfristige Ziele* (Identitätsziele oder Lebensziele). Sie sind einerseits so stark, dass sie auch viele negative Impulse kompensieren, und andererseits sind sie sehr ökonomisch, weil sie ganze Bündel von Anreizen für andere Motive überflüssig machen.

- *Das Gehirn braucht umso mehr Energie, je mehr Funktionen an einer Tätigkeit beteiligt sind, was von uns als Anstrengung erfahren wird. Was heute in der deutschen Öffentlichkeit oft nur für den Leistungssportler als selbstverständlich angesehen wird, gilt für jedes Lernen. Diese Anstrengungen und die mit ihnen verbundenen Überwindungen von Schwellenängsten muss der Erzieher dem Edukanden zumuten.*

Anderenfalls kommt das betreffende Lernen nicht zustande. Andererseits aber muss er ihn auch vor unnötigen Anstrengungen bewahren, indem er die Bedingungen für seine Arbeit so günstig wie möglich gestaltet.

Effort can then be defined as the measure of the attention "paid" to increase or maintain efficiency by reducing equivocation, that is, enhancing competency. (Pribram/MCGui-ness 1975, 135)

The evidence that information processing competency can be changed in living organisms comes from a variety of problem-solving situations. Kahnemann (1973), in reviewing several studies from the psychophysiological literature, suggest that "arousal" is in fact an indicator of a change in capacity – "the allocation of spare capacity" – much as this is changed in nonliving systems by increasing the number of channels available. He also goes on to equate "arousal" and "capacity" with "effort" and "attention" in a globe fashion. We hope to have shown already that arousal is indicative of but one sort of attention, and we will now show that effort is involved only when the situation demands the regulation of arousal and activation to produce a change in information processing competency. (Pribram/MCGuiness 1975, 134 f.)

When the coordination of arousal and activation is demanded, heart rate acceleration reflects the amount of effort involved in registering, adjusting, and changing the central representation to the requirements of the task. In accord with Lascey's assumptions, intake of information must alternate with concentration. A process ensues that must constantly shift between relevant stimuli in order to overcome the decrementing of the system (just as continuous eye movements overcome the rapid adaption of retinal receptors) (...) This is brought out clearly in a study by Johansson and Frankenhaeuser (1973) in which high heart rate accompanied the complex transformation required during an intake tast. (Pribram/MCGuiness 1975, 140)

- *Da in allen Funktionsbereichen Kompetenzen entwickelt werden können, muss der Erzieher dafür sorgen, dass für sämtliche Hauptfunktionen die Bedingungen für ihre Entwicklung gegeben sind, nicht nur für die kognitiven, die sensorischen und die motorischen, sondern auch für das Werten, die Emotionen, die Medien, das Aufmerksamkeitssystem und das Handlungssystem. Nur dann erfüllt die Erziehung die Funktion der Persönlichkeitsentwicklung.*
- *In dynamischem Wechsel kann die Aufmerksamkeit auf die jeweils günstigsten Möglichkeiten der Weiterentwicklung von Kompetenzen gelenkt werden (z. B. auf Wiederholungsmöglichkeiten, auf neues Material, auf die durch die jeweilige Situation eröffneten Möglichkeiten, auf die zur Verfügung stehenden Beispiele). – Daraus resultiert eine „Artikulation" der Dynamik der Vielzahl von Lern- und Behaltensprozessen.*
- *Für jede Entwicklung der spezifischen Aktivitäten gibt es einige allgemeine Möglichkeiten, den Lernenden darüber zu informieren, wie er einen Fortschritt erzielen kann.*
- Er kann ihn dazu anregen, im jeweiligen Resultat noch etwas zu *unterscheiden*.
- Er kann ihn dazu anregen, im jeweils erzielten Resultat zwischen Unterschiedenem *Verbindungen* herzustellen, so dass das Resultat zunehmend mit anderem vernetzt wird.

– Er kann ihn dazu anregen, das jeweils erzielte Resultat *in der Art und im Grad zu variieren*.
– Er kann ihn dazu anregen, die erzielten Resultate miteinander zu *vergleichen* und in eine *Ordnung* zu bringen.
– Er kann ihn dazu anregen, den jeweiligen neuen Zusammenhang *in unterschiedlichen Richtungen zu durchlaufen*, in umgekehrter Richtung (invers), auf verschiedenen Wegen (assoziativ), von verschiedenen Ausgangspunkten aus (topologisch). Auf diese Weise wird nicht nur die Struktur des bereits Gelernten erfahren, sondern es wird auch wiederholt und auch schon in einem gewissen Radius angewendet (s. Piaget 1947).
– Er kann ihn dazu anregen, all dies von sich aus bewusst als eigene *Strategie* einzusetzen.

Zur Erleichterung dieser Operationen kann der Erzieher durch *Kategorien* darüber informieren, wie sie ausgeführt werden können. Das setzt allerdings voraus, dass der Lernende diese Kategorien schon kennt oder ad hoc kennenlernt. So können z. B. bei Bildern Kategorien wie „Farbpalette", „Farbauftrag", „Pinselstrich", „Motiv", „Perspektive" etc. die Funktion von Suchschemata für den Ort der verlangten Operation erfüllen.

- *Da der Lernende die jeweiligen Gegebenheiten in der Welt und bei sich selbst parallel verarbeiten kann, muss der Erzieher dafür sorgen, dass für die Entwicklung der jeweiligen Kompetenz die ganze Umgebung des Edukanden möglichst zweckmäßig gestaltet ist. Dazu gehören Gegebenheiten für sinnvolle, d. h. zueinander passende parallele Aktivitäten, z. B. sensorischer, motorischer, kognitiver, medialer und emotionaler Art. In dieser Hinsicht begünstigt nicht eine Reduzierung der Information die Informationsverarbeitung, sondern eine möglichst volle Nutzung der simultanen Kapazitäten.*
- *Da viel mehr implizit als explizit gelernt wird, muss der Erzieher sich selbst so verhalten, dass sein ganzes Tun als Modell für die Entwicklung von Kompetenzen fungieren kann.*

Es ist nicht damit getan, zufällig die eine oder andere Möglichkeit zu nutzen, dem Lernenden eine Information für sein Lernen zukommen zu lassen, sondern es kommt alles darauf an, jeweils eine solche *Kombination von Informationen* zu vermitteln, mit deren Hilfe der Lernende die jeweilige neue Aktivität leichter oder gar zum ersten Mal vollziehen kann.

Die verschiedenen Informationen können sich gegenseitig *bestätigen* oder *ergänzen*. Im zweiten Fall kann eine Information die andere *präzisieren, konkretisieren, verallgemeinern, erweitern*. Das ist aber nur dann funktional, wenn ein derartiger Informationsbedarf besteht und ein Übermaß an Information nicht sogar zu einer zusätzlichen Belastung wird. – Das gilt auch für die Wahl und Gestaltung der Mitteilungsform.

Diesen Anforderungen im jeweiligen Fall zu genügen, ist der Inbegriff der Kompetenz des Erziehers.

Kurzfristige und langfristige Beeinflussung von Lernen und Behalten

Kurzfristige und langfristige Prozesse des Lernens und Behaltens sowie ihrer Beeinflussung sind zeitlich und sachlich nur relative Begriffe. In der Praxis ist dieser Unterschied aber trotzdem sehr wichtig.

- *Die kurzfristige Beeinflussung erfordert vom Erzieher einen viel größeren Aufwand als die langfristige, weil er bei der kurzfristigen in kurzen Zeitabständen neue Kombinationen von Einflüssen herstellen muss. Dieser Aufwand sollte deshalb nur für das Lernen schwieriger Kompetenzen eingesetzt werden. – Die langfristige Beeinflussung dagegen kann durch die Regelung des gemeinsamen Lebens und durch gleichbleibende spezielle Regeln bestritten werden. Sie eignet sich am besten für die Bildung von Gewohnheiten sowie für den Erwerb von Verhaltensregeln und Einstellungen, die nur langfristig möglich sind.*
- *Für die kurzfristige Beeinflussung ist der Kommunikationsbedarf auch deshalb viel größer als für die langfristige, weil bei genauer Information viele Verständigungsschwierigkeiten auftreten und in kurzer Zeit bewältigt werden müssen.*
- *Bei der kurzfristigen Beeinflussung wird der Hauptteil der Information vom Erzieher produziert, während bei der langfristigen die Information zum größten Teil aus dem Beobachtungslernen im gesamten Milieu und den Erfahrungen des Edukanden mit sich selbst stammt.*
- *Langfristige Selbststeuerung des Lernenden in der Form von Gewohnheiten, Einstellungen, Prinzipien, Leistungsmotiven, Selbstverpflichtungen oder Lebenszielen verringern sowohl den Informationsbedarf für die Bewältigung von kurzzeitigen als auch von langzeitigen Aufgaben, weil vieles schon selbstgeregelt und damit selbstverständlich ist. Genau in diesem Maße entlastet es auch den Erzieher und macht es ihn überflüssig.*
- *Die Reichweite der Aufgaben sollte konsequent zunehmend erhöht werden. Es sollten aber nicht zu früh weitreichende Aufgaben gestellt werden. – Im ersten Fall hat der Lernende eine Chance, die Aufgaben zu bewältigen, und bleibt er auch nicht unterfordert. Das hat viele positive Folgen. – Im zweiten Fall kann ein vergebliches Bemühen um die Bewältigung der Aufgaben sehr negative Folgen haben.*

Die Unterscheidung zwischen kurzfristiger und langfristiger Beeinflussung verweist auch darauf, dass die Beeinflussung auf keinen Fall immer gleich sein darf, sondern dass sie sich der dynamischen Veränderung des Entwicklungsstandes des Lernenden und den jeweils verfügbaren Beeinflussungsmöglichkeiten anpassen muss, was eine sehr schwierige Aufgabe ist.

3. Die Konstruktion von Methoden der Beeinflussung von Lernen und Behalten durch die Kombination von einzelnen Möglichkeiten der Beeinflussung

Die Beeinflussbarkeit von Lernen und Behalten besteht offenkundig aus vielen Möglichkeiten. Der Motor für die Entwicklung der menschlichen Persönlichkeit ist so fundamental für die menschliche Existenz, dass er nicht nur von einer Möglichkeit der Beeinflussung abhängig sein konnte. So ist er insbesondere weder allein von der gegenständlichen Umgebung des jeweiligen Individuums abhängig noch allein von der Kommunikation mit anderen Menschen oder allein von der absichtlichen erzieherischen Beeinflussung. Er ist sogar überhaupt nicht allein von der Beeinflussung von außen abhängig, weil jeder Einfluss vom Lernenden selbst gewichtet und verarbeitet werden muss. – Von einer Konditionierung, d. h. einer direkten Determination des Lernens und Behaltens durch äußere Einflüsse kann deshalb keine Rede sein.

Andererseits ist offenkundig, wie stark einzelne Einflüsse sein können und insbesondere wie groß die Wirkung der Kumulation gleichgerichteter Einflüsse ist. Es dauert lang und kostet viel, bis der Einzelne sich eine eigene Meinung über die verschiedenen Einflüsse bilden kann.

Sobald jemand auf das Handeln eines anderen so einwirken will, dass dieser etwas lernt, werden Möglichkeiten der Beeinflussung zu einer *Methode* der Beeinflussung kombiniert. Sie werden als Erziehungs-, Unterrichts-, Lehr- oder Trainingsmethoden bezeichnet.

Jede solche Methode ist ein Zusammenhang von Handlungen, die alle das Ziel haben, dass der Lernende bestimmte Lernresultate erzielt. Für dieses Ziel produzieren die Erzieher, Lehrer oder Trainer Informationen für den Lernenden, die sie ihm in irgendeiner Form mitteilen. Diese Informationen produzieren sie durch den Prozessor der Informationsverarbeitung, und zwar genauso wie der Lernende sein Handeln produziert, nur mit einem anderen Ziel. Auch im Handeln der Erzieher wird gelernt. Zu dem, was sie dabei lernen, gehört insbesondere auch die Entwicklung von Kompetenzen für die Beeinflussung von Lernen und Behalten bei anderen.

Zu diesen Kompetenzen gehört auch die *Methodenkompetenz*. Sie besteht darin, wie die jeweilige Person Möglichkeiten der Beeinflussung so miteinander kombinieren kann, dass das jeweils intendierte Lernresultat vom Lernenden auch erzielt wird. Anders formuliert: Sie besteht aus den Erzieher-, Lehrer-, Trainerhandlungen, die der Betreffende jeweils vollziehen kann.

Das aber impliziert, dass im jeweiligen Fall die jeweilige Person *entscheiden* muss, welche Möglichkeiten sie in welcher Kombination nutzt. Da dies bewusst und mit einer bestimmten Absicht geschieht, ist dies fraglos die Form der intendierten Beeinflussung.

Bei dieser Entscheidung müssen zum einen allgemeine Möglichkeiten gewählt werden. Zum anderen müssen aber diese allgemeinen Möglichkeiten auch konkretisiert werden. Das erste erfordert komplexe *Entscheidungsprozesse*. Das zweite verlangt für jede Information, die dem Lernenden mitgeteilt werden kann, die *Transfor-*

mation der Vorstellung von einer realen Aktivität in Kategorien, die dem Lernenden als Suchschemata für diese Aktivität mitgeteilt werden können.

Beides verlangt eine hohe Kompetenz. Zu ihr gehören Diagnoseleistungen, Kenntnisse der Verarbeitung und Wirksamkeit von Informationen, komplizierte Wertgewichtungen, kognitive Leistungen, kommunikative Leistungen und vieles mehr. Kein Wunder, dass die Kompetenz von Erziehern, Lehrern oder Trainern ein Dauerproblem und deshalb auch ein Dauerthema ist.

Zum Glück hängt von dieser Kompetenz nicht die gesamte Entwicklung des Lernenden ab. Jeder einzelne Mensch und die Menschheit haben sich bis zum heutigen Stand entwickelt, obwohl es sowohl in den nichtintendierten als auch in den intendierten Einflüssen große Defizite gegeben hat. Immer wieder entwickeln sich einzelne Menschen trotz ungünstigster Bedingungen zu Hochformen, weil sie selbst ihrer Situation für ihre Entwicklung das Beste abgewonnen haben und weil sie auch von sich aus neue Situationen (besonders auch mentale) für sich geschaffen haben. Sie haben oft schon von früher Kindheit an sich selbst erzogen.

Aber auch die Reichweite der Kompetenz des Erziehers, zu informieren, ist grundsätzlich begrenzt. Der Erzieher kann nie vollständig über die Handlungen informieren, die der Lernende vollziehen soll. Der Erzieher operiert nur auf seinen Vorstellungen von Handlungen, die er beim Lernenden intendiert, und er kann wegen der Enge der Kommunikationsmöglichkeiten immer nur über das informieren, was er an seinen Vorstellungen von den intendierten Handlungen unterscheidet. Da Vorstellungen von Handlungen des Lernenden schon radikale Reduktionen der tatsächlichen Handlungen sind und auch über sie immer nur fragmentarische Information vermittelt werden kann, ist das, was er mitteilen kann, sehr bruchstückhaft und fragil. Es ist ein wahres Wunder, dass solche Verständigungen überhaupt gelingen. Sie gelingen nur unter der Voraussetzung, dass der Lernende konstruktiv an diesem Vermittlungsprozess mitarbeitet.

Auch die Entscheidungen in jedem Fall sind sehr kompliziert, weil sie der einzelne Erzieher zu fällen und zu verantworten hat, auch wenn schon viele Vorentscheidungen gefallen sind. Selbst dann, wenn er für sich entschieden hat, dass er alle ihm bekannten Möglichkeiten der Beeinflussung von Lernen und Behalten für deren Optimierung nutzen will, muss er in jedem Fall noch über die folgenden Fragen entscheiden:

- *Welche Kompetenzen sollen erworben werden?*
- *Auf welche Weise soll die Entwicklung der jeweiligen Kompetenz gefördert werden?*
- *Mit welchem Einsatz soll ihre Entwicklung gefördert werden? (finanzieller, zeitlicher, sachlicher und personaler Aufwand)*
- *Bis zu welchem Entwicklungsstand sollen sie gefördert werden?*
- *Sollen bei mehreren Lernenden die gleichen Kompetenzen im gleichen Maße gefördert werden?*

Es gibt deshalb keinen Grund, die Erziehung zu überschätzen. – Andererseits ist eine gute Erziehung für jeden einzelnen Menschen und für die Menschheit ein Segen, weil sie für den einzelnen eine sehr große Hilfe für die Bewältigung seines Lebens sein kann und für die Menschheit ein Beitrag zur Bewältigung der Probleme ihrer Existenz.

4. Allgemeine Kompetenzen des Erziehers

Jede unterscheidbare Möglichkeit der Beeinflussung von Lernen und Behalten kann man als eine Kompetenz des Erziehers bezeichnen. Die Verknüpfung solcher Kompetenzen miteinander ergibt eine komplexere Kompetenz mit einer neuen Funktion, z. B. eine Methodenkompetenz oder eine Entscheidungskompetenz. In diesem Kapitel sind schon viele Kompetenzen des Erziehers angeführt worden.

Zum Schluss dieses Kapitels verweise ich noch auf die Mögichkeit, Kompetenzen zu unterscheiden, die dem gesamten Handeln des Erziehers zugesprochen werden können, weil sie eine unterscheidbare regulative Funktion für den Einsatz aller anderen Kompetenzen erfüllen. Psychologisch korrelieren mit ihnen wahrscheinlich kognitive Schemata hoher Ordnung.

Ich beschreibe nicht die neuronale und psychische Struktur dieser Kompetenzen, sondern bezeichne nur das, was der Erzieher tatsächlich kann oder können müsste, d. h. ihre Funktion. Man kann diese Kompetenzen möglicherweise auch als Einstellungen bezeichnen. Man kann sie aber auch als Maximen, d.h. als Erzieher-Sollenssätze, formulieren, nach denen der Erzieher sich richten sollte oder auch tatsächlich sich zu richten sucht.

Solche Kompetenzen können Ergebnisse gründlicher Analysen eigener Erfahrungen sein. De facto ist jede von ihnen bei jedem Erzieher in unterschiedlichem Grade entwickelt.

- *Er kann die Form der Beeinflussung dem Entwicklungsstand von Kompetenzen in der individuellen Entwicklung des einzelnen Edukanden anpassen. Das gilt sowohl für die dynamische Förderung des Lernens als auch für Umstellungen in den großen Entwicklungsphasen.*

Diese Anpassung fällt vielen deshalb so schwer, weil sie nicht dieselbe Form der Beeinflussung von Fall zu Fall und lebenslang beibehalten können.

- *Er ist flexibel, weil er möglichst gut den schnellen Veränderungen in den Bedingungen für die Entwicklung von Kompetenzen folgen kann und sich weder auf unverrückbare Ziele noch auf stereotype Methoden festgelegt hat.*
- *Er ist dynamisch, weil er durch die Wahrnehmung von Anschlussmöglichkeiten die Entwicklung von Kompetenzen zu fördern sucht und sich dabei immer auf den jeweiligen neuen Entwicklungsstand einstellt.*
- *Er hat selbst keine illusionären Erwartungen an die Ergebnisse seines Handelns und weckt sie auch nicht beim Lernenden, weil er sehr gut um die engen Grenzen der Einflussnahme auf die Entwicklung komplexer Kompetenzen allein durch die jeweilige Erziehung weiß.*

Zu diesen Grenzen gehören insbesondere die anderen Umwelten des Edukanden, der gesamte Umfang der impliziten Prozesse bei der Entwicklung von Kompetenzen und die Regulation aller seiner Aktivitäten durch den Edukanden selbst.

Der Erzieher kann deshalb auch vielfach nicht die volle Konsolidierung des mit seiner Hilfe Gelernten erreichen, sondern muss darauf vertrauen, dass dies im Leben außerhalb seines Einflusses geschieht. – Das gibt ihm trotz seines hohen Einsatzes eine gewisse Gelassenheit.

- *Er wird geleitet durch einen klugen Optimismus, d. h. einer ständigen Erwartung von Lernfähigkeit, die aber mit genetisch bedingten Begrenzungen und individuellen Unterschieden rechnet.*
- *Er fordert vom Edukanden einen hohen Einsatz seiner Energie, d. h. Anstrengung, aber er überfordert ihn nicht, weil er sich voll auf dessen Energiehaushalt einzustellen sucht und er auch weiß, dass es Leistungsgrenzen in jedem Funktionsbereich gibt, die nicht durch Anstrengung überwunden werden können.*

Das gilt sowohl für die Stellung von Aufgaben als auch für die Reaktion auf die erzielten Ergebnisse.

Es gilt für alle Bedingungen für Lernen und Behalten, z. B. für den individuellen Rhythmus von Anspannung und Entspannung, von äußerster Anstrengung und Erholung, von voller Belastbarkeit und temporären Beeinträchtigungen.

- *Er beobachtet so genau wie möglich, was der Edukand tut, und informiert ihn so sparsam wie möglich, aber bei Schwierigkeiten auch so genau wie möglich, was er tun kann.*
- *Er versucht den Schwierigkeitsgrad der vom Lernenden erwarteten Handlungen so zu dosieren, dass sie in den meisten Fällen erfolgreich sind.*
- *Er versucht zum Lernen und Behalten in allen Hauptfunktionsbereichen und für die Bewältigung seines Lebens in allen seinen Bereichen anzuregen.*

Dafür müsste mindestens zum Erwerb von elementaren Kompetenzen, die vielfach verwendbar sind, angeregt werden, was man auch als die Anfangsstadien der Entwicklung von kulturspezifischen Kompetenzen bezeichnen kann.

Dafür sprechen insbesondere die Brauchbarkeit des Gelernten im künftigen Leben des Lernenden und die Ökonomie der Nutzung seiner Ressourcen für Lernen und Behalten.

Eine solcher Erzieher weigert sich weder zu erziehen (eine moderne Mode!) noch erliegt er Allmachtsphantasien und traumhaften Hoffnungen (insbesondere Ideologien vom neuen Menschen und vom Erziehungsstaat). Kein Mensch kann aber seine Möglichkeiten zu erziehen, voll ausschöpfen. Weder die jeweiligen Umstände noch seine eigene Verfassung erlauben ihm dies. Er kann jedoch wenigstens die gröbsten Fehler beim Erziehen vermeiden. Dazu muss er jedoch unbedingt eigene Beobachtungen und Überlegungen anstellen und sie sorgfältig mit allem, was er von anderen erfährt, vergleichen. Besonders kritisch muss er gegenüber den Behauptungen und Ratschlägen in den Medien und in der Literatur für Erzieher sein, wenn sie mit dem Anspruch auftreten, wissenschaftlich zu sein.

Viel zu oft machen sich nämlich ideologische Parolen, verführerische Moden oder auch falsche Interpretationen von wissenschaftlichen Befunden breit, z. B. die Parolen: „Dies oder das zu tun, ergibt einen allgemeinen Zuwachs an Lern- oder Gedächtnisfähigkeit" (z. B. das Lösen von Kreuzworträtseln oder körperliche Bewegung), „Lernen muss immer sozial oder gesellschaftlich vermittelt sein" (z. B. durch Gruppen oder durch Kollektive), „Lernen darf nicht anstrengend sein" (z. B. als „Lernen im Schlaf", als „entspanntes Lernen" oder gemäß der Parole „kein Lernstress"), „Lernen muss mit Spaß verbunden sein" (Dagegen spricht, dass mit großem Ernst und auch in sehr gefährlichen und ängstigenden Situation sehr intensiv gelernt werden kann.), „Es muss alles selbständig, d. h. ohne die Hilfe von anderen, gelernt werden" (emanzipatorische These der antiautoritären Erziehung), „Lernen erfordert bedingungslose Anerkennung der Autorität des Erziehers" (autoritäre Erziehung), „Lernen machen" (behavioristische deterministische These), „etwas Einbläuen" (brutale verdinglichende technizistische Erziehung), „Es gibt eine ideale Universalmethode für jeden Fall" oder „meine Methode ist die beste" (Realitätsblindheit).

Schlussbemerkung

Diese Beschreibung des Prozessors der menschlichen Informationsverarbeitung ist durchgehend im vollen Bewusstsein der Fragilität des derzeitigen Forschungssstandes und auch der engen Grenzen der mir bekannten Quellen dieses Forschungsstandes geschrieben worden.

Da ich wiederholt auf den hypothetischen Charakter aller Annahmen verwiesen habe und auch soweit wie möglich Grenzen der Leistungsfähigkeit der jeweiligen Untersuchungsmethoden aufgezeigt, abweichende Annahmen angeführt und offene Fragen benannt habe, habe ich nichts dagegen, dass meine Darstellung eher als die Beschreibung eines Problemfeldes denn als die Vorlage einer Theorie angesehen wird.

Ich habe mich bemüht, einen Zusammenhang von Hypothesen herzustellen, der einen hohen Grad der sachlichen Kohärenz und der logischen Konsistenz besitzt. Dafür habe ich einen hohen Grad der Auflösung der Sachzusammenhänge angestrebt, ohne mich in der Vielzahl der Einzeluntersuchungen und den Verästelungen der Untersuchungsziele und der Forschungsgeschichte zu verlieren.

Die Flüchtigkeit der Prozesse, ihre Dauer im Bereich von Millisekunden und die Zusammensetzung des Prozessors aus zahlreichen Teilprozessen macht deren Unterscheidbarkeit so schwer. Der Auflösungsgrad der psychologischen und der neurologischen Untersuchungsmethoden, insbesondere aber ihrer Messverfahren ist noch so gering, dass wir noch weit von einer elaborierten und bewährten Theorie dieser Vorgänge entfernt sind. Das sieht auch Kandel so.

Zu diesem Zweck, der Verbindung von neuronalen Systemen mit komplexen kognitiven Funktionen, müssen wir uns auf die Ebene des neuronalen Schaltkreises begeben, und wir müssen bestimmen, wie Aktivitätsmuster in verschiedenen neuronalen Schaltkreisen zu einer kohärenten Repräsentation zusammengeschlossen werden. Um zu erkunden, wie wir komplexe Erfahrungen wahrnehmen und in Erinnerung rufen, müssen wir herausfinden, wie neuronale Netze organisiert sind und wie Aufmerksamkeit und Bewusstsein die Neuronenaktivität in diesen Netzen regulieren und rekonfigurieren. Die Biologie wird sich also stärker auf nichtmenschliche Primaten und auf Menschen als bevorzugte Systeme konzentrieren müssen. Dazu werden wir bildgebende Verfahren brauchen, welche die Aktivität einzelner Neurone und neuronaler Netze auflösen können. (Kandel 2006^2, 450f.)

Literaturverzeichnis

Dieses Literaturverzeichnis enthält die gesamte zitierte Literatur, nicht aber die Literatur, die in den Zitaten zitiert wird.

Amit, D.J.: Modeling brain function. The world of attractor neural networks. Cambridge 1989.
Anderson, J.R.: Kognitive Psychologie. Eine Einführung. Heidelberg 1988.
Arbinger, R.: Gedächtnis. Darmstadt 1984.
Baddeley, A.: Die Psychologie des Gedächtnisses. Stuttgart 1979.
Baddeley, A.: So denkt der Mensch. Unser Gedächtnis und wie es funktioniert. München 1986 (1.A. 1982).
Baddeley, A.: Comprehension and Working Memory: A Single Case Study. In: Journal of Memory and Language 27, 1988, 479-498.
Baddeley, A.: Working memory, Thought, and Action. Oxford University Press 2007.
Baddeley, A./C. Papagno/G. Vallar: When long-term learning depends on short-term storage. - In: Journal of Memory and Language, 27, 1988, 586-595.
Baeriswyl F.: Verarbeitungsprozesse und Behalten im Arbeitsgedächtnis. Heidelberg 1989.
Bäumler, G.: Auf dem Weg zur operationalen Definition von Aufmerksamkeit. - In: J. Jansen/E. Hahn/H. Strang (Hrsg.): Konzentration und Leistung. Göttingen, Toronto, Zürich 1991.
Berti, St./U. Roeber/E. Schröger: Bottom-Up influences on Working Memory: Behavioral and Electrophysiological Distraction Varies with Distractor Strength. In Experimental Psychology 2004; Vol 51(4); 249-257.
Birbaumer, N./R.F. Schmidt: Biologische Psychologie. Berlin, Heidelberg, New York 1996[3].
Bjorklund, D.F.: The role of conceptual knowledge in the development of organization in children's memory. – In: Brainerd, Ch.J./M. Pressley: Basic processes in memory development. New York 1985, 103-142.
Carrier, M./J. Mittelstraß: Geist, Gehirn, Verhalten. Das Leib-Seele-Problem und die Philosophie der Psychologie. Berlin, New York 1989.
Case, R.: Intellectual Development. Birth to Adulthood. Orlando, San Diego, New York, London, Toronto, Montreal, Sydney, Tokyo 1985.
Case, R.: Die geistige Entwicklung des Menschen. Von der Geburt bis zum Erwachsenenalter. Dtsch. Übersetzung durch Karl-Ludwig Holtz und Helmut A. Mund von: Intellectual Development. From Birth to Adulthood. Heidelberg 1999.
Case, R.: Capacity-Based Explanations of Working Memory Growth: A brief History and Reevaluation. In: Weinert F.E./W. Schneider (Eds.): Memory Performance and Competencies Issues in Growth and Development. Mahwah, New Jersey 1995, 23-44.
Changeux, J.-P.: Der neuronale Mensch. Wie die Seele funktioniert – die Entdeckungen der neuen Gehirnforschung. Reinbek b. Hamburg 1984.
Conway A.R.A./Ch. Jarrold/M.J. Kane/A. Miyake/J.N. Towse: Variation in Working Memory. Oxford University Press 2007.
Cowan, N.: An embedded-processes model of working memory. – In: A. Miyake & P. Shah (Eds.), Models of Working memory: Mechanisms of Active Maintenance and Executive Control (pp. 62-101.) Cambridge 1999. University Press.
Crane, T.: Intentionalität als Merkmal des Geistigen. Sechs Essays zur Philosophie des Geistes. Frankfurt am Main 2007.
Damasio, A.R.: Descartes' Irrtum. Fühlen, Denken und das menschliche Gehirn. München 1994.
Damasio, A.R.: Ich fühle also bin ich. Die Entschlüsselung des Bewusstseins. München 1999.

Damasio, A.R./D. Tranel: Nouns and verbs are retrieved with differently distributed neural systems. In: Proceedings of the National Academy of Sciences of the United States of America. Vol. 90, June 1993, pp. 4957-4960.
Detterman, D.K./R.J. Sternberg (Eds.): Transfer on Trial: Intelligence, Cognition, and Instruction. Alex Publishing Corporation. Norwood, New Jersey 1993.
Ebbinghaus, H.: Urmanuskript "Ueber das Gedächtnis" 1880. Passau 1983.
Ebbinghaus, H.: Über das Gedächtnis. Darmstadt 1971 (1. Aufl. 1885).
Ebbinghaus, H.: Grundzüge der Psychologie. Bd.1. Leipzig 1919⁴ (1. Aufl. 1885).
Eccles, J.C.: Die Evolution des Gehirns – die Erschaffung des Selbst. München, Zürich 1989.
Edelman, G.M.: Unser Gehirn – Ein dynamisches System. Die Theorie des neuronalen Darwinismus und die biologischen Grundlagen der Wahrnehmung. München, Zürich 1993.
Edelman, G.M.: Göttliche Luft, vernichtendes Feuer. Wie der Geist im Gehirn entsteht – die revolutionäre Vision des Medizin-Nobelpreisträgers. München, Zürich 1995.
Engels, E.-M.: Erkenntnis als Anpassung? Eine Studie zur evolutionären Erkenntnistheorie. Frankfurt am Main 1989.
Engelkamp, J./Th. Pechmann (Hrsg.): Mentale Repräsentation. Bern, Göttingen, Toronto, Seattle 1993.
Fuster, J.M.: The Prefrontal Cortex. Anatomy, Physiology, and Neuropsychology of the Frontal Lobe. Lippencott-Raven Publishers. Philadelphia, New York 1997³.
Gage, N.L./D.C. Berliner: Pädagogische Psychologie. Lehrerhandbuch der pädagogischen Psychologie. Erziehungswissenschaftliche Grundlagen für die Unterrichtspraxis. München 1977.
Galperin, P.: Zum Problem der Aufmerksamkeit. – In: Lompscher, J. (Hrsg.): Sowjetische Beiträge zur Lerntheorie. Köln 1973.
Gardner, H.: Intelligenzen. Die Vielfalt des menschlichen Geistes. Stuttgart 2002.
Goldman-Rakic P.S./H.R. Friedman: The Circuitry of Working Memory Revealed by Anatomy and Metabolic Imaging. – In: H.S. Levin/H.M. Eisenberg/A.L. Benton (Eds.): Frontal Lobe Function and Dysfunction. Oxford University Press. New York, Oxford 1991.
Gollwitzer, P.M.: Suchen, Finden und Festigen der eigenen Identität: Unstillbare Zielintentionen. – In: Heckhausen, H./ P.M. Gollwitzer/ F.E. Weinert (Hrsg.): Jenseits des Rubikon: Der Wille in den Humanwissenschaften. Berlin, Heidelberg, New York, London, Paris, Tokyo 1987, 176-189.
Gollwitzer, P.M.: Abwägen und Planen. Göttingen, Toronto Zürich 1991.
Grzesik, J.: Die Steuerung von Lernprozessen im Unterricht. Heidelberg 1976.
Grzesik, J.: Unterrichtsplanung. Heidelberg 1979.
Grzesik, J.: Begriffe lernen und lehren. Stuttgart, Dresden 1992².
Grzesik, J.: Textverstehen lernen und lehren. Stuttgart, München, Düsseldorf, Leipzig 1996².
Grzesik, J.: Was kann und soll Erziehung bewirken? Münster 1998.
Grzesik, J.: Operative Lerntheorie. Neurobiologie und Psychologie der Entwicklung des Menschen durch Selbstveränderung. Bad Heilbrunn/OBB. 2002a.
Grzesik, J.: Effektiv lernen durch guten Unterricht. Optimierung des Lernens im Unterricht durch systemgerechte Formen der Zusammenarbeit zwischen Lehrern und Schülern. Bad Heilbrunn/-OBB. 2002b.
Grzesik, J.: Was testet der PISA-Test des Lesens? – In: U. Abraham/A. Bremerich-Vos/V. Frederking/P. Wieler (Hrsg.): Deutschdidaktik und Deutschunterricht nach PISA. Freiburg im Breisgau 2003.

Grzesik, J.: Texte verstehen lernen. Neurobiologie und Psychologie der Entwicklung von Lesekompetenzen durch den Erwerb von textverstehenden Operationen. Münster, New York, München, Berlin 2005.
Hahn E./H. Stang (Hrsg.) Konzentration und Leistung. Göttingen, Toronto, Zürich 1991.
Hasher, L./C. Lustig/R. Zacks: Inhibitory Mechanisms and the control of Attention. – In: Conway A.R.A./Ch. Jarrold/M.J. Kane/A. Miyake/J.N. Towse: Variation in Working Memory. Oxford University Press 2007, 227- 249.
Heckhausen, H./P.M. Gollwitzer/F.E. Weinert (Hrsg.): Jenseits des Rubikon: Der Wille in den Humanwissenschaften. Berlin, Heidelberg, New York, London, Paris, Tokyo 1987.
Heckhausen, H.: Motivation und Handeln. Berlin, Heidelberg, New York, London, Paris, Tokyo, Hong Kong 1989^2.
Herbart, J.F.: Allgemeine Pädagogik aus dem Zweck der Erziehung abgeleitet. – In: Sämtliche Werke. Hrsgg. von K. Kehrbach/O. Flügel/Th. Fritzsch, Bd. 2 (1 Aufl. 1806).
Hoffmann, J.: Wie wird Wissen repräsentiert. – In: Engelkamp, J./Th. Pechmann (Hrsg.): Mentale Repräsentation. Göttingen 1993, 81-92.
Hoffmann, J.: Die Welt der Begriffe. Psychologische Untersuchungen zur Organisation des menschlichen Wissens. Weinheim 1986.
Hoffmann, J.: Wird Wissen in Begriffen repräsentiert? In: Sprache und Kognition, 4, 1988, 193-204.
Hoffmann, J.: Vorhersage und Erkenntnis. Göttingen 1993.
Holroyd C.B./S. Nieuwenhuis/R.B. Mars/M.G.H. Coles: Anterior Cingulate Cortex, Selection for Action, and Error Processing. – In: Posner, M. I. (Ed.): Cognitive Neuroscience of Attention. The Guilford Press. New York, London 2005, 219 - 231.
Horgau, J.: Ist das Bewußtsein erklärbar? – In: Spektrum der Wissenschaft, September 1994, 74-80.
Huang L./H. Pashler: Working memory and the guidance of visual attention: Consonance-driven orienting. – In: Psychonomic Bulletins & Review 2007, 14 (1). 148-153.
Husserl, E: Ideen zu einer reinen Phänomenologie und phänomenologischen Philosphie. Erstes Buch. Allgemeine Einführung in die reine Phänomenologie. Neue, auf Grund der handschriftlichen Zusätze des Verfassers erweiterte Auflage. Hrsgg. von Walter Biemel. Den Haag 1950 (zitiert: Ideen I).
Husserl, E.: Ideen zu einer Phänomenologie und phänomenologischen Philosophie, Zweites Buch: Phänomenologische Untersuchungen zur Konstitution. Hrsgg. von Marly Biemel, Haag 1950. (1912-1928 entstanden, aber erst 1950 auf der Grundlage einer Schreibmaschinenabschrift der „Ideen II und III" durch Ludwig Landgrebe als Buch erschienen) (zitiert: Ideen II).
Husserl, E.: Die Idee der Phänomenologie. Fünf Vorlesungen. (Einleitung zu Hauptstücke aus der Phänomenologieund Kritik der Vernunft) (vom 26.4. bis zum 2.5. 1907 in Göttingen gelesen) Haag 1958^2 (zitiert: IdeePhän).
Husserl, E.: Erfahrung und Urteil. Untersuchungen zur Genealogie der Logik. Hamburg 1964^3 (1. A. 1938).
Husserl, E. : Phänomenologische Psychologie. Vorlesungen Sommersemester 1925. Hrsgg. von W. Biemel. Den Haag 1968 (zitiert: PhänPsych).
Husserl, E.: Logische Untersuchungen. Zweiter Band. Untersuchungen zur Phänomenologie und Theorie der Erkenntnis. I. Teil. Tübingen 1968^5 (1901^1) (zitiert: LogUn II, I).
Husserl, E.: Logische Untersuchungen, Zweiter Band. Elemente einer phänomenologischen Aufklärung der Erkenntnis. II. Teil.Tübingen 1968^4 (1. Aufl. 1901). (zitiert: LogUn II. II).
Husserl, E.: Cartesianische Meditationen: eine Einleitung in die Phänomenologie. Hamburg 1995^3.

Husserl, E.: Husserliana Bd. XXXVIII. Wahrnehmung und Aufmerksamkeit. Texte aus dem Nachlass (1893-1912). Vorlesungen Wintersemester 1904/05. Hrsgg. von Thomas Vongehr und Regula Giuliani. Dordrecht, The Netherlands 2004.

Jellema T./C.I. Baker/B. Wicker/D.J. Perret: Neural Representations for the Perception of the Intentionality of Actions. In: H.A. Whitaker, Ph.D. (Eds.) Brain and Cognition. A Journal of Clinical, Experimental, and Theoretical Research. Academic Press 2000, 280 - 302.

Jessel Th.M.: Das Nervensystem. – In: Kandel, E.R./J.H. Schwartz/Th.M. Jessel (Hrsg.): Neuro-wissenschaften. Heidelberg, Berlin, Oxford 1996, 73-91.

Johnson-Laird, P.: The computer and the mind. An introduction to cognitive science. Harvard University Press. Cambridge, Massachusetts 1988.

Just, M.A./P.A. Carpenter: A theory of reading: From eye fixations to comprehension: In: Psychological Review 87, 4, 1980, 329-353.

Kandel, E.R./J.H. Schwartz/Th.M. Jessel (Hrsg.): Neurowissenschaften. Heidelberg, Berlin, Oxford 1996.

Kandel, E.R.: Gehirn und Verhalten – In: Kandel, E.R./J.H. Schwartz/Th.M. Jessel (Hrsg.): Neurowissenschaften. Heidelberg, Berlin, Oxford 1996, 5-19.

Kandel, E.R.: Die Konstruktion des visuellen Bildes. In: Kandel, E.R./J.H. Schwartz/Th.M. Jessel (Hrsg.): Neurowissenschaften. Heidelberg, Berlin, Oxford 1996, 393-411.

Kandel, E.: Auf der Suche nach dem Gedächtnis. Die Entstehung einer neuen Wissenschaft des Geistes. München 2006^2.

Kandel, E.R./I. Kupfermann: Von den Nervenzellen zur Kognition. – In: Kandel, E.R./J.H. Schwartz/Th.M. Jessel (Hrsg.): Neurowissenschaften. Heidelberg, Berlin, Oxford 1996, 327-352.

Kane, M.J./A.R.A. Conway/D.Z. Hambrick/R.W. Engle: Variation in Working Memory Capacity as Variation in Executive Attention and Control. – In: Conway A.R.A./Ch. Jarrold/M.J. Kane/A. Miyake/J.N. Towse: Variation in Working Memory. Oxford University Press 2007.

Klimesch, W.: Struktur und Aktivierung des Gedächtnisses. Das Vernetzungsmodell: Grundlagen und Elemente einer übergreifenden Theorie. Bern, Stuttgart, Toronto 1988.

Kluwe, R.H.: Intentionale Steuerung kognitiver Prozesse. In: Kognitionswissenschaft 6, Hamburg 1997, 53-69.

Kornhuber, H.H.: Handlungsentschluß, Aufmerksamkeit und Lernmotivation im Spiel menschlicher Hirnpotentiale. Mit Bemerkungen zu Wille und Freiheit. – In: Heckhausen, H./P. Gollwitzer/F.E. Weinert (Hrsg.): Jenseits des Rubikon: Der Wille in den Humanwissenschaften. Berlin, Heidelberg, New York, London, Paris, Tokyo 1987.

Koester, J.: Signalweiterleitung. – In: Kandel, E.R./J.H. Schwartz/Th.M. Jessell (Hrsg.): Neurowissenschaften. Heidelberg, Berlin, Oxford 1996, 167-188.

Kupfermann, I.: Cortex und Kognition. – In: Kandel, E.R./J.H. Schwartz/Th.M. Jessell (Hrsg.): Neurowissenschaften. Heidelberg, Berlin, Oxford 1996, 353-369.

Kuhl, J.: Wille und Freiheitserleben. Formen der Selbststeuerung. – In: Kuhl, J./H. Heckhausen (Hrsg.) Enzyklopädie der Psychologie. (Bd. IV/4): Motivation, Volition und Handeln. Göttingen 1996, 665-765.

Lassen, N.A./D.H. Ingvar/E. Skinhoj: Gehirnfunktion und Gehirndurchblutung. In: Gehirn und Nervensystem. Heidelberg 19889, 134 143.

Libet, B.: Mind Time. Wie das Gehirn Bewusstsein produziert. Frankfurt am Main 2005.

Lompscher, J.: Sowjetische Beiträge zur Lerntheorie. Die Schule P.J. Galperins. Köln 1973.

Luhmann, N.: Soziale Systeme. Grundriß einer allgemeinen Theorie. Frankfurt a.M. 1984.

Lukesch, H.: Psychologie des Lernens und Lehrens. Regensburg 2001.

Lurija, A.R.: Das Gehirn in Aktion. Einführung in die Neuropsychologie. Reinbek bei Hamburg 1992 (1. A. 1973).
Lurija, A.R.: Romantische Wissenschaft. Forschungen im Grenzbezirk von Seele und Gehirn. Reinbek bei Hamburg 1993.
Mach, E.: Erkenntnis und Irrtum. Skizzen zur Psychologie der Forschung. Unveränderter reprographischer Nachdruck der 5., mit der 4. übereinstimmenden Auflage, Leipzig 1926. Darmstadt 1987. (1. A. 1905).
Maslow, A.H.: Motivation and Personality. New York: Harper, 1954.
Miller, G.A.: The Magical Number Seven, Plus or Minus Two: Some Limits on our Capacity for Processing Information. – In: The Psychological Review, Vol. 63, 2 (March 1956), 81-97.
Miller, G.A/E. Galanter/K.H. Pribram: Strategien des Handelns. Pläne und Strukturen des Verhaltens. Stuttgart 1973 (1. Aufl. 1960).
Mishkin, M./T. Appenzeller: Die Anatomie des Gedächtnisses. In: Spektrum der Wissenschaft: Verständliche Forschung: Gehirn und Kognition. Heidelberg 1990, 94-105.
Miyake, A./ J.N. Towse: Variation in Working Memory. – In: Conway A.R.A./Ch. Jarrold/M.J. Kane/A. Miyake/J.N. Towse: Variation in Working Memory. Oxford University Press 2007. 21-48.
Näätänen, R.: The role of attention in auditory information processing as revealed by event-related potentials and other brain measures of cognitive function. – In: Behavioral and Brain Science (1990) 13, 201-288.
Nauta, J.H./M. Feirtag: Neuroanatomie. Eine Einführung. Heidelberg 1990.
Neisser, U.: Kognition und Wirklichkeit. Prinzipien und Implikationen der kognitiven Psychologie. Stuttgart 1979.
Neumann, J. von: The Computer and the Brain. Yale University Press 2000[2] (1. Publikation 1958)
Neumann, J. von: Die Rechenmaschine und das Gehirn 1980[4].
Neuman, O.: Beyond capacity: A functional view of attention. – In: H. Heuer & A.F.Sanders (Eds.): Perspectives on selection and action. Hillsdale, N.J: Lawrence Erlbaum Associates, Inc. 1987.
Norman, D.A.: Toward a theory of memory and attention. In: Psychological Review 75, 1968, 522-536.
Norman, D.A./T. Shallice: Attention to Action. Willed and Automatic Control of Behavior. – In: Davidson, R.J./G.E Schwartz/D. Shapiro (Eds.): Conscious and Self-Regulation. Advances in Research and Theory. Volume 4, 3-18, 1986. Plenum Press New York.
Oberauer, K.: Prozedurales und deklaratives Wissen und das Paradigma der Informationsverarbeitung. – In: Sprache & Kognition, 12, H. 1, 1993, 30-43.
Oberauer, K./H.-M. Süß/O. Wilhelm/N. Sander: Individual differences in Working memory Capa-city and Reasoning Ability. – In: Conway A.R.A./Ch. Jarrold/M.J. Kane/A. Miyake/J.N. Towse: Variation in Working Memory. Oxford University Press 2007, 49 - 75.
Oeser, E./F. Seitelberger: Gehirn, Bewusstsein und Erkenntnis. Darmstadt 1988.
Pashler, H.E.: The Psychology of Attention. The MIT Press. Cambridge, Massachusetts, London, England 1998[2].
Piaget, J.: The Theory of the Stages in Cognitive Development. – In: D.R. Green/M.P. Ford/G.B. Flamer (Eds.): Measurement and Jean Piaget. New York 1971.
Piaget, J.: Psychologie der Intelligenz. Olten/Freiburg i.Br. 1966[2] (1. Aufl. 1947).
Piaget, J.: Weisheit und Illusionen der Philosophie. Frankfurt am Main 1985 (1. Aufl. 1965).
Piaget, J.: Drei frühe Schriften. Hrsgg. von S. Volkmann-Raue. Freiburg i. Br. 1993.

Pöppel, E.: Eine zu große Herausforderung. Einige Fragen über die Zeit. – In: Forschung & Lehre 12/99.
Posner, M.I.: The Attention System of the Human Brain. – In: Annual Reviews 1990. 13: 25 - 42.
Posner, M. I. (Ed.): Cognitive Neuroscience of Attention. The Guilford Press. New York, London 2005.
Posner, M. I.: Progress in Attention Research. – In: Posner, M. I. (Ed.): Cognitive Neuroscience of Attention. The Guilford Press. New York, London 2005, 3 - 9.
Posner, M.I./C.R.R. Snyder: Attention and cognitive control. – In: R.L. Solso (Ed.) Information processing and cognition: The Loyola Symposium. Hillsdale, N.J.: Lawrence Erlbaum Associates, Inc. 1975.
Pribram, K.H.: Languages of the brain: experimental paradoxies and principles in neuropsychology. Engelwood Cliffs, New Jersey 1971.
Pribram, K.H./D. McGuiness.: Arousal, Activation, and Effort in the Control of Attention. – In: Psychological Review 1975, Vol. 82, No. 2, 116-149.
Pribram, K.H./D. McGuiness: Attention and Para-Attentional Processing. Event-Related Brain Potentials as Tests of a Model. – In: Anals of the New York Acedemy of Science, Jg. 658 (1992), 65-92.
Rahmann, H.; Rahmann, M.: Das Gedächtnis. Neurobiologische Grundlagen. München, 1988.
Reichert, H.: Neurobiologie. Stuttgart, New York 1990.
Remane, A. /V. Storch/U. Welch: Kurzes Lehrbuch der Zoologie. Stuttgart, New York 1974².
Rockstroh, B./Th. Elbert: On the Regulation of Excitability in Cerebral Cortex - A Bridge between EEG and Attention? In: H.-G. Geissler (Ed.): Psychophysical Explorations of Mental Structures. Hogrefe & Huber Publishers, Cambridge 1990, 323-332.
Sartre, J.-P.: Das Sein und das Nichts. Hamburg 1952.
Searle, J.: Putting Consciousness Back in the Brain: Replay to Bennet and Hacker, Philosophical Foundations of Neuroscience. – In: Bennet, M./Dennett, D./Hacker, P./Searle, J.: Neuroscience and Philosophy. Columbia University Press New York 2007, 97-124.
Shaw, J.C.: Intention as a component of the alpha-rhythm response to mental activity. – In: International Journal of Psychophysiology 24 (1996) 7-23.
Spencer-Brown, G.: Gesetze der Form. Lübeck 1999².
Squire, L.R./E.R. Kandel: Gedächtnis. Die Natur des Erinnerns. Heidelberg, Berlin 1999.
Stock, A.: Intentionalität und Ideo-Motorik. Eine handlungstheoretisch-psychologische Synthese. Lengerich, Berlin, Bremen, Miami, Riga, Vienheim, Wien, Zagreb 2004.
Styles, E.A.: The Psychology of Attention. Psychology Press. New York 2006².
Tomasello, M.: Die kulturelle Entwicklung des menschlichen Denkens. Frankfurt am Main 2006.
Towse, J.N./G.J Hitch: Variation in Working memory Due to Normal Development. – In: Conway A.R.A./Ch. Jarrold/M.J. Kane/A. Miyake/J.N. Towse: Variation in Working Memory. Oxford University Press 2007, 109-133.
Treisman, A.: Feature binding, attention and object perception. – In: G.W. Humphreys, J. Duncan, & A. Treismann (Eds.). Attention, space and action: Studies in cognitive neuroscience. Oxford: Oxford University Press 1999.
Waldenfels, B.: Wahrnehmung und Aufmerksamkeit beim frühen Husserl. In: Philosophische Rundschau, Band 52 (2005), S. 302-310.
Weiner, B.: Motivationspsychologie. Weinheim und Basel 1984.
Wilden, A.: System and Structure. Essays in Communication and Exchange. Tavistock Publications. London 1972.

Bildverzeichnis

Abb. 1 Beziehungen der Formatio reticularis zu auf- und absteigenden Bahnen – (Remane/Storch/Welsch 1974 2, 112).
Abb. 2 Die wichtigste Unterteilung der Großhirnrinde beim Menschen – (Jessel 1996, 85).
Abb. 3 Die Medialansicht des Gehirns zeigt den limbischen Lobus (Gyrus cinguli) – (Kandel/Kupfermann 1996, 619).
Abb. 4 Die Verschaltungen der tiefliegenden Strukturen im limbischen System – (Kandel/Kupfermann 1996, 619).
Abb. 5 Handlungspsychologisches Phasenabfolgemodell (Nach Heckhausen, H.: Wiederaufbereitung des Wollens. Symposium auf dem 35. Kongreß der DGfP, Heidelberg, September 1986) – (Gollwitzer 1987, 180).
Abb. 6 The logical structure of the neuron – (Amit 1989, 19).
Abb. 7 Das summierte postsynaptische Potential kann in Aktionspotentiale umgewandelt werden – (Reichert 1990, 130).
Abb. 8 Divergenzschaltung – (Rahmann/Rahmann 1988, 113f.).
Abb. 9 Konvergenzschaltung – (Rahmann/Rahmann 1988, 114).
Abb. 10 Konvergenz-Divergenz-Schaltung – (Rahmann/Rahmann 1988, 114).
Abb. 11 Divergenz-Konvergenz-Schaltung – (Kandel 1996, 31).
Abb. 12 Seriale Positionskurve (Arbinger 1984, 33).
Abb. 13 Seriale Positionskurve bei unmittelbarer und bei verzögerter Reproduktion (nach Postman u. Phillips 1965, S. 135) – (Arbinger 1984, 35).
Abb. 14: Modellvorstellung zur aktivitätsabhängigen Modifikation von synaptischen Verbindungen im visuellen System – (Reichert 1990, 354).
Abb. 15 Globale Karten – Ein Klassifikationspaar, das dank reziproker Kopplung in Echtzeit arbeitet (Edelman 1995, 132).

Weitere Bücher aus dem Bohmeier Verlag:

Laws of Form – Gesetze der Form
von George Spencer-Brown
(Deutsche Ausgabe)

Die definitive internationale Edition dieses weltberühmten Klassikers „Laws of Form" vollständig in einer deutschen Übersetzung.

Diese Ausgabe beinhaltet nunmehr zusätzlich als Bonus-Material auch den erstmaligen Beweis des berühmten Vierfarbentheorems, von dem Mathematiker annahmen, dass es nie bewiesen werden würde. Diese ca. 70 Seiten sind in Englisch verfasst. Und das ist eines der vielen Dinge, an denen sich der Leser dieser neuen und stark erweiterten Ausgabe seines klassischen Werks, Laws of Form, erfreuen wird.

Das Buch ist ebenso ein Muss für jene, die in der mathematischen Forschung tätig sind, wie für alle, die mit dem Schaltungsdesign, „Künstlicher Intelligenz", Kybernetik und anderen Anwendungsbereichen der Mathematik befasst sind.

ISBN 978-3-89094-321-3, 240 Seiten, A5, Softcover

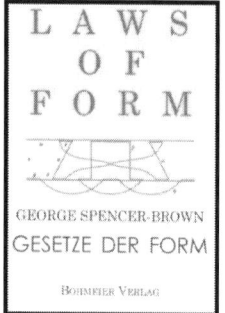

Laws of Form
by George Spencer-Brown 5th English edition
(Englische Ausgabe)

At last this all-time classic has been reset, allowing more detailed explanations and fresh insight. There are seven appendices, doubling the size of the original book.

Most exiting of all is the first ever proof of the famous Riemann hypothesis. To have, in print, under your hands and before your own eyes, what defied the best minds for a century and a half, is an experience not to be denied.

ISBN 978-3-89094-580-4, 240 Seiten, Softcover, Format DIN-A5

Informationen über weitere Bücher und laufende Neuerscheinungen im Internet unter:

www.bohmeier-verlag.de